Metahistory

メタヒストリー

一九世紀ヨーロッパにおける歴史的想像力

ヘイドン・ホワイト　岩崎 稔 監訳

作品社

メタヒストリー

——一九世紀ヨーロッパにおける歴史的想像力

目次

序論 歴史の詩学　49

Introduction: The Poetics of History

第Ⅰ部 受け入れられた伝統——啓蒙と歴史意識の問題

第1章 隠喩とアイロニーのはざまの歴史的想像力　113

The Historical Imagination between Metaphor and Irony

第2章 ヘーゲル——歴史の詩学とアイロニーを超える方法 165

Hegel: The Poetics of History and the Way beyond Irony

第Ⅱ部 一九世紀の歴史記述における四種類の「リアリズム」

第3章 ミシュレ——ロマンスとしての歴史的リアリズム 237

Michelet: Historical Realism as Romance

結論 649

CONCLUSION

[日本語版解説]

［凡例］

- 註は、本文の見開きの左端に掲載した。◆印と番号があるのは、原註である。▼印のついた註は、訳註である。なお、註の文章が長く、当該の頁に収まりきらない場合は、次の見開きの左端に続きを掲載した。
- 翻訳にあたって、文意を理解しやすくするために、特に明示しないで言葉を補った箇所がある。
- 〔 〕内は、訳者による補足説明である。
- 文中の概念や表現を際立たせるために、原文にない《 》を加えて表記した箇所がある。
- 理解しやすさという観点から、序論などに、原書にはない小見出しを付した。
- 原書には明らかに単純な誤植と思われる部分が数ヶ所あったが、とくに断ることなく訂正して翻訳した。
- 文献名は、日本語訳のあるものは既訳書の書名に従った。ないものは原著の欧文タイトルを記した。それらの詳細な書誌データは、巻末の「参考文献一覧」に記した。
- 引用文は、既訳書があるものはできるかぎり先人の訳文を尊重したが、本書の文脈や表記法に即して一部に変更を加えている。
- 引用文中の（—— ホワイト）は、著者ホワイトによる語句の補足である。
- 著者の思い違いと思われる引用箇所があったが、煩雑さを避けるために、原則としてその正誤については注釈せず、できるかぎり著者の意図を尊重するかたちで適切な対応箇所を引用した。

［日本語版序文］

ようやく！ そして、メタヒストリーを再考することの意味について

Preface to the Japanese edition

『メタヒストリー』がずっと世の主流派の言説に受け入れられないできたのに、ついにこうして日本語版に一文を求められる日が来たのを、とても光栄に思います。

長いあいだ多くの批判にさらされながら、『メタヒストリー』は原書でも各国語訳でもあいかわらず版を重ね、多くの読者に受け入れられてきました。これはわたしには驚きでもあるのです。『メタヒストリー』は、結局は歴史哲学のジャンルに属する本なのだ、とみなされることがあります。そして歴史哲学は、昨今では占星術や錬金術といっしょくたにされて疑似科学のカテゴリーに放り込まれています。たしかにわたしは本書のなかで、科学についてのあらゆる著作が何らかの科学哲学を前提にしているように、歴史をめぐるあらゆる著作もすでにきまって何らかの歴史哲学を含んでいると論じました。しかし、わたしのおもな関心は、しばしば誤解されているようにこうした歴史哲学を究めることにあるのではなく、歴史叙述と歴史哲学の両方を含んだメタヒストリーを論じることにあったのです。言い換えれば本書の言説は、歴史研究からどんな意味を引き出せるのかを究明しようとするものでした。また、本書は、哲学書として人間的実存の条件としての「歴史」を扱っているのでも、歴史書として専門的な歴史科学を実践しているのでもありません。むしろわたしは、歴史叙述に関わりをもつ言説それ自体がいったい何であるのかということに取り組んだのであり、「歴史学」を発明、研究、記述し、そこに意味を与えている文化的生産の様態と方法を問題にしたのです。もっと言うなら、記録に残っている過去の出来事は後のひとびとの営みを通して、その発生時点ではけっしてもちえなかった意味を帯びるように変化するものですが、まさにその変化の過程を論じようとしたのです。

とくに日本の読者のために強調しておきたいことがありま

す。けっして本書を、歴史を研究したり歴史書を書いたり、「歴史学」を解説したりするためのハウツー本だと見ないでください。むしろ本書は、歴史に関わるあらゆる作品をどのように開かれた姿で読むことができるかを考えています。だから、「歴史」ないし「歴史」の一部を科学的ないし客観的に研究し考察したと主張する歴史学者や歴史哲学者のテキストを、まずは体系的に読解することから始めています。そして、こう問い尋ねるのです。これらのテキストのなかで、過去について、特有の意味での「歴史学的な」説明を生み出すために用いられる文学的、修辞的、象徴的、あるいは端的に言語学的なメカニズムや手段や技術、それに概念や形象や喩法は、はたしてどのような特性をもっているのか、と。ですから、わたしの本が、近代の歴史学者たちの努力の結晶である歴史研究の詳細について論じていない、と批判した批評家も少なからずいました。なるほどそのとおりです。しかし、わたしは歴史的に書くこと（つまり歴史叙述）そのものの歴史を書こうとしたのです。そのために、歴史叙述の古典時代ともいうべき一九世紀のいくつかの古典的作品を分析することに課題を限定し、それらを「一次資料」として扱おうと決めました。たしかに多くの歴史家が、歴史思想の展開について、また歴史研究の技術や方法論、歴史哲学や歴史意識について、すでに論じてはいます。しかし、わたしの知るかぎり、ひどく曖昧で一般的な言葉を用いて論じたものを除けば、これまで誰も、歴史の作品を作品として、つまり「ヒストリオグラフィー」における「書かれたもの《グラフォス》」▼という観点から研究した例はありませんでした。せいぜいあったとしても、ある歴史学作品が「優美な」スタイルで書かれているとか、たとえばマコーリー▼のような歴史家は「ひとを楽しませる語り手」であったとかと指摘される程度にすぎません。

歴史学の作品の内容分析とは、重要な内容を落とさずに要約したりパラフレーズしたりして、内容本意に「議論」を組み立てることだと考えられてきました。まるでテキストを構成する物語形式には、概念や構想に影響を及ぼす力などまったくない、とでもいうかのようです。しかし、現代の文学研究は、言語学的分析にしろ記号論的分析にしろ、もはや言説の形式を、さまざまな情報や論拠、比喩表現、概念、着想を書きこむ「容器」にすぎないなどとは見ていません。むしろ、形式こそ、記号や単語、語句、発話、言説、テキストなどの内容を表す様態なのだと教えています。実際に、言説の形式という隠された要素のほうが、一片の情報やデータよりも、あるいは実在として提示されるものをめぐる表立った議論よりも、言説のイデオロギー的内容に対してより重要な規定的役割を果たしているのです。こう言ったからといって、言説の形式をその内容から簡単に切り離せると考えているのではありません。形式と内容との区別は、少なくとも二重に複雑な関係を構成しています。たとえばロマンスのような文学ジャンルは、それを規定する独特の表現システムをとることで、愛や別離や結合というメッセージを伝えられる形式的構造です。その場合、ロマンスの慣用表現によって語られるストーリーの登場人物や出来事や筋書きが具体的にどんなものかとは無関係なところで、この形式的構造は規定的に作用しているのです。つまり、ここで問題にしたいのは、あるジャンルの「形式の内容▼」とでもいうべきレベルの問題です。それはどんな言表にもかかならず含まれている一つの「内容」なのです。そして、ストーリーのなかで（リアルなものにしろ、想像上のものにしろ）語られている対象とされているものが、もう一つの「内容」ということになるわけです。

　このことはあらゆる物語化の営みに当てはまります。要するに、そこには二種類の「内容」が存在するのです。つまり、形式の内容と、そこで語られているものの内容との二つです。現代の「科学的」歴史叙述は、語られているものの内容を（歴史上の人物であれ制度であれ出来事であれ、とにかく何でも）「歴史学的研究」という主観の側の相関項を通じて提示しようとします。しかし、その場合、自分の仕事は問題となっている事実をストーリーという形式を通じて報告する（つまりナラティヴ化する）ことだと考えているのですから、近代的歴史叙述であるかぎりは、その事実に特定の意味をあたえるためにストーリーを構成して語るというやり方に従わないわけにはいきません。歴史の場から意味を引き出せるのは、（それが芸術的なものであろうと実用的なものであろうと）とにかくこの書くという営みだけなのです。わたしはこの歴史を書くということそのものを形式論的に解明しました。

　本書で提示した議論をここであらためて要約はしません。ただ言い添えたいのは、これまで少なからぬ数の読者が、この『メタヒストリー』という仕事を、過去や歴史に対して自分がどのような関係を持つかを説明する有益な手がかりになると認めてくれたことです。ともすると専門的な職業的歴史学者たちは、自分が「歴史」というものに対する優先的な権利を占有していると主張しますが、「過去」と「歴史」とは同じものではないのです。歴史家が掲げる「歴史」は、「過

▼書かれたもの（グラフォス）　「グラフィー」にしても「グラフォス」にしても、「書く」という意味の古典ギリシア語から由来する。

▼マコーリー　トーマス・マコーリー（Thomas Babington Macaulay）一八〇〇－五九。イギリスの歴史家・政治家であり、詩人であった。晩年の *The History of England from the Accession of James II*（一八四九年）が名著として知られる。

▼形式の内容　ホワイトの別の論集は、この問題を解明して *The Content of the Form* と題している（一九八七年）。

去」のなかでも、一定の時間と場所において歴史家という専門的職業のあいだで通用している前提と方法と目的に従って構成された部分でしかありません。「過去の総体」と呼ばれるもののうちには、そうした「歴史学者の過去」に加えて、歴史家が自分の仕事をすませ、その著作を仕上げた瞬間に、そこからこぼれ落ちてしまった多くのものが含まれているのです。

歴史家たちの基準に従わない過去のそのような部分は、こぼれ落ちるだけではなく、時代のなかで自分の道を見つけようと格闘する人間につねに作用し、そこに介入し、またそうでないとしても少なくとも人間の努力を複雑にします。このことは「過去」だけでなく、「時間」そのものについても言えることです。要するに、誰も過去や時間を自分のものにすることはできないのです。

カリフォルニア州サンタ・クルーズにて
二〇一〇年三月一〇日

［四〇周年記念版への前書き］

「きみが手にしているすべてが歴史だ」

“All You’ve Got Is History”

マイケル・S・ロス

「人間とはなにか」と問おうとするとき（……）、きみが手にしているすべてが歴史だ！◆1

（ヘイドン・ホワイト）

ヘイドン・ホワイトは、この半世紀にわたって、もっとも重要な歴史の理論家であり続けている。『メタヒストリー——一九世紀ヨーロッパにおける歴史的想像力』は、かれの最高傑作である——事実、まさしくこの書物こそがアメリカの人文主義者をもっとも強力に刺激し、歴史的問題と理論的問題をつなげるよう仕向けたのだ。とはいえ、『メタヒストリー』のホワイトは、哲学者や理論家たちが伝統的に関心を寄せてきた意味での「歴史の理論」を提示しているわけではない。すなわち、本書は歴史的出来事を集めて、一個の有意味な全体へと仕上げるやり方を提供することはないのである。また、こうしたことがなぜなしえないのかについて、論拠を与えられた説明を提供することもない。ホワイトが歴史の理論家であるのは、歴史という語のべつの意味で、そうなのである。つまり、過去の出来事についての書かれた説明［すなわち歴史学］という意味である。たとえば、ホワイトの主題は次のようなものではない。すなわち、はたして近代は進歩と自由の時代なのか、はたまた支配と規範化の時代なのか、という問いではない。むしろ、かれの主題とは、過去を表象する自由主義的な様式やフーコー的な様式が、いかにしてバラバラの出来事を一貫性のある物語へと、つまり有意味なナラティヴへと形成するか、ということなのだ。ホワイトが探究するのは、こうした物語のもつ、それが物語であり歴史である限りの位置づけであって、かれはそれらの物語がいかにして言語学的な、あるいはレトリカルな構築として働くかを示すのである。結局ホワイトが提示したものとは、歴史記述のレトリックであって、これこそが、あらゆる歴史的出来事の理論の可能性についてわたしたちが考える仕方に、挑みかかってくるものなのだ。[2]

一九六〇年代後半というと、アメリカの歴史哲学が、ヘンペル的パラダイムと呼ばれるものから抜け出したばかりのころであった。[3]この枠組みのなかで哲学者たちが関心を寄せた問いとは、歴史叙述は科学たりうるか、もし科学たりうるのならば、歴史叙述はいかにして歴史的変化に関する因果法則を展開することができるのか、というものだったのである。ところが、多くの職業歴史家たちが、科学者たちのもつような社会資本を得たいと願っていたにもかかわらず、この歴史学という分野においては、共有された手順やテクニカルな言語が発達することがけっしてなかった。そうした手順や言語があれば、歴史叙述は科学として真剣に受け止められただろうけれども、そうはならなかった。実際、歴史家の多くは日常言語への深い関わりを維持し、そのせいで科学と一つになることは不可能だったのである。[4]一九六〇年代後半になると、状況が一変した。歴史家が科学者のように振る舞うには何をすべきかについては語られなくなり、理論家たちは、歴史家が過去を書くとき何をしているのかを理解することにより強い関心を示すようになった。再び哲学者は、「歴史的理解の自律性」に注目し、したがってこうした理解が表現される形式に目を向けはじめた。[5]正しくは次のように言うことができる。歴史学の仕事が生み出したテキストに哲学者たちが取り組むことで、歴史哲学は——分析哲学的な形態をとるものでさえ——言語論的転回、ないし物語論的転回を迎えつつあったのだ。[6]

ホワイトが歴史学の位置づけについて反省するようになったとき立っていたのは、認識論やさまざまな知識形態に関心を抱く哲学者の立場ではなかった。かれは、あくまで中世史家としてそれを行ったのであり、過去は言語を通じて表現されるがゆえに、その言語への関心を次第次第に強めていったのである。たしかにホワイトは、一八世紀初頭の弁論家にして歴史哲学者である、ジャンバッティスタ・ヴィーコに負うところがあった。けれどもホワイトはまた実際の現場を持っている人であって、自分の同僚たちが歴史学は芸術と科学の仲介者として特殊な位置にあるのだと主張して、理論的な問いに抵抗する様子を目撃していた。『メタヒストリー』でかれは、この「特殊な位置」が保たれているのは「理論的な無気力」（本書四五頁）のおかげであるにすぎないと主張した。初期の論考「歴史の重荷」は燃えるような論考だが、このなかでホワイトは、歴史家が把握する芸術や科学は、いずれも、一九世紀の時代遅れの概念に基づいたものであることを示している。歴史家は、科学や芸術における反省的で自己意識的な発展を無視することで、知的共同体から孤立してしまっていた。この反省的かつ自己意識的な発展は、芸術と科学という二つの営みが構築主義的な性質を有するということをすで

◆1〔原註〕 エピグラフは、"The Aim of Interpretation Is to Create Perplexity in the Face of the Real: Hayden White in Conversation with Erlend Rogne," *History and Theory* 48 (2009): 71.

◆2〔原註〕 ホワイトは、言説の理論的研究を指し示すために「レトリックス rhetorics」という名称を用いている点で、パオロ・ヴァレージョに接近している。ホワイトは、詩の理論的研究を指し示すのに「ポエティクス poetics」という名称を用いることとのアナロジーで、そのようにするのである。Hayden White, " 'Figuring the Nature of the Times Deceased': Literary Theory and Historical Writing" (1988), collected in *Figural Realism: Studies in the Mimesis Effect* (Baltimore: Johns Hopkins University Press, 1999), 1-26 とくに n. 15 を参照。Paolo Valesio, *Novantiqua: Rhetorics as Contemporary Theory* (Bloomington: Indiana University Press, 1980), ch. 1.

▶ヘンペル カール・ヘンペル（Carl Gustav Hempel）一九〇五－九七。ドイツ生まれの科学哲学者。科学的説明は、一般法則を含む説明項から被説明項が演繹されることであるとする「被覆法則モデル」を提起した。論文「歴史における一般法則の機能」（一九四二）は、分析的歴史哲学の源流ともなった。

◆3〔原註〕 ルイス・O・ミンクが書いたとおり、「誇張抜きで次のようにいうことができる。一九六五年ごろになるまで、歴史の批判哲学とは、被覆法則モデル（covering-law model）をめぐる論争であった」。Louis O. Mink, "The Divergence of History and Sociology in the Recent Philosophy of History," in *Historical Understanding*, ed. B. Fay, E. Golob, and R. Vann (Ithaca, NY: Cornell University Press, 1973/ 1987) を参照。

◆4〔原註〕 歴史的説明がもつ、原科学的な性格については、本書六五－六六頁を参照。近年の論考で、ホワイトは歴史が「人文社会科学を構成するあらゆる専門的学問のうち（……）もっとも非科学的なものであり続けている」と書く。"History as Fulfillment," in *Philosophy of History After Hayden White*, ed. Robert Doran (London, New York: Bloomsbury, 2013), 36.

◆5〔原註〕 Mink, "The Autonomy of Historical Understanding" (1965), reprinted in *Historical Understanding* を参照。

◆6〔原註〕 こうした展開については、F. R. Ankersmit, "The Dilemma of Contemporary Anglo-Saxon Philosophy of History," *History and Theory, Beiheft*, 25: *Knowing and Telling History: The Anglo-Saxon Debate* (1986), 1-27, およびかれの *Narrative Logic: A Semantic Analysis of the Historian's Language* (The Hague: Martinus Nijhoff Philosophy Library, vol. 7, 1983) を参照。Michael S. Roth, "Classic Postmodernism" (2004), in *Memory, Trauma, and History: Essays on Living with the Past* (New York: Columbia University, 2011), 137-44; Gabrielle M. Spiegel, "The Task of the Historian," *American Historical Review* 114 (2009) (1): 1-15; Nancy Partner, "Narrative Persistence: The Post-Postmodern Life of Narrative Theory," in *Re-Figuring Hayden White*, ed. Frank Ankersmit, Eva Domanska, and Hans Kellner (Stanford: Stanford University Press, 2009), 80-104をも参照。

に強調していたのだ。情熱的で論争的なこの論考のなかでホワイトが歴史家たちに訴えるのは、かれらが研究する過去と、かれらがそこから過去を研究している現在との結びつきにもっと関心をもて、ということだけではない。かれは、芸術と科学における新しい手法に基づく発展の成果を「わがものに」し、自分たちが試みることのメタファーにせよと訴えているのである。このメタファーが、歴史家たちの抱く関心の内容を変化させるとともに、これらの関心が表現される形式を変容させるだろう。ホワイトが強調するように、

その結果、現代における歴史家の責務（*the burden of the historian*）は歴史研究を知的共同体一般の目的や意図と合致するような基盤に立脚して歴史研究の威信を再確立すること、すなわち、歴史研究を歴史家が積極的に歴史という重荷（*the burden of history*）から現在を解放する仕事に参加するのを可能にするようなかたちに変革することであることとなる。◆7

この論考以降、ホワイトの仕事が目ざしたのは、歴史記述や歴史理解を、その現代の重荷から解放することだった――この重荷は、歴史学を専門科学化すると見せかけ、客観性を追求するとしながらも、抑圧的な画一主義に陥らせるものだった。歴史学は一九世紀に一個のディシプリンとして専門科学化を果たしたけれども、ホワイトにとってこの専門科学化が生じたのは、過去を理解するために書き手が払う努力のうちの、個人的な次元や未来に関わる次元、文学的次元を圧殺することによってであった。『メタヒストリー』の試みとは、一九世紀における歴史学の偉大な作家たちの作品を詳細に解釈することを通して、歴史家たちをこうした次元に目覚めさせることにあったのだ。ホワイトは「リアリスティック」な表象の四類型を吟味しており、この四類型はランケ、ミシュレ、トクヴィル、ブルクハルトの作品のうちに実例が示される。さらにかれは、素朴なリアリズムに対する、哲学の側からの拒絶を四つ検討している。すなわちヘーゲル、マルクス、ニーチェ、クローチェに表れる拒絶である。ここにおいて、壮大な思想史が繰り広げられているように思われる。歴史学的な思考の進化とは、歴史家のあいだで長らく好まれてきたトピックであり、ホワイトは一九世紀に立ち戻ることによって、自らが歴史家の黄金時代と呼ぶものを指し示すのである。ホワイトが歴史哲学者を取り上げる態度は、かれの同僚の大半にくらべれば、ずっと真剣であった（実際かれは、「現実の」歴史家と歴史哲学者の違いは強調点の差であって内容ではないと主張している――本書四三頁）。けれども全体的にみれば、かれの主題は、このような思想史という反省的な部門の内部にとどまっていることが認められる。『メタヒストリー』は、基本的で非歴史学的な核心部分を擁

している。歴史家にとってはこの核心と折り合うことに大きな困難があるわけだが、これがあればこそ、本書は真に理論的な重要性をもつことになったのである。ホワイトは、文学理論のレンズを通して一九世紀の作家を読んでいる。理論とはとりわけ、レトリックとジャンルに関する理論である。[◆8]ホワイトによれば、四種類のリアリズムは、歴史的出来事を物語へと「プロット化」する四つのスタイルとして理解することができる。ジャンルとは、ミシュレにおけるロマンス、ランケにおける喜劇、トクヴィルにおける悲劇、ブルクハルトにおける風刺劇のことである。これに対して歴史哲学者たちは、特定の喩法、言い換えれば語りの形象を特権化するのである。マルクスは、歴史の場を組織するうえで、換喩と提喩を強調する。その一方でニーチェは隠喩に、クローチェはアイロニーに依拠している。これらの作家はひとりとして、単一のジャンルないし喩法を専一的に用いているわけではないが、優先的な（あるいは支配的な）修辞上の機能を使って、過去を表象している。その場合、もっとも重要なことは、一個のジャンルないし喩法が、その他のものに比べてある種の歴史的出来事を語るのにより適切であるといった考え方を、ホワイトが退けていることだ。かれが同じようにして退けるもう一つの考え方は、あるジャンルないし喩法がその他のものに比べ、過去において現実に生起したことにより正確に対応しているというものである。かれは、喩法とは著述家たちが歴史の場をあらかじめ形象化する方法であると主張する——過去がわたしたちにとって利用可能となるのは、もっぱら詩的な構成行為を通じてなのだ。著述家たちはそうして、過去を一つのプロットへと形成し、過去を有意味なものにして読者たちに手渡す。プロット化の行為は、これらの四つの主要なジャンルに一致している。

たとえばホワイトはマルクスを読解しつつ、この革命家が

◆7 〔原註〕 強調原文。Hayden White, "The Burden of History," in *Tropics of Discourse: Essays in Cultural Criticism* (Baltimore: Johns Hopkins University Press, 1978), 41（ヘイドン・ホワイト「歴史という重荷」、『歴史の喩法』二九頁）. David Harlan, "The Burden of History Forty Years Later," in *Re-Figuring Hayden White*, 169-89を参照。

◆8 〔原註〕 White, "Literary Theory and Historical Writing," n. 18. ロバート・ドーランが、自身で最近編集したホワイトの論集に寄せた非常に有益な序文も、参照されたい。"Humanism, Formalism, and the Discourse of History," in Hayden White, *The Fiction of Narrative: Essays on History, Literature, and Theory, 1957-2007*, ed. Robert Doran (Baltimore: Johns Hopkins University Press, 2010), xiii-xxxii.

過去を表象するうえで、二つの異なる戦略のあいだで揺れ動いている様子を明らかにしている。マルクスはまず、機械論的な、法則によって拘束された「土台」という概念に依拠している。つまり経済学である。換喩という喩法——部分を全体と捉えること——が、経済をめぐるかれの表象を支配した。表にははっきり見えない経済的諸関係が、わたしたちの歴史的相互行為の全体を決定する（あるいは少なくとも表現する）と見られている。こうした表象の戦略にふさわしいジャンルは悲劇である。悲劇は、争いを特権化するものだからである。マルクスによれば、あらゆる経済的な発展は基底における争いを増幅させる。富の生産が生じるのは、ますます多くのひとびとがだんだん貧困化するという、犠牲のもとでなのだ。「これまで存在してきたあらゆる社会の歴史は、階級闘争の歴史である」。『共産党宣言』のなかでそう書いたマルクスは、ブルジョアジーは自らの墓穴を掘る仕儀に陥ると論じたのだった。ところが、かれの第二の表象戦略は、まったく違う形を取っていた。政治・文化領域、つまりは「上部構造」における変化を記述するなかで、マルクスは提喩——本質的な属性が対象全体を表現すること——に依拠した。提喩に頼ることでかれが示したのは、人間的諸関係が、究極的には歴史（これは人類の前史になるが）の終わりにおいて、いかに本来的な仕方で社会的に存在するようになるか、ということであった。提喩は、ホワイトの目から見ると、統合的なものであり、この喩法の内容が、マルクスを喜劇に導いた。喜劇というジャンルにおいては、矛盾が解決され、調和が支配する。こうしてホワイトは、マルクスが行った歴史の場の詩的な、あるいはレトリカルなプロット化が、次のような物語に至る様子を示している。つまりその物語のうちでは、特殊な歴史的出来事は悲劇的な意味を帯びているのだが、この意味はより大きな喜劇的パラダイムのうちに吸収されてしまう。こうしたパラダイムの内部で、マルクスは、物語をその適切な、救済的な終わりへともたらす、ラディカルな行為の可能性を仮定することで、抗争によって引き裂かれた歴史が潜在的にもっている有意味性を確証することができる。

ホワイトのマルクス読解、あるいは『メタヒストリー』で扱われるその他の著者の読解でもよいのだが、その結論部だけを要約的に提示するのは、かれの解釈がはらむ細部の豊かさや、その巨大な総合する力に対する正当な扱いにはならないだろう。ヘーゲルやニーチェの著作を理解しようとする思想史家や文芸批評家、哲学者は、『メタヒストリー』から多くのことを学んできた。かれらが本書の理論的な基盤に賛同しているかどうかは別にして、である。しかし読者は、一九世紀のさまざまな著述家たちが物した歴史の表象に関して、それらを比較した場合の相対的な正確さではどちらが優れているのかは、何一つ学ぶことがない。たとえばホワイトは、ランケとブルクハルトが過去を構成して語る様式について論ずる段で、それぞれの著者がどれくらい正しいのかを評価することには関心を見せない。『メタヒストリー』は、一個の歴史や、ある特定の歴史哲学が、他に比べてよりリアリスティックかどうかという点については、明確な立場を取らない。『メタヒストリー』はまた、同書で説明されているさまざまな歴史的方法論についても、それが科学的に妥当かという点には関心がないのである。その代わりにホワイトが検討するものとは、ロラン・バルトがいうあらゆる歴史記述によって創出される「現実効果」である。[9] こうした効果を創出するやり方が異なれば、生じてくるプロットの種類も異なるし、イデオロギーの種類も異なる。[10] あらゆる歴史記述のうちに存するメタヒストリー的な要素は、書くことがもつ「批判以前的な」、「深層構造的な内容」なのである。ホワイトはこれを、折にふれて、歴史の場の詩的形象化と呼んでいる。この内容は、つねに、四つの喩法をなんらかの形で組み合わせることを通じて理解される。この四つの喩法によって、過去を言語において表現する可能性は汲みつくされているとホワイトは考えている。喩法の理論で武装した歴史記述の批評家は、したがって、「歴史理解の自律性」というよりは、歴史を書くことは、書くこと一般とのあいだの親近性で考えなくてはならないということを理解できるようになる。歴史の理論家は、特殊な目的のために過去のなかから特殊な物語を作り上げるにあたって、特定の形態の表現において利用可能な可能的選択肢を探し求めることができる。[11]

◆9〔原註〕 ヘイドン・ホワイトの思考に対する、ロラン・バルトの重要性については、"The Aim of Interpretation...," 68におけるホワイトのコメントを参照。Hans Kellner, "Hopeful Monsters, or, The Unfulfilled Figure," in *Philosophy of History After Hayden White*, 167-68、および Stephen Bann, "History: Myth and Narrative; A Coda for Roland Barthes and Hayden White," in *Re-Figuring Hayden White*, 144-61を見よ。

◆10〔原註〕『メタヒストリー』においてプロット化と論証、イデオロギー的意味のあいだのつながりは、たんなる親和性として記述されている。同書の大部分におけるフォルマリスト的アプローチでは、著者の意図は重要ではない。

◆11〔原註〕 現在では、ホワイトの喩法の使用に関して、膨大な二次文献が存在する。たとえば、Arnaldo Momigliano, "The Rhetoric of History and the History of Rhetoric: On Hayden White's Tropes," *Comparative Criticism* 3 (1981): 260-61; Gabrielle M. Spiegel, "Rhetorical Theory/ Theoretical Rhetoric: Some Ambiguities in the Reception of Hayden White's Work," in *Philosophy of History After Hayden White*, 171-82; Adrian Wilson, "The Reflexive Test of Hayden White's *Metahistory*," *History and Theory* 53 (2014): 1-23を見よ。

次のことは注記しておこう。つまり、ホワイトはけっして、ある哲学者や歴史家が、隠喩の徴のもとで心して書き始めたのだとか、喜劇的なプロット化が、マルクスが歴史を書く際に意識的に用いた編成原理であったとかと主張しているわけではない。ホワイトはテキストの形式的な固有性を分析しているが、この分析は作家の意図に依存するものではない。かれは、テキストが有する文脈《コンテクスト》に対して訴えかけるわけでも、ましてひとがテキストとは独立に知りうる慣習といったものに依存しているわけでもない。したがって、テキストがいかにしてその効果を獲得するのかを明確にしようとするホワイトの試みは、たとえば、クエンティン・スキナーの奮闘からは程遠いものである。スキナーは、テキストが含む言語行為に到達しようと奮闘していたからである。同じく、ホワイトのレトリックの分析は、J・G・A・ポーコックが、政治理論家の利用しうる言語ゲーム（ないしパラダイム）を暴露しようとした奮闘とは、ほとんど共通点がない。ポーコックが探し求めたのは、一定の内容がある特定の文脈で与えられる言説形式であったが、ホワイトが求めたのは、特定のナラティヴ形式の内容だった[12]。

そうだとすれば、歴史家が一九世紀の重荷を逃れるのを助けるために、ホワイトが『メタヒストリー』でなしたこととは、いったい何だったのだろうか。ホワイトは、さまざまな種類のリアリズムを構成する仕方に着目するというフォルマリストの戦略を用いることで、認識論的な問いや客観性に関する問いを放棄した。かれは文学的構造ないし詩的構造を探究することを優先したのである。歴史家は過去のうちに物語類型を発見するのではない。歴史家は過去を物語類型へと形成する。ホワイトが興味をもつ問いとは、物語と「リアリティ」との一致に関する問いではない。それを有意味にするなんらかのプロット化を離れて、独立に考察されうるリアリティなど、存在しない。むしろかれが興味をもったのは、なにがリアリスティックと見なされるべきかを測る基準を、書き手がいかに創出したのかという点なのである。かれらは、自分の物語に権威を与えるために、そうした基準を創出するのだ。ホワイトの読解は、こうした権威を掘り崩し、リアリズムの一定の特殊形式を採用させるようにする道徳的選択や審美的選択が働いていることを明らかにしようとしていた。自らの書く歴史は客観性を備えており、リアルなものであるとする歴史家の主張は、いつだって、こうした根本にある選択を覆い隠そうと試みるものである。喩法論的な批判がなしえたのは、こうした選択を暴き立てることであった。

続けて書かれた諸論考——そのうちの多くは、現在では四つの著作にまとめられている——のなかで、ホワイトは引き続き、歴史記述をレトリカルな構造体として吟味する作業を進めている[13]。ホワイトは歴史と現実との一致という問いを黙殺することにより、また言語学的機能としての指示について

『メタヒストリー』付録

作品社編集部刊行

『メタヒストリー』以後の歴史学――新たな展開の局面を迎えている　長谷川貴彦

『メタヒストリー』が現在に問いかけるもの――原書刊行から44年、待望されていた邦訳の刊行

鼎談　成田龍一・岩崎稔・橋爪大輝

『メタヒストリー』以後の歴史学
――新たな展開の局面を迎えている

長谷川貴彦

（『図書新聞』二〇一七年一二月一六日号より転載）

ホワイト・ルネサンス?

二〇一七年の日本は、「ホワイト元年」あるいは「ホワイト・ルネサンス」といってもよい年であった。ヘイドン・ホワイトに関する一連の書物が翻訳・刊行されたからである。三月には上村忠男氏の編訳になるアンソロジー『歴史の喩法――ホワイト主要論文集成』（作品社）が刊行された。また一〇月には『実用的な過去』（上村忠男監訳、岩波書店）が刊行されている。なかでも四〇年越しの訳業となった『メタヒストリー――一九世紀ヨーロッパにおける歴史的想像力』（原著一九七三年、岩崎稔監訳、作品社）が九月に刊行され、遅きに失したと

はいえ、言語論的転回以降の歴史学を論じる場合に不可欠の書物だけに、大きな議論を呼び起こしそうである。事実、一〇月には、国際シンポジウム「『メタヒストリー』の射程で考える歴史叙述と記憶の問題系」が東京外大で開催されている。

『メタヒストリー』の中身については、すでにあまたの解説本が刊行され、ここで屋上屋を重ねる必要はないだろう。それは、一九世紀の歴史家のテクストを詳細に分析、歴史叙述の深層意識を解明して、彼らが研究に先立つ認識目標から特定の様式を選択していることを明らかにしている。歴史叙述といっても、ひとつはプロットについてであり、ロマンス（ミシュレ）、喜劇（ランケ）、悲劇（トクヴィル）、風刺（ブルクハルト）というかたちで、歴史家は叙述に先立って「物語」（プロット）を選択していたという。もうひとつは、喩法（レトリック）の選択に関する問題であり、換喩（ヘーゲル）、提喩（マルクス）、隠喩（ニーチェ）、アイロニー（クローチェ）というかたちで、一九世紀の歴史哲学者たちが特定の喩法を特権化しながら立論していた点を論じている。

このように、『メタヒストリー』は、プロットやレトリックに焦点を合わせて、一九世紀の著述家の文学理論的分析をおこない、「歴史の場が詩的に形象化」されていること、すなわち歴史記述によって創出される「現実効果」を検討し、「書くこと」がもつ「深層構造的な内容」を解明したのである。そこには、歴史学に対するいくつかのラディカルなメッセージが含まれており、当然、反発と疑念を招くことになった。すなわち、ホワイトのいう「歴史の詩学」は、歴史学とフィクション（詩・文学）の差異を曖昧化させはしないか、「歴史叙述の構築性」を認めることは、歴史家の主体性を復権させる一方で、事実のリアリズムを欠落させはしないだろうか、さらにいえば、競合する物語間の「価値相対主義」は、「何でもあり」の歴史叙述に帰結して、歴史家の倫理性を担保できるのか、といった「表象の歴史学」につきまとう問題が生じることになったのである。事実、日本での言語論的転回は、文学と歴史学のあいだの境界線をめぐる論争として、また、従軍慰安婦論争での実証主義史学かオーラル・ヒストリーかといった問題を軸に展開されてきたように思われるが、その背後には常に『メタヒストリー』が蠢くように存在していたのである。

ホワイト歴史哲学の問題系

一連の訳書が刊行された二〇一七年の日本における知の地平は、『メタヒストリー』を中心とするホワイトの歴史哲学の論理構成の立体的な把握を可能にしているといえる。

第一に、『メタヒストリー』執筆の直接的な動機である。一九六〇年代にもともと中世史家でもあったホワイトが目にしていたのは、一九世紀の歴史学への誤った理解による歴史家の理論的無気力状態（アパシー）であった。つまり、歴史を芸術と科学の中間形態に位置づけ、理論的な問いに対する抵抗・拒否を示していたのである。ホワイトによれば、実際の科学や芸術は自己反省的で自己意識的な発展をし、構築主義的性質を保有しているのであった。「歴史家の責務」とは、「歴史という重荷」から現在を解き放ち、「芸術や科学をわがものとせよ」ということにあった。「重荷」とは、歴史学を専門科学化すると見せかけ、客観性を追求するとしながらも、抑圧的な画一主義に陥らせていること、したがって「解放」とは、歴史家の個人的次元、未来に関する次元、文学的次元、つまり主体性や倫理性を復権することにあったのである。

第二に、『メタヒストリー』の知的起源である。それは人文科学における言語論的転回を象徴する書物であり、その起源がソシュール構造主義言語学にあるとされてきた。論文「歴史の喩法」（同名訳書、所収）によれば、ホワイトにとってのインスピレーションは、一八世紀イタリアの思想家ジャンバッティスタ・ヴィーコの『新しい学』（第一版一七二五年、第二版一七三〇年、第三版一七四四年）にあった。そこで、ヴィーコは、歴史法則と喩法の関連性を論じて、歴史は「神々の時代」→「英雄たち（貴族）の時代」→「人間たちの時代」という発展段階をとって展開するとし、その発展段階における移行の解釈において、隠喩（神）→換喩（英雄・貴族）→提喩（民主制）→反語（堕落社会）というかたちでの文化・意識の比喩的変容を説明原理として用いている。ホワイトが『メタヒストリー』で用いた「歴史叙述の深層構造」への関心は、ソシュールではなくヴィーコから得られた着想だったのである。

第三に、『メタヒストリー』のもつ射程についてである。「表象の歴史学」のアクチュアリティのリトマス試験紙となったのが、ソール・フリードランダーとの「〝最終解決〟と表象の限界」をめぐる論争であった。背景は、ドイツ歴史家論争の形態をとって現れる歴史修正主義の登場であり、そこでのナチズムやホロコーストをめぐる評価の問題であった。フリードランダー「ホロコーストは語りうるか」によって提起されるのは、ひとつには「競合し合う物語」のあいだに優劣の判断基準はあるのかという相対主義がはらむ認識論的問題であり、また歴史修正主義の「受け入れがたい」プロットが登場した場合における修正主義的言説の評価に関わる倫理的問題であった。その後、直写法（リアリズム）か比喩形象的表現かという「歴史の詩学」に関わる表現技法の問題が加わることになるが、ホロコーストをめぐる思索は後期ホワイトの中心的な関心事となっていった。

『メタヒストリー』のインパクト

こうした『メタヒストリー』は、歴史学の「本流」にどのようなインパクトを与えてきたのであろうか。

ホワイトが『メタヒストリー』を刊行した当時、社会史研究が隆盛を極めていたが、それは戦後の経済史研究を批判するなかから登場してきた。その社会史でも、ナタリー・デーヴィスやカルロ・ギンズブルグらのミクロストリアの歴史家によって「物語の復権」が唱えられていた。アナール学派の社会史が社会集団（民衆・農民・労働者）に着目したのに対して、より細部での個別の対象に注目したのがミクロストリアであった。ギンズブルグのいう「歴史を逆なでに読む」とは、テクストを細心に読むことで民衆文化の痕跡を発見し、歴史の全体像を再構築しようとするものだった。ギンズブルグらは、歴史叙述の物語性に共感しながらも、あくまでも資料の痕跡を解読する論理として物語論を活用する点で、ホワイトと異なっている。それは、歴史学の主流派の問題関心が社会史から文化史へと移行していくなかで引き起こされた物語論をめぐる論争であった。

『メタヒストリー』がひとつの象徴ともなった「言語論的転回」以降の現代歴史学は、さまざまな「転回」を内含するものである。それらは新たな転回の局面を迎えている。ひとつは、空間論的転回であり、それは、具体的には、グローバル・ヒストリーやトランスナショナル・ヒストリーというかたちで進行している。もうひとつは、時間論的転回であり、具体的には、ビッグ・ヒストリー（宇宙史）、ディープ・ヒストリー（人類史）、そして「人新世」（気候変動の歴史）などのかたちで登場している。それらは、宇宙論・物理学・地質学などの自然科学の影響を受けつつ、また新興の生命科学・神経科学などを援用することによって、共通して超長期的視点で歴史を捉えようとしている。現代歴史学は、時間論的・空間論的スケールを拡大して「大きな物語」へ回帰を示しているといえる。

現代歴史学において時間論的ならびに空間論的転回が進行していくのには、いくつかの背景がある。空間論という観点からすれば、これまでの「国民国家」単位の歴史叙述が、グローバリゼーションによって機能不全に陥っていること、また、ミクロストリアなどへの文化論的転回によって、分析対象がミクロ化・断片化してしまったことへの反発がある。他方で、時間論の観点からすれば、かつての歴史学は、因果関係論的思考にもとづいた長期的視点から、現実への問題提起を積極的におこなってきた。だが、史料の氾濫や研究史の蓄積によって研究対象が狭隘化していくにつれて、「近視眼思考」が蔓延してしまった。こうした研究状況が、「小さな物語」の氾濫と「大きな物語」の消失というポストモダン状況を生み出し、この長期的・広域的視点の欠如は、歴史学の実践性の喪失をも招いているというのである。

最近のホワイトは、「歴史の重荷」論を発展させて「実用的な過去」という概念を提出している。かつて「歴史の重荷」として提出した近代的な専門の歴史家によって組織化され構築された過去を「歴史的な過去」と呼び、それに代わるものとして実践的な問題を解決するのに必要な情報や考え方を「実用的な過去」と呼んでいる。時間論的・空間論的転回という現象に見られるように、歴史家のなかでも、歴史研究のスケールを拡大して、現代の人間社会が抱える諸問題に取り組むことにより、歴史学の実践性と倫理性を復活させ、歴史学の存在意義を再確認しようとする「歴史学のマニフェスト」（D・アーミテイジほか『これが歴史だ！――21世紀の歴史学宣言』刀水書房、二〇一七年参照）が広く共感を集めている。そこでは、たとえば、グローバル・ガヴァナンス、格差と貧困、気候変動や環境問題への取り組みが求められている。この提言にもみられるように、ホワイト『メタヒストリー』のメッセージは四〇年がたったいまでも、歴史家の実践に深く沈潜して影響を与え続けているといえるだろう。

長谷川貴彦（北海道大学教授。イギリス近現代史・歴史理論）

『メタヒストリー』が現在に問いかけるもの

――原書刊行から44年、待望されていた邦訳の刊行

鼎談　成田龍一・岩崎稔・橋爪大輝

（週刊「読書人」二〇一七年一二月一日号より転載）

四つのトゥループ

橋爪●二〇一七年になって、ヘイドン・ホワイトの著書が次々翻訳されています。刊行順に紹介すると、論文集『歴史の喩法』（三月刊、作品社、上村忠男編訳）、『メタヒストリー』（九月刊）、『実用的な過去』（十月刊、岩波書店、上村忠男監訳）となります。特に主著『メタヒストリー』は、原書刊行から四四年経ちながら、長らく未邦訳の状態でした。非常に難解な英語であり、内容も晦渋であることが、理由だったのではないかと思います。その意味では、今回の邦訳はまさに待望されていたものでした。

本日お話を伺う岩崎さん、成田さんのおふたりは、歴史学が「ナショナル・ヒストリー」に狭隘化する事態を批判的に捉えてお仕事をされてきました。たとえば岩崎さんは、記憶というものが歴史・歴史学において持つ意義を、哲学的・政治学的に再検討してこられました。一方成田さんは史学史の再考、歴史文学の評価を通じて、歴史学の狭隘化と向き合ってこられました。ところが、こうした試みにもかかわらず、日本の現状を見ていると、政治の保守・反動化の進行に歩調を合わせるようにして、歴史修正主義がますます勢いを強めている。こういった状況をも踏まえて、『メタヒストリー』が今訳されることが何をもたらすのか、今日はお話をうかがっていきたいと思います。その前に、まだ本を手にしていない人のために、『メタヒストリー』においてどのような議論がなされているのか。監訳を務められた岩崎さんから、要点をご紹介いただけますか。

岩崎●長い時間がかかってしまいました（笑）。遅くなったのは、私の非力さのせいであることはもちろんですが、やはり大変な難物であったとも言い訳させてください。翻訳をめぐる基本姿勢や実際の七転八倒に関しては、「解説」で正直に白状しておりますので、それを読んでいただければと思います。今日司会を務めてくださる橋爪さんにも、推敲作業の途中で「四〇周年記念版」が公刊されて、初版とは誤植も含めて一字一句変わっていなかったけれど、そこにマイケル・ロスの「前書き」とホワイトの追加の序文がつけ加えられていたもので

すから、急遽その部分の担当として仲間に加わっていただきましたね。九年間という翻訳作業の過程で多くの方にご助言いただきました。たとえば安丸良夫さんや上村忠男さんとも、数えきれないほど話をしました。そうした方たちからいただいた負債を、はたしてこの翻訳でお返しできているのかなあ、と考えているところです。

　この本の要点を述べるように、とのことですが、この大著はひと言で言い切るなら、文字通りヒストリーに対するメタな反省的視座を確保しつつ、広い意味での歴史に係るテクストに関してその形式的な構造を大胆かつ精密に解明していく仕事です。私たちが歴史を語る際には、決ってそこにプロットを作り出し、論証の構造を見出し、さらにそれを通じて一定のイデオロギーの類型が構築されていく。しかもその根底には、人間の言語行為が持つ極めて規定力の強い形式としての四つのトゥループ（喩法）が存在する。隠喩、換喩、提喩、アイロニー、この四つの喩法の形式を取り上げ、鮮やかな類型化を提起し、十九世紀の歴史学と歴史哲学を架橋してみせた傑出した作品ですね。その翻訳をどうにか日本語圏で実現することができたのは、橋爪さんがおっしゃるように、原書刊行から四四年もの歳月が経った時点になったわけですが、時間の経過に伴い、私たちはアドバンテージとディスアドバンテージを持ちうるのだと思います。そこも織り込みながら、『メタヒストリー』が現在に問いかける意味についていっしょに考えてみたいですね。

成田●四四年前というと、ちょうどベトナム戦争の最中であり、アメリカの歴史学は大きく変わろうとしていました。また同時に、歴史学のみならず様々な新しい「知」が、アメリカに導入されていた時期でもあります。そうした中で、ホワイトの『メタヒストリー』が書かれています。いってみれば、歴史も歴史をめぐる知も大きく動いている時期に産みだされた著作です。当時の歴史学の状況はといえば、各国で温度差はありながらも、まだまだマルクス主義と実証主義が強い時期でした。一九五〇年代から六〇年代にかけてマルクス主義と実証主義が歴史学の中核となっており、そこに変化の兆しが見えはじめたのが七〇年代でした。歴史学の変わり目を象徴するように『メタヒストリー』が出されたと思います。

　この書物は、部分的には（とくに序論は）紹介され、衝撃を伝えていました。私自身も、大学院の授業で『メタヒストリー』をとりあげ講読しました。ただ、如何せん難解な書物であり、難渋し苦労しました……。あらためて、翻訳された『メタヒストリー』に接しましたが、驚くほど読みやすいですね。これがあの難しかった本なのかと思わせるぐらいに明解で、論理的な筋を通した文章になっている。また、「歴史」と「歴史学」を訳しわけるなど、文脈を作り出すことに配慮されています。岩崎さんをはじめ、訳者の方たちの成果だと思います。

　ふたつのことを入り口としてみたいと思います。ひとつは、岩崎さんがいわれましたが、『メタヒストリー』は歴史学と歴史哲学を架橋して問題を立てており、そこにホワイトの強烈な問題意識があったということ。ホワイトが具体的な素材としてあげるのは十九世紀の歴史学と歴史哲学で、その点検を行なうときに焦点を歴史叙述にぴたっと合わせたところが、この書物の中心的特徴になるだろうと思います。その営みが歴史学をメタの次元から問い直すこととなり、大きな意味を投げかけることになった。

では四四年経って、そうしたホワイトが提起した問題が、歴史学を変えていったのかというと、私は悲観的です。「出逢い損ね」の歴史であったのではないか——日本だけではなく世界的にも、歴史学と『メタヒストリー』は「出逢い損ね」であり続けているということです。ホワイトがもたらした問題を（長谷川貴彦さんにならって）「転回」といってみるとき、歴史学の本流には、いまだ「転回」は見られないと思います。

しかし、二点目となりますが、『メタヒストリー』の遅ればせながらの翻訳によって見えてくるものもあると思います。それは、いままた起こっている歴史—歴史学の変化に遭遇したということです。歴史の見方がグローバルヒストリーやディープヒストリー、ビックヒストリーという形で大きく変わろうとしています。そのときに、日本の読者にとっては、ホワイトの問題提起を参照することが可能となります。いや、参照しなければ、もったいないです。

「出逢い損ね」の歴史

岩崎●なるほど。「出逢い損ね」の問題は、その後の展開を考える上でも重要な論点ですね。私自身のわずかな経験に照らしても、「出逢い損ない」ははっきりそう感じられました。私が『メタヒストリー』の翻訳に取り組んでいることが分かると、軽く冷笑的に扱われたり、全面否定されたりすることもありました。『メタヒストリー』は歴史的な事実を相対化するやばい書である、あるいは取るに足らない硬直した形式主義の本だ。そう切って捨てる方が少なからずいましたね。だから、成田さんのご指摘には同感します。たしかに『メタヒストリー』は、歴史学における言語論的転回の一連の同時代的な企てのひとつであり、しかも、その問題をこれほど徹底した形で歴史学者に突きつけた書物はなかったでしょうね。だからこそ非常に重い本であると同時に、危険視された本でした。一方でそうした警戒心からする遮断があるとともに、他方では、もう言語論的転回なんて聞き飽きた、珍しくもない、という陳腐化による遮断もありました。しかし、あらゆる歴史はナラティブであり、言語的な構築物としての歴史学のディスクールが、その特性とともに招きよせる帰結を引き受けなくてはならないというところから、歴史学は始めなければならない。そういう基本的なことが、本当に歴史学や歴史認識をめぐる議論の土壌となってはいませんね。ホワイトの議論と出逢い損なってしまった理由として、歴史学は暗黙の裡に知の制度としての特権性を防衛するところがあったし、また他の領域とのクロスオーバーな現実に対して尻込みをするところがあった。もちろん冒険的な語り手はたくさんいたし、挑戦を試みた歴史家はいます。そういう人々は『メタヒストリー』に直接言及しないまでも、かなり近い作業をしていたと思います。ただ歴史学総体としては、「安全装置としての実証主義」を絶対に手放さなかった。別に歴史学を目の敵にしていっているわけではないし、むしろ歴史学に自由になってもらいたい、もっと豊かになって欲しいと、思っています。だからこそ、なぜ歴史学の主流が『メタヒストリー』に今いったような態度を取りつづけてきたのか、改めて考えざるを得ないですね。

橋爪●歴史学が言語論的転回を引き受けていかなければならないという時、その一番のポイントはどこにあるのでしょうか。

岩崎●引き受けるというよりは、つねにすでにその条件の中にあるのに、そのことを否定しつづけるのは無理だということですね。

橋爪●言語的な構築物であることは歴史学自体が成立するための条件であり、このことが問われざるを得ない。

岩崎　そのことの外部には出られないし、それが歴史学の投げ出されている地平なんだということを、引き受けるところから出発するしかない。

成田●歴史学の現場にいる人間からすると、まず歴史学が言語による構築物であるというテーゼに、従来の歴史家たちが反発したと思います。つまり歴史は認識であるというテーゼ、また「事実」を参照系とするとして積み上げられてきた方法に対し、ホワイトは真っ向から立ち向かうのですね。歴史は叙述であるという主張は、この意味で従来の歴史学に対する根底的な物言いとなっています。むろん、歴史学の作法として史料の収集を無視しているわけではありません。ホワイトは、史料収集は準備作業として必須とするのですが、そのときすでに叙述の「特定様式」を選択しているとするのですね。歴史家の勝負すべきところは叙述である、というメッセージでもあると思いますが、この問題提起に対し、昔ながらの伝統的なやり方に従事している歴史家は反発したのでしょう。

マイケル・ロス「前書き」は、物語という装置は「透明な説明と見える」といっています。歴史家は史料を分析し、過去をナラティブへと形作っているけれども、その自覚がないことの批判を、ホワイトは十九世紀の事例で実践したと、ロスはいうわけです。言語論的転回は、物語論的転回でもあり、ホワイトは、あらためて歴史学が「言語による構築物」であることに注意を向けるのですが、そのことを従来の歴史家は理解したくなかったのだと思います。

橋爪●いま史料について言及されましたが、ホワイトの主張によれば、岩崎さんが言及した「四つの喩法」、そのどれを選択するかによって、史料の見え方自体も定まってきてしまうわけですよね。「歴史の場」を眼差したとき、既に立ち働いている規定性が存在する。そういう意味で、歴史学の仕事の根底的な次元、いわば前歴史的な次元において、既に作用しているものがあるということですね。

三派鼎立の構造

岩崎●レトリック論というものが、日本の思想史の中で必ずしも十分に位置づけられてこなかったんですが、『メタヒストリー』ショックによって、あらためてそこに光を当てられればいいと思うんです。しかも、たんに文彩技術としてのレトリックではなく、私たちの言語的な能力の基底に存在する、深層において重要な作用を及ぼすものとしてのレトリック構造です。これを現実的な実践的問題として考えたいし、政治的な判断力につながる問題でもある。『メタヒストリー』の効用のひとつとして、その問いがそのうちに開けてくるかもしれません。

成田●レトリックがリアリティを作りだすとすれば、実証主義もマルクス主義もその観点から、リアリティの説明――創出の型として相対化されてしまいます。「真理」の探究を掲げる歴史家は反発するわけですね（笑）。この点からも、ホワイトの歴史叙述への着目は光ります。

　歴史の方法といったとき、歴史叙述に着目したひとりは、民衆史家の色川大吉さんです。『歴史の方法』（一九七七年）で歴史叙述論に焦点を当て、さらに文体論へとも踏み出し勘のよさを示しますが、分析は自分の実践についてです。自らがどういう史料を集め、どのようなプロットで描いていったかを考察しつつ、結局は経験則へと落としこんでしまいました。『歴史の方法』を契機に、西川長夫さんとの歴史叙述をめぐる論争もあり、日本にもホワイト的問題の動きもないではなかったのですが、しかし、やはりマルクス主義の圧倒的な強さ、実証主義の強固さにより議論が開かれず、ずるずると四十数年が経ってしまったといわざるを得ないですね。

岩崎●マルクス主義について、歴史学の個別の事例に即しておっしゃったんですけれども、たとえば一九三〇年代の「東亜共同体論」だとか、アジア主義に関わる様々な言説を現在読むと、当時は激しく中で互いに議論していたと思いますが、当事者の自覚を超えて、諸々の言説の構造が似ていると感じられるんですね。京都学派の哲学者たちを見ていても、本流である人たちと左派の人たちが、政治的には強く対立しているはずなのに、双方の語りは歴史哲学的な思考において相似的になっています。同じ京都学派なのだから当たり前だといわれるかもしれませんが、当事者としては、同時代の政治状況に対して全面的に対決しながら、京都学派内部とも国家権力とも戦いながら語っているテクストが、反動的な言説と同じ構造から出ていない。なぜこういうことが起きるのか。ここも当事者の意識を超えたところで規定している喩法の問題まで降りて考えていくと、はっきり見えてくることがあるのじゃないか。三木清や梯明秀のテクストを振り返ると、そのことを強く感じますね。

橋爪●おふたりの話をうかがっていて感じたことですが、やはり、ある程度の時間的な距離が取れなければ、自分を規定している暗黙の構造、ホワイト的に言えば根底にある喩法を、自覚的に捉えなおすことは困難である、という事情もそこにはあるように思います。成田さんはその意味では、一九三〇年代の歴史叙述を史学史的に反省する作業を行なうさい、事実的な時間の経過から生じる距離感を生かせる立場におられた。実際に史学史の作業を行なってこられた立場から、岩崎さんの話を受けて、コメントをいただけますか。

成田●橋爪さんの指摘は、あらためて自らの足元を見直させます。まず、一九三〇年代の歴史学あるいは歴史をめぐる知の状況を考えたとき、マルクス主義が台頭するなか、京都学派がそれに対抗するような議論をしていたことです。さらに、明治維新史研究を代表とする実証主義の歴史学も形を作りはじめていた。つまり実証的主義とマルクス主義と、構築主義的な歴史認識――この三派が鼎立する状況がみられます。では、ホワイトの『メタヒストリー』が出たあとはどうだったか。一九八〇年代から九〇年代の前半までは、まだマルクス主義が健在であった。それとともに、マルクス主義の歴史観を相対化しようとする社会史的な潮流が出てくる。そして実証主義も存在し、ここでも三派鼎立の構造がみられます。ホワイトの『メタヒストリー』を補助線としたとき、こうした配置が浮かびあがってきます。

他方、その三派鼎立のとき、たとえば京都学派とマルクス主義が、イデオロギー的には対立するけれども、認識論的には共有する部分があり、実証主義とマルクス主義は、向かう方向は違うにもかかわらず、史料に向き合う姿勢は共通するなど、三者のあいだには反発と重なり、共存と背反という関係がみられます。歴史の考察がアクチュアリティを持ち、知的な活動として活性化する時期として、一九三〇年代が把握できます。歴史の転換期ということであったでしょう。

では、〈いま〉はどうかといえば、現実の変革、あるいは現状認識を考察するとき、歴史を知ることがあまり大きく寄与していない、役に立っていないといわざるを得ない。グローバリゼーションというのは「いま、ここ」を最重視しますから、歴史的な深みを考えたり、歴史を参照軸とすることを拒否することと表裏をなしていると思います。あらためて、一九三〇年代や七〇年代、九〇年代には、現状を考える際に、歴史を土台とし、そのことをふまえ認識や方法の違いを発見し、対抗軸を作っていっていました。歴史が現在を語るのですね。

〈いま〉もまた、歴史の転換期であることは疑いないでしょう。しかし、歴史が参照系とはならない転換期です。その意味で、〈いま〉は歴史学にとって不幸な時期であると思います。

橋爪●知が三派鼎立の構造の中で存在する、あるいは複数性をもって対立の中で立ち上がってくる。そういう状況があったことを振り返ってみると、歴史や歴史学の知が有意味である時代と、それが無意味化している現在がある。その意味では、一九三〇年代、七〇年代、九〇年代の状況が、現在を理解する手がかりになるんじゃないかということですね。

成田●はい。多くの歴史家・思想史家の関心が、一九三〇年代に向かった理由の一端が、ここにあるように思います。いまひとつ、史学史に関わって述べておきましょう。『メタヒストリー』は、十九世紀の歴史叙述を分析対象とする巨大な史学史として提供されています。そして、先に指摘したように、歴史哲学と組み合わせ論じることによって、深層にまで入り込んだ史学史になっています。歴史学のなかの私などが読むと、『メタヒストリー』は、方法としての史学史にも見えてきます。つまり歴史認識の推移としての史学史でもあるし、史学史の対象を拡大する可能性にも満ちているようにも思うのですね。史学史が、アカデミーの歴史学にのみ属するのではないということであり、同時に、ひとつのものとして見えた歴史学のパラダイムが、複数同時代的にも存在するし、通時的にも存在することがあきらかにされました。

歴史学の可能性を開く

岩崎●『メタヒストリー』の各章で個々の歴史家や歴史哲学者について行われている分析については、そんなに深入りした議論は見たことがないんですけれども、その部分も史学史的な仕事として一貫していますよね。また成田さんがいわれたように、歴史哲学のディスクールも組み入れて史学史を組み立てている。たとえばヘーゲルの解釈の部分でも、ヘーゲルの歴史叙述の構造を『美学講義』の切り口から考えるのは、かなり独創的な仕事だと思います。ホワイトのニーチェ解釈に関しても魅力的ですし、最後のクローチェ論は白眉です。だから『メタヒストリー』の個別の分析が図式主義的な仕事のように切り捨てられるのはとても心外であり、実際に喩法論という視座からはこんなことができるんだということを様々な章で提示しているんです。それで全体として史学史の形になっています。

橋爪●さきほど、歴史学と『メタヒストリー』の「出逢い損ね」という話題が出ました。しかしそのことを言うなら、成田さんはむしろゼミで原書を読み、この本といわば「真っ当に」出会ってこられた数少ない方だと思います。実際にホワイトのメタヒストリッシュな方法を使って、たとえば文学を、あるいはもう少し通俗的な言説も含めたテクストを分析していくことで、何ができるのか。成田さんは、まさにそこに切り込みつつ実践してこられたと思います。そのことの先に、新たに見えてくるものがあるとお考えでしょうか。

成田●『メタヒストリー』に一番強く反応したのは、日本を含め、文学研究者ですね。レトリック論としての『メタヒストリー』に早くから着目し、「読みの理論」を深化させてきました。『メタヒストリー』が歴史と文学の架橋をし、その差異を相対化する著作であったことは、ホワイトみずからが述べている点でもあります。

　とともに、『メタヒストリー』はさらに、文学作品のみならず、歌謡曲や映画、絵画など表象にかかわる人間的な営みの総体が歴史学の分析対象となること、さらにその方法を示唆してもいると私は思います。これまでの歴史学が、小説や歌謡曲、あるいは映画を分析するとき、多くは単純な反映論でした。歴史の状況、時代の流れに、映画や歌謡曲を並置するのみで、歌謡曲や映画に内在することがないままでした。この単純な歴史学による反映論を、『メタヒストリー』は壊し、歴史叙述に、映画や歌謡曲の分析までをも含むような論理的根拠と方法を、ホワイトは提供したと思っています。すなわち、歴史学を科学として考え、一般化や普遍化を目的とするとき、映画や小説の個々の内容―テクスト内部には入り込めません。これに対し、ホワイトは、科学としての歴史も、歴史学が描くひとつの物語類型であるといい、そのことによって多様な歴史叙述が担保されます。

　別の言い方をすれば、文学や思想、映画や歌謡曲は「個性記述的」でリアリティの特定の領域に輪郭を与える営みです。これに対し歴史学は、全体的なものを、限られた概念の組み合わせによって「還元」し、「法則定立的」に一般や普遍へと向かってきました。この相克を、ホワイトはクローチェの科学／芸術を考察することによって解きほぐしていき、相互の壁を壊していきます。私にとっても、岩崎さんと同様にクローチェ論がいちばん興味深く、強く揺さぶられるくだりでした。

　現時の歴史学を批判することによって、あらたに歴史学の可能性を切り開いていく

——歴史叙述の可能性を求め、ホワイトは歴史学の根底に踏み込み、論点を提供していると思います。

橋爪●小説、あるいは歌謡曲や映画といったテクストも、歴史が物語であるという歴史の対象になるんだというご指摘は、歴史が物語であるというテーゼ以上に、実証主義的な歴史観を逆なでするものかもしれませんね。これは、成田さんご自身、文学作品の分析を通して実践されていることでもあります。過去を実在と捉えて、それに実証主義的に対応しつつ歴史を描いていく作業とは違います。そこで獲得されるのは、どういう認識なのでしょうか。

成田●今までの歴史学は、「事実」を参照点とし、そこでの事実と事実との因果関係をあきらかにするところに目的を設定していました。実証主義とは、事実と痕跡の対応の論証であり、事実と事実を関係づける筋道の提示であり、したがって史料の序列づけ・優劣の判断が事実への距離によってなされます。

しかし、『メタヒストリー』はその「事実」の「語り方」、「内容」を語る「形式」に議論を広げることによって、小説や映画や歌謡曲も、これまでの歴史家が扱ってきた固有の史料と同列に考えられる道を切り開きました。そこでは、事実あるいはリアルではなく、リアリティなるものがいかなるかたちで表象されていくかが問われます。形式に歴史性を見出し、歴史学の課題を設定していくのですね。こうしたとき、たとえば井上ひさしさんの作品が歴史学の対象として浮上してきます。井上さんは、人間が生まれて成長し、結婚し、子どもを育て死んでいく——こうした人間存在の実存と、それが歴史性を持っていることを、実にうまく組み合わせ、作品を提供してきました。そこに目をむけるとき、文学史のなかの井上ひさしではなく、歴史における井上ひさしが、作品の内部に入り込みながら議論することができる……。『メタヒストリー』を導きの糸としながら、そんなことを考えてきたと思っています。

「物語論」の陥穽

橋爪●今、文学作品も十分歴史たり得るということを、成田さんからお話しいただいたんですけれども、その反面で「歴史＝物語」であるという歴史の物語論が、陥穽を伴っていることもしばしば指摘されてきました。哲学における論争でいえば、野家啓一氏の『物語の哲学』に対して、高橋哲哉氏が「これでは国民の物語は批判できない」と批判的な論陣を張った。論争の背景には坂本多加雄氏の「来歴論」がありました。歴史が物語であることに居直り、物語であるがゆえに何でもありだとする。そこでは、自らを誇らしいものとして作っていけるようなアイデンティティ、それを組むためにふさわしい来歴を用意していけばいいと考える。これが、「新しい歴史教科書をつくる会」のような歴史修正主義の理論的支柱にもなった。九〇年代以降、国内を見てみてもそうした動きがありました。岩崎さんご自身も、坂本の「来歴論」等々に対しては、「忘却のための「国民の物語」」という非常に論争的な論文を書かれています。そこで、歴史の物語論の陥穽に関する現状認識、そしてそれとどう向き合うべきか、二点お聞かせいただけますか。

岩崎●橋爪さんがすでに論点を見事に整理

してくださったので、付け加えることはほぼありませんが（笑）、九〇年代半ばに登場した「新しい歴史教科書をつくる会」が、九〇年代以降の歴史修正主義の、日本における典型的な現象だったわけです。おっしゃるとおり、その特徴のひとつは、「物語」という概念を使ったことです。物語という可能性あるアイデアが悪意のために横領された典型的なケースだと思います。この「歴史＝物語」論を理論的に裏付ける役割を果たしたのが、坂本多加雄氏だった。彼の「来歴論」では、橋爪さんがいわれるように、歴史とは語る当事者のアイデンティティに深く関わる物語である、そして構築的であるからこそメンテナンスが必要であり、これを怠れば自分を喪失してしまう。したがって、自らに誇りを与えるナショナリスティックな物語は、絶対に守っていかなければならない、となる。そこに自分たちのアイデンティティを揺るがすような、たとえば「慰安婦」問題や朝鮮の植民地支配といった汚辱の歴史が入ってくると、自らの語りが危機に陥ってしまうから、退けなくてはならない、というわけです。こうした議論は、この時代の軽やかで饒舌な空気のなかで、それに合わせて巧みにナショナリズムの言説を擁護するモデルでありました。あの時問題とされたのは、歴史が物語であるかどうかということではなく、言ってみれば、物語の効果をめぐる論争だったんじゃないでしょうか。だから、そのことで直ちに歴史のナラティブ性についての議論の窓を閉じてしまうのは、過剰防衛の間違った選択です。

橋爪さんがいわれた物語論の陥穽について、「解説」でも書きましたが、一九九〇年にカリフォルニア大学ロサンゼルス校で行なわれた有名なシンポジウム「表象の限界を検証する」の問題があります。日本語抄訳が『アウシュビッツと表象の限界』（未來社）という形で出ています。このシンポジウムの中で、ホワイトはとても厳しい批判を突きつけられました。歴史は物語であり、様々な喩法に規定された複数的なディスクールが可能になる。そこでは一義的に真理性や事実を適切に表現しているかという点について、優劣をつけることはできない。こういうホワイトの提起をそのまま受け取るならば、ではホロコーストの物語においても何でもあるということになってしまうではないか。例えば、ホロコーストのピクニックという牧歌的な表象は可能なのか、と問われたわけです。シンポジウム自体は、八六年に起こったドイツの歴史家論争を背景に持っていますし、歴史修正主義によるホロコーストの否認という問題が存在していましたから、大変な緊張感を孕んでいました。あれは、同時代の状況に対する、知的でアクチュアルで、しかもスリリングなシンポジウムだったと思います。では、ホワイトはどういう態度を取ったのか。少なくとも問題を誤摩化したり逃げたりはしなかった。『メタヒストリー』で提示されたテーゼによって、一方では歴史学の暗黙の自己呪縛を解いていくことはできる。しかし他方で、物語性が横領され、歴史学をめぐる言説の場に、悪質な政治を持ち込んでしまう歴史修正主義に対して、十分戦えるのか。この問いかけに対して、ホワイトは、ほとんど煩悶しているような報告をしています。あの論争の中でホワイトは、提出された課題を引き受けて新しい議論の出発点に立ちました。ただし、問いかけに煩悶したことで、『メタヒストリー』の分析力や概念が無効化されたわけではない。むしろ、そこから、さらにどう議論を付け加えていくか、あるいは議論をもっと複雑化していくのかが問われています。ただ実際には、かなりシビアなやりとりで、それ以後も、ギンズブルグとホワイトのあいだではすごい応酬がありました。特にギンズブルグの批判は強烈でしたから、この問題は緊張度を増しながら今につづいていると、私は理解しています。

成田●歴史修正主義は、歴史学の主流についてまわります。そのことを考えると、ある瞬間には、物語論的転回派が歴史学の主流であったのかもしれません。先ほどもいいましたが、九〇年代の半ばは、歴史学の三派鼎立時代でした。マルクス主義の歴史学があり、社会史研究があり、もう一翼を実証主義ならぬ歴史修正主義が占めていました。しかし、この歴史修正主義が登場することによって、実証主義が息を吹き返し、マルクス主義＋実証主義と、歴史修正主義という、二項対立の状況になってしまった。構成論の歴史学が、歴史修正主義に対抗できないとして勢いがそがれてしまいました。すなわち、構成論的な立場に立ったときに、何でもあり―どのような歴史叙述をも許容するのではないということを、いかに担保するかが求められているということが、現時の歴史学の課題であることを示しています。

冒頭に「出逢い損ねの四十数年」という議論をしましたが、『メタヒストリー』の刊行からしばらくは、歴史学と出会うチャンス、呼応する機会があった。しかし前半はマルクス主義の強さ、次には歴史修正主義の登場によって出会い損ねの状態が続いてしまい、現在にいたるまで、過ぎ去ろうとしない実証主義がつづいているということだと思います。

岩崎●「過ぎ去ろうしない実証主義」、おもしろいフレーズですね。

倫理の問題と歴史

成田●ホワイト流にいえば、リアリティの作り方のひとつに過ぎない実証主義が、あたかもニュートラルなものであるかのように考えられ、全体を覆ってしまい、みながそれで納得させられてしまっているという不幸――いまだに実証主義が「決め手」と見えてしまうモメントが働いているということです。歴史修正主義という相対主義の極北への対抗は、構築論という同根の歴史学では無理であるとして、事実に基づく実証主義へとねじを巻き戻しまっています。残念なことです。

ホワイトとギンズブルグとの論争について触れておけば、ホワイトはそこで自分自身の議論を再検討し、その後、「歴史的な過去」と「実用的な過去」を区別し、後者の「実用的な過去」に歴史の可能性を求めていくに至ったと思います。歴史学が相手にする過去ではなく、多くの人の想像力を広げられるもの、役に立つものとして、「実用的な過去」というテーゼを出しました。このとき、ホワイトは倫理の問題として歴史を論じているのではないかというのが、私の現在の読みです。

岩崎●歴史学や歴史叙述の論争において、その基底にある倫理的なものというと、猛反発を喰らう情景がすぐに想定できます。

歴史学固有の領域の中に、道徳的な教条を持ち込むのか。道徳のリゴリズムや倫理的命法に事実を従属させる気か。そのような批判です。たしかに倫理を建前にして抑圧され見失われた認識がゴマンとあったわけですから、倫理的なものを言うことは危険だという警戒心は分かります。しかし、あえて成田さんが「倫理」とおっしゃっているのは、教条化された倫理ではなく、言説をめぐるフィールドにおいて作用せざるを得ない倫理的というしかないような生の契機ですよね。それは、単純に特定のテーゼに還元できる問題ではない。そもそも道徳の「根拠づけ」なんて、倫理学・哲学における大論争の課題であって、簡単に答えることはできない。しかし、だからといって倫理的なものの現事実性は消去されない。そこに投げ出されているという前提で、ナラティブの問題を考えざるを得ないのだと思います。

橋爪●実証主義をめぐって、倫理の問題を議論してくださいましたが、一方で、実証主義の枠内で歴史叙述の問題に優劣を付けたいと考える人もいますよね。たとえば小田中直樹氏は、そういう立場を強く取られている。歴史には真偽があると、実証主義の枠内でいえないといけない。歴史学が開いた問題は、歴史学の方法の中で答えていかなければならない。そう考えられていると思います。他方で私が思うのは、倫理と言ってしまうと、歴史学が自分では解決できない問題を抱え込むことにもならないか、ということです。歴史学の外部というものが開けて、哲学・倫理学の問題がその中に確固としてある、ということになるのなら、これは我々倫理学・哲学を専門とする人間も無視していい問題ではなくなります。岩崎さんは、そうした専門からこの問題に取り組んでこられたおひとりだと思いますが、いかがですか。

岩崎●何かに還元するような形での倫理的な非難は、たいてい問題の複雑さを見失うリスクを伴っています。しかし、他面で私たちは、いまでも歴史認識に関して、実証主義の暴力的なふるまいとでもいうべきものを目の当たりにすることがあります。

近年の歴史認識に関する論争、「慰安婦」の問題をめぐる論争でも、政府や右派言説と戦うなかで、批判者のほうもある犠牲者像を構築した上で、それを硬直したものとして描き出して、自分たちの語りへの再帰的な回路を閉じてしまうようなことがあります。そして、それを批判したり、違った形で語ったりするひとに対しては、「実証性」を表に掲げて非難する。韓国の歴史家林志弦氏は、さまざまな国民的言説に入り込む「犠牲者ナショナリズム」の批判をしていますが、そこで「犠牲者を聖化する方法」のひとつが実証主義だと断言しています。犠牲者の聖化に違和感をもったり、あえてそれを批判したりする人たちに対して、それは「実証主義的に間違っている、事実ではない」としてしまうことで、事実という形をめぐって働いている力の効果まで問おうとしている開かれたアリーナでの議論をあらかじめ封じてしまう。しかも、ときにはそれが運動の標的にされてしまう。朴裕河氏の『帝国の慰安婦』が刑事告発されたときなど、自分たちとは違った語り方をする言説が有罪になるように、本来は反権力的な立場の運動圏のひとが法廷で検察側の証人に立つようなことが起きています。

『メタヒストリー』を訳しながら、現実の中で具体的に効果があってほしいと思ったのは、そういう強張りを解くことでもありました。ポスト『メタヒストリー』の仕事として、これから考えていかなければいけないことのなかに、そうした問題も含まれていると思いますね。

成田●歴史家が倫理の問題について語るのは、危ういということでしょう。たしかに、お二人が懸念されるように、一九三〇年代にも倫理が議論され、その延長上に皇国史観が跋扈しましたが、そのときの経験がきちんと総括されていません。歴史性と倫理の問題をどう関連付けるかは、かなり危うい作業ではあります。しかし、歴史とは、倫理をめぐる競い合いの過程でもあるわけです。歴史は倫理をどのように定義してきたか、を考えることは必要でしょう。歴史の物語の可能性を認めつつ、どの物語を採用し、何を拒絶するか——その判断の際に、倫理が一つの基準として働くということ。ことばを換えれば、歴史・歴史学が、倫理なり倫理学に問いかけるものとして問題を立て替えられないかということです。

加えて『メタヒストリー』は四つの喩法について論じられていますが、ホワイトが強調しているのはアイロニーです。アイロニーは、それ自身の叙述をもう一遍相対化してしまう喩法であり、いわば『メタヒストリー』そのものが壮大なアイロニーになっているでしょう。歴史に倫理を組み込んだ場合も同じであって、決して倫理を固定化するのではなく、倫理がどのように組み立てられ、いかにして外延と内包が決められ論述されていくのか——それを考察するのが倫理です。まさにアイロニーを応用した倫理の問題こそ、ホワイト - ギンズブルク論争の後に考えるべきことではないか。あえて倫理について言及したのは、こうしたことを念頭においてのことです。

橋爪●ここまで『メタヒストリー』の邦訳を契機に、狭い歴史学を越えた歴史の領域で、どういう新しい議論を開いていけるのか、うかがってきました。あるいは哲学や倫理学にも、なんらかの新たな認識をもたらし得るのではないか、ということも見えてきました。この点に一定の道筋が得られたと同時に、『メタヒストリー』がもたらした課題も見えてきたんじゃないかと思います。しかし課題は存在するとしても、それでも「歴史＝物語」という地平において考えなければならない。あるいは、そこに倫理の地平が開けてしまうとしても、それでもその中で思考せざるをえない。これが『メタヒストリー』が我々に与えている認識であり、課している課題であると、今日の話を通じて受けとめることができました。

成田龍一（日本女子大学教授。近現代日本史）
岩崎　稔（東京外国大学教授。哲学・政治思想）
橋爪大輝（東京大学大学院博士課程。哲学・倫理学）

考察するなかで、歴史と文学をはっきりと接近させていた。「歴史と、リアリティの虚構的な説明とのあいだにある差異は」と、ホワイトは書いた。「種類ではなく、程度の問題なのである」[14]。多くの歴史家にとって、この動きは忌むべき呪いであった。なぜなら、かれらの信ずるところでは、本当に起きたそのままの過去を探し求める努力こそ、自分たちに「歴史に関する真理を見分ける」[15]特殊能力をもたらしたものだからだ。ホワイトの見方はまったく異なる。歴史と文学を結合することによって、かれは両者のもつ、過去の可能的な意味をわたしたちに教える力を承認する。[16]「過去に関する真理を発見することが重要だとは思ったことがなかった」と、かれは述べていた。「むしろ重要なことは、なにが真であるかよりも、なにがリアルであるかを見出すことだろう」[17]。文学の助けを借りることでわたしたちは、なにがリアルであるかを把握することができる。歴史学がふたたび、広範な文化的意義を獲得するとすれば、歴史学はもはや文学的想像力を拒絶することなどできなくなる。文学的想像力は、歴史学にとって「強さと再生力のそれ自身の大きな源泉」であるからだ。そして歴史家が自分のやっていることに自覚的になるとすれば、かれらが必要とするのは、レトリックや言語学に取り組んでいるひとびとが提供してくれる表象の理論だ、ということになる。[18]

　しかしながら、表象の理論もまたそれ自体はたんなる表象にすぎない。わたしたちはたとえば、なぜ喩法が「深層の」

◆12〔原註〕 ホワイトとスキナーについては、マーティン・ジェイによる示唆的な論考、Martin Jay, "Intention and Irony: The Missed Encounter of Hayden White and Quentin Skinner," *History and Theory* 52 (2013): 323-48を参照。

◆13〔原註〕 *Tropics of Discourse*; *The Content of the Form: Narrative Discourse and Historical Representation* (Baltimore: Johns Hopkins University Press, 1987); *Figural Realism: Studies in the Mimesis Effect* (Baltimore: Johns Hopkins University Press, 1999); そして *The Fiction of Narrative* である。

◆14〔原註〕 White, "Interpretation in History" (1972-1973), *Tropics* n. 78.『メタヒストリー』でかれが述べているとおり、歴史哲学と歴史学プロパーが分かれるのは「強調点においてのみ」（本書四三頁）に過ぎない。

◆15〔原註〕 Joyce Appleby, Lynn Hunt, and Margaret Jacob, *Telling the Truth about History* (New York: Norton, 1995).

◆16〔原註〕 White, "Historical Text as Literary Artifact" (1974), *Tropics*, 99.

◆17〔原註〕 White, "The Aim of Interpretation...," 65.

◆18〔原註〕 Ibid.

内容として、このような重要性を獲得するのかを知りたい。ホワイトはいたるところに、自らの四つの喩法を見てとる。かれは現代の文学理論や、一九世紀に見出すばかりではない。かれはケネス・バークやノースロップ・フライを模範とし、かれらに依拠していたけれども、それだけではなくヴィーコの考えにもまた立ち返っていた。つまり、わたしたちの意識形態は、「言語そのものによって与えられる」[19]という考え方である。一九七〇年代の後半、学生だったわたしは、ホワイトがなぜいつも四分構成の深層構造にこだわるのかと尋ねてかれを困らせたことを覚えている。かれは冗談半分に、その話題を軽くあしらった。「ものごとを三つに分けて見るひともいるけどね」とジョークを飛ばした。「ぼくはたまたま四つに分けてものごとを見るんだ。きみが三つがいいなら、それだって悪くない。ヘーゲルもそうしていたしね」。しかし『メタヒストリー』では、喩法や、その他あらゆるものに四つ組アプローチが行われており、ホワイト自身が語っている以上に四つ組に対して真剣に肩入れしているように見える。フロイト、ヤコブソン、レヴィ゠ストロース、そしてピアジェは、いずれも喩法論と適合する理論を提供している。フーコーは──かれが知っていようと、そうでなかろうと──喩法論的な説明体系を有していると証明される[20]。大西洋の向こうにいる構造主義者のいとこたちと同じように、ホワイトは『メタヒストリー』では、あたかも自分こそがあらゆる言語の意味を解明する鍵を持っているかのように書いている──その鍵は神話ではないとしたら、形象的な言説としてである[21]。ところが、『メタヒストリー』のわずか数年後に公刊した論考、「文芸批評の不条理な契機」のなかでは、ホワイトは構造主義がいかにしてポスト構造主義に移行するかを明らかにしている。移行は、言語の理論そのものがたんなる言語の記号にすぎないことが示されるために、起こる。そして同じことは、喩法の理論に関しても言える。文学理論は、そこから意味を構成できるような特権的な場所は──喩法の理論やその他あらゆる深層構造を含めて──存在しないことを確証するために、自分自身に向き直るのだ。

さらにいえば、他の学問がいかにして意味を構成するのかを理解するうえで、特権的な学問も存在しない。ホワイトは自分の喩法論を、批評家たちが他領域に応用しようとしていることに驚きを表明した。あたかも表象へ至るなにか根本的な鍵をホワイトが発見したかのように、である。「これは、字義通りに受けとられすぎているのです。わたしが喩法の概念を用いたのは、メタファーとしてに過ぎません。文字通りに受け取られるとは、想定していなかったのです」[22]。ホワイトは、『メタヒストリー』を書くにあたって、構造主義者から「恩恵を受けた」と述べていたけれども、この構造主義者は脱構築主義者に取って代わられた。脱構築主義者は、ホワイトの受けた恩恵など、せいぜいのところアイロニックな価値をもつだけだと説明していた。しかしながらホワイトは、こうした移行の結果である脱構築の手慰みを祝福することなどなかった。かれは言説の理論の実体化を、わたしたちの文化的状況が不毛で損なわれていることの徴に他ならないと見なしていた。[23] それが不毛で損なわれているのは、脱構築主義者が、意味がどのようにリアリティに押しつけられるかと見ているだけでなく、あらゆる意味は恣意的な押しつけで、批評家によって解体されなければならないと見ているからである。そのとき批評家はそうすることで、自分自身の試みを解体してしまう。たとえばデリダは、構造主義の批判者ではなく、自らの観点の犠牲者として登場する。ホワイトはしばしばアイロニックな様式で書いたり、振る舞ったりするけれども、『メタヒストリー』や、それ以降のかれの仕事の主題は、アイロニーでは十分ではないということであった。

ホワイト自身が喩法を活用しているということは、わたしたちに開かれ続けている道徳的選択や審美的選択を示すことで、わたしたちを「アイロニーの彼方」に連れていくということを意味していた。[24] かれは『メタヒストリー』初版に寄せた序文の終わりがけに書いている。「本書自体がアイロニーの様式で書かれていることを、慧眼な読者は見逃さないだろう。だがそれを論じるアイロニーは意識的なそれであり、したがって、アイロニーの意識がアイロニーそのものに反省的に向き直るというあり方を表している」[25]（本書四五頁）。過去からわたしたちのナラティヴを構築しているのはわたしたち

◆19〔原註〕 White, "Interpretation in History," *Tropics*, n. 80.
◆20〔原註〕 *Tropics* の序文において、フロイトとピアジェはお互いの、そしてヤコブソンの喩法理解を補完するものとされている。Hayden White, "Foucault Decoded: Notes from the Underground" (1973), in *Tropics*, 230-60を見よ。
◆21〔原註〕 Herman Paul, "The Power of Discourse: White's Structuralist Adventure," in his *Hayden White* (London: Polity Press, 2013), ch. 4.
◆22〔原註〕 Interview with Hayden White in *Encounters: Philosophy of History after Postmodernism*, ed. Ewa Domanska (Charlottesville, VA: University of Virginia Press, 1998), 25.
◆23〔原註〕 ホワイトの態度決定は、堅実で、モダニスト的なものにとどまり続けた。「わたしは、自分のプロジェクトをモダニスト的なものであると見ています。わたしの知的形成は、モダニズムの内部で行われました」。Ibid., 26.
◆24〔原註〕 ホワイトが、アイロニーの彼方に赴いたことについてのウィルソンの論考、Wilson, "The Reflexive Test," 18-19を参照。

自身である――わたしたちがひとたびそのことを理解したなら、歴史に訴えるということは、自由に対する強制ではなく、むしろ、わたしたちが自らの生に意味を与えるのを選ぶことができる方法の一つとなる。しかし、もしわたしたちが「つねにすでに」恣意的な語りの形象のうちに根ざしているのだとすれば、わたしたちがそれに基づいて選択を行う足場はどこなのだろうか。

ホワイトは、『メタヒストリー』以降に公刊したいくつかの論考のなかで、この問いに取り組んでいる。とりわけ、リアルなものを表象する際にナラティヴが有する力と機能に着目するなかで、それに取り組んでいる。ホワイトはナラティヴに向かうなかで、歴史記述とリアリズム一般がもつ核心的な文化的意義に近づきつつあると、はっきりと考えていた。「ナラティヴの本性に関する問いを立てることは」、とホワイトは書いている。「まさしく文化の本性に関する省察を促すことなのだ。ことによるとこの省察は、人間性そのものの本性に関するものでさえあるかもしれない[26]」。ナラティヴとは一個のレトリカルな戦略であり、わたしたちはそれを通じて自らの経験を、他者に伝達しうる有意味な全体へと成型するのである。ホワイトが特に関心をもっているのは「ナラティヴ化する」言説であり、言い換えれば、「物語として語っている[27]」のは経験なのだというふりをする言説である。物語はこうした技巧によって、リアリズムと呼ばれるものを獲得する。語ることとは、事物が生起する仕方と同質的なもののように見えるからである。わたしたちが自らの歴史をナラティヴ化されたものと見なすならば、歴史は固有の意味をもち、あわせて固有の道徳的・政治的意味をもつものであると見なす。ナラティヴ化された歴史は、たとえば過去を、リアルに階級闘争の展開とか、リアルに自由の進化とかであると見なす。このとき、わたしたちの過去に関するマルクス主義の物語や自由主義的な物語は、まったく物語という姿を取らない。むしろ、ものごとのリアルな過去や現在のあり方に関する、透明な説明と見えるのである。それらは、巧みに秩序づけられた説明として、「リアリティに理想の香りを与える[28]」。

歴史記述に対するホワイトのアプローチにとって決定的なのは、わたしたちが過去に意味を付与するのは、過去が「それ自体では」意味をもたないからだ、という考えである[29]。歴史を記述する者は、過去をナラティヴへと形づくらねばならない。なぜなら、過去は形式を欠いているからである。あるいは少なくとも、レトリカルな形式を持ち合わせていないからである。レトリカルな形式のみが、過去をコミュニケーションにおいて有意味なものとする。ホワイトは、テキスト化に先立つ過去の本性について、形而上学的な議論を提供しているわけではない。かれが注目しているのは、歴史はつねにすでにテキストに媒介されてわたしたちのもとに訪れ、したがってつねに喩法によって（たいていの場合）ナラティヴへと形成されるという運びなのだ。かれ自身の著作は、この媒介がいかにして効果を獲得するのかを説明している。

そのような効果のうち、もっとも包括的なものの一つが、歴史が無意味になる可能性を排除できることである。実際、「歴史解釈のポリティクス——専門科学と脱‐崇高」（一九八二）のなかでホワイトは、歴史学が一個の専門科学として創出されたとき、あらかじめ締め出されたのがまさしくこの可能性であった、と証明している。歴史を崇高で、形式には収まらないスペクタクルと見なすユートピア主義者たちは、真に歴史的であることの近代的な概念からは、排除されているのである。ホワイトがその様子を示したとおり、一九世紀に起きた歴史学の専門科学化は、真剣に歴史的に考えようとする思想家にとって、歴史における崇高なものはもはや利用できなくなる、ということを意味していた。「真の」歴史意識——それには左派も右派も賛同することができた——は、リアリスティックで、しかも客観的で、少なくとも過去のなかに意味を見出そうと試みるものである。とはいえ、このようなリアリスティックなパラダイムの創出そのものは、それ自体政治的な内実を抱えていた。歴史との関わりのなかで発展させうるような類の政治は、ひとがもし次のような確信から

◆25〔原註〕　ホワイトのもっとも鋭敏な読者のひとり、ハンス・ケルナーは、このことを次のように言い表している。「アイロニーは、『メタヒストリー』全体を通しての敵である。（……）とはいえアイロニーから出られるのは、アイロニーそのものを通じてに他ならないのである」。Kellner, "Hopeful Monsters," 157-58. Michael S. Roth, *The Ironist's Cage: Memory, Trauma, and the Construction of History* (New York: Columbia University Press, 1995), 1-18 and 148-62も参照されたい。

◆26〔原註〕　Hayden White, "The Value of Narrativity in the Representation of Reality" (1980), *Content*, 1.

◆27〔原註〕　Ibid., 2. 強制性のある「ナラティヴ化」とナレーションとの区別については、インタビュー "The Aim of Interpretation...,"68を参照。

◆28〔原註〕　White, "Value of Narrativity," 21.

◆29〔原註〕　この考えは、巨大な論争にさらされ、途方もない数の文献を生み出した。Hayden White, "The Question of Narrative in Contemporary Historical Theory" (1984) in *Content*, 26-57を見よ。対照的な諸観点については、ポール・リクールの『時間と物語〈2〉——フィクション物語における時間の統合形象化』および David Carr, *Time, Narrative, and History* (Bloomington: Indiana University Press, 1986) を参照。ホワイトのリクールに対する書評、"Guilty of History: The Long Durée of Paul Ricoeur" (2007), in *Fiction of Narrative*, 318-39および、前掲の Nancy Partner, "Narrative Persistence" をも参照のこと。

出発するならば、まったく別物になってしまうだろう。その確信とは、わたしたちが歴史に意味を与えねばならない、あるいは歴史のうちに意味と方向を見出さねばならないという確信である。ハンス・ケルナーが述べたとおり、「ホワイトにとって危険なものは、無意味さではない。意味なのだ[30]」。

おそらくは、今やわたしたちはよりはっきりと、ホワイトが「形式の内容」ということで何を意味しているのかを、理解することができる。一篇の歴史記述がもつ意味は、その指示対象や、背後に存する意図といったものと混同されるべきではない。そうではなく、書き手の言説が一定の効果を獲得する理由は、その構成要素が協働するあり方によるのである。作品のナラティヴ形式の特殊な次元は、作品の道徳的・政治的・審美的な意味について多くのことを露わにする。それとは対照的に、歴史のテキストは、テキストが形式的な構築性をもつということからわたしたちの注意をそらすことで、それが現実を描いているかのような効果を獲得している。ホワイトは構造や喩法を分析したけれども、この分析は、リアリスティックだと考えられるどんな形式も有する内容を明らかにしているのである。

ホワイトの分析は政治的な傾向が強く、その読解スタイルは「イデオロギー批判」という伝統の一変種であると見る傾向もある。しかし、ホワイトは、ルイ・アルチュセールやフレドリック・ジェイムソンの先蹤にならい、イデオロギーがたんにリアリティを歪曲するだけのものだとは考えなかった。むしろ「それはある種の表象の実践であり、その機能とは自らを社会システムのうちに挿入できる特殊な読解する主体や見る主体を創り上げることにある。この社会システムは、主体に歴史的に与えられた、公共的活動の潜在的な場である[31]」。ホワイトは、一九世紀のナラティヴが市民層の読者をいかにして形成するのかということに、とりわけ興味を抱いていた。この市民層の読者は、テキストを理解するための一定の型にはまった態度を展開することができる。したがって歴史学のナラティヴは――ラディカルな種類のものであれ、保守的な種類のものであれ――抑圧や自由や変化の可能性に関して「リアリスティック」な態度を展開させる読者を想定しているのである。「あらゆるイデオロギーが歴史や歴史過程に関する特殊な観念を備えているように、あらゆる歴史の観念も、特殊なあり方で決定しうるイデオロギー的意味を伴っているということを主張しておこう」（本書八四頁）。こうした態度はもちろん意義深い。とはいえその態度はまた、想像力に支えられ変化に開かれているものでもある。ホワイトがわたしたちに理解させたいのは、このことである。

とはいえ、もしあらゆる一九世紀の歴史的テキストが、ひとびとの「態度を」リアリスティックなものとして「構想し形成する」とするならば、それらのテキストをイデオロギー的だと称することに、たいした意味はなくなるだろう。イデオロギー的ということで、なにと対立させているのか。つまるところあらゆるものがイデオロギー的であると暴かれることになるなら、いったいなにが「イデオロギー批判」をしていることの理由になるのか。ある表現がイデオロギー的な性格をもつこと——つまりひとが変革しようとする現実を覆い隠すこと——を示す政治的な意義は、一種の相対主義のなかで消し飛んでしまうように見える。その相対主義では、あらゆるテキストがあれやこれやの仕方でリアリティを覆い隠している。なぜなら、それこそまさに、レトリカルな構造がせざるをえないことであるからだ。ホワイトは反ブルジョア的〔で左派的〕な表現をさまざまに用いているが、それにもかかわらずここでは、レトリックの相対主義に与してしまっているように見える。この相対主義は、不条理主義的なポストモダンの手慰みにつながっているものであるし、かれはこの手慰みを、損なわれた不毛な文化の症候として描いてもいた。

しかし相対主義者という非難は、ホワイトをうまく追い詰めるものではない。ホワイトが示そうとしているのは、あらゆるテキストは総じてレトリカルである以上平等に創られている、などということではない。またかれが関心をもつのは、テキストの外部にはなにも存在しないという空虚な観念ではないのである。その代わりにかれが注力しているのは、複数のテキストを区別するための基準は、歴史に訴えることを通じては打ち建てられないと明示することなのである。ホワイトの仕事は、歴史が表象的なテキストの妥当性を吟味する中立的な根拠になりうるという観念を、実質的に粉砕した。かれは、歴史記述がリアリズムの基準を産出するさまざまなあり方を暴露することで、そうしたのである。このリアリズムの基準それ自体は、なんらかの過去の普遍的意味に従って判定することはできない。わたしたちはおそらく、さまざまな歴史記述を区別し、究極的には歴史のヴィジョンを打ち建てるためには、別の根拠をもっているのかもしれない——ホワイトがよく挙げるのは審美的根拠と道徳的根拠である。しかし、過去自体、つまりあらゆる訴えがなされるまえから有意味なものとしてある過去に依拠することは、ホワイトによってその仮面を剥がされ、きまってイデオロギー的な試みになると暴かれている。それは、わたしたちの構築的な意志を、客観的なリアリズムの装いのもとに隠してしまう試みなのである。ヴィーコとカントは、わたしたちが知りうるのは自分で作ったものだけだと強調していたが、ホワイトはこの構築主義的な伝統のうちに断固としてとどまっている。「歴史的

◆30〔原註〕 Kellner, "Hopeful Monsters," 159.
◆31〔原註〕 Hayden White, "Droysen's *Historik*: Historical Writing as a Bourgeois Science" (1980), *Content*, 86.

な知は要するに、人間的な自己知である。とりわけ、いかにして人間が自らを知ることを通じて自らを制作し、また自らを制作するプロセスにおいて自己を知るに至るのか、ということに関する知なのである」[32]。ホワイトが生涯を通じて関心を抱き続けたのは「制作者の知」であり、そこにおいて理解と行為が結びつくのだ。

『メタヒストリー』やさまざまな論考のなかでホワイトが明らかにしているのは、歴史記述がいかにして指示対象や記号システムを創り出しているのかということである。読者は、この記号システムを必然的なもの、あるいは客観的なものとして、あるいは自然なものとして見なすよう定められている。これらは、リアリズムの装いをとったイデオロギー的な処置なのだ。もちろんホワイトは、テキストがこうした処置の下にあると暴露することでわたしたちを正しく導き、わたしたちと歴史の結びつきをより真にリアリスティックなものにしよう、などとは望んでいない。そうではなくて、かれの意図は、わたしたちに巨大な可能性に気づかせることにある。この可能性は、ひとたびリアリズムの権威が崩れ去るなら、わたしたちの目の前に開けてくる。この権威を打ち砕くことが――このことは強調されなければならないが――そのまま美学や道徳性を新しく設立することなのではない。ホワイトは、そういったことをほのめかさないよう慎重にしていた。しかし、かれの仕事は掃討作戦、ないしは治療的介入（ハンマーを手にした歴史理論）である。これは、リアリズムの重荷としての歴史の重荷を下ろすことを意味している。歴史学的表現の専門化が起きた時代である一九世紀に、リアリズムでなくてはならないという規約は「信頼性のある基準」として物象化された。信頼性が尊重され、その信頼性が想像力を制約すべきであるとされた――とりわけラディカルな変更や崇高な無意味性という可能性は排除すべきだとされたのである。ホワイトの仕事は、とくに『メタヒストリー』はそうだが、きわめて幅広い選択肢を再考できるよう、わたしたちを解放してくれる。この選択肢は、自らの過去とのつながりを打ち建て、現在において自らの道を作るとき、わたしたちが用いることのできるものなのだ。

ホワイトによる歴史的リアリズムの批判的分析は、ナラティヴを性急に拒否する姿勢と混同されるべきではない。たしかに、ホワイトにはナラティヴを、本来的に規範化をもたらすものだと見なすポストモダン的傾向があった。にもかかわらずかれは、わたしたちの過去に意味を付与する普遍的な努力と言っていいようなものを受け入れることに関しては、もっと両義的な態度を取っていた。ポール・リクールはナラティヴに対して敬意を払うアプローチを取り、フレドリック・ジェイムソンはマルクス主義的なアプローチを取っていたが、ホワイトが両者を読解する際には、生はおそらく、わたしたちがそれを物語の形で語ることができる限りでのみ、意味をなすという見方に敬意を隠さなかった。[◆33]「わたしたちは、ナラティヴ化することなしに歴史化を行うことはできない。なぜなら、一連の出来事が一個の連続体へと変形され、複数の時期に分割され、以下のようなプロセスとして表象されうるのは、ただナラティヴ化を通じてのみであるからだ。それは事物の実体が、その同一性は同じまま変化すると言えるようなプロセスである」[◆34]。リクールやジェイムソンは、ナラティヴがいかにして構築されるのかを理解していたにもかかわらず、自らの論ずる意味が「たんなる物語にすぎない」とするアイロニックな姿勢には抵抗している。ホワイトもまた、自身のレトリック分析においてアイロニーを乗り越えることを求めて、批判的な視座によってわたしたちが得る「知は、統合形象化のさまざまな戦略のなかで自由な選択をするために不可欠なものである」[◆35]と主張していた。アイロニーは、批判的な理解から必然的に生ずる結果なのではない——それは審美的・道徳的根拠に基づいてなされる一個の選択なのである。

ここでわたしたちは、『メタヒストリー』におけるホワイトのプロジェクトの限界に到達している。かれは、一九世紀の哲学者や歴史家の展開を説明する一定の文脈を提供しているものの、かれが「自由な選択」ということで考えているものは、ほとんど意味をなさないのだ。自由な選択は、レトリックの彼方にあるように思われる。とはいえわたしたちは選択について知ることはなく、ただ選択のレトリカルな表現しか知ることはない。ホワイトが実存主義と出会ったことは、選択に関するかれの理解にとって決定的であった。とはいえ選択は、微に入り細を穿つとも、かれが解決できるようなしろものではなかったのである。[◆36]ホワイト自身が『メタヒスト

◆32〔原註〕Hayden White, "Northrop Frye's Place in Contemporary Cultural Studies" (1994), in *The Fiction of Narrative*, 266.
◆33〔原註〕Hayden White, "Getting Out of History: Jameson's Redemption of Narrative" (1982), *Content*, 167; and "The Rule of Narrativity: Symbolic Discourse and the Experiences of Time in Ricoeur's Thought" (1985), *Content*, 181.
◆34〔原註〕Hayden White, "Historical Discourse and Literary Writing," in *Tropes for the Past: Hayden White and the History/Literature Debate*, ed. Kuisma Korhonen (Amsterdam: Rodopi, 2006), 30. Quoted by Robert Doran, "Introduction," White, *The Fiction of Narrative*, xxiii.
◆35〔原註〕White, "Literary Theory and Historical Writing," 24. 本書六五九－六六〇頁も参照。
◆36〔原註〕ホワイトのインタビュー、"The Aim of Interpretation...," 64-65を参照。

リー』やその他の箇所でレトリックを用いているのを見ると、わたしたちは、ひとはなぜ第一に歴史に向かわねばならないのかと問いたくなる。わたしたちは、歴史がもはや訴えの法廷として機能しないとひとたび認識したのならば、過去になにを求め、歴史をどうしようというのだろうか。『メタヒストリー』はわたしたちをこうした問いに導く。だがその問いに答えることは、慎重に避けてもいるのである。どんな答えだって、可能性の幅を閉じてしまうだろう。ホワイトの仕事は、信頼可能なものの限界を拡張することのみに狙いを定めているのである。

かれは、可能性が拡張することを言祝ぐ。だがこの祝福こそが、ホワイトの批判者たちのあいだに「ナチ問題」を喚起した当のものだった――それはホワイトが相対主義だという批判の感情的ヴァージョンである。これは、その当の想像力が、ナチによる過去の説明をもまた生み出したとあってみれば、どのようにしてホワイトは歴史的想像力を熱心に言祝ぐことなどできるのかと問うことに等しかった。いったいかれは、ホロコースト否認論者を直接の経験的な根拠によって非難したいとは思わないのだろうか。かれは本気で、第二次世界大戦に関する、通念に反した否認論者の説明を称賛することに、熱を上げようというだろうか、というわけである。この問題に対するホワイトの応答は、多くの論争を巻き起こした。とはいえ『メタヒストリー』や、それ以後の著述のうちに、個別の事実に関するナチ的な説明に対し歴史家が正統な仕方で論争することができない、などとかれが考えていることを示唆する箇所は存在しない。しかしながら、多くの箇所が示唆しているのは、かれが、ナチ的な説明がひとまとまりの事実からいかにして意味を作りだしたのか、ということのうちには、より興味深く挑戦的な問題が浮かびあがってくると考えているということである。ここにおけるホワイトの立場では、ナチの作りだす歴史の意味をめぐる論争が、事実をめぐる学術的な議論などではなく、政治的ないし道徳的な争いだという点がもっとも重要だということである。思い出してほしい。『メタヒストリー』によれば、プロット化は事実により近くもより遠くもなかった。プロット化は、その道徳的および審美的価値に基づいて判断されるべきだということである。

「ナチ問題」を提起した批判者は、ホワイトにはホロコースト否認論者の評価を退けるためのいかなる認識上のメカニズムもないといって、かれを糾弾する。こうした批判者が憂慮しているのは、想像力は不十分なものであって、どうしようもない歪曲によって大量虐殺が起こることなどないように保証することも「歴史の責務」の一部ではないか、ということである。ダーク・モーゼスのコメントは、相対主義を憂慮する他の学者のコメントによく似ている。相対主義を憂慮する学者は、歴史の専門家に頼り、なにが正統な歴史的言説と見なされうるのかを警察的に取り締まってほしいと思っているのである。ホワイトは次のように応答している。

わたしは、「歴史の専門家」がもつ、なにかを「警察的に取り締まる」権威を否定するだけではない。わたしがあわせて否定するのは、歴史家が、いま通用する「専門的」能力のうちに、「倫理的に責任ある」判断をするのに必要な資源をもっているという考え方である。わたしたちが「歴史」ということで何を意味するのであれ、そこでは責任ある判断など下せない。（……）［歴史学を専門職とする者は］歴史が実践されている社会のなかの現在的で実存的な問題にとって自らが重要な意味を持っているという主張を売り渡してしまった。それよりはるかに疑わしい、「客観性」（カルロ・ギンズブルクなら「中立性」というほうを好むだろうが）という主張を贖うために、である。[37]

ホワイトは続けて、かれの文化的相対主義がファシズムにつながるとか、ファシズムとなんらかの知的親和性を備えているとかとする非難を、きっぱりと退ける。

わたしが知る限り、文化的相対主義は多くの異なった倫理的・政治的立場に到達することがある。けれども、不寛容や外国人恐怖やファシズムに至りつくよりは、寛容や他者を理解しようとする努力につながることのほうがよくあるのだ。ナチは、かけらも相対主義者ではなかった。（……）懐疑主義についていえば、それはあらゆる科学的世界観にとって必要な構成要素であり、教条主義に対する必要な対抗者であると、わたしはいつも考えてきた。[38]

ナチ的な説明を退けるための専門的な基準については、ホワイトは書いている。「こうした基盤にのってかれらに対峙しようとする歴史家は、修正主義者にあまりに大きな名誉を授けていることになる。なぜならこの歴史家は、修正主義者が自分と同じ試みに参画する者であるかのような扱いをしているからだ。かれらにふさわしい軽蔑と嘲笑でもって、修正主義者を遇することはしていないのである」[39]。

◆37〔原註〕 Hayden White, "The Public Relevance of Historical Studies: A Reply to Dirk Moses," *History and Theory* 44 (2005): 337.
◆38〔原註〕 Ibid.
◆39〔原註〕 Ibid.

ホワイトの応答は、ここではリチャード・ローティのそれを思わせる。ローティは反基礎づけ主義的な立場を取ることで、哲学者たちの文化的レフェリーという役割を否定したのだった。ローティもまた「ナチ問題」に直面した。かれの場合、批判者が知りたがったのは、どうすれば哲学はファシストに対して自らを守ることができるのかという点であった。批判者が求めたのは、ローカルな事情や文脈に依存せずに常に妥当する判断の基準だったのである。ところが、そんなものは存在しない。ナチと自由主義のアメリカ人がともに受け入れられる中立的な証拠など存在しない。ローティは、次のように認める用意がある。「偏狭な人間とわたしとが、同一のフーコー／ニーチェ的な意見を述べることはありうる。つまり、唯一のリアルな問題とは力の問題である、と」。しかし、もしあなたが、何が人格や共同体であり、「判断能力《コンピテンス》のある聴き手」であると見なされるべきかという点に関して、敵対者とは同意しえないとしよう。その場合、対話の可能性がないのだから、哲学をやろうにもできないのである。そういう場合、「わたしたちはたぶん、お互い自分の銃に手を伸ばさざるをえない」[40]。ローティは学術的な哲学に関してそう述べたわけだが、ホワイトは同じように、専門の歴史学の権威を承認することを拒絶する。中立的な立場から、なにが過去の正統な表象と見なされるべきかに関する「倫理的に責任ある判断」を下す権威を、拒絶するのである。ある者の審美的・道徳的な選択を正当化できる中立的な立場を希求することとは、ホワイトにとってみれば、こうした選択に対する責任を回避しようとする不誠実な試みである。

ヘイドン・ホワイトは、わたしたちはいかにして過去を意味づけるのか（あるいは、意味づけないことを選択するのか）という問いを開いておく約束を守る者にとっては、寛大な対話者であり続けた。『メタヒストリー』の初版刊行から四〇年、その間に芸術や政治、文学の反基礎づけ主義的な地平のなかで航海してきた理論家／著述家たちは、ホワイトの作品との生産的な出会いを、数知れず重ねてきた。ホワイトは、行為を可能にし、また制約もする構造につねに注意を払いながら、想像力により大きな空間を開くことも一貫して目標としてきた。学部生としてかれのゼミに出ていたとき、この制約と創造性のあいだの緊張感を鋭く感じていたことを、わたしは覚えている。一方でかれは、一九世紀の偉大な文学的・歴史的テキストにフォルマリスト的なアプローチで迫り、著述家の言説を規定する喩法を強調した。他方でかれが再三にわたって示してきたのは、同じその著述家が、自らを縛っていると思われる構造を超克するその様子だった。もっと重要なことは、かれがわたしたちに、わたしたちを規定していると思われる状況を承認するとともに、その限界を超克するやり方をも見つけるよう促していたように見えたということである。

教師としてのかれは、歴史学の専門家として受け入れられるようにわたしたちをトレーニングすることには何の関心も示さなかった。かれはわたしたちの想像力を鼓舞するためには何でもやり、その限界を拡張させてくれたのだった。かれ自身は、教室ではアイロニックなスタンスを取っていた。そのおかげで学生は、かれのスタンスが、自分たちも選んだり拒絶したりできる一個のスタンスに過ぎないと認識することができた。学生は、「自身の倫理的、審美的志」(本書六六〇頁)に従って、選んだり拒絶したりできたのである。

『メタヒストリー』の、まさにほとんど終わりのほうで、ホワイトは「老カント」を召喚している。カントの考えでは、「人間とは『歴史』を気に入ったように理解することができるほど自由であり、また歴史に自分が望むとおりに関わることができるほどにも自由である」(本書六五九頁)。さらに最近になって、ホワイトはカントとともにフランスの実存主義者の立場に立ち返り、わたしたちが歴史に向かうのは、科学的な真理を得るためではなく、審美的で倫理的な導きを得るためであることを認めている。ひとは、自らの想像力を制約するために、あるいは涵養するために、歴史に向かうことができる——それが、わたしたちが手にしているすべてなのだ。かれは近年特にそう強調している。しかし、歴史をわたしたちにとって利用可能なものにし、ホワイトが「実用的な過去」と呼ぶようになったものや、精神分析が「わたしたちがそれによって生きられるようになる過去」[41]と見なすものを、わたしたちが構築できるようにするものこそ歴史なのである。『メタヒストリー』は——ヘイドン・ホワイトの作品の多くがそうであるように——わたしたちに以下のことを想起させる。つまり、歴史的想像力は、学術的な専門科学によってかならずしも制約される必要はなく、わたしたちが現在をわがものとする際には、並はずれた資源になりうるものなのである。

◆40〔原註〕 わたしの“Inquiry as Hope: Richard Rorty” (2008), in *Memory, Trauma, and History*, 168を参照。

◆41〔原註〕 Hayden White, “The Practical Past,” http://backdoorbroadcasting.net/documents/seminar_supplements/Hayden_White_Practical_Past.pdf (accessed March 2014).「実用的な過去」については、Michael Oakeshott, *What Is History? and Other Essays* (Charlottesville, VA: Imprint Academic, 2004) および David Harlan, “The Burden of History,” 173-77を参照。わたしは、精神分析を参照しつつ「それを持つことでわたしたちが生きられるようになる過去」というフレーズを用いた。Michael S. Roth, *Psycho-analysis as History: Negation and Freedom in Freud* (Ithaca, NY: Cornell University Press, 1987) および Roth, “Why Freud Haunts Us,” in *Memory, Trauma, and History*, 117-24を参照。

＊この序文は、わたしの “Cultural Criticism and Political Theory: Hayden White's Rhetorics of History,” in *The Ironist's Cage: Memory, Trauma, and the Construction of History* (New York: Columbia University Press, 1995), 148-62から採られた。

マイケル・S・ロス（Michael S. Roth）
歴史家・思想史家。一九五七年生まれ。現在、米ウェズリアン大学学長。著書に、*Memory, Trauma and History: Essays on Living with the Past* (2012), *Beyond the University: Why Liberal Education Matters* (2014) ほか。

四〇周年記念版への序文

Preface to the 40th Anniversary edition

一九六〇年代半ばのあるとき、ノーマン・カンター（一九二九－二〇〇四）の求めに応じて、わたしは一九世紀の歴史叙述に関する本の執筆に取りかかった。そのときわたしはどんなものを書こうと考えていたのだろうか。それはまちがいなく、その後一〇年近く「研究」して書き継ぎ、改訂を重ねた結果、ようやくできあがった本とは異なるものであった。『メタヒストリー——一九世紀ヨーロッパにおける歴史的想像力』と題されたこの本とは、形式の点においても内容の点においても異なるものだったのである。

企画された本は、二〇〇頁程度の概説書になるはずで、フランス革命に始まり第一次世界大戦ごろに至る、専門的な歴史学のいくつかの主流派を扱うはずであった。つまり、「長い一九世紀」と呼ばれることになる時期に生まれた歴史叙述である。わたしは、自分が使っていた史学史に関する解説書の古典を組み合わせて、それをモデルに概説書を書こうと考えていた。わたしは大学院時代には、近現代における歴史叙述の主要な伝統に関する知識を得るために、古典的解説書を利用していた。それはドイツ語ならエドゥアルト・フュター、イタリア語ならベネデット・クローチェ、英語ならジョージ・D・グーチ、そしてもちろんジェームズ・ウェストフォール・トンプソンの『歴史叙述の歴史』である。わたしはトンプソンのこの本を、大部分ウィリアム・J・ボッセンブルーク（一八九七－一九八四）の思考を通じて吸収している。トンプソンの弟子でわたしのメンターだったかれは、カリスマ的な教師であり、「歴史」から現代的な実存的関心のドラマを作りあげていた。かれは「歴史」を、かつてなら神話や宗教、形而上学、文学が生み出してきたような巨大な意味の体系に代わる、唯一の代替物に作りあげたのである。挑戦的な試みの主要部分をなしていたのは、この歴史叙述の歴史を概念化するにあたり、それを時系列的《クロノグラフィ》な記述モデルという母体から解放するような術語系を使って概念化することにあった。時系列的記述は、「歴史の観念」（コリングウッド）に実際起きたことを、そのときそのように起こらざるを得なかったものとして捉える。時系列的な記述はそうして、専門的な歴史学的思考の現状が、はなからそうなるべくしてなった状態なのだと示すのである。◆

長く考察した末にわたしが突如気づいたのは、歴史叙述の歴史を書いたひとびとは、わたしの知る限り、誰ひとりとして次の事実をまじめに受けとらなかったということだった。それは、歴史叙述とはまずもって必然的に、そしてきわめて明白に、書かれたものであるという事実である。つまりそれは、ある媒体の上に刻まれたり置かれたりした文字や記号からなる書かれたもの、すなわち刻印《インスクリプション》なのである。この書かれたものは、それが刻印《インスクリプト》される過程を通じて、物質的かつ精神的な力を授けられる。それは、事象を時間のうちにただちに「固定」し、その事象がみずからの属する時代に対して有していた意味と、わたしたちの時代に対して有する意味とを開示するように思われる力なのである。こうしてわたしは、書くことの実践のある種の歴史を書こうと決意した（決意したと思う、あるいは、決意したという記憶があるように思う）。その後わたしは、この書くことの実践がある約束を伴って現れてくるかぎりで、それを「歴史論理的《ヒストリオロジカル》」かつ「歴史知的《ヒストリオソフィカル》」なものと呼びたいと思うようになった。多かれ少なかれ公然と表明されているその約束とは、書くことの実践が、特定の過去を説明する（ロゴス）ばかりか、特定の書く実践のうちに実際に提示された過去を考察することで、一種の叡知（ソフィア）――賢慮的（prudential）な、あるいは救済的（redemptive）でさえある叡知――を提供もするという約束である。それは〈いまここ〉で、いかに有意味な生を生きるかをめぐる叡知である。一見して、あるいは二度見たとしても、さまざまな状況が意味そのものを不可能にしているように見えるが、そうした状況下にあって、いかにして有意味な生を生きるかについて語る、叡知なのである。

その時点で、こうしたことのどれもが意味していたのは――あるいは、意味していたと今のわたしに思えるのは――書くことやそのさまざまな種類について、わたしはなんらかを学ばなければならないということだった。わたしは、書くことが言語や言語学、思想、想像力、はては倫理学とさえ取り結んでいる関係について、なにほどかを学ばねばならなかったのだ。わたしは、友人や同僚の力を借りて、こうした学習のプロセスに手をつけた。かれらの研究は、文学研究や言語学、記号論に属しており、古書体学や古文献学、考古学に属することさえあった。シドニー・モナス、R・J・カウフマン、ノーマン・O・ブラウン、ラルフ・コーエン、ライオネル・ゴスマン、ノースロップ・フライ、ルイス・O・ミンク、リチャード・ヴァン、ジョフリー・ハートマン、イハブ・ハサン、トマス・ヴォグラー、ジェームズ・クリフォード、ウラ・ヘイゼルスタイン、スーザン・フォスター、エヴァ・ドマンスカ、ダナ・ハラウェイ、チェ・サンドヴァル、ポール・ド・マン、ルネ・ジラール、ジョン・フレッセロ、ハンス・ウルリヒ・グンブレヒト、フランク・アンカースミットといった人たち、そして誰よりもまずマーガレット・ブローゼが助けてくれた。

わたしが『メタヒストリー』に着手した当時は、ジャック・デリダ『グラマトロジーについて』やミシェル・フーコー『狂気の歴史』が出たタイミングであり、ロラン・バルトやA・J・グレイマス、ツヴェタン・トドロフのほか、多数のパリの重鎮たちによる、構造主義的‐ポスト構造主義的な詩学の時期であった。多くのひとびとがジャーゴンだと見なした（実際そのとおりである）箇所は、これで説明がつく。わたしとしてはジャーゴンというより専門語、あるいは少なくとも疑似‐専門語を使っていたと考えているが。

わたしは、のちに『メタヒストリー』となる本に、一〇年の大半をかけて取り組んできた。第一稿は――本書がそこに加わるべく計画されていたシリーズの編者であったカール・ショースキーに読んでもらい――もっと多くの材料が必要ではないかと批判を受けた。そこで、二〇〇頁前後であったもともとの草稿は、五年ほどの月日を経て拡張され、初版のように四〇〇頁超に膨らんだ。一九七二年にはわたしは本を書き上げ、コーネル大学出版局に提出した。出版局は、学問的内容に先立つ事情について尋ねてきた。レフェリーによる最初の査読を経たあと、わたしは草稿を改訂し、再提出した。その結果、あまりに抽象的なうえ長すぎて（さらに疑いもなく「重」すぎて）、出版コストに十分見合う売り上げの保証が望めないとして、草稿は拒絶された。こうしてわたしは、草稿をロサンゼルスの引きだしにしまったのだが（わたしは当時カリフォルニア大学ロサンゼルス校で教えていた）、おりを見て思い出したように草稿に手を入れていた。これを出版のために再提出するようわたしに勧めてくれたのは、妻のマーガレット・ブローゼである。ただし今度のかけ合う相手はジョンズ・ホプキンス大学出版局であった。ジョルジョ・タリアコッツォとともにヴィーコ奨学金の助成を受けるなかで、こ

◆むろんこの一文は、わたしの同僚も読んだら多くはカチンとくる、そういった類の文章ではある。だが、わたしの感じた（もしくは、そう感じずにはおれなかったと、いまわたしが考えている）思いを表現するためには、こう書く必要がある。わたしは、「わたしたち」が今日「歴史」というとき意味するものは、それが以前取っていた姿とは大きく異なる以上、歴史の経験こそ唯一の種類の経験だとする考えにはなんの意味もない、と感じるのだ。

の出版局とはすでに長らく良好な関係を築いていた。タリアコッツォは、人文主義的な学問という大義に身をささげ、たぐいまれな学識を身につけた学者であった。その後、草稿をモーリス・マンデルバウムとライオネル・ゴスマンに読んでもらっていたことをわたしは知った。数年後マンデルバウムは、出版に関して、実際のところ相当な気おくれを覚えていたと教えてくれた——「この手のものをぼくがどれほど嫌っているか、知っているだろ」。はたして、わたしはそのことをよく弁《わきま》えていた。というのも、わたしはマンデルバウムの学生だったことがあり、一九五二－五三年かそこらに、ミシガン大学の歴史哲学に関する講義に出席していたからである。実際のところは、マンデルバウムはゴスマンに譲って、本書の出版をジョンズ・ホプキンス大学出版局の編集委員会に推薦する決定を下した。ライオネル・ゴスマンとは数年前から友人となっていたのだが、かれは出版に熱心になってくれた。もっとも、老いた（そしてより保守的となった）かれは、当時本書を支持した自分の見識について、あとで考え直すことになったと告白したけれども。とはいえ、当時ジョンズ・ホプキンス大学出版局の編集者だったジャック・ゲルナーは、出版するべきだという姿勢を押し通し、ついに一九七三年『メタヒストリー』が出版される運びとなった。タイトルに対する抵抗もあったが、わたしはこれで行きたいと言い張った。『メタヒストリー』はさまざまな研究分野の批判者によって攻撃されてきたが、わたしは概してこうした攻撃からこの本を弁護してはこなかったと言わねばならない。これは、わたしが次のように考えたからなのだ。すなわち、『メタヒストリー』のなかでわたしが追求した理論的方針は、実際に投げかけられた攻撃の大部分について、それと論戦することが有効であることを期待してはいながらも、同時にそうした論争の有効性を否定していたからである。ともあれ、こうした攻撃の多くを動機づけていたのは、『メタヒストリー』が歴史を調査し、書くことはどのようになされるべきかに関する本であるという思い込みであったと言わざるをえない。あるいは本書が、どれが適切な歴史学書であり、どれがそうでないかの決定基準を与えるものだ、という思い込みだったのである。ところが、わたしは、調査するにせよ書くにせよ、歴史家が自分の仕事をどう進めるべきかについてなど、一言も述べたことはない。わたしが試みたのは、歴史家が自分の仕事をしたのは調査によってだけでなく、書くという手段によってなのだということを示すことであった。言い換えればわたしは、歴史家は調査の仕事をまず行うもので（あるいは行うべきで）、それからようやく、後になって自分の発見をどう書き留めようか考えるのだ、などという通俗的観念《コモンプレイス》を、まったく現実に合わないものとして拒否したのである。経験を通じてわたしが学んだのは、著述するプロセスというものは、少なくとも主題を選ぶ瞬間には早くも始まっているということである。疑いもなくこのプロセスは、主題を適切に研究するために必要な資料を扱い始めた時点で始まっている。歴史学の言説においては、過去の一定の部分が歴史論理的に取り扱えるよう手を加えられ、歴史論理的な取り扱いに値するトピックに見えるように仕上げられる。ついでその部分は、記号の選択と複合、形容化と主題化、刻印という一連のプロセスによって、自らの指示対象を歴史の一断片として提示する段階に進むのだ。それは、その歴史学の言説が属する文化に固有な物語類型の筋道、ないしは複数のそうした筋道に従って行われる。『メタヒストリー』は、これらのことがいかにして行われるのかについての研究だったのである。

『メタヒストリー』における、個別の歴史家や歴史哲学者に対するわたしの扱い方を指弾するような攻撃は、まれであった。わずかに数人——大概は、扱われた歴史家や哲学者個人を研究する専門家だった——が、ランケやマルクス、ブルクハルト、クローチェに関するわたしの取り扱いには誤っている部分があると批判した。それは事実に関する特殊な問題についてか（これについてはたいてい批判者が正しい）、解釈についてかの、いずれかだった（後者のケースについては、なにが真か偽かではなく、むしろなにが適切か不適切かの問題になっているように、わたしには思われる）。

わたしが特定の観念や理論、メタクリティークの装置を——たとえば装置そのものに関するロシア・フォルマリズムの理論や、マルクスの労働価値説、フィクションの概念等々を——誤用したり誤解したりしていることを、正当に批判していると思われる批判の場合、たいていわたしはその後の仕事のなかで、随所で自分の用い方を修正しようと努めてきた。『メタヒストリー』に立ち戻り、改訂を通じて直すことはしていない（これはタイプミスやスペルミス、引用の間違いにも当てはまる）。というのは、これらをあらためることは、法学でいえば特定の訴訟（given case）の証拠を修正するに等しいからである。

望むらくは、わたしが関心を抱いてきた問題についてのわたしの考えが、年月を経て変化していてほしいものだ。なぜなら『メタヒストリー』にせよ、その他のいかなる理論的・歴史学的な仕事にせよ、それが「時代を超えた」ものであり、絶対的かつ永遠的、普遍的な真理の基準に照らして判定されるのが適切だというのは幻想であって、わたしはそうした幻想を微塵も抱いていないからだ。というのもわたしは——最近亡くなった友人ディック・ローティ（一九三一—二〇〇七）と同意見で——現実と真理とはまったく別ものであると考えるからである。つきつめれば、現実とはありのままのものである。それに対して真理とは、これが重要なことなのだが、「実情」として捉えられ、あるいは把握されてきたものをめぐってなされる、あの言明や命題にのみ関わるものである。そのように捉え、把握することは、特定のパースペクティヴから、特定の言語において、特定の権威（科学や宗教、哲学等の権威）に基づいてなされるわけだが、これらはいずれも、普遍性や永遠性、絶対性という属性を持つとは主張できない。

とはいえわたしは、次のように注記せずにはいられないと感じている。わたしは特定の問題に関する自分の見方を『メタヒストリー』において彫琢し、のちにもそこへと立ち帰ってきたが、わたしはその自分の見方を変えようと努めてきた。だが、こうした努力は大部分、わたしの思考のうちにある「矛盾」として、あるいは論理的な一貫性の欠如として登録されてきた。あたかもわたしが、一種の仮説――「現代の歴史叙述におけるいくつかの通俗的観念《コモンプレイス》を言説理論による批判にさらしてみたときに何が起こるのか、見てみよう」という仮説――ではなく、なんらかの究極的な形而上学体系を立ち上げようとしてきたかのように、である。

真なる言明は時間の終わり、あるいは歴史の終わりにさえ及ぶ真理性という、絶対的で普遍的、永遠的な尺度を充たすことができるが、こうした真なる言明のみによって自らの仕事は構成されているなどと、わたしの批判者たちが考えているのか、わたしには分からない。わたしに分かっているのは、ただ次のことだけである。すなわち、自分が書くときには、わたしは自分の思考が許すかぎり明晰に、かつ一貫性をもって語るようにしているということ、わたしが研究にもたらすのは、時代のなかで、利用可能な道具を用いて、わたしにできるかぎりのものだということ、そしてわたしは、自分が見たままの真理を、発言しうる時間と場所において伝えているということ、それだけなのである。この「真理」はつねに暫定的なものであって、新しい証拠や、研究上・著述上の新たな方法がもたらす光において、修正されうるものである。そしてこの「真理」は、知識を新たな洞察へと前進させることに役立つということに基づいて、判断されることを望んでいる。その新たな洞察とはすなわち、人類が自己構成ないし自己形成のテクニックによって、自らを作りあげるさまざまなやり方についての洞察なのだ。こうしたテクニックは長い目で見れば、真理も、真理を語る者の同一性も、相対的な問題にしてしまうのである。

一九七三年版への序文

Preface

これから歴史的想像力の深層構造について分析を進めるにあたって、まず方法論的な問題について簡単に述べておく必要があるだろう。ここでは、本書の考察を支えている解釈原理について、はっきりと、まとまった形で述べてみようと思う。一九世紀ヨーロッパの歴史思想の古典を読んでいくうちにはっきりしてきたのは、こうした古典を歴史学的考察の典型的形式として捉えるためには、歴史学の著作の形式性に関する理論が必要だということだった。わたしがこの序文で提示しようとしているのは、そうした理論の輪郭である。

この理論では、歴史学の著作を、散文体の物語的言説という形式をとった言語による構築物だとみなしている。歴史学の作品（歴史哲学の作品でも同じことだが）は、一定の「史資料」やそれを「説明する」ための理論的概念と、それらを、過ぎ去った時間に起こったと思われる一連の出来事のイコンとして提示するための物語的構造を備えている。加えて、歴史学の著作には、より深層の構造的内容が含まれており、それはたいてい詩的性質、とくに言語論的性質を帯びているということも主張したい。この深層構造は、「歴史的」説明に必要不可欠な特有の要素として、批判するより先に受け入れざるをえないパラダイムのような役割を果たしている。このパラダイムは、専門的な歴史学論文や文書館の報告書ばかりでなく、それよりももっと広い範囲の、およそ歴史に関わるあらゆる仕事のなかで、「メタヒストリー的」要素として機能している。

歴史的説明が行われるさまざまなレベルの特徴を示すために、また歴史叙述の様式についての類型論を構築するために、わたしが用いた術語は、ひょっとすると謎めいて聞こえるかもしれない。しかし、わたしはまず、歴史学の著作にはっきりと示されている認識論的、美的、道徳的特質を確認してから、そのあとで、こうした理論的次元での営みが暗黙のうちに、つまり自覚的な批判以前の段階で依拠しているもっと深い了解のレベルにまで分け入ろうとしたのである。つまりわたしは、歴史学の著作を分析する他のひとびととは違って、歴史学の著作の「メタヒストリー的」基底構造は、歴史家が自分の叙述を「説明」するときに自覚的に用いている理論的概念から構成されるものだとは考えない。そのような理論的概念は、歴史学の著作における明示的なレベルを構成しており、テキストの「表面」にはっきり表れ出ているために、たいてい比較的簡単に確認できる。それに対してわたしは、まず歴史家が多様な「説明効果」を得るためにとっている三種類の戦略レベルを区別して、それぞれをプロット化による説明、形式的論証による説明、イデオロギー的意味による説明と呼ぶことにした。さらにこれらの三種類のさまざまな戦略のなかで、それによって歴史家が特定の種類の説明効果を手に入れられるそれぞれ四つの表現様式がありうると考えた。まずプロット化には、ロマンス、喜劇、悲劇、風刺劇という四つの元型があり、ついで形式的論証には、個性記述論、有機体論、機械論、コンテクスト主義の四つがある。さらにイデオロギー的意味には、アナーキズム、保守主義、ラディカリズム、リベラリズムという四つの戦術がある。これらの三つの戦略のそれぞれ四つの様式が独特の組み合わせで現れるとき、個々の歴史家や歴史哲学者の歴史叙述「様式」とでもいうべきものが形成されることになる。こうした様式については、一九世紀ヨーロッパの歴史家ミシュレ、ランケ、トクヴィル、ブルクハルト、さらに同じく一九世紀ヨーロッパの歴史哲学者ヘーゲル、マルクス、ニーチェ、クローチェを論じたおのおのの章のなかで、詳しく説明しようと努めた。

これらのさまざまなスタイルを、歴史学的思考という一つの伝統のなかの複数の要素として互いに関連づけるためにわたしが想定せざるをえなかったのは、歴史家が自分の史資料を説明したり提示したりするために概念的戦略を選ぶときの意識には、さらにある深層レベルが存在するということだった。この深層レベルで、歴史家は、本質的に詩的な行為を行っている。つまり、歴史の場を、あらかじめ形象化し、「実際に起きたこと」を説明するための特定の理論をもちこむ領域として設定するのである。あらかじめ形象化するというこの行為にも、やはりいくつかの形式がある。その類型は、そうした形式がとる言語論的様式によって決まってくる。わたしはこれらの形式を、古くはアリストテレス、時を下ってはヴィーコや近現代の言語学者、文学理論家たちが展開した言語解釈の伝統にしたがい、詩的言語の四つの喩法の名を借りて、それぞれ隠喩、換喩、提喩、アイロニーと呼ぶことにした。だが、こうした術語はおそらく読者の多くにとってなじみのないものだろうから、なぜこのような術語を用いたのか、これらのカテゴリーで何を表そうとしているのかについては、次の「序論」で詳しく説明することにした。

本書のおもな目的の一つは、一九世紀ヨーロッパの歴史意識の中心的な形式を確認し、解釈するだけにとどまらず、時代を超えて歴史学や歴史哲学に特有な詩的要素をはっきりと示すことだった。歴史学は科学と芸術の混合物だと言われることが多い。だが近年の分析哲学者たちは、どこまで歴史学を科学的とみなしてよいかという問題については突き詰めて考えたものの、歴史学の芸術的要素そのもののほうにはほとんど注意を払ってこなかった。そこでわたしは、既存の歴史観念の土台になる言語論的背景を明らかにすることで、歴史学の著作の詩的性質をはっきりと示し、歴史的説明のなかであらかじめ形象化されている要素を見極めようとした。歴史的説明で用いられる理論的概念を暗黙のうちに正当化しているのは、理論の自覚的な適用に先立った位相において世界を形象として分節化させる詩的要素なのである。

こうしてわたしは、このような先行形象的（prefigurative）〔言い換えれば喩法論的〔tropological〕〕戦略に基づいた歴史意識の四つの主要なあり方として、隠喩、換喩、提喩、アイロニーを想定することにした。この四つの意識の様式が、それぞれ歴史の場をあらかじめ形象化するための明確な言語論的な基本要素《プロトコル》を支えている。こうした意識のあり方を土台に据えることで、歴史解釈のための特定の「説明」戦略が採用されるのである。一九世紀歴史思想の巨匠たちの著作を基礎づけ、特徴づけているさまざまな喩法論上の様式を解明することで、初めてかれらの作品が理解できるし、歴史研究という共通の伝統に参与しているかれらの相互関係をはっきりさせられる。要するに、喩法の支配的様式とそれが引き寄せる付随的な言語論的基本要素《プロトコル》が、あらゆる歴史学の著作のそれ以上還元できない「メタヒストリー的」基盤をかたちづくっているのである。一九世紀の傑出した歴史家たちの作品のなかのこうしたメタヒストリー的要素が、暗黙のうちにかれらの作品を支える「歴史哲学」を構成しているのであり、この「歴史哲学」なしには、かれらの著作は日の目を見ることはなかったはずである。

最後にわたしは、一九世紀のもっとも重要な歴史哲学者（ヘーゲル、マルクス、ニーチェ、クローチェ）の著作と、同時代の歴史家（ミシュレ、ランケ、トクヴィル、ブルクハルト）のしばしば「本来の歴史学《プロパーヒストリー》」と呼ばれる作品との違いは、つまるところ重点の置き方の差であって、内容上の差ではないということを証明しようとした。つまり、歴史家たちの場合には暗示のレベルにとどまっているものが、歴史哲学の巨匠たちの作品のなかでは前景に現れ、体系だって擁護されているだけのことなのである。おもだった歴史哲学者たちが本質的には言語哲学者でもあった（または近年になってそうだと認められた）のは、けっして偶然ではない。だからこそかれらは、一九世紀の歴史叙述の「科学的」と呼ばれた理論の土台となる詩的基盤を、あるいは少なくとも言語的基盤を、多かれ少なかれ意識的に理解することができたのである。もちろんこうした哲学者は、言語決定論だと非難されないよう、逆にかれらを批判する者たちこそがそうなのだと切り返した。しかし、わたしがここで主張している本質的な点を、かれらがみな理解していたのは間違いない。まだ純粋科学という地位にまで引き下ろされていない（またはそこにまで成り上がっていない）どんな研究分野でも、その思考はけっして純粋理論に完結することはありえず、きまって言語論的様式にとらわれつづけているのであり、この言語様式にのっとって自分の知覚領域にある対象の輪郭を捉えようとしているのである。

一九世紀の歴史意識についての研究からわたしが引き出した総合的な結論は、かいつまんでいえば次の諸点になる。

（1）同時に「歴史哲学」でないような「歴史学」などは存在しない。

（2）歴史叙述がとることのできる様式は、思弁的な歴史哲学がとることのできる様式でもある。

（3）さらにこれらの様式は、詩的知恵を形式化したものである。詩的知恵とは、分析的に言えば、これらの様式に先立ってつねにすでに作用していたものであり、歴史を描く営みに「説明」という様相を与えるため、特定の理論が用いられうるようにする役割を果たしている。

（4）ある様式が他の様式よりも理論的に「リアリスティック」だと正当性をもって主張するだけの確実かつ必然的な根拠は存在しない。

（5）したがって、歴史一般について省察しようとするときにはつねに、競合しあう解釈戦略のうちからどれかを選択するように定められている。

（6）前項から導かれるように、歴史についてある視座を優先的に選ぶときの最大の根拠になっているのは、究極的には認識論的なものというよりも、むしろ審美的または倫理的なものである。

（7）最後に、歴史学を科学として確立しようという主張は、歴史学の概念をつくりあげるために特定の様式を優先しよう、という宣言にすぎない。その根拠は倫理的または審美的なものであって、認識論的にそれを正当化する根拠はいまだ定立されていない。

一九世紀の歴史思想の巨匠たちの著作を年代順に分析しながらわたしが示そうとしたのは、かれらの作品が、実は歴史の場を喩法によって先行的に形象化するという営みのもつさまざまな可能性を練りあげて、形にまで仕上げたものにほかならないということであった。そして、この可能性は詩的言語一般のなかにあらかじめ含まれている。わたしの見るところ、こうした可能性が実際に展開されたことによって、ヨーロッパの歴史思想は、一九世紀末に「歴史主義の危機」と呼ばれるアイロニー的な心性に陥ったのである。このような「危機」として出現したアイロニーは、それ以後、専門的な歴史学の支配的なモードとして広がり、学問的世界においてさらに洗練度を増していく。そして、これこそが、アカデミックな現代歴史学の最良の成果にも、なぜ理論的な無気力が見られるのかということの理由であり、二〇世紀の文学、社会学、哲学が顕著に歴史意識一般に対して異議申し立てをしつづけてきた原因である。わたしの研究を通じて、こうした無気力と反抗状況が生じる理由が明らかになることを願っている。

ところで、本書自体がアイロニーの様式で書かれていることを、慧眼な読者は見逃さないだろう。だがそれを論じるアイロニーは意識的なそれであり、したがって、アイロニーの意識がアイロニーそのものに反省的に向き直るというあり方を表している。現代の歴史学的な思考の多くの部分が懐疑主義的で悲観主義的なのは、アイロニー的な心的態度に原因があり、またこのような心的態度は歴史文書を前にしてとることのできる多くの姿勢のうちの一つにすぎない、とはっきりと示すことができれば、本書はアイロニーそのものを拒否するための一定のよりどころを与えることになるかもしれない。そして、歴史学を、同時に詩的、科学的、哲学的でもあるような知的活動の一形式として再構成するための道を、わずかながらも開くことになるだろう――ちょうど、一九世紀の歴史学の黄金時代にそうであったように。

▼**詩的知恵**　ジャンバッティスタ・ヴィーコ（Giambattista Vico）の『新しい学』の基本概念の一つを指している。抽象的な知とは違う文明的世界の基層にあった原初的な知のあり方だが、これは文明化され抽象化の度合いを高めた時代の人間の認識においても、つまり、近代人の認識においても、その深層に存続し作用しつづけているものである。

メタヒストリー

一九世紀ヨーロッパにおける歴史的想像力

ヘイドン・ホワイト

［監訳］岩崎 稔
［翻訳］大澤俊朗、小田原琳、柏崎正憲、高橋明史
トリスタン・ブルネ、橋爪大輝、馬場智一
福田将之、山本裕子、吉田耕太郎

わたしたちは、
自分が最初に夢見ていたことだけを研究できるのだ。

（ガストン・バシュラール『火の精神分析』）

序論

歴史の詩学

Introduction: The Poetics of History

本書は一九世紀ヨーロッパの歴史意識の歴史であるが、わたしは、これが歴史認識の問題をめぐって近年行われている議論にも役立つことになればいいと考えている。そのように位置づけたために、本書は、歴史学的思考がその成立期であった一九世紀にどう展開されてきたのかということだけでなく、「歴史学的」と呼ばれる思考様式がどのような構造をもつのかという一般理論も同時に提示している。

歴史学的に考えるとはいったいどういうことなのだろうか。また他と区別された特別な意味での歴史学的な研究方法は、どんな固有性を持っているのだろうか。こうした問題を、一九世紀を通して歴史家や哲学者や社会理論家たちは、ちゃんと考えていけば最後にははっきりとした答えを得られるはずだという確信を抱いて論じ合ってきた。一九世紀のひとびとにとって歴史は格別に意義のあるテーマだった。つまり、「歴史」とは存在の特別な様態であり、「歴史学的意識」とは思想のある際立った様式であって、「歴史学的知」は自然学と人文学からなる学問世界のなかに自律的な一領域を占めていたのであった。

ところが、二〇世紀になると、こうした問題を考察する営みはいささか自信なげな様子で引き受けられるようになっており、結局はっきりとした答えは見出せないかもしれないという思いに行きついている。ヨーロッパでも大陸側の思想家たちが――たとえばヴァレリーからハイデガー、サルトル、レヴィ＝ストロース、ミシェル・フーコーが――「歴史」意識というものが独立した価値を持つかどうかということに深刻な疑念を投げかけた。かれらは、歴史学的再構成が事実の反映論的模写などではなくフィクションであるという点を強調することで、歴史叙述が掲げる「科学の一部門である」という自己主張の妥当性を脅かしているのである。[1]同時にイギリスやアメリカの哲学者たちは、歴史学的思考が認識論的にどのような位置を占めているのか、いかなる文化的機能をもっているのかについて、膨大な量の文献を産み出しているが、全体としてみるとこうした文献も、歴史学は厳密な科学ではないのではないか、むしろ純粋な芸術にすぎないのではないか、という強い疑念を後押しするものになっている。[2]ヨーロッパ大陸とアングロサクソン圏におけるこの二つの研究動向を見ると、ある感想を抱かざるをえない。それは、西洋人が一九世紀の初頭以来誇りとしてきた歴史意識というものが、そもそも自分たちのイデオロギー的な立場を支えるために要請された都合のいい理論上の足場にすぎなかったのではないかという思いである。西洋文明は、自分に先行する過去の文化や文明に対してだけでなく、自分たちと時間を共有していたり空間的に隣接していたりする同時代の文化や文明に対しても、このような理論上の足場を頼りにして思いあがった自画像を作り出してきたのではないだろうか。[3]このことをひと言で表現するなら、歴史意識とは西洋に特異に見られる先入観にすぎず、近代的工業社会が持つとされる優越意識にしても、遡ってみればこの先入観から出てきたものにすぎないのではないか、ということである。

冒頭で述べたようにわたしは、本書で繰り広げる一九世紀ヨーロッパの歴史学的想像力が持つ深層構造に対する分析が、歴史認識の本性と機能に関する近年の論争に新しい視点を提供することになればいい、と考えている。わたしは本書ではそれを二つのレベルで推し進めた。一九世紀ヨーロッパにおける歴史叙述の傑出した大家たちの著作を研究するとともに、それと同じ時代の枢要な歴史哲学者たちの著作も分析した。つまり、まず本書に託した普遍的な目的は、古典的といっていい歴史学の諸著作のなかに実際に登場し、歴史的過程を説明するために持ち出されるさまざまな概念にどんなものがあるのかをはっきり特定し、そこに含まれている共通の特徴を明らかにすることであった。同時に、もう一つの特別な目的は、一九世紀という時代の歴史哲学者たちが歴史的思考を正当化する際に想定できたさまざまな理論に、どんなレパートリーがあるのかをはっきりさせることであった。この二つの目的を実現するために、わたしは、歴史学の作品をできるかぎり明晰な観点を据えて解明しようと思っている。つまり、歴史学の作品を《物語性をもった散文的言説という形式をとる言語的構築物》として把握するつもりである。一般には、この言語的構築物は歴史叙述として、つまり過去の構造や過程をモデル化したり写しとったりしたものとして受け取られ、またそうした歴史研究という表現を通して「現実に存在していた実在」を説明しようとしている、と了解される。[4]

◆1〔原註〕 歴史意識に対するこのような反逆がなぜ起こったのかということについて論じたものとしては、拙稿「フーコーを読む――地下水脈からの手記」を見よ。もっと新しい議論としては、クロード・レヴィ＝ストロースの『野生の思考』、あるいは『生のものと火を通したもの』の序文を参照してほしい。ミシェル・フーコーの『言葉と物』も資するところが多い。

◆2〔原註〕 この論争の実質は Mink, "Philosophical Analysis and Historical Understanding" によって適切に要約されている。論争の主要な参加者がとった立場の大半は、Dray ed., *Philosophical Analysis and History* のなかに表されている。

◆3〔原註〕 フーコー『言葉と物』三八八－三九五頁を見よ。

◆4〔原註〕 もちろんこのことによって、わたしは、近代の（西洋）文学批評のなかのもっとも議論を呼んでいる問題、つまり「リアリスティック」な文学表現とは何かという問題にも深くかかわる議論をすることになっている。これについては、Wellek, *Concepts of Critics*, pp. 221-55を参照せよ。この問題に対するわたし自身の姿勢は、歴史叙述をめぐる文脈ではっきり分かるように、全体としてはエーリヒ・アウエルバッハが『ミメーシス』で展開した主張に即している。「事実」を「フィクション」としていかに表現するのかという問題は、エルンスト・H・ゴンブリッチ『芸術と幻影――絵画的表現の心理学的研究』では、とくに視覚芸術を参照点にして掘り下げられている。ゴンブリッチ自身は、絵画的リアリズムの起源を、西洋芸術のなかでギリシアの芸術家が、叙事詩的、悲劇的、歴史的書き手の物語技法を視覚的なものに翻訳しようとした努力のなかに見出されるとしている。『芸術と幻影』第四章は、神話的な志向性をもった中近東の芸術と、ギリシアの物語的で反神話的な芸術の概念的な過剰決定のあいだにある差異を扱っている。この章を、モーゼ五書と『ホメロス』のなかに見出されるナラティヴのスタイルとを並列させる、アウエルバッハの『ミメーシス』における有名な冒頭の章と比較することは有益である。言うまでもないことだが、アウエルバッハとゴンブリッチによって提示されている西洋芸術における「リアリズム」の変遷に関する二つの分析は、それぞれかなり違ったものである。アウエルバッハの研究は、徹頭徹尾ヘーゲル主義的であり、終末論的色調を刻印されているが、ゴンブリッチは、新実証主義的な（そして反ヘーゲル的な）伝統のなかで考えている。それでも二人の作品は、「リアリスティックな」表現の本質とは何かという共通する問題にともに関わりをもっている。そして、この問題こそ、近代的歴史学の問題でもある。言うまでもないが、二人はともに「歴史的意味」とでも呼ぶべきもののなかに、芸術におけるリアリズムという焦点があると見ているにもかかわらず、どちらの研究も歴史的表現という決定的な概念にまでたどりつくことはかなわなかった。ある意味では、わたしはかれらの定式を転倒させたのである。つまり、かれらは、「リアリスティック」な芸術の「歴史的」構成要素とは何かを問うていたのであるが、わたしは、「リ端的に言って、本書におけるわたしの方法は内容そのものを評価するものではなく、ひたすら形式的構造だけを吟味するフォルマリストのそれである。したがってわたしは、ある特定の歴史家の作品が、歴史過程のなかの一連の出来事や個々の部分を他の歴史家のものよりもうまく捉えているとか、より正確に捉えているとかといった主張をするつもりはさらさらない。むしろわたしは、もっぱらそうした表現に内在する構造的な構成要素を形態論的に特定することだけに注意を払うことにしよう。

わたしの考えでは、こうした意図にのっとっているからこそ、本書が、誰が見ても古典と言える作品を遺した歴史家や哲学者たちだけに議論を限ったこと、つまりいまでも歴史とは何かという問いに対する答えを代表すると思われているひとびとにだけわたしの議論を限定したことも正当な選択である。わたしが扱ったのは、歴史家ではミシュレ、ランケ、トクヴィル、ブルクハルトであり、歴史哲学者でいえばヘーゲル、マルクス、ニーチェ、クローチェであった。そうしたひとたちの仕事について考察することで、わたしは、歴史学研究に対するもっとも適切なアプローチが何であるのかを論じようと思ったのである。これらの歴史学者や歴史哲学者の仕事は、歴史学的表現や概念化について考える場合の、ありうるモデルとして位置づけることができる。かれらがそのような長く続く古典的評価を受けるのは、普遍化を行うときにかれらがたまたま用いていた「所与の史資料」が特別に重要な性格を持っていたからではない。むしろ、かれらが歴史叙述の代表的な事例として評価され続けるのは、そこで史資料を説明するためにかれらが参照している理論的枠組みのおかげなのである。つまり、それぞれの歴史家や歴史哲学者が典型的なモデルたりうるのは、歴史の場におけるかれらのまなざしが、傑出した一貫性や整合性や解明力を持っていたからなのである。これがあるからこそ、時代が下って研究史のなかで新しい史資料が発見されたり、研究対象やそれが起こした出来事を捉えるための新しい理論が出てきたりする時代になっても、そうした過去の範型が即座に「まるごと否定」されたり、かれらがそれまで行ってきた普遍化がただちに「却下」されたりすることにはならないのである。実は歴史物語や概念形成のモデルとなるこうした歴史学者や歴史哲学者のスタンスがどういったものになるのかは、つまるところ、歴史とその過程に関してかれらが設定した視座が持っている性格に基づいて決まっている。そのような視座の設定がもたらすのは、抽象的な概念によって論理的にあれこれ規定されるのに先立つ位相において作用する、特殊な意味において詩的な特性なのである。研究主題をめぐるこれらすべての事情を斟酌するひとならば、読者はかならず、一九世紀の歴史的思考を研究するにあたってわたしがとったフォルマリスト的アプローチを正当なことだと判断してくれるはずだと思う。

しかし、よしんばこのことを認めていただいたとしても、これらの歴史学者や歴史哲学者たちによって書かれた仕事が、歴史過程のある同じ部分の解釈に関してだけでなく、歴史をどう省みるのかという大きな課題に関しても、互いに異なった、一見したところ相互に排除しあうように見える複数の理解を示すという厄介な事実があることは否定できまい。歴史

アリスティック」な歴史叙述の「芸術的」要素とは何かということを問題にしたのである。わたしがこの後者の問いに対する答えを探究したことについては、明確に、その著作がほとんど哲学体系だと言ってもいいような、二人の文学理論家の影響を受けている。それは、ノースロップ・フライ『批評の解剖』とケネス・バーク『動機の文法』であった。また、わたしは、リュシアン・ゴルドマン、ロラン・バルト、ミシェル・フーコー、ジャック・デリダのような、フランスの構造主義者やそれ以後の批判的理論家たちの仕事からも多くの手がかりを得ている。しかし、強調しておきたいのは、わたしがこうしたフランス語圏の知的な営みを、一九世紀がそうであったのと同じように、喩法に規定された解釈戦略の宝庫だと見ている点である。たとえば、フーコーは、かれが人間科学の歴史を分析するために用いるカテゴリーが、喩法の定式化そのものであるということが分かっていないように見える。このことについては、拙稿「フーコーを読む」を参照されたい。

わたしの見たところでは、文学における「リアリズム」とはいかなるものかという議論全体が、「リアリティ」の純粋な意味での「歴史的な」概念とは何かを批判的に見極めようとしては失敗し、もがいているようなものである。よくある策は、「歴史的なもの」を「物語的なもの」に対置して、あたかも「歴史的なもの」は純粋に経験的であり、「物語的なもの」は概念的に構築されたものだとでもいうように分けて考えることである。そうすれば、この二つの極のあいだに「フィクショナルなもの」という領域を位置づけることができるというわけである。その場合には、文学は多かれ少なかれリアリスティックだと見られており、その度合いは要するに、そこに含まれている概念的な要素に対する経験的なものの割合によるということになる。たとえば、フライの議論も、アウエルバッハやゴンブリッチの主張と同じ轍を踏んでいる。もっとも、フライは少なくとも、歴史と物語と歴史哲学の関係を扱った「古いものから新しいものへ」(『同一性の寓話』所収)という示唆的な批評のなかで、わたしが指摘した問題をすでに暗示はしている。歴史的物語のなかでの「フィクション的」要素を取り上げた哲学者たちのなかで、わたしは以下の仕事がもっとも有益だと考えている。アーサー・C・ダント『物語としての歴史 —— 歴史の分析哲学』、Gallie, *Philosophy and the Historical Understanding*, Louis O. Mink, "The Autonomy of Historical Understanding," in *Philosophy Analysis and History*, ed. Dray, esp. pp. 179-86.

家や歴史学者たちが書いたこれらの諸著作は、それをまさに言語による構築物として捉えるならば、互いに根本的に異なった形式的特性を持っており、同じ史資料のまとまりを説明するためであっても、違った概念装置をひとりひとりがまったく異なった仕方で使用しているように見える。たとえば、もっとも表層的なレベルで、ある歴史家の仕事が（歴史過程における変化や変容という事実を強調するために）時間の流れに即した本質的に漸進的な通時的枠組みを採用しているのに対して、別の歴史家の仕事は（構造的な連続性を強調するために）どちらかというと共時的で、静態的な形態をとることがある。あるいは、一方に過去の時代の「精神」を、詩的な、あるいは抒情的なやり方で生き生きと浮かび上がらせることを自分の任務とみなす歴史家がいるかと思えば、他方に出来事の表層を貫いて「法則」や「原理」を発見し、時代の「精神」がつねにその「法則」の表出や顕現であると説明することを自分の課題だと信じている歴史家もいる。もっと別の実例を挙げるなら、自分たちの仕事を同時代の社会問題や葛藤の解明に役立つものと理解する歴史家がいるのに対して、逆にそのような現在に密着した関心に縛られることを避けようとし、まずは精神の「骨董的な」意識のなかで、どの程度まで過去の一定の時代が現在からへだたっているのかを知ろうとする歴史家もいる。そうした多様性に思いをめぐらしていただきたい。

要するに形式的な言語構造として純粋に眺めてみると、一九世紀の優れた歴史家たちによって書かれたあれこれの歴史は、「歴史学的著作」とは何であるべきかについて、根本的に異なった複数の概念的構想を示しているのである。したがって、一九世紀によって生み出されたいろいろな種類の歴史学的思考が持つ共通の特徴を特定するために、まずは「歴史学的著作」の理念型的構造がどんなものから成り立っているのかをはっきりさせることが必要である。いったんその理念型的構造の可能性がすべて網羅され見渡せるようになったら、歴史学や歴史哲学の著作のどの側面が、固有の構造的要素を特定しようとする場合に考慮されるべきかを決める基準が手に入るだろう。ついで、それらの要素を特徴づけ、特別な物語の形式のなかに配列して「説明的効果」を獲得するやり方が、個々の歴史学者や歴史哲学者ごとにどう違っているのかをはっきりさせることによって、研究対象となる時代における歴史的想像力の深層構造のなかにある基本的な差異を描けるはずである。いま述べたことからして、逆にわたしたちは、当時のさまざまな歴史的思想家たちの立場について、かれらを外延のはっきりしているあるひとつの言説世界にそれぞれに違った方法を用いて参加しているひとびとなのだとイメージしてみることもできると思う。そうなるとかれらはその言説世界のなかで、さまざまに異なった歴史的思考の「スタイル」を自分で主体的に選択できたひとびとなのだ、と特徴づけることも可能になる。

歴史学的作品の理論

さて、わたしは歴史学的著作のなかにある次のような概念化の水準を区別することから始めようと思う。それは、

①クロニクル〔年代記〕
②ストーリー
③プロット化の様式
④論証の様式
⑤イデオロギー的意味の様式

の五つである。①「クロニクル」と②「ストーリー」という概念は、歴史的説明におけるどちらかというと「原初的な位相」を指している。両者はともに、特定の読者によりよく理解させるために、加工されていない歴史的記録から史資料を選択して配列するという過程を表している。そのようなものとして理解すると、わたしがそれぞれ「歴史の場」、「加工されていない歴史記録」、「他の歴史的説明」、「読者公衆」と名づけようと考えている各項のあいだを媒介する試みこそが、「歴史の作品」を書く営みなのだと規定することもできる。

まず「歴史の場」の諸要素は、当の出来事をそれが生起した時間の順番に配列することによってクロニクルに編成される。次にクロニクルは、出来事がさらに処理され、「スペクタクル」や事件群の構成要素にまとめられることで、ストーリーへと編成される。その場合に、ストーリーは明確に発端と中間と結末を持つものと考えられる。このようにクロニクルをストーリーへと作り替える作業は、クロニクルのなかの出来事のうち、あるものを開始のモチーフという観点で、別のものを終局のモチーフという観点で、そしてさらに他のものを経過のモチーフという観点で特徴づけることによって行われる。一定の時と場所で起こったものとしてただ報告されていただけの出来事が、たとえば「王は、一三二一年七月三日にウェストミンスターに赴いた。そこでは、王と、最後にはかれの王位を簒奪することになる男との運命的な出会いがあったのだが、もっともその時点では、二人の男たちは親友になる定めなのだと思っていた」というように特徴づけを与えられることで、開始の出来事という形式を受け取るのである。他方、経過のモチーフは読者に、終局のモチーフが現れるまでの未決定状態のなかで、「王はウェストミンスターへの旅の途上、助言者たちから、そこにはかれの敵が待ち受けていること、また王の側にとって望ましい合意に達する見込みは薄いということを聞かされていた」という具合に、出来事の意味への期待を持ち続けるように仕向けている。終局のモチーフとは、「一三二二年の四月六日、ブレイボルンの合戦が起きた。王の軍勢は勝利を収め、謀反人たちは根絶やしになった。その結果結ばれた同年六月七日のハウスキャッス

ルの契約は、たとえ一筋縄ではいかない講和になり、七年後に宗教的な不和の炎に呑みつくされるものであったとしても、ともあれ王国に平和をもたらした」というように、それまで続いていたことがはっきり終結したり、緊迫した状況が解消したりしたということを指している。この実例が示すようにいくつかの出来事がモチーフに関してまとまりを与えられているとき、すでに読者にはストーリーが提示されているのである。これによって、出来事のクロニクルだったものは完全に時間の流れに沿ったひとつの過程に転化しており、この過程に関して、そのなかであたかも関係の共時的構造を扱っていたかのように問いを立てることができる。◆5

歴史的ストーリーの段階になると、社会的過程や文化的過程の始点から（予想される）終局までを導く出来事のつながりがたどられており、その段階ではクロニクルがそうであった場合よりもずっと多くのことが求められる。厳密にいうと、最初のクロニクルは結末が未決定であった。原則としてクロニクルには始点がない。クロニクルは、それを書き残すひとたちが出来事の記録を残し始めたとたんに「始まる」だけのことである。山場や解決もない。無限定にただ進行していくだけだ。それに対してストーリーは、（たとえ混沌としたありさまを描くときであっても）はっきりとした形式をもっており、この形式は、そのストーリーに含まれる出来事を、その当の時代の包括的なクロニクルのなかに現れてくるかもしれない他の出来事からくっきりと際立たせるのである。

歴史家の目標は、クロニクルのなかに埋まっている「歴史」を「発見し」、「特定し」、「可視的にし」て、過去を説明することだとか、「歴史」と「フィクション」との違いは、歴史家が歴史を「発見する」のに対して小説家は自分の物語を「案出する」点にあるなどとよく言われている。しかし、もしも歴史家の仕事をこのように理解してしまうと、「案出する」という契機がどの程度まで歴史家の営みをも規定しているのかという問題を覆い隠してしまう。同一の出来事であっても、多くの異なった歴史的ストーリーのなかの、違った種類の構成要素として機能することがありうる。ある出来事のまとまりが特定のモチーフをもったものとして特徴づけられる場合でも、そこでどのような役割を果たすように指示が与えられているのかによって事情は違ってくる。つまり、王の死は始まりである場合もあれば、結末である場合もあり、あるいはたんに何でも揃ったさまざまなストーリーにおける途上の出来事にすぎないこともありうる。歴史家は、はっきりと分かる始点、中途、結末を備えた理解可能な過程として考察された出来事のまとまり全体が形式的な一貫性をもつことを明らかにし、出来事にストーリーの構成要素としてのさまざまな機能を指定することで、クロニクルのなかの出来事を、意味のヒエラルキーへと編成しているのである。

クロニクルから選びだした出来事をストーリーへと編成す

ることは、歴史家が自分の物語を構築する過程で当然予想し、応答しなくてはならない次のような一群の問いを呼び起こすことになる。「次に何が起きるのか」「それはどのように起こったのか」「なぜものごとはあのようにではなく、このように起こったのか」「事態はどうなるのか」という問いである。こうした問いは、歴史家が自分のストーリーを構築するに際して用いなくてはならない物語上の戦略を規定している。

いま挙げた問いが問題にしているのは、出来事を跡づけ可能なストーリーのなかの構成要素にするつながりが、いったいどうなっているのかということである。しかし、こうした問いは、さらに次のような別の種類の問いからは、つまり「すべてはどのような結末になるのか」とか「結局要点はどういうことか」というより包括的な問いから区別されなくてはならない。こうした後者のような問いは、完全な形のストー

◆5〔原註〕　本章で展開しようとしたクロニクル、ストーリー、プロットという三つの概念を区別しておくことは、文学的フィクションを研究する場合よりも、歴史学的作品を分析する場合により大きな価値があるかもしれない。小説のような文学的フィクションとは違って、歴史学的著作は、書き手の意識の外部に存在する出来事を不可欠の構成要素にしている。小説で伝えられる出来事は、歴史学においてはありえないような（あるいは、考えられないような）やり方で創造される場合がある。このことが、出来事のクロニクルと文学的フィクションにおいて語られているストーリーとの区別を難しくさせている。ある意味で、「ストーリー」は、トーマス・マンの『ブッテンブローク家のひとびと』のような小説で語られているように、たとえわたしたちが「クロニクル－ストーリー」と「プロット」（それはアイロニーに支配された悲劇というプロットだが）とを区別することができるとしても、著作のなかで語られている出来事の「クロニクル」からは区別することができない。小説家とは違って、歴史家は、すでに構成されている出来事の正真正銘のカオスに向かい合い、そのなかから、自分が語りたいストーリーの要素を選択しなくてはならない。かれは、ある出来事を取り込みつつ他の出来事を排除したり、ある出来事を強調しつつ他の出来事を低く見積もったりするというやり方で、自分のストーリーを作り上げるのである。この排除し、強調し、従属化させるという過程は、特殊な種類のストーリーを構成したいという関心によって引き起こされている。これはつまり、歴史家は自分のストーリーを「プロット化する」ということである。ストーリーとプロットとの区別に関しては、シクロフスキー（Shklovsky）やアイヒェンバウム（Eichenbaum）やトマチェフスキー（Tomachevsky）など、ロシア・フォリマリスムの代表者たちが論考を寄せている Lemon and Marion eds., *Russian Formalist Criticism: Four Essays* や、フライ『批評の解剖』七五－七七頁および一〇九－一一八頁を参照されたい。

リーとして理解され、出来事のまとまり全体の構造に関わらざるをえないのである。この問いは、同じようにクロニクルのなかで「発見され」、「特定され」、「可視的に」されるストーリーと、他のありうるストーリーとのあいだの関係について、全体を見通した評価を与えるのである。この問いに答えるにはいくつかのやり方がある。これらをわたしは、(1)プロット化による説明、(2)形式的論証による説明、(3)イデオロギー的意味による説明という具合に三つの段階に区別して考えてみようと思う。以下、この三つの説明のレベルごとに節を追って見ていくことにしたい。

プロット化による説明

物語られているストーリーの種類を特定することによって、ストーリーに「意味」を与えることを、プロット化による説明と呼ぶ。自分のストーリーを物語るにあたって、もしも歴史家がそれに悲劇というプロット構造を与えるとすると、かれはそれをあるひとつのやり方で「説明した」ことになる。もし歴史家がそれを喜劇として構造化したなら、かれはそれを別のやり方で「説明した」ことになる。プロット化は、ストーリーとしてこしらえられているひと連なりの出来事が、特殊な種類のストーリーなのだということを一歩一歩明らかにするのである。

『批評の解剖』のなかでノースロップ・フライが打ち出した仮説にのっとって、プロット化の様式には少なくとも四つの可能性があることを確認しておこう。それは「ロマンス」「悲劇」「喜劇」「風刺劇」の四つである。もっとも、たとえば叙事詩のように、この四つ以外の様式もあるにはある。また、ある様式で配列されているストーリーがあっても、それがさらに別の様式でプロット化されている全体的なストーリーの組み合わせのなかの部分的局面や段階として組み込まれ、そこに包含されることもありうるだろう。しかし、いずれにしても歴史家は、自分の物語を構成するストーリーの全体的なまとまりを、一つの包括的ないし元型的なストーリー形式においてプロット化せざるをえないのである。たとえば、ミシュレは、かれが書く歴史をすべてロマンティックな様式に配列しているが、ランケは自分の歴史を喜劇的な様式で配列する。またトクヴィルは悲劇的様式を用い、ブルクハルトは風刺劇という様式を用いている。ついでに言うなら、四つの形式以外の例としてさきほど言及した叙事詩的なプロット構造は、クロニクルそのものが暗黙のうちに採用している形式のようにも見える。ともあれ重要なことは、あらゆる歴史は、それがいかに「共時的」なもの、あるいは「構造的」なものであったとしても、きまってなんらかの仕方でプロット化されざるをえないという一点である。ひょっとすると、「ブルクハルトの歴史叙述は少しも物語的ではない」と反駁する人がいるかもしれない。しかし、風刺劇という様式こそ、そうしたブルクハルトの叙述すら特定の種類の「ストーリー」として説明できる形式的原理である。なぜなら、ノースロップ・フライが証明したように、風刺劇こそ、そのフィクション形式であるアイロニーの様式で配列されたストーリーが、（ロマンス、喜劇、悲劇のどれであれ）他の様式で配列されたストーリーならば与える解決に関して、普通そこで抱かれるはずの期待を裏切って、読者を欲求不満の状態に陥れることによって、劇作としての効果を獲得するものだからである。◆6

◆6〔原註〕 わたしは、フライの用語法やプロット構造の整理を利用しているのだから、フライの分類法に反発したり、それにかわる独自の分類法を掲げたりしている文学研究者からの批判に応答する義務があることは自覚している。わたしは、フライのカテゴリーが、文学におけるジャンル、様式、物語《ミュトイ》などの諸概念を分類するための、ありうるたった一つの方法であると言いたいのではない。ただ、わたしはそれらが、歴史学の著作を分析するにあたってはすこぶる有益であることに気がついたということなのである。かれの文学理論に対する主要な批判は、かれの分析方法が、妖精物語とか探偵小説といった二線級の文学ジャンルに関しては十分に役に立つが、豊かに織り上げられた多次元的な作品、たとえば『リア王』だとか『失われた時を求めて』だとか『失楽園』のような作品についてなにか正しい判断を下そうとするためには、あまりに堅苦しくて抽象的だという点にある。しかし、神話文学や物語文学の主要形式をフライが分析したことは、歴史学のような「制約された」学術形式に出てくる単純なプロット化の形式を解明するためには大いに役にたつ。小説家や劇作家ならばお手のものであるような込み入った筋の展開を構成することに、歴史家は抵抗感をもつ傾向があるからこそ、歴史学者の「物語」は、フライが練り上げたカテゴリーにぴったりとはまりがちなのである。歴史家は、「自分の思う通りに」ストーリーを語ることをしない（あるいは語っているとは主張しない）のであるから、自分の物語を世上にもっともよくある形式でプロット化する傾向がある。つまり、一方では妖精物語や探偵小説のように、他方では、ロマンス、喜劇、悲劇、そして風刺劇のように。

普通の仕方で教育を受けた一九世紀の歴史家は、古典文学やキリスト教的文学の影響を受けてきていることを思い出していただきたい。このような文学に含まれている物語《ミュトイ》が、歴史家にとってストーリー形式の宝蔵庫となり、それに基づいて物語の目的を引き出すことができたのだろう。しかしながら、トクヴィルのような繊細な歴史家であれば、ラシーヌやシェイクスピアのような偉大な詩人が構想したような種類の目的に合うように、自分のストーリー形式を造形できると考えるなどしたら、間違いになるだろう。ブルクハルト、マルクス、ミシュレ、ランケのような歴史家四つの形式を順番に見ていこう。ロマンスは基本的に、英雄が経験世界を超越し、それに打ち勝ち、最終的にそこから解放者として帰還するという筋書き、つまりキリスト教的神話学における聖杯伝説やキリストの復活の物語によってもっとも典型的に表現されるような自己確認のドラマである。それは、悪に対する善の、悪徳に対する美徳の、闇に対する光の、そして原罪によって閉じ込められた地上の世界に対する人間の、究極的な勝利のドラマである。それに対して、風刺劇という元型的主題は、このようなロマンティックな救いのドラマの対極に位置している。それは実は、救いなど存在しないぞ、というドラマなのである。それを支配しているのは、人間は究極的には世界の支配者であるどころか、むしろその虜なのだという理解であり、その分析を突き詰めれば、人間の避けられない敵である死という暗黒の力を、人間の意識や意志が本当に克服することなどできはしないと認めることなのである。

ところが、喜劇や悲劇というプロットになると、堕落によって原罪を負うという運命的な条件から人間が少なくとも部分的には解放されうることを表し、人間が投げ込まれた分裂した状態から一時的にしろ救われる可能性があることを暗示している。ただし、こうした一時的な勝利は、喜劇と悲劇のプロット構造のうちのどちらが最終的に選ばれるかによって、その物語的な元型においては少しばかり違ったものとして表現される。喜劇においては、人間が自分の世界に一時的にしろ勝利するはずだという希望が保持されており、社会的世界や自然的世界のなかで作用する諸力が和解しあうときもあるのだ、という期待を孕んでいる。そうした和解は、喜劇作家が変転と変化をちりばめて考案したドラマに結末をつけるために昔から用いるような、祝祭的なドタバタ騒ぎの筋書きに典型的な形で表現されている。他方で、悲劇においては、欺くためのものや幻想上のものを除けば、祝祭的な事件というべきものは存在しない。むしろそこにあるのは、人間と人間のあいだにはきまって分裂状態があるという暗示である。こうした《存在の状態としての分裂》は、ドラマの始まりにおいて悲劇的な葛藤を引き起こす《出来事としての分裂》よりもいっそう過酷なものである。しかし、悲劇の最後になって起こる主人公の没落やかれが住まう世界の揺らぎは、対立という試練を耐え抜いたひとびとからは、存在そのものを足元から否認してしまうような全面的な脅威とは見なされていない。というのも、争いを眺めているひとは、まさしくこのドラマを通じて、意識において何らかの収穫を得るからである。この収穫は、人間的実存を支配する法則がそこに顕現したとついに理解することである。世界に対する主人公の努力がこの認識を達成したのであるから、悲劇のプロセスはある積極的な契機を残したことになる。

同じ和解でも、喜劇のそれと悲劇のそれとでは対照的な違いがある。喜劇の結末にある和解は、人間と人間の和解であり、人間とかれが住む世界や社会との和解である。社会の状況は、世界のなかの見たところ変更不可能なほど対立している諸力の葛藤の結果としてよりも、実はもっと純粋で、もっと理性的で、もっと良いものなのだと表現されている。こうした諸要素は、長い目でみれば互いに調和可能であり、それ自身とも他者ともすべて和解しうるものだということが明らかになる。他方で悲劇の結末に生じる和解は、もっとずっと陰鬱である。こうした和解は、人間とは、その苦難に満ちた現世的な実存という条件のなかに追いやられざるをえない存在なのだ、ということを意味している。また、こうした条件は変更不可能で永遠だと確認されるのである。人間はそうした条件を変更することはできず、ひたすらそのもとで行為するしかない。別の言い方をするなら、悲劇は、世界のなかで平和で健やかな生を送ろうとするときに人間は何を望んでいいのか、何を求めていいのかに関する限界を定めているのである。

　では、これら四つのプロットのあいだの相互関係はどうなっているだろうか。よく考えると、たとえばロマンスと風刺劇とは、現実の過程をプロット化しようとする場合、相互に両立しない様式であるように見える。そもそもロマンティックな風刺劇という概念を考えること自体が矛盾している。逆に、風刺劇風ロマンスということであれば考えられなくもないが、それは、アイロニーの立場から、世界をロマンティックに理解する心の愚鈍さを暴露しようとするといった程度の表現様式だろう。他方で、喜劇的な風刺劇とか、風刺劇風の喜劇、あるいは風刺劇的悲劇や悲劇的風刺劇を論じることは可能ではある。しかし、ここで注意しておかなくてはならないのは、いま述べたジャンル（悲劇ないし喜劇）とそれが描かれるときの特定の様式（風刺劇風）とのあいだの関係

が、「悲劇」や「喜劇」を論じるときには、かれらは通常はこうした言葉が意味していることのうちの、もっとも単純な概念を念頭においているだけである。ヘーゲルやニーチェ、それに（前二者ほどではないが）クローチェについては、事情が違う。美学を正面から論じたひととして、この三人の哲学者たちは、ジャンルについてずっと複雑な理解をもっていたし、その結果としてずっと複雑な歴史学を論じたのである。一般に歴史家は、たとえかれらの資料についていかに批判的であったにしても、素朴なストーリーテラーである。フライが基本的なプロット構造について整理したことについては、『批評の解剖』第三試論「元型批評」における「神話の理論　序論」の節以下を参照。またフライについては、Hartman, "Ghostlier Demarcations: The Sweet Science of Northrop Frye," in *Beyond Formalism*, pp. 24-41を参照。

は、ロマンスというジャンルとそれが描かれるときの様式（喜劇的様式と悲劇的様式）とのあいだに生じる関係とは違ったものになるということである。喜劇と悲劇は、プロセスとして理解されたロマンティックな世界理解に質的な限定を与える。このような限定のために、ロマンスでならいまだに突き詰めて展開されることのないまま無邪気に保持されている、救済のための努力に矛盾するような諸力が、喜劇や悲劇では、無視できない対立項として深刻に迫り出してくるのである。ただし、喜劇では、最後は対立しあう諸力の究極的な和解というヴィジョンに帰着するのに対して、悲劇のほうは、人間を互いに敵対関係に追いやる諸力を顕現させることになるという違いがある。それでも、喜劇と悲劇の両者はともに、ロマンスと違って対立関係を重視する点で共通している。そのような相互関係からして、ロマンスの作者は経験世界に対する人間の究極的な勝利というヴィジョンを抱いているから、喜劇と悲劇のそれぞれが開示する洞察であっても、それを自分が描く救済のドラマのなかに首尾よく組み込むことができるのである。

　しかし、風刺劇は、ロマンスや喜劇や悲劇のそれぞれのなかで表されているものとは違う性質をもった希望や可能性や真理を、それ自体のなかで質的に限定する。風刺劇は、これらの希望、可能性、真理をアイロニカルに理解するからである。そこでの支配的な雰囲気は、たとえ人間がどう考えたとしても、世界のなかで幸福を創造したり、それを完全に理解したりなどできないのだと思い知らされたあげくの諦念である。風刺劇は、ロマンスや喜劇や悲劇においてドラマティックに展開されている世界解釈は究極的には不十分なものにすぎないという点にこだわっている。芸術様式や文芸の伝統が発達していくときの一段階として、風刺劇という表現様式が登場してくるものだが、芸術史においてこのような段階に到達したということは、その時点で世界はすでに老成してしまったという信念が生まれたことを表している。哲学そのものを「描く」のと同じ筆致で、風刺劇も、現実の似姿としての自分は欠落した存在なのだという意識にさいなまれながら、「灰色の現実を灰色に描く」＝すべてを悲観的に捉える（ヘーゲル『法哲学講義』六一九頁）。そのことで風刺劇は、世界に関するあらゆるソフィスティケイトされた理解を拒否する意識に道を拓くことになり、世界とその過程を神話的に理解するような最初の原初的な精神への回帰を、まるで一つの円環をなしてもとに戻ったかのように予示してもいるのである。

　ロマンス、喜劇、悲劇、風刺劇というこのような四つの元型的なストーリー形式は、歴史家が物語的なプロット化のレベルで手に入れることができるさまざまな種類の説明的効果を特徴づける手段をわたしたちに与えてくれる。さらに、そうしたストーリー形式のおかげでわたしたちは、ミシュレやランケが繰り広げたような通時的な過程をたどっていく物語形式と、トクヴィルやブルクハルトが書いた共時的で静態的な物語形式とを区別できる。前者の通時的な物語タイプにおいては、構造が変化していくという意識が、主導的な表象を与えるものとして、もっとも重要な役割を果たしている。後者の共時的な物語タイプにおいては、構造的連続性（トクヴィル）ないしは現状維持（ブルクハルト）という意識が支配的である。しかし、歴史的リアリティの共時的表現と通時的表現とが区別されるからといって、歴史の場をプロット化するときに両者が相互に排除しあうと考えてはならない。要するにこの区別は、全体として歴史過程を表現するにあたって、連続性と変化のあいだの関係性を扱いつつ、どちらに強調点をおくのかという違いを表しているにすぎない。

悲劇と風刺劇とは、歴史家が、クロニクルに含まれている混沌とした出来事の背後や内部に、関係性が引き続き存在しつづけるという構造を認識するか（悲劇の場合）、それとも多様なもののなかに同一のものが永遠に再来するありさまを認識するか（風刺劇の場合）という、その二通りの関心のありように沿ったプロット化様式なのである。その他方で、ロマンスと喜劇とは、ぱっと眺めて本質において何も変わっていないと見るか（ロマンスの場合）、うわべの現象形態だけが変わっていると見るか（喜劇の場合）のいずれかのあり方のなかから、新しい力や条件が出現するということに強調点を置いている。しかし、いずれにしてもこうした元型となる四つのプロット構造のどれもが、歴史を認識する営みにとって意味を持っている。そして、まさにこの意味によって、歴史家は、過程のなかで、何が「実際に起こっている」のかを「説明」しようと努め、適用されたプロット構造がその過程の真の形式のイメージを与えているのである。

形式的論証による説明

歴史家は、「何が起こったのか」を自分で物語りつつ説明するときにプロット化を行っており、前節ではそうしたときの前提となる概念化のレベルが存在することをひととおり説明した。しかし、それに加えて、歴史家が最終的に「全体の意味」とか「その目的」とかを説明しようとするための前提となるような、もう一つ抽象度の上がった概念化のレベルが存在する。この後者のレベルでも、ある操作をはっきりと特定しておかなくてはならない。これを、形式的で明示的な、言説を通じた論証による説明と呼ぶことにしよう。そうした論証は、起こったことをストーリーのなかで説明するが、その場合に歴史的説明の推定される法則として働く結合原理に訴えているのである。この概念化のレベルでは、歴史家は法則定立的－演繹的な論証を構築することによって、出来事をストーリーのなかで説明する（言い換えれば、そこで歴史家は、出来事を特別なやり方でプロット化することによって、その出来事にある形式を押しつけているのである）。この論証は三段論法とでもいうべき形式からなっている。大前提にあたるものは、一般に普遍的だと思われている因果関係の法則性である。小前提は、その法則が適用される限界条件である。そして三段論法の結論においては、実際に生起した出来事が、普遍的法則性としての大前提と適用条件としての小前提から論理的必然性によって演繹される。そのような一般に法則だと推定されているもののうちでおそらくもっとも有名な事例は、マルクスが提示したいわゆる土台と上部構造の法則である。それによれば、土台（生産手段と生産諸関係）に変化があるときにはいつでも、上部構造（社会的、文化的制度）の構成要素にも変化が生じるが、逆は起こらない（たとえば、意識における変革が土台における変化を引き起こすことはない）。そのような一般に法則とされているものとして、他にも実例を挙げることができる（そこには、たとえば「悪貨は良貨を駆逐する」から、「盛者必衰」といった類の陳腐な考察までもが含まれる）。これらの発想は、歴史家が二〇世紀の大恐慌やローマ帝国の衰退を説明しようとするときなどに、少なくともそれと自覚されないままに用いられていることがよくある。しかし、たとえこの手の普遍化が常識にとらわれ因習に縛られた性質のものだからといって、それがストーリーのなかで与えられた出来事を説明する法則定立的－演繹的な三段論法の、その大前提の位置を占めないようにすることはできない。まさしく普遍化のこのような性格こそ、歴史的説明が総じて学問の最初のところでどう働いているのかを表しているのである。言い換えれば、そうした普遍化が、見たところは姿を変えてもっと厳密に位置づけられた形態を示していても、それのもととなるはずの社会科学の知見がときには科学的と呼ぶには不適切なアイデアに領導されたものだということを示している。

　歴史家が説明を与え、それによって出来事がその歴史家の物語のなかでまとめあげられる像が、法則定立的－演繹的な論証になっている場合を考えてみよう。その時そこでとくに重要な点は、そのような説明が、前節で述べたある特殊な種類の物語として自分のストーリーをプロット化したことで得られる説明効果からは、段階として区別されなくてはならないということである。もっともそれは、わたしたちがプロット化を、一種の法則定立的－演繹的な手段による説明として扱うことができないからではない。実際、悲劇に範をとったプロットが、一定の状況にある人間本性や社会を支配する法則の適用として扱われることもある。そして、そうした法則が現象する状況が一定の時空間にあると確定されたときは、暗示された原理を持ち出すことですでにプロット化の段階で出来事が説明されたものと考えられるのである。それは自然科学において、出来事の相互関係を支配するとされる普遍的因果法則を特定することによって、自然の出来事が説明されるのと同じである。

繰り返すが、歴史家は、かれが物語るストーリーのなかの出来事に、ある種の形式的連関を与えるプロットを描いているのである。そのかぎりで、歴史家も、ちょうど自然科学者が自分の説明を組み込む法則定立的‐演繹的な論証という要素を特定するのと同じことをしている。しかし、わたしはここで二つのことを区別しておきたい。つまり、ストーリーの要素として考えられている歴史の出来事のプロット化と、そうした出来事を特殊な時空間領域のなかに具体的に存在している要素として、因果関係の組み合わせのなかで特徴づけることとは別のことである。ひと言で言うなら、自分は芸術的表現をしていると同時に科学的探究をしているのだという歴史家の主張やその歴史家の研究調査活動と、かれの物語行為とのあいだに通常想定されている区別を、わたしはさしあたって額面どおりに受け取っている。というのも、「何が起こったか」「なぜそれがそのように起こったのか」を描くこと（プロット化のレベル）と、ある状態から他の状態へと普遍的な因果法則によって導かれる展開過程として物語の形式で言語的説明モデルを提示すること（形式的論証のレベル）とは、はっきり別のことだと考えられるからである。

　しかし、歴史学にある種の科学的性格を想定するひとたちがいるとしても、実際には歴史学と自然科学とは区別されなくてはならない。それはまさに歴史家たちのあいだで、一定の出来事の継起を引き起こす社会的因果関係の法則が何であるのかについて意見が一致しないだけでなく、「科学的」説明とはどんな形式をもたなくてはならないのかという問題についても、合意がないからである。そもそも自然科学的な説明と歴史学的な説明が同一の形式的要求を満たさなくてはならないのかどうかという論争には、それ自体長い歴史がある。さしあたって問題になるのは、社会学や歴史学といったいわゆる人文科学ないしは精神科学の領域においても、ちょうど自然科学的説明において用いられるような法則に対応するものが存在するのかどうかである。自然科学における進歩は、そのときどきに確立している科学者共同体の成員が、何を科学的問題と見なし、科学的説明とはどういう形式をとるべきであり、どんな性質のデータを本来的な意味で科学的な現実解釈の証明手段として認めるのかについて、達成した合意を基礎にもっているように見える。それに対して歴史家のあいだにはそうした合意は存在していないし、かつて存在したこともなかった。このことは、歴史叙述という企てが持つ科学に先立つ知に根ざすという性格を反映しているだけのことだと思われるかもしれないが、何が歴史的現象の、それも特殊な意味での歴史学的な説明でありうるのかについて、どうにも克服しようのない不一致（つまり合意の欠如）が生じてくるということは、しっかりと心に留めておくことが大切である。というのも、このことは、歴史学的説明が、歴史の場の本性に関するさまざまなメタヒストリー的な前提に依拠せざるをえない、ということを意味しているからである。そして、そうしたさまざまに異なったメタヒストリー的前提からは、それに応じて歴史学的分析のなかで用いることができる説明にどういう種類のものが存在するのかに関して、やはりさまざまに異なった考え方が出てくるのである。

「解釈」というレベルにおいて争われている歴史叙述に関する論争は、実際には、歴史家が行っている営みが「本当は」どんな本性をもっているのかということをめぐって生じている。言ってみれば、歴史学はいまだに、自然科学が一六世紀に体験していたような概念的混乱状態にとどまっている。つまりそこでは、「科学という営み」について立場を異にするたくさんの理解が存在するだけでなく、その候補として争いあうもろもろの立場のなかには形而上学的な立場までがまだ含まれていた。一六世紀という時代に、「科学」とは究極的には何であるべきかについて理解が異なっていたのは、そもそも「事実」とは何であり、その了解に対応して認識論はどうあるべきかについて見解が分かれていたからである。それと同じように、「歴史学」とは何であるべきかについて論争が生まれるのも、本来的な意味での歴史学的な説明とはどうあるべきなのか、歴史家の仕事とは何であるのかについて、そこでは見解が異なっているからである。

言うまでもないことだが、わたしがここで考察の対象にしているのは、歴史家の専門知識の深さやその正確さが問われる専門誌上の書評欄に現れるような論争のことではない。むしろわたしが論じようとしているのは、だいたい同程度の学識をもち、理論的トレーニングを経ている二人ないしそれ以上の学者が、同じ歴史的出来事のまとまりに関して、かならずしも相互に排他的ではないものの、違った解釈にいたりついたときに生じるような、もっと大きな論争のことである。たとえば、「ルネッサンスの真の本性とは何か」という大問題に対して、それぞれの優れた歴史家から違った答えが提示されて起きるような問題のことである。この事態に含まれているのは、概念化の少なくともひとつのレベルにおいて、歴史家がそれぞれ違った概念を採用しているということである。具体的には、歴史的事実の本性をめぐってそういう対立が起こっている。また、歴史学的な説明が形式的論証としてどれを適切な形式として採用しなくてはならないのかについても、やはり対立が生じているのである。そこでわたしは、スティーヴン・C・ペッパーが『世界仮説』のなかで行っている分析にならって、はっきり言説として展開される論拠として、歴史的説明のために採用できる四つの形式的範例を整理しておこう。それは、一つ一つの具体的なものの性格をただ個々にとりあげて説明する個性記述論的説明、有機的な全体を普遍として想定し、個々の意味をそこに統合する有機体論的説明、全体を決定する法則によって個々の現象を論じる機械論的説明、そして出来事を規定する文脈や事情に解消させ

て論じるコンテクスト主義的説明の四つである。◆7

《個性記述論的説明》

真理を個性記述論の立場から説明する理論が問題にしているのは、歴史の場に現れる客体がどういう個性をもっているのかをはっきりさせることである。したがって個性記述論は、一定の客体が特定され、その類や種、あるいは属性や特性に即してしっかりとした規定が与えられていれば、それで説明が十分に行われたと考える。そこで言及されている客体は、個体か集合か、特殊か普遍か、具体的実体か抽象か、そのどちらであってもいい。このように個性記述論の立場から考えた場合には、歴史学的説明の課題は、その場に現れる客体がどれも類似性を共有しているというような理解を追い払う。歴史家は、その歴史の場にある特殊な対象の固有性を明確にし、その場が表している現象類型の多様性を捉えるのである。そうして初めて、そのような歴史の場そのものを個性記述論

◆7 〔原註〕 原註6でフライについて述べた注釈は、少し変えれば、ペッパーが行った哲学的反省の基本形式に関する概念にも妥当する。たしかに、プラトン、アリストテレス、デカルト、ヒューム、カント、ヘーゲル、ミルといった偉大な哲学者たちは、ペッパーが示したような元型にはなかなか還元されるものではない。もし何らかのことがありえたとしても、かれらの思想は、ペッパーが輪郭を描いたさまざまな種類の教条的立場のうち、二つないしそれ以上のものが関係しあった形態を表している。しかし、ペッパーの理念型は、より単純な哲学体系や世界観については、非常に便利な分類を提示している。それはリアリティに関する一種の普遍的な概念を与えることであって、歴史家が哲学者として語るとき、歴史家のなかに見出されるものである。つまり、歴史家が存在に関するなんらかの一般的な観念をもちだしたり、真理や妥当性についてのなんらかの一般理論に訴えたり、確立されたとされる真理から倫理的な含意を引き出したりするとき、かれらはリアリティについての普遍的な概念を想定しているということである。たいていの歴史家たちは、たとえばエドマンド・バークに代表されるような哲学的な洗練のレベルを超えることはめったにない。それでも、偉大なホイッグ党員は、それが「哲学」と認められることはめったにないにしても、ともあれ明確な世界観は備えている。たいていの歴史家たちもそうであり、トクヴィルにも洗練された哲学は期待できない。それと対照的に、もっとも偉大な歴史哲学者たちは、世界観を洗練するとともに哲学を徹底的に論じている。この意味で、かれらは歴史家よりも、いっそう「認識上の責任がある」。歴史家は、たいていの場合、ある世界観を前提にしているのであり、それをあたかも、認識的に責任のある哲学的立場であるかのように扱うのである。基本的な「世界仮説」については、Pepper, *World Hypotheses: A Study in Evidence*, part 2, pp. 141ff.

的な立場で説明した、ということになる。

実際に個性記述論的な説明様式をとったのは、ヘルダー、カーライル、ミシュレといったロマン主義的な歴史家か、あるいはニーブール、モムゼン、トレヴェリアンのような偉大な歴史的物語の作者であった。これらの歴史叙述のなかではつねに、歴史の場の多様性、色調、躍動感がうまく描かれているかどうかが、その歴史家の作品の非常に重要な指標とされている。もちろん個性記述論的な立場をとる歴史家であっても、最後には普遍化された推論を引き出す場合はある。たとえばカーライルのようなひとが歴史過程全体を「無数の伝記の精華」と描いているのがその好例であろう。しかし、歴史的説明を個性記述論的に捉えている場合には、研究の中心に来るのは、説明されるべき「出来事」を構成するさまざまな行為者や媒体や行為の固有性であって、けっしてこうした個々の実体を包摂する「背景」や「場面」ではない◆8。

ペッパーの言葉を用いるなら、個性記述論的説明は、資料によって行う分析的な操作に際しては、有機体論的説明や機械論的説明がそうであるように「統合的」なのではなく、むしろ「拡散的」である。したがって、個性記述論的説明戦略は（普通なら広い領域を視野に入れているものなのだが）、普遍的な命題を作り上げようとすると、概念の「厳密さ」を欠くことがしばしばである。総じて、ロマン主義的な歴史家や「物語的な歴史家」は、歴史の場の全体やその過程の意味について、一般化された議論を立てたがる傾向がある。この普遍的な議論は言及される対象や問題の範囲がかなり広いために、経験的データに訴えて確認したり否定したりできる命題なら備えていなくてはならない論証としての重みはほとんどない。しかし、そうした歴史家たちは、かれらが行う一般化が抱えている軽さという欠点を、かれらの物語のなかで表現される特別な行為者や媒体や行為を実際に生き生きと再構成し、あたかもそのまま再現されたかのように提示することで、埋め合わせる。

《有機体論的説明》

有機体論的世界仮説とそれに対応する真理や論証の理論は、最初に述べた個性記述論と引き比べてみるとより「統合的」であり、そのために、その営みにおいても、議論をより少ない要素へと還元しがちになる。有機体論者は、歴史の場において識別される特殊な存在を、総合的な過程の構成要素として描こうと試みる。有機体論的戦略はその核心において、ミクロコスモスとマクロコスモスが照応しあうという形而上学的パラダイムに支えられている。有機体論的な歴史家の傾向としては、全体を部分の総和よりも大きく、質的にも違ったものであると考えがちであり、個々の存在とは全体へと凝集していく過程を構成する要素なのだと理解しがちである。

いま述べた有機体論的な説明戦略のもとで仕事をしていた

▼ヘルダー ヨハン・ゴットフリート・フォン・ヘルダー（Johann Gottfried von Herder）一七四四－一八〇三。独学の文学者にして歴史家。『言語起源論』など言語の発生論に関して画期的な仕事があるほか、ゲーテやドイツ・ロマン派にも影響を与えた。晩年はカントの批判哲学の批判者でもあった。歴史学に関しては、一七八四年から九一年にかけては、未刊の大著『人類歴史哲学考』を著し、「人間性」という概念を軸に、人類の歴史的発展の過程を書き綴った。

▼カーライル トーマス・カーライル（Thomas Carlyle）一七九五－一八八一。イギリスのヴィクトリア朝期の言論人で歴史家。『英雄崇拝論』、『フランス革命史』、『衣装哲学』、『過去と現在』などが代表作である。『英雄崇拝論』は、日本の明治期知識人に大きな影響を与えている。

▼ニーブール バルトホルト・ゲオルク・ニーブール（Barthold Georg Niebuhr）一七七六－一八三一。古代史家。史料批判に基づく客観的な『ローマ史』を著し、ランケにも影響を与えた。

▼モムゼン テオドール・モムゼン（Theodor Mommsen）一八一七－一九〇三。古代ローマ史の大家で、その主著は『モムゼン　ローマの歴史』（全四巻、長谷川博隆訳、名古屋大学出版会）として翻訳出版されている。

▼トレヴェリアン ジョージ・マコーリ・トレヴェリアン（George Macaulay Trevelyan）一八七六－一九六二。イギリスの近代史家で自由主義者、「イギリス史の詩人」と呼ばれる文体を持っていた。『イギリス史』全3巻（藤原浩、松浦高嶺訳、みすず書房）や『イングランド革命、1688－89』（松村赳訳、みすず書房）などの翻訳が出ている。

◆8（原註） 歴史家の分析や表現に先だって存在し、またわたしが「歴史の場」と呼んでいるものをきちんと特徴づけようとした際に、わたしは、ケネス・バークの批判的な用語法がもっとも有益であると考えた。バークは、実在に関するあらゆる言語表現が、仮説として定立された五つの「文法的」要素によって分析できると主張している。それは、「状況」「行為者」「行為」「媒介手段」「意図」の五つである。こうした要素が個々にどう特徴づけられるのか、またそれらが描く「ドラマ」のなかで因果的力としてそれらに与えられる相対的な重要性がどういうものであるのかが、あらゆるリアリティ表現のなかに暗黙のうちに含まれている世界観を露呈させるのである。たとえば、唯物論的な著作者は、「行為者」「行為」「媒介手段」「目的」の四つの要素に勝るものとして、「状況」（環境）という要素を強調する傾向がある。したがって、前四者は、つまるところ後者が顕現したものにすぎない。逆に観念論的な立場の作者は、いたるところにひたすら「意図」ばかりを見ようとし、「状況」を思い込みにすぎないものとして貶めがちである。これについては、バーク『動機の文法』総論にあたる、第一章「容れるものと容れられるもの」を参照せよ。

バークの理論は、加工されていない「歴史の場」を歴史家がイメージするための工夫としては有益であるといっても、歴史家がいったんその「歴史の場」を「文法的」にコード化したあとで、そこから作り上げるものを明らかにす歴史家の最たる実例を求めるなら、一九世紀半ばごろの「国民主義的」歴史家たちの大半（つまり、ジュベル、モムゼン、トライチュケ、スタブズ、メイトランドなど）がそれにあたる。かれらは、自分たちの物語に構造を与え、一見したところ拡散的な一連の出来事のなかから、ひとまとまりの統合された存在が凝結し結晶化するかのように描き出す傾向があった。そのような統合された存在の重要性は、物語のなかで分析され記述されるどんな個々の存在よりも大きい。

歴史の場のなかに現れる過程を説明するにあたっていま述べたようなアプローチをとるひとびとを探すなら、一般的には観念論者がそれにあたる。特にヘーゲルのような弁証法的思想家が、その代表格である。

たしかにペッパーが注記しているように、このモデルで仕事をしている歴史家では、個々の要素を描くことよりも、統合的な過程をどうはっきりと特徴づけるのかということのほうに関心が向かいがちになるのだろう。そのために、この様式で構想されている歴史学的な議論は、どこか「抽象的な」性質をもつ。また、この有機体論的な様式で描かれている歴史は、終局ないし目的という歴史過程の帰着点を重視する傾向があり、歴史の場に浮かび上がるあらゆる過程は、その帰着点を志向して運動すると想定される。もちろん、ランケのような歴史家は、歴史過程全体を支配する大文字の目的＝テロスを設定することに自覚的に抵抗し、一定の、暫定的で個々の文化に宿っている複数の目的＝テロスを特定することで満足していた。この複数のテロスとは、「民族」「国民」「文化」というような、個々の国民国家に直接的なまとまりを与えている構造のことである。ランケは、進行中の歴史過程のなかにこうしたものが民族ごとにはっきり見分けられると考えていた。ランケの主張によれば、全歴史過程の究極的目的があらかじめ決定されているということは、もっぱら宗教的なキリスト教的世界像のなかでしか見られないのであり、それを明らかにすること自体は歴史学の知の課題ではない。

したがって、それだけ見るとランケの著作は、特性としては有機体論的というより、個性記述論的な様式によって構成された歴史叙述の一例と解釈されるかもしれない。しかし、ランケは出来事をその特殊性において描写する技量には卓越していたにしても、適切な歴史的説明とは何であるべきかという問題に対しては、やはり暗黙のうちにまず有機体論的モデルを採用するという応じ方をしており、出来事の構造や形式的一貫性を提示することで歴史過程を説明している。有機体論的モデルこそ、ランケの意識のなかに根をおろしているものであり、世界の過程を何らかの仕方ではっきり説明しなくてはならないときには、つねにこのモデルが範例になった。

ニュートンの力学やラヴォアジエの化学やダーウィンの生物学においては、「法則」という言葉は、普遍的で変わることのない因果関係を意味する概念である。しかし、そうしたるためには、あまり役には立たない。かれの『動機の修辞学』は、文学的表現の道徳的次元を検証しようとした作品であり、同じくかれの *Language as Symbolic Action*（Berkeley and Los Angeles, 1968）は、中世における意味と意義の「類比的」水準を、世俗化された姿で提示しようとした著作であるが、これら二冊はともによくある発想を出ていないという点で失望させられる。バークはたしかに、実在についてのどんな文学的な表現も、それがいかに「リアリスティック」であっても、その厳密な分析においてはアレゴリー的であると見ている点で疑いなく正当である。しかし、そこに表現されているアレゴリーの種類を分類し始めたとたん、マルクス主義とフロイト主義と人類学的記号論をとりまぜた物まね程度のものしか提示できなくなっている。これ自体がそもそも、それらの方法が簡潔に分析したと称している「実在」のアレゴリカルな表象にすぎない。歴史学的表現をアレゴリーとして考察する場合には、フライによって提唱された方法による分析に依拠しているように見える。歴史は、認識として信頼できる言説の形式として考察した場合には、ペッパーの術語においてうまく特徴づけられるように見える。さらに、それらを道徳的な論考として見る場合には、マンハイムの提唱する知識社会学が提供する術語で精密に特定可能であるように見える。このことについては、原註11を参照されたい。

▼**ジュベル**　ハインリヒ・フォン・ジュベル（Heinrich von Sybel）一八一七－九五。ドイツの歴史家、プロイセン学派のひとり。著作に『ヴィルヘルム一世以降におけるドイツ帝国の確立（*Die Begründung des Deutschen Reiches durch Wilhelm I*）』など。

▼**トライチュケ**　ハインリヒ・フォン・トライチュケ（Heinrich von Treitschke）一八三四－九六。ドイツの歴史家、政治評論家。小ドイツ学派を標榜し、軍国主義・愛国主義を提唱した。一八七一年より帝国議会の国民自由党において活動していたが、後にビスマルクの政策に親和的になった。著作に『一九世紀ドイツ史（*Deutsche Geschichte im neunzehnten Jahrhundert*）』など。

▼**スタブズ**　ウィリアム・スタブズ（William Stubbs）一八二五－一九〇一。イギリスの歴史家。イングランド国教会、オクスフォード教区司教。著書に『イングランド憲法史（*Constitutional History of England*）』など。

▼**メイトランド**　フレデリック・ウイリアム・メイトランド（Frederic William Maitland）一八五〇－一九〇六。イギリスの中世法制史家。著作に『イギリス法史──エドワード一世治世以前（*History of English Law before the Time of Edward I*）』など。

▼**ラヴォアジエ**　アントワーヌ・ローラン・ラヴォアジエ（Antoine Laurent Lavoisier）一七四三－九四。フランスの自然哲学者で、近代化学の基礎を築いた。

意味での法則を歴史過程のなかに探し求める態度をとらないのが、有機体論者の説明戦略の特徴である。有機体論者は法則の把握をめざすのではなく、歴史の場において識別される個々の過程や、それが全体としてまとめて捉えられたときのあらゆる過程に浸透している「原理」と「観念」について論じたがる傾向がある。というのも、こうした原理や観念こそ、過程全体がめざしている目的を具体的にイメージ化し、それをあらかじめ形象として表現していると考えられているからである。そうした原理や観念は通常、神が世界を創造した目的が顕現したと解釈するあからさまな神秘的あるいは神学的な歴史家の事例を除けば、それが文字通り因果的な駆動因や作用因として機能していると考えられることはない。実際に、有機体論者にとって、そうした原理や観念は、歴史において明確に人間的な目的を実現しようとする人間の自由な能力に対し、それを厳密な因果的原因として制約するといった具合に機能するのではない。つまり、次に見る機械論者の思考において歴史の「法則」が果たしうるような役割とは違うのである。むしろ逆に、そうした原理や観念は、有機体論者においては、本質的に人間的な自由を擁護するような存在として機能している。そのために、たしかに有機体論者は、全体として捉えた歴史過程を統合的な性格を持つものとして描き、だから歴史過程についても意味を内在させたものと見てはいるのだが、だからといって機械論者の発想とはかなり違う。たとえば、ものごとを厳密に考える機械論者は、歴史的存在の法則論的な性格を考慮して、そこから人間にはけっして逃れられない必然的な過程を受け入れるという、ある種のペシミスティックな結論を引き出す傾向があるが、有機体論者の場合にはそういう帰結に到達することはない。

《機械論的説明》

機械論的世界仮説は、それが目指す方向を見ると有機体論の場合と同じように議論の構築の仕方が統合的であるのだが、それによって総合的に一つにまとまるというよりも、むしろ特定の因子に還元しがちである。ケネス・バークの言葉を用いるなら、機械論は、歴史の場のなかに存在している「行為者」の「行為」すらも、歴史の外にある「作用因」が顕現したものだと考える傾向をもっている。そして、この歴史の外に位置する法則という「作用因」は、その物語のなかで描かれた「行為」それ自体からではなく、それを取り巻いている「場面」のなかから出てくるのである。つまり、どんな行為においても、それを突き動かしている法則性そのものはその背後にちゃんと控えている、というわけである。機械論的な説明理論は、歴史の場のなかで発見された過程がどういう結果にいたるのかを決定する因果法則を探し出すことに腐心している。歴史の場に内在していると思われる対象は、部分と部分の関係という様相や、その特殊なまとまりのなかに存在していると解釈されているが、このまとまり自体は、それらの相互作用を支配すると考えられる法則によって決定されている。したがって、バックルやテーヌやマルクスが、そして本書の第五章ではっきり論じるつもりであるがトクヴィルですらも、その作用を現実に支配する法則を言い当てるために歴史を研究しており、そうした法則の効果を物語の形式で表現するために歴史を書いている。

歴史を支配する法則を把握し、それがどんな特性をもっているのかを捉えれば、歴史的過程のある与えられた時空間において「何が起こっているのか」を表現する際に、たしかにある程度説得力のある語り方ができるかもしれない。しかし、機械論者の仕事がそうした歴史を支配する法則性を追い求めるとき、かれらが行う説明には、有機体論者と同様に抽象論に陥る危険性がついてまわる。機械論者は、証拠という点では、個々の実在を、それらが構成しているとされる諸現象の集合という抽象的なレベルと比べてより重要性が低いと見る。しかし、さらに個々の実在よりは価値があるはずのこうした集合自体も、機械論者から見れば、その集合が示す規則性を

通して具現しているはずの歴史法則そのものより重要度が低い。つまるところ機械論者にとって完璧な説明とは、自然を支配するという物理法則と同じような法則を、歴史のなかに発見することである。だから機械論者は与えられた史資料にこの法則を適用し、歴史のなかで具体的な形象となって現れる存在は、法則が働いて生まれたものだと理解できるようにする。そのためトクヴィルのような歴史家においては、制度、慣習、法、あるいは芸術様式などの個別具体的なものがもつ特殊な属性は、分析においてそれらの実例を通して具現する種や集合や類型という普遍的な概念よりも、証明としての重要度が低い。さらに個々の具体的な実在よりも普遍的なレベルが高いはずのこうした類型も、トクヴィルの目からすれば——だから実際にはバックル、マルクス、テーヌもそう見ているわけなのだが——西洋史の過程を支配する社会構造と社会過程に関する法則に比べれば重要度が低いのであり、結局はそれらによって法則の働きが検証されているだけだと考えられている。

明らかに機械論者が真理や説明を理解するときには、個性

▼**バックル**　ヘンリー・トマス・バックル（Henry Thomas Buckle）一八二一－六二。イギリスの歴史家。著作に『文明の歴史（*History of Civilization*）』など。

▼**テーヌ**　イポリット・アドルフ・テーヌ（Hippolyte Adolphe Taine）一八二八－九三。フランスの批評家、歴史家。当時の実証主義の潮流に影響を受け、また後には自然主義文学を先導したエミール・ゾラに影響を与えた。

記述論者がそうであったのとは違ってその概念は厳密だとはいえるのだが、他方で、有機体論者のやり方がそうであったのと同じように、視野が狭すぎて抽象的になりがちだという批判を招くことも避けられない。個性記述論の立場から見るなら、機械論も有機体論も同じ欠点をもっているのであり、かれらが歴史の場にある個々の存在の多様性や色合いを扱うときの手際は、「還元主義的」に見える。しかしだからといって、この欠点を改め、叙述に求められる視野の広がりや具体性を確保するためには、個性記述論の場合にそうしていたように、かならず歴史の「印象論的な」説明に逃げこまなくてはならないわけでもない。むしろその反対に、真理と説明の理論としては、歴史の場で見出される出来事の意味や意義を「機能的に」理解するような、コンテクスト主義的な立場をとることだって可能である。

《コンテクスト主義的説明》

コンテクスト主義という概念が意味しているのは、出来事とは、それが発生する「コンテクスト」のなかに組みいれられることによって初めて説明できるのだ、という立場である。なぜ出来事がしかるべく起こったのかは、それを取り巻く歴史的な場所のなかで起こっている他の出来事との特殊な関係性を明らかにすることで説明されなくてはならない。コンテクスト主義では、個性記述論の場合もそうであったように、歴史の場は「スペクタクル」になっており、言い換えれば、豊かに織りあげられた織物のようにできあがっているから、一見したところでは一貫性のある法則や何かはっきり特定できる基本構造は提示されない。しかし、だからといってこれは、個々の存在をその特殊性や特異性において考察するという単純な傾向をもち、したがってその場かぎりで他の存在との類似や差異を問題にするだけの個性記述論とは性格が違う。コンテクスト主義者は、一定の時点に一定の場を占めている行為者や作用主体のなかにどんな機能的な相関関係があるのかを特定することによって、歴史の場で「起こったこと」が説明可能になるはずだ、と主張する。

このような機能的な相関関係が出来事を決定する過程には、W・H・ウォルシュやアイザイア・バーリンのような現代の哲学者たちが「結合効果」(colligation)と名づける作用が働いていると考えればいい。[9] この作用が説明しようとしているのは、研究の対象である個人や制度を、その特殊な社会文化的「現在」に関係づけている「脈絡」である。この種の説明戦略の実例は、ヘロドトスからホイジンガにいたる著名な歴史家のなかに見出せるが、一九世紀に限ってその際たる例を探すなら、ヤーコプ・ブルクハルトの作品がそれである。説明戦略としては、コンテクスト主義は、個性記述論がもっていたようなどこまでも拡散的な姿勢をとることはないが、その他方で、有機体論や機械論が帯びているような抽象的な性格も回避しようとする。むしろコンテクスト主義は、時代や時期の「潮流」という観点で、歴史的出来事の特定の領域で確認できるような、諸現象の相互に関係しあう一体性を、言い換えれば一般的特徴を探求する。つまり、そうした特定の領域を占めている個々の存在に共通する特徴をはっきりさせるために、それとなく結合の規則に訴えるのである。その場合、このようなあり方でコンテクスト主義によって着眼される規則性は、機械論者が要請する原因と結果の一般的な因果法則や、有機体論者が要請する一般的な目的論的原理に等しいものとは説明されない。むしろそうした規則性は、特殊な時間と場所に存在したと想定される現実的関係として説明されるのであり、第一の、究極的で物質的な原因は、決して認識の対象にはなりえないのである。

　ペッパーが教えているように、コンテクスト主義というものは、歴史の場のある要素（それは何でもいいのだが）をとりあげ、それがたとえば「フランス革命」と同じほどに重大な出来事であるのか、それとも一つの人生のとある一日といった些細な出来事であるのかにかかわらず、ともかくそれを研究の主題として一つだけ切り離して孤立して扱うやり方をとる。そのうえでコンテクスト主義者は、説明されるべき出来事をコンテクストのさまざまな領域に結びつける「脈絡」を突きとめるのである。この脈絡が特定されると、コンテクストはさまざまな方向にたどられていく。たとえば、それを外に向かってたどれば出来事が起こった環境となる自然的社会的空間が浮かび上がるし、時間的に遡及して考える場合には出来事の「起源」が問題になる。さらに、時間の流れに沿って考える場合には続いて起こる出来事への「作用」や「影響」が見えてくる。このように痕跡をたどる操作は、コンテ

◆**9**〔原註〕 Walsh, *Introduction to the Philosophy of History*, pp. 60-65; Berlin, "The Concept of Scientific History," in Dray ed., *Philosophical Analysis and History*, pp. 40-51を参照せよ。そもそも結合効果（colligation）という術語については、Mink, "Anatomy," pp. 171-72の註を参照されたい。

▼**ヘロドトス** ヘロドトス（Herodotus）ＢＣ四八五－二〇頃。かれがペルシア戦争後に諸国を遍歴して書き残した全九巻の『歴史』は、今日において伝承されている最古の歴史書である。

▼**ホイジンガ** ヨハン・ホイジンガ（Johan Huizinga）一八七二－一九四五。オランダの古典文献学者、歴史学者。『中世の秋』において、ルネッサンス期の文化に関する従来の評価に反対し、むしろそれを中世的な精神文化の衰退として捉えようと試みた。

クスト主義的な説明の場合には、結局は「脈絡」がなにか他の「出来事」の「コンテクスト」のなかに消失していくか、あるいは「一つにまとまって」なにか新しい「出来事」を引き起こすかのいずれかになる。そこで行われているのは、歴史の場において考えられうるあらゆる出来事や特定可能な潮流を一つに統合するという操作ではなく、むしろ、そうした出来事や流れを、明らかに「有意味」だが制限された範囲の、一時的で制約されたひとまとまりの指標の内部で相互に結びつけるということである。

　こうやって考えると、すでに述べたように個性記述論の背後には拡散していこうとする衝動があり、他方で有機体論の背後には統合しようとする衝動があったのに対して、歴史的説明の問題に対してコンテクスト主義的な立場がとるアプローチは、明らかにこの二つの衝動が結びついたものと見なすことができる。しかし実際には、真理や説明や検証に関するコンテクスト主義者の理解が、歴史家に要請したり、読者に要求したりしている内容は、過剰なまでに控えめであるようにも見える。というのも、歴史の場を、有意味な出来事のさまざまな領域に編成し、それに基づいて時代や時期を区別しなくてはならないときに、他の立場のひとびととは違ってコンテクスト主義は、歴史の場において際立たせられるべき過程の物語のモデルをどう構築すべきかという問題に対して、あいまいな解決案しか示さないからである。コンテクスト主義者は、歴史的時間の「流れ」にしても（ブルクハルトがはっきりとそう指摘していたように）興隆と衰退のある波動のような動きだと考える。この動きのなかでも、ある特定の時期や山場が、本質的に他の時期よりもいっそう重要なものだと考えることはある。出来事の脈絡をそういうやり方で追っていくかぎり、それならば発達や進化のイメージが前面化する物語がそこに現れてきてもおかしくないと思われるだろう。ところが実際には、コンテクスト主義的な説明戦略は、発達や進化という通時的な説明には深入りせず、過程のなかの断片や一部を、つまり、あたかもひとつひとつの時間を飛び越して取り出した局面を、共時的なものとして表象する傾向がある。このように、表象が構造主義的ないし共時的様式をとりがちなのは、コンテクスト主義者が採用している世界仮説のなかにその理由がある。さらに、コンテクスト主義的な志向性のある歴史家は、自分の研究しているさまざまな時代をそれでも歴史過程全体の包括的展望のなかにまとめあげたいと望む場合には、自分のコンテクスト主義的な枠組みの外部に視点を移動しなくてはならない。そうしたときにはコンテクスト主義者は、個々の所与を支配していると考えられる「無時間的」法則性を受け入れて、史資料を機械論的に還元する方向をとることもあるし、あるいは、過程全体が結局はそこへと向かうような目的因となる「原理」を受け入れて、史資料を有機体論的に総合するというやり方をとることもある。

さて、物語のなかで描かれる出来事の真の意味とは何かというような、本格的な議論の論拠を提供するためには、こうした四つの説明モデルのどれが歴史の作品に使われても構わない、と思われるかもしれない。ところが、これら四つのモデルは、一九世紀初頭に歴史学が学問として確立したときから、社会的に認められた職業的な歴史家のなかで等しい権威をもつものとして扱われていたわけではなかった。実際のところ、アカデミックな歴史学者たちのあいだでは、個性記述論とコンテクスト主義とが優勢となりがちであり、これがオーソドックスな理解として受け入れられたのである。有機体論的傾向や機械論的傾向は、それが一目置かれるほどに力量のある歴史家によって代表される潮流となるのは、ランケやトクヴィルの登場を待たなくてはならなかったし、かれらの事例も、歴史学における説明がとるべき本来的な形態の不幸な逸脱態と見なされていたのである。そればかりではない。ちょうどヘーゲルやマルクスの事例がそうであったように、歴史の場を有機体論的観点や機械論的観点を基軸にすえて説明しようとする衝動が思想家の考え方のなかで支配的な影響力をもった場合にも、このような衝動のせいで歴史学が道に迷い、厄介な「歴史哲学」にはまり込んでしまったと否定的に解釈されたのである。

ひと言で言うなら、職業的歴史学者にとって個性記述論とコンテクスト主義は、特有な意味で「歴史学的な」性格をもつ説明ならきまってそれを選ぶはずの戦略だと受けとめられていたのである。それとは逆に、機械論や有機体論は、歴史学の思考にとって異端となる発想を表していた。そう考えていたのは、職業的な歴史学者の保守本流だけではなかった。歴史学の主流派の考え方を擁護する哲学者たちも同じ考えを抱き、「歴史哲学」は神話であり、誤謬であり、イデオロギーであるとみなしていた。たとえば、カール・ポパーの『歴史主義の貧困』という影響力のある著作は、歴史的思考のなかにあるこうした機械論的思考と有機体論的思考という二つのモードに対する執拗なまでの告発に他ならない。[10]

しかし、なぜ有機体論的説明様式や機械論的な説明様式に対して職業的歴史学者たちが敵意を抱いているのかは、実際によく考えてみるとはっきりしないところがある。はっきりしないどころか、このような敵意が抱かれる理由は、特別に認識論の枠を超えたところにあるように思われる場合もある。というのも、もしも歴史学的研究が科学としてのレベルに先

◆10〔原註〕ポパー『歴史主義の貧困』第一章および第二章を参照。

立つ位相にある何らかの要素によって決定されるものだとすると、特定の説明様式が他の様式よりも好まれるという問題を異論の余地なく説明するような根拠は、認識論のレベルには存在しないことになるからである。

もちろん、実際の思想史のなかでは、有機体論的な説明様式や機械論的説明様式を手続きから排除することによってのみ、歴史は、神話や宗教や形而上学から解放されると論じられてきた。たしかに、その場合にも、歴史は形而上学を批判したからといって、ただちに厳密な「学」に引き上げられうるわけではない。しかし、その場合に主張されていることは、このような神話や宗教や形而上学の排除によって、歴史が少なくとも「学知主義」に陥る危険性を回避できるということであった。ここでいう学知主義とは、学的方法の見てくればかりの猿真似とか、学の権威の正統性を欠いた利用を指している。というのも、個性記述論やコンテクスト主義の様式での説明に自分を限定することで、歴史叙述は少なくとも「経験的なもの」にとどまるであろうし、ヘーゲルやマルクスによって実践されたような種類の「歴史哲学」に陥らないですむだろうから、とされたわけである。

しかし、歴史学はそもそも厳密な学ではないのだからこそ、たとえ有機体論や機械論を排除したとしても、それだけで自動的に科学性が高まるなどということはない。むしろ、有機体論的説明様式や機械論的説明様式に対するこれまで述べてきたような敵意は、実は職業的な歴史家たちが、学問的歴史学という制度にまで凝結させている自己理解から出てきた偏向にすぎないと考えられる。有機体論や機械論であろうとも、個性記述論的戦略やコンテクスト主義的戦略によっては達成されえないような、何らかの自然的世界や社会的世界の過程に対する洞察を与えることはできる。もしもその点を認めるなら、その際に個性記述論やコンテクスト主義がしているような範例となるべき歴史的説明から有機体論や機械論を排除してしまう原因は、当事者が自覚しないうちに認識論そのものの外部から持ち込まれる考え方にあるに違いない。つまり、個性記述論やコンテクスト主義という拡散的な志向性をもったテクニックだけをよしとする姿勢は、歴史家の側で無自覚にただそういう決断が行われているという事実が反映されているにすぎない。それはつまり、有機体論や機械論の立場から歴史過程を考えた場合にそうなるようには、経験的な所与の史資料を普遍的概念にまとめ上げたりしない、という決断である。他方、そのような決断自体も、人間や社会に関する学がとらなくてはならない形式についての、没批判的で素朴な思い込みから由来したものであるように見える。またそうした素朴な思い込みも、それはそれでその本性において、一般に倫理的なものであり、特殊な場合にはイデオロギー的なものであると見えるだろう。

とくに急進派は、職業的な歴史家たちがコンテクスト主義や個性記述論に基づく説明戦略をとりたがる背後には、イデオロギー的な動機が控えていると頻繁に主張する。たとえばマルクス主義は、歴史的説明の機械論的モードが拒絶される理由は、支配的な制度となっている社会集団の階級的利害関係にあると主張する。なぜなら、現に働いている歴史的構造や歴史的過程の法則が意識において露わとなることは、支配階級が享受している権力が本当はいかなるものであるのかをさらけ出すことになるし、そうした階級から特権的位置と権力をとりあげる社会革命のために必要な知を提供することになりうるからである。急進派が主張するのはこういうことだ。個性記述論やコンテクスト主義のもとでは、個別的出来事とその直接的なコンテクストに対する関係だけしか知ることができず、言い換えれば、せいぜい事実を漠然とした類型パターンに調整できる程度の歴史概念を構成することしかできないから、支配集団の階級的利害にかなっている。なぜなら、歴史学的知の本性に関するそのような理解は、「自由主義者」がともすると「個人主義的」に発想していることや、「保守主義者」が「階層秩序に合わせて」発想していることにそれぞれうまく適合しているからである。

急進派は歴史的構造や歴史的過程の「法則」を発見したと主張するが、こうした主張を、自由主義的な歴史家は、同じようにイデオロギー的に動機づけられているものだと見る。自由主義者の主張によれば、そうした法則は急進派によって社会変容の一定のプログラムを促進するという目的のために持ち出されているのであり、それが急進派的な方向をとっている場合であれ、反動派的な方向をとっている場合であれ、歴史認識そのものとは異なった外部の動機から強引に結論が導き出されているという点では、右だろうが左だろうが同じことだという。このように自由主義者は、歴史的構造や歴史的過程の法則性を探すこと自体に手厳しい評価を下し、そうした法則を探求すると主張する歴史家は誰であれ学問的資格において疑わしいという。同じような非難は、観念論的な立場に立つ歴史哲学者が歴史の「意味」をその総体性において解明したと称する「原理」に向かっても投げかけられている。そうしたヘーゲルに代表される観念論的な歴史哲学が掲げる「原理」は、有機体論的立場以外のひとびとが主張するところによれば、つまり歴史学的な説明をコンテクスト主義的、個性記述論的、機械論的に理解するひとびとが主張するところによれば、つねにその意図においては反動的なものであり、啓蒙に反対するイデオロギーを支えるために歴史の外から持ちこまれたものにすぎない。

実際、事実を歴史的に評価する場合にはつねに、それ以上還元できないようなイデオロギー的な構成要素がそこに現れてくる。要するに歴史は科学ではない。あるいはよくても歴史は、はっきりと特定できる非科学的構成要素を内在した科学以前の層に根を下ろした存在である。このこと一つをとっても、もしもある歴史家によって、自分は歴史的記録だけを丹念に解読してそのなかにある種の形式的な一貫性を識別したのだから自分の仕事は科学的であるという主張が行われても、やはりそこに歴史的世界や歴史的認識の本性に関する特定の理論が持ち込まれていることに変わりはない。そこに持ち込まれた理論は、その学者の自己理解にもかかわらず、「現在」をどう理解するのかという試みにとっては——この「現在」がどう規定されていようとも——イデオロギー的な意味をもっているのである。このことは次のように言い換えることができる。歴史叙述や歴史哲学において、自分は社会的意識や実践の場である現在から過去を区別したという主張や、過去の世界の形式的一貫性を、自分のいる世界とは関係なく客観的に特定した、という主張は、現在が過去からの連続であるかぎり、過去の世界のみならず現在の世界の知がどういう形式をとるべきなのかということについて、一定の選択的な概念理解を含みもっている。すなわち、問題は過去の解釈だけではなく、現在をどうするのかというイデオロギー的問題にそのまま結びついているのである。したがって、歴史叙述において特定の知の形式にそれとはっきり自覚しないうちにコミットしてしまっているということが、わたしたちが現在の世界について行うことのできる普遍化がどんな種類のものであるのか、わたしたちがそれについて抱くことのできる知がどんな種類のものであるのか、そして左派の場合はその現在を変革するために、あるいは保守派の場合はそれをいまある形式において無限に維持するために、正当性を掲げて構想することのできるプロジェクトがどんな種類のものであるのかを、あらかじめ決定しているのである。

イデオロギー的意味による説明

ここまで述べてきたように、歴史家は歴史的知の本性という問題について、また過去の出来事の研究から現在の出来事の理解のためにどんな意味を引き出すことができるのかについて、つねにすでに自分の基準に基づいてある特殊な立場を引き受けているのである。その引き受けられている立場に含まれる倫理的要素を表しているのが、歴史的な表現のなかのイデオロギー的次元である。この「イデオロギー」という言葉でわたしが言おうとしているのは、社会的実践という現在の世界のなかで一定の立場をとり、また（その世界を変革する方向にであれ、いまある状態を維持する方向にであれ）それに働きかけるように命じる社会的規則や命令規範の束のことである。そうした規則や命令は、それを「科学」や「リアリズム」だと権威づける論拠を伴っている。カール・マンハイムが『イデオロギーとユートピア』で行った分析に従って、わたしは基本的なイデオロギー的立場として四つの可能性を立てておこうと思う。つまり、アナーキズム、保守主義、ラディカリズム、リベラリズムの四つである。[11]もちろん、政治的性向を大きく概念的に普遍化するカテゴリーの可能性としては、これらとは別の立場も存在する。たとえばマンハイムは、近代初頭の宗教的セクトが抱いていた

◆11〔原註〕わたしは、マンハイムがイデオロギーとそれを支える歴史哲学の主要な類型を分類した作業を、単純化して整理した。マンハイムは、かれの評論である「政治学は科学として成りたちうるか」（『イデオロギーとユートピア』所収）のなかで、一九世紀と二〇世紀に出現した政治的意識の五つの「代表的理念型」を列挙している。そのうちの二つは、保守主義の二類型であった（一つは「官僚的」保守主義であり、もう一つが「歴史主義的」保守主義である）。わたしには、ここではその点での区別をしておく必要はない。というのも、「官僚主義的な」形態は、社会的秩序の変革のためにイデオロギーによって駆り立てられて行われるあらゆる格闘に対立することもありうるからである。わたしが問題としているのは、歴史的過程の特殊な概念に訴えかけることによって、現状を変革しようとか、維持しようと努める知識人の仕事である。わたしが知っているかぎり、どんな歴史家であれ、歴史哲学者であれ、「官僚主義的保守主義」の態度を促すようなやり方で執筆しているひとはこれまでいなかった。しかし、わたしが保守主義を、理想化された過去の防衛ではなく、いまある社会の仕組みを防衛することとして定義したのと同様に、マンハイムが考えたような「保守主義的歴史主義」は「官僚主義的保守主義」の自然な避難所となることだろう。これについては、マンハイムの『イデオロギーとユートピア』における「認識そのものが政治や社会によって拘束されているというテーゼの証明」という節を、また同じくかれの『保守主義的思考』を参照せよ。

マンハイムは、近代の政治的意識の理念型のなかに「ファシズム」を挙げている。わたしはこのカテゴリーを用いなかった。というのも、もしそれが一九世紀の思想家たちに用いられるなら、それはアナクロニズムになってしまうからである。それにかえてわたしは、「アナーキズム」というカテゴリーを用いた。これは、マンハイムの考えでは、終末論的な政治的思考がとる一九世紀的特有の形態である。マンハイムが『イデオロギーとユートピア』所収の「ユートピア的心性」なかで、ユートピア的志向の四つの理念型を列挙していたことを思い出していただきたい。そのそれぞれが、近代の政治的意識の発達における別々の段階を表現していたのである。それは、陶酔的な千年王国論（一六世紀の再洗礼派〔訳註：Anabaptist, カトリックとプロテスタントの双方の教義を否定した一六世紀ヨーロッパの急進的宗教改革における一潮流〕に代表される千年王国思想）や、自由主義的な人道主義の観念、保守主義の観念、そして社会主義的・共産主義的ユートピアの四つである。アナーキズムは、陶酔的な千年王国論が一九世紀にとった世俗化された形態であり、ファシズムはそれが二〇世紀にとった形態である。同書二三二頁を見よ。アナーキズムを終末論思想の政

終末論や反動派の立場、それに全体主義者の立場も考えられるとしている。しかし、こうした立場は本質的に権威主義的であり、最初にあげた四つの一九世紀のイデオロギー形式がとっているあり方とは性格が違っている。終末論者は、神聖な啓示という権威に基づいて自分の行為に格律を課している。反動派は、階級や集団実践の権威に立脚し、これをずっと変わることなく力を持ち続ける社会的組織体制だと見ている。さらに全体主義者は、けっして異論の許されないカリスマ的指導者の権威に依拠して、自分の行為格律を決めている。こうした立場をとっているひとびとは、当然自分とは違う立場のひとびととの論争に巻き込まれることもあるが、かれらは自分の認識に関わる権威を、合理的根拠やら、科学的根拠やらによって裏づけなくてはならないなどとは考えない。したがって、かれらが社会や歴史に関して特殊な理論を提示することがあったとしても、こうした理論は、他の立場から投げかけられた批判に対して、またそもそも「史資料」に対して、あるいは、論理学的基準に照らして一貫性があるかどうかに対して、自分たちには内在的な応答責任があるとは考えないのである。

しかし、それらとは違って、マンハイムが特定している四つの基本的なイデオロギー的立場のほうは、自分たちが「理性」や「科学」や「リアリズム」の権威に照らして正当性を備えていると主張する価値体系である。このような主張を行うために、四つの立場はいちいち断ることがなくとも、何が理性的であり、何が事実であるのかについて類似の権威を主張する他の体系とのあいだではつねにすでに公共的な討議に巻き込まれているのである。言い換えれば、こうした事情があるためにこれらの立場は認識論的には自覚的なものになるが、同じことは反動派や全体主義者のような「権威主義的」価値体系に依拠するだけのひとびとには起こらない。また、「理性」や「科学」を正当性の根拠として標榜するために、四つの立場は、他の視点に立脚して社会的過程を理解する研究者によって発見された「史資料」であっても、自分もそれを理解しなくてはならない、と考えるように促されている。端的に言うと、アナーキズム、保守主義、ラディカリズム、リベラリズムという一九世紀がもたらした諸形式は、「権威主義的な」価値体系とは違って、「知的な応答能力をもっている」のである。◆12

ちなみに「アナーキスト」「保守主義者」「急進派」「自由主義者」という術語は、あくまで一般的なイデオロギー的選好傾向を表す指標であって、特定の社会的党派を指すレッテルとして用いられているのではないと強調しておかなくてはならない。この四概念は、社会の研究を学問的に基礎づけることができるかどうか、またそれをどう行ったらいいのかに関して、それぞれ違った態度を表している。またこれら四つの概念が表現しているのは、人間科学が教えうる教訓につい治史のなかでユニークなものにしているのは、千年王国論とも、ファシズムとも違って、それが認識論的に責任をもとうとしているという事実である。つまり、アナーキズムは、その非合理な姿勢について、合理的な正当化を与えようと努めているのである。

わたしの理解では、アナーキズムはロマン主義のイデオロギー的内実であり、ロマン主義が一九世紀を通じて出現したあらゆる局面に姿を現した。そしてアナーキズムは、ロマン主義がしたのと同じやり方で、二〇世紀においてはファシズムに滋養を与えることになった。マンハイムは、ロマン主義を体系的なやり方で保守主義と関係づけようとしたが、実際のところ一九世紀初頭においては、両者はたまたま時代的に同時に現れていたにすぎない。ロマン主義的物語によって生み出された歴史哲学は、保守主義者に社会の現状を賛美させるような歴史的時間のなかでは、完全に統合された共同体という概念を実現可能なものだと考えることはない。ロマン主義に関してユニークであるのは、その個人主義的な契機であり、つまり、完全なアナーキーを望ましいと鼓吹するエゴイズムである。この契機は、何人かの保守主義を自称する思想家のなかにはあったかもしれない。しかし、かれらが本当に保守主義者である場合には、それは、急進派や自由主義者や反動派から出てくるプログラム化された変更要求に対して、現状の社会的制度のなかで、一定の集団の特権化された立場を守るためのイデオロギー的詭計という機能をもっていた。保守主義者は、真正な急進派的な世界概念に耐えられないように、純正なアナーキズムの世界概念を大目に見ることはできない。保守主義者は、それがアナーキストや急進派がなおも実現を夢見ている統合された有機的一体性であると見せることによって、現状を防衛している。

◆12〔原註〕 わたしは、「認識上の責任」という概念をペッパーから得た。かれはこの言葉を、その世界仮説を合理的に擁護しようとする哲学体系と、そうしようとしない哲学体系とを区別するために用いている。後者の実例は、神秘主義やアニミズムや徹底した懐疑主義であり、そのすべては、ある程度はその論証において、啓示、権威、慣習という概念に依拠せざるをえない。特殊な神秘主義者や自然精霊崇拝者や懐疑家が、現実を前にしてとる非合理的な態度に合理的な説明を与えることができるような場合があったとしても、そうした正当化は通常は、その敵対者の超合理主義の批判として持ち出されている。かれらの教説の積極的な内容は、つまるところ、合理的な根拠に基づいて擁護できるようなものではない。というのも、かれらは理性そのものの権威を最終的には否認しているからである。それについては、Pepper, *World Hypotheses*, pp. 115-37を見よ。政治的思考のなかに見出されるそうした思考システムの同類は、伝統に呪縛された封建貴族を最たるものとするだろう。そうしたひとびとは、現在にも未来にもまったく価値を認めない反動派である。自分の敵と議論する際に、理性も一貫性という理想も拒否するようなファシストやニヒリストもその類である。

てのさまざまな概念内容であり、社会的現状を維持したほうがいいのか変革したほうがいいのかについての異なった考え方であり、現状における変革がとるべき方向性やそうした変革を引き起こす手段についてのそれぞれの違った理解なのである。そこには、時間的な志向性に関するさまざまな違いも表れている。（それはたとえば、社会の「理想的」形態のパラダイムを考えるときに、それをどの時代に設定するのか、それを過去、現在、未来の三つの時間性のうちのどれを志向するものとするのか、という問題である）。また、ある歴史家が歴史的過程をどのようにプロット化するのか、またそれを形式的な論証においてどのように説明するのかということは、この歴史家が意識的に選択したイデオロギー的立場の機能とみなされるには及ばないということも強調しておかなくてはならない。むしろ、歴史家が自分の歴史的な説明に対して与える形式は、先に区別した四つの立場のどれかに一致するイデオロギー的意味を持っていると言うことができる。あらゆるイデオロギーが歴史や歴史過程に関する特殊な観念を備えているように、あらゆる歴史の観念も、特殊なあり方で決定しうるイデオロギー的意味を伴っているということを主張しておこう。

わたしが問題にする四つのイデオロギー的立場について、以下でまず概略を説明してみよう。社会的変革という問題に関しては、四つの立場はどれもその不可避性は承認しているが、その変革が望ましいものであるのかどうか、どういった変革のペースが一番ふさわしいのかについて、違った立場をとっている。当然のことながら、保守主義者は、社会的な現状が新しい革命のプログラムに沿って変革されることについて、もっとも懐疑的な姿勢をとる。それに対して、自由主義者と急進派、それにアナーキストは、変革一般について懐疑的である度合いは相対的に小さく、したがって、社会的秩序の「急激な」変容が起こるという未来の展望に関しては、多かれ少なかれ楽観的である。マンハイムが書いているように、保守主義者は、社会的変革をちょうど植物が成長するような漸進的な過程から類推して考えるが、それに対して自由主義者は（少なくとも一九世紀のリベラルは）、これを機械を調整したり「適切なチューニング」を行ったりすることからの類推によって考えがちである。ただし、この二つのイデオロギーにおいては、社会の基本構造は、本来的に健康なものだと理解されているのであり、一定の変更は不可避であると見られているが、変革そのものについては、構造的な関係そのものが作り替えられるのではなく、全体のなかのある特殊な部分が変更される場合に、もっとも効果的であると考えられている。しかし、これに対して急進派やアナーキストは、構造的な変革が不可避であると信じている。急進派は、社会を新しい基礎の上に再構築したいと考えているが、アナーキストは権力の諸制度からなる「社会」を廃棄し、それを自分たちが共有する共通の「人間性」の感覚と、それにともに支えられた諸個人の「共同体」に置き換えるのが一番いいと見ている。

予想される変革の速度に関して言うと、保守主義者は「自然な」リズムが望ましいと見ているのに対して、自由主義者は、議会での論争という「社会的」リズムとでもいうべきものを好んでいる。言い換えればそれは、確立された統治の法に従って諸党派が繰り広げる政治教育の過程や選挙戦というリズムである。それとは対照的に、急進派やアナーキストは、激しく崩れ落ちるような変革の可能性を展望している。もっとも、アナーキストよりも急進派のほうが、そうした変革を引き起こすために必要な権力についてより多くを意識し、伝統的制度の惰性に敏感であり、したがって、そうした変革を引き起こす手段をどう調達するのかに強い関心を抱く傾向がある。

このことから、さまざまなイデオロギーに内在している異なった時間志向についてさらに考えておく必要がある。マンハイムによるなら、保守派は歴史的な進化を、現時点で事実として支配的である制度的な構造の漸次的な向上としてイメージする傾向がある。現にあるそうした構造をかれらは、ひとつの「ユートピア」として、つまり、人間が「現実に」望むことができる、言い換えれば、さしあたって正当に望みうる最善の社会形態であると見なしている。これとは対照的に自由主義者の時間イメージは、この構造が改善されると予想される未来のなかに位置している。しかし、かれらは、このユートピア的な条件を遠い未来に投影するのであり、それを性急に、つまり「ラディカルな」手段を通じて実現しようとする現時点での努力についてはすべて抑制するというありかたをとる。他方で急進派は、ユートピアの到来する条件が差し迫っていると見る傾向があり、このことが、このユートピアをいまここに出現させる革命的手段をどう手に入れるのかという問題意識をかきたてるのである。最後に、アナーキストは、本来の人間的無垢という遠い過去を理想化する傾向がある。この無垢からわたしたちは、現在のような堕落した「社会」状態に陥っていることになる。アナーキストは、その性向において、このユートピアを非時間的な平面とでもいうべきものに投射し、もしも人間が意志と意識をもって、現存する制度の正統性に対する社会的な信仰を打ち砕き、自分たち自身の本質的な人間性をしっかり制御しさえすれば、ユートピアは人間がいつか達成できる可能性だと見るのである。

多様なイデオロギーの働きに関して、ユートピア的な理想を時間論的にどこに位置づけるのかと考察したことで、マンハイムはこれらのイデオロギーを、一方では「社会調和」へと向かう傾向性という観点で、また他方では「社会の超越」に向かう傾向性という観点で分類することができるようになった。保守主義はもっとも「社会調和的」である。リベラリズムも同一の傾向をもっている。アナーキズムはもっとも

「社会超越的」である。急進主義もそれと同一の傾向をもっている。現実には、それぞれのイデオロギーは、社会調和と社会超越という二つの志向性がまじりあったものを表している。ここでそれらのイデオロギー的意味が互いに違っているのは、内容上の問題からというよりは、どこに強調点を置くかという問題である。どのイデオロギーも、変革が起こるという展望を真剣に捉えている。このことが、それらのイデオロギーが歴史についての関心を共有しているということ、そして自分たちのプログラムを歴史的に正当化しようとしていることの理由を説明している。同じようにこのことは、どのイデオロギーも、遂行される社会的変革の速度やその変革を実現するために採用可能な手段をどうするかといった副次的問いについて、認識に責任を持つという条件で、いつでも討議しあうことが可能だということを説明している。

歴史的進化の形態だけでなく、歴史的知の形態についても、それらをどう理解すべきかをめぐって違いが生まれてくるのは、社会のなかで現に確立している制度に付与される価値が違っているからである。マンハイムの見るところでは、イデオロギーが違えば、歴史的「進歩」の問題も違ったふうに解釈されることになる。あるイデオロギーにとって「進歩」であることが、「いまという時代」を違った立場で経験している別のイデオロギーにとっては「頽廃」となる。つまり、どのイデオロギーを持っているかによって疎外の受けとめ方が違うために、同じことが絶頂に上り詰めていると評価されることもあれば、どん底に落ち込んでいると考えられることもある。同時に、それぞれのイデオロギーは、「歴史のなかで何が起こったのか」を説明するための論証の形式についても、違ったものを選好する。こうした説明枠組みの違いは、イデオロギーが強く「科学万能主義的な」志向性を示すか、それともその点の志向性が希薄であるのかによって分かれてくる。

したがって、たとえば急進派は、自由主義者と同様に、歴史を「合理的なこと」であり、「科学的な基礎にのっとって」探求することができると確信している。しかし両者は、何が合理的であり、何が科学的であるのかについては違ったイメージを抱いている。急進派の歴史学は、歴史的出来事や構造の法則性を探求するが、自由主義者の歴史学が求めるのは、発展のなかにある一般的な傾向とか主要な流れといったもっと緩やかなものである。急進派や自由主義者と同様に、保守主義者やアナーキストも、一九世紀に一般に受け入れられていた信念にのっとり、歴史の「意味」とは解読可能なものであり、また、権威主義的に定立されるばかりでなく、ちゃんと理性的に裏づけのある概念によって把握できると想定していた。しかし、保守主義者やアナーキストが明確に歴史的知と考えるものには、歴史「学」の根拠となりうる「直観」を信じる姿勢が含まれている点で自由主義者や急進派とは違う。アナーキストが歴史叙述をする場合には、直観に頼り、本質的に感情移入に基礎をおくロマン主義的な技法を選びがちであるが、保守派のほうも、歴史の場に浮かび上がってくる対象に関する自分の固有の直観を、全過程の包括的で有機体論的な説明のなかに統合するのである。

わたしの見るところでは、イデオロギーが違えば、それが掲げる歴史過程についての理解も、歴史的知についての理解も互いに矛盾しあったものになるが、だからといってそのイデオロギーの外部に立ち、この対立を調停できるような根拠などは存在しない。というのも、こうした互いに対立しあう理解の齟齬の原因が倫理的な考察のなかにあるために、ある特定の認識論的な立場を選択し、しかじかの認識が適切だと判断することは、それ自体が認識の問題にとどまらない倫理的な選択までしていたことを示しているからである。わたしは、ある特定のイデオロギーがよしとする歴史的知の理解が、他の理解よりもいっそう「事実に即している」と主張することはできない。なぜなら、そこではその異なったイデオロギー同士は、それぞれの歴史的認識を「リアリズム」だと考えており、その際に掲げる適正な基準の内実そのものが争点になっているからである。またわたしは、特有な意味での「歴史的な」あるいは「社会的な」科学がどうあるべきかについて、そもそも何らかの先行判断をそこに持ち込むことなしには、歴史的認識をめぐるある考え方が、別の立場のそれよりもいっそう「科学的である」と主張することもできないと考えている。

たしかに、一九世紀を通して一般的に信じられていた科学の概念を代表するのは機械論的理解である。しかし、社会について論じる理論家たちのあいだでは、機械論的な理解に基づく社会科学や歴史科学が正しいかどうかについて互いに意見が違っていた。一九世紀を通して、説明の個性記述論的様式も有機体論的様式もコンテクスト主義的様式も、人文科学のなかでは引き続き隆盛を誇っていたが、それは、戦略としての機械論が人文科学にとって適切性を持つのかどうかについて、単純に意見の一致を見ることがなかったからである。

だからといって、わたしはその「リアリズム」や「科学性」に関して、一九世紀に生まれたさまざまに違った歴史概念を整理して優劣をつけてやろうという気持ちは持ち合わせていない。また、わたしの目的は、そうした概念理解を一定のイデオロギー的立場の投影として、そのことの暴露のために分析することにあるのでもない。わたしがここで関心をもっているのは、ひたすら次の一点を明らかにすることだけである。つまり、歴史の場を説明し、物語のなかでその過程の言語的なモデルを構築する歴史家の試みのなかに、いかにしてイデオロギー的考察は入り込んでくるのか、というその一点である。しかし、わたしは、一見したところ非政治的な関心しかもっていないブルクハルトやニーチェのような歴史家や歴史哲学者の著作すら、特殊なイデオロギー的意味を含んでいることを証明してみようと思う。わたしの考えでは、こうした著作は、少なくとも、それらが執筆された時代のあれこれのイデオロギー的立場と共鳴しあっているのである。

　わたしは、歴史学の作品のなかにある倫理的な契機は、イデオロギー的な意味の様式に反映されていると考えている。このイデオロギー的な意味の様式によって、美的に捉えること（プロット化）と認識上の操作（論証）とが結合され、その結果、純粋に記述的ないし分析的に見えるかもしれない言明から、何々をなすべきだとか、なすべきではないという規範的言明が導出されてくるのである。歴史家が、本質的に悲劇的な意味をもったドラマというストーリーのなかに、一連のプロット化された出来事を支配する法則（ないし諸法則）を発見し、それによって歴史の場で起こったことを説明することがあるかもしれない。その場合にはつまり、悲劇のストーリーが先にあり、そこに法則が発見されるという順番である。あるいは逆に、その歴史家が、自分がプロット化したストーリーの悲劇的な意味を、プロットの構成的つながりを支配する法則を発見するなかで見出すかもしれない。その場合には、まずは法則が発見され、そこから悲劇的な意味が出てくるという順番である。いずれにしても、一定の歴史的論証のなかに含まれている道徳的な意味は、歴史家が出来事の内部に存在すると想定している関係性のなかから汲みだされなくてはならない。このような出来事の内部に想定された関係は、一方では物語的な概念化のプロット構造（これについては「プロット化による説明」の節で論じた）であり、他方には「科学的な」（あるいは「リアリスティックな」）一連の出来事の説明として提示された論証形式（これについては「形式的論証による説明」の節で論じた）のなかに存在している。だから、ここで問題になっているのは、三つめの次元としての「イデオロギー的意味による説明」だという点をしっかり見落とさないでいただきたい。

　悲劇としてプロット化されている一連の出来事が、事情次第で、因果的に決定する必然的で厳密な法則に訴えるか、それとも人間的自由を推定した蓋然的な法則に訴えるかして、ともかく何らかの意味で「科学的である」（あるいは「リアリスティックである」）と説明されることがある。前者、つまり厳密な法則による説明の場合には、その意味は、人間が歴史に関わったときには、不可避な宿命に束縛されるということにある。かたや後者、つまり人間的な自由を推定するような蓋然的法則性による説明の場合には、その意味は、人間が自分の運命を支配したり、少なくとも自分の運命に影響を与えたりして、能動的な行為者となることができるという点にある。こうした二つのうちのどちらのあり方で歴史が推し進められるかによって、一般に前者であれば「保守的」意味が、後者であれば「急進的」意味が付け加わる。これらのイデオロギー的な意味は、歴史的評価が行われるときにかならず表だって導き出されなくてはならないわけではないが、ドラマの結末やそのドラマが表している法則がどんな色調や様式で配列されるのか次第で、保守主義的になるのか、急進派的になるのかが決定可能となるだろう。このように共通の要因を持ちながらも特定の形式的な契機によって歴史叙述が違ったものになるということは、実例を挙げてみるなら、一方はマシュペングラーの作品の特徴と言えるものであり、他方はマルクスのそれである。説明の機械論的様式が前者、つまりシュペングラーによって用いられたときには、その歴史の色調や様式は、叙述が悲劇としてプロット化されることを正当化し、そこからは社会的に融和的な結果となるようなイデオロギー的意味が引き出されている。それに対してマルクスが、一見シュペングラーの場合と似たところもある機械論的な説明戦略をとるときには、それは、色調において英雄的かつ戦闘的になり、歴史の悲劇的イメージを正当化しているのである。この両者の差異は、じっと見てみると、エピクロスの悲劇とソフォクレスの悲劇との違いに似ているし、ひとりの作家の作品でいうなら、リア王の悲劇とハムレット悲劇の差異にも対応している。

歴史叙述のなかから特別な実例を使って、この問題をより分かりやすく説明してみよう。ランケの歴史学は、つねに喜劇という様式で配列されている。それは和解の概念を中心主題とするプロット形式なのである。同じように、ランケが用いる支配的な説明の様式は有機体論的なものであり、要するにそれは、かれが歴史のなかに発見されうるもっとも基本的な関係様式だと見ている国民国家の統合的構造や過程を明らかにすることであった。ランケは機械論的な説明を選ぶひとびととは違って、「法則」を問題にするのではない。かれにとって重要なことは、行為者や媒体を駆り立てるように歴史の場に内在するはずの「理念」を発見することである。わたしが言いたいのは、歴史的知が与えるとランケが確信しているような種類の説明は、歴史の場を美的に捉えることとは認識論的にちょうど対をなし、ランケのあらゆる物語のなかで喜劇というプロット化の様式をとる、ということである。こうして、喜劇的なプロット化の様式と論証の有機体論的形式とが結びついて生まれるイデオロギー的な意味は、格別に保守的なものとなる。ランケが歴史の場のなかに見出しているそうした「様式」は、普通なら喜劇の終わりにおいて現れる調和的な性格をもったものと考えられる。読者に残されているのは、「理念」の完成された構造（つまり、それぞれの文化に固有の直観と価値）と考えられる歴史の場について、その内的整合性を静かに思いをめぐらせて観想することしかない。そのときは、ちょうど内包されている一見悲劇的な対立のすべてを明らかに喜劇的なやり方で解決する、という不整合な形式のドラマを観た場合に聴衆が抱くのと同じような感覚が、読者の心に現れるのである。このように解釈された歴史からランケは、人間はありうる歴史的世界のうちの最善のもののなかで暮らしているとか、少なくとも「現実的に」望みうる最善のもののなかで暮らしているなどと、それなりの正当性を掲げて結論づけることができるのである。そのかぎりでは、かれの歴史叙述の様相は融和的であり、様式は楽観的であり、イデオロギー的意味は保守的である。

こうした要素の同じような結合可能性をブルクハルトに即して考えると、かれの場合はランケとは違ったあり方を示している。ブルクハルトはコンテクスト主義者であった。かれは、その周りにある歴史的空間を占めていて、ひとつひとつ同じように識別可能な個性からできている豊かな織物のなかに、出来事を組み込むのである。かれはそれこそが、歴史家が「説明」を行うという営みだと見ている。かれは、歴史研究から法則を引き出す可能性も、歴史研究を類型論的分析に従わせようとする姿勢もともに否定する。かれにとって、所与の歴史的事件の領域とは、その「織物」の輝きという点において多かれ少なかれ豊かなものをもっており、また多かれ少なかれ「印象批評的な」叙述に適している偶発的出来事の領域を表している。たとえば、ブルクハルトの『イタリア・ルネサンスの文化』は、普通は「ストーリー」や「物語の流れ」をまったく備えていない作品だと考えられている。実際、この作品が配列されている物語様式は、風刺劇やサトゥーラ（つまり「混成《メドレー》」）のそれである。この様式は、アイロニーに基づくフィクションの様式であり、ロマンスや喜劇や悲劇を読むときに当然期待されるような形式的一貫性を与えないことによって、一定の重要な効果を生み出しているのである。この物語形式は、知やその可能性を特別に懐疑的に理解することに美的に対応した形式である。これは、反イデオロギー的と捉えられるあらゆる種類の歴史概念のひな形となる類型であり、またブルクハルト自身が個人的に嫌っていたマルクスやヘーゲル、そしてランケが実践した「歴史の哲学」に対するオルタナティヴとして登場している。

しかし、風刺劇的な物語の精神や色調は、どんなに反イデオロギーを標榜しようとも、実はそれ自体がイデオロギー的意味を持っている。もしもそれが楽観的に配列される場合には「自由主義的」になるが、諦念とともに配列されれば「保守的」になる。たとえば、ブルクハルトは歴史の場を個々の実体から織り合わされた「織物」だと理解するが、それはその個々の存在が同一の領域の構成要素という位置を占めているからであり、また、そのいくつかの姿が輝かしいからというだけの理由である。このようなブルクハルトの理解は、かれが建前として掲げていた懐疑主義の発想と結びつく場合には、歴史を現在の理解のための手段として考え、だから保守主義者とは違ったふうに理解しようとする読者に対して、その気持ちを挫く破壊的効果をもっている。ブルクハルト自身の未来に関する悲観論は、かれの読者に対して「逃げられるものはさっさと逃げよ＝良いことはいつまでも続くはずがない」(sauve qui peut)とか、「悪魔は最後にやってくる」といった態度をとるように推奨しているからである。そうした態度は、それが持ち出される実際の社会状況次第で、自由主義者のモチーフから出てくる場合もあれば、保守派のモチーフから出てくる場合もある。しかし、そこに急進派の論証が据えられるという可能性だけは、ブルクハルトのような歴史家においては絶対的にありえない。そして、そうした態度のイデオロギー的な意味は、ブルクハルトがとる場合には、「反動」そのものではないとしても、まぎれもなく「保守的」なのである。

歴史叙述のスタイルという問題

歴史家たちが自分の物語において説明効果を獲得しようとする際の三つのレベルを区別してきたが、それに基づいて、以下では歴史叙述のスタイルという問題を考察しようと思う。わたしの見るところ、歴史叙述のスタイルが示しているのは、プロット化と論証とイデオロギー的意味の三つの諸様式が、特有のあり方で相互に結びついているということである。しかし、プロット化と論証とイデオロギー的意味のさまざまな様式が、ある作品のなかで無差別にどれとでも結びつけられることはありえない。たとえば、喜劇的なプロット化は、機械論的な論証とは両立しない。それは、ラディカルなイデオロギーが、風刺劇的なプロット化と両立しないのと同じことである。こうしたさまざまな構成のレベルにおける説明効果を得るために用いることができる多様な様式のあいだには、いわば、選択的親和性が存在する。そして、こうした選択的親和性は、プロット化と論証とイデオロギー的な意味がそれぞれにとる様式のなかに見てとることができる構造的同型性に基礎をもっている。このような親和性は、次頁のような図表として表現することができる。

こうした親和性を説くからといって、それが、歴史家の叙述において各様式は、図表にある縦の列の組み合わせになるのが必然である、という主張として理解されてはならない。反対に、あらゆる偉大な歴史家の仕事を特徴づけている弁証法的な緊張は、プロット化の様式を、それとは同調的ではないような論証の様式やイデオロギー的意味の様式にいかに結合させるのかという格闘のなかから生まれてくる。たとえば、わたしが本書で証明しようとしているように、ミシュレはロマンティックなプロットと個性記述論的な論証を、明らかにリベラルなイデオロギーと結合させようと努めていた。同じように、ブルクハルトは、風刺劇的なプロット化とコンテクスト主義的な論証を、明らかに保守的であり、最後には反動的であったイデオロギー的立場のために用いている。ヘーゲルは歴史を二つのレベルにおいてプロット化している。つま

プロット化の様式	論証の様式	イデオロギー的意味の様式
ロマンティック	個性記述論的	アナーキスト
悲劇的	機械論的	急進派《ラディカル》
喜劇的	有機体論的	保守的
風刺劇的	コンテクスト主義的	自由主義

り、ミクロコスモスとしては悲劇的に、マクロコスモスにおいては喜劇的にプロット化している。その両者ともに、有機体論的な論証様式に訴えることでその叙述が正当化されている。その結果として、ヘーゲルの著作を読むことで、ラディカルなイデオロギー的意味を引き出すひともいれば、保守的なイデオロギー的意味を引き出すひともいる、という結果になる。

しかし、これらのどのケースにおいても、全体を通したヴィジョンのなかで、言い換えれば歴史の場全体の形式を統括するイメージの内部で、弁証法的緊張が繰り広げられている。これが、個々の思想家の歴史の場の理解に、全体としてのまとまりを与えるのである。そして、このような整合性や一貫性が、この歴史家の作品にはっきりとした様式上の属性を付与する。ここで重要なことは、このような整合性や一貫性がなぜ生まれるのかという理由を特定することである。わたしの見方では、こうした理由は、その本性からして詩的なものであり、もっとはっきりと言うなら、言語の存在そのものに根ざした本性をもっている。

歴史家は、歴史の場の史資料に表現や説明のための概念装置を適用する前に、まずその歴史の場をあらかじめ形象化しなくてはならない。つまり、その歴史の場を精神的な表象の対象として構成しなくてはならない。この詩的な行為は、歴史の場を特殊な種類の領域としていつでも解釈可能な状態にする言語的行為と同じことである。言い換えれば、ある領域は、それが明示的に解釈されうる前には、まず第一に、そこで識別できる形象を内包している基盤として解釈されなくてはならないのである。次に、そうした形象は、現象の明確な秩序、集合、類、種として、分類可能だと理解されなくてはならない。さらに言うなら、それらは、一定の種類の相互関係を持っているものと理解されなくてはならない。そして、その相互関係が変化することで、物語のなかのプロット化や論証のレベルで与えられる「説明」で解決されるべき「問題」を構成することになる。

言葉を換えれば、歴史家が歴史の場で直面している事態は、文法学者が新しい言語を前にしたときと同じ具合なのである。かれの最初の問題は、その領域における語彙、文法、構文という要素を区別することである。それをして初めてかれは、諸要素が形象化したり、それらの関係が変化したりすることにはいったいどういう意味があるのかを解釈するという次の課題に乗り出すことができる。つまり、歴史家の問題とは、語彙的、文法的、構文的な、そして意味論的な次元を包摂した言語論的基本要素を構成することである。この基本要素によって、歴史の場とその要素は（資料のなかではっきり分類され固定化されてしまっている言葉によってではなく）その歴史家自身の言葉で特徴づけられるのである。そして、そうすることで、その歴史家は、あとで自分の物語のなかで提出する説明や表現の準備をすることができる。逆に言うと、このような概念に先立っている言語論的基本要素は、そもそも先行形象的な性格を、つまり、あらかじめある形象として分節化されて浮かび上がってくるという性格をもっているために、それが配列されている支配的な喩法様式に基づいて特徴づけることが可能になるのである。

歴史的説明は、歴史的過程の個々の断片の、言語によって表現されたモデルやイコンであると思われている。しかし、そうしたモデルが必要なのは、文書資料の記録が、そこで検証される出来事の構造のはっきりとしたイメージをありありと描き出すことはないからである。したがって、歴史家は過去において「事実として起こったこと」を具体的に形象化するために、文書資料のなかで記録されている出来事のまとまり全体を、認識のありうる対象としてあらかじめ形象化しなくてはならない。この先行形象化という行為は、歴史家自身の意識の秩序《エコノミー》においては、認識の位相に先立ち、批判に先立つものであるから、まさに詩的なのである。また、この行為が詩的であるのは、歴史家が、過去において「事実として起こったこと」についての表現や説明として提示する言語的モデルのなかで、後からイメージ化されることになる構造から成り立っているからでもある。しかし、そうした先行形象的で詩的な行為があって初めて、歴史家が（心的な）知覚のありうる対象として扱うことができる領域が開けるだけでなく、同時にまた、歴史家がその領域に内在している対象を特定したり、その対象の相互関係の種類を特定したりするために用いる概念も可能になる。形式的な領域分析に先立つ詩的な行為において、歴史家は、自分の分析対象を創出するとともに、かれがそれを説明するために用いることになる概念的な戦略の様相もあらかじめ決定するのである。

しかし、可能的な説明戦略の数は、無限定ではない。実際に、詩的言語の四つの基本的な喩法に対応して、四つの基本的な類型が存在している。したがって、わたしたちは、歴史叙述のようなけっして科学的ではない領域で出会う思想や表象や説明のさまざまな様式を分析するカテゴリーを、詩的言語の様相性そのもののなかに発見するのである。ひと言でいうなら、喩法の理論は、わたしたちに、進化の一定の時期における歴史的想像力の深層構造の形式を分類する基盤を与えてくれるのである。

喩法の理論

伝統的な詩学も現代の言語理論も、詩的な言語を分析するために、言い換えれば、形象を創出する言語を分析するためには、基本となる四つの喩法があると考えている。それが、隠喩、換喩、提喩、アイロニーである。[13] こうした喩法を手がかりとすることで、さまざまな種類の何かを間接的に示すような、言い換えれば形象を通して何かを表現するようなさまざまな種類の言説のなかで、客体がどのように分節化されてくるのかという問題をはっきりさせることができる。隅から隅まで語義が明確な散文的表現で描写することに抗うような経験内容は、まず形象として捉えられるのであり、それを通じて意識的に把握されるための下地ができる。このような操作を理解するためには、この四つの喩法は実に役に立つ概念である。たとえば隠喩（もともとのギリシア語の言葉通りにとれば「転義」）においては、諸現象を、互いに類似点があるとか、互いに差異があるといった観点で、類比や比較という方法によって特徴づけることができる。その実例が「わたしの愛よ、薔薇よ」という表現である。換喩（メトニミーというもともとのギリシア語の字義どおりにとれば「名前の交換」であるが）を通じては、あるものの部分の名が、その全体の名と置換されることが可能である。それは、「五〇隻の船」を表すのに、「五〇柱の帆」という言葉を用いるようなものである。提喩は（これを換喩の一形式と見る理論家もいるが）全体的なものに内在すると考えられる一定の性質を部分が象徴することで、ある現象を記述することである。それは「かれは真心そのものだ」（he is all heart）という表現を実例とする。最後にアイロニーによっては、文字通りのレベルでは肯定的な言明と見えることを、形象的なレベルにおいて否定することで、ある存在が特徴づけられうる。「盲目の口」というような、明確に不条理な表現の形象（カタクレーシス、つまり濫喩）や、「冷たい情熱」というような明らかなパラドクス（オクシモロン、つまり撞着語法）が、この喩法の典型例と理解できる。

◆13〔原註〕　非科学的な（つまり神話的、芸術的、夢判断的）言説の喩法論的な概念を提唱している代表的な二人の人物は、ロマーン・ヤーコブソンとクロード・レヴィ＝ストロースである。レヴィ＝ストロースは、隠喩‐換喩という対概念を、原始的な文化の命名システムを分析するための基礎として、そして、神話理解のキーコンセプトとして用いている。レヴィ＝ストロース『野生の思考』の、第七章の二四六頁以下、および第八章を参照。また方法について解説したものとしては、Leach, *Claude Lévi-Strauss*, pp. 47ff を参照。ヤーコブソンは、その同じ対概念を、言語論的な詩学理論のための基礎として用いている。かれの明敏な評論である「言語学と詩学」（川本茂雄監修『一般言語学』一八三‐二二四頁所収）を見よ。さらに、Jakobson and Halle, *Fundamentals of Language* の第五章は「隠喩の極と換喩の極 The Metaphoric and Metonymic Poles」と題されているが、いまは Adams ed., *Critical Theory since Plato*, pp. 1113-16に再録されている。この対概念が、精神分析における夢の言語学的構造を特徴づけるという問題に同じように適用されていることについては、ラカン「無意識における文字の審級」（『エクリ』第二巻所収）を見よ。

レヴィ＝ストロース、ヤーコブソン、ラカンは、隠喩と換喩を、言語学的行動の「極」として把握し、それぞれをスピーチアクトの連続的（言語的な）基軸と非持続的（ノミナルな）基軸として表現している。ヤーコブソンの言語学的文体論では、提喩とアイロニーとは換喩の一種として扱われている。そして、その換喩はそれ自体がまた、「リアリスティックな」散文の基本的な喩法と見られている。たとえば、ヤーコブソンは次のように書いている。「詩的喩法の研究は、これまで主として隠喩の面に向けられており、換喩の原理と密接に結合したいわゆる写実文学は、いまだ解明を拒んでいる。だが、詩学がロマン主義の詩の隠喩的スタイルを分析するときに用いるのと同一の言語学的方法論は、リアリスティックな散文の換喩的なテキストに対しても全面的に適用可能である」（ヤーコブソン「言語学と詩学」二二六‐二二七頁）。実際には本質的に換喩的なコンテクストに関して、小説のなかでのリアリズムの歴史の分析を、Stephen Ullmann, *Style in the French Novel* がなしとげている。ウルマンは、スタンダールからサルトルにいたるロマンティックな小説のなかに、本質的に「言語的な」スタイルが次第に「唯名論化していく傾向」が存在するということを証明した。

隠喩‐換喩という対概念が、言語学的現象の研究にとっていかに有益であるのかが明らかになっているにしても、わたしの考えでは、その有用性は文学的スタイルの叙述の場合には制約を受けている。わたしはむしろ、ルネッサンス以来受け入れられている喩法の四つの規定を、言説のただ一つの伝統の内部における、さまざまな様式論的慣習を区別するために活用したい。エミール・バンヴェニストは、フロイトの言語理論に関する深い洞察を含む論考のなかで次のように示唆している。「フロイトが夢の『言葉』の特徴を示すものとして看破した諸特性との比較がなされるアイロニー、換喩、提喩は隠喩の一種ではあるが、そうはいってもそれらは、文字通りの意味のレベルで生み出す還元効果や統合効果の種類に関しては互いに違っており、また、形象のレベルにおいて根差している図像的効果においても差異がある。隠喩は本質的に代理表象するものであるのに対して、換喩は還元主義的であり、提喩は統合的であり、アイロニーは否定表現的である。

たとえば、「わが愛よ、薔薇よ」という隠喩表現は、薔薇の姿が、愛されるひとの代理表象にふさわしいと言い切っている。それは、二つの客体には明らかな差異があるにもかかわらず、類似点が存在するという主張である。しかし、愛するひとを薔薇と同一化することは、もっぱら言葉のうえで主張されることである。この詩句は、形象として受け取るように求めている。つまり、愛するひとが持っている美、はかなさ、繊細さなどの性質を指すことである。「愛」という言葉は、特殊な個人の記号として働いているのだが、「薔薇」という言葉は、愛するひとに帰属する性質を表す「形象」ないし「シンボル」であると理解されている。愛するひとの特殊性を確証しつつ、彼女（ないし彼）が薔薇と共有している性質を暗示するというやり方で、愛するひとは薔薇と同一視されているのである。愛するひとは、もしもその言葉が換喩的に解読された場合にそうなってしまうように、薔薇に還元されるのではない。また、その表現が提喩として理解された場合にそうなってしまうように、愛するひとの本質が、薔薇の本質と同一なものとして受け取られているわけでもない。さらに明らかなことだが、アイロニーの喩法として理解する場合のように、その表現は、明示的に肯定されているものを暗黙のうちに否定することだと受け取られるべきでもない。

似たような種類の表象は、「五〇隻の船」を表すために用いられた「五〇柱の帆」という換喩表現のなかにも含まれている。しかし、ここでは「帆」という言葉は船の代理を果たしているのだが、それは、全体をその部分の一つに還元するというやり方によってである。二つの異なった客体は、暗黙のうちに（「わが愛よ、薔薇よ」という言葉のなかでのように）比較され続けているが、その対象は明らかに、相互に部分と全体という関係を持つものとして考えられている。しかし、この関係の様相性は、提喩の場合のように、「船」と「帆」の両方によって共有されている性質を象徴するように「帆」という言葉が用いられているのではない。つまり、両者はミクロコスモスとマクロコスモスという関係ではない。むしろ、そこで暗示されているのは、「船」が、それなしには機能することができないようなそれ自身のある一部分と、いわば等置されるということである。

換喩においては、現象は部分と部分の関係という様相において互いに関わりあうと、暗黙のうちに理解されている。この関係に基づいて、わたしたちは諸部分のうちの一つを、別べきだとすれば、それは言語においてというよりもむしろ文体においてである。（……）無意識は、文体と同じように『形象』をもつ正真正銘の『修辞法』を用いているのであって、昔ながらの喩法のカタログが、〈〔無意識の〕象徴〔と主体性の表出〕という〉二つの表現類型に適合した目録を提供してくれるだろう」（バンヴェニスト「フロイトの発見におけることばの機能についての考察」、『一般言語学の諸問題』九五頁）。この論考のなかで、バンヴェニストは詩的言語と散文的言語、夢の言語と覚醒状態にある意識の言語、隠喩的極と換喩的極とのあいだの区別を突き崩している。これは、リアリティの詩的表現と言説による表現の類似性は、両者の差異と同じくらい重要であると考えるわたしの見解に合致している。というのも、夢について言えることは「リアリスティックな」フィクションについても妥当するからである。「内容の本性は、隠喩のあらゆる多様性を出現させるが、それは、無意識的なもののシンボルが、隠喩による転位からその意味と難解さをともに獲得しているからである。それらはまた、伝統的レトリック論が換喩（容器によって内容を表す）や提喩（全体によって部分を表す）と呼ぶものも用いている。もしも、象徴的な状況を示す『構文論』が、ある表現を他のどんな表現よりも優先しているときには、それは省略である」（同前）。

リアリスティックな文学の形式を言語学的に規定することから、様式論的に規定することへと転換させるのは難しいが、その理由の一つは、通常のレトリック理解が、喩法と文彩のあいだの区別や、喩法と図式とのあいだの区別をうまく展開できないでいることにあるかもしれない。ペトルス・ラムス▼〔次の見開きの註に、訳註を掲載〕によると、一七世紀の修辞学者は、発話の形象を、隠喩、換喩、提喩、アイロニーの四つの喩法（様式）によって分類したが、それらが相互に排他的な関係にあると強調することはなかった。そこでは、近代的言語学者が好むような二極的なシステムによって構成されるものよりもいっそう相補的な具合に詩的言説を理解し、またいっそう精妙なやり方で文学スタイルを区別していた。隠喩と換喩という基本的な二極的区別を維持しながらも、提喩を一種の隠喩的用法と考え、隠喩を一種の換喩的用法と考えていこうとする修辞学者もいる。これによって、統合的言語と拡散的言語とを区別することが可能になり、さまざまな様式上の慣習において目指されている統合と還元の度合いについて、もっと立ち入った区別をすることをさらに可能にしてくれる。『新しい学』（初版は一七二五年、第二版は一七四〇年）のなかでジャンバッティスタ・ヴィーコは、未開状態から文明的世界へと人類が移行する意識の諸段階を区別するための基礎として、喩法のなかに四つの区別を用いていた。したがって、詩的（神話的）意識と散文的（学問的）意識のあいだに、ヴィーコは対立を見るのではなく、連続性を見ているのである。これについては、ヴィーコ『新しい学』の原書第二巻『詩的叡智』（上村忠男訳、第二分冊）を参照。ルネッサンス期の修辞学理論や、演説における標準的な表象や喩法の一覧については、Sonnino, *A Handbook to Sixteenth Century Rhetoric*, pp. 10-14, 243-46を見ていただきたい。

のもののアスペクトや機能の位置に還元する効果を生み出すことができる。なんらかの現象のまとまりを、部分と部分の関係という様相にあるものとして理解することは（隠喩の場合のように客体と客体という関係ではない）、全体を代表しているような部分と、単純にそれのアスペクトである部分とを区別するという課題を考えることである。したがって、たとえば、「雷の咆哮」という表現は、換喩的である。この表現では、雷の音を生む全過程は、まずは二つの種類の現象に分割されている。つまり、一方での原因（つまり雷）の現象と、他方での結果（つまり咆哮）の現象の二つである。そこで、この分割がなされることで、雷は咆哮に、原因と結果という還元の様相で関係づけられる。「雷」という言葉で記号表現されている音は、「咆哮」（ある特殊な種類の音）というアスペクトによって与えられているが、そのことがわたしたちに、「咆哮を引き起こす雷」というように（換喩的に）語ることを許してくれるだろう。

そうなると、換喩によって、わたしたちは同時に二つの現象を区別し、一方を他方の顕示したものという位置に還元するのである。この還元は、行為主体と行為の関係という形式をとる場合（「雷が吼える」）もあるし、あるいは原因と結果の関係という形式をとる場合（「雷の咆哮」）もある。そして、そういう還元によって、ヴィーコやヘーゲルやニーチェたちがみな指摘しているように、現象的な世界は、その背後に存在していると仮定される行為者や行為主体という主人公によって満たされるのである。いったん現象の世界が、存在の二つの秩序に分離されると（それは、一方で行為者や原因、他方で行為や結果という二つの秩序であるが）、純粋に言語論的な手段だけによって、文明化された反省である神学、科学、哲学に不可欠な（行為者、原因、精神、本質といった）概念的カテゴリーが原初的な意識に与えられる。

しかし、あらゆる換喩的な還元のなかで現象の二つの秩序を特徴づけていると思われる本質的に外在的な関係は、提喩によっては、分有された実質の内在的な関係というあり方で解釈されうる。換喩は、部分と部分の関係というあり方で解釈された現象と現象のあいだの差異をはっきり確認することである。「結果」として理解された経験の「部分」は、「原因」として理解された「部分」に還元というあり方で関係づけられている。ところが提喩という喩法によって、その二つの部分は統合というあり方で解釈できる。つまり、それらは、部分の総和とは質的に異なり、しかも諸部分がそのミクロコスモス的な複製にすぎないようなある全体のなかで解釈することが可能なのである。

「かれは真心そのものである」という表現を、提喩的な用法のなかに含まれているものを具体的に描くことで、分析してみようと思う。この表現のなかには、換喩と見えるものがある。つまり、身体の一部の名称が、その個人の全身体を特徴

［▼訳註：ペトルス・ラムス（Petrus Ramus）一五一五－七二。フランスの論理学者、哲学者。父親をサン・バルテルミの虐殺で亡くし、かれ自身もプロテスタントに改宗している。学問的には当時のアリストテレス主義に強く対立した。レトリック論や論理学の世界では、かれの死後にその思想や理論がラミズムとして受け継がれており、ライプニッツなどもその影響を受けている］

〔原註◆13の続き〕　図式と形象とは、一般のレトリック論のなかで次のような理由で区別されている。つまり、図式（言葉 lexeos の図式か、あるいは思考 dianoia の図式）は、「非合理な」飛躍や置換を含まないような表象の秩序である。それとは対照的に、形象（figura）は厳密に言うとそうした非合理的な（あるいは少なくとも予期せざる）置換を含んでいるものを指している。たとえば、「熱い」という形容詞が期待されていたはずの場所で「冷たい情熱」という言葉が用いられる場合がそれである。しかし、言語使用において、何が合理的であり、何が非合理だろうか。使用者がめざしているコミュニケーションの効果を生み出すような、発話の形象であればなんであっても、合理的なのである。図式についても、言葉についてであれ、思想についてであれ、同じことが言える。言語の創造的使用は、読んだり、考えたり、聞いたりする行為のなかで意識が慣習に基づいて予想することから離れることを認めるし、それどころか、そういう逸脱を求めさえするのである。そして、これこそが、いかに「ロマン主義的」な表現の場合であっても、韻文についてと同様に、「リアリスティックな」散文的言説についても妥当するはずである。物理学において所与を表示するために工夫される用語システムのように、形式的な用語法のシステムが予想することは、形象的な用法をすべて排除してしまうことであり、どんな「予期せざること」も研究対象を描く際には登場しないような言語の完全な「図式論」を構成することである。たとえば、ニュートンによって要請された物理的現実を議論するために用語法システムとして微積分を使用するという合意は、研究の対象についての思想についてではないにしても、言説のその領域の図式化を表している。物理的世界についての思想は、本質的に形象的なものであり続け、ある理論から別の理論へのありとあらゆる「非合理的な」飛躍や反発によって推し進められるものである。ただし、つねにそれは換喩の様式の内部においてではあることは断っておかなくてはならないが。創造的な物理学者にとっての問題は、形象的な手段を使って、ニュートンによって与えられた数学的な用語法のシステムに関わっている他の物理学者とのコミュニケーションのために、特殊化された言葉の図式のうちに自分の洞察をいかに配列するのかということである。

物理学のようなやり方で用語法的に訓練されているのではないような経験領域の「リアリスティックな」表象という基本的な問題は、リアリティについての真理であるとされている思考の図式を表象するための言葉の適切な図式をどう与えるのかということである。しかし、何からなるのか、その真の本性とは何かについて基本的な合意がないよづけるために用いられている。しかし、「心」という言葉は、身体の部分ではなく、西欧文化のなかで「心」という言葉によって慣習として象徴される特性の実質を指示するものとして、形象的に理解されるべきである。「心」という言葉は、ちょうど「五〇隻の船」のかわりに「五〇柱の帆」というように、その機能を、全身体の機能を特徴づけるために用いられるような解剖学的部分を指示するものと解釈されるべきではない。むしろ、それは個人全体の特徴となる実質の象徴として解釈されるべきである。そして、その個人全体は、身体的要素と精神的要素とが結びついたものとして考えられ、それらの諸要素のすべてが、マクロコスモス－ミクロコスモス関係という様相においてこの実質に与っているのである。

したがって、「かれは真心そのものだ」という表現においては、提喩は、換喩に重ね書きされている。もしもこの表現が文字通り受け取られるならば、無意味なことになるだろう。換喩的に読解すれば、還元的になるはずである。というのも、形象において暗示的であるためには、心臓が有機体の機能作用にとって中心的役割を果たしていると承認するだけの意味になるからである。しかし、それを提喩的に読むなら、つまり、全体性の要素のなかにある質的な関係を暗示している言明として読むなら、それは還元的というよりも、統合的である。「五〇隻の船」という意味を表す形象である「五〇柱の帆」という換喩表現とは違って、それはある「名前の変更」だけでなく、一定の実質（寛大さ、共感など）を持っている全体性（つまり「かれ」）を表す名前の変更を示すように意味づけられている。そこでいう一定の実質とは、全体をなすあらゆる部分の本質的性格を満たし構成するものなのである。換喩としては、それは、身体の多様な部分のあいだの関係を暗示しており、そうした諸部分のなかで心が中心的な機能を果たしているという理解になる。しかし、提喩として見ると、その表現は、身体的な属性と精神的な属性の結合として考えられる個人の諸部分間の関係であり、しかもその関係は本性的に実質的なものであって、そこにはあらゆる部分が関与している。

わたしたちはここまで検討してきた三つの喩法を、言語そのものによって与えられる活動の範例として考えている。この範例があることによって、認識過程のなかで問題となる経験領域がまず先行的に形象化され、続いてそれが記述され説明されるという流れになる。言葉を用いるという営みそのものを通して、すでにわたしたちの思考は、あれこれの可能性のなかから選択することができる範例を与えられているのである。たとえば、隠喩は個性記述論という様式に対応している。換喩は機械論的なあり方で還元的な性格をもち、提喩は、有機体論がそうであるような仕方で統合的である。また着眼点を変えて言えば、隠喩は経験的世界を対象－対象という観点で先行的に形象化する。換喩はそれを部分－部分の関係性として、提喩は客体－全体という関係性として可能にする。またどの喩法も、それぞれ独自の言語論的な基本要素を作り上げようとするのである。こうした言語論的な基本要素をわたしは、同一律の言語、外在性の言語、内在性の言語と呼んでもいいのだが、なぜそう呼べるのかについての説明はあらためて行うことにしよう。

さて、こうした三つの喩法を、わたしは「素朴な」喩法とも特徴づけておきたい。（というのも、この三つは、事物の本性

うな経験領域をどう特徴づけるのかという問題においては、言い換えれば、革命のような現象の慣習的な特徴づけを否定するというような問題においては、正当に「期待されている」ことと、そうでないこととのあいだの区別はうまく行かない。表象されるべき客体についての思想と、客体ないしは客体についての思想を表象するときに用いられる言葉は、すべてが、形象的な言説の用法に委ねられている。したがって、推定された「リアリスティックな」実在の表象を分析するときに、言説が配置される支配的な詩的様式を決定することは、必須となる。支配的な言説様式（あるいは諸様式）を特定することで、経験的世界が、分析されることに先立って構成されている、という意識のレベルに分け入っているのである。そして、ケネス・バークの呼び方に従うなら、「主要な喩法」のなかでの四肢的な区分を保持することで、わたしたちは、現実についてのあらゆる表象のなかに、明示的に詩的であれ、散文的であれ、とにかく現れたり隠れたりしうるさまざまな「思考の様式」を特定することができる。これについては、Burke, "Appendix: The Four Master Tropes." in *A Grammar of Motives*, pp. 503-17を参照（森常治訳『動機の文法』では訳出されていない）。また、Paul ed., *Language, Thought, and Culture*, pp. 173-95も参照。喩法についての文学は多様であり、変えようのない不同意によって付きまとわれている。言説の用語法的な次元を分析しようとするときに、ついてまわる問題のいくつかは、*Princeton Encyclopedia of Poetry and Poetics* にある喩法についてのさまざまな特徴づけのなかに見ることができる。

形象的言語の四肢的分析を保持することは、様式をもった言語の二極的な概念が促している様式の本質的に双極的な概念に陥ることに抵抗するという付帯的な優位性もある。事実、喩法の四肢的な分類は、様式の二×二極的な分類という組み合わせの可能性を活用することも可能にしてくれる。それを用いることで、わたしたちは、ヤーコブソンがそうなっているように、一九世紀文学史が、ロマン主義的で詩学的な隠喩の伝統と、リアリスティックな散文の換喩的伝統とに引き裂かれる必要もなくなる。この二つの伝統は、言説の単一の規則のなかの諸要素と考えることが可能になるからである。この規則のなかでは、言語論的用法のあらゆる喩法論的な戦略が存在している。ただし、それが存在しているのは、異なった作家や思想家たちのなかで、異なった度合いにおいてのことである。

を形象的な表現によって捉える言語の能力を信じてさえいれば、用いることができるからである）。三つの素朴な喩法に対して、四番目のアイロニーという喩法が、「情感的な」（シラーはこの形容詞を反省的で「自己意識的な」という意味で用いている）対照項をなしている。アイロニーとは、言葉の自己否定を意図してメタファーを意識的に用いることであるから、そのかぎりでこれは本質的に弁証法的なものであると考えられてきた。アイロニーが作り出す形象の基本的な様式は、濫喩＝カタクレーシス（ギリシア語を文字通りとれば「誤用」）であるが、これは明らかに不条理な隠喩のことである。この不条理な隠喩の目的は、隠喩によって描かれているある対象の本性や、またその描き方そのものの不適切性に関して、アイロニーに即した根本的な再考を促す、というところにある。たとえば、ギリシア語でいうアポリア（文字通りには「袋小路」という意味だが）という修辞学的な形象は、著者がそれを用いて、あらかじめ自分自身の発話の真理性を実際に信じていないか、あるいは少なくともそぶりとしては信じていないということを告げているが、こうした形象は、「リアリスティック」な書き方をしているフィクションにおいても、自己反省的で懐疑的な筆致で書かれていたり、意図において自分を「相対化」していたりするような歴史書においても、アイロニーの言語の、好んで用いられる定番の工夫だと考えていい。

アイロニーに基づく言明が目指しているのは、文字通りのレベルにおいては肯定的に伝えられていることが、黙示的なレベルでは否定されるか、あるいはその逆に、言葉通りのレベルにおいて否定されることが黙示的なレベルにおいて肯定されているということである。その場合の前提となっているのは、読者や聴衆がすでに、事物に形式を与えるために用いられている隠喩や換喩や提喩の表現が不条理なものであることを知っているか、あるいはそれを認識できるということである。したがって、「かれは真心そのものだ」という表現は、もしそれが、特殊な声音で言われたり、その当のひとが明らかにその提喩の使用によってそのひとに与えられた属性を持っていないような連関で表明されたりした場合には、アイロニーになる。

アイロニーが、ある意味でメタ喩法的（metatropological）位置を持っていることは明らかである。というのも、アイロニーは、形象的な言語が誤用可能だと自己意識に悟らせるというあり方で展開されているからである。アイロニーは、実在に対する「リアリスティック」な視座があらかじめ支配的であるような状況を前提にしている。そのような視座があるからこそ、そのなかから、経験の世界の形象を否定するような表現も生まれるのである。したがって、アイロニーは、言語そのものの厄介な本性が認められるようになった反省性の高い意識段階を表している。アイロニーが指し示しているのは、現実についての言語を用いたあらゆる特徴づけが馬鹿げたものに転じうるということであり、また、アイロニーがパロディ化する一般の信念が実は不条理なものであるということである。したがって、ケネス・バークが注記しているように、アイロニーは「弁証法的」である。それは、世界の過程をそういうものとして理解しているから「弁証法的」だというのではなく、むしろ、どんな言語的な形象化の行為においても、ものごとをはっきりさせるというよりは、むしろいっそう曖昧にしてしまう言語の力についてそう言われているのだが、それでもやはり「弁証法的」であることには違いない。アイロニーにおいては、言ってみれば、形象的な言語は反省的に自分自身のなかに折り返しているのであり、それ自体が認識を押しゆがめているかもしれない可能性を問題にするのである。このことがあるからこそ、アイロニー的な様式で与えられた世界の叙述は、本質的に洗練されたリアリスティックなものだと見なされることがよくある。アイロニー的な表現は、ある研究領域における思考が、世界とその出来事について正真正銘の「啓蒙された」――つまり、自己批判的な――理解が可能になった自己意識段階に進み出たことを示しているように見える。

そこでアイロニーという喩法は、経験世界を特徴づけることについてだけでなく、ものごとの真理を言語において適切に把握するという努力そのものに関しても、徹底的に自己批判的な思考様式を導く言語的範型を与えるのである。要するにアイロニーは、伝統的には認識理論的な懐疑主義や倫理的相対主義として表現されていた言語論的基本要素のモデルである。アイロニーは、世界過程の表現がとりうる形式の範型としては、個性記述的、機械論的、有機体論的な説明戦略の「素朴な」形式化に対して、本質的に批判的である。また、それがフィクションとして構成される場合にとる形式、つまり風刺劇という形式は、重要な人間的発展を表現する様式であるロマンスや喜劇や悲劇という元型に対して、一貫して対立的な関係にある。

アイロニーは、それを成熟した世界像のなかに置きいれて考えてみるなら、イデオロギーを超越したものであるように見えるかもしれない。アイロニーは、それを駆使する人物が、現存する社会関係を批判しているのか、それとも現状を打ち破ろうとしている「ユートピア的な」改革に対立した立場で論じているかによって、またリベラルなイデオロギーを擁護

▼**情感的**　原語は sentimentalisch だが、たんにセンチメンタルだということではない。シラーの「素朴な文学と情感的文学について」という論文における、没反省的に素朴であることと、反省的に情感的であることとの対比が下敷きにある。

するか、それとも保守主義的イデオロギーを擁護するかで、どちらにも戦術的に利用される場合がある。またアイロニーは、アナーキストや急進派によって攻撃的に活用される場合もある。そのときには、リベラルにしろ、保守派にしろ、それをともかく自分たちの敵が掲げる理想を晒しものにするために用いるのである。しかし、世界観の基礎としてのアイロニーは、肯定的な政治的行為の可能性をめぐるあらゆる信念を無力化する傾向がある。人間的条件の本質的な愚行や不条理を理解することで、アイロニーは、文明そのものを「狂気」だと思い込ませ、科学や芸術のなかで社会的リアリティの本性を把握しようと努めるひとびとに対して、まるで中国の士大夫階級のように、超然たる知識人としての高みから現実の俗事を見下す姿勢をとるよう誘う傾向がある。

一九世紀の歴史意識の諸段階

喩法理論は、一九世紀ヨーロッパに出現した歴史的な思考の支配的な様式がもつ特性を明確にする方法を提供してくれる。これは詩的言語についての一般理論の基礎を提示するから、四つの段階の最後がぐるりと一巡して最初に再接合するという、閉じた循環的展開をなす歴史的想像力の深層構造を明確にすることもできる。どの様式もこの循環的展開の、つまり歴史的世界を隠喩的に理解することから始まって、換喩的な理解や提喩的理解に進み、さらにあらゆる知をそれ以上還元できないような相対主義として捉えるアイロニー的な理解へと展開する言説の伝承プロセスのなかにおける、一段階や一契機として理解することができるのである。序章の最後の論点として、その過程について概観しておこう。

一九世紀的な歴史意識の最初の段階は、後期啓蒙の歴史的思考というコンテクストにおいて形成される。このような後期啓蒙の段階で結局ヴォルテール、ギボン、ヒューム、カント、ロバートソンといった思想家たちが、本質的にアイロニーの観点において歴史を眺めるようになっていた。それに続く、前ロマン派の思想家たちは——具体的にはルソー、ユストゥス・メーザー、エドマンド・バーク、スイスの自然描写詩人、疾風怒濤《シュトゥルム・ウント・ドランク》、そしてとくにヘルダーがそれに該当するが——このようなアイロニーに規定された歴史理解のあり方に対して、それがすべてを否定してしまうことに自己反省的になり、むしろ「素朴とも見えるような」対立的構想をあらためて提示したのである。このような新しい知の循環となるような歴史理解の諸原理を、啓蒙のさまざまな批判者たちが一致団結してまとめ上げたのではなかったし、それを同じ原理として異口同音に支持したわけでもなかった。それでも、かれらは、啓蒙が掲げていた合理主義という現世化された悟性的な判断基準に対して、敵意を共有していた点では同じであった。かれらは、後期啓蒙の哲学の冷ややかな手触りに反発して、歴史研究の方法として「感情移入」に意義を見出していたし、歴史と人間性について、啓蒙思想家たちであれば軽侮と嫌悪をこめて見ていたような諸側面に対して、共感を醸成していた。かれらは、そのような啓蒙批判の姿勢をとったからこそ、歴史的思考における純粋な批判を展開してきた啓蒙思想家たちとは、歴史研究にアプローチするときの基本的な態度に関して、大きな溝を作ることになった。当然この後期啓蒙のひとびとと新しいロマン主義的なひとびととの分裂は、歴史理論がどうあるべきかについての研究を後押しすることになり、そのためにこそ一九世紀の最初の一〇年間に、「歴史的知とは何であるべきかという問題」が、その時代の哲学者の主要な関心事として迫り出してくることになった。

ヘーゲルは、この問題にもっとも奥行きのある定式的表現を与えた哲学者であった。最初の大著である『精神現象学』（一八〇七年）から最晩年に行われた『歴史哲学講義』（一八二二－三一年）に及ぶ数十年間に繰り広げられたかれの思考は、正確にこうした分裂の主要原因を言い当てていた。つまりそれは、歴史の場を理解するにあたっての、アイロニー的な様式と隠喩的な様式のあいだの、もはや橋渡しのしようのないような差異だったのである。さらに言うなら、かれ自身の歴史哲学のなかでヘーゲルは、提喩的に歴史を理解することを正当化するためのすぐれた根拠を提示していたのである。

まさにこれと同じ時代に、啓蒙の合理主義は、フランスの実証主義者たちの手で有機体論的な方向に軌道修正を施されてもいた。オーギュスト・コント▼の仕事のうち、『実証哲学

▼**ギボン**　エドワード・ギボン（Edward Gibbon）一七三七－九四。古代ローマ史の古典『ローマ帝国衰亡史』の著者。

▼**ロバートソン**　ウィリアム・ロバートソン（William Robertson）一七二一－九三。スコットランドの歴史家。長老派教会の聖職者。エジンバラ大学の学長を務めた。著作に『スコットランドの歴史（*The history of Scotland*）』など。

▼**メーザー**　ユストゥス・メーザー（Justus Möser）一七二〇－九四。ドイツの法学者、歴史家。著作に『オスナブリュック史（*Osnabrückische Geschichte*）』など。

▼**疾風怒濤**　シュトゥルム・ウント・ドランク（Sturm und Drang）は、一八世紀後半にドイツで興った文学運動。名前はフリードリヒ・M・クリンガーの同名著作（一七七六年）に由来。哲学的には、反啓蒙の思想家ヨハン・G・ハーマンがおもに推進した。文学的には、ゲーテの小説『若きウェルテルの悩み』（一七七四年）やシラーの戯曲『群盗』（一七八一年）などが代表作とされる。

▼**コント**　オーギュスト・コント（Auguste Comte）一七九八－一八五七。社会学の創始者。サン＝シモンに師事し、

講義』が世に現れたのは一八三〇年だが、この著作のなかでは啓蒙が行った機械論的説明理論が、歴史過程の有機体論的理解と結びついていた。この一歩によってコントは、歴史を喜劇としてプロット化することができ、しかもその場合に、後期啓蒙の歴史叙述のペシミズムを反映していた風刺劇風の物語を解体したのである。

したがって、一九世紀の最初の三分の一は、歴史的思考の三つのはっきりとした「学派」からなっている。つまり、「ロマン派」「観念論」「実証主義」の三潮流である。これらは、歴史を研究したり説明したりするための適切な方法が何であるのかについては意見の一致を見ていなかったが、後期啓蒙の合理主義者が過去の研究を行う場合に見せたアイロニカルな態度からは決別しなくてはならないという点で、歩みをともにしていた。つまり、このようにアイロニーに対する反感を共有していたために、この三つの学派は、「方法論」の問題では決定的な違いがはっきり示されていたにもかかわらず、大きく見ればこの時代の特徴というべき歴史研究に情熱を傾けるようになり、一九世紀初頭の歴史叙述に自信に満ちた調子を与えるようになったと言うことができる。

この事情はまた、それに続く第二の時代、つまり一八三〇年から一八七〇年あたりまで続く「成熟した」、言い換えれば「古典的な」段階における歴史的思考に特徴的な論調も説明してくれる。この時期はずっと、歴史理論をめぐって緊迫した論争が続き、過去の文化や社会に関する大量の物語的な説明が生み出され続けた点で目立っている。一九世紀の歴史叙述を生み出した四人の偉大な「巨匠」──つまり、ミシュレ、ランケ、トクヴィル、ブルクハルト──がその主要著作を書き上げていたのもこの時期である。

この時期の歴史叙述に関してもっとも衝撃的なことは、それを代表するひとびとが過去の研究を遂行し、過去に関するかれらの物語的な説明を構成するときに抱いていた理論的な自己意識の水準である。かれらのほとんど全員が、科学者が自然の過程を眺めるのと同程度に「客観的」となりうるように、またその時代の政治家が諸民族の命運を導くのと同程度に「リアリスティック」になれるように、自分の視座を創出するという希望に駆り立てられていた。そのために、この時代には論争は、歴史を正真正銘の「リアリスティック」なものだと判定する基準は何か、という問題に収斂していく傾向があった。小説におけるその時代の同時代的な事例と同じように、その時代の歴史家たちは、かれらの啓蒙期の先行者が陥った抽象的な表現からは自由な、それでいて、かれらのロマン主義的な先行者のように幻想にはとらわれていない歴史のイメージを作り出そうと腐心した。しかし、小説の領域における同時代人（スコット、バルザック、スタンダール、フローベール、ゴンクール兄弟）と同様に、歴史家は、形象を生み出す言説で世界を組み立てるとき、歴史家の数だけたくさんのさまざまな種類の「リアリズム」を生み出すことができただけだった。啓蒙が掲げるようなアイロニーで構成された「リアリズム」理解には全面的に反対しておきながら、それぞれの歴史家は、隠喩、換喩、提喩の様式をあれこれに投影して、競合するたくさんの「リアリズム」を作り上げたのである。実際のところ、以下の各章で見るように、ミシュレやトクヴィルやランケが掲げる「歴史学のリアリズム」も、経験を特別に「詩的な」あり方で加工するための、これらの喩法論的な戦略によって与えられた視座を、批判的に仕上げたものに他ならなかった。さらに、ブルクハルトの言う「リアリズム」において、「リアリズム」それ自体が、時代の歴史意識をそこから解放しようと意図していたアイロニー的な状況のなかに、もう一度陥ってしまう姿をわたしたちは目撃することになる。

このようなさまざまな歴史学理解の様式が世代ごとに変容を重ねて新しくなる過程は、歴史哲学に関して反省が展開されていく過程と並行しているし、またかなりの程度まで、後者が前者の誘因となっている。このような第二段階においては、歴史哲学は、ともするとヘーゲルの体系を攻撃するというあり方をとりがちであったが、だからといって、一般的には歴史意識に関してヘーゲルが到達した地点を越えて考え進めることには成功していなかった。もちろん、マルクスはこうした概念化の例外だった。マルクスは、ヘーゲルの提喩的な戦略と、同時代の経済学がとる換喩的戦略とを結合しようと試み、それによって「弁証法的」であり同時に「唯物論的」な、言い換えれば「歴史的である」と同時に「機械論的な」歴史観を創造したのである。

マルクスそのひとは、歴史研究を科学に変容させようとする一九世紀の格闘の、もっとも首尾一貫した実例である。さらにかれは、歴史意識と歴史的実存の現実的形態とのあいだ

社会発展の過程の体系的理論を構想する。人間精神が実証的段階へと進歩したことによって、人間社会の一般的法則を把握する社会学（社会静態学と社会動態学）が可能になったと考えた。

▼**スコット**　ウォルター・スコット（Walter Scott）一七七一－一八三二。スコットランドの詩人、文学者。著作に『湖上の美人』（木原順一訳、外語研究社）など。

▼**ゴンクール兄弟**　エドモン・ド・ゴンクール（Edmond de Goncourt）一八二二－九六、ジュール・ド・ゴンクール（Jules de Goncourt）一八三〇－七〇。フランスの作家。兄弟での共著を数多く残している。兄エドモンの遺言と兄弟の遺産により、一九〇三年から「ゴンクール賞」が発足し、フランスにおいて権威ある文学賞のひとつとなった。

の関係を分析するために、もっとも徹底した努力を払った思想家でもあった。かれの著作においては、上部構造をなす歴史的反省の理論と実践は、それが生まれてくる社会の理論と実践がいかなるものであるのかということと密接に連関していた。マルクスは、他の思想家の誰にもまして、世界の「リアリスティック」な見方であると自己主張する概念的な歴史構想が、どのようなイデオロギー的な意味をもつ思想であるのかを繊細に見分ける力があった。マルクス自身の歴史の概念はアイロニー的なものではなかったが、かれはまさに、あらゆる歴史の概念が内在しているイデオロギー的意味を暴露することに成功した。そういう次第だからマルクスは、その時代の歴史的反省が、その最終段階の歴史意識の特徴となるアイロニーに後退していく理由を実に明確に説明していた。それこそがつまり、一九世紀の最後の三分の一の時期に展開された、いわゆる歴史主義の危機なのである。

しかし、歴史的思考が一九世紀における第三の時代、つまり危機の時代の幕を開けるのには、マルクスのようなひとを待つまでもなかった。第二段階の歴史家たちの成功そのものが、歴史意識を、「歴史主義の危機」の本当の内実であるアイロニーという条件のなかに投げ込んでしまうからである。同じ出来事のまとまりから、どれも同じように包括性があって明白ではあるが、しかし見たところは互いに排他的であるような、たくさんの概念理解が生み出された。それらが並存したまま、どれも一貫したあり方にまで仕上げられただけで、歴史学が主張する「客観性」や「科学性」や「リアリズム」に対する信頼を掘り崩すことになった。この信頼喪失はすでにブルクハルトの作品のなかに感じ取ることができる。ブルクハルトは、その精神においては明らかに審美主義者であったのだが、視点は懐疑主義的であり、筆致はシニカルであり、さらにものごとの「実在的な」真理を知るために努力を払うという点に関しては、ペシミスティックであった。

歴史叙述においてブルクハルトによって代表されている様式に、哲学において対応しているものは、もちろんニーチェである。しかし、ブルクハルトの掲げる独特の「リアリズム」の基礎として、かれが単純に前提にしていた審美主義と懐疑主義とシニシズムとペシミズムは、ニーチェによって自覚的に問題として引き受けられたのである。そして、それら四つの志向性は、精神的なデカダンスという条件の表れとして考察されたのである。ニーチェによればこのデカダンスは、歴史意識を、世界についての超越論的な意味での「現実主義的な」視座というありえない理想から解放することによって、部分的に克服されうるものであった。

ニーチェは、初期の哲学作品のなかでは、同時代のアイロニー的な意識こそ自分が対決すべき問題であり、またこの問題に付随して、アイロニー的な意識を支える特殊な形式の歴史理解のことを考えなくてはならないと見ていた。そして、かれの先行者であったヘーゲルと同じように（もっとも、ヘーゲルとは異なった精神において、また異なった目的を視野に入れてのことであるが）このアイロニーを、素朴なロマン主義の幻想に陥ることなしに打ち砕こうとしたのである。しかし、ニーチェは、範例になる形象の戦略として、隠喩的な様式をとる芸術概念に自分の歴史的思考を同化させようと試みたかぎりでは、歴史過程のロマン主義的な概念に立ち戻る姿勢を見せてもいる。かれは、その理論において意識的にメタヒストリー的であり、その目的においては「歴史を超越する」ような歴史叙述を良しとしていた。そのため、かれの歴史叙述は、歴史の場を自己意識的に隠喩において捉えるという姿勢を堅持する。言い換えれば、その意図においては、隠喩を用いつつアイロニー的であろうとするということにすぎない。歴史をめぐるニーチェの思考においては、歴史意識の心理学が一貫して分析の対象になる。もっと言うと、そのような心理学は、リアリティを特殊な意味で詩的に理解することのなかにその起源を表している。結果として、ニーチェは、マルクスと同様に、かれの時代の歴史的思考がなぜ「歴史主義の危機」に陥ってしまうのかということの理由を提示していたのである。

　ベネデット・クローチェが、歴史意識の深層構造に関するかれの記念碑的な研究を企てたのも、歴史主義の危機に対応しようとするなかであった。ニーチェと同様にクローチェも、この危機が生じたのは、本質的にアイロニー的な精神の態度が優勢になったからだという認識をもっていた。そしてニーチェのように、クローチェはこのアイロニーの歴史的思考を、芸術と同一化することによって純化できるのではないかと希望していた。もっとも、その過程で、クローチェは、特殊な意味でのアイロニー的な芸術の概念そのものを工夫しなくてはならないように駆り立てられていた。歴史的思考を芸術と同一化しようと努めることで、かれは最終的に、もっぱら歴史意識を駆り立てるなかでそれ自体のアイロニー的な条件をより深く知ることができた。かれは続いて、この歴史的思考を、この頂点に達した自己意識が歴史を哲学と同化することによって引き起こした懐疑主義から救済しようと試みた。しかし、この格闘において、かれはただ、哲学を歴史化することができただけである。そのときかれは、哲学を、歴史叙述そのものがそうなっていたように、自分の限界について、アイロニカルに自己意識的なものにしたのである。

　このように見ると、歴史哲学の展開は――つまりヘーゲルからマルクス、ニーチェを経て、クローチェにいたる過程は――ミシュレからランケやトクヴィルを経てブルクハルトにいたる歴史学の展開と同じような道のりを示しているのである。歴史哲学と歴史学の双方において、たとえ両者がその全面的に分節化された形式においては違った順番で表れてくるにしても、概念化の同じ基礎的な様相性が示されているのである。重要な点は、全体として理解した場合には、歴史哲学は、歴史学が一九世紀の最後の第三段階によって到達したものと同様のアイロニー的な条件にいたりつくということである。このアイロニー的な条件が、後期啓蒙の場合のそれとは違ったものになるのは、ただ、それが歴史哲学のなかで繰り広げられた思索がいっそう洗練されているということと、その時代の歴史学のなかで学識の幅が広がっていっそう込み入った叙述が行われているという点においてのみである。

第Ⅰ部

受け入れられた伝統

啓蒙と歴史意識の問題

The Received Tradition :
The Enlightenment and
the Problem of Historical Consciousness

第1章

隠喩とアイロニーのはざまの歴史的想像力

The Historical Imagination between Metaphor and Irony

はじめに

一九世紀のヨーロッパ文化は、あらゆる領域で世界をリアリスティックに理解しようとする熱情を示していた。この「リアリスティックに」理解するという言葉には、当然のことながら、世界を「科学的に」理解するということとはいくらか違ったことが含意されている。たしかに実証主義者や社会ダーウィン主義者のような自称「リアリスト」たちは、自分たちの「リアリズム」を、物理学が与える自然過程の理解と同じようなものだと見ていたのだが、それだけではない。その場合であっても、この「リアリズム」という言葉には、歴史や社会や人間といった自然過程以外の所与にも科学的方法を単純に適用するということにはとどまらない意味が込められていた。というのも、一九世紀の思想家や芸術家たちは全体として「科学的な」志向性をもっていたが、そのかれらがとくに「リアリスティック」でありたいと切望する背景には、歴史的世界を理解しようとする場合にはきまって、その世界を物理的過程として見たときには出てこなかった特有の困難や問題がある、というはっきりとした自覚があったからである。

そうした問題のなかでももっとも重要なものが、歴史過程を研究する人は研究すべき当の歴史過程のうちに組み込まれてしまっている、あるいは自然過程を研究する人にはないようなあり方でそのなかに巻き込まれてしまっているという事実であった。人間は自然の内と外の双方に属しているのだと主張しても、間違ってはいない。人間は自然過程の一部であるが、同時に意識のうえでその自然過程を超越してその外側に足場を確保することができるからである。人間は、目の前の過程を、自然的世界の統合という、明らかに人間世界とは異なったレベルにおいて、言い換えれば人間に固有の問題に先立つレベルにおいて立ち現れる存在として眺めている。ところが、いったん歴史を反省してみると、あらゆる自然の存在のなかで人間だけが歴史を持っていることが明らかになる。どんな実践的目的の場合であろうと、「歴史過程」というものは、普遍的な意味で人間的過程という形式でしか存在していないからである。そして「人間性《ヒューマニティ》」ということが、この「歴史的」と呼ばれる過程のただ一つ概念化可能な表現の内実であるのだから、この過程は、たとえば「自然」が純粋に物理的、科学的、生物学的な次元において問題なく理解されるような具合には、その全体を一般化して理解することができない。自然科学の分野において「リアリズム」というときには、それは遅くともニュートン以来、自然過程の分析として発展してきた「科学的方法」と同じことを指していた。しかし、歴史の「リアリスティック」な概念がどういったものでありうるのかという問いは、それと等しく捉えがたいところがある「人間」や「文化」や「社会」を定義するときと同じぐらい厄介な問題である。実証主義、観念論、自然主義、（文学的）リアリズム、象徴主義、生気論、アナーキズム、自由主義などといった、一九世紀のなかでも重要な数々の文化的思潮やイデオロギーは、いずれもが他と競い合いながら、自分たちこそが、社会の現実のより「リアリスティック」な理解を提供しているのだと主張していた。「世界は象徴に満ちあふれている」と唱えた象徴主義者や、思考のどんな体系化の可能性も信じようとはしなかったニヒリストであっても、自分たちのほうが本質的により「リアリスティック」に世界を見ているという主張を掲げた点では変わらない。

「リアリスト」であるということは、ものごとが現実にどうあるのかを明晰に直視するということであり、また同時に、その理解に基づいて可能となる生を享受するために、そこから一定の結論を引きだすことを意味した。こう考えてみると、本質的なところで「リアリズム」でありたいという一九世紀に見られた要求には、認識論的意味だけでなく、倫理的な意味も込められていたと言える。もちろん、印象派の画家たちが主張したように、「リアリズム」の純粋に分析的で知覚的な性格をことさら強調するひともいれば、たとえばトライチュケに代表される政治理論上の新マキャヴェッリ派が行ったように、「リアリズム」の明快なヴィジョンのうちに認められる道徳的ないし規範的な性格を重視するひともいた。しかし、あらゆる点で「リアリスティック」な立場をとるべきだという主張は、認識論的理由と倫理的理由という、少なくともこの二つの理由に関してだけでも自分の立場をしかるべき論拠を挙げて擁護しなくてはならなかったのである。

現時点から振り返ってみると、フランス革命から第一次世界大戦にいたるまでのあいだ、ヨーロッパで展開されてきた重要な理論的ないしイデオロギー的な論争の大半は、実際のところ、社会的現実の「リアリスティック」な表象とは何なのかを決める権利をめぐって、それぞれの立場から争われたものであった。ある人にとっての「リアリティ」は、別の人にとっての「ユートピア」であり、ある問題について「リアリスティック」な立場の典型と見えるものが、別の視点からすると「ナイーヴさ」の典型として映ったのである。この時代全体をすでに幕の下りてしまった探求と表現のドラマとして眺めてみるとき、「リアリズム」という観念に支配されている当時の普遍的権威そのものが、実に興味深い対象として浮かび上がってくる。というのも、どんな時代のひとびとであれ、たとえば、もしもそれが中世のような信仰心のきわめて篤かった時代のひとびとであったとしても、かれらが統合され一貫性をもった時代のイメージを獲得したのは、「リアリティ」が何であるのかを知り、現実が突きつける試練に対して「リアリスティック」に対処する能力を持っていると自分を信じられるようになったときからである。そうだとすれば、「リアリスティック」であることへの欲望の内実は、「リアリズム」の本質として規定される概念よりも、むしろ「リアリスティックではない」ということを意味している概念にこそ照らしだされているに違いない。別のたとえで言うなら、「正気」や「健康」といった観念に含まれていることを特定する場合と同じである。こうした観念は、その時代やその場所においてちょうどその反対概念と考えられているものから、つまり「狂気」や「病気」の観念のほうからこそ、より分かりやすく定義できるからである。リアリズムもそれと同じことだ。ある時代における「リアリズム」の概念に固有の内実も、その時代全体において「非リアリズム」または「ユートピア主義」と考えられたものから考えたほうがいっそう容易に限定できる。そして、複数の異なる「歴史的リアリズム」の理解が互いに主導権を争っていた時代の歴史的思考を解明するためには、次の点を問うてみなければならない。そのような「リアリズム」に関するさまざまな概念があったにもかかわらず、歴史的思考一般において、その時期に何が「非リアリズム」であり「ユートピア主義」であるのかということについては奇妙にも意見の一致を見ていた。このことは、いったい何を意味するのだろうか。

一九世紀の歴史理論家たちが広く合意していたのは、直前の時代、つまり一八世紀末の啓蒙の時代における歴史思想の主要な形式は危険な考え方だ、という点である。つまり、それは自分が掲げることが「リアリスティック」な世界観であると主張する歴史理論ならきまって直面せざるをえない、その主張の権威を根底から破壊しかねない非常に明白な脅威であった。もっとも、かれら一九世紀の歴史理論家たちは、啓蒙思想家たちの歴史叙述の成果をいつも十把一絡げに否定したわけではない。事実、（啓蒙期フランスにおける）啓蒙哲学者たちの一部、その最たる例としてのヴォルテールは、ロマン主義の時期においても強い影響力を持ちつづけていた。ヴォルテールは、ミシュレのようなロマン主義の歴史家からも依然として理想の好敵手だと見なされていたのである。それにもかかわらず、一般的に言って、「リアリスティック」な歴史叙述の方法を掲げて登場した一九世紀の歴史的思考をもっともうまく特徴づけるには、かれらが自分たちに先行する一八世紀の歴史叙述に対して突きつけた異議が何であったのかを手かがりにするのが最善の道である。その異議のほとんどは、啓蒙主義の認識の本質がアイロニーであるという一点に向けられていた。それはちょうど、文化的省察をめぐって出てきた懐疑主義に対する反論であったことと対応している。

世間の通説では、啓蒙主義的な歴史哲学の基本性格とは、「楽観主義」であることと、たいていそれに付随している進歩主義の二点であった。しかし、実は一九世紀の歴史家たちは、それらの二点についてさして異論を差し挟んでいなかったということを見落としてはならない。前後を問わず一九世紀に登場した歴史思想家たちはおしなべて、自分たちの先行者であり敵対者であった一八世紀の思想家と同じように、基本的なところで「進歩」の可能性を信頼しており、いずれにせよ歴史をめぐる「楽観主義」の姿勢を正当なことだと見ていた。要するに一九世紀の多くの歴史家にとって、進歩の概念と楽観主義の感覚は、かれらの歴史叙述がよしとする「リアリスティック」な世界観と問題なく両立するものであった。それとは違って、かれらにとってもっとも重大なことだったのは、進歩の概念とそれに付随する楽観主義に対していまだに適切な認識論的正当化が与えられていないという問題であった。一番顕著にはトクヴィルとブルクハルトについて言えることだが、一九世紀の歴史家たちの何人かは、正当化の根拠がまったく与えられないことを恐れたのであり、だからこそ、かれらの作品のなかでは、ミシュレ（とくにその初期作品）やマルクス（そのすべての作品）のような血気にあふれた精神よりは、もっと冷ややかな論調の方が幅をきかせることになった。

こうした次第だから、一九世紀の歴史的思考における「リアリズム」とは、一八世紀の歴史思想家たちの失敗を十分に自覚しながらも、それでも進歩と楽観主義を信じるための適切な根拠を探し求めるものであった、とまとめることができるだろう。そして、一九世紀の歴史的リアリズムに固有の性格を、すなわち、当時ひとつの言説空間のうちに共存していたさまざまな学派の歴史思想が織りなす信念の一覧表を理解するためには、まずもって一八世紀の歴史学的思考における失敗がどういうものであったのかを見定めておかなくてはならない。本章でこれから詳しく論じることになるが、一八世紀の歴史思想の失敗は、学術的な到達点が低かったということにあるわけではない。つまり、問題は、たとえば研究手法の誤りとか、歴史的省察に関する理論の不十分さといったことに由来するものではない。そうではなく、啓蒙期の卓越した歴史思想家たちが、学術的探究にしても理論的総合にしても、ともにそれをアイロニーの喩法に導かれて行っていたという点こそが、失敗の原因であったのだ。

啓蒙の歴史叙述の弁証法

一八世紀の歴史的省察の独自性は、提喩的な様式で理解された人間的共同体の可能性に対する信念を正当化するというやり方で、歴史資料に換喩という還元の戦略を適用しようと試みた点にある。言い換えれば、啓蒙思想はその本性からして機械論的である社会過程の分析を基礎としながら、理想的な人間共同体を有機体論的に概念化することを正当化しようとした。このように啓蒙思想家たちは、道徳的で価値のある理念の光に照らして社会を批判したが、その社会批判を、歴史過程のひたすら因果論的な分析のうえに基礎づけようとした。その結果として、歴史的表現が明らかにするはずの歴史の目的が、歴史的物語の構築に際して実際に用いられる手段とのあいだで齟齬をきたすようになった。歴史的表現の手段と、それが貢献するはずだとされる目的とがこのような矛盾する関係に陥ったために、啓蒙期の歴史に関する思考は、はっきりと、しかも攻撃的にアイロニー的な立場へと追いやられざるをえなかった。啓蒙もその初期の歴史的思考においては、歴史のプロットの喜劇的な概念化と悲劇的な概念化とのあいだに、また歴史過程の機械論的な概念化と有機体論的な概念化とのあいだに、そしてそれらから導きだされた保守的な意味とラディカルな意味とのあいだに、創造的な性格をもった緊張関係が生まれていた。しかし、初期にそのようなあり方で始まったものは、次第に弛緩した曖昧な思考へと後退してゆき、ついには、歴史叙述の表象と人間社会の普遍的目的の双方に関するすべての重要な問題を、両義的に考えなくてはならない状態に陥った。一八世紀最後の四半世紀になるころまでには、この両義性はアイロニーにはっきり姿を変えていた。このアイロニーは、歴史の認識論においては極端なまでの懐疑主義の思想として、また倫理的態度においては懐疑主義から生じた明らかな道徳的相対主義の姿勢として具体的な表現を見た。啓蒙期も終わり頃になると、ギボン、ヒューム、カントといった思想家たちは、初期啓蒙のピエール・ベール▼やヴォルテールらが自分たちの歴史叙述の試みの基礎に据えていた歴史とフィクションの区別を事実上解消することになった。ヘルダーにしろ、バークにしろ、さらに疾風怒濤派にしろ、かれらが反旗を翻したのは、まさにこの歴史の「フィクション化」に対してであり、つまり、初期啓蒙の歴史家たち自身が着手した「学問的」課題そのものを前にしてアイロニー的な態度をとることそれ自体に対してだったのである。しかし、このようなヘルダーたちの反抗を理解するためにも、その前に、かれらの敵であった伝統的な歴史叙述に内在する喩法論の動態についてまずは明らかにしておかなくてはならない。

歴史叙述の伝統的な概念

一八世紀の思想家たちは、伝統に倣って、真の歴史叙述、物語風の歴史叙述、それに風刺的な歴史叙述という三種類の区別を想定していた。物語風の歴史叙述は、純粋な創作の産物と見なされていた。そこでは事実は作りあげられ、歴史物語という様式で表現されるのだが、これは想像力が信じたいと望む内容に「本当に起こったこと《アクチュアリティ》」という色合いを与えることで、歴史物語を読む楽しみや喜びを提供するものであった。しかし、言うまでもなくベールやヴォルテールのような思想家にとって、この種の「伝奇的歴史譚」と呼ばれる歴史叙述は軽蔑の対象であり、学者が執筆したり、まともな人間が読んだりするにはふさわしくないものであった。まさに真理こそ歴史家が扱うものであり、それ以外にはないと同時代の理論は告げていた。ベールは『歴史批評辞典』のなかで次のように論じている。

> 一般的に言って、歴史とは文筆家が企てることのできるもっとも難解な作品か、少なくとももっとも難解な作品のひとつである。そこでは、偉大な判断力はもちろんのこと、高貴で明晰で簡潔なスタイル、良識や完全なまでの誠実さ、素晴らしいたくさんの素材、そして、それらを巧みな順序で配置する技術などが必要とされる。そ れに加えて、わたしたちが正しいと考えることに口を挟んでくる宗教的な狂信の傾向に抗う力も必要とされる。（ベール『著作集』五、「レモン」の項、三五八－三五九頁）

> わたしは真理こそが歴史の魂であり、歴史という構築物が虚偽に陥るのをまぬかれるためには、真理はなくてはならないものであると考えている。そうであるからして、たとえ他の点ではどれほど完全であるとしても、もしも真理が欠けているならば、それは歴史ではなく、たんなる物語ないしは伝奇譚にすぎない。（三六一頁）

そこでは歴史家は、人間として可能なかぎり真理に忠実でなくてはならず、なんとしても「物語的なもの」を避け、事実によって正当化されないものは何ひとつ創作してはならず、さらに誹謗中傷を受けないように、自分自身の先入観や党派的な利害を抑制しなくてはならなかった。さらにベールは次のように述べている。

習俗の崩壊は、この世界のうちに生きる人のなかでも、そして同様にこの世界の外に生きる人のあいだでも、あまりに甚大なことであったがために、あるひとが信頼できる真の関係を見つけだそうと努力すればするほど、そのひとはいっそう誹謗中傷に満ちた文書を書いてしまう危険を犯すことになる。（ベール『著作集』三、「ブルスキウス」の項、六四二頁）

ここでのベールのシニカルな態度には重要な含意がある。ベールが示唆しているのは、人間についてひたすら真であろうとする説明が、人類の通常の行いが高貴というよりはむしろ下劣であることを明らかにしてしまうから、どれも誹謗しているようなあり方をとってしまいかねないということであり、したがって、真理そのものがあたかも中傷であるような様相をとることである。

その一世代あとに論陣を張ったヴォルテールも同じ道を歩んだ。ヴォルテールは『哲学事典』のなかで次のように述べている。「歴史は、真理として表現された事実についての話であり、反対に物語は、虚構として表現された事実についての話である」（Works, X, 61,「歴史」の項、既訳書にはない）。ここでは歴史と物語とは完全に対称的な関係にある。しかし、ヴォルテールは、たとえ誹謗しているように見えかねないとしても人類の誤謬や愚昧さについて真のイメージを提供しようと努めることと、そもそも虚偽の材料で意図的に他人を誘るために書かれる歴史とのあいだに、はっきり一線を引いていた。（メントノン婦人という筆名で公刊され）当時世上に出たばかりだった「虚偽の回顧録」とでも呼ぶべき本に言及して、ヴォルテールは次のように述べているからである。

ほとんどすべてのページは、王家をはじめ王国を導く高貴な家系についての嘘と悪態で埋め尽くされており、著者は自分の誹謗に何かしらの彩りを与えるために、確からしいことを口にする努力をつゆほども払っていない。それは、歴史を書くどころか、物笑いの種になるような中傷を書き散らしているにすぎない。（86-7）

もちろんヴォルテールは、かれ自身が書いた『歴史哲学』

▼**ピエール・ベール**（Pierre Bayle）一六四七－一七〇六。フランスの哲学者。デカルト的な懐疑精神を歴史領域に導入、合理主義を主張した。

のような作品において、自分が目的としているものを擁護するために、つまり、非真理に対して真理を、蒙昧に対して理性を、迷信や無知に対して啓蒙を擁護するために、事実と事実に関する自分の見解を少しばかり加工してしまう傾向に抗しきれなかった。しかし、この一節には、啓蒙の側に立とうとするヴォルテール自身の論争的な意図がはっきり表れている。世界史についてのヴォルテールの省察は、個々の事実の真理をめぐる自足した学術的な探求ではなく、事実についての批評的エッセイという特徴を持っている。したがって、そこでは事実とは、単純にそれ自体が大切なのではなく、むしろヴォルテールが適度に彩色した姿で読者の眼前に提示しようとするいっそう普遍的な真理を示すためのきっかけとして用いられているにすぎない。

だが、かれの『カール一二世の歴史』のような作品においては、まったく事情が異なっている。たしかにこの作品においても事実が用いられているが、それは、どんなに強力で才長けた為政者であろうと、征服や戦さを通じて「栄光」を追い求めることは「愚行」だという命題を実証するためであった。ライオネル・ゴスマンが指摘したように、この歴史は「喜劇的叙事詩」として書かれている。つまり、そのなかでは、カール一二世の生涯をなす一連の出来事は、悲劇に近い姿をとるものとして構想されている。悲劇に近いという言い方をするのは、この物語の主役を動機づけている目的が本質的に「愚かなもの」であるために、不発に終わってしまう悲劇だからだ。そして、カール一二世の雄図や征服とされる事績が本質的にいかに愚かであるのかをはっきりと指摘し、あるいはいちいち指摘しなくてもそれが読者に伝わるような明快なイメージで教訓を残すという点について、ヴォルテールにはためらいがなかった。しかし、それにもかかわらず、そこでは事実は、歴史家が侵すことができない客観的な関係構造として扱われていた。与えられた事実のまとまりを考察するなかから、たくさんの異なった結論が導きだされるかもしれないとヴォルテールは認めているが、かれは、事実の確定、つまり事実の真理は、事実をめぐる省察から引き出される別の種類の真理、つまり道徳的真理、美的な真理、叡智的真理とはきっぱりと区別されなくてはならないと力をこめて主張したのであった。その点を区別してさえいれば、筆者は「物語風の」歴史や「風刺的な」歴史を書いたと非難はされず、「真の」歴史を書いたと称賛されることになるはずだ、というのである。

「真の」歴史と「物語風の」歴史との区別や、また「真の」歴史と「風刺的な」歴史との区別には、もちろんまだ曖昧さが残っている。あらためて見ると、そこでは「歴史を書くこと」という類概念には三つの種の区分があり、そのうちの二つが不適切な歴史であり、一つだけが適切な歴史であることになっている。たしかに三者がそれぞれ違ったものであるのは確かだろう。しかし、もしこの提示された区別が適切なものと認められる場合に、現実には、四番目の歴史意識が前提とされなければならないことも明白ではないか。それはつまり、物語風の歴史、風刺的な歴史、真の歴史という三種の歴史叙述が読者に対して掲げているそれぞれの主張の上位に立ち、それらの判定者となるメタヒストリー的な意識である。簡潔に言えば、三種の歴史叙述のあいだの違いとは、完全に真であるものと全面的な創作であるものとの対立とは考えられておらず、むしろ、真理と空想との混合の度合いの問題だと考えられているから、三分法は歴史意識における積極的な進歩を表している。つまり、このような歴史叙述の区分が可能になっていること自体が、啓蒙思想が声を大にして主張してもよいような、それ以前の時代の歴史意識に対する優位性を示している。

歴史を書くという課題に直面して啓蒙思想がとったのは、アイロニックな姿勢であった。啓蒙以前の時代のように、歴史の知識は、党派争いや論争の場面にだけ使われるものではなくなっていた。むしろ、歴史そのもののために、あるいはそのためにだけ歴史の知識を活用する可能性が、しっかり意識されるようになった。このような真理そのものに奉仕するために歴史を執筆するという姿勢は、一八世紀の偉大な尚古的歴史家によって実践されていた。たとえば、ルドヴィコ・アントニオ・ムラトーリやラ・キュルヌ・ド・サント＝パレーは、文献学風の歴史叙述の傑出した唱道者として知られている。何にもましてかれらが熱心に取り組んだのは、学的原理に基づいた記録資料の編集と批判的評価であった。それ自体が過去に「起こったこと」の信頼できる記述として、「学的」原理に従って配置されているクロニクルや年代記の研究にあたって、かれらはそこから道徳的真理や知的真理を導きだしている。しかし、その際に、考察のよりどころとなり基準となる批判的原理については、これらの偉大な尚古趣味の歴史家たちによって理論的に究明されることはなかった。

ベール、ヴォルテール、モンテスキュー、ヒューム、ギボン、カントといった啓蒙期の合理主義者たち、それからこの

▼**ルドヴィコ・アントニオ・ムラトーリ**（Ludovico Antonio Muratori）一六七二－一七五〇。イタリアの歴史家。新約聖書の収録文書を示す最古の目録（ムラトーリ断片）の発見、『イタリア年代記（*Annali d'Italia*）』の執筆などの功績を残す。

▼**ラ・キュルヌ・ド・サント＝パレー**（La Curne de Sainte-Palaye）一六九七－一七八一。フランスの歴史家、文献学者、考古学者で、一七五八年からはアカデミー・フランセーズの会員であった。著作に『騎士道論（*Mémoires sur l'ancienne chevalerie*）』など。

時期としては風変わりな非合理主義者であったジャンバッティスタ・ヴィーコもまた、批判的歴史叙述の必要性を認めていた。ここでいう批判的とは、メタ歴史的な原理と言い換えることのできるものであり、そのメタ歴史的な原理に則して、過去の事実をその具体性や個別性において考察したときに導きだされた普遍的真理は、「合理的な根拠」に基づいて確証されたものであった。啓蒙思想家たちがこうした原理を提示できなかったのは、かれらの思考の方法が間違っていたからではなく、かれらの思考の対象に原因があったとみるべきである。一八世紀は、理性や感性や想像力に関する適切な心的能力の理論をいまだ獲得してはいなかった。そのなかで啓蒙哲学者たちは、人間の意識についての理論を必要としていたのである。言い換えれば、真理の基礎としての理性と誤謬の源泉としての想像力とを対立させるのではなく、理性と空想とが連続性をもっており、背反するものではないと理解させる理論が求められていた。そこでは、理性と想像力の関係の様式が探究されることになるが、それは、人間がよく分かっていない世界を究明するもっと普遍的な過程の一部分としてである。この過程では、理性そのものがそう捉えられるのと同じように、空想や想像力も真理の発見に貢献する。

啓蒙思想家たちは、あらゆる真理の根拠は理性とその能力であると信じていた。理性の能力とは、感覚的経験の産物に判断を下し、その経験から、想像力が経験はこうあってほしいと望む内容に抗って、純粋な真理という内容を引きだす能力である。このような理由から、たとえばヴォルテールが『歴史哲学』のなかで主張したように、真の歴史と虚偽の歴史とを区別するのはわけもなく単純なことだと考えられていた。歴史的記録のなかから、真理と物語とを、すなわち、感覚的経験の産物であっても理性に統制されたものと、同じく感覚的なものでありながら想像力の影響下にあるものとを区別するためには、人間が共有する感覚と理性を用いるだけで十分である。その場合には、真なる要素と物語的な要素とを区分し、またその真なる要素だけを「事実」として扱うような歴史を書くことが可能となった。そして、この「事実」から、もっと普遍的なものを、つまり知的、道徳的、美的な真理を導きだすことができた。

このように理性をそのまま信頼するという姿勢は、過去から伝わった史資料全体が、つまり伝説や神話や物語のなかに含まれているあらゆるものが、過去の真偽を決定するための証拠としては排除されることを意味した。またこのことで、過去の生活を一つのまとまりとして、だから、理性に適合して顕現しているのかどうかということだけにとどまらずに、生を一つの統合された姿で再構成しようとする歴史家に対して、そうした史資料から直接提示される過去の様相も、やはり排除されてしまったのである。啓蒙思想家たちは、理性に一切を委ね、迷信や無知、自分たちの時代の圧政に対抗できるだけの権威を打ち立てることに腐心していた。だからこそかれらは、神話や伝説や物語やそれに類する一切のもののなかで、それらが書かれた時代がそれぞれの時代の真理を伝えているような記録資料に信をおくことができず、それをただ過去の時代が本質的に不合理であることの証拠ぐらいにしか見なかった。ヴィーコひとりだけが、かれの時代においても歴史の問題を次のように明確に理解していたのであった。ヴィーコによれば、歴史叙述の問題とはまさに一つだけではなく、もっと多様な複数の合理性の尺度を用いて、純粋に「寓話的」ないし「物語的」であるだけの世界理解が、いかなる合理性の尺度からしてもなお、特殊な種類の歴史的生活様式や行為を理解するのにどの程度まで役立ちうるのかを明らかにすることにある。

問題は、ヴィーコが見るところでは、想像力をめぐらせるという非常に非合理な人間の営みのなかにおいてさえ隠されている合理性の契機を明るみに出すことであった。というのもそうした想像するという営みは、ヴィーコの理解によれば、社会的、文明的な諸制度を作り上げるための基盤として作用していたのであり、この制度によってかつて人間は、自然とともに生きるだけでなく、同時にまた自然に抗いつつ生きることもできるようになったからである。したがって問題の核心は（ヴィーコ自身の時代が理解していたようなデカルトに範をとった）理性が、実はいかにより偉大な非理性的なものにその起源をもっているのか、また理性がいかにその一見非合理的な淵源から生い立ってきたのか、ということであった。いっそう偉大なこの非合理的なるものについて、太古のひとびとはそれに圧倒されていたと想定せざるをえない。かつて太古のひとびとは、学のうぬぼれに陥ってしまっている狭義の理性に限らず、この非合理的だがもっと包括的な働きに基づいて、文明化された生活世界の原初的な形式を構築していた。ところが、ヴィーコと違って啓蒙思想家たちは、理性と空想とを、全体と部分の関係にあるものとしてではなく、背反しあう関係にあるものと見なしたために、歴史叙述の問題に適合するような仕方で問題を定式化することができなかった。

もちろん、啓蒙思想家にしても、人間の意識に対して空想

▼真の歴史と偽りの歴史の区別　ヴォルテールの次の一節を指していると思われる。「確実なことがらに、疑わしいことがらを混ぜたりしないようにしましょう。真実に、空想を混ぜないように気をつけましょう。わたしたちは、地球上の大変化についてかなりたくさんの証拠を持っているのですから、これ以上その新しい証拠を探しに行くことはないのです」（ヴォルテール『歴史哲学』五－六頁）。

が果たしている役割を否定したわけではなかった。しかし、かれらにとっての問題とは、人間の表現活動のうちで、空想の自由な展開が許されうる領域と、空想が足を踏みいれてはならない領域とを区別することであった。そこで啓蒙思想家は、空想がみずからの権限を十分に主張できる唯一の領域は「芸術」だけであると考えがちであった。かれらは、「非合理性」を「合理性」に対置したのと同じように、「芸術」の領域を「生活」そのものと対立させた。「生活」は「芸術」とは違って、理性によって支配されなければならなかったし、その「芸術」もまた、「真理」と「空想」との区別を十分に意識した上で取り組まれなければならなかった。歴史とはまずもって「生活に関わるもの」であり、ただ二次的にだけ「芸術に」関わっているにすぎなかった。したがって、歴史は、理性の導きのもとで叙述されるだけでなく、そのもっとも広い意味で「理性について」もまた描かれなければならなかった。その際には、歴史が「理性ならざるもの」について提供できる知がもしもあったとしても、それは生活と芸術の両者において、とにかく理性の問題を促進するかぎりにおいて用いられるにすぎない。

歴史、言語、プロット

『哲学事典』中の「形象によって表されたもの」という項目において、ヴォルテールは次のように書いている。

> 度を超した想像、情念、熱望は（これらには頻繁に欺かれるものだが）、形象に深くかかわるスタイルを作りだす。このような形象的な文体が、歴史のなかに入り込むことを許してはならない。というのも、隠喩の多用は、ものごと自体よりもより多くのことを語ってしまうか、あるいは逆にそれを十分に語りつくせないかのいずれかになるために、その結果として、明晰さだけでなく真理をも損なうことになるからだ。（Works, IX, 64,「形象」の項、既訳書にはない）

ここでヴォルテールは攻撃の矛先を古代キリスト教世界の教父たちに向けている。というのも教父たちは、世界の過程を表現し説明する手段として、形象的表現を著しく多用していたからだ。ヴォルテールは、教父たちの形象的表現の濫用を、オウィディウスのような異教徒の古典詩人による適切な使用と対比させている。古典詩人たちは、字義通りの真なる世界と、かれらが想像する物語的世界との区別を心得ており、誰も欺くことのないやり方で喩法やイメージを用いることができた、という(73)。歴史家の言葉は、理性と同じように簡素であるべきだとヴォルテールは提案する。理性は、歴史家が過去の真理を探究するにあたって、眼前の世界を表現するときに、それを形象的にではなく、言葉通りに捉えさせるからである。

ところが、この同じ判断基準が、形象的な言語にくるまれて過去からもたらされた記録文書に歴史的証拠としての価値があるか否かという問題にも適用されてしまった。詩、神話、伝説、物語のいずれもが、歴史的証拠という実際的な価値を持たないものと見なされた。それらがいったん空想の産物と理解されてしまうなら、空想を生みだした想像力の迷信的な本性や、それを真理と取り違えるひとびとの愚かさの指標にすぎないことになる。遠い過去の時代に関する啓蒙思想家たちの歴史的説明が、往々にして、実際にその時代に執筆された歴史的作品についての解釈の寄せ集め（あるいは註釈集成《コメンタリー》）程度にしかならなかったのは、こうした理由からであった。

もちろん歴史文書についての研究は、その時代の碩学によって、かなりのレベルにまで水準が引き上げられた。しかし、ラ・キュルヌ・ド・サント＝パレーやかれが加わった学者サークルに関するゴスマンの研究が示しているように、かれらは、古代の年代記に含まれている事実を総合したり、その年代記そのもののなかに投影されている過程を普遍的な立場から歴史的に評価したりするための批判的原理を持っていなかった。せいぜいのところこの時代の史家の著作にみられるのは、基本的に古典古代の偉大な歴史家たちが書き残したものについての註釈にすぎなかった。それは、あの偉大なエドワード・ギボンの著作でさえ例外ではない。その注釈内容は、パラフレーズしたり解明したりした作品の著者である過去の歴史家の合理性について、ギボン自身が考えていることと同じであって、多かれ少なかれアイロニー的なものであった。

実際のところ、歴史をどう表現するのかという問題についての啓蒙思想家の理解や、かれらが過去をいかなる言語的モデルの枠組みで解釈したかということは、歴史的な出来事のあるつながりが、叙事詩的に物語られるべきか、喜劇的に物語られるべきか、それとも悲劇的に物語られるべきかについて考えていたかれらの意識段階を、超越することはなかった。この三つは互いに排他的な選択肢として提示されていた。そのなかから適切な表現様式をどう選びだすのかという課題は、

▼**教父**　古代から中世初期の時期の、キリスト教信仰に基づく哲学者たち。具体的には、テルトゥリアヌスからアウグスティヌスにおよぶ。

▼**オウィディウス**（Publius Ovidius Naso）ＢＣ四三－一七。古代ローマの詩人。多くの恋愛詩を残し、ラテン文学の黄金時代を代表するひとりとされる。著作に『変身物語』（中村善也訳、岩波書店）など。

認識論的な次元における過去の物語的説明と風刺的な説明と真の説明との区別に対応するものであった。叙事詩形式は、当時一般的に同意されていたように、歴史的な出来事を表現するにはふさわしくはなかった。ヴォルテールの『アンリアード』はアンリ四世の生涯を語った叙事詩であるが、この作品は、そもそも詩人からも歴史家からも真剣に競い合うべき模範となる詩作品として真剣に受け取られたわけではなかったが、世間では偉業として、詩の形式で表現された凱旋記として受容されていた。啓蒙思想家たちは、この叙事詩という形式が、ライプニッツの哲学のなかで繰り広げられるコスモロジーを前提としていることを直感的に（そして実に正確に）理解していた。この叙事詩がライプニッツ哲学から受け取っているのは、存在論的な原理としての連続性の教説であり、認識論的な原理としての類比的推論に対する信頼であり、さらに、あらゆる変化はある状態から別の状態への程度の変容であって、その本質は一切変化しないという考え方である。これらのライプニッツ的な観念は、この時代の優勢な思想のなかでは合理性を支配する原則と考えられていた矛盾律ないし同一律とは、明らかに対立している。

しかし、過去の物語的説明を書きあげるための形式として喜劇を選ぶべきか悲劇を選ぶべきかという問題は、その世紀の終わりあたりに『歴史の書き方について』を著したマブリの場合では、アイロニーの特徴を帯びることになった。たいていの啓蒙思想家は、歴史が悲劇によるプロット化の機会を豊富に示していることを、実際にはあまり理解できなかった。これこそまさに「習俗の崩壊は（……）あまりに甚大なことであったがために、あるひとが信頼できる真の関係を見つけ出そうと努力すればするほど、そのひとはいっそう誹謗中傷に満ちた文書を書いてしまう危険を犯す」とベールが述べた理由である。ヴォルテールにとって、悲劇的な歴史の題材と見なすことのできる格好の候補はカール一二世であったが、しかしこの君主の生涯にどれほど省察を重ねたところで、ヴォルテールが産みだせた最善の作品は、散文で書かれた「擬似叙事詩」だけであった。なぜならこの時代は、エドマン・ド・ゴンクールが当時述べていたように、いたるところで事物の「真理」を探究していたのだが、よしんばその真理を発見したところで、結局は絶望しか手元に残らなかった時代だったからである。

懐疑主義とアイロニー

合理主義が自分自身の時代を反省する際に用いた懐疑的な形式は、それが歴史的省察の原理として用いられたときには、過去をめぐる純粋にアイロニー的な態度を引き起こさずにはいられなかった。この時代に書かれた偉大な歴史学的著作が配列される様式はおしなべてアイロニーのそれであった。このことから、その作品はみな風刺劇というかたちをとる傾向があった。風刺劇は、その当時の文学的感性が果たした最高の到達点であった。この時代にヒュームは、かれ自身が突き進んだ懐疑的な結論によってもはや哲学に興味を感じなくなったために、哲学から歴史へと対象を変えた。そのときヒュームは歴史研究にも、かれが哲学に対して抱いたのと同じ懐疑的な感受性を持ち込んでいる。しかし、人間の愚行が意匠を変えて永遠に反復されるだけの過程としての歴史に興味を抱きつづけることに、かれはいよいよ困難を感じていた。歴史的な記録を人間の愚行の記録として見なすことで、結局のところヒュームは、哲学同様に歴史にも飽きてしまった。

ヒュームの偉大な同時代人ギボンが生真面目な人物であったことは、まぎれもない事実であろう。しかしだからといって、かれが『ローマ帝国衰亡史』を、自身自身を慰め楽しませようと努めた末に仕上がった仕事と説明していたことも、軽視してはならない。ギボンが語るところによれば、かれはアイロニーにかき立てられてこの作品の執筆に着手したことになっている。このアイロニーは、かつて異教徒の寺院があった場所に建てられた教会の中で、迷信に満ちた儀式を執り行う蒙昧な神父たちの惨状《スペクタクル》から着想を得たものであった。この逸話は、ギボンが作品執筆に対してとった態度を明らかにしてくれるだけでなく、ローマ帝国の衰亡というかれの物語的説明が最終的に落ち着く形式をもあらかじめ示していた。ギボンが人間のもっとも幸福な時代と見なしたローマの時代からかれ自身が生きている時代への変転は、悲劇として説明されていたのではない。歴史書の歴史においては、ギボンの著作はアイロニーを貫徹させることに成功したもっとも偉大な作品である。この作品は一四五三年の記述をもって終わるが、それは、ビザンツ帝国の滅亡と狂信的なトルコの勝利、つまりひとつの狂信に対する別の狂信の勝利というアイロニックな理解で終わっていた。しかし、この理解が受け入れられたのは、西ヨーロッパにおける思想と文芸の再生に関する、ギボン自身が有していた知の枠組みにおいてである。かれ自身が書いているように、ビザンツ帝国の滅亡によってルネッサンスがもたらされ、理性の時代の礎が準備されるからである。しかし、ルネッサンスそれ自体は、ビザンツ帝国におけるひとつの狂信に対するトルコというあらたな狂信の勝利という、アイロニックな事実の結果と捉えられている。そ

▼**マブリ**　ガブリエル・ボノ・ド・マブリ（Gabriel Bonnot de Mably）一七〇九－八五。フランスの哲学者、政治家。弟にコンディヤックがいる。アンシャン・レジームの習俗を批判し、人間の平等を訴え、後世にユートピア社会主義の前兆と見なされもしたが、他面でプラトン的なエリート主義の傾向も見せていた。

れがアイロニックであるのは、ビザンツ帝国の崩壊によって、学者たちはコンスタンティノープルからイタリアへと追われ、その地に古典古代の知が伝播したからである。この古典古代の知が、結局のところ（アイロニカルにも）キリスト教の迷信を打破することにつながったのだが、それ以前には中世の修道士たちは古典古代の知を（アイロニカルにも）さきの迷信に奉仕するものとして利用していたのである。

ギボンの描きだす歴史のイメージは、アイロニーにさらにアイロニーを重ね書きするという形式を、歴史の説明だけでなく、それを表現する原理としても用いている。だがそのことは翻って、ギボン自身が執筆のよりどころとしていた価値や理念についてもアイロニックな態度をとるという事態を招かずにはいなかった。それによって、結局のところギボンもまた、理性をめぐる、ひとを衰弱させずにはいないあの懐疑主義へと導かれてしまう。ヒュームは、まさにこの懐疑主義から逃れるために、知的関心を哲学そのものから歴史研究のなかへと移していったのだった。しかし、ヒュームはそこでも、過去のあらゆる時代の活動や思惟を突き動かすものについて思考をめぐらすうちに、結局は同じ懐疑主義に直面することになった。

カントの知的な展開にはさらにはっきりとしたアイロニーがみちているが、その一つが、最晩年において、かれが歴史的知識のもつ道徳的意味の考察に向かったという事情である。それは、かれが哲学者として飛躍を遂げた批判期においては、純粋な哲学的関心の圏域から除外されていた主題であった。その純粋な哲学者としてのカントの関心を、まずは想起しておくことにしよう。かれの関心は、理性に一定の限界を設けるヒュームと、理性に対する感情の権利請求を正当と見るルソーの洞察を、いったいどう評価するのかということにあった。カントはヒュームに対しては、科学による世界の支配が明らかに成功しつつあることを合理的に理解可能にする超越論的根拠を導出し、度を越した懐疑主義から思惟を擁護しようとした。またルソーに対しては、人間本性のうちで感情や情念に場所を与え、それらに道徳判断や美的判断の根拠としての権威を付与しながら、他方その過程で、科学的で理性的な根拠に基づいて確立された真理の権威がくつがえされることのないようにもした。こうした以前からの敵手がそのかたちをそのつど変容させながら、老年期のカントのもとにどのように回帰してきたのかを確認してみるのは、意味のないことではない。歴史についてヘルダーが行った啓蒙批判の思想に駆り立てられ、またフランス革命という歴史的な出来事に衝撃を受けて、最晩年のカントは歴史的知が持つ認識論的根拠や道徳的価値、そしてその文化的意義について反省を迫られたのだった。

カントによれば、人間の研究から獲得できる以上のことを、歴史の研究から知ることができないのは明らかである。というのも、人間性はさまざまな姿で現前し具体化されるものであり、そのため研究対象として直接に観察することができるという利点をもっているのだが、歴史上の出来事についてはそうはいかないからである。しかし、たとえそうだとしても、わたしたちは歴史を研究し続けなければならない。まさにこの事実のなかにこそ、カントからすれば、懐疑主義の脅威が存在した。またルソーの影も最晩年のカントに忍び込み、大きくなっていったが、それは、フランス革命が次第にテロリズムの政治に転化していく状況を背景にしてのことであった。この時代には、世界はいま廃墟へと転落していくさなかにあり、歴史過程の全体は、表向きの進歩とは裏腹に、むしろ不可避の衰退を映しだしているという感受性が広く浸透していた。（晩期啓蒙の哲学者たちのアイロニカルな洞察から広められた）《事物が変化していくように見えれば見えるほど、実際にはなにも変わらない》という箴言が、切実に受けとめられていた。

ベールやヴォルテールと同じように、カントは歴史過程についての三通りの理解を区別▼しており、これによって、過程全体に関する真理を受け入れることが可能になる。カントはこの三つの理解を、「幸福主義の歴史」「恐怖主義の歴史」「アブデラ主義の歴史」と名づけている。第一の概念によれば、歴史とは、人間存在が物質的にも精神的にも停滞することなく進歩する過程を描くことである。第二の概念は、自然的ないし霊的な恩寵に満ちた原初の状態からのたえざる退化を、つまり押しとどめることのできない転落過程を描くことが歴史なのだと捉える。第三の概念は、犬儒派の一派である古代のアブデラ派に帰せられる歴史観である。それによれば、事物は発展しているように見えるが、実際には、いかなる運動も、その要素の当初の配置が変わっただけであって、人間の存在の条件に根本的な変化はまったく生じていない、という。

カントによるこの三通りの概念化は、それが歴史の説明や

▼歴史過程についての三通りの理解を区別　カントは『諸学部の争い』における一節（『カント全集』一八、岩波書店、二〇〇二年、一一〇‐一一三頁）で、歴史の行程を予言する可能な方法を、幸福主義（Eudämonismus）、恐怖主義（Terrorismus）、愚民主義（Abderitismus）の三種類に区分している。このうち、第三の区分である愚民主義（アブデラ主義）は、当時のベストセラー作家であるヴィーラント（Christoph Martin Wieland）の風刺小説『アブデラ人の物語（*Geschichte der Abderiten*）』（一七七四年）に由来する。ヴィーラントは歴史小説という体裁をとって人間の愚かさを描き出したが、そこには同時代の啓蒙主義における単純な進歩思想への批判が込められていた。

叙述にとって持つ含意を考慮すると、それ以前の時代における喜劇、悲劇、叙事詩という様式上の三つの区別に対応することが分かる。しかし、カントは、かれに先立つ歴史の区分法であった「物語的歴史」と「風刺的歴史」と「真の歴史」については、この三つがいずれも同じように「物語的」であり、したがって三つともに等しく「空想的な」ものだと見なしていた。カントにしてみれば、歴史を三つに概念化できるということ自体は、歴史過程に関するさまざまな種類の形式的一貫性や、その多種多様なプロット化の可能性を、さらには歴史的場のさまざまな美学上の理解の結果を、歴史過程に対して当てはめて考察する能力を人間精神がもっている証なのである。

しかし、カントが同時にこうした美学上の選択の道徳的な含意を強調したことを忘れてはならない。これは、わたしたち自身の歴史的生存のために、歴史過程を一定の仕方でプロット化したり構想したりすることからくる帰結である。カントが注目しているのは、人間が自分の現在の状態を理解し、また自分や他のひとびとの未来を計画するときに、こうした美学上の選択がどんな意味をもちうるのかということであった。たしかに歴史の知は、人間の本性一般を理解するという課題にはさして貢献しない。というのも歴史の知は、個人であれ集団であれ、生きている人間の研究からは知りえないようなことは、なにも教えてくれないからである。しかし、道徳に関する問題については、つまり生がなにゆえに生きるに価するのかという目的や意図については、歴史はその問題を深く理解する機会を与えてくれる。

カントの立場とは、過去から現在へと移っていく歴史過程を、超越論的自我がいかに概念化するのかを重視しなくてはならない、ということである。自我は、歴史過程に関する自己の知覚に形式を与えている。こうした形式が、自我が未来に向かってより大きな希望をもったり、絶望を抱いたりしつつ、どちらに導かれるべきかという方向性を提示するのである。そのことによって、その未来へと向かう運動が、望ましい目的へと向かっていく歴史の運動（であるか、または望ましくない目的から遠ざかっていく運動のどちらか）であるという見通しを与えられる。もしも自我が、歴史過程を衰退のスペクタクルとして見るならば（そして、歴史的知とはつまるところ歴史家の眼前で繰り広げられる「スペクタクル」についての知に他ならないと考えるならば）自我は、出来事が悪しき終末に至りつくような方向性で行為することになる。それと同様に、もしこの歴史のスペクタクルを「いまいましい出来事の際限のない繰り返し」と捉えるならば、自我は自分が生きる時代を、どんな進歩もありえない不活性な時代として生きなくてはならなくなる。だが他方で、もしも自我が、愚昧、不道徳、無知、暴力、苦痛で満ちたこの歴史というスペクタクルを、人間的本性の変革の過程として、つまり、これら諸悪を生みだした人間的能力を、諸悪に反対して道徳的な目的を生みだす能力に変革する過程として理解するならば、言い換えればそれを人間に固有の倫理的企図として理解するならば、そのとき自我は、この人間的能力の変化が実際に生じるような方向を意識しつつ行為することだろう。さらに、このような歴史観が、実際にひとびとによって生きられ、思索においても理解可能となることを裏づけるために、歴史の外に立つ自律的な根拠が存在することになる。その根拠は、まさに哲学によって与えられるのである。そこでは、理性の概念は、人間がその起源から内在していた力を実現して自然の可能性を開花させることを正当化するのに用いられる。

カントによってこのように提示された歴史の概念は、たしかにアイロニックなものである。しかし、そのアイロニーは、懐疑主義といっても理性そのものを拒絶することはないカントの哲学体系の原理のために、穏健なものになっている。だがそれでも、歴史に関するかれの思想は、重要な意味において啓蒙の合理主義の発想の圏内にあった。歴史上のことがらが思考において関係づけられるときの対立という様相は、連続と相互交換という様態にはいまだ席を譲っていなかった。しかも、この連続と相互交換の様態だけが、それ自体だけで独立して考察された歴史上の出来事の持つ具体性、個別性、鮮明さについての適切な評価を可能にしてくれる。カントにとって、歴史的に与えられているものとは現象である。すなわち、自然現象と同じように「法則に支配された自然」である。（さらに具体的に言い換えるならば、普遍的に適用可能な不変の因果法則に支配された自然ということになるだろう）。つまり、カントは歴史の場を、原因と結果という外在的な関係に媒介された対立として、換喩的に解釈していた。たとえば、ライプニッツが行ったような、ある領域ないしは場の一部を、その機能という点から考察して、全体を構成する要素と見なすような提喩的な定義づけを試みることは、カントの立場からすれば、それを正当化する科学的な根拠が欠けている。歴史においてはすべてが語られ、すべてが行われてしまっているときに、カントは歴史過程を、人間性がある段階から別の段階へと発展することではなく、むしろたんなる対立として、それも、合理的なものと非合理的なものという、人間本性の永遠に対立しあう原理のあいだの、けっして解決されることのない抗争として理解していた。まさにそれゆえにカントは、ベールやヴォルテール、ヒュームやギボンたちが表明した啓蒙主義的合理主義の伝統に一貫して同調しつつ、結局のところ、歴史は科学的にではなく、むしろ美的に捉えるのでなければならないと結論づけた。こう捉えることでのみ、歴史は喜劇的ドラマへと転換できる。その結末は悲劇における敗北としてではなく、あるいは特定の争点をまったく含まない対立関係の無時間的な叙事詩としてでもなく、むしろ喜劇的な完結を迎えるドラマとして構想できる。カントが歴史過程の意味を喜劇的に理解する理由は、つまるところ道徳的な問題であった。かれにとっては歴史というスペクタクルは、喜劇的ドラマとして概念的に理解されなければならなかったのである。そうでなければ、つまり喜劇的な大枠がまずは前提になっていなければ、カオスを人間の努力からなる有意味な場に唯一つくりかえることのできる悲劇という構想にしても、始めようがないからである。

啓蒙期の合理主義者たちによる歴史叙述がほぼ共通して承認していたことは、歴史は楽しみのために書かれてはならないし、また特定の宗派や政治党派に有利なように書かれてもならないということであった。かれらは、たんなるクロニクルや年代記以上のものを書くためには、歴史的記録の反省の指針となる批判的な原理を獲得することが必要になると認識していた。啓蒙主義者たちにとっての出発点とは、前世紀の「伝奇的《ロマネスク》歴史譚」や「世話物風《ギャラン》の物語」に対立し、具体的には、アベ・ド・サン＝レアルやシャルル・ド・サン＝テヴルモンによって書かれたような「娯楽的な」歴史を退け、さらに、後にウォルター・ペイターやエゴン・フリーデルによって代表される「リベルタン」の歴史理論や「審美主義派の」歴史叙述の祖型にいかに対抗するのかということであった。啓蒙哲学者の理解によれば、歴史は「真なるもの」でなければならなかった。「楽しませたり喜ばせたり」しながら、読者を「導いて啓蒙する」という主張は成り立たなかった。そこで、問題の核心は真理を認識する基準とは何かであった。要するに、問われたのは、真理がとるべき形式とは何かということであり、ことがらの真の解釈を認識可能にするための比較基準となる、真理一般の範例とは何かということであった。

この問いに合理主義者が与えた答えを理解するためには、かれらが物語的歴史や風刺的歴史と、真なる歴史とのあいだに引いた区別を指摘するだけでは、十分ではない。あるいは、史資料を経験的に確定しようと努め、歴史的証拠の合理的な評価を与えるだけでも駄目だし、その証拠が持っている意味を説得力のある物語として表現する原則に形式的に従え、という一般的な真理概念を提示することだけでも不十分である。かれらが何を考えていたのかは、かれらが自分たち自身のアイロニー的な予断や懐疑傾向にとって代わるものとして最初から認めなかったり、あるいは真に受けなかったりした歴史的思考を、あらためてちゃんと吟味することによって、初めて理解可能になるのである。

啓蒙以前の歴史叙述の主要形式

歴史を書くことの歴史について論じた古典的研究である『近代歴史叙述の歴史（*Geschichte der neueren Historiographie*）』（一九一一年）のなかで、エドゥアルト・フュターは、一七世紀ヨーロッパの歴史的伝統のなかにある四つの重要な潮流を区別している。そして、フュターは、この区別を基盤にしながら、あるいはそれらに対して反証するために、かれの呼び方で言うなら啓蒙思想家の「反省的」ないし「批判的」歴史叙述がいかに展開されてきたのかを論じている。一七世紀のこの四つの潮流のうち、第一の歴史叙述は教会史である（広い意味では「信仰史」ともいう）。第二の歴史叙述は、宣教師や研究者たちがつくりだした民族誌的歴史であり、これは、新大陸の発見と探検が科学的で歴史的な調査への道を拓いたことから成立した。第三の歴史叙述は、博覧強記なひとびとが書いた古代史の記述の数々を指しており、これは文献学的なアプローチを取りながら、遠い過去から現在にまでいたる緻密なクロニクルや年代記の作成に貢献している。そして最後の歴史叙述が、「陰謀や情事満載の読み物」ともいうべき、明らかに楽しみを目的とした、伝奇的な歴史譚や世話物風の物語である（Fueter, *Geschichte*, 332）。この四番目の歴史叙述については、実証主義的な信念を持ったドイツの学究の生真面目さのためなのか、フュターは、その価値を頭から認めないというあまりに性急な判断を下しがちであったが、これについてはルネッサンスの人文主義的な歴史叙述と比べるとその特性がよく分かる。つまり、この四番目の歴史叙述とルネッサンスとの関係をたとえるなら、いわば「ルネッサンスの偉大な詩人たちのたくましい異教性」に並べて「ロココ詩人たちのサロン風の物語」を対置するようなものなのである。ちょうどこの時代の音楽のなかに「ギャラント様式▼」が出現したのと同じことが、歴史学にも起こったようなものである（333）。

▼**アベ・ド・サン＝レアル**（Abbé de Saint-Réal）一六四三－九二。フランスの外交官、歴史家、小説家。

▼**シャルル・ド・サン＝テヴルモン**（Charles de Saint-Évremond）一六一〇－一七〇三。フランスの批評家。快楽主義の作家として知られる。

▼**ウォルター・ペイター**（Walter Pater）一八三九－九四。イギリスの批評家、文学者。おもな著作に『ルネサンス』（富士川義之訳、白水社）など。

▼**エゴン・フリーデル**（Egon Friedell）一八七八－一九三八。オーストリアの作家、文学史家。多くの戯曲を書き、俳優としても活動した。著作に『近代文化史――ヨーロッパ精神の危機、黒死病から第一次世界大戦まで』（宮下啓三訳、みすず書房）など。

▼**リベルタン**（Libertin）一七世紀から一九世紀のヨーロッパにおける、道徳的な自己束縛からの解放を是とする文化的、思想的傾向を指す呼称。しばしばマルキ・ド・サドなどがその代表格とされる。

フュターが描いた一七世紀の歴史思想における四つの傾向のなかで、とくに際立つのは最初の二つである。教会史と民族誌的歴史は、それぞれにたとえば、信仰史の場合の宗派分裂や、民族誌的歴史の場合の人種的、空間的分離（たとえばラス・カサス、オビエド、ヘレーラらが書いたものを想起してもらいたい）にみられるように、人間共同体のなかに宿命的な分裂が存在しているという重苦しい感覚に突き動かされていた。ここでは歴史は、分裂を憂慮して書かれている。この憂慮の感覚は、文明化の進路そのものが致命的に阻害されているということについて、ありとあらゆるところにその証拠を見出さざるをえなかった。

マビロンやルイ＝セバスチャン・ルナン・ド・ティルモン、そして二人からわずかに遅れて登場したムラトーリなど、この時期の博学な尚古学者の手になる歴史書は、年代記的な形式をとって執筆されている。そこには、この引き裂かれた現実を総体的、包括的な全体性にしようとし、一種の連続性を作りだそうとする、歴史叙述独特の格闘が表現されている。年代記という歴史記述の形式のうちには、なんらかの秩序を打ち立てたいという渇望が認められるだけではない。そこに暗黙のうちに暗示されているのは、時間的な出来事の秩序こそ、年代記からあるかすかな意味を生みだすために利用できるたった一つの秩序原理なのかもしれないという想定である。「真理にして、まさに他の何ものでもないもの」への欲望や、出来事を線的な秩序機能という外在的な様相においてだけ扱いたいとする強迫的な欲求が、一七世紀の博識な学者たちの批判原理の基底にあり、しかもそれが、かれらの歴史理解を限界づけてもいた。批判的意識という点について、歴史表現の一形式としての年代記は、（フォックスのような）偉大な信仰史家の歴史書や（ラス・カサスのような）偉大な民族誌家の歴史書よりも先に進んでいた。年代記作家は、宗教論争や民族的な対立を念頭に置きながら、偏見にとらわれた歴史叙述やら特定の党派に肩入れする歴史叙述やらを超えようと試みていた。そこで一七世紀の博学者たちは、時間的連続という秩序を、主観性の痕跡や特定の弁解にはいまだ毒されていない、歴史家に唯一残された表現様式として、旧来の歴史叙述にあったマニ教的二元論志向に対置したのであった。かれらは、信仰史家や民族誌家たちが歴史のうちに取り込まれているのとは対照的に、歴史から冷静に距離をとろうと試みた。しかし結局のところ、かれらは真なる歴史を書くための材料を提供できたにすぎず、真なる歴史そのものを提供したのではなかった。こうした限界は、かれらの後継者たちにも、たとえば次の世紀に活躍したラ・キュルヌ・ド・サント＝パレーにも妥当する問題であった。

信仰史家の道徳的な情熱や年代記作者の冷淡な知性と比べてみると、娯楽のための歴史物語作者が書くような純粋に審美的な歴史叙述を学ぶことは、フュターが説くほどには退行的なこととは思われない。もしサン＝レアルが「わくわくさせる楽しい物語」によって読者に「気晴らし」を提供しているだけだとしても、少なくともかれの書いた『ドン・カルロ』（一六七二年）や『ヴェネツィア共和国に対するスペインの陰謀』（一六七四年）のような歴史書には、出来事からいったん距離をとる批判的視座を獲得し、またそれらを、たとえ物語にすぎなかろうと、ともかくも包括的な全体にまでまとめあげたいという願望が表れている。とはいえ、かれの歴史叙述に備わっているたった一つの統一性は、ストーリーのそれでしかないし、そのストーリーは、レトリックによる効果をあげるための工夫にすぎないのである。そのために、かれが実際に書いた歴史は、かれ自身の言葉を用いるなら、過去

▼**ギャラント様式**（Galant style）一八世紀後半のドイツにおける、バロックと古典派の過渡期に現れた音楽様式のひとつ。バロック様式の複雑さに抗い、また美術におけるロココ調様式に範を仰いでいる。

▼**ラス・カサス** バルトロメ・デ・ラス・カサス（Bartolomé de Las Casas）一四七四頃－一五六六。スペインのドミニコ会修道士。メキシコ・チアパス教区の司教。中南米の植民者たちの先住民に対する残虐行為を告発した。著作に『インディアスの破壊についての簡潔な報告』（染田秀雄訳、岩波文庫）など。

▼**オビエド** ゴンサロ・フェルナンデス・デ・オビエド・イ・バルデス（Gonzalo Fernández de Oviedo y Valdés）一四七八－一五五七。スペインの歴史家。かれの著書『インディアスの歴史（*Historia general y natural de las Indias*）』は、ラス・カサスに批判された。

▼**ヘレーラ** アントニオ・デ・ヘレーラ・イ・トルデシリャス（Antonio de Herrera y Tordesillas）一五五九－一六二五。スペインの歴史家。著作に『カスティーリャの歴史（*Historia general de los hechos de los Castellanos en las islas y tierra firme del Mar Oceano*）』など。

▼**マビロン** ジャン・マビロン（Jean Mabillon）一六三二－一七〇七。フランスの文献学者、ベネディクト会修道士。古文書研究の分野における権威。著作に『ベネディクト会聖人伝（*Acta Sanctorum ordinis Sancti Benedicti*）』など。

▼**ルイ＝セバスチャン・ルナン・ド・ティルモン**（Louis-Sébastien Le Nain de Tillemont）一六三七－九八。フランスの歴史家。ジャンセニスムの宗教家でもあった。ギボンが『ローマ帝国衰亡史』で、かれをしばしば引用している。

▼**フォックス** ジョン・フォックス（John Foxe）一五一六頃－八七。イギリスの歴史家であり、『殉教者の書』の著者。同書の、とくにプロテスタントの受難列伝が、イギリスにおける一般的なカトリック観の形成に多年にわたって影響を与えた、とされる。

についての「真理」ではなく、事実がいかにありえたかに関するある「フィクション」を表すにすぎない。そこでいう事実は別のようでもありえたであろうし、まったく異なったストーリー（ないしは複数のストーリー）の一部として表現されてもおかしくなかった。

ライプニッツと啓蒙

実際には、歴史的表現としての年代記形式は、それとは明示されることはなかったにしても、実はライプニッツの哲学においてその洗練された基礎づけが与えられている。フュターの整理によれば、むしろライプニッツは、年代記作成者たちの方法を歴史の執筆にただ適用しただけの人物として位置づけられている。それも、年代記作成者のようにはうまくはいかず、ドイツの『帝国年代記』の構想に失敗し、ブラウンシュヴァイク家のような枝葉の家系の系譜や年代記を作るのにとどまったという。結局、ライプニッツは素材を集めただけでそれを加工することはなかった、とフュターは評している（Fueter, *Geschichte*, 317）。しかし、フュターはここではライプニッツ哲学が伝えるヴィジョンを正しく評価できていない。歴史叙述としての年代記という形式は、ライプニッツが考えていた連続性や微分変化の観念に、そして、部分要素として時空間中に拡散していてもかかならず現前している全体性という予定調和の観念に合致するものだったのである。この時代の偉大な理論家のなかでただひとりライプニッツだけが、十分な理論的根拠に基づいて、年代記こそが哲学的に正当化される唯一の歴史表現の様式であると確信することができた。かれの『モナドロジー』（一七一四年）は、連続性の教義や段階的進化の理論によって、また個別の出来事をマクロコスモスに対応するミクロコスモスとして理解することによって、わたしたちが提喩と呼んでいる理解の様式を形式的に基礎づける。この提喩という様式は、現実のすべてを説明し表現する範例がミクロコスモスとマクロコスモスの関係になることを示している。ライプニッツの歴史思想を見るかぎり、個々の出来事が互いに差異を保ちつつ一体をなしている総和こそが全体的なコンテクストなのであり、ある出来事が全体に対してどんな意味や関係をもっているのかを具体的に表現するには、まさにこの全体的コンテクストのうちで表現することがもっとも適切だと考えていたようである。

ライプニッツによれば宇宙《コスモス》とは、それ自体が完全性を備えている個々のモナドが集まったものであり、モナドが備えている統一性とは、無限の創造性を発揮する過程と考えられる全体的なるものの自己運動であった。全体的なるものの完全な予定調和とは、部分同士が互いに内的な関係をもつことを不可能にするかに見える対立や外的な因果関係という印象を、乗り越えたり解消したりするものである。そしてこの予定調和は、創造主である神の善性という考え方に裏づけられており、神はその創造行為からもほとんど区別されないから、創造の結果である被造物も根本的に善なるものなのである。このように世界を調和したものとして理解し、部分と全体を関係づけることによって、歴史過程を年代記として表現することが正当化される。それはちょうど、自然の過程が、その個別的で具体的なリアリティに即して理解され、しかも時空間のなかに拡散しているように見える総体的な過程の要素として理解されるのと同じことである。ライプニッツが歴史を年代記の形式で書くことができたのは、現象が拡散して見えるのはたんなる仮象にすぎないと信じたからであった。ライプニッツの見解によれば、世界は一つの存在であり、それぞれの部分のあいだには連続性がある。したがって、かれの歴史過程についての理解は、より大きな領域とより小さな領域で起きることを区別する必要がない。それによれば、微分量の変化は、有限な出来事の領域を年代的に描くことのなかに表現されうる。《統一性における変化》と《変化における統一性》という同じような過程が、あらゆる部分において働いており、その場合には、個別の部分をなすものが個人と解釈されるのか、それとも支配者の家系や君主や民族と解釈されるのか、あるいは帝国や人類全体と解釈されるのかは、どうでもよいのである。

しかし、啓蒙思想家たちが、有史以来いまだ実現されていない理想と見ていたものこそ、このライプニッツが抱いた人類の本質的な統一性というヴィジョンに他ならなかった。啓蒙思想家たちは、この理想をかれらの歴史叙述の前提として受け入れることができなかった。それはこの理想が、史資料によって明らかにされていなかったからだけでなく、かれら自身の社会的世界でかれら自身がした経験に照応していなかったためであった。啓蒙思想家にとって、人類の統一性は未来に投影される理想にほかならなかったが、だからといって、かれらはこの理想を、歴史を説明したり歴史を表現した

▼**ブラウンシュヴァイク**　ブラウンシュヴァイク＝リューネブルク公国は、一二世紀後半にハインリヒ獅子公が築いた第一次ザクセン公国から枝分かれした領邦のひとつ。現在のドイツのニーダーザクセン州を中心に統治していたが、婚姻や相続で複雑に枝分かれしていた。ライプニッツはブラウンシュヴァイク家の歴史的出自を明らかにするための歴史書編纂を依頼されていた。同家は、一七世紀末に選帝侯位を受け、ほどなくして大英帝国の王も兼ねる（同君同盟）ことになる。ライプニッツの歴史書は、こうした同家の大躍進をヨーロッパの列強に向けて正当化するためのものでもあった。

りするときの範例として用いることはできなかった。むしろ関係は逆であり、かれらは、この理想を実現しようという関心から歴史を研究したり描いたりすることに着手したのであった。つまり、それは、そのような統一性を作りだそうとするかれらの努力の一部であったのである。かれらが経験的事実として知っている世界は、分裂や対立や苦しみを所与の事実として捉える歴史的表現や歴史的説明の範例を提示するように要求していた。過去から現在へと進みゆく過程としての歴史をかれら啓蒙主義者が経験する際に、その様式を規定していたのは、あくまでも分裂や断絶を引き起こす力の対立であった。かれらにとって、過去とは非合理なものであり、現在とは理性と非理性的なものの闘争である。そして、未来だけが、理性が非理性的なものに勝利し、完全なる統一性と贖いの実現を夢見ることができる時間なのであった。

歴史の場

ライプニッツが遠い過去を眺めわたしたとき、かれはそこに、現在において自分を取り巻いているのと同じ力が、同じ均衡を保ちながら作用していることを発見した。こうした力は、けっして理性の力だけでもなければ、非理性的なものだけでもなく、むしろ両者の対立の調和である。そして、この調和から眺めてみれば、理性と非理性的なものとは、究極的には神のものである同じ一つの力が、ただ違った表れ方をして出現したものにすぎない。しかし、啓蒙思想家たちが遠い過去を眺めわたすときには、かれらはその遠い過去と、自分たちがいまいる世界との違いに強迫的にとらわれてしまうために、たいていは自分たちの生きる時代を理想化し、それを遠い過去の正反対に位置づけてしまう傾向があった。ただし、この理想化の誘惑に対しては、それにそのまま屈したひとびともいたにせよ（その著名な実例はテュルゴーやコンドルセだが）、かれらの多くは、懐疑主義の態度をとることによって、その傾向を免れたのである。この懐疑主義こそが、かれらの理性が同時代の悪を批判する場合の指針となるものであった。もっとも、対立しているという感覚があまりに大きかったために、古代のひとびとのことを寛大な姿勢で考えたり、それに共感したりすることはなかった。ギボンのように、過去のなかに、自分たちがそうであると考えるか、あるいはそうありたいと考えるような人間の原型を見出したようなひともいたが、それはむしろまれな例であった。一般的には、啓蒙思想家のもとでは、過去は冷ややかなまなざしで捉えられた。そのために啓蒙思想家の遠い過去に対する関係は、換喩的なパラダイムによって、つまり、分裂や外的対立という様式によって理解された。また全体的なもののなかの対立的な様相を解明するために、換喩が示唆する説明様式は原因と結果の形式となった。これによって、啓蒙主義者は、無知と蒙昧と暴力からなる過去の時代のほとんどあらゆるスペクタクルを、完全に因果的に規定されたものにすぎないと理解した。

啓蒙思想家は、（古代ヘブライ人が旧約聖書で伝えているような）遠い過去の出来事を表現したものには、とくに注意を払う必要性を感じなかった。それはかれらにとって、そうした出来事がみな、その時代の人間は絶対的に制約された状態にあったという一つの真理を表すだけのものでしかなかったからである。したがって、古代の出来事のすべては、もともと情念や無知や非理性的なものであるものを、ただ純粋なかたちで表現しただけと受け取られた（ヴォルテールは、それをよく狂気にすぎないものとして片づけた）。かれらがとくに注意を払っていたように見えるのは、啓蒙時代の理想として称賛される理性的人間の元型とでもいうべきものをいかに表現するのか、という問題であった。ただし啓蒙思想家は、なぜ非理性的なものから理性が生じるのかをうまく説明できなかったように、なぜ蒙昧な非理性的なもののなかから理性的な人間が現れるのかということについても説明ができなかった。たしかに、この問題のほうは、今という時代もその未来も、理性の時代が出現したことの積極的な恩恵であると考えられることを理由に、「神の摂理」のもたらしたものだと理解されていた点で問題にならなかった。非理性から理性への変化はともに「奇跡」としか言いようがなかった。

ここでは次のことに留意していただきたい。非理性的なものの状態から理性が生じるという考え方そのものが「非合理的」であるのは、自然それ自体が本質的に理性を備えているという理論では、人間が本来的に示す非理性的なものを説明できないからである。自然が理性によって統御されており、その働きには内的な秩序と調和が備わっているとすれば、人類の記録に残された最初の人間たち、つまり自然状態のうちに生きていた人間たちは、なぜ理性的ではなかったのか。しかも、かれらは自分たちのあいだでは自分を理性的だと思っていた。自然とは因果律に規定された不変の過程からなる合理的システムであるという見方をそのまま適用するならば、原初の人間たちはその本性からして理性的な存在であったと

▼**テュルゴー**　アンヌ＝ロベール＝ジャック・テュルゴー（Anne-Robert-Jacques Turgot）一七二七－八一。ブルボン朝フランスの政治家、経済学者。重農主義的な改革派として、財務総監時代にはギルドの廃止や穀物取引の自由化に着手。

▼**コンドルセ**　コンドルセ侯爵（Marquis de Condorcet）一七四三－九四。啓蒙期フランスの数学者、哲学者。数学、とりわけ確率論を社会研究に応用することを試みる一方で、フランス革命にはジロンド派として参加。ジャコバン派によるジロンド派の追放後、隠遁生活中に『人間精神進歩の歴史』を執筆する。

想定されねばなるまい。しかし、原初の人間は非理性的に見えるだけでなく、過去の記録から見てとれるように、際立って非理性的な存在なのである。このことをどのように説明できるのか。

啓蒙思想家たちがとった解決策とは、次のような状態を想定することであった。人類が手にしている記録に残された原初の時代よりもさらに以前、人間はその本性からして理性的であった。しかし、人間の無知や、それ自体は自然の恩恵であった人口増加が皮肉にも引き起こした欠乏によって、人間はその理性的な状態から転落していった、というのである。この欠乏状態のせいで、稚拙な技術では十分増産できない天然資源をめぐって人間は互いに争うようになった。だがこの闘争が、今度は社会の「創出」という事態を導く。社会は、人間たちの抗争を力によって制御し、それ自体が人間の欲求と無知との結合の産物である宗教の助けを借りて、人間に対する権威を維持したのだった。その結果として、社会状態そのものが、世界における非理性的なものの原因であると同時に、その帰結でもあると見なされることが可能になった。それに伴い、進歩というものは、社会状態が本性的に専制的なものであることを認識できる少数の理性的な人間によって、社会状態がそもそも非合理的な本性をもつと見抜かれていく過程だと捉えられた。こうして歴史過程の意味は、もはや非理性的なものから理性が成長するというところにあるのではなくなった。むしろ、純粋に量的な問題になったのである。つまり、もともと制限されていた理性が、情念や感情や無知や迷信にすっかりとらわれた経験領域へと拡張したということであった。だから、もはや歴史は非理性から理性への移行の過程などではない。

しかし、これが意味するのは、機械論的な原理が登場したことによって、理性の成長とは、なにか別のものを犠牲にして起こる過程だと理解されなければならないということだった。ここでいう「なにか別のもの」とは、現在に存続しているものとしての過去そのものである。これをもっと平易に言うなら、伝統や慣習であり、たとえば制度や法や文化的な産物などの、たんに古いというだけの理由で権威や敬意を要求しているものである。したがって啓蒙思想は、歴史そのものに対決する姿勢で、あるいは少なくとも「過去」としてかれらが経験している歴史の断片に対決する姿勢で、歴史を執筆していた。そのため、ヴォルテールが書き記していたように、啓蒙思想家の歴史に対する共感は、結局のところ、かれらに近いために賞賛や敬意を表明することができる近過去という時制にまでしか届かなかった。そのために、啓蒙哲学者は、提喩的な（言い換えれば有機体論的で共感的な類型である）表現に到達することはほとんどなかった。

しかし、ここにおいてすら、啓蒙思想家たちの共感や寛容の力は全面的なものではなかった。というのも、かれらは人間の欠陥について、理性的だと想定されるどんな人間のうちにも、依然として非理性的な要素があると考えつづけていたからである。これは、たとえばカール一二世のような人物の行為にはっきりと当てはまる。かれの事績を描いたヴォルテールの筆によれば、カール一二世は、世界史上でもっとも有能で才能豊かな、たぐい稀な天分に恵まれた統治者であった。しかし、かれは同時に、「征服による勝利」に対する非合理的な熱望に引き裂かれた人物でもあった。ヴォルテールはカールを、愚かにも戦さのうちに美徳を見出すような、野蛮な過去の時代の残滓として位置づけていた。このような欠点はとうてい悲劇的なものではないし、またカールの卓越性からもたらされたものでもないのであって、むしろ普通ならば素晴らしく健全なはずの有機体の内奥に巣くった病毒であり、退廃であった。したがってカールの没落は、悲劇的なものではなく、むしろ悲しくも哀れな末路であった。こうしてカール一二世の歴史は、際だって頑強な人間のうちにさえも忍び込み、その人物を滅ぼしてしまう非理性的なものの威力を概嘆する機会を提供するものにすぎなかった。

カールの生涯についての考察から、ヴォルテールが非理性的なものに関して、以下のような結論を導きだしたとしても不思議ではない。つまり、非理性的なものとは世界の一部であり、人間の一部である。それは理性がそうであるのと同じように必然的なものであって、消し去ることができない。それは、時間の経過とともには除去されず、洗練されたり昇華されたり人類にとって有益で創造的なもののなかに誘導されたりすることのない力である。ところが、ヴォルテールは、非理性的なもののこうした可能性を検討することができなかった。というのもヴォルテールは、人間の心に関しては、純粋に機械論的な概念の様式を採用する姿勢を同時代の思潮と共有していたからだ。こうした心の概念が要請しているのは、心が一個の戦場と考えられることであった。そこでは互いに対立し、しかも一方が他方の否定であるような意識の形式、すなわち理性と非理性が、一方が他方の力を完全に打ち砕くまで、永遠に争いつづけるのである。ヴォルテールにせよ、その他の歴史学的な天才たち（たとえばヒュームやギボン）にせよ、非理性的なものの創造的な可能性を理解するための最短の道は、かれらが自分たちの営みをアイロニカルに批判することによってであり、歴史のなかから意味を汲み出そうとするかれら自身の格闘においてであった。それを通じてかれらは少なくとも、歴史のスペクタクルに登場する非理性的な行為者と同じ程度に、かれら自身もまた潜在的には欠陥をもった存在なのだと自覚するようになったのである。

啓蒙の歴史叙述の到達点

これまでは、啓蒙期の理性中心の歴史叙述が、それ以前に支配的であった伝統的な歴史的省察に対して、特性のうえでどんな進展を見せたのかを、またその他方で啓蒙的な歴史観にどんな欠陥と限界があるのかを指摘してきた。そのうえでわたしは、啓蒙の歴史叙述が成しとげたことは、正確には何であったのかを明らかにしておきたい。一七世紀の歴史叙述は、歴史の場を、争いあう諸力の混沌状態と捉えることから出発した。歴史家はこれらの力のなかから自分の歴史を選びとらなくてはならなかったし、また選びだされた一つないし複数の力に奉仕するというやり方で、自分の歴史を描かなくてはならなかった。たとえば、一七世紀の信仰史と、宣教師や征服者の手になる民族誌的な歴史叙述がこれにあたる。これらの教会の歴史と民族誌的歴史という、本質的に分裂を抱え込んだ歴史叙述には、それに代わる別の二つの叙述様式が続いた。そのうちの一つが、学殖豊かな尚古学者の伝統であり、これは完全無欠の客観性を獲得したいという願望から発達してきた。この流れが、歴史を説明し表現する年代記という様式を創りだすことになった。この様式は、秩序や一体性をたんなる連続関係として、言い換えれば時間の経過に伴う継起関係として理解する点に特徴がある。このような歴史の描き方を暗黙のうちに擁護していたのは、ライプニッツの『モナドロジー』と、そこで展開されている連続性に関する教説であった。もっとも、このライプニッツの哲学は、社会的現実をもともと分裂しアトム化したものと考えるこの時代の啓蒙哲学者の立場とは、本質的に対立関係にある。というのも、ライプニッツ自身の理解は、啓蒙哲学者とは対照的に、対立するもののあいだの本質的な予定調和を前提にしており、この点が啓蒙哲学者からすれば、素朴で「観念論的」なものに見えていたからである。本質的に分裂した歴史叙述に対するもう一つの反応は、もっぱら審美的な歴史叙述であった。この流れを代表するのは、楽しみのための歴史読み物を提供する世話物書きの歴史家である。かれらも、万人に知を提供するためには、一つの立場に偏った歴史を乗り越えたいという願望を表明することがあるが、かれらがそうするためには、歴史叙述という企てが、「真理」の探究というその当時の科学や哲学思想を駆り立てていたより普遍的な営みの一部であるという位置づけを否定する以外にはなかった。

こうした信仰史、民族誌、年代記、そして楽しみのための歴史物語という四種類の伝統的な歴史叙述のすべてにとって代わったのが、啓蒙哲学者によって展開された歴史理解のアイロニー的様式であったわけである。この様式は、歴史叙述の客観性を求めるとともに、研究対象から距離をとった超然とした姿勢を追求するが、それと同時に、少なくとも暗黙のうちには、こうした目的を達成することが不可能であることも理解している。そのためにアイロニー的にならざるをえない。啓蒙哲学者は、(ニュートン的)物理学から引きだされた合理主義の概念に支配されており、歴史の場を因果的な原因と結果の基盤として理解しようとした。そこで問題となる原因とは、一般的に理性の力と非理性的なものの力のことだと理解されており、かたや結果も、その理性の力によって生み出された啓蒙されたひとびとと、非理性的なものの力から出てくる迷信や無知に囚われたひとびとのことだと考えられていた。

言語学のカテゴリーで表現するなら、この体系における「語彙的」要素にあたるのが、個人または集団として行為しているひとびとである。このひとびとは、迷信に囚われた非合理的な価値を担っているひとびとと、啓蒙された合理的な価値を担っているひとびととして、二つの大きなカテゴリーに「文法的に」分類可能であった。歴史的現象におけるこの二つの集合を互いに結びつける「構文論」はと言えば、それは対立するものの不断の抗争という関係である。そしてこの抗争の（「意味論的」な）内容は、二つのうちのとにかくどちらか一方だけが、もう一方のものに勝利するということに他ならない。だが歴史的証拠は、それが同時代への省察を通じて得られるものであるにせよ、あるいは歴史を省察することで得られるものであるにせよ、それだけでは、歴史の意味という概念を最終的に確定することもできなければ、かといって拒否することもできない。その結果、啓蒙期の主要な歴史思想は、当初の換喩的な世界理解から、探究しようとした問題に与えられた証拠が必要とするアイロニックな世界理解へと、次第に引き戻される。というのも、まず人間の歴史の場を因果律に支配された出来事の領域として理解するならば、あらゆる人間や制度、価値や理念など、この歴史の場で見出されるものは何であれ、つまるところ因果連関の「結果」としてしか見なすことができなくなるからである。要するに、そこでの出来事とは、偶発的な（しかしそれゆえに決定されている）現実としてあり、しかもそのような意味でその本質において非合理的な現実と見なされる以外にはない。

この必然的な結末に直面して、啓蒙思想は一八世紀の歴史思想がそうせざるをえなかったのと同じように、歴史叙述を一種の芸術と見なさざるをえなくなった。しかし、啓蒙思想家がいう芸術とは、新古典主義的なそれであった。つまり、科学と同じ方法に従い、その世界理解の中心に因果律や法則を置く芸術概念であった。このようなことから必然的に、啓蒙期の歴史叙述は、純粋に風刺劇的な表現様式へと追いやられることになってしまった。それは、この時代の文学について生じた状況と同じことだったのである。この時代には、悲劇的な歴史叙述の大作品などは生みだされなかったし、同じ理由で戯曲においても悲劇のジャンルは不作だった。過剰なまでにすぐれた力があるから起こると考えられる英雄の悲劇という欠点に、この時代はまったく信を置かなかった。あらゆる結果には、それを招くための必要かつ十分な原因が前提とされなければならない。だから、実存的逆説といった観念、つまり、たんに思考されるだけではなく生きられているものである弁証法的矛盾は、この時代の思想家や芸術家にはほとんど理解されなかった。このような理由から、この時代に創作された喜劇は、モリエールの作品でさえも、古代のアッティカ喜劇にではなく、新しい時代の喜劇の形式や内容に沿ったものになる傾向があった。つまり、メナンドロスの笑劇の系列に属するものであって、アリストファネスのような高度にミメーシス的な、すなわちたんなるパロディや茶化しではない真剣さを備えた喜劇につながるものではなかった。逆に言うと、古典的な喜劇は、同時に悲劇の真理を受容するということが基本にあり、メナンドロスの笑劇やモリエールの近代喜劇のように、悲劇的真理から逃避したりそれを貶めたりしがちな作品とは別物だったからである。

ヴェルレーヌは、レノルズやゲインズバラが描いた美しい女性像を評して、これは自分たちの幸福を信じていない女神の相貌だと注釈したと言われている。同じことが、啓蒙期の文筆家や歴史家や哲学者についても言える。しかし、その理由は、啓蒙期のかれらが幸福を信じていなかったからではなく、むしろ自分自身をもはや神や英雄と見なすことができなかったからである。歴史を喜劇として眺めることも、あるいは悲劇として眺めることも、かれらには当たり前のこととは思われなかった。そのために、啓蒙思想家は、自分たちが生きている世界や、その世界を作りだした過程について、それを風刺劇風でアイロニー的に表現することに立ち戻った。しかし、このことを、かれらにとっての不名誉な選択と理解してはならない。批判に先立って、世界とは原因と結果とに分裂した場であるという先行的な形象を作りだし、どんな一体性も可能ではないと考えることで、かれらは、次第にリアリティの側に立つようになり、理想をあきらめるようになっていった。啓蒙期のひとびとにとってこのリアリティは、理性と非理性の還元できない混合物であり、汚れた美であり、つまるところ避けられないだけでなく理解もできない暗澹たる運命として存在していた。

いまや、啓蒙主義の歴史思想の一般的な様相を、全体として特徴づけることが可能である。啓蒙思想の主要な潮流においては、歴史意識の範例は換喩という様式で、つまり因果関係の様式で、打ち立てられていると確認できる。この換喩という様式に服属しながら、隠喩的なやり方で対象を同定すること（つまり、歴史の場における対象に名前を与えること）も、個体をその上位の類や種と関係させて提喩的に特徴づけることも、特殊な内容において最終的にはアイロニー的になる一つの意味を産みだすために利用されている。わたしに言えるのは、この事例においては、アイロニー的に理解するということとは、換喩の様式であらかじめ前批判的に捉えられ、その様式で解釈されている歴史の場を、隠喩的かつ提喩的に研究したことの最終的な結果なのである。このことは、普通ならば次のように一般化することができるだろう。つまり、原因と結果からなる因果関係の場としてのみ歴史を捉えようとしたとき、言語的な営みそれ自体がもつ論理によって、最終的にはかならずやその歴史の場をアイロニックな言葉で把握する立場に行き着いてしまうのである。

このことはつまり、啓蒙の歴史思想がその説明様式に関しては、法則定立的な理解から類型的な把握に移行したということを意味している。言い換えれば、啓蒙思想が歴史の理解に与えた最高の寄与とは、人類の「類型」の連続であり、この類型は肯定的なものと否定的なものとに、啓蒙思想の言葉でいうなら理性的なものと非理性的なものとに分けられるというのである。ところで、ここでの歴史の表現様式は、叙事詩という先行的な形象を歴史の場に与えることから始まっていた。それはつまり、理性と非理性的なものという二つの力の大いなる闘争として理解することである。またその闘争を鼓舞しているのは、英雄的な力がそれを妨げようとする形象に対して勝利を収める瞬間を、歴史が見せてくれるのではないか、という希望である。英雄的な力の障壁となる存在も、全体のレベルにおける運動に通じる緊張を作りだすためには必要なものであった。だが、その後まもなく、歴史家たちは次のことを認識し始めた。問題が神的な力の抗争であるときには、なにものかがこの争いのなかで絶対的に勝利するか敗北するか、そのいずれかしかありえない。つまり、歴史の場において作用している力を配置しなおすという程度のことは、そこでは問題にならないのであって、要するに、生も歴史もやり直し可能なゲームではないということである。次には、

▼**モリエール**　モリエール（Molière）一六二二―七三。フランス古典喜劇の確立者。『タルチュフ』『人間嫌い』『ドン・ジュアン』など多くの著名な作品を残した。登場人物の性格や心の動きを奥深く描き出す本格喜劇への志向を作風とし、当時は悲劇と比べて軽視されがちだった喜劇の地位を高めた。

▼**アッティカ喜劇**　紀元前五世紀頃にしばしばアテナイのディオニュソス祭で上演された。古代ギリシア喜劇史においては古喜劇《アルカイア》として位置づけられる。アリストファネス、エウポリス、クラティノスがその代表的作家。

▼**メナンドロス**（Menandros）BC三四二―二九二／九一。古代ギリシアにおけるヘレニズム期の喜劇作家。『ギリシア喜劇全集』第五―六巻（中務哲郎／久保田忠利編、岩波書店）を参照。

▼**レノルズ**　ジョシュア・レノルズ（Joshua Reynolds）一七二三―九二。ロココ期におけるイギリスの画家。

▼**ゲインズバラ**　トマス・ゲインズバラ（Thomas Gainsborough）、一七二七―八八。イギリスの画家。肖像画を多く残したが、自身は風景画を好んだ。

歴史過程全体が研究に提示するのが喜劇的な意味であるのか、悲劇的な意味であるのかを研究しなくてはならなくなる。しかし、最終的に認識されたのは、歴史上の出来事を喜劇として表現することは、たとえばテュルゴーやコンドルセが試みたように、独断的《ドグマティック》な理由によってのみ可能になることであって、ベールやヴォルテールが望んだようには、経験的な根拠によって裏づけることはとうてい不可能だ、ということであった。

この点を捉えたために、歴史過程を悲劇としてプロット化できるかどうかが考えられるようになった。しかしながら、この悲劇的プロット化の可能性は、人間の本性がまさに因果的決定の場だと理解されたことによって、そもそものはじめから足場を掘り崩されていた。因果的に決定されるかぎり、悲劇の主人公のなかに伏在している悲劇的な欠点から、悲劇の英雄に典型的な、過剰であるがゆえに悪徳と化すような徳が生じるというようにはならない。むしろそこには、正真正銘の頽廃が生みだされるのである。その結果、歴史思想は、この時代の哲学や文学の感性と同じように、風刺劇の様式のなかに入り込んでいった。それが、アイロニーがとる「空想上の」《フィクショナル》形式なのである。

さらにここで、イデオロギー的意味の領域へと話を進めてみると、この風刺劇は、風刺される当の対象がすでに確立された社会的な勢力なのか、それとも勃興しつつある社会的な勢力なのかによって、保守的な目的にも利用されれば、自由主義的な目的にも利用される。啓蒙の歴史思想は、その最良の代表者によって生みだされたものでさえも、自由主義的な目的のために用いられることもあれば、保守主義のために用いられることもあったが、しかし、どちらにしてもあまり大きな影響を及ぼさなかった。というのも、アイロニーというあり方において、これが生みだす独特の真理は両義的であり、《事物が変化していくように見えれば見えるほど、実際にはなにも変わらない》というような箴言を除けば、どんな普遍的な真理も与えてはいないからである。だから最終的に、この時代を通じて出現しつつあった民主政治の力は、啓蒙思想家には、かれらの本来の敵であった貴族階級や特権階級の権力と同じように非難されるべき脅威に見えたのだった。なぜなら、まさにかれらの現実解釈のあり方そのものにおいて、社会であれ、文化であれ、かれら自身であれ、とにかく何かが完全に変化するという可能性を信じることができなかったからである。

歴史を理解するということを、明確で道徳的な意味をもったフィクションとして扱おうとしたのはカントであった。かれがこのように決心したことには、この時代に支配的なアイロニー的傾向がどのように意識のなかに入り込んできたのかという事情が映し出されている。カント哲学において、ちょうど科学に対するアイロニックな弁護が観念論への道を準備したのと同じように、歴史思想に関するかれのアイロニックな分析も、ライプニッツが提唱していた現実の有機体論的な理解を復活させる道のりを整えたのだった。カントは、かれの体系を奇矯なほどに徹底して展開してみせたフィヒテの観念論を嫌っていた。というのも、フィヒテの観念論は、学を結局は主観的意志の投影にすぎないものにしてしまったからである。またカントは、ライプニッツの連続性の教説をよみがえらせて新しい歴史哲学の動因に高めたヘルダーの有機体論も嫌悪していた。その理由は、ヘルダーが変化と変容を生の本来的な源泉として説明したからであり、生の本性をそのように規定してしまうと、歴史が進歩するのかどうかを問うことすらできなくなってしまうからである。

歴史的知に対するアイロニックなアプローチの別の実例として、あとの章で考察するつもりでいるものに、ニーチェのその論文において、歴史的感受性の様式を「骨董的歴史」「記念碑的歴史」「批判的歴史」の三種類に区別していた。この区別の基底には、それぞれの歴史の描き方を特徴づける、いわばそれぞれの「時間願望」の支配的形式がある。ニーチェによると、骨董的な歴史は、何であれ古いものに対して、それが古いという理由だけで絶対的な価値を認める立場であり、過去に対する人間的要求を、つまり自分に先立つ世界のなかに自分の起源をもちたいという感情や、それなくしては今の生がない過去の世界に対する尊崇の念を救いだす姿勢である。それとは対照的に、記念碑的な歴史は、古いものを求めるのではなく、誰が見ても偉大なもの、英雄的なものを探し求め、それを自分の世界を変革し改革する人間の創造力の証として顕彰する。そのために、この歴史的感受性は未来を志向しており、その意味で、過去への古物収集家的な敬虔さとか、現在に対する実用的な関心を壊してしまう。他方で、批判的歴史は、受け継いだ過去への敬虔さにも、未来に関するユートピア的な夢想にもともに審判を下し、現在感じられる欲求や欲望のために働くのであり、そのためにあの創造的な忘却という方法を準備するのである。そこからすると、この「忘却する」能力を鍛えるということなくしては、現在において行為することはまったく不可能である。

一八世紀には、これら三種の歴史の書き方すべてについて、それを具体的に代表するような作品が生み出されていた。といっても、英雄を顕彰する歴史の記念碑的なあり方については、他の二つの歴史意識ほどには大きな成果はなかった。歴史を英雄たちの物語として理解すること、つまり、のちにトーマス・カーライルが構想することになるように歴史過程を「無数の伝記の精華」として理解することは、一九世紀初期のロマン主義時代に特有の達成である。しかし、啓蒙思想はこの種の歴史叙述はまったく生みださなかった。なぜなら、啓蒙思想は、個々の人間に対してはほとんどまったくと言っていいほど信頼を置かなかったからである。人類は然り、されど個々の人間は否、というわけである。そうなる理由は、歴史の骨董的あり方であれ、記念碑的あり方であれ、あるいは批判的あり方であれ、とにかく啓蒙思想家が歴史を書くという自分自身の企てを考察するときの、かれらの視座のなかに存在していた。

次第に啓蒙思想家は、ニーチェ自身が推奨しようとした四番目の認識の段階から歴史研究を行うようになっていったと言ってもいい。これは、自然が人間のあらゆる活動に課す制約や、人間の有限性が思考ないし想像力によって世界を理解しようとするあらゆる試みに課す制限についての、メタヒストリー的意識、つまりアイロニーの意識である。ところが啓蒙思想家たちは、このようなレベルにまで高められた歴史意識の可能性を十分に活用することはなかった。アイロニックな自己意識によって解き放たれたはずの、かれら自身の不思議な夢想するという能力に、自分が信を置いていなかったのである。かれらにとって想像力とはあくまでも理性に対する脅威であったから、もっとも厳格な合理性の制限を受けた世界においてしか展開してはならないものだった。

啓蒙思想家とニーチェとのあいだの差異は次の点にある。ニーチェは、かれ自身のアイロニックなものの見方が「フィクションの」性格を有していることを自覚しており、その見方に夢に関わる自分自身の能力を対置しながら、「非歴史的な」立場をとったのである。そこからは歴史過程を、ある場合には「骨董的歴史」として、ある場合には「記念碑的歴史」として、さらにある場合には「批判的歴史」として「意味づけ」ようとする歴史家のさまざまな努力を見渡すことができた。これはまた、そこから、死に仕えるのではなく、生に奉仕するような新しい歴史の物語を生み出すことができる「歴史超越的な」立場に上昇していくための足場でもあった。

それとは対照的に啓蒙思想家は、歴史的省察の「フィクション的」本性に関する自分たちのアイロニカルな理解のなかに、どんな創造的な可能性が含まれているのかを理解するにはまったく至らなかった。このことが一因となって、古い時代の神話や伝説や物語のなかで与えられている真理の「フィクションによる」表現を理解することができなかった。物語というものが、不完全に認識された虚偽の内容であるのと同じくらいに、不完全に捉えられた真理の形式ともなりうるということが、かれらには分からなかった。そのために、啓蒙思想家は、ヘルダーがかれの哲学で称えたような、歴史過程が物語のなかに深く根ざす神的神秘というべき問題や、ヴィーコとかれの『新しい学』が称揚したような、歴史が詩的な知に深く根ざしている人間的神秘とでもいうべき問題に、あらかじめ偏見を持たずに近づいていくことはできなかったのである。

啓蒙の歴史叙述に対するヘルダーの叛乱

ヘルダーの思想は「物語的」である。なぜならかれは、歴史の説明や表象のもっとも基本的な種類の様式であり、物語的な理解の基礎そのものであるあり方に、つまりナイーヴな隠喩というあり方に立ち返ることを通じて、歴史の換喩的理解とそのアイロニックな帰結から逃れようとしたからである。とはいえ、かれの思想そのものはけっして「ナイーヴな」ものではない。なぜならかれは、出来事のひとつひとつを個別に隠喩によって同定することで、特殊性、唯一性、具体性を伴う出来事の個性を意図的に救いだそうとしたからである。したがって、ヘルダーの思想は、事実上は無数に存在する個別的で特殊なものの集積として、歴史の場を捉えることから始まっているといえるだろう。これら個別的で特殊な存在の起源ないし原因は、理性によってはまったく知覚できず、したがって奇跡と呼ぶ以外にはないと想定されている。また、そうした個別的なものからなる全体は、まるで大海原に舞う波の飛沫のように、見かけの上では偶然起こった出来事として現れてくる。しかしヘルダーは、この無作為を究極のリアリティとしてただ受け入れることだけでは満足できなかった。かれは宗教的または形而上学的な理由から、この出来事が生じる場が、存在論的に他の場に先行するものであり、精神的にもより高次の根拠あるいは目的を有していると主張した。そしてこの目的が、ヘルダー自身にとっては、諸部分の全体への究極的な統一、統合、調和を確保してくれるものであった。

ヘルダーの思想が模索したのは、この暗示として与えられている調和と統合を正当化してくれる原理を手に入れることに他ならなかった。ただしかれは、純然たる物理的あるいは因果論的（つまり換喩的）な用語においてこの原理を特定することはしなかった。そのことによって、かれの思惟を究極にまで推し進めることに必然的に伴うはずのアイロニーへの転落という事態を免れることができた。かれは歴史の場に直接的に与えられている個別的な存在のなかに、限定された形式的一貫性を見出すことで、言い換えれば、（ヘーゲルならば）具体的普遍と呼ぶことができるものを捉えることで満足したのである。具体的普遍とは、たとえば国民や民族や文化のように、歴史の場において見出される出来事の類や種でありながら、しかもそれ自体が具体的なものとして扱われる存在である。したがってヘルダーの歴史思想は、個体論的であると同時に類型論的なものとしても見ることができるし、かれの思想体系全体をロマン主義や観念論に無理なく結びつけることもできるのである。

啓蒙思想の機械論の後に、それに対抗して形成された哲学体系であるヘルダーの有機体論的哲学は、個人としての人間だけでなく、同時に諸個人が互いに結びあう関係の様式である国民、民族、文化などの類型をも、それ以上さかのぼることのできない第一のものと見なした。ただしかれは、具体的な個人と関係的類型とのどちらがより存在論的に重要なのかを明らかにする必要性は感じていなかった。なぜならかれは、個体も類型も等しく「現実的な」ものであると見なしていたからである。両者はともに神の超自然的な力能を表現したものであって、最終的にはこの神の力能が、個と類型とを統合し、時間の流れを超越した広大な宇宙論的全体に調和をもたらすのだと考えられていた。これと同じ理由から、個および類型が生成消滅するということも、ヘルダーにとっては問題にならなかった。なぜなら生成と消滅のプロセスは、自然的過程か超自然的過程かのいずれかではなく、同時にその両方であるからだ。かれにとって生成と消滅とは、統一された有機的な力が、存在するものをみずからへと最終的に統合するという課題を果たすための手段であるがゆえに、いずれも同じように欠くことのできないものであった。

そうなると、ヘルダーにとっては死でさえも終わりではなかった。死は現実というよりも、統合という状態がある段階から別の段階に向かうまでの通過点を構成しているにすぎない。たとえば、『人間史論』（一七八四―九一年）のなかでは次のように論じている。

万物は自然の中で結合されている。一つの状態は他の状態に到達しようと準備している。したがって、人間が地上の有機体の連鎖を、みずからをその最高かつ最後の一環として完結させたならば、それによって人間は被造物のさらに高尚な類の連鎖を、みずからを最下位の環として開始することになる。かくして、おそらく人間とは、相互に絡み合う二つの創造体系のあいだに属する環なのだと言える。（……）このような、自然のあらゆる法則に基づく展望は、人間の不可思議な現象を解く鍵であり、したがって唯一の人間史の哲学をわたしたち人間だけに授けるものである。

いまやここで、人間の条件において奇妙な矛盾が明らかになる。人間は動物として大地に仕えるが、その住み処としての大地に執着してもいる。ひとは人間としての不滅の種子をうちにもつが、その種子を植える別の大地を要求する。動物としての人間は、その欲求を満足させることができる。欲求を満たした人間は地上で快く暮らす。しかし、なにか高尚な素質を追求しはじめるやいなや、人間はまわりに不完全で未完成なものばかりを見出すことになる。もっとも高尚なものは地上ではけっして完成されない。もっとも純粋なものがこの地上に存在することはほとんどない。わたしたちの思想と感情の力にとっては、地上という舞台はつねに実践と試練の場所にすぎない。このことは、試み、運命、企て、革命といったものを内包する人類史が十分に証明している。ここかしこに賢者や善人が現れては、時代の流れのなかに、思想、金言、功績といったものを拡散させた。するとわずかな波がそこに湧き起こるが、しかし、やがて大流がそれを呑み込み、その痕跡をも拭いさった。（……）愚者が賢人の提案をいたずらに処理し、浪費家が先代の集めた精神的財産を相続したのである。（……）高次の目的という見地からすれば、動物たちは年数では十分生きなくとも、それ固有の目的は達成している。動物の能力は初めから備わっており、また備わっているべきものであるからだ。ただ人間だけが、自分自身とも大地とも矛盾している。なぜなら人間とは、あらゆる有機的生命のうちでもっとも完成された被造物ではあるが、しかしその能力は、個々の人間が生をまっとうしてこの世を去ったときにすら、もっとも未完成の状態にあるからだ。それゆえに人間は、同時に二つの世界を、すなわちもっとも完成された世界ともっとも未完成なそれとを表現している。これが人間の本性における外見上の二重性の内実である。（ヘルダー『人間史論』一、二六七－二六九頁）

これだけは確実である。人間の諸力はどれも無限を含んでいる。すると問題は、それをこの世界で発展できないというだけのことなのだ。この力は他の力によって抑え込まれており、すなわち動物的な感覚や衝動によって抑制されている。（……）地上の生活の実情にあわせて抑制されている。（……）魂は宇宙の鏡であるというライプニッツの表現は、これから一般的に実現されていくであろう真理よりも深い真理を、多分に含んでいる。というのも、魂のうちには森羅万象の力もまた含まれているように見えるからだ。人間の魂は、一つまたは若干の有機体さえあれば、その力を活動させ実現することができるのである。（……）すでに現在という桎梏のなかでも、人間精神にとって時間と空間とは空虚な言葉である。それらは物体の関係を測りしるすことはできるが、精神の内なる能力を測定することはできない。（二七三－二七四頁、強調はホワイト）

これらの節からは、どれほどにヘルダーが苦心して、アイロニックな結論を高貴で調和的な全体のなかへと囲い込み、中和したのかを見てとることができる。すでに確認したように、世界をひたすら換喩の様式で捉えたときに必然的に出てくる意味内容が首尾一貫して展開され、それが最終的に意味することにまでたどり着く場合には、それはかならずアイロニックな帰結に陥った。人間の条件という「矛盾」とは、人類は最高の被造物であると同時に自身のうちに恒常的な対立を抱えているという逆説であり、また人類はもっとも高等な能力を有すると同時に自身のまわりに対してつねに戦争状態にあるたった一つの動物的有機体でもあるという逆説である。さらに、人間という種においてもっとも高貴な代表例が自分たちの運命にもっとも不満を持ち、自分の仲間を高めるための努力においてもっとも無力な結果にとどまるという事実のアイロニーもその一つだろう。――こうしたことはすべて、人間本性の「表面上の二極性」を説明するものとして捉えられている。この二極性は、それはそれでヘルダーが人間は自然と精神という二つの王国に住んでいると信じる根拠になっている。人間はこの二つの領域を架橋し結びつけようとするのであり、またそれらの領域から、人間としての大望が時間と空間を超えたさらに高次の統合へと自分を駆りたてるのである。こうした点のすべてが、ヘルダーが歴史過程を考察するにあたって二重の行程を選んだことを正当化している。一方でヘルダーは、人間やその集団という歴史を直接に構成する個々の実体を隠喩で同定するというやり方で歴史の場を理解しているが、他方ではそれを過程としても、つまり、あらゆる諸部分が精神的な全体へと統合されていく過程のなかに内在する構造としても理解している。

　ヘルダーは、歴史の場を換喩的に特徴づけなくてはならないという発想を捨てさり、歴史の場を出来事が因果律にしたがって生起するものだと見る思い込みを打ち砕いた。そしてかれは、機械論的哲学のなかでは決定的な問題であった変化という問題のなかから、所与という問題を導出したのである。だが同時にかれは、換喩的な分析が行き着くアイロニックな結論を正当化することを、つまり人間の歴史は明らかに「矛盾した」本性をもっているという結論を否定しない。かれはただ歴史の「矛盾」を「表面的な」リアリティとして捉えたにすぎない。この表面的なリアリティとは、諸部分の全体への調和が長い時間をかけて実現されるという想定によって説明されるべき、あるいはむしろ、それですまされるはずのことがらであった。したがって、ヘルダーの思想は二つの立場のあいだを揺れていた。一方は、個体は、その具体的かつ完全無欠な状態において、なんらかの目的へと向かう意図や運動によって、特殊な性格を与えられていると理解する立場である。これによってかれは、ロマン派にとって重要な位置を占める思想家になった。もう一方は、全体を類型化作用からなるひとまとまりとして理解する立場で、これは、全体が次第に理念化していくということを意味している。ヘルダーは、この後者の面によって、観念論者にとって親しみをもてる存在となった。かれが同時代の実証主義者（たとえば、科学哲学のなかで哲学的に安全な実証主義の端緒をなしているカントのような人物）や、その後の時代の（コント主義者のような）実証主義者たちによって異端者にされた理由は、因果律というカテゴリーを、人間的現象の分析にはまったく有効ではないものとして捨て去ってしまったからである。あるいはもっと適切に言うなら、因果律の適応範囲を、物理的または動物的な性質を分析することに限定し、人間に関わることでは（いまでは認識論的にはさして重要ではなくなった）物質的な因果性の法則に支配されている部分だけに限ったからである。

このようにヘルダーは、（一方の物理学から他方の人文学にいたるまで）さまざまな種類の学の多様な領域について、それぞれに洞察していたわけである。このことが、ヘルダーを、一九世紀末や二〇世紀の観念論者や新カント派に近づけている。しかし、この点はヘーゲルからすると、熱狂的に受け入れるというわけにはいかなかった。偉大な批判的観念論者であったヘーゲルは、ヘルダーやかれに類するひとびとが「変化」を歴史分析の基本カテゴリーとして正当に受け入れていることは理解していた。しかし、ヘーゲルは同時に、この変化が人間の生一般に何をもたらすのか、この変化が何を意味し、またそれが向かう方向やその究極的な目的が何であるのかについて、ヘルダーにしても、（フィヒテやシェリングのような）絶対的観念論者や実証主義者にしても、それを定義するに十分な合理性を備えた理論を提供していないことに気づいていた。

少し詳しく見ていこう。ヘルダーは、歴史のドラマ全体の計画が喜劇的なプランにのっとって演じられると見ただけでなく、この劇のあらゆる幕間もまた、縮小された喜劇として、つまり、それ自身で完結した小さな世界であると見ていた。この小世界のうちでは、事物がつねにそうあるべきとおりに、かつその外見的なありようのままに存在しているというわけである。ところが、まさに歴史的存在を「矛盾」や逆説として性格づけることそのものによって、かれが確立された真理としてつねに反復して確認してきたものが暗黙のうちに否定されることになってしまう。そしてここに、ヘルダーの歴史像や、形式主義を歴史理解の最高の知であると見るかれの姿勢の道徳的限界が露呈している。この形式主義は、（懐疑的な）後期啓蒙の歴史叙述が陥ったアイロニーに対するかれなりの回答である。ヘルダーは、歴史過程の形式的一貫性をしっかり認識しておこうという意志をもっていた。こうした姿勢のなかには、歴史的説明と表現が可能になる領域を物語的カテゴリーで測定したいというヘルダーの意志が前面に出ている。一言でいうなら、それは歴史的理解の新しい範例へのかれの願望なのである。

こうした願望をヘルダーは、この時期にヨーロッパ各地に現れた文筆家や思想家（「前ロマン派」や疾風怒濤）と共有していた。この世代は、哲学や科学における啓蒙主義的合理主義や、芸術における新古典主義から袂を分かとうと試みていた世代であった。かれらが、（結局は機械論的あり方になる）合理主義や、（いずれにしても進化論の構想をもっていない）唯物論からの断絶を果たしたいという願望をもったということは、新しい範例がいまにも形を表しつつあるということを暗示していた。この新しい範例を基礎とすることで、歴史学によって表現される「混沌に満ちた」出来事の場について、それを説明し、表現し、イデオロギー的意味を与えるという課題が遂行されるのだった。ヘルダーは変化ということをかれの体系における端的に中心的なカテゴリーにしており、それが回り道をして、つまりようやく最後になった段階で初めて、もっと高次の不変の力から出てきたものだと理解されるのである。だからこそヘルダーも、歴史的変化という現象そのものを再検証しなくてはならないという、かれの同時代人が痛切に実感していた必要性に応えようとしたのであった。また、かれは、その高次のレベルで働いている支配的な作用主体がどんなものであるのかをいちいち細かく特定しようとはしなかったために、ヘルダーと同じように歴史の場を理解しようとしたひとびと――つまり、自分を分節化していく過程にそれぞれの仕方で関わっていた具体的な一群の人のことだが――は、その場で見出される個性について考えるためであれ、個人の能力において表現されることでその存在を証明しているようなより高次の統一体について考えるためであれ、いずれの場合にしても、歴史の場を理解するためのヘルダーの様式を自分に引き寄せて活用することができた。

ここに、歴史学に関わる方法論を考察した人としてのヘルダーの、現実的な意義を見てとることができる。一方で、歴史家の関心が、もし歴史の場を占めている個性に向けられるときには、そのひとはロマン主義的な様式で歴史を書くことだろう。それが物語的な性格をもっているということは、たとえば次の世代のヴィルヘルム・フォン・フンボルトやランケやヘーゲルのような実際的な「リアリスト」にとって、明白なことであった。他方で、歴史家が歴史の場に現れる個性を研究することを通じて、個人の存在が媒介的に証明しているらしい神秘的「精神」の本性のほうを規定しようとするならば、そのときその歴史家は、観念論的な歴史を書くことになるだろう。それはちょうどフィヒテやシェリング、ヴィルヘルム・フォン・シュレーゲルがしたことと同じである。この観念的な歴史の「物語的な」性格のほうも、フンボルト、ランケ、ヘーゲルのような次世代の「リアリスト」にとっては明白なことであった。しかし、もし歴史家が、ヘルダーの歴史研究の手法を、かれの心のなかではそれに奉仕しているつもりでいる、より普遍的な精神主義的関心から引き離したとすればどうだろうか。つまり、歴史家がものごとを、その個性と同時にその形式的一貫性においても理解するということを、歴史の場の研究目標にし、「歴史的な」説明を特殊なものとしてであれ、その集合態としてであれ、一個の個性によって示される形式的一貫性の記述として規定するとすればどうだろうか。そのとき、この歴史家は、のちに明確な世界観として捉えられるようになった、歴史主義（Historismus）と呼ばれるはずの様式で歴史を書くことになるのである。この歴史主義という様式は、もともと「物語的な」体系の解毒剤となるように考えだされたものだったが、しかし、その「物語的な」体系と同じように不可避なイデオロギー的意味を持っていた。

ヘルダーの歴史理念

ドイツ歴史主義の起源について議論を進める前に、またその範例やそれがとるさまざまな様相を特徴づける前に、論点を明確にするために、歴史研究にありうる方法論の基礎として、ヘルダーの世界観がどんな役割を果たすのかを補足しておきたい。単刀直入に、歴史思想家としてヘルダーが成し遂げたことについて、通常どのように考えられているのかということから始めよう。ヘルダーが当時体現していた提喩的知性を積極的に評価しているという意味で（さらに、ヘルダーと同じ精神を奉じ、ヘルダーの時代のアイロニーを乗り越えようとしたという意味でも）後世のヘルダー主義者というべきエルンスト・カッシーラーは、ヘルダーが「歴史的思考において啓蒙思想を因果的な分析の隷属状態に閉じ込めていた分析的思考と同一性原理の呪縛を打ち破った」と述べている。ヘルダーが考えた歴史は、「同一性の幻想をうちくだいている。歴史は、まったく同一なものを、つまり、つねに同じかたちで立ち返ってくるものを、いっさい認めない。歴史はたえまなく新しい存在を生みだし、そして自分が生命を吹きこんだもののすべてに、それぞれに固有の形式、独自の存在様式を、その生得の権利として与えるのである。それゆえ、抽象的な普遍化は、歴史に関してはつねに無力なものになる。ただ一つの類概念によって、あるいはなんらかの普遍的規範によって、歴史の豊かな内容を捉えることは不可能である。人間的生の条件のひとつひとつが独自の価値をもち、歴史の局面のひとつひとつが内在的な価値と必然性をもつのである」という（カッシーラー『啓蒙主義の哲学』二八四―二八五頁）。しかし、それと同時にカッシーラーはこうも続けている。ヘルダーにとって「これらの局面はけっして互いに切り離されないし、しかも全体のなかで、全体を通じてのみ存在しうるものである。にもかかわらず、それらのひとつひとつは、同じように不可欠な全体の構成要素をなす。存在の同一性としてではなく過程の統一性として考えられるべき真の統一性は、このような普遍的な異種混交性のなかで初めて形成される」（二八四―二八五頁）。

ヘルダーは、生の多様な形式に対する感性をもち、この多様性における統一についての感覚も備え、そして歴史をその全体性において理解する様式として、構造の代わりに過程をもってきた。こうした点が、一九世紀の歴史感覚に対してヘルダーが明確に貢献したことの内実である。しかし『人間史論』の体系が示しているように、ヘルダーは多くを試みすぎていた。かれは自然と歴史という二つの領域を、諸原因からなる同一の複合体へと統一しようとした。たとえば、かれがローマの没落の原因を考察した際に結論として記した、次のような見解をその証拠として挙げることができる。

世界のあらゆる有機体を維持し、どの結晶も、どの虫けらも、どの雪片をも形成する規則が、わたしたち人間をも形成し維持しているのである。人間が実際にそうであるように、この規則が生存と発展の基礎なのである。(……)神のすべての行いはこの規則の助力を含んでおり、この規則の整った美しい関係を伴っている。なぜなら、神のいかなる行いも、その規則のうちにあり、互いに拮抗する諸力を一つの秩序に服させる内なる力がもたらす均衡に基づいているからだ。この手引きをもってわたしは、歴史の迷宮を遍歴し、調和的で神的な秩序を発見する。なぜなら、起こりうるものは起こり、作用しうるものは作用するからである。ただし、理性と正義だけが永続し、狂気と愚昧とはそれ自身と大地とを荒廃させるのであるが。(ヘルダー『人間史論』三、三三三頁)

この一節が直接に訴える内容は、すぐさま次のような体系のイメージを喚起する。その体系は、成長していくと同時に秩序だっており、動的であると同時に静的でもあり、活動しながらも休息し、発展のさなかにあるが体系的なまとまりをも維持しており、無限であるにもかかわらず限界をもつ、などといった逆説的な性格をもつが、それらの性格すべてが均衡という観念のうちにまとめ上げられるのである。この一節が含意するのは、かつて存在したことのあるものは何であれ、その存在の条件に適したものであったということだ。ヘルダーは、「起こりうるものは起こり、作用しうるものは作用する」という事実を進んで受け入れ、またこの洞察をもとにして、未来や過去への不安につい心を悩ませてしまう態度はとらないようにと読者に警告した。ものごととはつねにそうあるべきものであるが、しかしそれが現にそうである必然性とは、ものごととそれをとりまく環境との関係に他ならない。それゆえ、ヘルダーの主張はこうも要約できるだろう。《可能であるものは現実になり、また起こりうることは、実際に起こることになる――それがもし今日でなければ、明日にでも》と。歴史的記録が提示している存在と消失のスペクタクルは、ヘルダーにしてみればなにも絶望するようなことではなかった。かれは時間を深刻なものと受け止めてはいなかったから、時間を恐れはしなかったのである。事物はそれ自身に固有の時が来れば滅びさるのであって、あらゆる事物に先立って存在する《時間》がそれを強いるのではない。時間はひとつひとつの事物のうちに内在しており、有機的な自然に対して主導権を握ることはないのである。つまり《あらゆる事物は、それぞれに固有の時間と環境にしたがって、この地上に許されるとおりに開花する》。そして《みずからの時が来れば枯れ落ちるが、またみずからの時が満ちればふたたび花を咲かせるだろう》。

ヘルダーは、自分を歴史的記録のなかで直面するあらゆる事物の上位に位置づけるようなことはしなかった。たとえば宣教師が伝える遠く離れたカリフォルニアの先住民について、ヴォルテールのように嫌悪感を持つというよりも、むしろ興味を刺激された。ヘルダーは先住民たちについてのある宣教師の報告を、次のように引用している。カリフォルニアの原住民は「住む土地の汚さに気をつかうこと」も「有害な虫から身を守ろうとすること」もなく、必要に迫られれば「一年のうちに一〇〇回でも」自分たちの住み処を移し、どこででも眠りこけてしまう。「飢餓の際には、自分たちの排泄物のなかから種を拾いだし」その種を蒔きさえする。だがヘルダーは、かれらの報告のうちから、否定的な要素を埋め合わせるような肯定的な性格も引用している。先住民はそれでも快活であり、「いつでも上機嫌である」。心身も健康で実直、そして活動的だ。かれらは「二つのつま先で石やらいろいろな物を地面から器用に拾い上げ」るし、「眠りから覚めればすぐに笑いとおしゃべりと冗談が始まる」。それをかれらは年老いてやつれるまで続けて、最後には「落ち着いた平常心でもって死を待ち受けるのである」（『人間史論』二、七四－七五頁）。

ヘルダーは審判を下すこともなかった。害悪、苦痛、悪事として見えていることは、つねにおのずから裁かれるものだと考えていた。そうした悪しきものがいつかは消えさるということ、そして悪はけっして続かないという単純な事実が、おのずから悪に訪れるはずの裁きである。かれにとって、ローマ人とカリフォルニアの先住民とは、どちらも同じ歴史の行為者なのであって、その歴史的役割の大小は関係がない。ヘルダーは次のように書き記している。「ローマ人とは、かれら自身がそうなりえたものになった存在である。実際に、滅びうるものはすべて滅びたし、保ちうるものはすべて保たれた」（『人間史論』三、二七五頁）。他のもののために存在したものは何もないが、しかし、あらゆるものは、全体を構成するための欠かすことのできない一部分であって、全体の法則は部分を支配する。したがって、「自然の歴史」、すなわち博物学は「目的因を説く哲学」からは何も得ることはない。この哲学は「そのアマチュアをして、研究させるというよりも見かけだけの妄想を抱くことで満足させた」にすぎなかった。他方で「さまざまな目的を持つ錯綜する人間史の研究は、このような哲学よりもはるかに多くの貢献をなすことだろう」（二七三頁、強調はホワイト）。そしてヘルダーは、その当時「自然史」（博物学）と呼ばれていたものについて、次のように結論づけている。自然界のあらゆる産物と同様に歴史においても、「すべてが偶然であるか、さもなくばそこに偶然などないか、である。またすべてが恣意であるか、さもなくば恣意などまったく存在しないかである」。そして「これが歴史を観察するための唯一の哲学的手段であり、思惟する精神をもつすべてのひとびとは、それを無意識的にせよ用いてきたのだ」（二七〇－二七一頁）。

言うまでもないが、ヘルダーにとっては偶然なものや恣意的なものも存在しなかった。かれは、万物にそうあるべき形式を与える支配的な作用因は歴史の外部にあるのではなく、歴史に内在していると信じていた。歴史過程においては、過程の構成要素が相互に作用しあうことによって、ものごとはそうあるべきとおりに形成される。歴史におけるすべての作用因は、自分自身を実現する規則を内在させているのであり、その働きは、個々のものごとが形式的一貫性を獲得することに実際に成功するなかで、裏書きされる。このように形式が多様に存在するということに対する謙虚な態度は、歴史家や哲学者のとるべき姿勢であり、また実際にヘルダーが考えていたところでは、学者の学問的手続きが従うべき規則であった。歴史的世界とは、あらかじめ類に関して想定された概念によって考察されるのではなく、その過程の内側から眺められる場合に、固有性をもつ形式が、つまり具体的普遍が充溢する。それらにはどれひとつとして同じものはないが、しかし同時にそれぞれが、全体のなかでそれに生気を吹きこんでいる原理が存在することを裏書きしている。

ただし、歴史をこのように概念化することに伴う限界も、容易に明らかになる。ラヴジョイの指摘するように、万物はその本性が要求するとおりのものであることは認めるにしても、ヘルダーには、その万物が変化しなければならないことを説明する原理が欠けている。ラヴジョイによれば、ヘルダーにおいて「旧来の概念のなかに潜んでいた静的な宇宙論的決定論は、歴史的決定論へと変換された」（ラヴジョイ「ヘルダーと啓蒙の歴史哲学」一三九頁）。ラヴジョイが言っているのは、ヘルダーは、変化という事実を持続という事実へと理論的に説得力のある仕方で関連づけられなかったために、変化と持続の双方を秘跡《サクラメンタ》の域まで高め、そのいずれをも神秘的な力の顕現、または「有機的な力の統一性」だと見なすことになってしまった。その結果として、かれは変化や持続を目の当たりにするとき、敬虔な沈黙へと退くか、さもなくば賛美の詩を思いつくかのいずれかでしかなかった。形而上学の厳格な求道者であったカントは、『人間史論』への書評のなかで、自然および歴史に対するヘルダーの省察が非科学的な性格を有していることを簡潔に証明した。かれの「有機的な力の統一性」という観念は、「あらゆる有機的被造物の多様性に関して自己形成的であり、この有機的機関の多様性に即してそのなかで異なった仕方で作用しながら、いろいろな種や属の相違全体を構成しているもので、観察的自然学の領域の完全な外にあって純粋に思弁的な哲学に属する理念である」としたのである。カントはそのうえで、「この理念が思弁哲学に受け入れられたとしても、そこですでに認められているさまざまな概念に、たいへんな荒廃状態をもたらすことになるだろう」と結論づけている（『カント全集』一四、五〇頁）。あらゆるものごとを他のすべてのものごとに関連づけたいという願望は、科学を否定するものであるとも述べている。ヘルダーの試みは、身体の一般的な観相学的特徴からその各部分の機能を導きだそうとする手続きになぞらえられる。このような機智に富む批判の一節において、カントはヘルダーの体系全体の形而上学的な推力が何であるのかを明らかにしている。

> しかしながら、頭部をなす有機的組織のうちいかなるものが、外的にはそのすがたかたちにおいて、内的にはその脳に関して、直立歩行を行う素質と必然的に結びつくだろうか。さらに問われるのは、この目的にのみ向けられた有機的組織が、動物がそれにあずかっている理性の能力の根拠をいかに含んでいるのかという点である。これらの問題を規定しようと欲するのは、その探究過程を生理学を導きとしつつ手探りで歩むのであれ、形而上学に手引きされていっきに飛んでいくのであれ、明らかにあらゆる人間理性の力を超えている。（同前）

しかしながら、カントがヘルダーの体系の誤謬と考えたこの点こそが、ヘルダーの後継者たる歴史家や歴史哲学者たちを惹きつけた点でもあった。まず、ヘルダーの体系が科学的というよりはむしろ形而上学的であったという事実よりも、それによって推し進められた歴史理解の様式のほうが重要だった。かれの体系がもっている形而上学的な様相は、その基底で働いている隠喩からもたらされたものであった。隠喩はかれの体系の基礎であり、一方では存在という事実に直面した際にとられる特別の態度を可能にするとともに、他方では、自然的でありつつ歴史的な過程、つまり、《自然史》（博物学）という歴史過程の特殊な表現様式を容認するものであった。事実を前にしてヘルダーがこうせよと説いた態度は、革命やその余燼の時代を生きたひとびとにとって、なかでも革命のラディカルな推進者または反動派が発した極端な批判から距離をとり、いま自分たちが生きているこの現実を肯定的に認めるための基礎となるような原理を求めたひとびとにとっては、格別に魅力的であった。ヘルダーはあらゆる現実を、おのずから分節化され明瞭となっていくうえでの固有の規則を内包するものとして受け入れたが、その精神は、当時の一連の政治的イデオロギーにおいて、保守からリベラルにいたるまで幅広い層が受容しうるものであった。つまり、ヘルダーの態度は、過去へ向かえば歴史主義《ヒストリスムス》の基礎となったし、また現在に向かえばリアリズムの基礎となったのである。自然および過去の歴史のどんな様相にもヘルダーが惜しみなく与えた「承認と理解の包容的な姿勢」は、ヘーゲルからバルザック、トクヴィル、ランケにまでいたる異なった多様な精神に引き継がれ、かれらのうちで明確にリアリスティックな特徴を備えた歴史的自己意識の基礎となった。科学的説明の一形式という過剰な要求からいったん切り離され、ひとつの態度として受け入れられると、有機体論は、過去についても現在についても、ひとまとまりの全体的な視座を生みだした。この視座は、自由主義であれ保守主義であれ、社会秩序における安定した階級の代弁者たちを特別に満足させるものとなった。

そうだとすればわたしは、ヘルダーの歴史概念を特徴づけるにあたって、次のことを区別しなくてはならない。第一に、かれが歴史の行為者や動因を注視する観点、第二に、読者公衆に向かうときの態、第三に歴史上の出来事を説明するための有機体論という形式的理論、第四に歴史についてかれが語るストーリー、そして第五にこのストーリーを下支えし、それを特殊な種類のストーリーを作りだすプロット構造という諸点を区別して考えなくてはならない。その区別があって初めて、次のように言える。カントがヘルダーの有機体論を形而上学として退けたのはたしかに正しかったのだが、そのときカントは、ヘルダーの体系全体がもつ右に述べた五つの多様な様相のうち、たった一つの様相だけを、つまり三番目の有機体論という様相だけを突き崩したにすぎなかった。ヘルダーは、ストーリーテラーとして歴史の描き方のモデルを提供しているが、このモデルを、その形式的で理論的な基礎から切り離している。またヘルダーは、そのモデルをそれ自身の言葉に基づいて、ロマン主義者、リアリスト、歴史主義者によってひとしく共有されうる方法論的な基本要素だと判断していた。それが共有されることで、ヘルダーの後の時代に歴史的に考えるひとびとは、ロマン派であれ、リアリストであれ、歴史主義者であれ、ある類縁的な思想的態度を体現していたのであった。

カントが取り上げなかった残りの四つの点を見ておこう。まず第一に、ヘルダーが自分の歴史概念を提示している態は、あくまでも神的神秘を牧師としてつかさどるときの態《ヴォイス》であって、それは恩寵から見放されたひとびとを訓戒し、律法に従うよう呼びかける預言者の態《ヴォイス》ではなかった。かれは人間を中傷するために語りはしなかったが、かといって人類一般を擁護するだけでもなかった。牧師でもあったヘルダーはあくまでも、直接に対面し態度や価値観を共有していた同時代の聴衆に向かって、またそのような聴衆のために、声《ヴォイス》を発していたのである。第二に、ヘルダーが歴史叙述の素材に対してとった観点は、かれ自身をその素材よりも道徳的に高い位置や低い位置に置くものではなかった。自分の生きる時代が、高貴な時代の出来損ないの二番煎じであるとか、未来に到来するはずのもっと完全な時代の不完全な前段階であるとする考えを、かれはもっていなかった。かれの過去への態度は、過去の徳を高く評価するものではあったが、この同じ態度をヘルダーは同時代にも向けていた。その結果、古い時代に存在した徳はいうまでもなく、将来存在するはずの徳もすでに同時代のうちに存在していると考えたのである。第三に、ヘルダーが語るストーリーとは、出来事はそれ自身に固有の時間にしたがって生成し消滅する、というものであった。このストーリーは、変化と持続というモチーフや、生成、成長、完成といったテーマから作られている。これらのモチーフやテーマの信憑性は、かれの作品の核心である根本的な隠喩的同定である、人間の生命と植物の生命とのアナロジーを受け入れられるかどうかにかかっていた。この隠喩を通じた抽象化によって、ヘルダーはかれ独自の有機体論的哲学を手にしている。この有機体論がもつ説明戦略や真理の基準について、カントが先の書評のなかで、非科学的な形而上学であると批判したことは、すでに確認した通りである。そして残る第四の側面が、プロット構造ないしは下地としての物語であり、それによってヘルダーは、モチーフとテーマを、ある種の包括的なストーリーへと結びつけることができた。このプロット構造の元型は、喜劇や摂理の物語のうちに見出される。そしてそれに依拠することで、かれは次のように主張することができたのだった。つまり、歴史的記録のなかに現れる断絶や対立の証拠は、適切に解釈されれば、聖書の贖罪劇のように、神と人間と自然が和解するドラマとしてまとめあげることができるのである。

　したがって、ヘルダーの全体系において、かれが歴史の史資料に接近しそれを歴史学的な証拠へとまとめあげる方法と、かれが歴史を説明し表現する方法とを区別することが可能となる。史資料に対するかれのアプローチは、多様で活力に満ちた対象を敬虔な態度で導く司牧者のそれである。かれは、そこから一つのストーリーを作りだすが、そこにおいて過去は説明しつくされてしまうのではなく、むしろ逆にその多様性と活力とが強調されているのである。ヘルダーにとって多様性と活力は二次的なものなどではなく、第一の主要なカテゴリーであった。ヘルダーが書く世界史のストーリーのなかに描きだされる出来事が、このような説明されるべき所与という特性を持つものとされるのである。出来事は、二重の説明戦略のなかに置かれることによって、つまり、一方における理論的で形而上学的な説明戦略、他方における詩的で隠喩的な説明戦略のなかに置かれることによって解明されるのである。だから、ヘルダーの『人間史論』をひもとく読者は、二重の説明効果を経験する。一つは形而上学的理論であり、これは当時における主流派の哲学的構想、とくにカントの批判哲学と対立していた。もう一つは、植物の生命に関する摂理の教説がもたらす隠喩的な同定であり、これは、説明されるべき素材を典型的な喜劇として造形することを可能にしていたのである。

ヘルダーからロマン主義と観念論へ

一八世紀の歴史叙述を特徴づけるにあたっても、わたしたちは歴史を概念化する隠喩、換喩、提喩、アイロニーという四つの様相を区別してきた。合理主義という主要な伝統を、わたしは歴史過程を換喩的かつアイロニー的に理解し解釈することだと述べた。このような歴史へのアプローチが、いかに本質的に風刺劇的な表現様式を正当化することになってしまうのかを見た。そして、この様式が歴史叙述において不条理思想のような意味を持つことは、哲学や倫理学が世界を一貫して機械論的に理解したときに逢着する懐疑論や相対主義と完全に対応している。またわたしたちは、この合理主義に対立しつつ、ライプニッツからヘルダーまで一八世紀を通して伏流的に続いていた歴史思想の系譜として、歴史の概念化の隠喩的‐提喩的な様式も設定しておいた。この様式が掲げたのは有機体論的な説明理念と喜劇的な表現様式であった。それらは明確に楽観主義的な意味をもっていたが、道徳的および政治的には本質的に両義的であり、いわばこの両義性こそがその思潮のイデオロギー的な意味だといえる。これら二つの伝統が登場するにあたっては、三つの仮想敵があった。まず、両方とも一七世紀の「カトリックの告解のような」歴史叙述に、つまり神を前にした信仰告白のような構造をもち、キリスト教的な前提に深く規定された歴史叙述に対抗していたが、それは信仰史が客観性を欠くものだったからである。また両者は、年代記的な表現様式にも対抗していたが、それはこの表現様式が、叙述の表現力や概念構成、そして解釈の力において欠けるところが多かったからである（この批判はもっともなものだった）。両者のもう一つの仮想敵が、ロココ時代の世話物風物語や伝奇譚に代表される歴史叙述で、つまり文学的な美しさこそ歴史家のなすべきことと考えるような思潮であった。すでにわたしは、一方で、機械論が完全に展開されてアイロニーにいたりつき、他方で有機体論が完全に展開されていって自然を超越した精神的な自己確証の運動にいたりついたために、この時代の歴史意識のなかには断裂が生みだされてしまい、それによって歴史の神話化という脅威にさらされていた、と論じておいた。カントが警告したのは、この脅威のことだった。そしてカントは、歴史過程の形式は、道徳的理由のために、感性的根拠に基づいて提示されるべきであるという提案をしながら、これを具体的に論証したのだった。

このように歴史意識を神話化するという傾向が現れたのは、ロマン主義においては、集合的なものに対して個的なものを擁護するためという文脈であったが、逆に観念論においては、個的なものに対して集合的なものを擁護するためという文脈においてであった。この一見反対のことを志向しているように見えるロマン主義と観念論という二つの運動は、ともにベールからギボンへと向かう合理主義的な歴史叙述が追いやられた道徳的アイロニーに対する反発を表現したものであるとともに、ヘルダーの有機体論的思想における提喩的な前提が一七九〇年代の初頭までにかれをそこに追いやったイデオロギー的曖昧さに対する反発も体現していた。

要するに、一八世紀までの伝統的な歴史意識を「地」として据えてみたときに、「図」としての一九世紀のロマン主義と観念論の位置がかなりはっきりしてきたはずである。ロマン主義の歴史思想は、歴史的知の問題を隠喩という形式で再考し、歴史過程の問題を、その過程におけるたんなる因果作用の担い手として理解されている個人の意志という立場から捉えなおそうと試みた。観念論も同じように理解することができる。観念論もまた、歴史的知と歴史過程を隠喩という様式で理解しようと試みていたからである。しかし、観念論は歴史過程の唯一の行為者は精神であると考えていた。それも、個々人の精神ではなしに、類的本質としての精神であり、つまり世界精神である。この世界精神においては、あらゆる歴史的出来事は、遠い過去に生じた、最初にして究極的な「精神の」原因がもたらした結果として捉えられていたのであった。

第2章

ヘーゲル——歴史の詩学とアイロニーを超える方法

Hegel: The Poetics of History and the Way beyond Irony

はじめに

歴史をめぐるG・W・F・ヘーゲル（一七七〇－一八三一）の思想はアイロニーをもって始まる。それはかれが、歴史は（パラドクスという形式をとる）意識と（矛盾というあり方で存在する）人間存在との、二つの基礎的事実からなる、ということを出発点にしていたからである。そのうえでかれは、換喩的な理解の様式や提喩的な理解の様式が、世界について何を教えてくれるのかを考えていった。この過程でヘーゲルは、まず換喩的な理解は、自然学的に世界を説明する場合にのみ基礎に据えることができるものだとして、その適用範囲を（機械論的な）因果関係によって合理的に描くことができる出来事の説明だけに限定したのである。その一方で提喩的な意識は換喩よりもいっそう普遍的に適用できるものだと考えた。つまり、提喩的な意識は少なくとも自然と歴史の双方の素材に適用できると見たのである。なぜなら、自然的世界も人間的世界もともに、種や類や綱という分類学的ヒエラルキーによって、正しく理解されうるからである。これらの分類学的ヒエラルキーという関係は、ヘーゲルによれば、現実一般を共時的に表現することは可能なのだということを示唆していた。というのも、現実はそれ自身が本性的にヒエラルキーを内在しているからである。たしかにヘーゲルは、そういうヒエラルキーが人間の世界の営みとは無関係に自然的世界の時間性のなかで展開されたものだという見方は否定していたが、それでもやはり、現実それ自体にヒエラルキー的秩序が備わっているとは信じていた。ヘーゲルのとったこの立場は、よく見れば同時代の科学の了解に適合したものになっている。この時代の科学は、物理的自然あるいは有機的な自然が進化する能力を内在的に備えているという考えをいまだに認めていなかった。一般的に、この時代の科学は種を固定されたものとして説明していたのである。

したがって、ヘーゲルは次のような結論にいたらざるをえない。すなわち、自然的対象のなかで形式的なまとまりを知覚できても、それはただ形式的なレベルでだけ抽象的にそう言えるだけのものにほかならず、つまるところ、認識対象相互があたかも一方から他方に発展していったかのように進化論的なつながりをもつかのように見えているにすぎない。ヘーゲルは、こういう理解は、純粋に空間的な関係性からなる世界を時間という相のもとで理解しようと努める精神の働きが作りだした一面的な解釈だと考えている。このことが意味するのは、たとえヘーゲルが自然の進化という考え方に追い立てられているかのように見えたとしても、かれがそうしているのは自然科学的認識のためではなく、論理学的考察のためなのだ、ということである。精神は本来的に、個から種へ、種から類へ、類から綱へと次第により包括的になっていく形式をもったヒエラルキーであり、そのように自然的世界を作り上げている。そして、その際に精神を突き動かしているのは、すべての類概念をさらに包摂するような類の可能性、つまり存在の全体という形式的な様相のようなものを、思弁によってどこまでも考えようとする衝動である。しかし、低次のものから高次のものへ、あるいは高次のものから低次のものへと向かう通時的な時間上の進化が、つまり一般に理解されているような歴史のなかの変化が、こういった精神の形式の共時的なヒエラルキーと同じ根拠に由来するものだ、したがって精神の内的発展は時間性のなかで繰り広げられなくてはならない、と言いきる理由はさしあたってどこにもない。人間が捉える形式的つながりはすべて、それが因果関係の連鎖として理解されている場合には、きまって何かの論理学的前提であるか、何かの論理学的帰結であるにすぎない。実のところ、先に述べたような同時代の科学に制約されて考えるかぎり、自然のなかで種そのものが通時的に変化したり進化したりすることはイメージできないのだから、他の種に対して時間的な意味でも現実に先行するものは何も存在しないことになる。変化し進化するのは、個々の存在者だけである。変化は、（重力落下運動のように）直線的な動きとして生じることもあれば、（誕生、成長、衰退、死といったサイクルがなす有機体の再生産プロセスのように）循環的な動きとして起こることもある。それでも、いうならばそれらの変化や進化は、特定の形式の限界内で生じるのであって、種や類という概念のあいだを跨ぎ越して起こることはない。

ヘーゲルにとって、異種間の生殖という実例が表すのはどれも、生命の進歩や高次の形式ではなく、むしろ堕落や種の退廃でしかなかった。こういう次第であるから、自然は人間にとって、形式それ自体の移行や進化の概念を含まない換喩や提喩の様式で存在していることになる。だから、人間の意識は、自然における変化を説明するための因果論的概念や、理性と美的感性によって知覚される自然の形式的一貫性や統一性や分散を特徴づけるための類型論的体系を繰り広げれば、自然の存在形態を完全に認識できることになる。ところが、自然とは違って歴史の場合には、事情がまったく異なっている。というのも、歴史学的考察に与えられた事実を自然学の場合と同じように因果論的に説明し類型論的に特徴づけたとしても、場合によったら出来事のずっと大雑把な構造を知ることはできるかもしれないが、それしか歴史過程を把握するために用いられないかぎりは、そこでの理解が機械論に陥ったり、あるいは形式主義に陥ったりしてしまう危険性があるからである。

　ヘーゲルは、歴史に対する純粋に機械論的なアプローチには明らかな限界があると考えていた。それは、そのようなアプローチは因果論的な説明を優先させるために、歴史の全体が完全に決定されているだけでなく、重要な意味をもった飛躍的変化などは歴史上一度たりとも起こりえず、歴史のなかで一見人間文化の発展のように受け取られるものも、原初の要素が組み合わせを変えて再編されただけだということになってしまうからである。そのような見方では、宗教や芸術や科学も、哲学における意識の進化も、また社会そのものの進化もほとんどまともに扱うことができない。結局のところそのようなアプローチは、実際に太古の野生の時代からヘーゲルの時代まで、人類の質的な進歩が存在せず、文化や社会が本質的に発展することはなかったという、明らかにつじつまが合わない結論に行きあたるしかなくなってしまう。

　問題は歴史の因果論的機械論の場合だけでなく、歴史の類型論的な形式主義を採用した場合にも生じる。ただし、この形式主義の場合は、事情がまた違っている。このアプローチは、自然的または歴史的存在としての生命に関する高次の形式と低次の形式のあいだに一応区別をもちこんだうえで歴史過程を解釈する。しかし、このアプローチは、こういった区別を規定する根拠となるような形式的な一貫性を、本質的に無時間的なものだとみなしている。だからこの形式主義は、形式的な一貫性が低次のものから高次のものへと進化することを説明する原理をいっさいもっていないし、実際に歴史という圏域のなかで起こったように見える進化が、道徳的な意味をもつものかどうか評価するための基準もいっさい保持していない。だから結局のところ、歴史に対する機械論的なアプローチの場合と同様、この形式主義的なアプローチの場合でも、歴史のなかに認めることのできるさまざまな形式的まとまりは、ランダムに現れたり消えたりするものであるか、それともあらゆる時代を通じて変わらないパターン群からなる永遠の循環と考えるしかないことになる。だが、どちらの考えを検討してみても、そこから本当の意味で進化になるような発展は引きだせない。

したがって、これまで述べてきた因果的機械論も形式主義も、歴史過程は全体として見れば結局は首尾一貫していないのだと断言するか（純粋な偶然論）、それが究極的には首尾一貫した完全な意味を内在しているのだと断言してしまうか（純粋な決定論）のいずれかでしかないことになる。

『歴史哲学講義』の序論でヘーゲルは、純粋な形式主義の手続きがとる推論の類型を次のように特徴づけている。

天才、才能、道徳的徳や感情、信仰心は、どんな地域や国家体制や政治状況のもとでも現れうるという、実例に事欠かない事実についても、その言い方は間違ってはいないが、（……）似たような問題が生じてくる。（ヘーゲル『歴史哲学講義』上、武市訳一〇五頁／長谷川訳一一六－一一七頁、強調はホワイト）

これは、ちょうど前章でみた、ヘルダーが歴史過程の本性について有機体論的な結論を引きだしたときと同じ捉え方である。だが、ヘーゲルは続けてこう述べている。

そうした言い方で、地域や国家体制や政治状況の違いが、どうでもよい非本質的なものだとされるようなことがあれば、抽象的なカテゴリーに固執する反省的思考は、カテゴリーが原理的に受け入れない（特定の属性である――ホワイト）具体的内容については、これを廃棄してしまう。（同前／同前、強調はホワイト）

つづいてヘーゲルは、抽象的カテゴリーが具体性を失ったときに生じかねない表面的なだけの華々しさについて、次のように指摘している。

具体的内容を捨てて、形式的視点のあいだをあちこち動きまわる教養の立場は、才覚のある問いや、学識ゆたかな見解や、めざましい比較（……）を提示したりはする。（一〇五頁／一一六－一一七頁）

ヘーゲルの主張によれば、そういった抽象的カテゴリーに依拠する「反省的思考」は、その思考の「内容があいまいであればあるほど、また努力の結果が貧弱で不確定的で非理性的であればあるほど」、見映えばかりが「輝きを増す」にすぎない（一〇五頁／一一七頁）。そうなってしまうと、時代が推移するにしたがって、また文明のある形式から別の形式へと進む運動のなかで、人間性は進歩したのか、それともしていないのかについて、たしかなことは何も言えなくなる。そのような形式主義は、きまって道徳的相対主義の犠牲となってしまう。そもそも形式主義というものは、この道徳的相対主義の認識論の領域における片割れなのである。

形式主義にもパターンの違いはある。いま述べたものが、形式的な反省知のパターンから生じる隘路だとすると、ロマン主義から滋養を得ているもう一つの形式主義があるが、それも事情は似通っている。そこでは、具体的でかけがえのない個体の実存は、ともかくも形式的に一貫したまとまりをもったものとして捉えられるのに対して、個体が属している種や類や綱という普遍的なカテゴリーにはそういった一貫性は与えられない。ヘーゲルは、このようなロマン主義版の形式主義の見方にも、本質的に非道徳的な、あるいは反道徳的な含意があると指摘している。なぜなら、それが「どんな内容であれ、それを構成要素に分解し、その要素を論理的定義や思考形態として把握するというだけでは、形式的思考であることを免れない」（一〇八頁／一二〇頁）からである。ロマン主義者は、この形式性のゆえに、どこにおいても「天才や詩や哲学」をいくらでも見出すことができる（と主張するか、あるいは逆に、本当の天才や芸術は希少なものだからなかなか見出すことができない）と言い張る。しかし、かれらはいずれにしても、そのとき形式と内容とを区別することに失敗している。適切な区別に失敗しているだけでなく、一方でだけともあれ区別してみて個体の特異な特殊性を強調しても、その内容という契機と、精神が世界のいたるところに等しく臨在していることを示す貴重な証拠であるはずの形式という契機とを、一つのものとして統一して思惟することはできないのである（一〇八頁／一一九‐一二〇頁）。ヘーゲルの述べるところによれば、個性を称揚するロマン主義のように「世界史に登場するすべての民族のうちに、言語芸術、造形芸術、学問、哲学」を見出すことができるというのは、たしかに間違ってはいない。しかし、

それらは、民族によって表現形式や方向性が違うだけでなく、むしろ内容にこそ大きな違いがあって、それも、合理性の違いという最高度の違いである（一一〇頁／一二二頁）。

したがって、「お高くとまった芸術批評家のなかには、内容の実体をなす素材的なもので好悪を左右されてはならない、美の形式そのものや空想の大きさなどが芸術の目指すところであり、それこそが自由な心情や洗練された精神に尊敬され享受されるべきものだ、と述べたてるものがいる」が、そういう主張をしたところで「どうにもならない」はずである。「健全な常識は、そんな抽象論を認めない」。なぜなら、「古典的な形式があるだけでなく、古典的な内容も備わっていて、

形式と内容が芸術作品のなかで密接にむすびつき、内容が古典的であるのに見合って、形式も古典的である」からである（二一〇頁／二二二―二二三頁）。

こういったすべてのことは、今日なら歴史分析の「比較論的方法」とでも呼ばれるようなアプローチをヘーゲルが非難する理由になっている。その方法とは、隠喩的意識が理論的に方法のなかに投影されたときに帯びる形式である。歴史表現のこのような隠喩的様式を攻撃するときのヘーゲルの様子は、換喩的様式を問題にする場合よりもいっそう手厳しい。それは、隠喩的様式が提供する形式主義的な説明がおよぼす効果や、隠喩的様式が物語を特徴づけるために用いる叙事詩的なプロット構造の作用が、道徳的な観点から見るとかなり大きな危険を孕んでいるためである。たとえ機械論的すなわち換喩的な説明理論が採用され、歴史が不合理な筋道を示すものとしてプロット化されることがあっても、そのときは隠喩や叙事詩の場合と違って、当該の歴史過程の無意味さを、少なくとも歴史全体の「美」をめぐる気休めの饒舌で覆い隠すことはしなかった。それどころか、歴史の不合理な変転を表す換喩的なプロット構造は、宿命を「盲目の神アナンケー」として捉えるギリシア人が生みだした悲劇という様式を通して、世界を理解するための前提を整えるという貢献をしたのである。また他方でそれは、運命を静かに受け入れるストア派的な解決（不動境《アパテイア》）を選ぶための前提にもなる。だが、根本的には芸術的な表現原理として考えられている機械論および不条理劇的な悲劇にしても、結局のところ、古代ギリシアにおいてと同じく近代においても、エピクロス的およびストア派的な道徳的反応、すなわち快楽主義的または禁欲主義的な姿勢を呼び起こす可能性がある。そして、このような人間ならではの偶然と決定、自由と束縛といった全スペクタクルを、ひとつの劇詩へと変換するための原理のようなものを欠くならば、またその劇詩が特殊な意味で理性的であるだけでなく、同時に道徳的な意義を持つことがないならば、ヘーゲル自身の時代の思想にとって内省の出発点となったアイロニー的意識は、最後は絶望に、つまり文明そのものの終焉をもたらしかねない一種のエゴイスティックな自己耽溺に至りつくことになる。ヘーゲルが歴史叙述という問題をめぐって目の当たりにしていた課題状況はこういったものだった。

言語、芸術、歴史意識

ところで、歴史を書く営みや、（歴史哲学に対抗して論じられる）歴史叙述という問題の全体については、実はヘーゲルは『歴史哲学講義』においてではなく、むしろ『エンチクロペディー』や『美学講義』においていっそう詳しく扱っている。しかし、ともするとこのことは見落とされがちであった。かれが『歴史哲学講義』において打ち立てようとした歴史の「学」は、かれの概念化によれば、歴史的な意識を経たあとに来る意識の産物であり、「反省的な」歴史家が実際に生みだした作品に関する哲学的省察から生まれ出たものだった。ところが、『美学講義』のなかでヘーゲルが行っているのは、歴史を書くことそのものに関するかれの考えを練り上げることである。かれは歴史叙述の営みを言葉による芸術のひとつとみなしており、したがってそれは、美的意識の命法の支配下に置かれるものだと考えていた。したがって、「歴史学的著作の理論」がどんな特有の内容をもつのかを明らかにするための方法論的考察として、ヘーゲルが、歴史を書くことと歴史意識とをめぐってこの『美学講義』の文脈で何を述べているかをまず考えてみることが有益である。

『美学講義』の第三部で、ヘーゲルは、言葉による芸術を扱っている。かれはまず、詩的表現一般を特徴づけることから始め、続いて、詩と散文を区別することへと進んでいく。かれが述べるところによれば、詩とは、

> 人為的に洗練された散文の言葉よりも、もっと以前の時代に根差している。詩は真理の原初的な表現であり、普遍的なものと個々の生きた存在とを分離したり、法則と現象、目的と手段を互いに対立させ、そのうえで、理屈でもってふたたび関連づけたりするのではなく、一方を他方のうちにのみ、他方によってのみ捉えるような知なのである。（ヘーゲル『美学講義』竹内訳二一一六－二一一七頁／長谷川訳一九三頁）

詩を知の形式として規定するこのようなやり方は、詩とは世界を隠喩によって理解することであると見たヴィーコの考え方と完全に同一のものである。ヴィーコによれば、世界を隠喩によって理解することそれ自体のうちには、そこから提喩と換喩とアイロニーという、喩法論的な縮減や膨張の様式を生みだすそれ以外の詩的潜勢力が包蔵されていた。隠喩が原初的であり、反省化が進むことによって、そこから換喩や提喩というより洗練された様式が分化して出現するというわけである。ヘーゲルは続けて、次のように述べている。「ものごとをこのように捉え、かたちづくり、表現することは、詩のなかでは純粋に観想的でありつづけている。詩の目的は、ことがらやその実際のありようがどうかということにあるのではなく、むしろかたちづくること（Bilden）と語ること（Reden）にある」（二一一七頁／一九三頁）。かれは続けて、詩として表現されているものは、単純に言葉による「自己表現」という理念を達成するために用いられるのだ、と言う。そして、ある事実を詩的に表現することの範例としてかれが注目するのは、ヘロドトスが書き残した二行詩である。そのなかでギリシア人は、テルモピュライの戦い▼という歴史的事

件での死者に思いを馳せていた。墓碑銘にはこう書かれている。

かつてこの地で　三百万の軍勢と戦いたるは
ペロポネソスの四千の男ら

（ヘロドトス『歴史』下、一六六頁）

ヘーゲルが指摘するのは、この二行詩の内容が、四千人のギリシア人が三百万のペルシャの軍勢と、ある時ある場所でただたんに戦ったという事実にすぎないという点である。だが、こうした二行詩の関心の中心は、「墓碑銘を作成すること、すなわち、同時代と後代のために、死の戦闘行為を純粋な語りとして表現すること」のうちにあった。ヘーゲルによれば、このような表現様式こそ「詩的」である。なぜなら、この碑文は「行為（詩作《ポイエイン》――ホワイト）を証言している」のであり、それは「内容を単純なままに与える」が、しかし同時に内容を「明確な目的をもって」表現するからである。かれは続けてこうも述べている。イメージを捉える言葉は、「他の語り口とは区別されて二行詩として屹立するに足る、高い価値をもっている」（『美学講義』竹内訳二一一八頁／長谷川訳一九四頁）。そういう詩的な言葉が使われることによって、碑文の内容はより生き生きと活気づき、より直接に自己を投影するものとなった。その精彩は、ある時ある場所で起こった出来事のたんなる散文的記録として表現された場合の効果とは、比べるべくもない。同じ事実が「散文的」に書かれていたなら、内容はそのまま手つかずに残されるものの、形象としてまざまざと浮かびあがってきて、その内容が形式と緊密に一体化するというようなことはない。ところが、詩的表現の場合には特有なあり方でそれが可能になるのである。

ヘーゲルの議論によれば、散文的な言葉というものは、「散文的な」生活様式を前提にしている。この「散文的な」生活様式は、言葉が「（はっきりと意識された――ホワイト）意図をもつことがなく、いまだ詩的であった」ような意識段階よりもあとになって初めて発達してきたと想定しなくてはならない。散文的な言葉は、隠喩的な段階のあとに進化する意識を、つまり、「現実の幅広い素材を、原因と結果、目的と手段、その他の限定された思考の諸カテゴリーがもつ悟性的な連関に基づいて観察する」意識を前提としている（二一一九頁／一九四頁）。散文的発話が発達している世界とは、経験がばらばらになり、経験の帯びる理念や経験のなかで直接に捉えられた意味が失われ、経験の豊かさや活力も骨抜きにされてしまっている世界だと考えなければならない。このように散文化された意識の段階において、個々の経験が原子化して捉えられたり因果論的決定項と考えられたりする危険に対して、意識は世界を理解するための第三の道を、すなわち「思弁的な思惟」を立てる。この思考は「悟性的な表象や反省が行う分離やただの関連づけには」満足せず、「有限な考究に対して自立的なものとしてばらばらになったり、統一を欠いた関係に置かれたりするものを、自由な全体性へと結びつけるのである」（二二〇頁／一九五頁）。したがって、換喩的な言葉で理解された世界に対立し、またそのような世界へのアンチテーゼとして、いまや提喩の企てが「新しい世界」を表現しようと企てる。ところが、この新しい世界は意識のなかにだけあり、現実においては存在しないのだから（あるいは少なくとも、そこに現に存在すると感じられることはないのだから）、この新しい世界を具体的事物の世界にいかに関係づけるのかが意識にとっての次の問題となってくる。ヘーゲルはこのように結論づける。詩人のつとめとは、特殊なものの語彙で普遍的なものを、また具体的なものの語彙で抽象的なものを形象化し、思考において存在する世界を具体的事物のそれと和解させることにほかならない。

こうして詩的表現は、とくに隠喩が可能にするような、世界の内側から出現してくる自己確証の意識を今一度、散文的な世界に取り戻そうとするのである。科学と哲学の進展とともに詩と散文とが乖離してしまった後の時代とは違って、かつては、詩はもっと簡単な課題をもっていた。つまりそれは、「日常的意識の形式では意味があってはっきりしている」ことを、同じものでありながら散文的な悟性がするのとは違うように、ただ深い位相で捉えることだった。ところが、より高度な文明が出現して以来、「散文は、意識的生の全内容をそれ自体の散文的な捉え方のなかへとすでに引きずり込んでおり、その徴をそれのあらゆる部分に刻み込んでしまっているから、詩という芸術がすべてのものをもう一度溶解して、ちょうど金属をつぶして新しいコインを作るときのように、同じものを新しく作り直すという課題を引き受けなくてはならなくなっている」（二二二頁／一九六頁）。そうであるために、

詩はたしかに、どうでもよいことや偶然的なことに関する日ごろ慣れ親しんだ見方への固執から脱却しなければならないし、諸物の悟性的な連関の観察から理性的な観察という高みへと昇らねばならない。そして、思弁的思考を精神自体のなかで想像力豊かなものへとふたたび血肉化せねばならない。しかし、これらばかりでは足り

▼テルモピュライの戦い　テルモピュライの戦い（Battle of Thermopylae）ＢＣ四八〇。紀元前五世紀のペルシア戦争における戦役のひとつ。兵の数で圧倒的であったペルシア軍の勝利に終わったが、これに対して全滅するまで抗戦したスパルタ軍の勇猛さというエピソードが、しばしば語られる。

ないのだ。そうするとともに、これらのさまざまな観点において、散文的な意識が慣れ親しんできた表現様式を、詩的なそれへと変換しなければならない。また、このような対立を必然的に引き起こそうとする意図がどんなものであっても、そこでは、意図して作ったものではないとか、根源的に自由である、などといった、芸術が必要とする仮象を、詩においては完全に保持しなければならない。（同前）

そして、詩的意識の内容と形式を示したあと、ヘーゲルは、詩的意識それ自体を「歴史化すること」へと歩みを進めている。そして、光彩と衰亡からなる詩的意識の多様な時代を、『精神現象学』や『法哲学講義』や『歴史哲学講義』のなかで解明された意識の歴史という普遍的な枠組みのなかに置くのである。

　そうだとすれば、詩とは、意識とその対象との分裂と、ふたたび両者を統一せんとする欲求から（またその統一のための実際の試みから）生まれることになる。そして、意識と対象とのこの本質的な区別は、詩における二つの重要な類概念を生みだす。すなわち、普遍と特殊、客観的表現と主観的表現との対立において、それぞれ前者にアクセントを置く古典主義と、後者にアクセントを置くロマン主義とを生みだすのである。さらに、これら二つの詩の類概念《クラス》が、詩の構成法における三つの基本的な種概念《スピーシーズ》である叙事詩と叙情詩と劇詩とを生みだすことになる。叙事詩と叙情詩は、外部世界と内部世界とを、世界に関する実際的に安定した視座として表象する。それに対して劇詩が表象するのは、それによって外的世界と内的世界とのあいだの緊張関係が解消され、主体と客体との統一が果たされる運動を描きだそうとする詩的想像力の格闘である。

　ヘーゲルは述べている。「叙事詩は外面的なものごとをさらに事細かに描写し、挿話ふうの事件や所業をながながと述べることを許してしまうものである。したがって、個々の部分の自立性はいやがうえにも増し、全体の統一性はますます徹底性を欠く」。それに対して「叙情詩は、それがさまざまな種類に分かれているのに応じて、その表現様式についてもさまざまである。あるときはそのまま物語り、またあるときはひたすら感情や見解を表現し、さらにまたあるときは、静かに筆を進めながらいっそう緊密に結びついた統一性を考察する」など、さまざまである。ところが劇詩は、叙事詩および叙情詩とは対照的に、外面的および内面的な現実に対して「いっそう厳密な関連を要求する」。とはいえこの外面と内面との関連は、その特定の実現様態においては、それを構成する原理として古典主義的な観点をとることもあれば、ロマン主義的な観点をとることもあるのである（『美学講義』竹内訳二一三三―二一三四頁／長谷川訳二〇六頁）。

このように、詩に関するヘーゲルの議論は、人間が意識と世界とを媒介するために用いる手段としての発話行為から始まり、ついで世界を捉えるさまざまな様式のあいだにある区分を扱うようになり、そこから詩と散文との区別を、つまりそれらが古典主義とロマン主義のそれぞれによって担われるときにとる形式の区別を、さらにまた、これらすべてが叙事詩ないし叙情詩という形式をまとうときに生じる区別を論じている。最後に、この対立しあう形式への分裂という状態を和解させるための運動様態をイメージできる芸術形式として、劇詩が論じられる。ここで重要な点は、以上の議論を終えるやいなや、ヘーゲルはただちに歴史学の議論を開始するということである。そのとき歴史学は、直接かつ一般的には詩に、なかでもとりわけ劇詩にもっとも近い形式をとった散文として理解されている。つまり、実のところヘーゲルは、ただ詩一般と劇詩とを歴史化しただけではなく、歴史学それ自体を詩作や演劇として捉えたのであった。

歴史、詩、レトリック

歴史を書くという行為を芸術の形式として捉えるヘーゲルの本格的な議論は、かれの詩論と弁論術論との中間に位置づけられている。一方で詩は、現実における理念を表現するということにかかわっている。他方で弁論術は、言語的な道具立てを実践的に使用するということにかかわっている。これら二つの形式のあいだに歴史学論が位置するということは、歴史を書くという営みが劇詩に似ていることを示唆しているのである。(先に記したように) 劇詩とは、叙事詩的な感受性と叙情詩的な感受性のあいだで芸術がとる媒介という形式にほかならない。歴史学とは、外的世界と内的世界とのあいだの弁証法的な相互交渉を散文的に表現したものである。これは生きられた経験であり、ちょうど劇詩が、相互関係を想像されるままに詩的に表現するのとまったく同じあり方である。そして、まちがいなくヘーゲルは、実際に歴史学と劇詩のそれぞれが行う表現の形式的な様相が同じであると考えていた。

ヘーゲルは次のように言っている。「歴史に関して言うなら、まちがいなく、ここに純粋に芸術的な活動性のひとつの様相を十分に見ることができる」。というのも、

歴史を物語るときのその対象や内容、つまり宗教や国家において人間存在がどう発展するのかということ、言い換えれば、これらの領域で生き生きと活動し、偉大な目的を実現したり、みずからの企てに失敗したりする、もっとも卓越した個人や民族にふりかかる事件や運命は、それ自体が有意義で信頼でき、興味深いものでありうる。そして、現実に起こったことを再現するのに歴史家がたとえどれほど努力しなければならないとしても、それで

もやはり歴史家は、出来事や人物のこの多様な内容を表象のなかに取り入れ、そして精神の内部からそれを表象として再創造し叙述しなければならない。（『美学講義』竹内訳二一三四－二一三五頁／長谷川訳二〇七頁）

このことが意味するのは、とくに次の点である。歴史家は「たんに個別のことがらを正しく記述するだけで満足することなく、（……）同時に捉えたものを秩序づけ、造形し、個々の事象や事件や行為をつなぎ合わせ、まとめなければならない」（二一三五頁／二〇七頁）。さまざまな内容が、それらを適切な仕方で集める表象の形式とうまく結びつくことによって、歴史家は物語を紡ぎだすことができるようになる。そして物語を紡ぎだす行為は、特有な意味で人間的な生の二つの具体的な発現様態のあいだの緊張関係によって進行していく。この二つの具体的な発現様態とは、特殊であるとともに普遍的であるということである。

ヘロドトス、トゥキュディデス、クセノフォン、タキトゥス、および「少数のその他のひとびと」が書いた偉大な歴史の物語は、「民族や時代の明確な像、また実際の行為者である個々人をとりまく外的状況、かれらの内面的な偉大さや弱さを、生き生きとした姿で明快に描きだし」ている。したがってその物語の「あらゆる部分から、それらが民族や事件などの歴史における内的な意味とどのように関連しているかが読み取られる」（同前）。これは次のことを意味している。歴史的分析は、換喩的にも提喩的にも進められ、したがって、主題は、原因となる諸力が作用した結果である具体的な発現形態へと分解されていると同時に、こうした現れ出た存在を結びあわせ、それを次第に精神として高まっていく統一態のヒエラルキー秩序へと結合させる一貫したまとまりが探し求められているのである。ところが歴史家は、生粋の詩人が要求する「自由」によっても、また、弁論家が設定するはっきりとした目的によっても、歩みを進めることができない。それがふさわしいと思えば、詩人は「事実」を自由に案出することができるし、また弁論家は、自分が組み立てようとしている特定の弁論のために、みずからの手のうちにある事実を選択して自由に使用することができる。それに対して歴史学とは、その形式が詩的であるにもかかわらず内容が散文的であるため、詩と弁論術の境界に位置する営みなのである。このことに関してヘーゲルはこう述べている。「歴史が書かれる方法だけでなく歴史の内容の本性こそが、歴史を散文的なものたらしめている」（二一三五頁／二〇八頁）。

歴史が扱うのは、「生という散文」であり、共有されている宗教的な信仰という側から考察されるにしろ、国制という側から考察されるにしても、とにかく特有の意味での「共同体存在」（Gemeinwesen）という素材である。つまり、諸主体を国家の価値に結びつけるための法律とか制度・手段である

（二一三六頁／二〇八頁）。ヘーゲルが述べるところによれば、そのような共同の生からはその同じものを「維持するか、あるいは変化させるかする」力が生みだされ、わたしたちは、これら二つの力がもたらす課題にふさわしい個人を想定しなければならない。要するに歴史過程は、言葉の優れた意味において対立の結果なのである。それは、共通する生活様式という文脈のなかでの対立であったり、また、そうした異なった生活様式のあいだでの対立であったりする。つまり、完全な形式と生活様式の変更を求める力との葛藤であるか、あるいは、樹立された権力と、その権力に対して自分の自律と自由のために対峙する諸個人とのあいだの対立でもあるのである。とにかくそこから歴史の過程が生じている。簡潔に言ってしまえば、ここにあるのは、古典的悲劇と古典的喜劇の古典的場面にほかならない。

　人間が営む社会生活は、たんなる叙事詩的な生ではない。叙事詩的な生は、登場人物の行為がいかに動きや色彩や激しさを示していても、結局核心の部分では変化することなく最後までそれまでのままであり続けるが、人間の社会生活はそれとは違うのである。そこでは偉大な個人が前面に登場してきて、普通のひとびとによって共有されているありふれた人生という背景とは、はっきりとしたコントラストをなすのである。そうした偉大な個人は、この叙事詩的な場面を悲劇的な対立へと変容させている。この対立のなかでは、たんなる美や力強さにすぎないものが勝利を収めることはない。そこでは、特定の社会形態において実現されている人間の生の形式がどういったものでありうるのかを決めるために、二つの競合する正義、二つの同等に正当と認められる道徳原則同士が、対立関係に置かれるのである。こういった理由でヘーゲルは、歴史劇の演者に関して、三つの基礎カテゴリーを描いている。すなわち、偉大な人物、卑小な人物、堕落した人物（また、そのそれぞれに英雄、普通のひとびと、そして犯罪者が対応している）がそれである。

　この英雄的な人物たちは、現下の状況に内在的な諸概念がもつ共通の目的にふさわしい個性を備えているならば、偉大で卓越した存在である。この目的を実行できなければ、卑小である。時代の関心事に尽力する代わりに、それとはかけ離れた、したがって偶然的であるみずからの個性を思いのままにさせるならば、俗悪である。（同前／同前）

「歴史的な」個性の型を分類したこのリストは、詩そのものの分析カテゴリーを、ただし換喩という様式のもとで、つまり、因果性が作用しているかどうかという観点で表現しなおしたものである。しかし、『法哲学講義』においてヘーゲルが示しているように、歴史の場というものを、たんに非情な力が支配する場であると考えてはならない。というのも、そのような力が優勢であって、より普遍的な原理とのあいだで、つまり集団の「共通の生」とのあいだで矛盾をきたしてはいないところでは、本当の意味での歴史的な対立は存在せず、したがって、特有の意味での「歴史的出来事」は存在しないからである。ヘーゲルはこのことを、先の引用に続く一節のなかで実に明白に述べている。リストに挙げた三つの条件、すなわち、ひとりの人間による専政か、慣習の専政か（これは平凡な人間たちによる専政である）、もしくは混沌の専政かのいずれかが普遍的な条件として葛藤や対立なしに妥当してしまっている場合には、「わたしたちがすでにわたしたちの探究の第一部で、詩学に不可欠なものとして確立した本当の意味の（歴史的な――ホワイト）内容や世界状態は、まったく存在しない」ことになる（『美学講義』竹内訳二一三六－二一三七頁／長谷川訳二〇八－二〇九頁）。だが、その内容と状態こそが、人間に特有のあらゆる創造性の条件をなしている。その理由はこうだ。

偉大な個人においてさえ、かれらがその一身を捧げる実質的目的は、多かれ少なかれ外から与えられ、指定され、強要されたものである。そして、そのかぎりで、そのなかで普遍的なものと全個性とが端的に同一的であり、それ自体として自己目的であり、完結した全体性であるような、そういう個的一体性などというものは存在しない。というのも、その個人が内発的にみずからの目的を立てられるとしても、その精神や心が自由であるかどうかということや、その個性的で生き生きとした姿などではなく、遂行された目的が、そして個人から独立した眼前の現実に対してその目的が及ぼす影響といったものが、歴史の対象をなしているからである。（二一三七頁／二〇九頁）

ヘーゲルはさらにつけ加えてこう言う。歴史のもとでは、表現された情熱や見解や運命のなかに、ますます多くの多様性や偶然性や主観性が現れてくる。そうした情熱や見解や運命は、「詩的な英雄時代の奇跡が、つねにどこでも変わることのない普遍で妥当なものにとどまらざるをえなかったのに比べると、散文的世界のもとで、はるかに風変わりで逸脱したものとなっている」（同前／同前）。

だとすれば、結局のところ歴史学が取り組むのは、特定の個人や集団が企図し目指すことがいかに実現されるかという問題であり、この課題に、つまり功利的であるがゆえに散文的であるこの活動に適した手段をみつけるという退屈な仕事が必要になる。そして、この意味での歴史叙述という活動の証明は、歴史家の説明というあり方で描きだされなくてはならない。このような歴史叙述という実践的行為は、歴史的記録の研究から出てくることでなくてはならず、叙述の様態が詩的であろうと思弁的であろうと、歴史家によってただ設定されるだけのものであってはならない。そして、このように歴史叙述という実践の細部に注意を払うことを通じて、歴史家の仕事は、詩人の仕事や哲学者の仕事よりもはるかに散文的になるのである。

したがって、ヘーゲルによれば歴史家は、みずからが叙述する内容の「こうした散文的な特徴を消し去ったり、それをもっと別の理想化されたものに作りかえたりする」権利をもってはいない。歴史家は「何があり、それがどのようにあるのかを、解釈がえすることなく、あるいは少なくとも理想的なものに造形することなしに説明しなければならないのである」。歴史家の思考は、捉えた無数の出来事がとる形式の観念的意義をいかに理解しているときでも、「所与の状況や人物や事件を、この目的に全面的に服属させる」ことは許されていない。たとえかれが「それ自身においてはまったく偶然の、無意味なものを自分の視野から消す」だけのつもりであったとしても、それは許されないのである。簡単にいうと歴史家は、それらの状況や人物や事件を、「その外面的な偶然性や依存性やどうしようもない恣意性のままにして」おかなければならない（二一三八頁／二〇九－二一〇頁）。これが意味するのは、歴史家の想像力が二つの方向へと、すなわち批判的な方向と詩的に理想化する方向へと、同時に引っ張られているということである。第一の批判的な方法において、歴史家は（知った事実に空想を交えたり、何かをつけ加えたりすることはできないけれども）説明のなかで何を残し、何を捨象するのかを決定できる。第二の詩的方法においては、歴史家は出来事のつながりを、まるでそれらが読者の眼前に存在するかのように、生き生きとした姿や個性を大切にして描写する。批判的な機能において歴史意識が効力を発揮するのは、それが無意味と思われるものを除外する判断主体というあり方をとったときだけである。その他方で総合という機能においては、歴史意識は、包摂する能力によって力を発揮する。なぜなら、たとえ歴史家が「出来事の絶対的な根拠」を示すために、自分の行う説明に哲学者としての個人的な反省をつけ加えたとしても、「出来事の実際のありようについてはなお、詩才に特権を与えることはできない。詩作の力は、実質をもつものをこそ最重要の関心事としなければならないからである」（二一三九頁／二一〇頁）。歴史家は、たとえメタヒストリー的な総合のヴィジョンについて思弁を繰り広げることができるとしても、メタヒストリーという営みのなかに飛び込むことは許されていない。なぜなら、

（……）与えられた素材を、それが外面という点でも、内的真理に適合するようにとらわれることなく造形する自由が与えられているのは、詩に対してだけである。

（同前／同前）

この点からすると、弁論術は歴史学よりも大きな自由をもっている。なぜなら、詩人の技芸が理念的な目的の達成のために発達してきたのとまさしく同様に、弁論家の技術は、実践的な目的を達成するための手段として発達してきたのだから、弁論家はおのれの望むまま、選択的に、自己の思い描く目的に応じて、歴史的事実を用いることができるからである（二一三九－二一四〇頁／二一〇－二一一頁）。

したがって、ヘーゲルは、かれが『歴史哲学講義』の序論で行っていた区別、すなわち「素朴な」歴史叙述と「反省的」歴史叙述とのあいだに設けられた区別を、ふたたび引き合いに出すのである。この区別の基底には、前者の「素朴な」歴史叙述が本質的に詩的な性質をもっているのに対して、後者の「反省的」歴史叙述が次第に散文的性格を増していくという違いがある。さらに「反省的」歴史叙述は、歴史の描き方に関する普遍的歴史、実用的歴史、批判的歴史という三つの類型に区別されるのであった。ヘーゲルの記すところによれば、第一の普遍的な歴史、すなわち通史は、もっとも詩的なものである。このタイプの歴史は、その主題として既知の歴史的世界の全体をあつかい、またそれを、理想的な範型にしたがって隠喩的に、まとまりをもった詩的全体へとつくりあげるのである。第二の実用的な歴史叙述は、何らかの主張や何らかの実用的目的に奉仕すべく、急きたてられて書かれている。実用的歴史では、自分がなすべきことを普遍的通史の場合のように詩的に理解するのではなく、弁論術的に理解するように変化しており、また全体的なものこそが理念的でありうるという見方から、その全体的なものを捉えることがどういう役に立つのかという見方に推移している。そのかぎりで実用的な歴史叙述は、通史の場合に出てくる叙述の多様性を乗り越えている。しかし、歴史過程についてそのような数多くの競合する見方がつくりだされると、歴史を書くという行為そのものについて、第三の「批判的な」反省が招来されることになる。この三番目の歴史意識は、提喩の様式において反省を行うことを通じて、全体的なものがとりうる理念性についての意識を高めることになる。そしてこのことが、ヘーゲル独自の、反省的歴史の次にくる歴史意識としての哲学的歴史への道を整備することになったのだった。この哲学的歴史への道とは、歴史家の行う本質的に詩的な洞察を意識へとまとめあげ、それを歴史過程全体についての喜劇的なヴィジョンへと変容させうるための、前提や思考様式を解明することである。だが、こういったことは歴史哲学者の仕事であって、歴史家の本分ではない。歴史家はトゥキュディデスのように、詩的な捉え方の様式に、つまり対象への隠喩的同一化という様式に親和的でなくてはならない。同時に歴史家は、完全に素朴な歴史叙述に比べればより自己批判的でなければならないし、詩的な洞察をより合理的な知へと変えるために用いられる、さまざまな理解の様態にいっそう自覚的でなければならないのである。

可能なプロットの構造

こうしてわたしは、歴史のプロット化に関するヘーゲルの理論にたどり着いている。この主題をあつかう際にわたしは、歴史を対象や内容として考える姿勢から距離をとっている。つまり、ある内容があって、その内容の形式を歴史家が認識して物語へと変換しなくてはならない、というような意味での内容を考えることはしない。そのかわりにこれから進めていく考察においては、与えられた形式やすでに完結した物語そのものが、わたしの反省の対象や内実となる。それがあるからこそ、歴史一般に関して、合理的な根拠のある言明も可能になるのだ。そして、このことから、そのような真理の内容とはいかなるものでありうるか、またその真理の主張はいかなる形式をとらねばならないかといった問題が、立ちあがってくる。この問題をめぐってヘーゲルが与えた解決は、以下のようにまとめることができる。もっとも重要な歴史の物語において形象化されている真理とは、悲劇の真理にほかならない。しかし、これらの真理は、特定の時代や場所において個人や民族によって生きられた現実の生のドラマをその内容とする歴史的表現の形式として、そこでもっぱら理想的に形象化されている。だから、歴史的説明が表される形式そのものに含まれている真理を引きだすためには、哲学的反省が求められるのである。美学を研究する者が、世界史に登場したさまざまな様式の芸術作品を自分の研究対象とするように、歴史哲学者は、歴史過程そのもののなかで歴史家たちによって実際に書きつづられたさまざまな様式の歴史を自分の研究対象にするのである。歴史哲学者は、これらの歴史を形式的な体系として理解している。そうした体系は、四つの様式、すなわち叙事詩、悲劇、喜劇、風刺劇という四様式のどれかにおいて、あるいはそれらの組み合わせにおいて、生についての説明を作り上げている。

しかし、ヘーゲルによれば、叙事詩という様式は歴史叙述に適した形式ではない。というのも、この様式は、なにか実質的な変化が起こるということを前提にしていないからである。風刺劇的な様式についても同じことが言える。なぜなら、それは変化を容認しはするものの、みてとった変化について評価をくだすための実質的な基盤をまったく知らないからである。叙事詩的様式にとっては、実質的な変化は起きないのだとする基礎的な理解が背景に控えているから、あらゆるものが変わるとしたところで、それはただ表面的な現象にすぎない。それに対して風刺劇的な様式では、世界とは本質的に儚く変わりやすいものだという視点のもとにあるから、ちょうど叙事詩の場合と正反対に、あらゆる出来事は結局は変化しないと考えられている。（これについては、『美学講義』竹内訳二二三六－二二三七頁／長谷川訳二八六－二八七頁でヘーゲルが行っている、ヴォルテールの叙事詩『アンリアッド』についての批評、すなわち叙事詩の様式と題材との不一致に関する指摘を参照してほしい）。ここにあるのは、世界についての喜劇的見方と悲劇的見方を媒介しようとする（近代的な）ロマン主義的悲喜劇という混淆ジャンルである。ただし、この喜劇と悲劇の媒介は形式的にだけ行われたにすぎない。というのもそれは、同じ行為のうちに、喜劇的観点と悲劇的観点の双方を表す要素を表現してはいるが、両者を結びあわせたり統一したりすることはないからである。この形式的な媒介という試みは、世界をもともと見出された通りに分裂したままにするのであって、分裂した世界を統一するためのより高いレベルの原理は与えられない。もしもこういう高い原理があれば、分裂を内包している世界についての知恵を手に入れるために、その原理を観想すればいいことになるが、叙事詩の形式ではそういうわけにはいかないのである。そうなると、あとは喜劇と悲劇だけが、歴史過程をプロット化するのにふさわしい様式として残ることになる。すると、意識と世界との関係について自己意識が反省を深めていくさまざまな段階として、喜劇と悲劇との相互関係をどう解き明かすのかという課題がいまや問題になってくる。

ヘーゲルが主張するのは、歴史に向かう《哲学の知恵》が、歴史の事実に向かう《歴史学の知恵》に対してとる関係は、喜劇的な世界観が悲劇的な世界観に対してとる関係とちょうど同じだということである。つまり、特殊な歴史において表現される人間の歴史的実存というさまざまな具体的な姿のあいだを媒介するのは哲学である。そのとき人間の歴史的実存は、歴史学の内容としてそこに存在し、哲学はそのための適切な表現形式やプロット化の様式を見出そうと努めるのである。そして、それらを哲学は、喜劇的なヴィジョンそのもののなかに見出すのである。喜劇とは、反省が悲劇における真理を取りこみ、それと同化したそのあとに、その当の反省がとる形式にほかならない。

包摂的なプロット構造としての悲劇と喜劇

ヘーゲルはこう書いていた。「劇詩のなかの行為とは、ある特定の目的を単純に妨げられることなく実行に移すことにはとどまらない。それは、いかなる場合にも、衝突しあう状況、人間的情熱や性格に基づいている。だからその行為は、それらのあいだに作用と反作用を起こすことになるが、この作用と反作用自体は、対立と分裂をさらにすすんで何らかの形で調停することを、必然化するのである」（『美学講義』竹内訳二三七二頁／長谷川訳三九三頁）。したがって、劇詩のなかの行為は、歴史的行為とちょうど同じような形式的な特徴を備えていることが分かる。

したがって、わたしたちがここで目にしているのは、生きた人間の性格や対立に満ちた状況となって個別化された諸目的が、たえずその発現の仕方を変えながらも、互いに自己表示と自己主張を行い、かつ互いに影響を与え規定しあうさまである。また同時にそれは、人間の意志や実行という営みが激しく交錯しつつもやがて平静な安定へと達するという、根拠のある最終的結果でもある。（二三七二－二三七三頁／三九三－三九四頁）

そういったわけで、劇詩のなかの行為は、叙事詩的すなわち客観的な視点や、叙情詩的すなわち主観的なものの見方を、それらを超えた位置で理解するということになる。劇詩それ自体は、それらの観点のうちのいずれか一つから自身の立場を選びとることをせず、両方の見方がいずれも意識に現れているような仕方で、それらのあいだを動いている。だが、そうだとすれば、劇詩はまさしくアイロニーの様式のなかで動いているのだと言うことができる。つまり、観点の弁証法的な交換こそが、このパースペクティヴをアイロニー的なものとしているのである▼（二三七二頁／三九三頁以下を参照）。

ヘーゲルによれば、劇詩は、現実についてのあらゆる視座がつねに偏りをもっていることを知るところから始まる。それが目指すのは「これらの力の一面性の解消であり、劇詩のなかで個々の要素は安定した姿を見出している」。（二三七九頁／三九八頁）。ヘーゲルはさらに次のように付け加える。

たとえその諸力が、悲劇のように敵意のなかで反目しあっているにせよ、喜劇のようにみずからをおのずと直接に解消されるものとして示すにせよ、事情は変わらない。（同前）。

この最後の一節は重要である。なぜならこの箇所から、ヘーゲルが悲劇と喜劇を、現実についての対立した見方としてではなく、対立する状況を出来事の異なった視角から評価

▼……**アイロニー的なものとしているのである**　ここでホワイトは、あわせてケネス・バーク『動機の文法』の数ページを指示しているが、それに該当する箇所は日本語版『動機の文法』では訳出されていない。ホワイトが指示しているのは、「四つの支配的な喩法（The Four Master Tropes）」と題された補遺内の数ページ（Kenneth Burke, *A Grammar of Motives*, Berkeley and Los Angels: Univ. of California Press, 1969, pp. 511-17）である。

することだと理解していたのが分かるからである。悲劇は、特定の意図をもって遂行される行為の最高潮に向かって進んでいくが、それは自分のまえに、自己の目的を実現するための手段であると同時に障害でもある世界が広がっているのを見る行為者の立場からのことである。他方で喜劇は、このような登場人物と世界との衝突の帰結を、その問題が解決した状況から振り返っている。悲劇的行為は、この問題解決を通じて、たとえその行為が主人公を助けることができず、かれが悲劇の過程のなかに呑み込まれていったとしても、観客には効果をおよぼしているのである。喜劇とはそれを、さらに一つ上の段階から眺めることである。したがって、歴史における状況と同じように劇詩における場面もまた、物質的および社会的な相においてすでに確立している世界（叙事詩において直接に繰り広げられる世界）と、その世界から分化し、自己目的の実現や、欲求と欲望の充足を意図する意識（叙情詩で表現されるような内面世界）との対立を捉えることから始まる。ただし、そのとき劇作家は、この世界と意識との分裂という条件についての一回限りの固定的な考察に留まるのではない。かれは、個々の意識がその対象に対してそのつどの対立的なあり方を反省するなかで、意識も変わり、また意識にとっての対象も変わり、両者はだんだん一つのものとして統一されながら、いったいどんな対立する様相が展開されていくのかを考える。そして、劇詩の解決という様式とそこに反映されている知恵の深遠さから、ポスト叙事詩的でありポスト叙情詩的である三つの演劇形式が生まれてくることになる。それがすなわち、悲劇、喜劇、そして、それら双方における洞察を媒介しようとする混合的なジャンルとしての社会劇（これは風刺劇の対立物）である。

ヘーゲルが述べるところによれば、悲劇は歴史学とその内容を同じくする。言い換えれば、わたしたちは、悲劇の内容を、悲劇の登場人物が目指すことのなかで直接に知るが、それを初めて概念として全面的に理解するのは、この内容を「人間の意志のなかで実質的で、それ自身として正当性をもつ力の領域」として認識したときである。ここでいう実質的な内容をもった領域とは、文明化された社会における家族の領域であり、社会的、政治的、宗教的生活世界の領域である。これらの領域は、一方において自己なるものに向かう個人的な熱望と、他方において集団がもつ法や道徳との双方が孕む正当性を、少なくとも暗黙のうちに承認している。家族や社会や宗教や政治は、わたしたちが「英雄的」と呼ぶドラマの基盤を提供するのである。「真に悲劇的な人格は、その正当性を担うに足る強靱さをもたねばならない。悲劇的人格というものの概念からして、そこに登場する人格は、叙事詩の人物のように雑多な面をもつ相対的人格ではありえ」ず、またそれであってはならない。悲劇的人格とは、媒介なき個体ではなく、共同体的な生のさまざまな側面を代表する存在として、あるいはみずからの自足状態を追求する自由な行為者として現れることができるような、統一のとれた性格を備えた人格のことである。それゆえに英雄的なのである。そして、歴史的意義をもつ対立と同じように悲劇的な対立においても、対立そのものを引き起こすのは、共同体的な生か自己充足を求める英雄的人格のどちらか一方である（二四二二－二四二三頁／四三二頁）。

しかし、悲劇は対立そのものを対象とするのではない（叙事詩はそういう傾向をもっているが）。むしろそれは、この対立の彼方にあり、英雄をも共同体的な生をも変容させてしまうような、悲劇の解決という条件を対象としているのである。

> 悲劇においては、個人がその頑強な意志や性格の一面性ゆえに自滅したり、自分と対立する実質的な存在を諦めのうちに受け入れたりする。（二四二八頁／四三五頁）

ところが喜劇は、「おのれの力によって、おのれの内部で一切を解消する個人が、その笑いのなかで、安定してしっかりと立つ主観性の勝利を確信するさまが見られる」という仕方で、この和解のヴィジョンに到達する。要するに、「喜劇の一般的な土台をなすのは、主体としての人間が、その知と行為の本質的内容をなすものとされる一切のことがらを自分の思いのままに処理できるような世界なのである。それゆえに、この世界では本質的な意味をもたない目的はおのずと崩壊してしまう」（二四二八－二四二九頁／四三五－四三六頁）。

ところで『歴史哲学講義』においてヘーゲルは、個々の歴史的な生が被る悲劇を哲学的に省察しようとする立場から世界を見ており、それ以上にたくみに悲劇を特徴づけた叙述は、他にはめったに見当たらないほどである。喜劇的な視座の本質とは、あるものの現にあるとおりのあり方とそうあるべきあり方とを対比する、風刺劇的な反省のなかに見出されるようなものではない。そういった対比は、英雄的主体のうちで生じる道徳的葛藤の基礎をなすものである。むしろ喜劇の本質が見出されるのは、喜劇的な主体が「無限の明朗さと自信に支えられ、自分の矛盾などはものともせず、それによって苦しんだり不幸になったりすることもない」ところにおいてである（『美学講義』竹内訳二四三〇頁／長谷川訳四三六頁）。

だから精神の喜劇的な枠組みとは、「自分自身のことを完全に知っており、自分の目的やその実現が挫折することにも耐えることができるような、魂の完全な状態」である（同前）。このことこそ、ヘーゲルの言うように、喜劇が悲劇よりもなおいっそう強く「解決」を要求する理由にほかならない。かれによれば、「本質的な真理とそれが具体的に個として実現したものとのあいだの矛盾は、喜劇の行為においては、さらに根底的に再確証されている」（二四三三頁／四三八頁）。その理由として、かれは続けてこう述べている。「喜劇もまた純粋な芸術として見た場合、即かつ対自的に理性的なものを、その内部で転倒し崩壊していくものとして表現するのではなく、むしろその反対に、愚行や非理性、誤った対立や矛盾を、現実において勝たせたり最後まで存続させたりしないものとして、表現するという課題を負っているからである」。これは、アリストファネスの喜劇における競合《アゴン》によって得られるような種類の意識である。言い換えれば、「アテナイびとの生活における」正真正銘の倫理的感覚をもつものであれば、いかなるものであれそれをけっして蔑んで笑いものにすることはしないが、しかし「古い信仰道徳を消滅させてしまうような民主主義の行き過ぎ」に対してだけはあざけりを浴びせる、という意識である。それはまた、歴史哲学に生命を吹き込む意識でもある。「共同体という実質的存在にふさわしい現実世界がもはや存在せず、もともと実体のないものが自壊してその仮象としての姿まで失うにいたるとき、主観はこの解消をも支配下におさめ、それにわずらわされることなく、快活な気分を維持する」のだ（二四三二―二四三三頁／四三八―四三九頁）。

この意識が哲学的という独特の歴史理解の様式であるということが意味するのは、責任ある意識は理性の導きのもとでこの様式に到達しなければならないということであり、また、それがアイロニーへのアンチテーゼであるということに他ならない。これらのことは、風刺劇という演劇的表現様式が演劇の真正なジャンルとしての地位をもつことを、ヘーゲルが事実上拒否していることに示されている。かれの見るところでは、主観的なものと客観的なものという人間的実存の対立する二側面を、なんらかのかたちで解決することに失敗した結果が、風刺劇である。古代の風刺劇や、ヘーゲルがそう捉える近代の（ロマン主義的）悲喜劇が提供できる最良のものとは、その「対立的契機が並列されたり交代したりするのではなく、互いに打ち消しあって中和される」作用である（二四三四頁／四三九―四四〇頁）。そのような演劇においては、純粋に人格的で「心理学的」な性格分析を追究したり、「時代や風習の実態」を、演技を規定する要素として捉えたりすることで、高貴であるとされた人物が実際に高貴であるように主張することを究極的に不可能としてしまう傾向が見られる（二四三六／四四一頁）。ロマン主義の時代としての近代においても、事情はまったく変わらない。ロマン主義の歴史家は、人格的個人のもつリアリティや、その人物がそこに生まれ落ちた「共同体的な生」と同義である「運命」から、逃避しようとする。そのために、一方ではロマン主義的ドラマの主人公における心理的な動機について、他方ではかれを取り巻く物質的な条件について、感傷的な考えに耽るのである。

即自的歴史と対自的歴史

ヘーゲルは『歴史哲学講義』序論の冒頭において、歴史意識は三種類（素朴な歴史、反省的歴史、哲学的な歴史）に区分されると述べていた。そのうちの反省的な歴史意識に関しては、機械論と形式主義の両方がもつ限界に対するかれの批判が、そのままあてはまる。そしてこれら三種類の歴史意識は、歴史的な自己意識の異なる諸段階を代表している。第一の意識は、純然たる歴史についての意識と呼ばれるであろうもの（つまり、即自的なそのままの歴史意識）に符合する。第二のものは、みずからを歴史意識として認識する意識（つまり、対自的で自覚的な歴史意識）に対応する。そして第三の意識は、みずからが歴史意識であることを知っているだけではなく、そのような知の条件、つまり意識がその対象（過去）に対してもっている関係について、また同時に、さまざまな歴史の産物や一定の歴史学的作品を理性的に考察することでもたらされる歴史過程全体の本性に関する一般的結論について、じっくりと反省する意識（つまり、即自かつ対自的な、端的に直接的でしかも自覚的に存在している歴史意識）である。

「素朴な」歴史叙述である端的で即自的な歴史の意識は、歴史過程がそこにあると単純に気がつくことから、生じてくる。それはつまり、時間が過ぎゆくという感覚をもつこと、人間本性が発展する可能性を知ることである。このような歴史意識は、ヘロドトスやトゥキュディデスといった思想家に見出すことができる。「かれらは、だいたいにおいて、自分たちが目のあたりにしており、それとおなじ精神を自分たちが共有している行為や事件や時代状況を記述した。かれらは、身のまわりに起こった事実を精神の王国へと移し変えたのである。こうして、外面的な現象が内面的な観念に変えられた」。ヘーゲルによれば、そのような歴史家は素材をめぐる詩人の営みと似たようなことをしている。詩人は「自分の心のうちにある素材を観念へともたらす」。たしかに、これらの歴史家は、他のひとびとが書いた歴史上の事績についての評価を利用したかもしれない。しかし、かれらはそれを、「すでに習俗となっている言葉」を用いるのと同じような具合に、つまり材料としてだけ用いたのである。かれらにとっては、自分たちが生きた歴史と自分たちが書いた歴史とのあいだには、なんの区別もなかった（『歴史哲学講義』上、武市訳一二頁／長谷川訳一二頁）。

ヘーゲルがここで言わんとしているのは、「素朴な歴史家」が、主として隠喩的に対象を特徴づける様式によって仕事をしたということである。かれらは「はかなく過ぎ去っていくものを結び合わせて、記憶の女神ムネモシュネーの神殿に安置し、それを不滅のものとする」（同前）。直接に事実を相手にする歴史家は「目下、目の当たりにしている現実という土台」を叙述の内容とするのであって、夢や空想や幻想をそういった対象にするのではない（一二頁／一一二頁）。これらの「詩的な」歴史家は、実際に「眼前にある事件や行為や状況を、観念（Vorstellung）の作品（ein Werk）として創造する（schaffen）」（一二頁／一二頁）。したがって、かれらの紡ぎだす物語は空間的な広がりの点で制約を受け、また時間に関しても制限されることになる。かれらが原則として目指すのは、手近にあったり、出どころがたしかであったりするために自明である出来事から、生き生きとした「イメージ」をつくりあげることである。かれらの歴史に「反省」が加わらないのは、かれらがその「事象の精神のなかに生きている」からである（一二頁／一二―一三頁）。そして、かれらは自分たちが描く出来事に生命を与えている精神と同じもの共有しているため、批判的吟味をまったく経ることなく、物語の細部を挿入していくことができる。この細部は、トゥキュディデスがかれの物語の主人公たちに語らせている言葉のように、それが精神全体とのあいだで一貫性を保っているかぎりで、物語に挿入するにふさわしいものとして書き足されているのである。

しかし、こうした詩的な歴史叙述の形式は、古代の歴史家においても近代の歴史家においてもまれであった、とヘーゲルは述べている。そのような歴史叙述が生み出されうるのは、大きなスケールの実践的なものごとに取り組む才能、すなわち出来事の一部となる能力を、詩的な才能と結びつけることができる精神によってであり、たとえばレス枢機卿やフリードリヒ大王のような精神の持ち主によってである（一四―一五頁／一四―一五頁）。以上のことからヘーゲルは、そのような「素朴な」歴史家の作品の本質をなす真理にまで到達するためには、たゆみない研究とねばり強い反省が必要だと結論づけている。なぜなら、かれらの仕事が表している歴史叙述の形式は、歴史書であると同時に、その時代の一次的記録でもあるという、二重のあり方で存在しているからである。この形式では、歴史家の魂と、かれの書く（また、かれがそれに参加していた）出来事とが、ほとんど完全に一致している。そして、もしもわたしたちが詩や出来事や歴史家の作品のどれか一つについてでも知ろうと思うなら、それらすべてについての知を得ようと努めなければならない。詩的なインスピレーションや知的養分を得るためにそれらを読むこともできると、言い添えてもいい。しかし、ヘーゲルが暗示しているように、近代の「反省的な」歴史叙述、つまり職業的学者の歴史叙述を評価するために用いられる尺度で見たときには、趣味が悪いだけでなく、科学的批判が何であるのかが分かっていないと非難されることになる。

「素朴な歴史」のうちのある種のもの、たとえば中世の修道僧たちの仕事は、抽象的であったり形式主義的であったりという点で批判されるかもしれない。ただし、こういう限界が生じるのは、そういった作品を描く当人の生と、かれらが描く出来事とのあいだの隔たりからである。とはいえ、そういう限界をもった作品をわざわざ強調する理由もなければ、逆にそれらに批判を試みる理由もない。わたしたちに必要なのは、それらの作品が含んでいる事実的なデータがどんなものであれ、それらを自分のものにして、過去についての独自の歴史的説明をつくりあげるためにそれらを用いることだけだからである。

歴史学的作品の第二カテゴリーである「反省的な」歴史、つまり自覚的な歴史は、時代の推移を捉えようとする観点だけから書かれるのではない。それは同時に、歴史家とかれの研究対象とのあいだに開いている距離についての明確な意識を伴っている。この距離を、歴史家は意識的に埋めようと試みるのである。現在と過去のあいだに開かれた距離を越えるというこの努力は、明確に存在する課題だと考えられている。したがって、反省的歴史の精神は、「その歴史家自身の現在をぬけだしている」とヘーゲルは言う。自分たちと過去との隔たりを埋め、過去へと沈潜し、その本質や内容を理解するために、さまざまな歴史家が多様な理論的方策を講じることから、そういう歴史家たちによって生み出される反省的歴史にはいくつもの種類がある、という。

ヘーゲルは、この反省的な歴史を四種類に分けていた。つまり、普遍的歴史、実用的歴史、批判的歴史、概念的な歴史（Begriffsgeschichte）の四つである。かれの整理によれば、これらのいずれにおいても、換喩的または提喩的な歴史理解の様式の属性が表れている。第一の普遍的な歴史は、まさにあつかう素材を減らすという必要に迫られ、抽象化したり切り縮めたりするという処理を素材にほどこすために、恣意的であり断片的である。それは、あつかう主題のおよぶ範囲が広す

▼レス枢機卿（Jean Francois Paul de Gondi, Cardinal de Retz）一六一三－七九。フィレンツェを出自とする家系で、ブルターニュ領のフランス貴族だったが、フロンドの乱（フランス絶対主義に対する貴族の反乱）では、その中心人物のひとりとなった。一六五二年には投獄されるが、国外に逃亡し、一六六二年に帰国した。自分が当事者となった事件の歴史を描いた『回想録』を残している。

▼フリードリヒ大王（Friedrich der Große）フリードリヒⅡ世（Friedrich II）一七一二－八六。代表的な啓蒙専制君主のひとりで、積極的に国家経営にあたり、同時代に発達した官房学によって、臣民の生命と生活に配慮し関与する新しい統治のあり方を示した。ロココ的な宮廷人としても多才であり、学問や芸術に優れたセンスを発揮して、ヴォルテールのような同時代の文人とも交わった。政治論とともに同時代史についても書き残している。

ぎるせいだけでなく、十分な理由もなしに原因を示さなくてはならず、不適切な証拠によって類型論を構成しなくてはならないからである。第二の実用的な歴史もまた、過去についての同じような見取り図を生みだすが、過去の全体を知るという関心（普遍的歴史において優勢な関心はこれである）のもとでそれを行うのではなく、むしろ現在に奉仕し、過去の類似例を使って現在の問題を照らしだし、いまを生きるひとびとを導くための道徳的教訓を引きだすことに努める。そのような歴史は、それと表裏一体の関係にある普遍的歴史と同様に、偉大な芸術作品なのかもしれないし、あるいはモンテスキューの『法の精神』の場合のように、純粋に啓蒙的な性格をもつものなのかもしれない。ところが、そういう実用的な歴史がもつ権威については限定されている。それは、実用的歴史がそこから現在のための教訓を得る過去に関する真理が、普遍的歴史で見出された真理と同じように断片的で抽象的だからというだけではなく、「経験と歴史が教えてくれるように、民衆や政府が歴史からなにかを学ぶといったことはかつて一度たりともなかった」（二八頁／一九頁）ためでもある。ヘーゲルがそう考えたのは、次の理由からであった。

それぞれの時代はそれぞれに固有の条件のもとに独自の状況を形成するのであって、決断もまた状況のなかから行われねばならないし、また、それ以外に決断のしようがない。世界のさまざまな出来事の渦中にあっては、一般原則も、類似の出来事の記憶も、なんの役にも立つはずがない。（同前）

こうしてかれは、そのもっとも有名な警句のうちのひとつである、次の一節を書きとめるのである。

色あせた記憶は、生気と自由にあふれた現在に対してなんの力ももたない。（同前）

そのほぼ一世紀近く後にポール・ヴァレリーが断言したところによれば、歴史は「正確にはなにも教えてはくれない」。しかし、ヘーゲルであったなら、むしろヴァレリーが強調した「なにも」という部分よりは、「正確には」（precisely）というところを強調したことだろう。つまり、普遍的歴史であれ実用的歴史であれ、読者はだんだんとそれが「恣意的」で役に立たないと感じるようになり、「飽きて」しまい、「特定のものの見方」を採らない単純な「物語」が与えてくれる気散じへと逃げ込むようになるということだ。

わたしがこれまでヘーゲルの著作のなかで注視してきたのは、まとめれば以下のような点であった。つまり、わたしたちは歴史が全体として何であるのかについて歴史家から学ぶことはできないし、わたしたち自身の問題を解決するために有益なものもほとんど得ることはできないのである。そうなると、つまり、歴史を書くということは、「素朴な」歴史を支える詩的想像力を美的に享受することでもなく、また、大義に奉仕しているという実用的歴史の著者を喜ばす道徳感覚でもないとなると、ではいったいどういうことなのであろうか。

「反省的」歴史の残り二つの形式に対するヘーゲルの特徴づけ方から見ても、ヘーゲルは歴史を書く理由を、それが歴史家自身の精神にもたらす意識の変容のうちに求めるべきだと考えていたように見える。

第三の「批判的歴史」は、他の二種類の反省的歴史（普遍的および実用的な）が表現している歴史意識よりも高いレベルの意識に到達している。というのも、この種の歴史では、過去と現在の隔たりをどう架橋するかが、出発点におくべき問題そのものとして捉えられているからである。つまり、それは、（前二者の普遍的歴史叙述や実用的な歴史叙述という観点からの）一般的または実際的な考察によっては解決を与えられることがなく、批判的すなわち理論的な知性によってのみ解決されうる問題として定立されているということである。批判的歴史において、批判的な歴史家は、研究主題に関する原史料や他の著者の歴史的説明を、次のようなしかたで批判的に扱うからである。すなわち、恣意性や断片性や主観的関心といった、先行する二つのタイプの歴史叙述を頓挫させてきた陥穽にはまり込むのを避けるために、原史料や他のひとの説明から《実際にそうあった真実》という内容を抽出するよう努めるのである。ヘーゲルによれば、批判的歴史叙述は、いっそう適切に表現すれば「歴史の歴史」と呼ぶことができるものにほかならない。しかし、ヘーゲルが注意しているように、このような形式の歴史的反省は、実際に書かれた歴史とそれらが表現する対象との関係を打ち立てるための、申し分のない尺度が不在である、という事情のもとで作り上げられてきたものである。この歴史では、歴史家の全エネルギーが批判の作業へとつぎこまれ、そのことによって、特定の主題の具体的な歴史ではなく、その主題をめぐってさまざまな歴史家が紡ぎあげてきた複数の歴史についての歴史が獲得される。しかし、こうした企てが形式主義的なものにならざるをえないということは、ヘーゲル自身の時代のドイツにおいて、いわゆる「より高尚な批判」（文献学）が、本当の意味での批判的な歴史なら提示し、合理的な論拠によって擁護しなくてはならない概念装置を持つことができず、むしろそれを主観的な思いつきで代用しているだけだ、という事実によって明らかである。「その思いつきたるや、それが大胆であればあるほど、つまり、その根拠が薄弱であればあるほど、またそれが歴史上の定説と矛盾すればするほど、かえってすぐれたものと見なされるような代物なのである」（二九頁／二一頁）。

したがって、反省的歴史の最後の種類にあたる「概念的に区分された歴史」（つまり、芸術の歴史、宗教の歴史、法の歴史など）にまで到達すると、それが「一目で分かる断片的な特徴を示している」（三〇頁／二二頁）という事実にも驚かされることはない。概念的歴史は「抽象的な立場」をとっているが、同時に「普遍的な観点に立って」もいる。それによって、この概念的歴史は、哲学的歴史へと移行するための基礎を提供しているのである。これは、ヘーゲル自身の著作がその原理を与えるとされている歴史的反省の第三のカテゴリーである。というのも、「概念的に区分された歴史」が扱う芸術や法や宗教といった国民や民族の生活の内実は、「民族誌の全体」に、つまり社会的、文化的実践一般という領野に非常に密接に結びついているからである。したがって、概念的歴史はおのずから「全体的なものの連関」という問いを立てることになる。この全体的連関を提示するのは国民の歴史であるが、それは実現されるべき理念としてではなく、現実として描かれる。言い換えれば、たんなる抽象として把握されるものではなく、現実に生きられたものとして描かれるのである。ある民族の歴史がもつ内容や、その民族自身の生活様式に関する理念的理解を「年代記」のなかから導出するための原理が必要である。また、こうした一切のもののあいだにある関係を明らかにするための方法も明確にされなくてはならない。これらを解明するための課題が、歴史的反省の第三のカテゴリーであり、「いまやわたしたちの目的」となる、哲学的な歴史を構成しているのである（三〇頁／二一－二二頁）。

即自かつ対自的歴史

さて、以上で論じてきた四種の反省的な歴史は、自覚的すなわち対自的な歴史意識という形式の内部で可能になる歴史意識の諸段階を、典型的にヘーゲル的なやり方で特徴づけたものであるということが、いまや明らかである。素朴な歴史が即自的な歴史意識の産物であるのに対し、哲学的な歴史は即自かつ対自的な歴史意識が生みだしたものである。ところで、歴史意識の対自的な段階にあった反省的歴史は、それ自体が、即自的なもの（実用的歴史）、即自かつ対自的なもの（批判的歴史）、対自的なもの（普遍的歴史）に区分できるだけでなく、さらにそこには四番目の類型として、概念の歴史（Begriffsgeschichte）が現れる。そして、この概念の歴史は、新しい集合である哲学的歴史への移行態であるとともに、その基礎をなすのである。このようになるのは、反省的歴史という類概念のなかのこの第四の種である概念の歴史が、歴史の特殊な部分についての真正な歴史的知がすべて、恣意的で断片的な性格を必然的にもたざるをえないという（アイロニー的な）理解から出発しているからである。

ヘーゲルがそのすぐ後で述べるように、歴史家は出来事や主題を、その具体的性格や固有の細部について論じなくてはならない。それに失敗すれば、かれらは自分たちの使命にそむくこととなる。ところが、裏を返せばこのことは、かれらの視覚がつねに一定の枠にはめられ、制限されているということを意味する。このような限界は、過去に営まれた生を、その理念性および具体性のままにふたたびありありと現前させようとする試みに対して、かれらが支払う代償である。歴史家たちは、たんなる過去の再構築という次元をあえて超え出ようとは望まず、特定の過去における生を同時代の全体的文脈へと接続するような普遍的原理を、具体的な出来事に関するかれらの知識のなかから提示しようとは試みないときにのみ、自分の立てた目的にもっともうまく仕えることができるのである。

しかし、それでは、四種類のさまざまな反省的歴史によって与えられた歴史的世界の諸部分の表象から意味を汲みとるためには、どんな原理が必要となるのだろうか。それこそが哲学的歴史の問いである。ヘーゲルによれば、哲学的歴史とは、歴史を「思惟しつつ考察すること」(die denkende Betrachtung)だと端的に定義できる(『歴史哲学講義』上、武市訳二〇頁/長谷川訳二二頁)。つまり、哲学的歴史とは、すでに知られた歴史上の事実から新しいことを取りだすために個々の事実に理性の光を当てていくことではないし、「反省的」な歴史家がその正当であるが限定された課題への取り組みを通じて提供した歴史的説明を訂正しようとすることでもない。それは何よりも、歴史家が生みだした作品についての「思惟に満ちた反省」である。もし歴史家の生みだした作品を、物理学者や化学者の仕事では可能なように、理性の普遍的原理に照らして総合することができないのだとすれば、歴史学は学という地位をまったく請求できなくなる、とヘーゲルは主張している。というのも、歴史家が、人類や文化や社会についてわたしたちがもっている知識に対して、かれの書く歴史において なにごとかをつけ加えたと主張しながら、その際に、それらの歴史のなかで(たとえ不完全であっても)真なるものとして表現されている構造や過程の意義について、思惟がそれを正当に普遍化できるということを否定するとしたら、このことは、歴史と思惟の両方に対して、科学も哲学も是認しえない制約を課すことになってしまうからである。

次のことは銘記しておくべきだろう。歴史家が実際に書いたあらゆる作品がどれも断片的で恣意的な性格をもっているとことさらに強調することで、ヘーゲルは、アイロニー的な立場の内部に自分の足場を定めたのだった。この足場は、かつて啓蒙の思考が、みずからの歴史的反省が恣意的な性質をもっていると自覚することで押し出された場所に他ならない。ただし、啓蒙思想家のあとを受けて、それならば歴史は自分が望むとおりのものを書くことができると結論づけたロマン主義者たちとは異なり、ヘーゲルは、ひとり理性のみが、過去についてのそうした不完全な説明から（部分的にせよ）真理を引きだし、それらを純粋な歴史の学のための基礎にまでまとめ上げる権威を要求すべきである、というのである。ただし、注意しなくてはならないのは、理性が手に入れようとするのは、歴史の学であるという権威にとどまらず、歴史の学のための理論的な基礎となるという権威である。ヘーゲルはこう述べている。「哲学が歴史にもたらす唯一の思想は、単純な理性の思想、つまり、理性が世界を支配しており、したがって世界史においてもすべては理性的に進行してきたという思想である」。ヘーゲルは、この確信が「歴史そのものに関するひとつの前提である」と警告している（三一－三二頁／二四頁）。ところが、哲学においては事情が異なる。理性という絶対的前提がなければ、哲学という営みそのものが不可能となるからだ。もしも概念的に区分された歴史（Begriffsgeschichte）が反省的歴史から哲学的歴史への移行としての役割を果たすものであれば、それは単純な自己意識という様式において解釈されねばならない。すなわち、みずからの営みについて、また自己と自己のあつかう主題との関係について、反省的であるような概念史として解釈されなければならない。

このように問題を捉えることによって、ナイーヴなアイロニーに彩られた歴史的反省の様式、つまり、自分が発見したものの恣意的で断片的な性格に端を発した様式から、出来事に特定の歴史性を与える内的な連関をつかみとろうと努める反省様式へと、移行することができる。それゆえにこの努力は必然的に、歴史の場を占める対象の隠喩的、換喩的、および提喩的な特徴づけや、それらの（因果論的および類型論的）関係についての考察を経て、アイロニー的な自己反省といういっそう高次の段階へと、思考を導いていくのである。この自己反省の段階では、歴史意識と歴史的存在の両者がもつ本質的な意味が、それらの本性についての哲学的省察にさらされる。このように考えることによって、歴史哲学の目的は、「歴史の意味」が意識の事実であるとともに生きられた現実であると捉えられるのと同じような意味で、歴史意識がその対象に関して適合的かどうかを決定することとなる。そのときになって初めて、歴史意識はアイロニーを超えるレベルにまで高められている。反省のこのレベルでは、歴史意識は即自的であったり対自的であったりするだけでなく、即自かつ対自的でありつつ自分のもとにとどまっている、つまり、自分の対象と一体となった意識となっているだろう。

歴史意識が高まっていってアイロニーを超えるという段階を、どのように捉えるべきであろうか。もちろんヘーゲルは、この段階の到来について抱いた期待に具体的な形を与えようとする場合に、歴史的時間の内部でのそのような主体と客体の一体化状態にいつか到達するということが不可能だと完全に意識していた。歴史意識と歴史的存在の両者に関するより高次の真理は、最終的には、同じ一つの真理として考えられなくてはならない。つまり、それは、歴史に対する理性の支配という真理として考えなくてはならず、また歴史が歴史の本質を把握できるまでに反省的になった意識に提示する合理的な様相という真理として想定されねばならない。これは、つまるところ哲学の真理である。芸術ならば、そのような真理を、その具体的な姿や形式的まとまりのなかにさっとつかみとることができるかもしれない。また宗教ならば、それを神がみずから創造した世界を支配する真理と名づけるかもしれない。しかし、哲学自体は、けっして哲学の真理を名指すことはしない。というのも、ヘーゲルが述べているように、哲学は「真なるものは全体である」ということや「絶対者は生である」ということを知っているからである。

しかし、こうした哲学的考察はみな、個々の歴史家によって与えられた不完全で断片的な真理が、ありうる歴史学の主題として正しく考察されるための基礎をしっかりと確立するという、哲学に比べればもっと温和な歴史家たちの目的にとって、つじつまが合わないのである。それに、そういった哲学的考察よりも、人間の本性に関する学を思い描くための基礎となる素材の必要不可欠な部分は、歴史的過程ただそれだけによって与えられるという事実のほうが重みがある。ヘーゲルは、哲学とは「理性的な洞察や認識への欲求」を満たそうとすることだと書いている。それは、「たんに知識の集積」を、つまり、ある特定の学問研究を担うひとが共通にみな持っているものとして「前提され」なければならないようなデータの集積を求めることではないのである。「世界史にむかうにあたって、思想や理性的認識をいまだもちあわせていない人もいるかもしれない。だがそういう人も、世界史のうちに理性が存在することや、知性や自己意識的な知の世界は偶然の手に委ねられるのではなく、自己を知ろうとする理念の光のなかで開示されなくてはならないということだけは、少なくとも信じるべきである」(三三頁/二五頁)。

もっともヘーゲルは、「そのような信念をあらかじめ(読者に――ホワイト)要求しなければならないわけではない」と主張している。というのは、「わたしがいま述べてきたことやこれから述べることは、(……)全体を眺め渡したあとに得られる結論であって、その結論をわたしが熟知しているのは、わたしがすでに全体を認識しているからである」(三三頁/二五頁-二六頁)。ここでヘーゲルが言わんとしているのは、反省のための素材として、たとえ「虚心坦懐に」とか「取り上げる」という言葉がひどくあいまいであっても、「あらゆる歴史的なものを虚心坦懐に取り上げ」なければならないということである(三四頁/二七頁)。そこでは、歴史家たちが反省するさまざまな「様式」において歴史家によって提供される素材に対して、世界の過程は究極的に合理的なものであるという仮説が適用されなくてはならない。ヘーゲルは、このことになんらの警戒心も持っていない。というのも、科学と同様に歴史学においても、「ごく普通の平凡な歴史家」でさえ、かれが「自分は史実をそのまま受け入れているだけだと考え、そう主張している場合でも、その歴史家の思考は受動的ではなく、自分の思考カテゴリーをもちこんで、それによって事実を見ている」からである。歴史について反省する哲学者は、自分の探求において、終始一貫して自分の理性を生き生きとはたらかせるよう心がけていさえすればよい。理性そのものに本性があると考えるならば、その結果として、理性的に把握可能な過程としての歴史に関する理性的な説明が得られるだろう。なぜなら、「世界を理性的に見る人にとってこそ世界は理性的に見えてくるのであって、両者は互いに作用をおよぼしあう」からである。重要なことは、この歴史の理性的な側面を、たんなる形式的一貫性と考えるべきではないという点である。科学において実際の自然の営みを理性的に捉えうるのが、自然を概念化する形式においてである、つまり法則という形式においてであるのと同様に、歴史を導く法則もまた、時間のなかに展開していく歴史過程それ自体に内在するものとして理解されなければならない（三五頁／二八頁）。

アイロニーを克服する道程は、歴史は神の摂理によって支配されているのだとするただ素朴なだけの、言い換えれば宗教的な確信に陥るのを回避しなくてはならない。そして、摂理に基づくかのように見える歴史の本性が何であるかについての、しかも個々の人間や個々の集団ではなく、むしろ類としての人間の生から見た歴史の本性が何であるかについての、学的な――つまり合理的で経験的な――証明へと続いていかなくてはならない。ヘーゲルによれば、神の摂理への信仰に訴えるわけにはいかないのは、「いま論じようとしている学問が、つまり歴史哲学が（たしかに教説の抽象的真理の証明ではないにしても）とにかく事実と比較されたかぎりで正しいかどうかについての証明は提示しているからである」。（三六頁／三〇頁）。そしてこの「事実と比較されたかぎりでの正しさ」が求めているのは、人間とは、経験的に見るならば、つまり端的に人間を出来事が生起する場として見るならばということだが、何よりもまず情熱に支配された存在だと承認するところから始めなくてはならない。つまり、歴史のどんな説明も、「重要な段階でその役割を果たす、人間の情熱や天分や実行力を描か」なくてはならず、また合理的かつ経験的な証明によって、こうした事実の混沌を、ひとつの形式をもったものとしてばかりでなく、究極目的（Endzweck）を現実に開示するものとしても示さなくてはならない（三七頁／三〇－三一頁）。この究極目的がもつ普遍的な様相を明らかにすること、つまり、「世界に内在する究極的意図」を明らかにせんとすることは、この意図の「内実」（Inhalt）に「抽象的な規定」を与えることを、またそれが時間のなかで実現した（Verwirklichung）という証拠を示すことを意味する（四〇－

四一頁／三六－三七頁）。

わたしはここで、ヘーゲルが「精神」の本性がいかなるものであると考えているのかについて、踏み込んで考えておきたい。ヘーゲルは精神が行為の主体であると考えていた。この精神という主体が、意識と存在とがどうしたら統一されうるのかを理解することで、思想や感覚のアイロニーや、人間経験のアイロニーは、最終的に克服されるのである。といってもここでは、精神をめぐるヘーゲルの考え方をごく簡潔に素描することにとどめたいと思う。というのも、このことについては、『精神現象学』や『論理学』や『法哲学講義』のなかですでに詳細に展開されているからである。重要なのは、かれが精神と物質とを互いに徹底的に対立したものとして理解することから、精神をめぐる議論を始めていることである。かれが述べるには、「世界」という表現には「物理的な本性と心理的な本性とがある」。かれは、物理的な本性が世界史のなかである役割を果たすことは認めている。また、歴史の機械論的な作用がかれの主題に影響するときには、それについての評価をしなくてはならないことも認めている。だが、あくまでかれの主題は精神である。そして、精神の「本性」は「抽象的な特性」によって特定されうるのである。つまり、精神の「本性」を理解するには、精神が自分の理念を実現したり、時間のなかで自己実現したりするために用いる手段について考察するとか、また、精神の完全に具体化した存在が帯びる「姿」について考えなくてはならない。

ヘーゲルが述べるところによれば、精神とは、それ自身にとって外在的なものに規定されざるをえないという本性を持つ物質に対照させて、その正反対の存在であると理解することができる。精神とは、「自己自身のもとにとどまる存在」(Bei-sich-selbst-sein)であり、つまり「自由」である。というのも、自由とは、自立的ないし自律的であるということであり、みずからの外部にあるなにかに依存したり、それによって決定されたりすることがない状態のことだからである。かれは続けて、自己自身のもとにとどまる存在とは、自己意識でもあり、自分自身の存在の意識であり、つまり、自己というなにかになる可能性を秘めているものの意識でもあると言う。ヘーゲルはこの自己意識という抽象的な規定を、歴史の観念そのものから類推して手に入れている。「世界の歴史とは、精神が本来の自己を次第に正確に知っていく過程を叙述するものだ、ということができる」（『歴史哲学講義』上、武市訳三九頁／長谷川訳三七頁）。そして、歴史が過程であり、時間の内部における理念や精神の実現であるかぎり、精神が潜在的にそうであるものの知を発現させるということは、精神が潜在的に生成しうるものの現実化であり、実現なのである。自己意識とは自由にほかならないために、時間のなかで精神が現実化するということは、自由の原理の成長を形象化することであると考えられなくてはならない。だからヘーゲルは、

「世界史とは自由の意識が前進していく過程である」と述べたのだった。そして、この洞察がかれに「世界史の自然な区分と、その論じ方を示唆し」ているという（四四頁／四一頁）。

構造としての《歴史の場》

ヘーゲルは、『歴史哲学講義』の序論のなかの二つの重要な箇所で、「歴史の場」という言葉を規定している。この「歴史の場」とは、批判的な知性がそこから意味を引きだすことが期待できるような一群の現象であり、そういうものとしては、ぜひともはっきりさせておかなくてはならない問題である。ただしこれら二つの箇所でヘーゲルが示している二つの規定は、その本性からみてまったく異なったものである。この部分は、そのそれぞれの特徴をはっきりさせるためにも、入念に吟味しておく価値があるだろう。

「歴史の場」の第一の規定においては、ヘーゲルはこれを共時的な構造として捉えている。その箇所では歴史の場は、情熱の混沌、つまり私利、暴力、くじかれた希望、妨げられた目的や企図がまじりあったものとして理解されている。他方で、歴史の場の第二の規定としては、ヘーゲルはそれを通時的構造と理解している。その箇所では、歴史の場は、たんなる変化として特徴づけられているように見える。共時性の観点からする第一の規定は、ある重要な概念を生成させる基盤として役立っている。この概念があることで、情熱の混沌として考えられた共時的な場は、目的のスペクタクルとして捉えることができるのである。また、第二の特徴づけも、やはり重要な概念を生成させる基盤として役に立つという。こちらの概念は、変化の混沌として考察されている通時的な場を、発展の過程として理解できるようにさせるのである。

歴史の場を現象の場と見る第一の規定は、隠喩という様式で与えられている。それはたんなる現象ではなく、名指された現象なのである。ヘーゲルは、「外的で現象的な」直観に与えられる歴史の場を、その感性的形式という観点や、与えられた形式の道徳的意味という観点から、さらにはそれらの組み合わせが必然的に引き起こす哲学的な問いという観点から特徴づけている。かれはこう述べている。

歴史を眺めわたすときまず目にとびこんでくるのは、欲望や情熱や利害や性格や才能から発する人間の行動であり、しかも、この行為のドラマにおいてひとびとを駆りたてる主要な動機は、欲望、情熱、利害のほかにはない。（『歴史哲学講義』上、武市訳四六頁／長谷川訳四三頁）

たしかにヘーゲルは、この欲望や情熱や利害といった人間の動機を理解するレベルにおいても、「善意」や「高貴な祖国愛」といった「普遍的な目的」のために献身せんとする行為や企てを十分に見てとることができる、と注記している。しかし「こうした徳行や公共心は、現実の世界とそれが行っていることに比べれば、まったく取るに足りない」。たしかに普遍的な理性そのものが、個々人の計算づくの悟性に対して影響力を発揮する、ということはありうるだろうが、史資料そのものに基づいて考えてみると、「情熱や私的利益や利己的願望の充足」が「人間の行為のもっとも強力な源泉」であることは否定のしようがない（四六頁／四三―四四頁）。

この「情熱の舞台」（Schauspiel der Leidenschaften）に省察を加え、悪しき意図や目的も「善意」や「正しき目的」も、どちらも同じように本質的には非理性的なあり方をとることを理解するならば、そしてまた、「悪や悪徳が生まれ、人間精神がかつて生み出したもっとも繁栄した王国の没落を」そこに目の当たりにするならば、わたしたちがこのことから不条理な大芝居に立ち会っているような印象を受けることは避けられない。このように見ると歴史の全体は、いつだって「腐朽していくもの」であるという徴を帯びている。そして、「このような腐朽が自然のなせる業ではなく、人間の行いによるものである」から、わたしたちのなかに、「道徳的な悲嘆や、もしもそうしたひとがいるなら、善き精神の反逆」が喚起されることがある。「悲惨な現実は、もっとも高貴な民族や国制、もっともすぐれた人間的徳も圧倒してしまうのだが、そうした歴史のなかの悲惨を」ただ感性的に見ているだけで、つまり「単純に誠実な姿勢でならべているだけ」でも、「ぞっとするような図像」が浮かび上がってくる。そして、深い悲しみの感情が引き起こされ、運命論へと逃げ込んで、嫌悪感から「自分の個人的な生活というもっと受け入れやすい環境のなかに、要するに、わたしたちの私的な目的や利益からなる現在のなかへと」引きこもりたくなる（四六―四七頁／四四―四五頁）。

ところが、感性的な知覚そのものに対するこのような道徳的な反応は、理性が働いているかぎりのどんな意識にも「望むと望まざるとにかかわらず起こってくる」ある問いについて、わたしたちに省察を迫るのである。それは、「こうした法外な犠牲は、誰のために、どんな究極目的のために捧げられたのだろうか」という問いである（四七頁／四五頁）。

ヘーゲルによれば、わたしたちがこうした地点にたどりついたときに、つい採用しがちな手順とは、ヘーゲルが「反省的な歴史叙述」と規定したような類の発想を行ってしまうことである。それはつまり、先に論じたように、その歴史の場を「恣意的」かつ「断片的」に整理できるよう、因果論的に還元したり、類型論的に還元したりする概念戦略をとることである。それに対してヘーゲルは、「悲しい感情やそれについての感覚的な反省のために、あの恐ろしい図像を構成している事件によって、ただちにその歴史の場そのものが規定されてしまうような」還元主義の概念戦略はとらないようにしようとしている（強調はヘーゲル）。その「歴史の場」そのものは、「本質的な運命（……）あるいは（……）世界史の真の結果を実現するための手段」を表しているからである。（四七頁／四五頁、強調はホワイト）。したがってヘーゲルの主張によれば、道徳的反省は、歴史を理解するための方法として役に立つことはない。そうした道徳的反省は、歴史の場を因果論的に還元したり、類型論的に還元したりするものだということは、これまで詳しく述べてきたが、こうしたことが、悟性によって抑鬱的な気分を紛らわすために用いられる場合であれ、せいぜいが、説明しようとする現象に何か理由をつけて頭のなかからとりのけてしまうことができるくらいであり、あるいはひどい場合には、歴史の全体像が本質的に不条理であることについてのわたしたちの恐怖感を裏書きすることができるくらいのものである。歴史とは「罪業と苦難のパノラマ」であり、この目で見て分かる事実を否定しようとするどんな歴史観も、芸術や学の原理に対して、また道徳性がもつ原理に対しても、等しく誠実さを欠いている。こうしてヘーゲルは、歴史の場を端的に「罪業と苦難のパノラマ」として捉えることが全面的に正しいと見ている。ただし、かれはこうした見方を、それに対する道徳的反省を通じて意識にのぼってくるはずだという目的－手段関係についての因果論的還元を行うような問いのなかに置いて考えている（それは「こうした法外な犠牲は、どんな原理のために、どんな最終目的のために費やされてきたのか」という問いである）。

要するに、「罪業と苦難」は、それよりも上位にあるなんらかの原理を実現するための手段だとみなされなければならない。この上位原理は、感覚に与えられるわけではないが、原則としては、この原理を推論するためのカテゴリーを超越論的に演繹することによって、知ることができると考えられている。この演繹は、カントが自然現象や科学に関して遂行したことであった。その一方でヘーゲルは、「原理や原則や法則は内的なもので、その内実が真理であっても、いまだ完全に現実的な（wirklich）ものだとはいえない」と認めつつ、この「原理や原則や法則」を歴史過程全体の目的として特徴づけている（四八頁／四六頁）。つまり、考えうる究極原因、すなわち具体的存在としては実現されていない原理は、それがいまだ歴史における現実化の過程のさなかにあるかぎりで、学にとって究極的に不可知なものとして認識されざるをえない。したがって、思考の営みは、みずからの前に与えられた史資料から出発し、またそれを、なんらかのより大きな目的のための手段として捉えるところから始められなければならない。

ヘーゲルはこうして、フランスの啓蒙哲学者たちを絶望へと引き込み、ドイツ・ロマン派を楽天性と興奮の高みへと駆り立てた歴史に対するあの洞察を、つまり「情熱」のみがあ

として

らゆる歴史の出来事の直接的原因なのだという事実を、真理として受け入れたのである。実際にヘーゲルは述べている。「世界のなかのどんな偉大なことも、情熱なくしては成就されなかった（nichts Großes in der Welt ohne Leidenschaft vollbracht worden ist）と言わねばならない」（五〇頁／四八頁）。そういうわけで、歴史家の研究対象となるのは、かれがまさに目の前にしているもの、すなわち「罪業と苦難のパノラマ」にほかならない。しかし、同時に歴史家は、素材ばかりではなく、目的と手段の関係という「概念」（Begriff）と、その概念の「理念」（Idee）を持っている。この理念とは、認識可能な歴史的実体として（だから、たんに自然的であるだけのものとは違ったあり方で）歴史の内部に出現するあらゆる存在が、具体的な実現過程を通して完全に現実化したものであると言っていい。この理念によってこそ、歴史家は罪業と苦難のパノラマから意味を引きだすことができる。そのとき、史資料（つまり、罪業と苦難のパノラマ）をなんらかの目的のための手段として把握できるような概念理解の内部に取り込むことによって、懸念されるような換喩的な還元やアイロニーに迷い込んでしまうという問題は回避されるだろう。

こうして、わたしたちの目の前には二つの契機がおかれている、一つが理念、もう一つが人間の情熱である。世界史を目の前に広がる大きな絨毯にたとえると、一方がその経糸《たていと》であり、他方が緯糸《よこいと》である。（同前）

こうして「（伝統的な用語法のなかでは——ホワイト）どこか正しくない、多少ともまちがった要素を含むものだと見なされてきた」情熱は、たんに人間存在における一事実承認されるだけでなく、必然的で好ましい状態として評価が高められる（五〇頁／四九頁）。情熱は偉大な目的を、つまり、私利や性格的特性に左右される個々の人間や個々の集団が思いつくどんな目的よりも、偉大な目的を達成するために欠かすことのできない望ましいものである。こうして、個人や集団が時間の内部で実現するより高次の人間的目的から、情熱が切り離されるという事態は克服された。啓蒙哲学者が（換喩的な分析によって）克服するのに失敗した《理性と情熱の二元論》は、《理性に対する情熱の主導権《ヘゲモニー》》という（ロマン主義者の）誤った一元論や《情熱に対する理性の絶対的主導権《ヘゲモニー》》という（主観的観念論者の）やはり誤った一元論ともども、ここに来てようやく乗り越えられた。そして、情熱と理性とを媒介する道具としてヘーゲルが考えたのが国家であった。といっても、それは、具体的な生活において媒介的手段の役を果たすだけの実情としての国家的制度のことではなく、ヘーゲル哲学の固有の意味での理念的本質における国家であり、言い換えれば、客観化された人倫（Sittlichkeit）としての国家のことである。理性と情念の「具体的な媒介であり、統一であるもの」が、「国家における人倫的自由なのである」（五〇頁／四八頁）。

国家、個人、悲劇的歴史観

理念的国家とは、そこにおいて市民の私的利害が共通利害と完全な調和をなし、「一方が他方のうちに自己の充足と実現とを見出す」ものであると、ヘーゲルは書いている（『歴史哲学講義』上、武市訳五一頁／長谷川訳五〇頁）。ところが、あらゆる現実の国家は、それがまさに具体的メカニズムであり、たんなる潜在的可能性ではなく現実態であり、つまり理念的国家の実現であるために、個人の利害や欲望や欲求をいま述べたように共通善と調和させ和解させることに失敗する。しかし、ある国家が、理念的国家の実体化された存在になるのに失敗するということは、絶望としてよりも、むしろ喜ばしいこととして経験されるのでなくてはならない。というのも、このような共通の利害に対する私的利害の（あるいは私的利害に対する共通利害の）不均衡に特有の自由が実践される余地を生みだすからである。もしもある国家が完全無欠なものだとしたら、ひとびとが自分の社会的、政治的に与えられた資質に不満をもつことには、どんな正当な根拠もなくなってしまうだろう。それどころか、人間が自分について欲望することと、自分が道徳的に正当化可能な欲望だと感じていることとのあいだの不一致に由来する道徳的な憤激を正当化することもできなくなってしまう。人間たちには、自分が直接に感じているのは正しさという唯一の基準しかないからである。主観的な面とは、人間が自分自身の内側から欲望するものごとであり、自分には唯一の正しい基準として直接に感じられるから、それで道徳的に正当化可能なものだと感じられるのである。しかし、もう一方の客観的な面は、人間がそこに生まれつき、暮らし続けるように求められている共同体のほうから、欲望すべきものとして押しつけられてくる内実である。人間の自由とは、特有な意味で道徳的な自由なのであり、自分が目の当たりにするあらゆる「現実」が、主観的心情が「正義や公正さと見なしているあるべき目的に合致していない」状況において、まさにこの眼前の現実を変革しなくてはならないという切実な問いとして差し迫ってくるのである。「そこにあるもの」と「そうあるべきもの」とが、つねに好ましからざる対比を示しているからこそ、そこに道徳的な自由の問題がある（六五頁／六六頁）。しかし、自由のこのような前提条件は、自由が実際に行使される局面に制約を課すものでもある。改革や革命によって国家を正しくしたり改善したりしようとする試みはすべて、結局はなんらかの新しいメカニズムを打ち立てることに尽きるだけである。それがどれだけそれまであった体制に優るものであっても、私的な利害や欲望を共通の善や要求と和解させるそれ自身の力については、やはり同様に限られたものなのである。

ヘーゲルが暗示しているように、ここで目的となるのは、この固有な意味での人間的条件がもつアイロニー的な（つまり逆説的で矛盾に満ちた）性質に自覚的でありつづけることである。人間に固有の条件は、まさに私的利害と共通利害とが区別されるところから出てきている。というのも、意識はこの自覚によってのみ、自分の自由を行使する可能性を信じることができるし、個人が抱く現状に対する不満の感覚には正統な根拠があると考えることができる。現状をよしとしない感覚があるからこそ、あらゆる私的利害と共通善とが一致しうる人間共同体の形態をめがけて、さらに努力せざるをえなくなるからである。

ヘーゲルが述べているように、「（想像力が作りあげる）理想が実現されていないとか、すばらしい夢が冷たい現実によって砕かれたとかといった不平」ほど、かれの時代によく耳にするものはなかった（六五－六六／六七頁）。だが、ヘーゲルの主張によれば、そのように嘆く者が、自分のいだく理想が自分自身の時代において実現されていないというだけで社会を告発しているときには、その嘆きはたんなる感傷の産物にすぎない。個人や国家や歴史過程全体のなかに欠陥があるとあげつらうことは、「その真の内容」を見出すよりも簡単だと、かれは言う（六六頁／六八頁）。というのも、ひとは「否定の口調で非難の言葉を投げつけ」るときには、「事態を上から見おろして」いるからであり、またそのとき、あらゆる歴史的状況がもっているポジティヴな側面、つまりそこに制約されている人間的自由の実現条件を予見させてくれるという一面が見過ごされてしまうからである。それに対して、ヘーゲル自身の視座とは、矛盾や対立や苦悩、そして自由の制約を抱えた「現実の世界」というものが、課題にふさわしい手段によって人間の目的を達成するのに「そうあるべき姿で存在している」ことを開示することであった（六六頁／六八－六九頁）。そして、このヘーゲルの主張に込められている精神は、ヴィーコが（誤って引用しているものの）『新しい学』第五巻をそれで締めくくっている、セネカの次の格言と符合する。「もし来るべきあらゆる世界が求めているものがそこに見出せないなら、この世界もつまらぬものでしかない」（ヴィーコ『新しい学』三、二二五頁）。

この格言は、みずからの目的を追求すれば個人は悲劇的運命を免れるという意味ではない。反対に、それが意味するのは、善き生とはこうしたものだという、自己の胸の内に抱いた構想によって、自分が属する社会を検証し、それを実際に変革するという目的をもつ者が、またその目的をその時代に実現するだけの情熱と意志と知性をもって追求する者だけが、歴史のなかで偉大なことをなす悲劇的な人物となるということである。凡庸な人間は、自己の欲望や私的利益の実現が自分の住む社会によって限界づけられている状態に反逆しようとするのではなく、かえってそれに執着する。犯罪者はごまかしによって、つまり、たとえば物質的満足という自分の私的欲望を実現することによって、公共の徳が提示する法律や制限をなんとか逃れようとするが、公共的な道徳や妥当している法律といった規範を実質的に変革するように働きかけることはけっしてしない（五七頁／五七頁）。それとは対照的に、歴史上の偉人とはまさしく、自身の私的な目的や利害関心が正当なものであることを情熱的に確信する者であり、またその確信ゆえに、自分のために望むものと、公共的な道徳や法律体系が万人に要求するものとのあいだの、どんな不一致にも我慢できない人物である。たとえばカエサルは、かれの理想的な自己像にかかわる構想を実現しようとしていくうちに、ローマ社会を完全に再建することに成功した。ヘーゲルが注意を向けているのは、偉人は「他人を満足させようとするものではなく、自分自身の満足だけを目的とする」ということであり、偉人が他のひとから学ぶのではなく、他のひとが偉人から学ぶのだということである（五九頁／五九－六〇頁）。個人が自分の課題にふさわしいものとして抱く意志と、ひとびとのあいだに受容されており、またそのひとびとがいまあるままに維持しようとしている社会秩序とのあいだには、大きな対立があるが、それこそが世界史の枢要な出来事を構成している。しかもそのとき、世界史にとって必然的なものであるこの変革する個人と変革される既成秩序の衝突の渦中でこそ、対立の帰結そのものを乗り越えるようなより高次の「包括的な関係」が形成されるのである（五七－五八頁／五七－五八頁）。

歴史というスペクタクルをそれ自体の展開過程の内側から見たときに、それを悲劇という固有の性格を備えたドラマとして捉えることができるのは、そのためである。ここで言う歴史をその発展過程の内側から見るということは、一民族ないし多数の民族の生活形式を実際に変革してのけた偉大な個人の特別の視座から見ることであり、あるいは逆のケースとしてこう付け加えてもよいだろうが、反対側の陣営で変革のための英雄的努力に抵抗することに成功した偉大な個人の特別な視座に立つことである。哲学的省察から歴史にもたらされる仮説を押しつけることをしないで、ただ歴史意識だけに依拠することで、言い換えれば、もっぱら美的感受性と道徳的な感受性との組み合わせだけに基づいて、世界史を、意味のない対立や抗争がつづられる不条理な叙事詩から、特有の意味で倫理的な意味を備えた悲劇的ドラマへと変容させることができる。だからこそヘーゲルは次のように書いたのだった。

（……）世界史的個人の運命に目をむけると、それはけっして幸せなものとはいえない。かれらは穏やかな満足を得ることがなく、全生涯が悪戦苦闘の連続であり、一身に情熱が満ちあふれていた。その目的が実現されると、豆の莢《さや》にすぎないかれらは地面におちてしまう。アレクサンダー大王は早死にし、カエサルは殺され、ナポレオンはセント・ヘレナ島へ移送された。（五九‐六〇頁／六〇頁）

要するに、これらの人物は、みずからの生をシェイクスピアの悲劇に登場する英雄のように生きたのである。そして、かれらの生について与えられる反省がたんに道徳的でしかないときには、次のような危険が生じる。そのような反省は、歴史の場に関する「たんに事実に基づいてなされるあらゆる説明」が引き出すものとよく似た結論へと、すなわち、これらの人物の生もまた、運命の投げかける役割に甘んずる普通のひとびとの生と同じように無意味で取るに足らないものだという結論へと、ひとを導きかねないのである。

しかし、たんに道徳的でしかないこのような見方が可能となるのは、自然と歴史との誤ったアナロジーに基づいて、どんな行為も先行する何らかの機械的な原因の結果と理解する換喩という理解様式に依拠する場合だけである。それによって、何か偉大なことを成し遂げようと奮闘する個人における、行為の背後に潜む意志や理性や感情のような主観的衝動は、普通の平凡なひとびとの本性と、つまり、偉大なことを成し遂げようなどとはつゆほども思わず、そのために集団の一構成単位であるという役割のほかには歴史になんの痕跡も残さないひとびとの本性と、同じレベルにまで引き下げられてしまう。だから、ヘーゲルがその少し先で述べているように、さまざまな口実をつけて歴史とはつまるところ姿を変えた自然にすぎないという想定から出発するひとびとが、自然を理解することしか適さない説明様式の論理に導かれ、歴史には意味がないのだという結論にいたるのも、不思議なことではない。なぜなら「むしろ自然状態とは、不法と暴力の状態、非人間的な行為や感情という手に負えない自然衝動にとらわれた状態である」からだ（七三頁／七六頁）。だが、もし人間が「たんなる自然にすぎない」としたら、わたしたちは人類の発達史において次第に文明化していくということを説明できないし、またその文明化のために必要であった「社会状態」がいかなる起源をもっているのかも説明できないことになってしまう。さらにいえば、科学や宗教や哲学の天才が個々に達成した最高傑作も、太古の野蛮状態の人間の意識状態と本質的には異なることのない意識の産物だということになってしまう。つまり、そうした天才は、自分の作品をそれまでにない根源的に革新的な仕方で仕上げたのではなく、むしろ限定された数の要素をただ配置しなおしただけであり、しかもそれらの要素はすべて、太古の野生状態においても存在していた、というわけである。

しかし、実際のところは、太古の野蛮な状態にあったひとびとは、宗教を創出したことと、社会の原初的な（慣習的）社会形態を生み出していたことを除けば、格別に高度な文化的な意義があるものを築いたわけではない。というよりも、重要な点は宗教にある。このことから、その「宗教の形式」こそが、それを形成する意識の原理に基づいた国家の形式を決定しており、また民族の文化がもつ特色を明確化する契機なのだと結論づけることができる（八六頁／九二頁）。しかし、太古の野生の精神を規定しているものと同じ意識形式が、文明化された精神も規定していると考える場合、本来であれば二つの意識状態やその産物のなかで差異を評価し説明すべきであるのに、むしろ両者の類似点だけを見つけるための分析尺度が重視されてしまう。そのように差異を犠牲にして類似点を見つけだそうとすることで、幸福な自然状態という、あの牧歌的理想郷《アルカディア》をめぐる神話が生まれるのである。この神話こそ、一方では啓蒙哲学者たちを苦しめ、ロマン主義者たちをそそのかして、現世に実存する苦しみから逃避させ、幸福だけが繁栄しているという《ユートピア》を探し求めさせた契機であった。

そうだとすれば、問題となるのは、歴史を通じた人間の発展を理解可能なものにする原理を解明することである。この発展は、通時的な観点から考えると、低次の状態から高次のそれへの移行として現象するであろうが、共時的な構造という位相のもとでは、野生の状態の原理と文明状態の原理とのあいだにある一貫した交換システムとして見えてくることだろう。

過程としての《歴史の場》

こうしてわたしたちは、次のような歴史理解の水準へと移行する。そこでは、提喩的な意識の出現によって、因果論的な説明が類型論的な説明に置き換えられ、またたんに混沌にすぎないイメージが、一連の形式や類型を示す文化的成果というイメージに換わるのである。この提喩の水準は、悲劇という相のもとで歴史を端的に捉えることである。ところが、残念なことにこういった箇所は、これまではヘーゲル自身の歴史哲学が本質的に形式主義であることの証拠として誤解されて解釈されることが多かった。かれはこう書いている。

原理が本来属する圏域に、いうならば、アプリオリに親しんでいなければならない。あえてこのような認識のやり方をした偉大な人物をひきあいに出せば、ケプラーが楕円や立方体や正方形やそれらの比率にあらかじめアプリオリに親しんだうえで、それらの観念を、経験的データをもとにたくみに組み合わせ、不滅の法則を発見したのがいい例である。基本図形の一般的な数量関係に通じていない人は、天体や惑星の運動をどんなに長く観察したとしても、ケプラーの法則を、発見することはもちろん、理解することさえできない。（『歴史哲学講義』上、武市訳一〇三頁／長谷川訳一一四頁）

ヘーゲルはここで、「概念の圏域」という理念の水準と、具体的な規定を行うそのつどの時代精神に適用されるべき固有の「原理」とを区別している。またやはり普遍的な水準にある「思惟の形式」と、それがさまざまな種類のデータに説明を与えるときに用いられる具体的な道具となる「表象の集合」とを区別している。歴史過程を特徴づけるときに用いることが許される「原理」や「表象の集合」は、哲学的、普遍的な理念である概念の圏域のなかから出てくるのであり、この概念の圏域において初めてさまざまな「思惟の形式」が互いに区別されるとともに、同時にまた関係づけられるのである。したがってもし先入観によってあらかじめ設定された概念が、歴史的記録に対する説明としてただ押しつけられるだけの、いたって単純でアプリオリな方法は、歴史学にとって間違ったやり方であるから避けられなくてはならないとすると、それによって一定の「思惟の形式」を導いて「表象の集合」をうまくまとめあげるような、一定の原理がそこに存在しなければならないことになる。そして、そうした原理が、ある世界の過程において何が「本質的に重要なもの」であり、何がそうでないのかを区別するために欠かすことができないのである。「概念の圏域」というより高い理念的な水準のなかで、決定と自由という二つの哲学的カテゴリーが、自然過程と歴史過程のそれぞれを規定したり理解したりするのに適切な「原理」や「思惟様式」や「表象の集合」を生みだすのだと、ヘーゲルは考えているのである。ここでしくじると、歴史についての思惟が隘路に陥ってしまうこともある。つまり、歴史についての思惟が、歴史過程をたんなる自然的な過程と混同してしまうことで機械論に陥ったり、歴史過程における形式的なつながりの連続を承認するだけしかしないために形式主義に陥ったりするのは、まさにこの点においてなのである。

歴史を発展過程として考察するために必要なのは、《始まり－中間－終わり》という概念である。しかし、それらは、そうした過程が物理的自然として捉えられるときのように、たんなる《発起－延長と拡大－終端》として捉えられてはならない。むしろ歴史過程は、わたしたちが芸術と宗教の最高の成果を観て享受するような完成された道徳的行為のようなものからアナロジーして理解されなくてはならない。つまり、その過程とは、「始原」として始まり、初源の素因の内容と形式が「弁証法的に」変容することを経て発展し、ついには、たんなる終端にとどまらないものを体現する「完結あるいは解決」という頂点に達するものなのである。

物理的自然それ自体には、始まりもなければ中間も終わりもない。それはいつでも、そしていつまでも、そうあらねばならないものとして存在している。それがあるときに始まり、あるときに終わったとイメージとして想像することはできるが、しかしだからといって、ある瞬間から別の瞬間への推移のあいだに、物理的自然が発展を遂げるわけではない。これが、自然は哲学的には時間性を内在しておらず、「空間」のなかに存在するだけだという理由である（一一三頁／一二六頁）。たしかに有機的自然は、種子が内包する生長可能性の実現として捉えられるような、ある種の発展を示すかもしれない。しかし、現実の個体がその可能性を実現できるかどうかは分からない。実現されるとしても、それは、その個体が自然法則によってあらかじめ運命づけられた終点へと到達するということでしかない。すなわち自分の終局へと向かうどんな成長過程も、他のすべての成長過程と寸分違わず似かよった仕方で進んでいくという意味において、ある個体から別の個体へのいかなる発展も存在しないし、有機的生命の全体における一つの種が別の種へと発展するということも起こりえない。そこにあるのは運動だけであるというかぎりで、そこに発展はありえず、ただただ周期的変化が繰り返されるのみである。

しかしながら、歴史上の重要な過渡期において、弁証法の形式で進行する悲劇や哲学的対話《ダイアログ》の終点にはある種の達成内容が存在しており、わたしたちは、たとえその内容を見定められないときでも、そこになんらかの獲得物があることをしばしば直観する。この転換期において、なにかが死ぬと同時に、他のなにかが生まれ出る。ただしその生まれたものは、植物や動物がそうであるように、端的に死んだものと同じものだということはない。それはなにか新しいものであり、しかもそのなかでは、以前の生命の形式、以前に上演されたドラマ、以前の対話における論点が、新たな形式の素材または内容として含まれているのである。言うなれば、それは自己目的であることをやめ、まばゆい解決の時が過ぎた後の残照のなかに宵の明星のようにぼんやりと見えてくるような何かとなり、より高次の目的を達成するための手段へと変化したのである。

歴史過程の本性に関するヘーゲルのこのような洞察は、最初に「罪業と苦難のパノラマ」として知覚された歴史的出来事の場が、まずはじめに隠喩的に捉えられ、ついで換喩的に理解されたうえで、それがさらに提喩的に広げられることを内実としている。この提喩的な拡大という動態は、ヘーゲルが歴史の場全体に与えた二つめの重要な規定のなかに表されている。すなわち、歴史の場は、もはやたんなる混沌としてだけではなく、同時に変化としても捉えられるということである。

ヘーゲルは歴史の場に対する第二の規定を、有名な格言から始めている。

したがって世界史一般とは、時間のなかにおける精神の展開だと言ってよい。それはちょうど、自然とは理念が自己を空間のなかに展開することであるのと同じである。（一一三頁／一二六頁）

この文脈において、「展開」、すなわち英語では development と通例翻訳される術語は、ドイツ語では Auslegung である。この言葉は、文字通りには「敷く」「広げる」「陳列する」という意味であるが、副次的な意味としては、ラテン語の ex plicare という語根から作り出された、くしゃくしゃになった紙や布のしわを「均《なら》す」というイメージの「説明」（explanation）や「解説」（explication）という語彙とも響き合っている。つまり、ここでの「展開」という言葉に内包されているのは、変化や成長を伴う過程という意味だけではなく、隠された内容が展開される、あるいは明らかになるという意味でもある。

しかし、このような、それ自身の真のありようへと、すなわちその精神へと向かうものとしての歴史過程を、提喩的増殖という特徴だけでもって捉えることはできない。この点は、次の一節で指摘されている。ここには、ヘーゲルが最初に隠喩的ないし換喩的な形式で「歴史の場」について叙述した箇所でわたしたちが出くわしたのと同じ過程が、つまり、意識が美的な理解から道徳的な理解へ、そしてさらに知的な理解へといたる過程が繰り返されている。

ところで、わたしたちが世界史全般に眼を向けるとき、そこにはさまざまな変化や行為（Taten）の途方もなく大きな絵図、民族や国家や個人といったかぎりなく多様な諸形象からなる広大な絵巻物が、次から次へとひっきりなしに連なっていく（Aufeinanderfolge）のを見るであろう。（同前）

この形象の連なりが織りなすスペクタクルは、最初に描かれた混沌のスペクタクルが喚起するそれとはかなり異なった感情を喚起する。

そこでは、人間の信条に訴え、人間の関心を引き起こすことのできる一切が、つまり善や美や偉大さに対する感覚のすべてが、呼びだされている。（同前）

いまだなお、わたしたちは「人間の行為と苦悩が優勢である」のを目の当たりにしている。しかし、「好悪いずれにせよわたしたちの興味をかきたてる」ような、つまり「美、自由、富」によってであれ、ただ「活力」によってだけであれ、とにかくひとを惹きつける、わたしたちのよく知っているなにかも、そこで目にするのである（同前）。

公共の利益となるはずの大事業が進捗せず、こまごまとした小事に妨げられて雲散霧消することもあるし、途方もない力が動員されながら、結果がちっぽけなこともあるし、なんでもないものから途方もないものがうまれたりもする――要するに、多種多様な出来事がわたしたちの関心をひこうと待ちかまえていて、ひとつが消え去ると、ただちに別の出来事がかわって登場する。（二一三頁／二二六―二二七頁）

こうして、このように捉えられた光景に対する反応として現れる第一の普遍的観念とは、「一時期存在しては消えていく、こうした個人や民族のたえざる交代のうちに、第一に見てとれるカテゴリー」としての「変化一般（die Veränderung überhaupt）」である。この理解はそこですぐに、ローマやペルセポリスやカルタゴといったかつては強大な主権をもった都市文明の廃墟を前にしてわたしたちが感じる「悲嘆」の感情へと変化する。しかし第二に、変化という光景のなかに見られる形式的一貫性を認識することによって、純然たる変化という感覚へと結びついた「次の段階の考察」が引き起こされる。それは「うつろいゆく変化が、同時に、新しい生命の登場であり、生から死が生じるように、死からは生が生じるということ」である（二一三―二一四頁／二二七頁）。

ここでヘーゲルにただちに迫ってくるのは、この形式的一貫性の連続をいかなる様相によって理解するのかという問題である。つまり、形式の継起をいかにプロット化すべきかという問題である。以下では、三つの異なるプロット構造について、それらの違いをヘーゲルがどう説明しているのかを見ることができる。このプロット構造は、叙事詩的なプロット構造とは区別されたものとして、形式の連なりとして捉えられる過程をしっかりと規定するために用いられうるものであるし、「歴史の場」が最初は混沌として捉えられたときの、たんなる変化のスペクタクルをプロット化するために利用されうるものである。

類似のものを求めて自然に立ち戻るときは（つまり変化そのものを換喩的な様式で規定することに立ち戻るときは）、この形式の連なりは、少なくとも人間的な自然においては「生から死が生じるように、死からも生が生じる」（強調はホワイト）がゆえに悲劇的なものと呼ばれる二つの方法のうちの、そのどちらかだと規定することができる。たとえば、形式の連なりは、輪廻という東洋的教説においてであるように、内容が新たな形式へと転生することとしてプロット化されるかもしれない。あるいは転生ではなく、不死鳥の神話のように、古きものの灰のなかから新しい生命がたえず再創造されることとして捉えられるかもしれない（二一四頁／二二七頁）。世界過程の東洋的概念に含まれている洞察を、ヘーゲルは「偉大なもの」とは呼んだが、これが獲得された哲学的真理という資格をもつものであることについては、二つの理由を挙げて否定している。かれによれば、第一に、この（「生から死が生じるように、死からも生が生じる」という）洞察は、自然に関する一般的な真理であるにすぎず、自然における諸個体それぞれに関する固有の真理ではない。第二に、転生やたえざる再生という単純な観念は、自然過程の場合とは異なって、歴史過程においては、わたしたちの知覚に現れてくるさまざまな生命形式を正しく扱えるものではない。というのも、ヘーゲルが言うように、

　精神は自分の存在の外皮を食いつくし、灰となったあとに若がえって他の外皮にうつっていくだけでなく、より高貴で、より輝かしく、より純粋な精神となる。自分と対立し、自分の存在を食いつくしはするが、食いつくしながら、それを加工もするので、その教養があらたな教養をつくりだすための材料となる。（一一四頁／一二八頁）

　そしてこのことが、なぜこの過程全体はいまだに喜劇的解決の契機をあらかじめ形象化したものとして評価されえないのかということの、もう一つの理由を暗示している。ここで形式の連なりというプロットを理解可能にする原理は、いまだに解明されずに残されている。これらの原理を説明するためには、歴史過程をその内側から見ることが必要である。したがって、この内側から見るという視点では、歴史過程は、そのそれぞれが同じように形式的に一貫性をもった連なりとして理解されるだけではなく、むしろ一種の自律的な、自分自身に作用する過程として理解されなくてはならない。言い換えれば、先行の形式が後続のもののための素材となり、その刺激となり、さらに後続のものを創出するような活動が、「多様な様式と方向性」の活動として理解されなくてはならない。（一一五頁／一二八頁）。この観点から、

　たんなる変化という抽象的思想にかわって、自分の力をあらゆる方面にむかって発揮し、発展させ、充実させていく精神、という思想がうまれてくる。（同前、強調はホワイト）

　この過程を支配すると思われる精神が内的に保持している力を知ることができるのは、「精神から出てくる生産物や形成物の多様性」からだけである（同前）。このことは、歴史過程を純然たる運動や変化や連続としてではなく、「活動」として見なければならない、ということを意味する。「精神は本質的に行為するものである。精神は自己が潜在的にもっているものを実現し、本来の自己を形成し、みずからの行為、作品を完成させる。この意味で、精神は自己の対象となり、それゆえに自己を一個の定在としてみずからの眼前にもつのである」（一一五頁／一二九頁）。こうして歴史過程は、歴史的

な個性たちとともに存在する。つまり、歴史過程は、みずからの試みの結果として、自分の属する社会に少なくとも大きな変容をもたらしてから世を去ることができた、あの悲劇的な英雄たちとともにあるのである。またそれゆえに、歴史過程は、世界との対立および和解を表現する精神的形式から利益を享受しながら、しかも同時にそれに囚われてもいるあらゆる民族や国民とともにあるとも言うことができる。このことは、あらゆる民族や国民の生が、歴史上のあらゆる英雄的個人の生涯と、つまり悲劇とまさによく似たものだということを意味している。だから、民族のたどる歴史過程をプロット化し、それを歴史的なリアリティとして捉えるのにふさわしい様式は、悲劇というドラマにほかならない。実際ヘーゲルは、かれが世界史のなかで区別したすべての文明形態の歴史を、悲劇という観点でプロット化していったのだった。また『エンチクロペディー』や『美学講義』においては、かれはこの悲劇というプロット化の様式を、反省的な歴史叙述における至高のものであると正当化している。

　しかし、『歴史哲学講義』においてヘーゲルは、《発生－成長－分解－死》という過程を形象化するこの様式を、ただ個々の文明に適用しただけであった。かれは悲劇の様式によるプロット化を正当化しようとはしておらず、むしろただ、ギリシアやローマのような特別な文明のライフサイクルのなかに見出される発展過程を規定するために、悲劇が適切な様式であると前提していただけであった。この様式を前提にすることができるのは、過ぎ去った文明についての通史を書く場合に、通常は専門的な歴史家たちが実際にそれをプロットとして用いているからである。哲学的な自己意識をもたない歴史家は、文明の勃興と没落について省察するときに、その運命や避けがたさという様相にとらわれるあまり、誤った結論を導き出してしまうことがある。かれは、このパターンが別様にはありえなかったと考え、またその存在のために、全体として悲劇としてしか理解することができないと結論づけることがある。

　歴史過程を観想することによって、まさしく歴史を悲劇の連鎖だとするような捉え方が生まれるものである。最初は叙事詩的な「情熱のスペクタクル」として見えていたものは、悲劇的な敗北の連続へと変貌する。しかし、こうしたそれぞれの悲劇的敗北は、その連続全体を統御している法則の顕現である。ところが、歴史的発展のこの法則は、進化や相互作用や物理的物体を規定するような種類の法則とのアナロジーでは捉えられていない。それは自然法則ではない。むしろ、自由の法則としての歴史法則なのであり、悲劇的解決という瞬間において頂点に達するあらゆる人間の企てのなかで表現されるものなのである。そして、この法則は、直接には悲劇という様相において理解される一連の形式全体から出てくるが、それが最終的には喜劇という形象として表現される。

ヘーゲルの目的は、あらゆる個別の文明がもつ悲劇的な本性を理解することから、歴史全体を次第に自己展開していくドラマとして喜劇的に捉えることへの移行がなぜ生じるのかを正当化することにある。ヘーゲルは『美学講義』のなかで、▼アリストファネスの喜劇的なヴィジョンが、エウリピデスの悲劇的ヴィジョンに含まれる道徳的洞察よりも優れていると述べている。それとまったく同じように、かれは世界史の考察においても、歴史過程全体に喜劇的な意味を与えようと試みていた。したがって、この高次の喜劇的意味は、歴史的な生一般の過程をただたんに悲劇として把握する姿勢にまずは依拠しており、だからそれに責任をもっているのだが、しかし、さらに同時にその悲劇的な把握を乗り越えるものなのである。

悲劇から喜劇へ

こうして、道徳的態度のサイクルのなかでは、喜劇は論理的に見て悲劇よりも上位を占めている。なぜなら、悲劇は時間のなかに存在している一切はやがて滅びる運命にあると考えているが、喜劇はこの洞察に抵抗し、生の欲求や権利を肯定するものだからである。文明の死というものは、個人の死から厳密に類推できるようなものではない。たとえそれが、英雄的な個人との比較であっても同じことだ。個人と文明の運命の違いは次の点にある。英雄的な個人は、ある民族を自分の意志にあわせて作り替え、その民族の生活形式に変化をもたらして、その変化のなかに本来死すべき運命にありながらもある種の不死であるものを見出すように、英雄的な民族もまた、人類という類に固有の生活形式を作り替えるなかで、一種の不死なるものを見出す。しかし、ヘーゲルはこう書いている。偉大な民族は「たんなる自然死」を遂げるものではない。民族は「たんなる個別的な個体ではなく、精神的で普遍的な生」だからである。そしてこう続ける。ある文明全体の死は、自然死というよりも自殺に近い。なぜなら、類としての文明は、それ自身の否定を自分自身のなかに、つまり、自分自身を「規定する普遍性そのもの」のなかに担っているからである。(『歴史哲学講義』上、武市訳一一七頁/長谷川訳一三一頁)。

民族はみずからにある課題を負わせている。それは一般的

▼ヘーゲルは『美学講義』のなかで…… ホワイトは『精神現象学』を指示しているが、ヘーゲルがアリストファネスの悲劇やエウリピデスのそれに言及している箇所は、むしろ『美学講義』(長谷川訳四五八頁)のなかに出てくる。そのため、この箇所を『美学講義』にあらためた。

に言えば、ただ単に、無であるのではなく、何ものかであるべきだということである。その課題に（意識的であれ無意識であれ）取り組むことに、民族全体の生がかかわっており、そこに民族特有の形式的一貫性が表現されている。しかし、課題としては、この何かであろうとすることは、手段を必要とする。この手段の特性が示されているのは、普遍的問題にではなく、特殊な問題に適用されるときの具体性のなかにおいてである。身体と精神とをともに健全に維持すること、子孫を生み育てること、自分自身を自然力の侵食や文明化以前の民族の活動から守ることといった一般的課題は、「ものごとに深く入り込んでいくことのない、外面的で感覚的な存在」（一一七頁／一三〇頁）によって、言い換えれば慣習によって表現されるような、普遍的な人間の性向や本能に応じて遂行されている。しかし、より具体的局面において、何か特殊な、人類の一般的進路には見られないものになるという課題を果たすには、民族は、理念上の課題と、特定の実践的な課題の両方を自分自身に与えなくてはならない。なぜなら「民族の教養文化の最高点は、自分たちの生活や状況、法律や正義や道徳を、思考ないし学問によって捉えることにある」からである（一一八頁／一三二頁）。ここでは理念と現実との統一が、人間精神の本性が許容しうる最大限の完成度において達成されている。とはいえ、この統一が完全に成し遂げられることはけっしてない。そして、この非対称、つまり、普遍的な意図と、その意図を実現するために用いられる特殊な手段や活動とのあいだの非対称のなかに、文明的存在のあらゆる形式の核心における悲劇的な裂け目が口を開いている。そして、この裂け目が現実には何であるかを認識できるのは、文明のサイクルの後期になってからである。あるいはむしろこう言うべきかもしれない。この裂け目が現実におけるそのありようのままに認識されるのは、つまりそれが、ある文明が体現している特定の理念と、それを慣習的、制度的、社会的、政治的、文化的な生活のなかで実現しようとする特定の実践との矛盾として知覚されるのは、理念への献身というかたちで社会を一体として保つセメントの役割を果たしているものが、壊れるときである。つまり、敬虔や義務や道徳心といった感覚が、崩壊しはじめるときなのである。そして、

これと同時に、個人は互いに孤立し、また全体からも切り離される。（一二〇頁／一三三頁）

ひとびとは美徳を実践する代わりに、それについての駄弁を弄するようになる。かれらは、自分がなぜ義務を果たすべきなのかという理由を求めつつ、しかも義務を果たさない理由を探しまわる。かれらはアイロニカルな姿勢で暮らしはじめる。つまり、公的な場では美徳について語るのだが、私的な領域では、かつてないほどあけっぴろげに悪徳をなすので

ある（同前／同前）。

とはいえ、人間の実践が堕落したものへと変わることによって、この堕落をもたらした現実と理念との分離は、それ自体が理念の純化を意味するものとなる。つまりその分離を通じて、現実上の存在という束縛から理念が解放され、また、具体的な知性が理念の本質を理解し、それを概念やイメージへと作り替える機会がもたらされるのである。こうして人間の知性は理念を、それが実現される時間と場所から解放し、さらには時間や空間を超えて他の民族に伝達する。他方、それを伝えられた民族は、その純粋な本質を表現する理想的人間像をより詳しく見定めていくうえでの素材として、その理念を利用することができる。

そうであるからこそ、ヘーゲルはこう言ったのだ。古代ギリシア人とはいかなる存在であったかについて特定の観念をもとうとするならば、古代ギリシアにおける実際の社会関係のありようがかれらの主観に基づいて素朴に表明されているあれこれの記録を参照することができる。しかし、その観念を普遍的な水準において理解したいときには、ただ「ソフォクレスやアリストファネス、トゥキュディデスやプラトンのなかにそれを見出せばよい」のである（一一九頁／一三三頁）。これらの人物がギリシア民族の理念の目撃者として選び出されたのは、思いつきによってではない。かれらは、古代ギリシア的意識の後期の形式を、すなわち悲劇、喜劇、歴史叙述、そして哲学という意識形式をそれぞれ代表しており、しかもかれらの「素朴な」先人たち（アイスキュロス、ヘロドトス、そしてソクラテス以前の哲学者たち）から非常にはっきりと区別できる。ある民族や文明の理念を理解するということは、それを「守る」と同時にそれに「尊厳を与える」行為にほかならない。民族《ピープル》が無や思いがけない破局に陥り、ひょっとしたら民俗《フォーク》的集団としてなら生き残る道が残されているかもしれないが、いずれにせよ（政治的かつ文化的な意味での）権力としては衰退の道をたどるとしても、そうした民族の精神は、意識を通じて思想と芸術のなかで、理念という形式をとって保存されるのである。

精神は一方で、自分の身にまとう実在のすがたを破棄するとともに、自分のかつてのすがたの普遍的本質を思想として獲得するのである。（一二一頁／一三五頁）

英雄的民族に宿る精神は、いつかは滅ぶ有限なものとして現実化されるとしても、意識は、そうした実現様式の内に秘められている本質を把握している。このことは、その様式に表れている理念をただ保存したり剝製化したりすることではなく、むしろその民族の精神そのものを作り替えること、つまり、その原理を「他の、しかもよりいっそう高次の原理」へと高めることとして考えられなければならない。このように意識によって、そして意識のなかで、理念が他のより高次の原理へと乗り越えられた結果として、次のような信条に裏づけが与えられる。すなわちそれは、かつてたんに信憑性があるというだけの事実の組み合わせとして書きとめられた史資料のなかから、知覚が直接的に見出した「罪業と苦難のパノラマ」が、結局のところ喜劇的な、すなわち幸福な本性をもっているという信条である。そして「このような移行（Übergang）の思想を獲得すること」こそが、ヘーゲルにとって「もっとも重要」な点にほかならない。ここで暗示されている移行の「思想」は、人間の成長や発展における矛盾のなかに含まれている。つまり、個人は自己の発展の各段階にわたって一個の存在としてあり続けるが、それにもかかわらず、自己に関するより高次の意識へと向かい、そして実際に、低次の限定的な意識段階からより包括的な段階へと移行を果たすのである。この個人における矛盾と同じように、民族もまた発展する存在でありながら、特定の一民族であるという本質におけるみずからの存在様態を保ち続け、かつ同時に「普遍性的段階に達するまで」発展していくのである。それゆえにヘーゲルはこう結論づけた。「この地点に達したとき、変化（Veränderung）の内的かつ概念的な必然性が現れる。そこを捉えるところにこそ、歴史哲学の精髄があり、真骨頂がある」（一二二－一二三頁／一三五－一三六頁）。

そこで、この「哲学的把握」が依拠しているのは、歴史の過程を、精神一般が「みずからを自覚的な全体性にまで高め、全体として完成する」普遍的段階への発展と捉える姿勢に他ならない（一二三頁／一三七頁）。あらゆる文明が最終的にはみずからの手で滅亡するという必然性の認識は、その文明における制度や生活様式が、その理念的目的を実現する唯一の手段をなしている、つまり組織という抽象的様式をなしているという了解へと転じる。ただしその目的とは、永久に変わらない現実ではないし、そのようなものとして理解されるべきでもない。それゆえに、文明の理念的目的が消滅するにいたったとしても、友人の死を思うときほどには、あるいは、わたしたちがどれほどにその人物の死を自分自身のものとして追体験しうるかによってその卓越性が見定められるような、悲劇の英雄たちの死ほどにも、「追想の念」が湧きあがることはない。

ヘーゲルは、制度や生活様式の消滅をかれがどのように受けとめているのかを、次のような隠喩で表現した。

> 一民族の生命は熟れて実を結ぶ。なぜなら、民族の活動はその原理を実現することにあるからである。しかし、この果実は、それを生み、育てた民族のふところにかえってくるどころではなく、民族にとっては毒酒となる。しかしその民族は、この酒にかぎりない渇望を覚えるために、それをあきらめるわけにはいかないが、それを手

に入れるにはみずからの死を覚悟しなければならない。死は同時に新しい原理の登場ではあるのだが。（一二二頁／一三六頁）

この一節を、ソクラテスの生と死がアテネ文化の全体に対してもった意味をヘーゲルが描写し考察しているくだりと比べてみるといい。かれが、「毒をあおる」というメタファーを、つまり、ひとたびそれを飲むと古い生命は死にいたるが、より高次の生の原理が打ち立てられるという比喩を好んで用いていることが分かる。ソクラテスの死が悲劇的であるのは、それが徳にあふれた人物の死であるためであり、またそのソクラテスと、かれが新たな道徳の原則を教えたアテネ市民との関係における矛盾を露呈しているからである。ヘーゲルの書くところによれば、ソクラテスは「道徳の発明者」であり、またかれの死は、かれが唱えた道徳原則をたんなる理念として肯定するだけでなく、実践の規則として確証するための行為の一環として、必要だったのだ（『歴史哲学講義』下、武市訳六五頁以下／長谷川訳八一頁以下）。かれの死は、教師ソクラテスの喪失であると同時に、かれがそのように生き、またそれのために死を選んだ道徳原則を、道徳的活動の具体的モデルへと高めることでもあった。かれの死が示したのは、人間はひとつの道徳原則に基づいて生きていけるだけでなく、その原則のためにひとが死を選ぶとき、それは他のひとびとがそれによって生きることができるような理念へとかたちを変えるということだ。このような「死」は、人間生活や道徳を自己意識の水準において変革する手段である。しかも死は、そこにいたる以前の段階にあった「生」よりも偉大な手段であると、ヘーゲルは認めている。かれにとってそれは、喜劇的観点と、有限な人間精神の望みうるもっとも高度な歴史理解とを呼び起こす洞察となった。

ヘーゲルは『精神現象学』において、喜劇という視座が「運命」への恐怖を乗り越えるものであると書いている。喜劇は、

普遍的なものの一切が自己の確信するものとなり、自己を確信する意識は外からの恐怖や外に価値があるという思いから完全に解放され、（アリストファネス的な――ホワイト）この喜劇の他にはもはやなにものもないと感じて、心からのしあわせと安らぎを獲得しているのだ。（『精神現象学』長谷川訳五〇三ページ以下、金子訳・下一〇八五頁／樫山訳三三九頁）

この最後の注釈、つまり意識が「しあわせと安らぎ」を獲得している状態は「喜劇の他にはない」という指摘の意味は、歴史過程そのものの喜劇的本質はただ可能性としてだけ（だからもっぱら抽象的にだけ）理解されているにすぎないという

ことである。それでも、合理的な手続きを経た歴史的な証拠に依拠しているから、蓋然性は高いと認められている。というのも、『歴史哲学講義』の序論でヘーゲルが言うように、歴史学は過去と現在にのみかかわるのであって、未来については何も告げることができないからである。だがそれでも、歴史過程を、遠く離れた過去の時代からわたしたちの時代へと下ってくる進歩の過程と理解する場合には、循環と進歩という歴史における二重性が、意識にとって明らかとなってくるだろう。いまやわたしたちは、次のことを知っている。

いまそこにある精神の生命とは、一方では並列され、他方では過去へとさかのぼる、さまざまな段階の循環として示される。（『歴史哲学講義』上、武市訳一二三頁／長谷川訳一三七頁）

そしてこのことは、「精神がその背後に残してきたように見える諸契機」が、失われたのでも廃棄されたのでもなく、いまだなお「精神の現在の深みのなかに」生きており、またそこにおいて取り戻せることを意味する（同前／同前）。『歴史哲学講義』の導入部を締めくくるにあたってヘーゲルが選んだこれらの言葉と、そこに込められている希望は、もっと以前の時期の作品であり、かれの哲学的人生の開始を告げた作品である『精神現象学』の最後の段落にも聞き取ることができる。

目標となる絶対知ないし精神の自己知は、さまざまな精神がどのようなすがたをとり、どのようにその王国を構築したのか、ということがらに関する記憶を道案内人とする。その記憶を保存しているものとしては、偶然の形式をとって現れる自由な精神の歴史と、それを概念的な体系の形で示す「現象する知の学問」とがある。二つを一つにしたところの、概念化された歴史こそ、絶対精神の記憶の刻まれたゴルゴダの丘であり、生命なき孤独をかこちかねぬ精神を、絶対精神として玉座に戴く現実であり、真理であり、確信である。シラーの詩「友情」の一節にあるごとく、

この精神の王国の酒杯から
精神の無限の力が湧き立つのだ。（『精神現象学』長谷川訳五四八頁／金子訳一一六五－一一六六頁／樫山訳四〇七頁）

いまやわたしは、ヘーゲルが歴史的知をどのように理解しているのか、そのなかにどのような広がりと説得力があると考えているのかを、説明と表現とイデオロギー的意味の様式としてはっきりと見渡すことができる。まず次のことに留意したい。ヘーゲルによるそのような概念化の試みは、全体としてみると、一方で啓蒙期の合理主義が行き着いたような懐

疑主義や道徳的相対主義に屈せず、他方でロマン派的な直観主義が陥らざるをえなかった独我論にも屈することなく、人間的実存の本質的なアイロニーを意識のなかでしっかりと捉えようとする一貫した格闘だったということができる。この目的が達成されたのは、アイロニーを、分析の方法、歴史過程の表象の基礎、そしてあらゆる実在的な知の本質的両義性を確認する手段へと転化することによってであった。ヘーゲルが行ったのは、ある現象を縮減して秩序づけるための換喩的（因果的）戦略と隠喩的（形式主義的）戦略とを、一方ではものごとの提喩的な規定という様式のなかに、そして他方ではアイロニーの自己解体的な確信のなかに包摂する、ということであった。しかし、そこでアイロニーによって解体される原理的確信とは、知性的な確信であって、全体に関する絶対的真理と思えるものを自分が手にしていると慢心するような類のものにほかならない。有限である知性にとって到達可能な唯一の「絶対的」真理とは、「真理とは全体である」とか「絶対者は生である」などといった「普遍的」真理でしかない。それらはいずれも、ひとりの個人が絶対的真理を占有できないことを暗黙のうちに確認しているかぎりでは、抑圧的真理というよりも解放的な真理である。だが、この種の確信が解体されるのは、別種の確信、すなわち道徳的な自己確信をもつように促すことによってである。この道徳的自己確信は、実際的な意味での「自由」な日常生活のためにも、また、あらゆるものごとがそうあるべく存在しているという実存的真理にとっても、ひとしく必要とされている。ところでこの実存的真理には、「そうあるべき」ものごとに関する人間の欲望も含まれる。つまり、ある者がみずからの欲していることをなす意志と力と手段をもっているとき、その欲望を社会全体に対する自己の権利として肯定することは正当化される、ということである。そしてこのことは同時に、集団の意志なるもの、すなわち、通常は「そうであるもの」と同一である「そうであるべきもの」についての集合体の理解もまた、等しく正当化されているということを意味する。その結果、歴史という地盤のうえで繰り広げられる有限な個人のあいだの対立は、対立に先行するような知的、道徳的価値に照らしてあらかじめ判定を下すことはできないのである。この価値のなかでは、個人がそれぞれに権威を主張していても、多くの人間たちが全体的なものに忠実であるという関係が最終的に調和した形で実現されているのでなくてはならない。だが、そのような価値は期待できない。そこで、結局のところ、ヘーゲルの歴史哲学の全体は、世界過程を初源においては隠喩的に規定するところから始まり、過程がとりうるさまざまな関係様態が解明される換喩的還元や提喩的拡張を通じて、過程の「意味」がもつ両義性のアイロニー的な理解へと導かれていったものと、見ることができる。そして最終的には、過程全体を本質的に喜劇的な意義をもったドラマとして捉えるという、もっと普遍的な提喩的規定において、かれの歴史哲学の展開は安定するにいたるのである。

したがって、歴史的出来事の説明形式は、端的に換喩的なものであったり、提喩的なものであったりする。これらの説明様式によって、歴史というドラマにおいて固有の一舞台をなす諸契機を、因果法則によって統御された形式的一貫性の連続として特徴づけることができる（ただし、ここで言われている因果法則とは、自然や決定要因の法則であるというよりも、精神や自由の法則であるのだが）。これに対応して、過程全体のなかに与えられているどの部分も、悲劇の様式においてプロット化されねばならない。悲劇においては、意識に固有の本性について、また同時に存在の本性すなわち法則の発現について、意識それ自体がより高次の段階へと高められることで存在と意識の対立は解消する。しかし、このように解釈されプロット化された歴史のもつイデオロギー的意味は、なお両義的なままである。というのも、因果関係の体系のなかには、正しいか間違っているかという判断などは存在せず、ただ原因と結果だけがあるからであり、また形式的システムにおいては、良いか悪いかという判断基準もなく、たんに形式的一貫性を備えた目的と、それを実現する手段だけがあるからである。

ところが、そのときアイロニックな意識は、原因と結果との、また手段と目的とのこうした相互作用のなかで、この相互作用が原因となってもたらされるメタレベルの結果と、この相互作用が手段となって達成されるメタレベルの目的とを知ることになる。つまり、アイロニックな意識が知ることになるのは、より高次の自己意識という形式に到達することを通じた人類それ自体の進歩であり、人類と自然との差異を承認することである。そしてこの意識は、過去から現在へと続く過程から拒否しがたい傾向として現れる合理主義的啓蒙、解放、人類の統合といった歴史的事業の目的が、歴史過程のなかで次第に明らかになっていくということにも気づく。かくして、歴史的記録のなかに含まれている感傷劇（Pathetic）や叙事詩や悲劇といった一連のドラマの全体は、喜劇という本質的意義をもつものへと、つまりヒューマン・コメディへと止揚される。この喜劇は、言うなれば、神の人間に対する思し召しの根拠を示すこともなければ、個々人の生のありようが正しいものであるかどうかを証明してもくれない神義論のようなものである。

このようにして、本質的な意味で喜劇的である主題が提示される。それはすなわち、歴史過程全体がそこを目的とするような、究極的に統合的で和解的な状況である。これは、美的感覚にとっては、知覚の働きを通して歴史過程が意識においてとる形式として確認されるし、道徳的感覚にとっては、欲望をめぐる葛藤を通して、人間の自己確信が適切に確保されているあり方として確認される。さらにそれは、理性としての知的感覚が、美的感覚や道徳的感覚のそれぞれに関わる知覚と欲望とをともに明確にする原理を明らかにしてくれるのである。それゆえに、分析の最終段階において、意識が歴史の考察から引き出しうる最大のものは、適切に道徳的で合理的な根拠をもつ美的な理解に他ならない。全体を統御する法則も、その全体がやがて最後にとるはずの形式も、そのもっとも普遍的な観点においてのみ、思想によって見定めることができるのである。このことこそ、『精神現象学』の末尾に引用されていた「この精神の王国の酒杯から／精神の無限の力が湧き立つのだ」という詩句の含意に他ならない。

しかし、「ミネルヴァのふくろう」が最後に飛び立っていくのは、世界が黄昏を迎えるころである（『法哲学』）。その時を迎えるまでは、思想が歴史の真理を語ることは、意味という有限な領域の内部でしか許されていない。そこにおいて思想は、全体の真理がたんに思考されるのではなく、むしろそれが生きられるような時代の到来を、待ち望んでいるのである。

世界史というプロット

『歴史哲学講義』そのものでヘーゲルが、歴史の説明とプロット化のために用いた特別な原理がどのようなものかを明らかにすることは、ここまでくればもはや難しいことではない。そうした原理は、奥の深い、よく事情を分かっている歴史的知性が生みだしたものであり、それ自体として詳しく研究する価値がある機知や見識を含んでいる。しかしその真価は、『歴史哲学講義』序文にはとどまらずに、ヘーゲルが織りあげる物語のテクスチャーのなかに存在しているのである。かれは、こうした物語のなかのあるところで要点をずばり解明しているかと思えば、また別のところではコンテクストを暗示して、後の世代がそれを理解するのに労苦を重ねなくてはならなくなるような思弁のなかに引き込んでいる。総じてヘーゲルは、けっして謙虚とは言えない態度で歴史的な記録を自分の議論に使っているが、その姿勢も、結局はそこに奥深い洞察が含まれていることを考えると、正当化できないわけではなかった。さらにヘーゲルのテキストのなかのいくつかの箇所に踏みとどまって考えることで、今日のわたしたちにも得られるものがある。それは、ヘーゲルが歴史的説明や歴史的表象を何であると考えているのかをはっきりさせるためだけではない。歴史を分析するに際してヘーゲルが、自分自身の明示的な原理をいかに首尾一貫して適用しているのかを明らかにするためにも、有益なのである。

周知のようにヘーゲルは、どの文明の歴史も、また全体としての人類文明も、四つの段階に分けている。つまり、誕生と始原的な成長の段階、成熟の段階、「老齢」の段階、そして解体と死の段階の四つである。これに従って、たとえばローマ史においては、共和政ローマの成立から第二次ポエニ戦争までが第一の段階、そこからカエサルの元首政《プリンキパトゥス》の確立までが第二段階、その後キリスト教の勝利までが第三段階、そして紀元三世紀からビザンツ帝国の滅亡までが最終段階だとされている。この四つの段階を通過する歴史の動きのなかに、文明的な自己意識の四つのレベルが現れている。すなわち、端的にそこにある意識の段階（即自的な意識段階）、自覚的な意識の価値（対自的な意識段階）、端的に存在しつつも自覚的である意識の段階（即自かつ対自的な意識段階）、即自かつ対自的でありそれ独自で存在する（by, in and for itself）意識の段階、の四つである。さらに、これら四段階は、古典演劇の四つの要素、すなわち苦難《パトス》（πάθος）、競合《アゴン》（ἀγών）、解体《スパラグモス》（σπαραγμός）、認知《アナグノリシス》（ἀναγνώρισις）を示すものとしても理解できる。しかもそれらは、ローマ的精神の諸要素が確立されたり解体したりしていく歴史過程のなかに、それに対応する空間的な表現をもっているのである。すなわち、外敵とのたたかいの時代、帝国建設期における外への拡張の時代、ビザンツ帝国期におけるローマ的自己への回帰の時代、そしてローマ自体がみずから犠牲となって新しい力、つまりゲルマン文化が出現する基礎を準備した崩壊の時代の四つである。

　こうした諸段階を、ローマ史を構成する諸要素のあいだの本質的な関係を表示するものとして、またそうした関係を説明したり表現したりする様式として、さらにローマの歴史的発展の全過程のなかでその関係がもつ「意味」を象徴する様式として見なしうるということは、注目しておかなくてはならない。重要なことは、ヘーゲルにとって、発展の各段階においてローマがどんなものであったのかという問題は、ローマが何をしたのかという問題に還元できるとは思われなかったという点である。つまり、ローマがそれぞれの段階でどんなものであったのかを、一連の原因作用だとか、たんなる形式的連関関係（つまり、どこにでもあるような事件）だとか、関係の自己完結した全体性といったものに還元して考えることは適切ではないのである。もっと別の言い方をするなら、ある歴史的状態をひとつの段階を構成するものと見定めること、その段階がなぜそのようにあるのかを説明すること、その段階が固有にもつ形式的属性を特徴づけ、そして、それが過程全体における他の段階とのあいだにもっている関係を規定すること、こうしたことはみな、諸段階とそれが出現する過程全体との両方を全体的に規定するための要素としては、同じように価値があるのである。もちろん、ヘーゲルを、歴史表象のアプリオリな手法を使いまわす「ご都合主義者」としてしか見ないひとたちにとっては、ある文明史の段階をこのように規定する方法は、どれもこれも弁証法というカテゴリーを単純に投影したものとしてしか見えないことだろう。つまり、即自（定立《テーゼ》）から対自（反定立《アンチテーゼ》）をへて即自かつ対自（総合《ジンテーゼ》）が生じ、そしてそのあとに総合《ジンテーゼ》の否定が来るが、これはこれで、新しい定立《テーゼ》（つまりそれは新しい即自だが）を呼びだし、そうやってつねに続いていくといったパターンの決まった形式しか、ヘーゲルの叙述のなかに見出せないことだろう。

たしかに、そのようなやり方でヘーゲルの分析手法を概念形式に還元することは、やってみて不可能なわけではなく、またヘーゲル自身の真意を損なわないでそうすることも場合によったら可能かもしれない。というのも、ヘーゲルはこうした《即自‐対自‐即自かつ対自》や《定立‐反定立‐総合》といったカテゴリーを、論理学的にも存在論的にも根源的なものとして捉え、存在するものの過程であれ意識の過程であれ、とにかくあらゆる過程を理解するための鍵だと見ていたことはある面では否定できないからである。

しかし、わたしは、ここでもヘーゲルの思想を特徴づけるためにわたしがとってきたやり方に即して、フォルマリズムの姿勢を堅持しつつ、様式に着眼して考えたい。つまり、存在の段階や論理の段階だけではなく、歴史の段階についても、ヘーゲルの仕事を規定する際に利用すると最初に宣言した言語論的様式という観点から、こうした諸段階を、そもそも関係が異なった様式によって概念化されたものであると考えたいのである。これは、言語が、またしたがって意識それ自体が作用するときに依拠せざるをえないような言語論的に基層的なレベルを、ヘーゲルが洞察していたからである。

ここで、ヘーゲルがローマを、東洋の「原始的で粗野な詩情」とギリシアの「美しい調和的な詩情」との双方と対置されるべき「生の散文」として特徴づけていたことが想起される（『歴史哲学講義』下、武市訳九二頁／長谷川訳一一二頁）。この規定には、神々の時代、英雄の時代、人間の時代というヴィーコの区別を想起させるところがある。ローマ人の生き方は「自然なまま」ではなく「形式化された」ものであった。つまり、非本来的なものの生であり、力と儀礼によって媒介された社会関係における生であり、さらに言えば、政治や実定法や戦争といった実践的領域におけるもっとも困難な努力によってどうにかまとめられる分裂した生なのであった。だが他方でそれは、古代ギリシア人が作り出したような高次の芸術、宗教、哲学を創造するのに、さほど大きな力や意志を必要としないような生でもあった。要するにローマ人は、換喩の様式において（すなわち近接性という語彙によって）世界を了解したのであり、また同時に、諸関係からなる純粋に提喩的なシステムという解釈格子のなかで世界を把握しようと努めたのである。ローマ人にとっての「リアリティ」は、力の織りなす場と呼ぶべきもの以外のなにものでもなく、そしてかれらの理念体系は、形式的に秩序づけられた諸関係という世界観にほかならない。そしてその理念上の形式的秩序は、時間的なもの（祖先崇拝、家父長制に基づく私有財産としての息子、妻、娘の所有、相続法、等々）でもあり、また空間的なもの（道路、軍事組織、地方総督、境界壁、等々）でもあった。ところが皮肉なことに、ローマ人は、現実と理念とをまさしく相対立する語彙において理解しているかれら自身の世界観と精神のせいで、みずからを犠牲にすることになってしまう。つまりこうだ。キリスト教とは、空間をも時間をも征服しようとするような力の有効性に対して、そしてたんに形式的でしかないあらゆる関係のもつ価値に対して、拒否の意志を示すものである。そのキリスト教徒は、ローマ人とは異なる次のような語彙によって世界を了解したのだった。その一つは隠喩的な語彙であり、もう一つの支配的な語彙は、それなくしてはいまある世界が意味と同一性をもつことができないような、もう一つの世界（神の国）にのみ存在する言葉として考えられている。そしてキリスト教徒たちは、換喩あるいはアイロニーを通じて世界を把握せよというローマ的要請とは大きく隔たったところで、まさにこれらの理解様式が意味している理念と現実との緊張関係を乗り越えようと努めるのである。

このように、世界史の過程における諸段階を特徴づけるためにヘーゲルが採用した概念体系は、静的で硬直した図式であるどころか、むしろ動的なものであった。このことを一度つかんでおけば、ヘーゲルがいかにして世界史の起源と進化に関するかれ独自の観念に到達したのかについて、そしてかれがなぜ世界史を四つの主要な時期へと区分したのかについて、今日使われる用語でより明快に理解することができるようになる。この区分は、喩法論的な仕方で歴史叙述を企図するうえでの、隠喩、換喩、提喩、アイロニーという四つの様態によって表現された、意識の四つの様相に対応している。たとえば、野生の状態における人類は、人間の意識が自己と自然的世界とのあいだにいかなる本質的差異も認識しない段階とリンクしている。その段階において人間の生を規定している慣習は、社会の内的緊張というものを知らない。つまり、慣習が許す願望とは異なるものへの願望を喚起する、個人の権利という観念が社会に緊張をもたらすということを、まったく知ることがない。その生は無知と蒙昧と恐怖のなかにあり、全体性としての民族の固有の目的に関する感覚をもたない。かれらには歴史という観念がなく、その代わりに終わりなき現在があるだけである。また、（神話的ではないような）宗教的な省察、（技能上のではないような）芸術的な省察、（即物的反応ではないような）哲学的な省察を生みだすための、抽象的な観念に関する感覚もない。だから、道徳性を知らずに直接外部に存在する暴力による抑圧状態のもとにあり、選択の自由をもたず、だから強者の支配に服する以外の法も知らない。

こうした野生の段階からアルカイックな文化と呼ばれる東洋や近東の大文明への移行は、既知のものと未知のものとの差異の感覚から引き起こされる隠喩的理解の可能性に、意識が覚醒することと結びつけられている。隠喩とは、捉えられた現実の二つの秩序、すなわち既知のものと未知のものという二つの秩序のあいだを架橋する様式にほかならない。古代オリエントの文明のなかには、本質的に隠喩的であるような生と意識の様式が例示されている。ヘーゲルは書いている。「この東洋世界の基礎にあるのは、直接的な意識であり、実体的な精神性であって、主観の意志はさしあたりこの実体的な精神性を信仰し、信頼し、それに服従するものとしてある」（二五七頁／一七八頁）。このようにヘーゲルは、オリエント世界を歴史の幼年期に結びつけつつ、ちょうどヴィーコがかつてそうしたのと同じように、ある時代にその地で出現する世界を理解する様式は、主体と客体とがただ隠喩的に一つにまとめあげられる様式なのだと示唆している。

それに続く、歴史の幼年期からその青年期への移行プロセスは、いったんは中央アジアにおける「外面的変化」の段階を通過していく。そのときには、支配者が主体に強いる一枚岩の秩序に対して挑みかかる諸部族の「つかみあいやなぐりあいの喧嘩」のような争いが起こるなかで、主体の個性が予感として表現される。しかし、このアジアにおける闘争は、現実にあるものと感じられてはいるが、いまだ相互的な自己意識には基礎づけられていないために、「人倫と主観的意図との統一性」という土台を欠いている（二五九頁／一八〇頁）。この世界史における青年期としてのギリシア世界への移行とは、文明的統一体がもつ隠喩的な同一性の内側において個体的なものの孤立を捉えるというあり方から、理想を個性として、つまり自己完結的な原因として肯定するというあり方への転換であり、喩法論的に言い換えれば、隠喩的同一化から換喩的還元への移行なのである。ヘーゲルの議論によれば、「東洋においては、共同体とそこからはじきとばされた個が二つの極に分裂していたのに対して、ギリシアでは、それが合体している。しかし、二つの原理の統一は、二つがそのまま一つになるという形にすぎないから、そこには同時に最高の矛盾がひそんでいるともいえる」（二六〇頁／一八一頁）。これこそ、ヘーゲルの観点において、ギリシア文明しか具体的な統一体として存在していないように見える理由であり、またそれが非常に早くに花をつけるがそれと同じぐらいに早く枯れてしまう理由にほかならない。部分と全体との統一を概念化する様式を与えてくれるような原理が、いまだギリシア文明には欠けているのである。それに代わって、このような関係づけの様式、すなわち提喩の様式を概念としてもつようになるのは、ローマ文明である。だがそれは、形式的で抽象的な仕方によって、すなわち義務や権力としてでしかない。ローマ文明の「苛酷さ」は、歴史が壮年期に入ったことを表している。「というのも、壮年期は、主人の気まぐれにふりまわされるのでもなければ、自分の美しいわがままを楽しむのでもなく、自分をおさえて全体の目的に奉仕するものだからである」（同前）。

わたしは先に、古典悲劇におけるプロットのうち最初の三つを特徴づけておいた。第一の段階は苦難《パトス》を、すなわち人を行動に駆りたてる一般的な感情状態を表している。第二段階は競合《アゴン》、すなわちその感情をさらに先へと進めようとする葛藤である。そして第三は、主体を引き裂くこと、すなわち、ドラマが大詰め（dénouement）にいたる条件を作り出し、それを解決（認知《アナグノリシス》）へと導く、解体《スパラグモス》である。しかしこの古典演劇における三つの段階は、悲劇の様式のなかでは、たとえ各段階がそれぞれに悲劇の興亡におけるひとつのパターンを描き出しているとしても、悲劇の解決へといたることはないだろう。この演劇が和解（認知《アナグノリシス》）の段階へといたるのは、ローマ文明およびその精神が内にもつ本質的矛盾によってである。この和解の段階においては、古典的ギリシア悲劇が解決に必要とする運命や正義といった鉄の掟が明らかになるのではなく、むしろそのような掟として見えるものが、人間が現世から究極的に解放され神との究極的な和解を遂げるという、キリスト教的な（喜劇的）世界観へと包摂されるのである。悲劇の光景は、全体性という視野においては無化される。そしてこの視座において、意識のなかに新しいものが現れてくるにもかかわらず、それがつねにより大きな謎をなす背景、つまり運命との対立に陥るという、古典悲劇的な解決の場面に含まれるアイロニーが乗り越えられていくだろう。

ところで、西欧における新たな文明の結晶化が表しているいる歴史的段階は、人類の「老年期」の入口をなしているように見えるかもしれない。しかし、そのような帰結が正当化されうるのは、歴史という過程が自然過程とのアナロジーで考察されている場合にだけである。ヘーゲルは、歴史とはなによりもまず「精神」であると主張していた。つまり、自然とは対置されるものとしての歴史においては、「成熟」という言葉が意味するのは、そのまま自然の場合に露呈されるような老年の「弱さ」ではなく、被造物と造物主との「和解」というキリスト教的世界観のなかに輝きでてくる「強さ」や「統一」のようなものにほかならない（一六三頁／一八三頁）。こうして、世界の過程全体を自然過程や古典悲劇から類推したり、あるいは古典喜劇（それは悲劇の内部にある運命という観点に対して、ただたんに生の権利を主張するだけであるのだが）から類推したりするのではなく、むしろキリスト教的な「神曲＝神の喜劇」（Divine Comedy）との類推において捉えることによって、悲劇の観点は克服される。そこでは、この観念に作品としての形を与えたダンテの『神曲』の叙事詩的な筆致におけるそうであるように、最終的にはあらゆる事物が、存在のヒエラルキーの内部でそれぞれが占めるべき場所へと収まっていく。ところが、キリスト教的世界観それ自体は、全体の真実の隠喩的理解にほかならない。そうだとすれば、この隠喩的な世界観が分節化されるためには、この理解と世界との関係における競合《アゴン》および解体《スパラグモス》の段階を通過しなければならない。それを通じて西洋文明は、中世における教会と国家の対立や、初期近代における民族間の対立を経て、ついには歴史過程それ全体を、人間が自己の本質、つまり自由と理性とを一体化していくドラマとして、原理的に理解しうる時点にまで到達する。また競合《アゴン》と解体《スパラグモス》は、完全な自由が要するに完全な理性となり、また逆に、完全な理性が完全な自由と同義でもあるような時代を、すなわち絶対者としての全体という真理を指し示している。この真理は、ヘーゲルが、自己が何であるかを完全に知っている生と呼んだものにほかならない。

　このことから、ヘーゲルが自分の時代をまたぞろ神の摂理という展望のなかに「位置づけ」ているように見えるかもしれない。だが実際には、ヘーゲルの視座は、素朴な信仰とも因習的な信条とも無縁であり、むしろ経験的証拠に基づき、その証拠の意味を合理的に捉える姿勢に裏づけられているのである。かれにとって革命期は、矛盾によって揺さぶられた時代の頂点である。革命期には諸国民は自分の他的存在へと分裂しているが、同時に国民の内的な一貫性の原理が、また諸国民相互の本来的な相互関係という原理が、その内部に隠されている。ヘーゲルはこれらの原理を、全体に対する部分として提喩的に理解している。そしてこうした原理は、新しい国家形態において世界が究極的に統一されると考えることの基盤をなしている。といっても、この新しい国家形態がどんなものになるのかは、ただ憶測するしかない。アメリカとロシアには▼将来そのような新たな国家へと発展する可能性があると、かれは思い描くのである。しかし、その可能性に関する歴史学的な知識や哲学的な理解は、すでに起こったことといま起こっていることの考察だけに抑制しなければならない。せいぜいのところ、未来における発展の可能性を語りうるのは、歴史過程の全体においてすでにはっきりと見分けられる潮流の論理的な延長線上においてのみのことである。またそれは、未来の発展が、人間精神を具体的に体現している国民国家段階から、それらが現実化した統合がただその前兆を暗示している世界国家というあり方へと移行していく時期に、どのような形態をとらざるをえないのかを推測できるだけのことである。

　このような未来の形式は、意識と存在とのより高次のレベルにおける統一という文脈から見たとき、歴史過程全体の内部において個々の段階が通過する形式や、またそれら個々の

▼アメリカとロシアには……　新世界としてのアメリカに関するヘーゲルの言及は、『歴史哲学講義』（上、武市一三三頁、長谷川訳一四九 - 一五〇頁）を参照。ただしロシアについては、ホワイトが言及している可能性についての記述は『歴史哲学講義』には見当たらない。

段階にわたって歴史過程全体が経めぐる形式がもつものと、まさに同じ様相関係をもつことだろう。だがヘーゲルの示唆によれば、このようになるのは、これらの将来の形式が、意識の形式そのものだからである。そのような、将来における意識と存在の提喩的統一が意識そのものにおいてなされるという条件においてしか、世界史は理解できない。なぜならこの条件は、知性や感情や意志といった意識の諸次元がとる根本的様態だからである。意識においては、歴史過程における一段階を動かす内的な力が、歴史過程全体を将来にわたって動かしていく力の形象となるのだ。

たとえば、東洋の歴史の「プロット」は、それ自体が四つの段階へと分析可能である。ヘーゲルはその第一の勃興期を、野生という、言語の普及と民族の形成の舞台であった純粋に有機的な生活過程からの断絶として、特徴づけている。歴史意識は、それが歴史の意識であるかぎり、この原始的存在を知りもしなければ知ることもできない。人間はそれを神話としてのみ知っており、また（ヘーゲルが言わんとしているように）神話という様式においてのみ、つまり直観的、隠喩的に理解することができるだけなのである。しかしそのようなただ慣習によって媒介されているだけの、人間と自然とのほとんど直接的な一体性がひとたび断ち切られ、意識が神話的に（あるいは素朴に詩的に）世界を捉えるというあり方から離れて、意識とその対象とのあいだにある距離の理解（これが、最初の散文という形式が現れてくるための前提である）へと入り込んだとき、厳密な意味での歴史が始まると言えるだろう。なぜなら、原始的な変化や進化とは違って、歴史的発展は、意識とその対象とのあいだで感じ取られる矛盾という文脈においてのみ可能になるからである。人間の意識は、この緊張を欠如として、それも秩序を課すことによって克服すべき欠如として経験する。そして、意識がそれに課そうとする秩序には四つの形式があり、それらは東洋的な歴史発展の副次的段階として、すなわち中国、インド、ペルシャ、エジプトという四つの文明段階として、順に現れてくる（一六七頁以下／一八八頁以下）。

東洋文明におけるこれら四つの段階の連続は、苦難《パトス》、競合《アゴン》、解体《スパラグモス》、認知《アナグノリシス》という四つの幕をもつ悲劇の上演としても、また同時に、みずからの文明的企図についての純然たる隠喩的な了解から、換喩と提喩を経て、アイロニックな分離と消滅の理解にいたる意識過程としても、捉えることができる。ヘーゲルによれば、東洋文明の全過程は、人間的実質に恣意を押しつけることを通じて秩序を達成するという様相において把握されなくてはならない（一六七－一六八頁／一八八－一八九頁）。そのために中国文明は、抽象的主権と現実の政治主体との（隠喩的な）同一性という様態において営まれる「神政的専制」として、特徴づけられる（一六九頁／一九〇頁）。中国文明においては、私的領域と公的領域、道徳と法律、過去と現在、内面世界と外的世界等々のあいだにいかなる形式的区別も設けられない。中国の皇帝は、実際にはそうできなかったとしても、原則的には自分が世界全体を統べているのだと主張した。これは純粋な主観の世界である。ただしこの主観性は、中国の諸王朝を建設した諸個人にではなく、ただひとり自由をもつ存在である「国家元首」のなかに集中しているのである（一六九頁／一九〇頁）。

他方、「第二の文明形態であるインドにおいては、（……）国家組織の統一性が崩れており、特殊な権力がばらばらに登場する」と、ヘーゲルは続けている。カーストは固定されているが、しかし「それが宗教とむすびついた身分制度であるために、差別が出生の違いに基づくものとなっている」。インドのひとびとは、因果論的に決定された分裂という様式、すなわち換喩の様式のなかにあり、つねに競合《アゴン》の緊張のなかに生きている。そしてそれは、隠喩的志向をもつ中国王朝における、統治者と被治者、主体と客体を形式的に一体となす苦難《パトス》の舞台とは、明確な対照をなしている。それゆえにインドにおいては、中国文明を特徴づけていた神政的専政もまた神政的貴族政に場所を譲ることになり、またそれに応じて専政的タイプの命令的秩序もなくなっている。そこでは、世界秩序の本性そのものが分裂を内包するものだと想定されているために、全体というレベルにおいては、いかなる秩序も共通傾向も存在しえない。この文明の原理は「両極端を、すなわち、抽象的な単一神のイメージと、どこにでもある感覚的な自然力のイメージという両極端を含んでいる。これら両者を結びつけることは、たえず向きを変え、一方の極から他方の極へとさまようほかなく、それは、正常な分別ある意識からすれば、狂っているとしか思えない、粗野で一貫性のない千鳥足でしかない」（一六九―一七〇頁／一九一頁、強調はホワイト）。

こうした分裂を乗り越え、人間存在の統一性を、社会的、政治的原則に移行したあり方にふさわしくさせる基本原理は、あらゆる存在の精神的な本性を（提喩的に）捉えることである。それはペルシャ文明において見出される。しかし、ペルシャにおいては、この「精神」はいまだに物質的自然とのアナロジーで、すなわち澄んだ光というアナロジーによって、理解されている。だからこそヘーゲルは次のように書いている。

> 中国はまったく東洋にしか例のない国家だが、インドはギリシアに似たところがあって、その伝でいくと、ペルシャはローマに似たところがある。（一七〇頁／一九一―一九二頁）

それは、ペルシャにおける神政権力が、中国の専政でもインドとギリシアの貴族制でもなく、ローマと同じ君主制として登場している、というためだけではない。ペルシャの君主権力が支配力を行使するうえでの精神的原理は、物質的なものとして解釈されており、それゆえに法の支配という自覚的な理想を、統治主体の威厳が現実的に承認されうるように言い表すための手段はまったく備えていなかった。ペルシャ文明の統一性は、等しくすべてのものに光を注ぐ「恵み深い太陽」という言葉によって言い表されているだけであり、統治主体が恩恵をほどこす者として考え、知っているかぎりでの、まったく外在的な関係によって、国の部分を全体へと結びつけているのである。部分の全体に対する関係の原理が基本的なものとして把握されているような、もっぱら形式的なだけのまとまりのなかでは、ペルシャ帝国は、ユダヤ人のような個別の民が一つにまとまって発展することを許している。それは、そうした諸部分に発展を認めても、精神的なものと思い込んでいるペルシャ全体の統一性は破られたり粉砕されたりすることがないと思い込んでいたからである。（一七〇－一七二頁／一九一－一九三頁）。

ところが、二つの事実によって、全体の統一性をなんら損なうことなく諸部分が発展していくのは不可能であるということが明らかになる。その一つは、空疎な普遍性に対して個人の絶対的価値を掲げた、イオニアのギリシア人の反乱であった。もう一つは、見かけだおしの精神性に対する物質的なものの優位を主張した、エジプト人の反乱であった。

第四の文明形式であるエジプトの説明において、ヘーゲルはこう言っている。「この地では、抽象的な対立する両極が浸透しあい、その浸透によって対立が解体していく」。つまり、エジプトのひとびとは、精神と物質とを切り離すことが深い痛みと不安の経験であるような分裂の状態として、世界をアイロニー的に捉えていたのだった。それゆえに、エジプト文化は「するどく矛盾する原理同士の対立」に貫かれており、「統一を課題として意識しつつも、自己を主張するにあたっては、自分に対しても他に対しても、それを謎としてしか打ち出せない」（一七二頁／一九三－一九四頁、強調はホワイト）。そして、この「謎」が最終的に解き明かされ、それをもって新たな世界へと移行するための原理が与えられたのは、ギリシアにおいてである。そしてもちろん、この「謎」に対する答えは、フォキスの三叉路からテーバイへと向かったオイディプスが、「朝は四本足、昼は二本足、夜は三本足になるものは何か」というスフィンクスの謎に投げ返した答えと同じものであった。すなわち「それは人間だ」という答えである。この言葉は、ヘーゲルによれば、「自然の内面的本質をなすのが人間の意識のうちにのみ存在する思考だ」というギリシアの精神を告げて、東洋精神の解決と解放の鍵となった（三〇五頁／三六〇頁）。エジプト人が解けなかった「謎」とは、この「人間」だったのである。しかし、この答えが東洋ではなく西洋において与えられた（つまり、オイディプス譚においてはスフィンクスはギリシアに到来していた）という事実は、次のことを示唆している。すなわち、特定の文化に体現される人間性が栄枯盛衰していく悲劇的な過程のなかで意識が獲得するものは、その文化自体にではなく、そのあとに現れる文化に与えられる。つまり、それ自身の政体におけるアイロニー的な法意識によって生み出された「謎」を解決することができる文化に与えられるのである。人間存在にまつわる不可解さを解かれるべき謎として見ることは、歴史の探求がそれ全体としては喜劇的な本性をもっていることを示すもう一つの方法にほかならない。

ヘーゲルが『歴史哲学講義』において人間史のドラマに与えた構成的構造のすべてを、ここで逐一扱うにはおよばない。重要なのは、ヘーゲルが読者に対して、自分自身をこの劇の舞台に立つアクターと見なせと言っていることである。そこでは読者はたしかにどんな現実的結末が実際にもたらされるのかは分からないにしても、この人間史のドラマは、よくできた戯曲の場面配列や筋の流れを、言い換えれば弁証法的な論証のプロセスを提示しているのである。またそれは、このドラマにおける解決が無意味なものでもなければ、ましてや悲劇的なものでもないと信じるだけの十分な理由も与えてくれる。これまで見てきたように、たしかに悲劇的な見方は、わたしたちの実存の一定の様相を明らかにしたり、特定の文化だけでなく文明全体が進化していくときの一定の段階を解明したりするための手段として、しかるべき積極的な役割は与えられてきた。しかし、いまや悲劇の光景は、歴史過程全体に備わる喜劇的な本性という、より高次の視座のなかに包摂されてしまっている。だから、世界を捉え、それがどんなものかを意識において把握するための様式、すなわち隠喩、換喩、提喩という様式もまた、しかるべき評価を受け取ることができる。それらは、世界の一定の把握の不完全で断片的な編成をより高いレベルで意識すること、つまりアイロニーにいたるための手段として、それらの様式は有意味だったのである。

ただし、学においては、このアイロニー的な態度を克服して先に進むことはできない。なぜなら、わたしたちはあくまで歴史のなかに存在しているのであって、歴史に関する究極的真理を知るということはけっしてできないからである。しかし、わたしたちは、その真理がとるであろう形式を一瞬、垣間見ることはできる。その形式とは、調和であったり、理性であったり、自由であったり、あるいは、意識と存在の統一であったりするだろう。その捉え方としても、宗教において直観されたり、芸術の領域において隠喩的にイメージされたり、科学において換喩的に特徴づけられたり、哲学において提喩的に理解されたりするのであり、さらには歴史意識において、アイロニカルに距離をとりつつ、大きな努力を費やして理解すべき対象としたりするなど、さまざまであろう。

避けがたい限界が歴史を理解しようとする努力の前に立ち塞がっているというアイロニー的な自覚に直面したときに、それを乗り越えるためによりいっそうの理解の努力を費やそうとする態度を正当化してくれるのは、まさしく芸術的なものである。しかもそれは、大騒ぎをしつつ、全体的なものを喜びのうちに確認することとなる、諸形式の混沌についての喜劇的なヴィジョンにおいてである。

意識は、世界が眼前にあるという単純な知覚から、宗教的、芸術的、科学的、哲学的、そして歴史的な世界理解へと移行していく（ただしそれぞれの理解様式は、先行する様式を端的におのれ自身の自己理解のなかに取り込んでいる）。この運動は、歴史のなかで自己を実現しようとする存在と、自己を現実化しようとする意識とからなる本質的な運動を反映している。あるいはこう言ってもいい。歴史意識そのもの（すなわち「即自的」な歴史意識）が生じるのは、存在の固有の意味での歴史的な様態が人類史のなかに現れることと同時なのである。この歴史意識は、古代ギリシア時代からヘーゲルの時代へといたるまでに、自覚的つまり「対自的」なものとなり、他の意識形態から区別され、かつ個々の歴史家たちがさまざまな「反省的」歴史を書くために自覚的に利用されるようになった。すると今度は、実際に書かれた歴史学的著作が、いわば三つめのタイプにあたる歴史的省察の機会を作りだすことになる。つまり、歴史意識それ自体の本性や歴史意識と歴史的存在との関係について省察する機会を、歴史学的著作が与えてくれるのである。そして最後に、この機会を通じて、歴史意識のなかからより高次の意識として現れてくる意識一般を現実において条件づけている諸前提が、宗教的、芸術的、科学的および哲学的な意識にものぼってくる。

宗教、芸術、科学、哲学という四つの形式は、ある特定の文明（およびその意識一般）と、その対象（意識として表現するなら純粋存在）との結びつきを表すさまざまな段階の表現である。これらの形式を用いて、ある文明が自己と自己の置かれている世界についてもっている了解や理解の質を特徴づけることができるだろう。つまり、これら四つの形式の時間的発展は、即自、対自、即自かつ対自、そして即自かつ対自的でありつつ自己を保持する、という四つの様態において進行し、他方ではこれらの様態から、あらゆる文明がその誕生から死にいたるまでに通過する四つの段階（幼年期、青年期、壮年期、老年期）を特徴づける様式が与えられるのである。ところが、これら四つの段階の本性を、ヘーゲルがその著作において提案した哲学的な歴史学によって理解するということは、さらに高次の意識秩序がそこに出現しつつあることを反映している。この意識は、存在一般と意識との関係や、文明とその世界史におけるさまざまな具体化との関係の「アイロニー」的な本性を乗り越える地盤となる。そしてこの新たな意識様態が表しているのは、世界過程を喜劇として見る意識の出現である。喜劇的な歴史意識は、悲劇的状況に直面したときに、生の死に対する優位をただ力説するだけのものではない。同時にこの意識は、生の優位が主張されねばならない理由をも知っているのである。

第Ⅱ部

一九世紀の歴史記述における四種類の「リアリズム」

Four Kinds of “Realism”
in Nineteenth-Century Historical Writing

第3章 ミシュレ——ロマンスとしての歴史的リアリズム

Michelet: Historical Realism as Romance

はじめに

自分に先行するあらゆる歴史家に対する批判者であったヘーゲルは、かれの後に続く時代の歴史学的良心であった。しかし、ヘーゲルとヘーゲル以後には、ある断絶がある。歴史意識という問題を探求することにかけて、ヘーゲルほどの洞察や深慮に達したひとはいなかった。その気質や関心の広さにおいて、ヘーゲルともっともよく似た哲学者をあえて挙げればクローチェであるが、それでもヘーゲルの域には及ばない。それどころか、歴史思想家たちのなかで、歴史について自分たちにはどのような先入観があり、歴史研究からどのような知識が引き出されるべきなのか、ということをその内奥まで見通そうとした者はわずかしかいない。専門家として歴史を研究するひとびとは歴史を書くことそのものに忙しく、自分たちの営みの理論的基盤をじっくりと考えるひまがなかった。ヘーゲルがなんとか提示しようと努めていた歴史的な知の正当化という仕事は、ヘーゲルに続く時代のひとびとにとっては不必要で冗長なことと見えた。歴史研究という営みは、ちょうどヘーゲルが歴史学を特殊な意識形態として理論的に正当化しようと熟考を重ねていた時期に、またかれが、歴史学は芸術や科学や哲学や宗教的感受性とどういう関係にあるかを明らかにしようとしていた時期に、まさに専門職化しつつあった。歴史学が、アマチュア、好事家、骨董研究家によって取り組まれる雑多な研究領域から、専門職によって担われる学問分野へと変容したという事情は、歴史叙述を

「歴史哲学者」の終わりのない思弁から切り離して考えるという姿勢に十分な正当性を与えているように思われた。

歴史学講座がベルリン大学に創設されたのは一八一〇年、ソルボンヌ大学では一八一二年であった。それに少し遅れて、歴史資料を編纂したり出版したりするための学術協会が設立された。一八一九年創設のドイツ歴史記録文書会（Monumenta Germaniae Historica）と、一八二一年創設のフランス国立古文書学校（École des chartes）である。一八三〇年代になると、それらの協会には、当時のナショナリズム感情に刺激されて政府の補助金が与えられるようになった。一九世紀中葉を過ぎると、各国で主要な歴史研究誌が創刊された。ドイツの『歴史学雑誌（*Historische Zeitschrift*）』（一八五九年）、フランスの『歴史学評論（*Rèvue historique*）』（一八七六年）、『イタリア歴史学評論（*Rivista storica italiana*）』（一八八四年）、『英国歴史学評論（*English Historical Review*）』（一八八六年）である。歴史研究者という職業は次第に研究機関内で制度化されるようになった。大学教授は、社会的に責任のある歴史叙述の振興と発展を目的とする知識人となった。歴史学の教授は、学生たちに教育を施し、学位を授け、卓越性の基準《スタンダード・オブ・エクセレンス》を保ち、専門家同士のコミュニケーションをはかる機関を運営し、総じて大学内の人文学および社会科学部門において特権的な地位を享受した。こうした歴史学という分野の学問的制度化という点では、イングランドは大陸諸国の後塵を拝していた。オックスフォード大学が歴史学の欽定講座を制度化し、まずウィリアム・スタブズを就任させたのは、ようやく一八六六年になってからであり、ケンブリッジ大学のそれはさらに遅れて一八六九年のことであった。しかし、イングランドの学生が独立した分野として歴史研究を大学での専攻に選ぶことができるようになったのは、ようやく一八七五年になってからだった。

もっとも、歴史研究がこの時代に専門職化されたといっても、そのような学問的制度化のための理論的基盤はあいかわらずはっきりしないままであった。歴史的に考えるという営みはアマチュアの活動から専門職の活動へと変化したが、その変化には、物理学や化学や生物学のような他の分野にみられた概念上の革命が伴われていなかったのである。「歴史学の方法」を教えるとは、基本的に、歴史資料の批判的吟味にできるかぎり厳正な文献学的技法を用いなさい、と指導することであり、またそのように批判的に校訂された史資料をもとにして歴史家は何をしてはならないのかについて、いくつか注意を与えるということにすぎなかった。たとえば、歴史学というものは、形而上学や宗教の派生物ではないのであり、歴史学的な知にそれらを紛れこませることは、歴史意識を「歴史哲学」という異端に「堕落」させる原因である、というのが当時よく言われたことであった。代わりに主張されたのは、歴史学は「科学」と「芸術」の結合とみなされるべきだというものである。しかし、その場合も「科学」と「芸術」という言葉の意味そのものがはっきりしていなかった。たしかに、歴史家は史資料を調査し、過去に「実際には何が起こったのか」を確定しようと努めるに当たって、「科学的」であろうとしなければならず、そして読者に対しては過去を「芸術的」に描写すべきだということは理解できる。しかし、歴史学は、物理学や化学がそうであるようには「厳密な」科学（つまり、法則を利用したり発見したりする学問）ではないということも広く意見の一致するところであった。歴史学は実証科学ではないのであり、歴史家は「経験的かつ帰納法的であれ」というフランシス・ベーコンほどの意味での科学者の務めに甘んじなければならなかった。ということはつまり、歴史記述はニュートン科学以前の状態にとどまり続けなければならない、ということである。それは歴史を描写する際の「芸術的」要素についても同じことが言える。歴史書は芸術であるといっても、一九世紀初頭のいわゆる「自由芸術」、すなわちロマン派の詩人や小説家が発展させたような創造的芸術と完全に同じものだなどとはみなされていなかった。歴史書がひとつの芸術形式として、「生気に満ちた」刺激的なものとなることは構わなかったし、それが「ひとびとを楽しませるもの」であってもよかった。ただ歴史家が芸術家を気どって、伝統的なストーリーを語るうえでの技術や工夫以上のものを、大胆に用いることなどさえしなければ、の話である。『英国歴史学評論』創刊号の巻頭言では次のように述べられている。「本誌は、真の歴史は退屈なものだと考えているどころか、むしろ退屈な歴史はたいてい出来の悪い歴史なのだと考えており、そしてその研究を分かりやすく効果的に提示することのできる寄稿者こそもっとも高く評価するものである」（Stern ed., *The Varieties of History*, 177）。

一九世紀前半は、主要な知的傾向が「厳密な」（実証主義的）科学と「自由な」（ロマン主義的）芸術とに引き裂かれていたために、歴史学は、これら「二つの文化」を結びつけて再統合し、文明的社会という公共的目標に奉仕するための基盤となるよう、中立中道に位置するのがいい、と一般的に考えられたのである。だから『英国歴史学評論』の巻頭言は次のように述べている。

> 歴史学は、これまでその信奉者によって広く考えられてきたものよりもはるかに、人間についての学問のなかでも中心に位置するのであり、その他の学問すべてを啓発し、豊かにすることができるものとわたしたちは信じている。（ibid.）

しかし、歴史学がこの「ひとびとを啓発し、その知識を豊かにする」という目標を達成するためには、党派的な利害や宗派への忠誠を越えた精神においてそれが涵養されなくてはならなかった。つまり、歴史研究および歴史学の普及のためには、一方では偏狭さを、他方では曖昧さを回避しながら、謙虚さという不可欠な節度を守らなければならないというのである。『英国歴史学評論』に指摘されているとおり、一九世紀中葉までは歴史学の役目については二つの考え方が支配的であった。一つは、歴史学とは形を変えた政治評論にすぎないというもの。もう一つは、歴史学とは人間の歴史のなかでかつて起こったことすべてについて批評を加えることだというものである。『英国歴史学評論』はその両極端のいずれかに陥ってしまうことを避けるために、歴史研究を行う「各専門学科の研究者」(175) からの寄稿を奨励し、とくに「目下の論争に関わる問題を (……) 議論するような投稿についてはこれを拒否する」(176) つもりであるとした。

実は『英国歴史学評論』のこの提案は、フランスの『歴史学評論』によってすでに提示されていた方向性に従ったものであるにすぎない。すなわち「同時代の論争を避けること、科学が要求する方法論的厳密さと不偏不党の姿勢をもって (……) 主題を扱うこと、そして、資料から離れたところでただ間接的にだけ関わってくるような主義主張には賛否の議論をしないこと」である (173)。しかし、この方法論的「厳密さ」と不偏不党の態度に訴えていられるのも、そうした研究姿勢が何をもって成立するのかについて普遍的な観念を欠いていて、何となくあいまいに了解することができていたからであった。本当のところは、ドイツの『歴史学雑誌』創刊号の巻頭言が明白に表明しているように、歴史学は、歴史研究を、政治的な舞台で急進派や反動主義者に利用されることから救い出し、歴史研究の学問的制度化によって、それを三月革命の時代以後に力を持つようになってきた新しい社会秩序と階級の利害や価値に奉仕させることを目指していた。

ドイツの『歴史学雑誌』はみずからが「科学的な」雑誌であることを力説しており、その雑誌の目的を「歴史研究の真の方法を指し示し、万一そこからの逸脱がある場合はそれを指摘すること」とした。それでいて、その関心は狭義の骨董学的なものと受け取られてはならないし、政治に親和的なものだと受け取られてもならない、と主張している。『歴史学雑誌』創刊号の巻頭言が言うには、「現今の未解決な政治問題を議論することも、ある特定の政党に与することもわたしたちの目的ではない」。しかし、その中立性の主張と、「前進する生に死んだ要素を押しつける封建主義、有機的発展の代わりに主観的恣意性を用いる急進主義、国民の精神的進化を外的な教会の権威に従わせる教皇至上主義《ウルトラモンタニズム》▼」(171-72) などの観点を歴史研究の正統なアプローチとしては禁止するという態度とは、当事者の意識のなかでは「矛盾」しなかったようである。つまり、歴史研究の専門職化はまったく政治的意味をもたないというわけではなく、むしろその科学化が究極的に依拠した「理論」自体が、一方では保守派、他方では自由主義を両極端とする社会的政治潮流のスペクトルのなかで、中間に位置するひとつの政治イデオロギーに他ならなかったのである。

実際、フランスにおいても、ドイツにおいても、左派の歴史家および歴史哲学者の大学内での命運は、政治状況における急進主義の運命そのものと盛衰をともにしていた。つまり、この時期に左派の学者はほとんどが後退を余儀なくされたのである。ヴィクトル・クーザンとギゾーは、「事実」ではなく「観念」を教えたと非難され、ともに一八一八年にソルボンヌを解雇された（Liard, *Enseignement supérieur en France 1789-1893*, II, 157-59）。フォイエルバッハとD・F・シュトラウスは、その「急進的」観念のためにドイツの研究機関で職を得ることを拒否されている。一八五〇年には、フランスの大学では「無神論と社会主義」の脅威から社会を護るためと称して、「教育の自由」という原則が撤回された（Liard, 234）。ミシュレ、キネ、それにポーランドの詩人ミツキェビチは解雇され、「危険書籍」は発禁になり、とくに歴史家は、資料を紹介す

▼**教皇至上主義**（ウルトラモンタニズム）ローマ・カトリック教会における教皇の権威の至上性を主張した宗教的・政治的潮流。おもに一七、一八世紀に発展したが、一九世紀のフランス第三共和制においても、政教分離（ライシテ）の原則との対抗でふたたび勢いをもった。

▼**ヴィクトル・クーザン**（Vitor Cousin）一七九二－一八六七。フランスの哲学者。若くしてエコル・ノルマルとソルボンヌ大学で教えるが、一八二〇年に自由主義思想のために講義を中止させられる。やがて復帰し、七月王政期に公職に就くが、四八年革命で政治的経歴を終える。しかし、その折衷主義は第二帝政期に大きな影響を持っていた。ヘーゲルと親交があり、フランスにおける哲学史の創始者でもあった。

▼**ギゾー**　フランソワ・ギゾー（François Guizot）一七八七－一八七四。フランスの政治家、歴史家。復古王政期にはそのブルジョア自由主義的信条から、パリ大学での職を追われている。一八三〇年からの七月王政においては、文相や外相、首相などを歴任した。著作に『ヨーロッパ文明史』（安士正夫訳、みすず書房）など。

▼**D・F・シュトラウス**　ダーフィト・フリードリヒ・シュトラウス（David Friedrich Strauss）一八〇七－七四。ドイツの宗教哲学者。ヘーゲル死後の状況を論じて、青年ヘーゲル派という名称を最初に用い、みずからもその潮流のひとりと認じた。著作に『イエスの生涯（*Das Leben Jesu*）』など。

▼**キネ**　エドガル・キネ（Edgar Quinet）一八〇三－七五。フランスの歴史家。一八四八年革命では蜂起派のなかに加わっている。一八四二年からコレージュ・ド・フランスの南仏文学教授となったが、友人ミシュレとともに反教権主義的な講義を行い、ギゾー内閣によって弾圧された。五一年のボナパルトのクーデター時に亡命している。著作に

るにあたって年代記を逸脱して批判的な議論を展開することを厳しく禁じられた（Liard, 246）。そして、このミシュレたちが弾圧されたときには、かつては自分自身も政治的差別の犠牲者だったクーザンやティエールが、今度はその抑圧的措置を支持したのだった。革命家の詩人ハイネが、かれのテキストのなかでもとくに辛辣な言葉を、このような職業歴史家や人文学の制度のなかにいる研究者に対して残しているのは、クーザンやティエールの末路を見るかぎり少しも不思議ではない。

政治的迫害のためにドイツを追われ、亡命先のパリで著述を続けていたハイネは、客観性という仮面や過去に対する没関心的研究の影に隠れて抑圧的体制を支持している教授たちを激しく非難した。ハイネの批判はその後、左派と右派とでそれぞれマルクスとニーチェによって継承され、一九世紀の最後の一〇年間には歴史意識の重圧一般に対する芸術家と社会科学者の全面的な反乱にまで昂じていくような、制度的学問に対する攻撃の端緒となるものだった。

世界も人生もあまりに切れっぱし！
ドイツの教授《プロフェッサー》先生をお訪ねしよう。
先生ならば人生を組み立てられる
りっぱな体系にこしらえられる。
ナイトキャップや寝間着の布片《きれ》で
世界の裂け目をかがってくれる。（ハイネ『歌の本』下、八五頁）

歴史哲学者や自然哲学者、ゲーテ的な審美家や歴史学派の「知ったかぶり」どもはみな、かれらが「自由を求めた民衆の三日熱」と呼ぶ一八三〇年の七月革命を「沈静化させる」反革命派の陰謀に加担していた、とハイネは主張する。なかでも歴史家というものは「おべっか使いの密通者」であって、政治的関心に対する解毒剤として、支配者にとって好都合な「穏やかに心を慰撫してくれる運命思想」を広めていた（ハイネ「さまざまな歴史観」一五〇頁）。ロマン派の詩人ですら、ハイネのその攻撃を免れない。歴史家がひとびとの意識を過去の考察へとそらせてしまうのに対して、詩人は、意識をおぼつかない未来へと振り向けさせ、それによって、解決すべき現在の差し迫った問題を、ただ「あったかもしれないこと」や「なおあるかもしれないこと」についての漠然とした予感に変えてしまう。しかし、どちらにしても、生きた人間はそれ自体としては目的ではなく、むしろそれは、ぼんやりと捉えられた「人間性」なるイメージを手に入れるための手段にすぎないのである。ハイネは、それが無力で無意味であるという点は、「科学的な」歴史であっても「美学的な」詩であっても同じだと言う。

どちらも、わたしたちの活き活きとした生の感覚とはまったく調和しない。一方でわたしたちは、無用なことに焚きつけられて、わたしたちがもつ最善のものを破産した過去に賭けるようなことはしたくない。その他方で、わたしたちは、生きた現在にはそれ相応の価値があるのであり、何か遠い目的のための手段としてぼんやりと役立つばかりではないようなリアリティも求めている。そして事実、わたしたちは自分のことをもっと重要だと感じているのであり、自分をある目的のための手段にすぎないなどとは考えたくない。そもそもわたしには、目的も手段も、人間があれこれと考えた末に自然と歴史のなかに持ち込んだ陳腐な概念にすぎないように思われて仕方がない。造物主はそんな概念のことなど何も知りはしなかったのだ。というのも、あらゆる創造物は自己自身を目的とし、またあらゆる出来事もそれ自体を条件としており、そしてあらゆるものが、つまり世界そのものが、それ自身の資格において、ここに存在するからである。

（一五一－一五二頁）

だからハイネは、一方では職業的歴史家によって育成される冷淡な歴史観に対しても、他方ではロマン派の詩人の病んだような哲学に対しても、それぞれに異議を申し立てながら、次のように結論づけている。

生とは目的でもなければ手段でもない。生とは権利である。生は硬直した死の権利請求に抗して、すなわち過

『革命（*La Révolution*）』など。

▼**ミツキェヴィチ**　アダム・ミツキェヴィチ（Adam Mickiewicz）一七九八－一八五五。ポーランドのロマン派詩人であり政治活動家。学生時代はフィロマシー（Filomaci）という、ポーランドやリトアニアの民族独立を希求する学生たちの知的、政治的グループに属していた。一八四〇年には、コレージュ・ド・フランスのスラヴ諸語教授に着任している。

▼**ティエール**　ルイ・アドルフ・ティエール（Louis Adolphe Thiers）一七九七－一八七七。フランスの政治家、歴史家。思想的にはブルジョア自由主義で、復古王政には批判的であった。七月王政期にはギゾーらとともに体制を支えるが、後にギゾーと対立。ボナパルトのクーデター時には一時亡命したが、翌年には帰国を許され、以後は歴史家としての仕事に専念する。しかし普仏戦争直前の一八六九年に政界復帰し、帝政解体後には臨時政府の中心に立った。プロイセンとの和平工作に尽力した一方、パリ・コミューンは銃によって制圧した。

去に抗して、この生の権利を主張しようとする。そして生のこのような正当化こそが革命である。歴史家や詩人たちの哀れな無関心主義などに、わたしたちのこの事業にかけるエネルギーが奪われることがあってはならない。また、未来の幸福を約束するひとびとのロマン主義的な見方にそそのかされて、現在の利害や、なによりもまず守られるべき人間の権利、すなわち生きる権利そのものが危険にさらされるようなことがあってはならない。（二五二頁）

死んだ過去とまだ生まれていない未来への要求に対して生の権利を対置させるというハイネの姿勢は、制度化されたあらゆる歴史学を攻撃した一八七〇年代のニーチェを先取りするものであった。とはいえ、一八八〇年代（イプセン）や一八九〇年代（ジイド、トーマス・マン）、そして一九〇〇年代初頭（ヴァレリー、プルースト、ジョイス、D・H・ロレンス）の文学になると、こうした攻撃もすでに陳腐な常套句《クリシェ》になりがちであった。

一九世紀における歴史学の古典

しかし、一八二一年（ヴィルヘルム・フォン・フンボルトの「歴史家の課題について」が発表された年）から一八六八年（ドロイゼンの『史学——学問および歴史学方法論の講義』が出版された年）までの期間に世に出たさまざまな著作は、専門家にとってもアマチュアにとっても、近代歴史学の業績モデルとしていまなお役に立つものである。紛れもなく一九世紀の歴史学を代表する四人の大家の作品をそのまま編年的に列挙するだけで、時代の問題を照らしだすために過去を理解しようとした一九世紀歴史学の努力の幅と奥行きを示すには十分だろう。ここで言う大家とは、ロマン主義歴史学の中心となった鬼才ジュール・ミシュレ（一七九八－一八七四）であり、歴史学派の創設者で、卓越した歴史家にして制度化された歴史学のパラダイムを作りだしたレオポルド・フォン・ランケ（一七九五－一八八六）であり、社会史の実質的な創設者にして、エミール・デュルケームやマックス・ウェーバーといった近代の歴史社会学者の模範となったアレクシス・ド・トクヴィル（一八〇五－五九）であり、そして最後に、文化史家の雛型で、美学的歴史学の開拓者にして、歴史叙述における感性重視の文体の提唱者、ヤーコプ・ブルクハルト（一八一八－九七）である。かれらの著作を列挙してみよう。

一八二四年　ランケ『ラテンおよびゲルマン諸民族の歴史』
一八二七年　ミシュレによるヴィーコ『新しい学』の翻訳
一八二八年　ミシュレ『近代史概説』
一八二九年　ランケ『セルビア革命史』

一八三一年　ミシュレ『世界史入門』
一八三三－四四年　ミシュレ『フランス史』中世篇全六巻
一八三四－三六年　ランケ『ローマ教皇史』
一八三五－四〇年　トクヴィル『アメリカの民主政治』
一八三九－四七年　ランケ『宗教改革時代のドイツ史』
一八四六年　ミシュレ『民衆』
一八四七年　ランケ『プロイセン史』全九巻
一八四七－五三年　ミシュレ『フランス革命史』
一八五二－六一年　ランケ『フランス史、とくに一六世紀と一七世紀における』
一八五三年　ブルクハルト『コンスタンティヌス大帝の時代』
一八五六年　トクヴィル『旧体制と大革命』
一八五九－六八年　ランケ『イングランド史、とくに一六世紀と一七世紀における』
一八六〇年　ブルクハルト『イタリア・ルネサンスの文化』
一八七二－七三年　ミシュレ『一九世紀の歴史』

このリストに他にも大勢の歴史家の著作を、四人の大家に劣らぬものとして付け加えられないわけではない。たとえば、古代史の大家グロート▼、ドロイゼン、モムゼン、中世史家のスタブズとメイトランド、民族史学派のジュベル▼とトライチュケ、いわゆる理論家のティエリ▼とギゾー、あるいは歴史哲学者のコント、スペンサー▼、バックル、ゴビノー、ヘーゲル、フォイエルバッハ、マルクスとエンゲルス、ニーチェ、

▼**ドロイゼン**　ヨハン・グスタフ・ドロイゼン（Johann Gustav Droysen）一八〇四－八四。ドイツの歴史家、政治家。ギリシア史研究で知られるほか、『プロイセン政治史』を著すなど、プロイセン学派（第7章四二七頁の訳註も参照）の中心人物となった。
▼**グロート**　ジョージ・グロート（George Grote）一七九四－一八七一。オランダの宗教改革者、歴史家。
▼**ジュベル**　この人物については七一頁の訳註「ジュベル」を参照するとともに、第5章三六一頁の訳註「『国家理性』学派」も参照。
▼**ティエリ**　オーギュスタン・ティエリ（Augustin Thierry）一七九五－一八五六。フランスの歴史家。著作に『メロヴィング王朝史話』（小島輝正訳、岩波書店）など。
▼**スペンサー**　ハーバート・スペンサー（Herbert Spencer）一八二〇－一九〇三。イギリスの哲学者。その思想は後世に「社会ダーウィニズム」（第5章三六一頁の訳註を参照）と呼ばれるようになった。著作に『総合哲学体系（*System of*

テーヌがいる。しかし、歴史哲学者として名前を挙げたひとを除けば、ミシュレ、ランケ、トクヴィル、ブルクハルトの四人の大家にならぶ権威と名声を与えられるべきひとはおそらくいまい。というのも、たしかに他のひとたちも新しい研究領域を開拓し、一九世紀の歴史学的思考のさまざまな潮流を代表しているとは言えるが、いまなお近代に顕著な歴史意識のパラダイムとなるほどの役割を果たしているのは、ミシュレ、ランケ、トクヴィル、ブルクハルトの四人だけだからである。ミシュレ、ランケ、トクヴィル、ブルクハルトは歴史の描き方において独創的な業績を示しているばかりでなく、「リアリスティックな」歴史学とはどうあるべきかについて、それぞれが異なったモデルを示してもいるのである。

歴史哲学に抗する歴史叙述

ヘーゲルが『歴史哲学講義』において試みたのは、かれが近代に特有のものだと考えた歴史的反省の形式を理論的に正当化することであった。ヘーゲルが「始まりの歴史」と呼ぶものは、ギリシアの時代から存在していた。ギリシア人以来、歴史的思考の発展のなかに現れた四種類の反省的歴史のそれぞれは、歴史的な自己意識のより高いレベルにある形式を表していた。ヘーゲルの考えによれば、歴史哲学そのものが、まさに「反省的歴史」の根底にある原理を解明する営みであり、それは、より高次のいっそう自覚的な「反省的」方法で、その原理を、普遍的歴史を書くという課題に体系的に適用することに他ならない。ヘーゲルは、歴史家自身にそうした普遍的歴史を書いたらどうかとは提案せず、代わりにその仕事は哲学者に任せるべきだと主張した。というのも、反省的歴史というものを書き上げることが何を意味するのかを理解し、その認識論的、美学的、倫理的原理を意識化し、そしてそれらの原理を人類一般の歴史へと適用することができるのは、哲学者だけだからであった。

歴史学と歴史哲学をこのように区別することは、総じて一九世紀の歴史家たちからは理解されなかったし、たとえ述べていることは理解されたにしても、是認されはしなかった。大部分の歴史家にとってみれば、「歴史哲学」なるものが行っているのは、哲学的先入観に基づいて歴史を書こうとすることに他ならなかった。もしそれを真似ようとすれば、アプリオリな推論によって得られた図式にあわせて、歴史の証拠を捻じ曲げざるをえなくなるだろう。一九世紀の古典的歴史家が理解していた意味での「歴史学的方法」とは、いかなる先入観も捨てて古文書館に赴き、そこで発見した記録文書を調べ、それから文書によって立証された出来事についてストーリーを書いて、それ自体が過去に「起こったこと」の真相の説明となるようにしたい、ということであった。そのときの歴史学的説明とは、記録文書そのものからおのずと出現させ

Synthetic Philosophy)』など。

るべきものであり、そのうえでその意味を歴史家が虚心に物語の形式で形象化するものだ、というわけである。

　資料から発見された出来事をプロット化するのは歴史家自身であるという考え方がおぼろげながらでも垣間見られるのは、ストーリーで説明するときにはどうやっても詩的な要素が加わるはずだという点に敏感な思想家たちにおいてである。それは、たとえばドロイゼンのような歴史家や、ヘーゲル、ニーチェといった哲学者においてであるが、それ以外にはこの点に感度を持つひとびとはほとんどいなかった。だから、誰かがストーリーのプロットを作っているのは、資料なるものではなく、歴史家であると指摘したとすれば、一九世紀の歴史家の大半を敵に回すことになっただろう。過去に対して異なった「観点」を適用できるということは否定されないが、そうした「観点」は、過去に光をあてもすれば影を落としもする詩的パースペクティヴとして理解されるというよりも、むしろもっと単純に、できるかぎり排除されるべき偏見と考えられていた。素材から意味深長な概念を引っぱり出したり、素材をあらかじめイデオロギー的に加工したりしてはならず、「起こったこと」についての「ストーリー」をそのまま伝える」のでなければならない。適切に描かれた地図から現地の風景がどうなっているのかを思い浮かべるのと同様に、ストーリーが正しく語られるならば、出来事の説明は歴史学者の語りのなかからおのずと浮かびあがってくるだろう、というわけである。

　地図に「凡例」があるように、歴史書に説明的部分があってもよいが、そうした部分は地図の凡例と同じように、物語本体の隅に追いやられていなければならなかった。歴史の「凡例」はいわば特別な囲みのなかに閉じ込められるべきもの、実際には歴史書の序論か結論にあたるような「総論」のなかに含まれるべきものであった。たしかに、真の説明とは、その細部において正確で、その意味において説得力のあるようなストーリーを語ることそのものである。しかし、細部において正確であることは、ストーリーの意味が真理であることとしばしば混同されていた。ストーリーに意味が与えられるのは、語られるストーリーをある特定の種類のストーリーにするときに選択されるプロット化の様式によってであるとは、考えられていなかったのである。どのようなプロット化の様式を選択するかということそのものが、すでに何らかの歴史哲学に関与することであり、またそれこそが、ヘーゲルが『美学講義』において歴史を文学の一形式として議論した際に指摘していたことだとは、誰にも理解されていなかった。

では、「歴史学」と「歴史哲学」の違いとはいったい何だったのだろうか。この問いに対する一九世紀歴史学の大家四人の答えはさまざまである。しかし、真の歴史は、先入観を持たずに、客観的に、もっぱら過去の事実そのものに対する関心のみから書かれるべきであり、事実を形式的体系に当てはめてしまうようなアプリオリな傾向は退けなくてはならない、という点ではみな合意している。それでも、これら四人の大家によって書かれた歴史のもっとも目立つ特徴は、その形式的一貫性であり、かれらの理解する「歴史の場」は概念によって支配されている。四人のなかでも、事実を単純に「それ自身に語らせる」歴史家という印象を与えるのに一番成功しているのはブルクハルトであり、かれは物語の概念的原理を著作の生地のなかにもっとも完璧に織り込んでいる。しかし、そうした印象を与えるブルクハルトの歴史学でさえも、特有の形式的一貫性を持っている。それは、「風刺劇」という一貫性、つまり、きわめて感受性豊かな魂が世界の愚行を描き出すという形式である。

トクヴィルは例外としても、他の三人の歴史家は説明の形式的論拠を物語の前景に押しだすことはしなかった。そのため、かれらの歴史叙述を理解するためには、かれらが書いた歴史のストーリーラインのなかで述べられていることから隠されている意味を引き出し、かれらが依拠している原理を抽出しなくてはならない。これはつまり、かれらの説明の効果がいかにプロット化の様式に依拠して初めて可能になっているのか、という問題でもある。そうだとするならば、ミシュレ、ランケ、トクヴィル、ブルクハルトのそれぞれに代表される一九世紀の「歴史主義」(historism)は、ある意味では、説明戦略として、論拠を用いるのではなく、それに代えてプロット化の効果を用いるひとつの方法だったと特徴づけることができる。かれらはみな、自分はただランケのやり方で、「実際に起こったことを語って」いると主張しているときも、表面的にはストーリーを「事実」に即して記述することがすでに説明であるという考え方をよしとしながら、実際には、プロット化によって説明を行うという技法を実践していた。四人はそれぞれにロマンス、喜劇、悲劇、風刺劇というストーリーの種類のどれかにおいて語っていた。あるいは、少なくともこれら四つのストーリー形式のいずれかを、詳細に描写した歴史の切片をまとめあげる際の普遍的枠組みとして前提に据えていたのであった。そこで、かれらの仕事のうちに暗黙のうちに表れている「歴史哲学」の特徴を調べるには、かれらが明示的にどのような説明戦略をよしとしているのかという観点からだけでなく、同時に、語られるストーリーの枠組みをつくったり、それを肉づけしたりするために、かれらがどのようなプロット化の様式を暗黙のうちに選択しているかという観点からも見ていかなければならない。

しかし、語るストーリーに形式を与えるために、かれら四人の歴史家がどのようなプロット化の様式を選択しているのかということ以上に、もっと重要なことがある。それは、かれらが「歴史の場」をひとつの領域としてあらかじめ形象化する際の意識の様式であり、その構造を前にしてかれらがとるイデオロギー的姿勢であり、さらには、その場を特徴づける際に用いられている言語論的な基本要素である。一九世紀における四人の大歴史家は、歴史をいかに書くかという問題にそれぞれ異なる解決策を提示し、歴史をプロット化するのにそれぞれロマンス、喜劇、悲劇、風刺劇という様式を選択した。「歴史の場」に向き合う際のイデオロギー的姿勢においても、かれらはそれぞれアナーキー、保守主義、自由主義、反動という異なった姿勢をとった。四人のなかに急進派はいなかった。「歴史の場」をあらかじめ形象化する際の言語論的基本要素についても、それぞれが採用したものは隠喩、提喩、換喩、アイロニーとさまざまである。

隠喩的様式における「リアリズム」としてのロマン主義的歴史学

一八世紀における歴史学的思惟について論じた第1章の序節ですでに述べたように、一八世紀の啓蒙哲学者が追い込まれたアイロニーを回避しながら、進歩への信念と楽観主義を正当化するという試みを主に行おうとしたのが、一九世紀の「リアリズム」であった。ここで述べておくべき点は、一九世紀におけるロマン主義の歴史学は、「歴史の場」とその過程の性格を特徴づけるために隠喩的様式へと回帰しているのだが、その際、ヘルダーが一八世紀に背負いこんだような有機体論的説明戦略は採用していない、ということである。ロマン主義者たちは、あらゆる形式的な説明体系を拒否しつつ、同時に「歴史の場」を描くのに隠喩的様式を活用し、その過程を表現するのにロマンスという物語を利用することで、特定の説明効果を獲得しようと試みたのであった。

「存在の混沌」としての歴史の場

しかし、ロマン主義があらゆる形式的な説明体系を拒否すると主張していることを、そのまま額面通りに受け取ってはならない。というのも、ロマン主義者の多くは「歴史の場」を、カーライルが言うような「存在の混沌」として性格づけており、そのためにそれにふさわしい知の理論を暗黙のうちに前提にしているからである（Carlyle, “On History”）。カーライルによれば、歴史家は、この「存在の混沌」に向き合ったとき、その過程の観察者であるだけでなく、行為者でもあるという両方の姿勢をとることができる。コンスタン、ノヴァーリス、カーライルという三人のロマン主義者を実例にとりあげると、かれらにおいて、この「存在の混沌」という歴史の概念はそれぞれ三つの違った態度を生み出しており、しかも歴史家の課題についても、三者はそれぞれ異なった考え方をしている。コンスタンの立場は、一八世紀末から受け継がれたアイロニー的観点のいわばロマン主義的変種であるが、革命と反動をめぐる同時代の出来事に対するかれの反応が、そこにいっそうニヒリスティックな色合いを加えている。かれが歴史的世界に与えている規定のひとつは、かれの時代の歴史的思考が乗り越えようとした、同時代を支配する不安の感覚を表現したものだと見てよいだろう。というのも、「宗教について」というエッセイのなかの一節で、コンスタンは次のように述べているからである。

> 戦いに挑んで勝利者となった男は、防衛力のせいでもはや誰も住んでいない世界を目の当たりにして、自分の勝利に愕然とする。（……）かれの想像力はいまや空虚で孤独で、自分自身に向けられる。かれは自分を呑み込まんとしている大地のうえに独りぼっちでいることに気づく。この大地のうえでは、いくつもの世代が次々と交代していくのだが、いずれの世代もはかなく、偶然的で、孤立している。かれらはこの世に現れては、苦しみ、死んでいく。（……）もはやこの世にいないひとびとの声がまだ生きているひとびとに届くことはなく、生きているひとびとの声もすぐに同じ永遠の沈黙に呑み込まれるに違いない。人間は自分を見捨てる過去と、自分を受け入れてくれない未来のはざまで、記憶も持たずに、かといって希望もなしに、いったい何をするというのか。加護を求めても聞いてくれるひとはなく、祈っても返事はない。かれは祖先たちがめぐらしてきたあらゆる支えを足蹴にしてしまった。そのために自分自身の力に頼るしかなくなってしまったのである。（プーレ『人間的時間の研究』二六三頁より引用）

この一節は明らかにアイロニー的である。その本質的なアイロニーは、最初の一文のなかに、つまり一見「勝利」を収めたかに見える人類が、長いあいだ格闘してついに戦いとった獲得物を前にして「愕然」とする様子として描かれている。勝利を得たはずであるのに、その帰結は、勝者である人間自身に逆襲してくる。いまや人間は「自分が独りぼっちでいることに気づき」、世界の占有者となっても、その世界のほうが「かれを呑み込んでしまいかねない」のである。ここで人間がさらされている脅威は、コンスタンによれば、歴史が無意味であると気づかされることに由来している。つまり、いずれの世代も「はかなく、偶然的で、孤立しており、この世に現れては、苦しみ、死んでいく」無意味な連なりでしかないということに対する恐れから出てきている。世代と世代のあいだの関係について思いめぐらしても、慰めになるようなものは何も得られない。過去の世代の「声」は生きている者にとって何の助けにも忠告にもならない。生きている者が直面している世界もまた、まもなくかれらを呑み込み、「同じ永遠の沈黙」へと追いやるに違いない。こうして、生きている人間は自分たちを「見捨てる過去」と、自分たちを「締めだす未来」とのあいだに位置をとる。人間はそこで「記憶」も希望ももたずに生きていかざるをえないのである。共同体の生活のなかにあったこれまでの慣習的な「支え」はすべて崩壊し、「自分自身の力」に頼るしかない。しかし、この一節にはっきり表されているように、こうした人間自身の力は、それまでのあらゆる社会や文明が担ってきた課題を遂行するには十分ではない。このように人間の意識は、現実を理解するためにも、それを何らかの仕方で効果的に支配するためにももはや適切なものではないものとして描かれている。いまや人間は、人類史の黎明期に、原始的な野生人が無知と無力の状態でも立ち向かった自然の世界よりも、もっと恐ろしい歴史の海のなかを漂流しているのである。

まさにこの歴史を前にしたアイロニックな姿勢こそ、一九世紀初頭に支配的であった哲学体系が克服しようとしたものである。この時期の哲学は、このアイロニックな姿勢に代えて、人間には自身の運命を支配し、歴史に意味と方向性を与える能力があることを理論的にいっそう正当化できる概念を構想しようとしたのだった。観念論に代表されるその時代の形而上学的傾向も、実証主義やロマン主義も、コンスタンのような思想家が絶望のうちに革命以後の時代に「リアリズム」がとりうる唯一の形式だと思っていたアイロニー的立場を、なんとか解体しようと奮闘していたのである。

このコンスタンが感じた不安（angoisse）の気分に対するロマン主義の応答には、さらに立ち入って区別すると二つの類型があった。一つはきわめて宗教的なものであり、もう一つは美学的なものである。宗教的に応答した実例のひとりはノヴァーリスであり、かれは、後期啓蒙期や革命終結直後の時期における懐疑主義とニヒリズムに対して、ヘルダーとほとんど同じように、歴史過程そのものがそのなかで傷つけられたり斃《たお》れたりしたひとびとにいつか贖いをもたらすはずだと単純に断言した。ノヴァーリスは、コンスタンのような徹底的な懐疑主義者のなかに見られる、懐疑の果ての逆説的な独

▼コンスタン　バンジャマン・コンスタン（Benjamin Constant）一七六七－一八三〇。フランスの作家、政治家、思想家。著作に宗教論、政治論の他、小説『アドルフ』などがある。
▼ノヴァーリス（Novalis）一七七二－一八〇一。ドイツ・ロマン派の詩人

断論ではなく、それに代えて、信仰者としての独断論という立場をとったのであった。評論『キリスト教世界、またはヨーロッパ』のなかでかれは、かれの時代に広がる不安は、社会問題をただ世俗的には、あるいは人間的には解決することができないことを、ちゃんと認識できない点にあると言いきっている。

真の観察者には、静かな囚われのない目で、近年の国家転覆の時代を見ていただきたい。（……）きみたちの国家が、天上へと向かう宗教的な力なくして地上の重力へと引きつけられているかぎり、どうやってもきみたちの力では弱すぎてこれを支えきれないのだ。しかし、きみたちが高次の憧れによって国家を天の高みにつなぎとめ、それを森羅万象と関連づけることができれば、国家はそのうちにけっして撓《たわ》むことのない弾力をもつようになり、それによってきみたちの努力は報われるだろう。（ノヴァーリス『キリスト教世界、またはヨーロッパ』一〇九頁）

ノヴァーリスが望んだのはカトリックでもプロテスタントでもない、コスモポリタン的で統一的な力をもった新しい形のキリスト教であった。そしてかれは、その希望を正当化してくれるものが、歴史の研究によって見つかるだろうと信じたのである。「歴史に目を向けてはどうか」とかれは言う。「教訓にみちた一貫性をもつ歴史のなかに現在と類似した時代を探し求め、アナロジーという魔法の杖の振り方を覚えるのだ」（同前）。そうすれば、ついにはキリストの言葉の精神を発見し、ある「文言」を他のものに置き換えていくというだけの虚しく終わりのない作業を乗り越えていくことができるだろう。「文言を取り換えるだけでよいのか」とノヴァーリスは問う。「きみたちは古い制度や古い精神のなかにまで堕落の芽を探すのか。もっとよい制度、もっとよい精神に向かう進路を、自分ではよく分かっていると思っているのか」（一一〇頁）。古い秩序へと感傷的に回帰することのうちにも、新しい秩序の「文言」に教条的に執着することのうちにも、救いはない。むしろそれは、歴史の「精神」そのものを模範とするような信仰のうちにあるのだ、とかれは主張する。

ああ、きみたちが過去の霊的なものたちの精神に満たされ、歴史と人類とを型にはめて自分の目指す方向に作り替えてしまおうなどという愚かな努力を思いとどまらんことを！　歴史とは、自立したもの、独断的なもの、それでいて無限に愛すべきもの、予言に満ちたものではないだろうか。ところが、歴史を研究し、歴史の足跡をたずね、歴史から学び、歴史と歩みをともにし、歴史のもたらす約束と暗示を信じてついていくこと――誰もそ

うしたことに思い至らないのだ。（同前）

ノヴァーリスの発想は、コンスタンの発想と同じくらい「神秘的」である。言ってみれば両者は、真理という位置にまで高められてしまった心的気分、あるいは魂の状態を表現しているのである。ノヴァーリスの歴史的神秘主義はコンスタンの歴史的懐疑主義と好対照をなすが、両者とも独断論的であることに変わりはない。コンスタンが生の問題を解決するために提唱するのは、歴史の無意味さを肯定することである。ノヴァーリスが提唱するのは、歴史自体には意味を創出する力があると無条件に信じ、かつて宗教に従っていたのと同じように歴史に「従う」ことから、生が持つことのできる唯一の意味が生まれてくる、ということである。コンスタンが悪夢として体験した状況を、ノヴァーリスは解放の夢のための素材として理解したのだった。

しかし、ここで注意すべきは、たったいまざっとまとめた二つの立場が、実は内実としては似たような歴史学を生み出すという点である。どちらの場合も、個々の出来事は歴史叙述のなかにおいて、それだけでは権利主張することのできないようなある価値を帯びている。そして、このとき歴史叙述は、歴史的記録のなかで無意味な出来事と意味のある出来事とを区別するために歴史家に求められる何らかの批判的尺度によって統御されているのである。コンスタンにとっては、どんな出来事も、人間による意味の探求に貢献することのない等しく無意味なものだった。その一方ノヴァーリスにとっては、すべての出来事が、等しく人間の自己認識と人類の生の豊かな意味の発見に貢献する価値あるものだった。

カーライルは、ボズウェルの『サミュエル・ジョンソン伝』の書評を書いているが、その文章のなかに、コンスタンと同じように耽美主義的な傾向は示しているが、倫理的にはより強い責任感を伴ったロマン主義の形態を見てとることができる。その批評のなかでカーライルは、歴史学の目的とは「たかが数世紀でわれわれが時間に支配され尽くさないように、運命の神の至上命令」を無効にする試みであると定義している。カーライルによれば歴史家の目的とは、過去の偉大な人間の声を、生きている者にとっての助言やインスピレーションに変えることであった。偉大な歴史書のなかでは「すでに逝きし人もそこにとどまり」、その「姿はなくともそこに現れ」、「死してもなお語っている」。かれは、歴史家の責務を、復活による新生を果たすことだと考え、過去を完全に忠実に再構成することだと見たのである。こうしたタイプのメンタリティは、今日にいたるまで懐古趣味《ノスタルジック》の歴史学を支配し続けている。この着想のもとになった感覚をB・G・ニーブールが次のように表現したことがある。「わたしに幸福をもたらしてくれることが一つある。それは忘れられ、見過ごされた偉大なものを、ひとから認められうる場所に戻してやることである。その幸運を授かった者は、遠い昔の死者の精神と心を通わせ、行為と心情に通じるものがあることで感覚が一つになり、偉大なる人間を友として愛する感情で結ばれて、自分が祝福されていると感じるのである」（Neff, *The Poetry of History*, 104-5）。

しかしカーライルの歴史学理解は、その哲学理解と同様に、観想的というよりはもっと活動的なものであり、倫理的にはさらに厳しく断定的で、しかも驚くべきことに、懐古趣味的自己満足に初期ロマン主義の歴史哲学よりももっと強い態度で反対している。「歴史について（On History）」というエッセイでは、かれは次のように主張している。

> 生きられた歴史は書かれた歴史とは違う。実際の出来事は、先祖とそこから出てくる子孫のような具合にけっして単純につながっているものではない。個々の出来事はどれも、たった一つの出来事から生まれるものではなく、先行するものであれ、同時代のものであれ、その他の多くの出来事から生みだされてくるものなのであって、それがまた他の出来事と結びついて新しい出来事を生じさせるのである。それはたえず生き続け、たえず働き続ける存在の混沌であり、そのなかでは無数の要素からさまざまな姿が次から次に現れてくるのである。（Carlyle, "On History", 59-60）

ここでいう「存在の混沌」こそ、カーライルが「伝記について（On Biography）」という別の評論で述べるように、かれのいう科学的にして詩的でもある精神でもって、歴史家が立ち向かわなければならない対象である。

科学的に、というのは、すべての死すべきものは、生存の問題を目の前に突きつけられているからである。生存は、魂と肉体とが一つでありつづけるという問題にすぎないとしても（それに、たいていのひとにとってそうなのだが）ある程度はひとそれぞれに独特でなければならず、他のひととは異なったものであらざるをえない。その一方で、やはり人間は他のひとと似ているのであるから、そのためにわれわれ自身が互いに似かよっている。そのうえ、われわれは生きていくように課せられている以上、生きる術をめぐって世代を超えて教育的でなければならないのである。しかし、もっと重要なのは、詩的関心である。というのも、まさに物質的必然に対する人間の自由意思が格闘するということは、人間が生き続けているという状況だけからしても、あらゆる人間の生が多少なりともその闘いには勝利している証拠なのである。まさにそれこそ、何にもまして、というよりすべてを勘案して、死すべき運命にある人間の共感を引き起こすものである。人間の自由意思がする格闘は、実際に実行された

> ものであれ、書かれたものであれ、それ自体が詩であり、いやそれどころか、唯一可能な詩なのである。（Carlyle, "On Biography", 52-53）

カーライルの場合、懐疑主義への反抗は、ノヴァーリスやかれに類する宗教的なロマン主義者たちとは違って、人間の生の意味を人間性そのものの外側に見出すような試みを拒否するということであった。カーライルにとっては、個々人に体現された人間の生こそが至高の価値を持つものである。したがって、歴史家がなすべき課題は、たんにノヴァーリス流に歴史過程そのものを称揚するだけではなく、むしろ人間の生に英雄的な本性が秘められていることを自覚させることである。

　しかし、カーライルは、すべての生は「他のひとと同じである」と同時に「完全に独特的」でもあるという（喩法論的に言うなら隠喩的な）洞察を直感的には持っているのだが、そこからさらに先に進むことは考えなかった。かれは、わたしたちが世界の特有な意味での歴史学的「説明」として認めるようなものが成り立ちうるとは考えなかったのである。「あらゆる個々の出来事は、（……）先行するものであれ、同時代のものであれ、その他多くの出来事との絡み合いの所産であり」、だから歴史の場が「そのなかで無数の要素からさまざまな姿が次から次に現れてくる」ような「存在の混沌」であるとすれば、この「混沌」をとにかく何らかの仕方で秩序へと還元して捉えることは、どうにも不可能にみえる。ただし、カーライルの見方によれば、「歴史の場」の理解とは、思考と想像力、言い換えれば「科学」と「詩」の二重の運動によって与えられるものである。その二重の運動を通して、まず事物を他の事物との類似性において把握し、そのうえでその他すべてのものとは異なる独自性において、つまり差異においても捉えるというのである。カーライルが行ったのは、世界の科学的把握と詩的把握との関係を、喩法論における隠喩という様式の内部に包摂することである。つまり、科学的把握と詩的把握とのあいだで、いつのまにかおのずと一方から他方に「転移」が可能になるものと考えるということである。「存在の混沌」としてあらかじめ形象化された「歴史の場」が隠喩的な様式で解釈されるために、歴史家は、ただ「歴史の場」を前にして、それが歴史家に対して露わにするはずの豊饒な内容を待ちうけ、予感するという姿勢でいるように求められる。しかも歴史家は、あらゆる個々人の生が、他のあらゆる生と同様なところがあり、ゆえに「われわれ自身が互いに似かよっている」ために、つまるところ他のあらゆるものと関連づけられつつ一体性を保った姿で、端的に意識に現れてくるとただ信じていなくてはならない。

　しかし、この歴史観は、ヘルダーのそれと似ている点は多くあるにしても、「歴史の場」が文字通り混沌と見なされている点では、異なったものになっている。カーライルの混沌は、ヘルダーの場合のように、無数の構成要素が究極的には全体的な一体化に向かって作用していると想定されるような見かけだけの混沌ではない。カーライルは、多くの後期ロマン主義者と同じように、この混沌が、つまるところ二つの存在秩序に分割可能であると考えていた。その二つの存在秩序の性質は、先の引用で科学的把握と詩的把握を区別するときに用いられた類似性と差異という二つのカテゴリーからくるものである。過程としての歴史が表現しているのは、例外的人間である英雄と民衆との終わりのない闘いである。したがってカーライルからすれば、歴史的知を獲得するには、「存在の混沌」を探究することで、何らかの例外的諸個人が登場して、その意思を怠惰で扱いにくい民衆に強制する瞬間を確定しさえすればよいのである。英雄の登場とは、「必然性に対する人間の自由意思」の「勝利」を表している。歴史家の課題とは、まさにこの瞬間に英雄を称える賛歌を作りあげることであって、けっしてノヴァーリスふうに「歴史一般」を称揚する頌歌を謳うことではない。

要するに、カーライルの歴史理解にはある批判的原則があった。それは、人類に責任を負う意義深い歴史叙述にふさわしい対象としては、歴史に抗して何かをなしとげた人物であるひとりひとりの英雄を無数の群衆のなかから選びださなくてはならない、ということである。コンスタンが恐ろしい空虚と捉え、ノヴァーリスが生気に満ちた力の無差別的な横溢と見た「存在の混沌」を、カーライルは、英雄的個人がそれに向かい合い、支配すべき状況であると捉えたのである。たとえ、この英雄的個人の勝利が一時的なものであり、この「混沌」のほうが、支配を求めた人間に対して究極的に勝ちをおさめることは十分わきまえているとしても、英雄をめぐるこの評価は揺るがない。カーライルの思想においては、「歴史学」は、コンスタンが理解していたよりはずっと多くの固有の意義を与えられていた。英雄的個人は、まさにこの「混沌」に自分のよしとする形式を押しつけ、自分がたんなる混沌以上の存在であらんとして、そのひと自身の大望を歴史のなかに刻むのである。英雄がこの課題をどれだけその身に引き受けたのかに応じて、その人間の生によりいっそう大きな意味が与えられるのである。

少なくともこの「存在の混沌」という歴史観は、啓蒙主義的合理主義の歴史思想をアイロニーや風刺劇に追いやったような一種の決定論から歴史意識を解放したという点では、より優れた点を持っていた。その歴史観は、歴史の場とその過程から、無数の出来事のパノラマを作りだしたのであり、そこでは、かつて達成されその後の世代に受け継がれる文化的生の連続性という様相よりも、新奇でいま新しく勃興しつつある革新性という様相のほうが重視されている。それは歴史を、古くからの要素が限られた組み合わせの可能的範囲内で際限なく再配列されていくだけのものではなく、なにか新しいものが登場してくることができるアリーナに変えたのである。もっとも、カーライルの歴史理解によっては、歴史の場に表れる個々の要素を一つにまとめて、過程全体が理解可能な意味を持っているということを信じさせるような規則そのものはまだ与えられていない。それはただ「歴史の場」を、詩人ならば霊感を得て、共感能力、理解力、鑑賞能力を試すためにそこに赴くかもしれないような、「形式の饗宴」にまとめ上げただけである。

ミシュレ——隠喩として説明され、ロマンスとしてプロット化された歴史叙述

コンスタン、ノヴァーリス、カーライルの三人はみな、明らかに「ロマン主義的」思想家であり、かれらの歴史についての考察は、「存在の混沌」としての「歴史の場」をどのように把握するかを基底に据えている。そして、かれらは、「存在の混沌」としての歴史の場について、ただたんに混沌であるとか、創造的な力の充溢であるとか、あるいは英雄的人間と歴史そのものとの闘争の場であるというふうにそれぞれ理解を進めたのであった。しかし、こうした理解は、たんにそれが真理であると断言されているだけであり、それを提唱している三人のそれぞれの詩的感受性をそのまま信じるのでないかぎり受け入れられないものだった。フランスの歴史家にして歴史哲学者であるジュール・ミシュレは、ロマン主義運動の内部にいたが、歴史過程の理解においてはいま述べてきたコンスタン、ノヴァーリス、カーライルの三人とは異なる立場をとった。まずなによりも、ミシュレは、ロマン主義的な世界理解を科学的洞察という位置にまで高める手掛かりを見つけたと主張する点で独創的である。かれにとって、詩的感受性は、それが批判的なあり方で自己意識的なものに高められると、たんなる断言や独断であるばかりではなく、独自の「リアリスティック」な世界理解への通路を開いてくれるものであった。

ミシュレは、自分がロマン主義者であることをわざわざ否定していた。「ロマン主義の運動」はわたしの傍らを通り過ぎていったと、かれは書簡のなかで述懐している。ロマン主義の運動が盛んだったころ、かれはずっと文書館《アーカイヴ》にとじこもり、自分の知識と思想とを融合して新しい歴史学の方法を作り上げることに忙しかった。この新しい方法のプロトタイプは、ヴィーコの『新しい学』だと考えることができる。この新しい方法の特徴を、ミシュレは、集中と反射の方法だと説明している。かれの考えでは、この新しい方法がかれに与えてくれるものは、譬《たと》えていうなら、「あらゆる表面的な多様性を溶かしこみ、それらが生のなかではもっていた一者性を、歴史のなかで回復させてやることができるほど、十分に強力

な炎」である。もっとも、後にみるように、この新しい方法とは、実は隠喩の様式が潜在的にもっている可能性を徹底的に使いまわすということに他ならない。このやり方によって歴史家は、実際に過去の生を、その全体性において同定し、生き返らせ、賦活することが可能になるというのである。

ミシュレは、換喩という概念戦略も提喩という概念戦略もともに放棄することによって、また歴史の場とその過程を隠喩的に規定するのが最善であると端的に信じることで、アイロニーに陥ることをなんとか避けようとし始めたのだった。だからミシュレは、歴史の場を機械論的（因果論的）に還元することも、形式主義的（類型論的）にまとめ上げることも、まったく意味がないとした。ミシュレの書いたもののなかでは、事物の根底にある同一性を隠喩的に捉えるという発想が、他のあらゆる考察パターンに勝っており、その点でかれは、個人主義を信奉するカーライルや他のロマン主義者からきっぱりと区別される。ちょうどヴィーコが、自分が描いた本質的な意味で「詩的である」歴史の概念に「新しい学」という学的位置づけを求めたように、ミシュレもかれ自身の強烈な個性をもった歴史学に学的真理という位置づけを要求することができたのは、まさしく隠喩的な形式によってその同一性を捉えるという働きをとくに重視したからである。ミシュレは、あらかじめ隠喩を選択することで、「歴史の場」を満たす多様な存在を象徴的に融合しようと努めていた。だから、かれの問題意識は、こうした多様な存在を個々それぞれの象徴としてどう規定するのかという課題にはとどまらなかった。問題は全体と個別との隠喩的な関係がどこにでも存在するということである。また、どんなものであれ、とにかく歴史における唯一性があるとすれば、それは全体を構成する諸部分の唯一性ではなく、全体的なものそのものの唯一性、つまり全体的なものの特性であるとミシュレは考えている。諸部分が個別性をもっているのは、見かけ上のことにすぎない。諸部分の意義とは、部分が、自然の問題においてと同様、歴史の問題においても、あらゆるものが全体としてそうなろうと追い求めている統一性をその部分なりに表現する象徴であるというところからかろうじて生じているのである。

しかし、この世界のなかで、諸部分がそうなろうと追い求めているということだけからしても、この統一性とは記述されるべき状態ではなく、到達すべき目標だということになる。これは、ミシュレにとって二つの意味をもっている。一つは、歴史家が、あらゆるものがそうなろうと追い求めている統一性の実現を促すように、その歴史を書かなければならないということである。もう一つは、歴史に現れるあらゆるものは、最終的に目標の実現にどのような貢献をしたか、それともその実現をどの程度妨げたかによって評価されなければならないということである。そこでミシュレは、ストーリー形式としてはロマンスというプロット化の様式に依拠しつつ、歴史過程を、悪意に満ちているが結局は滅びてしまう悪徳と、歴史にとってなくてはならない徳とのあいだの闘争として捉えようとしたのである。

語り手として、ミシュレは二元論的な戦略を用いていた。ミシュレにとって、「歴史の場」にある個々の存在がそのなかに分類されるカテゴリーは、たった二つしか存在しなかった。しかし、あらゆる二元論的思考システムがそうであるように、かれの歴史叙述理論は、歴史過程を、望むべき目標をめがけた弁証法的進歩としても、あるいは漸進的進歩としてすらも捉えることはできなかった。とにかく存在するのはただ、憎悪が愛にとって代わるということであった。たしかに、二元論を前提にして、悪徳の力が徳の力に、専制が正義に、フランス革命が勃発した最初の年のように、一時のあいだ両者が結びつくことはあるにしても、それは例外的なことであった。この悪徳が徳に交代するという意識が、人間と人間、人間と自然、そして人間と神との究極的な一体性に対するミシュレの信念を支えていたのである。人間の希望の究極のあり方として、ミシュレが思い描いていたのは、究極の象徴を、つまり隠喩の隠喩を発見することであった。この隠喩の隠喩とは、批判を介在させることなく、自然、神、歴史、個人、人類一般として捉えられるような何かなのである。

ミシュレの歴史叙述において隠喩的様式とロマンスの神話がどのように機能しているのかは、かれの『フランス革命史』にみてとることができる。フランス革命最初の年におけるフランスの精神の記述は、一連の隠喩的な対象同定になっていて、闇から光が現れる描写に始まり、長らく敵対していた「人為的な」力に対して友愛を目指す「自然的な」衝動が勝利するという叙述に進み、最後には、それを純粋な象徴化の記号として観想することで終わっている。フランスは「(一七八九‐九〇年の――ホワイト)暗い冬から、世界に新しい光を約束する待望の春へと大胆な歩みを進める」という。しかし、この「光」とは何か、とミシュレは問う。それはもはや「自由へのあいまいな愛」ではなく、「祖国の統一」という光なのだ、とかれは答える(『フランス革命史』上、八六頁)。「子供のように道に迷っていた」ひとびとは、「ついに母をみつけた」(同前)。一七八九年一一月、諸身分の解体とともに、人と人、男と女、親と子、富める者と貧しい者、貴族と平民とを隔てるあらゆる分断は崩れ去ったのである。それで何が残ったのか。「友愛がすべての障害を取り除き、あらゆる武装市民団が一つにまとまりはじめ、団結が統一へと向かう。武装市民団はもういらない！　そんな役立たずより、いま必要なのはただ一つ、フランスだ。七月の栄光のなかで、フランスは変貌した姿を現す」(同前)。

さらにミシュレは問う。「これはすべて奇跡なのか」。かれの答えはもちろん「しかり」であった。「もっとも偉大にして、もっとも単純な奇跡。人間の自然への回帰である」。というのも、「人間的自然の根本的基礎は社交性」であるのに、革命前には「人間がともに生きるのを妨げるために、自然に抗して世界全体を捏造することが求められてきた」からである(同前)。アンシャン・レジーム全体が、互いに結合しようとする人間の自然的衝動にとっての人為的障壁とみなされた。慣習、義務、通行税、法律、条例、度量衡、貨幣といった厄介な社会制度の一切、「各都市、各地方、各団体」の間の競争関係を「周到にそそのかしつつ維持する」腐敗した体制全体、「そういったあらゆる障害、この古い城壁が一日にして崩れ去ったのである」(同前)。それらが崩れたとき、「ひとびとは互いに見つめあい、自分たちが似た者同士であることに気づき、長きにわたって互いに知らないままであり続けられたことに驚き、何世紀ものあいだ自分たちを隔ててきた無意味な憎悪を後悔し、互いの心情を吐露しながら近寄って抱擁しあうことでそれを償う」(同前)。ミシュレは言う。まさに存在しているものとは、

> 統一への純粋な愛に他ならない。(……)地理そのものが廃棄されるのである。ひとびとのあいだにはもう山も河も障壁もない。(……)これこそが愛の力である。(……)生を支配する物理的条件である時間と空間はいまやない。すぐれて精神的で、大革命全体を愉快であると同時に恐ろしくもある一種の夢にかえた奇妙な「新しい生」が、フランスに始まった。それは時間も知らなければ空間も知らない。(……)あらゆる古い紋章は色褪せ、また新しい紋章を試してみてもあまり意義はない。聖餐を前にして古い祭壇に宣誓しようと、抽象的な自由という冷たいイメージを前に誓おうと、本当の象徴は別のところにあるのだ。
>
> この祝祭の美、壮麗さ、永遠の魅力は、その象徴が生きていることにある。
>
> この人間を表す象徴は人間そのものなのである。(同前)

ミシュレはこう述べたあと、かつては自分自身のものでもあり、またその時代に革命を信じたひとびとのものでもある声に向きなおって、次のように書いている。

> 未来を崇拝し、希望を信じて東を見やるわたしたち。いまや日々信じがたくなっていく醜悪な過去によってあらゆる寺院から追放されたわたしたち。寺院も祭壇も独占されて奪われているわたしたち。思想をともにする孤絶した仲間内のなかでしばしば悲哀を感じるわたしたち。そのわたしたちがその日、ひとつの寺院を手にしたのだ。そのような寺院は、かつて存在したためしがなかった！人為的な教会ではなく、ヴォージュからセヴェンヌ、アルプスからピレネーにいたるまでを包みこむ万人の教会

である。

因襲による象徴ではない！　すべての自然、すべての精神、すべての真理の象徴である。（同前）

そして、かれは「まったくこれほど多様なものが（……）完璧に一致するとは」と讃嘆の言葉を洩らしている（八七頁）。ミシュレは、かれの歴史を、暗黒の勢力から自分自身を自由にすべく闘う霊的な力の開示のドラマ、解放のドラマ、そしてまさに救済のドラマとしてプロット化した。かれは、歴史家の課題とは、救済されたものの側に立って奉仕することであると考えていた。一八四六年に書かれた『民衆』では、歴史の表象についてのかれの考えが表明されている。「未来において、わたしの占める場所が次のようなものであらんことを。つまり、歴史の目標に到達したわけではないが、それを示し、これまで誰ひとりとして言わなかった名で歴史を呼んだ者として記憶されますように。ティエリは歴史学の目的を叙述と呼び、ギゾーは分析と呼んだ。わたしは歴史を復活と名づけた。この名は歴史のもとにとどまり続けるであろう」（『民衆』二九－三〇頁）。このような歴史学を「復活」として理解する姿勢は、ミシュレがさまざまな歴史書で描きだそうとしたプロット構造にも、またそこで用いられる説明上の戦略にも適用される。これこそが、ミシュレの歴史を、内容の点でも形式の点でも規定しているのである。また、「復活」としての歴史が「意味」を創出するのは、説明としてであるとともに、表現としてでもある。ミシュレは、大革命のさなかに、それに反対するあらゆる在来勢力が解体されることで、完全な自由と完全な一体性が「民衆」によって獲得されるが、その瞬間にこそ、マクロな歴史が積年の難問を解決するのだと位置づけていた。したがって、かれの歴史作品の論調は、大革命初期の英雄的局面にあった革命の理想が、もともとそれを育て上げた社会階級や政治エリートの暗闘のなかで後景に退いていくと、次第に陰鬱で悲哀を帯びたものに変容せざるをえなかった。

七月王政のあいだは、たしかにミシュレは同時代のフランス歴史学の領域を支配していた。かれの『近代史概説（*Précis de l'histoire moderne*）』（一八二七年）は、一八五〇年まではフランスの学校でヨーロッパ史の標準的概説書として扱われていた。しかし、新しい反動の波が自由主義を一掃し、保守的な時代になると、結果としてミシュレの大学におけるキャリアも閉ざされることとなった。かれの『フランス革命史』（ちなみに、この本は、全七巻に及び、一八四七年から五三年の時期が右から左までのあらゆる立場のフランス人に引き起こした狂熱のまっただなかで公刊されたのだが）には、悲しみに満ちた論調で書かれた序文がついている。というのも、そこには、大革命の理想がゆっくりと死んでいくのを痛みとともに眺めていた時期に、ちょうど同じくして亡くなった父親の記憶が結びつけられているからである。かれ自身の言葉によれば、この歴史的省察は「人生にふりかかりうるなかでも最悪の状況の、死と墓場の間で、言い換えれば、生き残った者自身も半ば死にかけ、彼岸と此岸の狭間で審判を待っているような時点に」行われたものであった（『フランス革命史』上、七五‐七六頁）。ミシュレは大革命にいたるフランス史をロマン主義的にプロット化したが、それはいま見たように、その後に起きた革命の崩壊についての、もっと大きな悲劇的認識の内部に位置づけられることとなった。このようにみずからの時代の悲劇的性質を実感したことも、ミシュレにリアリストという称号がふさわしいもう一つの理由である。かれはその状況を、一七八〇年代のフランスが置かれているそれとまったく同じだと考えた。『近代史概説』は、大革命前夜、全フランス社会がその当時陥っていたばらばらな状況を描いて終わっている。それをミシュレは次のように述べている。

世界全体が民衆に関心を持ち、民衆を愛し、民衆のために書いていた。慈善は上品なことであり、ひとはちょっとした施しをしては、大騒ぎをしていた。（Michelet, *Précis de l'histoire moderne*, 395）

しかし、「上流社会」が真面目に「センチメンタルな喜劇」（comédie sentimentale）を演じていた一方で、「世界の大きな動き」は、まもなくあらゆるものを変えてしまうことになる方向へと進み続けていた。

公衆の真の友、ボーマルシェ作のフィガロも、日ごとに苦々しい気持ちになっていった。喜劇から風刺劇へ、風刺劇から悲劇的ドラマへと事態は変わっていった。王族、議会、貴族のすべてがみな弱ってよたついていた。世界が酩酊していた。（395-96）。

哲学すらも、ルソーとジルベールの「毒針」で病んでいた。「もはや誰も宗教を信じることもなく、無宗教を信じることもなかった。それでも、誰もが信仰を求めていた。大胆な精神であっても、隠れてカリオストロの幻やメスメルの磁気桶のようなインチキを信じようとするようになってしまった」。しかし、他のヨーロッパ諸国と同じく、フランスも「合理的懐疑主義の終わりのない問答」に囚えられていた。「ヒュームのニヒリズムに対抗して、一見独断論のように見えるカントの哲学が登場した。偉大な詩人ゲーテの声がいたるところに響いていたが、それは予定調和的で、不道徳で、無差別的に聞こえた。フランスは、取り乱し、不安に苛まれていたために、それを理解しなかった。ドイツは科学という叙事詩をどこまでも繰り広げていたのに、フランスは社会劇を生み出していた」（396）。このアンシャン・レジームの最後の日々が演じていた喜劇的悲哀劇（le triste comique）は、舌先三寸の約束と、それを口にする人間の完璧な無能さとのコントラストから出てくるものだった。「無能さは、当時の全大臣に共通の特徴であった。誰もが約束はするが、何もできなかった」（ibid.）。

この引き裂かれた状況に続いて起こった喜劇的な解決がまさに大革命であった。大革命を引き起こした争いは、「古きものと新しきものという二つの原理、二つの精神のあいだの」闘争として描かれた（『フランス革命史』上、七五－七六頁）。不正義の精神とされた旧来の精神は、新しい精神の実現に反対するためだけに存在していた。そして、この根源的な対立原理が、ミシュレが革命を次のような言葉で特徴づけるときの基底にある。「大革命とは、寵愛の政府と恩寵の宗教に対する、正義の遅ればせの反撃に他ならない」（七七頁）。大革命とは逆転させること、絶対的専制政治を完全な正義に置き換えることであった。とはいっても、この逆転については十分に説明されているわけではなく、ただそういうものとして単純に規定されているだけであった。それは民衆の「救済」であり、その救済の歴史に、ミシュレはどこまでもそれを自分自身の問題として参加してきたのである。

ミシュレが革命を特徴づけるにあたって用いたもう一つのイメージは、出産の表象であった。しかし、ここで思い描かれているのは、自然分娩ではなく帝王切開である。たとえば、ある旅の途中に、山登りに出かけたことがある、とかれは書いている。「大地の深い内奥から」せりあがってきた山頂に立って内省しているうちに、すっかり考えこんでしまったという。

▼**ボーマルシェ**（Beaumarchais）一七三二－九九。フランスの劇作家。『セビリアの理髪師』『フィガロの結婚』『罪ある母』の、いわゆる「フィガロ三部作」を書いた。
▼**ジルベール**　ニコラ・ジルベール（Nicolas Gilbert）一七五〇－八〇。フランスの詩人。百科全書派に敵対した。風刺作品『一八世紀（*Le dix-huitième siècle*）』などを残している。
▼**カリオストロ**　アレッサンドロ・ディ・カリオストロ（Alessandro di Cagliostro）一七四三－九五。伯爵を自称し、ヨーロッパ各地の社交界で詐欺を行い続けた。
▼**メスメル**　フランツ・A・メスメル（Franz Anton Mesmer）一七三四－一八一五。ドイツの医学者で、動物磁気の概念と「磁気桶（バケツ）」という超科学的な人体治療法を提唱した。

地中の変動はどのようなものであったのだろうか。あの岩塊が山々を揺り動かし、岩石を貫き通し、大理石の層を粉砕し、地表に飛び出るためには、その懐でどのような無数の力が闘争していたのであろうか。地球のはらわたから、あの巨大な唸り声を押し出しているのは、どのような激動、どのような抗争であろうか。（七六頁）

この夢想は、かれの心のなかに絶望的な苦悶をもたらしたそうである。というのも、「自然はわたしに歴史のことまで思い出させた」からである。そしてその「歴史」は、「正義」を、それも長年にわたって暗黒の牢獄に押し込められている正義のことを思い出させたのであった。

この正義は、千年にもわたり（キリスト教の）ドグマを心に担い、その重みで押しつぶされながら、時を、日を、年を、かくも長き失われた年を数えてきたに違いないのであり、それを知る者にとっては永遠の涙の源である。歴史を通じて長年その拷問に巻き込まれてきた者は、けっして完全に回復することはないだろう。何が起ころうと、哀しみは晴れないだろう。太陽も、この世の喜びも、けっしてその者に慰めを与えることはないだろう。あまりに長い間、悲しみと暗闇のなかに生きてきたのだ。人間の長い間の諦めと、怯懦と、忍耐と、それでも人間を押しつぶす憎しみと呪いの世界を愛そうとする努力を思うと、このわたしの心は痛んだ。（七七頁）

この点でヘルダーとミシュレの歴史への関わり方に根本的な違いがあることには注意しておかなければならない。一方で、たしかにミシュレは、歴史的情景のなかに見出されるさまざまな人物たちに裁きを下すことは拒まなかった。またかれは、歴史過程を、どんな働きにおいても人類には善良さと恩恵を表すような、本質的に調和的なものだとは考えていなかった。ランケと同様、ミシュレは、歴史的生存の避けることができない様相として、闘争と葛藤という契機を真剣に受けとめていた。こうしたことは、ロマン主義的であると言われるかれの歴史叙述が「リアリズム」的なものでもあることを示すもう一つの証拠である。人間的共同性の理想的な具現という状態であった大革命は、その後次第にその特性を失っていく。ミシュレは、自分の歴史叙述のドラマが事態を決定的に変転させるもっとも重大な局面を、そうした衰退の時期のなかにあると見た。つまり、大革命のなかでも革命が卑俗化する時期、かれからすればアナーキーに陥った時期にそれがあると考えざるをえなかったために、歴史過程に対するかれの本質的にロマン主義的な理解には、次第に陰鬱な色合いが濃くなっていくのである。それは歴史一般を突き動かしている原理とはつまるところ無意味でしかなく、それどころかその無意味さがどんどん幅を利かせるようになっているという捉え方である。ミシュレは相変わらず大革命の理想を信じていると、自分の信念を言明していた。またその信念と理想を正当化する社会構想に対する信頼も表明し続けていた。しかし、一七八九年の出来事の意義が歳月とともに色褪せていくにつれて、かれの論調もだんだんと絶望的な色合いをもったものに変容していった。

ミシュレが大革命の時代を回顧していたときの歴史的状況はというと、専制政治をもくろむ勢力がふたたび国内的にも国際的にもひとびとを支配しようとしていた時期であり、そのためミシュレの歴史過程の捉え方はますますアイロニーに満ちたものとなり、人間の生には悪と分裂とが永遠に立ち戻ってくるという意識を持たざるをえなくなっていた。しかしかれは断固として、この悪と分裂の永劫回帰は、人間の長い道のりにとっては一時的な状況なのだと解釈し続けた。自分が置かれている新たな反動の状況がどんなものかを認識することで、かれに歴史の意味に対する懐疑が生じることがあっても、こうした疑念は、ミシュレの強い意思に裏づけられた行為によって、未来の希望のために不可欠な前提条件なのだと解釈しなおされた。というよりも、それはむしろ希望と同一視されたのである。かれは、大革命前夜ではその生活は一番暗澹としたものに見えずにはいられなかったはずだと、「民衆」の苦しみについて論じるときと同じ言い方で、未来の可能性を自分に言い聞かせることができた。

汝が疑念に驚くなかれ。その疑念はすでにして信念なのである。信じよ、希望せよ！　正義はたとえ遅くなろうとも、かならず到来するであろう。独断も、俗世も、正義は裁くであろう。そして審判が行われるその日こそ、革命と呼ばれるのである。（七七頁）

歴史過程全体のロマン主義的なプロット構造は、こうして無傷のまま保たれる。悲劇やアイロニーの状況はもっと大きな過程全体のなかの局面としてそのなかに組み込まれ、革命の炎のうちで無効にされるものとなる。その革命の炎こそ、ミシュレの歴史書が絶やさず灯し続けようとしたものである。

ヘルダーにとって歴史とは、特殊なもののある特異なまとまりから別のまとまりへと人間性が漸進的に変容していくことであったが、ミシュレの場合はそれとは異なり、歴史は天変地異のような転倒の連続であり、この転倒劇は、人間を対立した集団に分裂させる張力が長いあいだかけて大きくなっていくことで引き起こされる、と考えられた。そうした逆転現象において、偽りの正義は真の正義に置き換えられ、移り気な愛は真の愛に置き換えられ、虚偽の宗教は愛の宗教であるキリスト教に置き換えられ、「世界を血の海でおおった」暴君はその本当の対立物である革命の精神に置き換えられるは、そのほうがさらに恐ろしいことであった。

　忘れ去られる！　なんという恐ろしい言葉だ！　魂が魂の共生のあいだから消滅させられるとは！　神によって命を授けられた者ならば、肉としてだけでなく、少なくとも心において生きる権利があるのではないだろうか。たとえもっとも罪深い者であったとしても、永遠に忘却されてしまうという、この死のなかでも最悪の死ともいうべき弾圧を、死すべき運命にある人間が誰かにあえて課することがあってもいいものだろうか。（八一－八二頁）

しかし、歴史家の課題が神聖なものだという考えを述べているくだりで、ミシュレは次のように主張する。

　いや、信じてはいけない。何ひとつ忘却されてはいない。——人間であれ、事物であれ。ひとたびこの世に存在したものを、そのように消し去ることなどできはしない。記憶とは人間の書いたものばかりではない。まさに壁そのものが忘れない。敷石道がきみに協力し、闘いの痕跡や騒音を伝えてくれている。大気もまた、大革命の日々を忘れたりはしない。（同前）

ミシュレは、生そのものを監獄と見てアイロニカルな観想的に「忘却の穴に投じられた」のである。ミシュレにとってんに殺されただけではなかった。それどころか、かれらは端いうことを意味する。バスティーユにおいて、ひとびとはた記憶が、言い換えれば「歴史」そのものが、復讐を果たすとたことの記憶が、そして死者たちの権利が剝奪されたことの

　そう考えると、大革命とは、生者が選択的に生け贄にされ

させることであった。
ゆる善きものと人間的なものとを、政治的かつ道徳的に復活

革命は、アンシャン・レジームによって「埋葬された」あらの「埋葬された」生を掘り起こし、審判の前に立たせた。大のために」作られた世界、バスティーユであった。革命はそとびとに宣告したことである。それこそが、「明らかに忘却もなく、「生と死の中間、生なき埋葬された生」の状態をひシャン・レジームによるもっとも恐るべき罪は、生でも死でき換えに授権状（lettres de cachet）を与えていたのだ。アン寵臣に対して気まぐれに、また正義の敵に対しては金銭と引象徴していた。つまり、「恩寵の政府」であるはずのものが、であった。バスティーユこそが当時のアイロニックな状況を

　ミシュレの説明では、旧来の君主制の記号はバスティーユ

の口をふさぐこと」であった（同前）。
れて人殺しを褒め称える者とを引きずり降ろし、その嘘つきらう者に対抗する真の証人となること、「偽りの歴史と雇わ（八一頁）。そしてかれは、自分が目指すのは王や僧侶にへつ

的態度に落ちこむのではなく、むしろ荒ぶるままにいる死者と大革命の理想とを「想起する」ことを、自分の課題として引き受けた。それが目指しているのは、死してなお死にきれないでいるひとびとを、生者の社会におけるふさわしい場所へと復帰させてやるということであった。

ミシュレが過ごさざるをえなかった世界は、ナポレオン三世によって大革命の理想がふたたび犠牲にされたあとの時期の世界であったが、この時点と同じように大革命前夜でも、「世界は監獄に覆われていた。シュピールベルクからシベリアまで、スパンダウからモン・サン＝ミシェルまで。世界は監獄であった！」（同前）。ミシュレは大革命が到来する歴史を書きながら、この大革命の記憶と生に対するかれの時代の反動派の攻撃に対して、遠からず暴力的に爆発するはずのいまはまだはっきりとは姿を現していない未来の民衆運動と、つよい共感感情をもって一つになり、自分の歴史叙述を通じてそれに命を吹き込む。

僧侶から国王まで、宗教裁判からバスティーユまで、道はまっすぐだが長い。聖なる革命よ、あなたはどうしてそんなに来るのが遅かったのか！　一〇〇〇年も前から、中世の畑のうねにたってわたしは待っていた。いまも待っている！　おお！　時の歩みのなんと遅いことか！　どれほどわたしは時刻をかぞえたことか！　あなたは、いつかはやってくるのか。（八二頁）

『フランス革命史』のなかで、投獄された夫、息子、恋人、兄弟を解放しようと女性や子どもたちがバスティーユに押しかける場面を叙述するとき、ミシュレの文体は歓喜の叫びをあげた。「フランスよ、おまえは救われた！　世界よ、おまえは救われた！」。

この解放によって、男性と女性、若者と老人、金持ちと貧乏人といった人間のあらゆる区別は解消され、民族は一体の民衆という特別な存在になったという。この完全なる統合の状態を表現する象徴として用いられたのは、遠い百年戦争のときのジャンヌ・ダルクのイメージであった。「ジャンヌ・ダルク。かつてわが希望を託した青春の星を、わたしはふたたび空に仰ぎ見る」。そのときミシュレは、情熱がほとばしる美しい文体で、理性も科学もともに攻撃するが、隠喩の力そのものについてはけっして攻撃しない。ジャンヌ・ダルクの隠喩によってこそ、大革命を突き動かす力や、それのために戦う兵士の精神が明らかになるからである。ミシュレは、「オルレアンの乙女がその性を変えてフランス革命のために戦う若者になったとしても、つまりオシュやマルソーやジュベール、はたまたクレベールのような大革命のために献身する軍人になったとしても、不思議ではない」という（八一―八二頁）。

ミシュレは、描写している出来事に熱烈に感激しているために、人間や制度や価値観のあいだにある差異の感覚をすべて解消してしまうところがある。かれの隠喩にかかっては、違ったことであるようにみえるものごとが同一化され、最初に隠喩という形式が用いられる瞬間には捉えられていたものごとのあいだの差異の感覚は、すっかり踏み越えられてしまう。あらゆる差異は、全体的なものの一体性を把握するために解消されてしまうのである。だから、かれは次のように言うことができた。「もっとも戦闘的な者」が「平和の到来を告げる者」となり、そのとき「その名のもとで専制政治がわれわれを押しつぶしてきたあの恩寵が、正義と共鳴しあい、それと等しいものとなる」。大革命をひとつの過程として理解すると、それは「衡平の反作用」になるのであり、つまり、民衆に加えられた不正と暴虐に等しい量の反撃が圧政者にやり返され、「永遠の正義が遅ればせながら到来する」に違いない。それは、その本質においては「まさに愛であり、恩寵とまったく同じものだ」とミシュレは言う（八四頁）。

このように、ある抽象的なものと他の抽象的なものとが次々と融けあわされていくとき、そこで考えられている内実は、ヘーゲルのように否定的契機を徹底的に内在的に突き詰めることによって弁証法的に獲得されるのではなく、ただそのような断定が行われるだけである。しかし、抽象的なものにせよ、融けあわされることにせよ、それらはミシュレが経験的に得たものではなく、ひとつの本質があれこれのものに同一化されているばかりである。その本質はミシュレにとっての歴史の実体そのものであるとともに、かれが歴史家として仕事をする際の大義でもある。「愛」と「恩寵」は、ミシュレにとっては「正義」であり、これをかれは自分の「母」とも、「父」なる「権利」とも呼んでいる。しかし、かれにとって正義と権利は互いに違うものであるために、その差異を一気に乗り越えるために、最後にはその二つを神と同一視するのである。「わが母なる正義、わが父なる権利、あなたがたは神と一体だ！」（同前）。

こうして、最終的には神がミシュレの歴史学への奉仕を支え、その客観性を保証する。この客観性が、「正義」と「恩寵」のいまひとつの形に他ならない。『フランス革命史』序説の末尾では、その前のところで「革命」に向かって呼びかけていたミシュレの文体が、直接に神に向かって呼びかけている。

> あなたが正義である以上、あなたはこの本のなかで、わたしを支えてくれるだろう。この本のなかで道を切りひらくのは、わたしの心であって、けっしてわたし自身の利害でもなければ、地上のいかなる思想でもない。あなたは、わたしに対して公正であろうし、わたしは、すべての人に向かって公正にしよう。永遠の正義よ、あな

たのためではなくて、誰のために、この本をわたしは書くのであろうか。（同前）

さて、こうやって見てくると、たしかにミシュレの著作の論調と観点は、ドイツにおけるもっと「リアリスティックな」ライバルである分別くさいランケのそれとすっかり対照的であることは、さしあたって否めないだろう。ランケは、過去に対して「審判を下す」ことも、未来のためにかくあれと述べることもしないと主張しており、かれのその態度は揺るがなかったからである。しかし、「客観性」ということに関しては、実はミシュレとランケのあいだに認められる重要な差異は、実際のところより表面的なものでしかないのである。かれらのあいだの違いは、ミシュレの場合には歴史研究に対する取り組み方を規定している愛、恩寵、正義という原理が、「国民と民衆と大革命」という基本的な存在に明確に表現され、そこに明示的に具現化されていたのに対して、ランケの場合は、そうした原理は暗黙のうちに称揚されながら、それがつねに「国家と教会といまある既存の社会」にそのまま同一視されるという点であった。ミシュレも、過去をその特殊性と統一性において、余すところなく真実に即して表現するという課題について、ランケに劣らず関心をもっていた。しかし、ミシュレの信ずるところによれば、ひとは「私的利益」からであったり、「何かある現世的な世界の思想によって」であったりするなら、どんなときも歴史は書けないのであり、もっぱら「（そのひとの）心の内なる感情が指ししめす道」に従うことでしか本当の歴史叙述はなしとげられない。

▼**オシュ**　ラザール・オシュ（Lazare Hoche）一七六八－九七。フランス革命期の軍人。一四歳で王宮厩舎の別当助手、フランス衛兵。一七八九年にパリ国民衛兵隊の下士官。九二年に大尉、九三年に将軍となり、内外の反革命と戦った。

▼**マルソー**　フランソワ・セヴラン・マルソー（François Séverin Marceau）一七六九－九六。内外の大革命の敵と戦って勇名をはせたフランス革命期の軍人。一七八九年には国民衛兵、九二年義勇兵大隊の中尉。ヴァンデ一揆と戦い九三年に将軍となり、最期は戦死した。

▼**ジュベール**　バルテルミ・カトリーヌ・ジュベール（Barthélemy Catherine Joubert）一七六九－九九。フランス革命期の軍人。

▼**クレベール**　ジャン・バティスト・クレベール（Jean Baptiste Kléber）一七五三－一八〇〇。フランス革命期の軍人。公共造営物検査官だったが、一七八九年にベルフォールの国民衛兵、九二年オ＝ランの義勇兵第四大隊長、九三年将軍。最期はカイロで暗殺された。

ランケはそのような歴史家を襲う「感情」を乗り越えたいとは述べているが、だからといってかれの書く歴史も、ミシュレのそれに劣らず、個人的好みや特定の立場への偏向をいたるところに露呈している。そのことは隠しようがない。重要な点は、どちらの歴史家にしても、真理を制度として抑圧し、出来事の記憶を損なってきた専制政治に反対し、歴史過程の記憶の守護者として行為しているという点である。

ミシュレの考える歴史家の課題とは、「忘却された」四人の主張を回復しようとバスティーユに押しかけた大革命のなかのあの女性たちのそれとまさに同じであった。ミシュレは、かれのもっとも自己批判的な瞬間のひとつにおいて次のように述べている。歴史家とは「カエサルでもクラウディウスでもない。むしろ、歴史家は、しばしばその夢のなかで、自分の置かれている状況を嘆き悲しんでいる群衆を目の当たりにするのである。それは、いまだ本当に生をまっとうしたとは言えないひとびと、何とかして蘇りたいと願っているひとびとの群れである」（ミシュレの一八四二年のある断片、ロラン・バルト『ミシュレ』一二九頁を参照）。こうした死者たちは「棺桶と涙」だけを望んでいるのではないから、かれらの「ため息」を反復してやるだけでは十分ではない。ミシュレによれば、そうした悲嘆の底に沈んだ不幸に死んだ民衆に必要なのは、

> かれら自身にもその意味が分からなかった謎を解き明かしてくれるオイディプス、自分自身にも理解できなかったかれらの言葉や行為の意味をかれらに教えてくれるオイディプスなのである（同前）。

これは、歴史家とは、死者になり代わって歴史を書くことで、同時に死者のために書くようなひとのことであって、けっしてなんらかの現在または未来の生きた読者に向かって実用的に書くひとのことではない、と言っているように聞こえる。

ところが、そのときミシュレはもう一度そのイメージを変え、オイディプスという形象をプロメテウスという形象に取り換えてもいる。つまり、歴史家は、プロメテウスのように死者に火を運ぶのである。もしその火が、死者の「声」を「凍ったまま閉じ込めている」氷を溶かすのに十分なほどに強ければ、死者はそれによっておのずから「いま一度語る」ことができるようになるはずである（一三〇頁）。

だが、これでもまだ十分ではない。歴史家は「かつて一度も語られなかった言葉、（死んだひとびとの）心の奥深くにとどまっている言葉」に耳を傾け、それを理解することができなければならない。つまるところ歴史家の課題とは、「歴史の沈黙の瞬間を言葉に転じることである。すなわち、けっしてふたたび鳴ることがない、まさしくもっとも悲劇的な音調

であるあの恐ろしい延音記号《フェルマータ》をもう一度響かせること」である。そのようにして死者の声が、かれらの沈黙が生の世界に取り戻されたときにこそ初めて（……）、

死者たちは無念を晴らして墳墓のなかにやすらかに眠ることができるであろう。そうしてかれらは、おのれの運命が何であったかを理解しはじめ、不調和を解消し、いっそう甘美な調和を回復して、オイディプス悲劇における合唱隊《コロス》のあの最後の言葉を、ささやくような小さな声で互いに交わしはじめる。「まことに、これらのことはすでにしかと定められ、呼び戻す術もなし」と。亡霊たちは挨拶を交わし、悲しみを癒しあう。かれらは棺桶の蓋が閉じられるのを許す。過ぎ去った時代の棺桶を、歴史の司祭たちは、あたかも自分の父や息子の遺骸を運ぶがごとくに――いや、それは息子なのか。むしろそれは自分自身ではないのか？――いかほどの敬虔さ、いかほどの敬愛の念、いかほどの心やさしき配慮をこめて、捧げ持ち伝えてきたことだろうか！（同前）

ミシュレは、その生涯の終わりに近い一八七二年に書いた『一九世紀』の序文においても、歴史家の役割とは、基本的に死者の「記憶」の保管者となることだと述べている。

ひとりひとりの死者がささやかな財産を、つまりその者の記憶を残し、その追憶を大切にするようひとびとに求めている。友人のいない者のためには、司直がその代わりをしてやらねばならぬ。なぜなら、わたしたちの慈しみの情は所詮忘れっぽいものであり、わたしたちの涙はたちまちのうちに乾いてしまうものだが、そうしたすべての慈しみや涙よりも、法や正義はずっと確かなものだからである。

この司直の義務、それは「歴史」である。（……）わたしは生涯で一度たりとも義務を見失ったことはない。わたしは、あまりにもすぐに忘れ去られてしまった多くの死者たちに、いずれはわたし自身も必要とするであろう救いの手を差し延べてきた。

これらの死者たちに第二の生を与えるために、わたしはかれらを忘却の淵から救い出したのである。（ミシュレ「歴史の司直」、バルト『ミシュレ』一二八頁参照）

▼クラウディウス　ティベリウス・クラウディウス・ネロ・カエサル・ドルスス（Tiberius Claudius Nero Caesar Drusus）ＢＣ一〇‐ＡＤ五四。帝政ローマの第四代皇帝。歴史家でもあった。

歴史家の義務をこのように理解するからといって、歴史家は「率直に、そして精力的に正義と真理の側に立つ」必要があるという先に見たミシュレの考え方とこれが矛盾するわけではない。間違った仕方で何かに加担するような姿勢が歴史叙述に入りこむとしたら、それはただ歴史家がたんに怖じ気づいているか、あるいは既成の権威におもねろうとしているからである。かれは、一八五六年に書かれた『フランス史』第一〇章の結論のなかで、もっとも称えられるべき歴史家というものは、世界の裁判官にして救済者としての任を果たすために、特定のものごと、特定の人物に対するあらゆる「敬意や顧慮」を捨てなければならないと主張している。歴史家は、そうした敬意や顧慮を捨てることによって、「数百年という全体や、人類の生の全面的な調和のなかで」、どの程度まで「事実と権利とが長期的に合致して」矛盾しないかを理解するのである。「ただし」とミシュレは警告する。

　細部の事実のなかに、葛藤のなかに、歴史哲学のこの致命的な阿片、つまり偽りの平和を優先するという手心を混入することは、生のなかに死を混入させることであり、歴史と倫理を殺してしまうことであり、真実そのものに無関心な心の状態のままで「どちらが悪か、どちらが善か」を言わなくてはならないようなことである。
（ミシュレ「……この歴史は、けっして不偏不党ではない」、バルト『ミシュレ』一二六頁参照、強調はホワイト）

　ミシュレは自分の著作が「倫理的な」志向性をもっていることを率直に認めているが、研究を通して、対象とした世紀の真の「相貌」を見出すことができたと自負している。つまり、少なくともその相貌の「真実の印象」は伝えられたと思っている（一二六－一二七頁）。

　ミシュレは、意識と社会との相互作用を理論化した思想家であったヴィーコを引用する。ヴィーコはこの相互作用に着眼することによって、社会形態がひたすら切れ目なく続いていくという事実について、それを一方では純粋に世俗的な本性をもった過程であると捉えながら、しかも他方でそれを摂理に導かれたものとして受け入れることができた。ミシュレはヴィーコの理論を用いることによって、形式的な集合体という外見をもつものを細部まで分解しながらも、その細部とそれが位置づけられているより大きな過程の基本性格を、純粋に隠喩的な言葉で規定することができたのだった。他方、ランケは、大仕掛けの理論はどんなものであれ疑ったために、かれの歴史叙述がそのなかに意味と秩序を求めたとしても、それは同時代における社会と文化を人類史の完成形態と見なすにとどまり、それをもって歴史過程全体がもつ意味の判定基準とするという現状追認的な傾向があった。このようにミシュレとランケが念頭に置いていた歴史の場と過程のあり方には多くの共通点があったにもかかわらず、アイロニーの陥穽を逃れるために選択した代案《オルタナティヴ》は異なったものだった。

ミシュレは隠喩という様式に基づいて、歴史をロマンスとしてプロット化した。それは、部分には統一的な性質があるという信念を通して、過程全体にも一貫性があるという感覚がかれのなかに作り出されたからである。すでに述べたように、歴史的、という独特な様式で人間の現実を理解する際の要点を、ミシュレはヴィーコからつかみとった。それは、社会または意識それ自身のなかですでに克服された過去の諸力は、新しい社会や意識がかたちづくられるときの素材になるということである。ヴィーコの『新しい学』のミシュレ自身によるフランス語訳『歴史哲学の諸原理（*Principes de la philosophie de l'histoire*）』が、訳者序文のところで述べているように、歴史過程が摂理に導かれる本性をもつという信念は、たんにそうした信念が抱かれているというだけではなく、社会それ自体によって確かめられている。

> 社会という組織体の奇跡とは、それが革命の起こるたびに、先行する腐敗の状態そのもののなかに、みずからを救う新たな形式を作るための要素を発見するということにある。したがって、この組織体には明らかに人間より偉大な知恵が備わっていると考えざるをえない。（Michelet, in Vico, *Principes*, xiv）

ミシュレは続けて、この「知恵」は、「実定法」によってわたしたちを支配するのではなく、「われわれが自由意思で従っている慣習」を調整することでその機能を果たしているという。それゆえにかれは、ヴィーコが『新しい学』で述べた考え方のなかに、歴史を理解するための中心的原理があると結論づける。

> 社会という世界をいまある姿にしたのは人間自身である。しかし、この世界は、人間が自分たちのためにつくった特定の目的をつねに超越し、しばしばそれと矛盾するような知性の産物に他ならない。（xlv）

そこでかれは、（私的に企図された利害に由来はしているが）野蛮状態から文明へといたる人類の進歩の過程を表す公共善のリストを繰り返し挙げたうえで、次のように締めくくっている。「諸民族はみずからを滅ぼそうとするときにも、孤独な状態に分散していく。（……）そして、その灰のなかから社会の不死鳥が蘇るのである」（xlvi）。

ここに出てくる不死鳥のイメージは重要である。というのも、このイメージはヴィーコが『新しい学』で説いたような、過程は繰り返す（corsi e recorsi storici）という考え方に似た永遠の再帰過程を示唆するために、ミシュレの歴史学はおのずから反進化論的な傾向を内在することになるからである。確固とした弁証法的な意識に支えられていない場合には、喩法論的な規定から組み立てられている体系というものは、どんな場合にも、そうした傾向をもたざるをえない。隠喩的様式というものは、歴史は隠喩によって統一性が与えられるという前提がいったん色褪せはじめると、歴史過程の理解が変質して、それをただ「形式の混沌」と考えざるをえなくなっていく。ミシュレは、初期の歴史叙述のなかでは大革命の理想が最初に勝利を達成した過程を年代記的に描いていたものだが、かれの生きた時代においていったん反革命の勢力が優位性を獲得し、権利と正義が勝利するに違いないという自分の信念が消失しはじめると、大革命をめぐる仕事も変化し、革命の理想が敗北したことについて、陰鬱な内省を繰り返す以外にはなくなっていった。

これで、ミシュレによる歴史の捉え方とヘルダーのそれとの主要な違いがどこにあるのかがはっきり分かるだろう。ヘルダーは歴史の場を占める対象を隠喩の様式で描写したうえで、説明には有機体論の戦略を用い、プロット化には喜劇の戦略を用いて、「歴史の場」を提喩的に統合しようとした。ミシュレの場合も始まりは同じだが、かれが歴史の場のなかに見出した統合のパターンは、それらが儚く移ろいやすい本性を持っているというアイロニーの意識から来ている。圧政と分断に抗うフランスの民衆の闘い、そして大革命の最初の年に完璧な一体性が達成されたという「ロマンス劇」は、抵抗勢力が息を吹き返し、(少なくとも一時的には) 勝ちを占めているという意識が強くなるにつれて、次第に遠ざけられた。かれは、無垢で公正なひとびとを擁護するために歴史を書き続けたものの、自分が望む帰結はいまだ達成されえないという事実を知るにつけて、民衆への献身という姿勢は情熱が後退して形骸化したものになり、いっそう「リアリスティック」になった。ヘルダーは、歴史的抗争の解決は何であれ、それが解決でありさえすればそれでよいと信じることができたが、それに対してミシュレは、歴史家が歴史家であるかぎり、歴史のドラマの違った幕に登場する勢力に対して、そのつど賛成または反対の立場をとらなければならないという認識をもっていた。ミシュレ自身は、歴史過程における行為者や作用因については、実のところアイロニカルな視点をもっていた。善を表すものと悪を表すものの抗争それ自体は、一七八九年にフランスで達成されたように善の勝利になるはずだという希望に支配されていたが、それでもミシュレは、善なるものと悪なるものとを区別することにこだわった。かれの方法が「リアリズム」と称することができるとすれば、それは、歴史過程において善を表すものと悪を表すものの二類型を、隠喩によって強く負荷がかかった言語で規定しようという意思を持っていたという点にある。一八世紀の先行者たちの理解と違って、ミシュレの考える歴史家としての課題とは、かれが善と見るのか悪と見るのかにかかわりなく、また、善なるものを最終的に忘却の「牢獄」から解放するはずのあの正義の名においてであっても、とにかくその死せるひとびとを擁護することである。

ミシュレは自分のことを自由主義者《リベラル》であると考え、かれ自身の理解するかぎりでの自由主義の大義に役立つよう歴史を書いたつもりだったが、実のところかれの歴史観はアナーキーである。『フランス革命史』におけるフランス民衆が一七八九年に到達した状況の描き方から分かるように、ミシュレが理想としていたのは、すべての人間が自然で自発的に感情をともにする共同体へとまとまり、形式的（すなわち人為的）な方向づけがなくとも行動を一つにすることができるような状況であった。人類の理想状況において、事物のあいだの区別や、事物とその意味との区別は消失し、純粋な象徴が、すなわちかれのいう一体性あるいは完全な恩寵がもたらされる。ひとびとのあいだの区別は抑圧と見なされ、それは正義と有徳の人物によって解消される。国家、民族、教会といったものに代表されるさまざまな中間的共同体を、ヘルダーは人間の基礎にある共同性の表れと考え、ランケは統合のための手段とみなしたが、ミシュレはそうしたものは望ましいアナーキーな状態にとっての障害であると考えた。ミシュレにとって、そうしたアナーキーな状態だけが、真の人間性の達成を示すものであった。

人間共同体の唯一可能な理想形態をめぐるミシュレの理解を見るとき、かれがそれを歴史上で実際に見出される何らかの社会形態のうちに見出しえたとは考えられない。その理想といくらか類似しているものですら、実際の歴史のなかには見つからなかっただろう。歴史の構想についてヘルダーが設定した論理は、すべてを受け入れ、何ひとつ批判せず、どんなものも、ただそれが存在したということだけで称揚せざるをえないものである。それに対してミシュレは、同じくかれが設定した歴史の構想のための論理から、たった一つの瞬間以外にはいかなる徳も見出すことができなかった。すなわち、フランス史において一七八九年という一年に実現された、純粋な結合の瞬間である。結局のところミシュレは、理想に奉仕した闘士と見なしうる諸個人を称揚し、かれらのストーリーを、いつかその理想が実現することを促すような口調で語ることに、その生涯を捧げることはできた。しかしその理想自体は、その実現がアナーキーな状況において初めて達成されることが前提されていたために、儚い夢のまま、いつになっても実現されはしなかった。

第4章

ランケ――喜劇としての歴史的リアリズム

Ranke: Historical Realism as Comedy

はじめに

プロイセンの歴史家レオポルド・フォン・ランケ（一七九五－一八八六）による『ラテンおよびゲルマン諸民族の歴史』の序言に出てくる一節は、歴史叙述の専門家による正統派の信条告白《クレド》の数々のなかでも、とくに正典の位置を占めている。そのなかでランケは、かれ自身が創設した歴史学の方法を、ウォルター・スコット卿のロマン主義小説にみられる表現原則と対置されるものとして特徴づけている。かつてはランケ自身も、スコットが描く騎士道時代に憧憬を抱いていた。スコットの小説は、騎士道の時代をもっと詳しく知りたい、もっと直接的に経験してみたいという青年ランケの興味をかきたてたものだった。そこでかれは、中世史の史資料である その時代の生活に関する記録文書や同時代の報告に取り組むようになった。ところが、そうするうちにスコットの描写がかなり想像力の産物であったことを知り、またそれだけでなく、中世に生きた実際のひとびとの暮らしがどんな小説の叙述よりも魅力的なものであることを発見して、大きな衝撃を受けたのだった。「事実は小説よりも奇なり」と悟り、またそれが小説よりもはるかに知的関心を満足させてくれるということを知ったのである。そこでかれは、これからは生来の「ロマン主義的な」傾向を抑制し、文書による証拠に裏づけられた事実だけを表現しようと自己限定して、過去に実際に起こったことだけを物語るというやり方で歴史を書こうと決心した。このようにロマン主義を拒否する姿勢は、ランケのリアリスティックな歴史叙述の重要な方法的基礎である。この方法は、マイネッケの命名によって有名になって以来「歴史主義」と呼ばれており、今日においても、あるべき実証的歴史学の、言い換えれば専門性という見地において信頼できる歴史叙述の、模範であり続けている。

だが、ランケによる歴史学理解は、ただロマン主義の否定にだけ基づいているのではない。それは他にもいくつもの拒否によってしっかり防護されている。たとえばかれが拒否したのは、ヘーゲルによる歴史のアプリオリな哲学化であり、また当時の自然科学や実証主義的社会理論のなかで力をもっていた機械論的な説明原理であり、さらに形式張った宗教的信仰箇条のドグマティズムであった。要するにランケは、歴史家が歴史の場をその直接性と個別性と躍動感において捉えることを妨げるようなものは、すべて拒否したと言える。ランケがリアリスティックと呼ぶにふさわしいと考えた歴史学の方法は、同時代のロマン主義芸術と実証科学と観念論哲学の方法論を払拭したあとに、歴史家の意識に残されている手法のことであった。

このことは、多くのランケ解釈者がそう決めつけてきたように、ランケが理解している客観性という概念が素朴な経験論者のそれであったことを意味しない。のちに歴史主義《ヒストリスムス》と呼ばれるようになったこうした世界観には、もっと多くのことが含まれているのである。たとえば、こうした世界観は、ランケの時代における学術共同体の特定部門に従事していた学者たち、つまり歴史学者たちが共有するいくつかの特有な思い込みに支えられていた。この学術的共同体がよしとしていた特殊な「リアリズム」理解が何であるのかをはっきりさせ、それと対立するロマン主義や観念論や実証主義の「リアリズム」理解と区別するために、わたしはそれを「学説《ドクトリナール》としてのリアリズム」と呼んでおくことにしたい。というのもこの概念を標榜するひとたちの発想は、リアリズムというものは、世界の本性や過程に関する何らかの特殊な先行理解から導き出されるようなものではないと思っている点に特徴があるからである。言い換えれば、現実とは、近代的な芸術や科学や哲学が体現する形式をどこまでも意識的に拒否しさえすれば、あとはおのずから「リアリスティック」に分かるものなのだ、という前提に立っているからである。

ランケの歴史学的方法の認識論的基礎

よく指摘されることだが、歴史的説明や表現についてのランケに特有の理解は、およそ一八五〇年頃に形成され、その後の三〇年間は（実際にはそれが惰性化して機械的に適用されがちであったにしろ）基本了解において重大な変化や展開はなかった。そのあいだに起きた一八四八年から五一年のパリやウィーンやベルリンの革命も、一八七〇年から七一年の普仏戦争やパリ・コミューンも、かれにはなんら影響を与えることはなかった。そうした出来事は、ランケにとってヨーロッパの病弊や欠陥をめぐる本質的な対立を表すものではなかったのである。なぜならばランケは、ヨーロッパがおよそ二〇〇〇年の格闘を経て一八三〇、四〇年代にいたってようやく完成させた有機体的な社会文化システムに、あつい信頼を寄せていたからである。ちょうど一八六八年にドロイゼンが残したランケ評が明察しているように、ランケの歴史理解から楽観的な喜劇的ヴィジョンが後退するようなことは一度としてなかったのである。

一八二四年の『ラテンおよびゲルマン諸民族の歴史』の序言において、ランケは、各民族の歴史を「それらの統一性において」(二六頁)叙述することに自分の執筆意図があるとし、この統一性は、あらゆる個別的なものを考察することによって初めて把握できるはずだと続けている。たしかに「個別性」に心を奪われることで、下手をすると「粗野で、まとまりのない精彩に欠けた、煩雑な」叙述になりかねないことは、ランケ自身も認めている。しかし、かれの著作が目標とする「崇高な理念《イデー》」に到達するのは、言い換えれば「人間の叡智によって捉えられ、一体性を維持しながら、同時にそこにけっして多様性も欠けていない出来事」を認識するという歴史研究者の学知に到達するのは、特殊なものから普遍的なものへと向かう運動を通じてのみ可能なことであって、その逆ではない(同前)。その後の一八三〇年代に書かれたある断章において、かれは純粋に世俗的な人間の意識が用いることのできる「人間の問題に関わる知を獲得する二つの方法」があると述べている。それは「特殊なものを捉えることによる」方法と、「抽象による」方法の二つである。第一のものは歴史学の「方法」にあたり、第二のものは哲学の「方法」にあたる(『世界史概観』一一頁)。加えてかれは、歴史家になろうとするひとに不可欠と思われる二つの「資質」をそこで挙げている。一つは「特殊なものそれ自体」への愛であり、もう一つは「先入観」をそのまま疑うことなく信じてしまうことに抵抗する心である。とくに前者の資質による「特殊なものをめぐる省察」によって、初めて「世界の発展一般」の軌道が「明らかになる」というのであった(一二頁)。

しかし、このような世界の発展軌道は、哲学者のあいだで正しいやり方でやりとりされているような「普遍概念」に

▼**マイネッケ**　フリードリヒ・マイネッケ(Friedrich Meinecke)一八六二－一九五四。一九世紀末から二〇世紀前半にかけてのドイツの史学界を代表する歴史家。一八九三年から一九三五年まで『史学雑誌』の編集者を務める。ホワイトが言及している『歴史主義の成立』は一九三六年に発表。

よって規定されるような性質のものではない。哲学の課題とは違って「歴史学の課題とは、ひとつの思想やひとつの言葉によってはとても規定できないような、目の前の具体的で特殊な生を考察する営みである」（一四頁）。たしかにランケは、具体的なものだけではなく、同時に世界はまちがいなく精神的なものに支配されている、と補足するようにして言う。この精神的なものの力のなかで、歴史における特殊な存在は、個別的なもののままに終始するのではなく、最後にはその全体的なものの部分として、他の無数の存在との一体性を見出さざるをえないのである（同前）。このような「精神」がまさにそこに現前しているからこそ、歴史は、「野蛮な力」が繰り広げるスペクタクルにはとどまらない、内在的な発展秩序を有する過程なのだと確信することができる。たしかにこうした精神の本性を直観するには、もっぱら宗教的意識に頼るしかないが、そのような宗教的意識は、特有な意味での歴史学的問題を解決するためには役立たない。それでも、この宗教的な捉え方という昇華された高い次元の形式は、部分を適切に理解するためにも、部分と全体との関係を適切に評価するためにも必要である。たとえば一八六〇年代に書かれた別の断章で、ランケは書いている。「どんなささいなことであっても、特殊なものを研究することは、それがうまく行われた場合には価値がある。（……）しかし、そうした特殊化した研究も、またつねにそれよりもっと大きな文脈に関係づけられているはずである。（……）その究極の目標とは、たとえいまだ達成されてはいないことだとしても、あくまで人類の歴史を把握し、それを歴史叙述として書きあげるという課題でなくてはならない」（一八頁）。

もちろん、研究が特殊化した細部の叙述部分に入り込むと、歴史過程全体の一体性をあいまいなものにしかねない。しかし、ランケは、「前の世代の歴史家たちがその犠牲になった曖昧な普遍概念の隘路にはまり込むのを恐れる」には及ばないという。というのも歴史学者の営みはいまや実際には、次のようになっているからである。

いたるところで着手され、根気強く精力的に進められてきた研究が成果を生み、影響を持つようになったために、一九世紀となったいまでは、こうした普遍概念にはもはや出番がない。ひとびとがさまざまな時代に用いてきたような抽象的カテゴリーに立ち戻ることはできないのである。それに人間の性格や道徳性についてのその場限りの表層的な判断を連ねた、歴史に対する注釈がいくら集められたところで、それが十分かつ満足のいく知に発展するということはありそうにない。（同前）

こうして歴史学者の仕事は、同時に二つのレベルで進められなくてはならない。それは、「歴史的出来事のなかで作用しているファクターをひとつひとつ個別的に究明することと、そうしたファクター間の普遍的連関を認識すること」である。「厳密なディテールに即した研究を遂行せよ、という命法に従い」ながら、しかも同時に「全体的なもの」を理解するということが、つねにどこまでも「理想的な目標」なのである。「というのも、その理想には、人間のあらゆる歴史をしっかりとした基盤のうえで理解するということが含まれているからである」。ランケは結論として言う。一方では歴史研究は、「それが普遍的なものに結びつく」からといって損なわれることはない。なぜなら、「もしもこうした普遍的なものとの連関を欠いたとしたら、歴史研究は「無味乾燥なもの」になってしまうはずだからである。だが他方で同時に、もし厳密な個別的研究がない場合には、世界の理解は、妄想へと変質してしまうことだろう」（一九頁）。

こうしたランケの主張内容は、かれが思い描いている理想《イデー》が、その建前や意図に反して、かれの歴史研究の実際上の指針である方法論的原則に対してどれほど違反しているかを示す証拠として、よく引用される。たとえばテオドーア・フォン・ラオエ▼は、「ランケの歴史叙述におけるどちらかというと大きな結論、つまりかれの仕事の宗教的な響きや、歴史における神の意図を把捉したいという哲学的野心」を、かれの「研究方法」から峻別したうえで、前者は後世のひとびとによって否定されたが、後者はしっかり引き継がれていくことになったと判定している。実際にランケは、「根本のところで客観性という基準を共有する歴史家たちの巨大な学派を後世に残した。学術的な歴史学者は誰しもみな、もっとも多くの一次史料を批判的に検討し、あらゆる細部を精査し、最初の事実から普遍化して総合的な命題にたどり着かなくてはならないと考えている。かれらはいまも客観性という理想を堅持し、歴史家は史資料に忠実であるべきだという理想を大切にしているのである」（Laue, *Leopold Ranke*, 138）。

フォン・ラオエによるこうした説明はどれも間違っているわけではないのだが、そこに挙げられている「客観性」や「批判的検討」や「細部の精査」にしろ、「最初の事実」を考察して普遍的命題を作り上げることにしろ、実はそのどれもが、真理やリアリティとは何であるのかという特定の理解をあらかじめ前提して初めて可能になっている。この一面を見落としている点で、フォン・ラオエのランケ評価は不十分で

▼**テオドーア・フォン・ラオエ**（Theodore Hermann Von Laue）一九一六－二〇〇〇。ドイツ生まれで、ナチを忌避してアメリカに渡った。初期にはランケ論があり、また帝政期と革命ロシアとを連続して捉える近代化論的なロシア史研究で知られる。

ある。真理とは何であり、リアリティとは何であるのかというランケ自身の理解があって初めて、「どちらかというと大きな結論」と呼ばれるものも可能になった。しかもランケは、そうした「どちらかというと大きな結論」にあたるものは、自分が資料を研究するなかから自然に出てきたものだと主張している。これが重要な問題を見えなくさせている。ランケは大変多作なひとであった（かれの著作集はゆうに六〇巻を超えている）。たしかにどの研究も一律に高い水準にあり、物語として表現する才能に欠けているようには見えない。つまるところ、このような多産な業績が可能になったのは、かれが素材の考察に際してゆるぎない確信を抱いていたからであり、また歴史的証拠資料として何が十分で何が不十分なのかを区別する適切な基準を自分がわきまえているという信念があったからである。歴史に対するランケのアプローチを、実証主義者やロマン主義者や哲学的観念論者のそれから区別するものは、歴史家としての自分の用いる尺度に対する職業的信念であった。また、このしっかり依拠できる実在性や客観性という基準こそが——保守主義者であれ自由主義者であれ、また専門家であれアマチュアであれ——かれの同時代の歴史家たちの想像力を捉えたのである。こうしてランケは、「リアリスティックな」歴史意識とはどのようにあるべきかの範例となった。

ランケは、新しい時代の歴史叙述を始めるにあたって、それを自分の抱く価値観に適うようにするためには、換喩という様式や、換喩的な様式のもとで因果関係を機械論的に理解することをあらかじめ拒否し、しかも価値や崇高な理想に対してアイロニカルな姿勢をとることもあらかじめ拒否しなくてはならない、ということを直観的に理解していた。このような拒否の姿勢については、すでにかつて同じような状況に置かれたヘルダーがそれを正当化していたから、その姿勢を形式的に擁護する論理を一から組み立てる必要はなかった。そのうえ、時代が経験した革命と反動は、社会的現実への単純な抽象的アプローチがどれも破綻していることをすでに証明してきたし、またロマン主義は、その詩と芸術において、人間が非合理的な行為衝動に駆り立てられるのには理由があることを明らかにしていた。しかし、このように換喩やアイロニーを直観的に拒否するからといって、ランケの歴史的思考は、歴史の場を規定するためにもう一度隠喩的な様式だけを用いるやり方に逆行するわけにはいかなかった。また、ランケは、主観的な意見の権威よりももっと大きな権威を要求することが認められるときには、その知は科学と呼ばれるべきだと考えていたが、かれの時代ではまだその科学を自明なものとして標榜することもできなかった。

だからといってランケは、歴史学の体系のなかに形式的な一貫性を求める研究姿勢を可能にし、ロマン主義の負荷も観念論の負荷も背負い込む必要がないような提喩的な理解という様式に、歴史的思考を一気に押しやることもできなかった。さてそうなると、換喩を拒否し、隠喩だけに頼るという状態にも戻ることもできず、しかもすべて提喩的な理解にいきなり転換することができないときに、どういう道が可能であろうか。つまるところ、選択できるのは、複数の喩法が組み合わさったあり方である。そこでランケは、まず歴史の場を隠喩という様式においてあらかじめ先行的に形象化し、その隠喩形式によって、出来事のなかでの特殊性や独自性、その躍動感や色合いや多彩さにまずもって注意を集中することができた。その次にランケは、歴史を、あれこれの形式的一貫性からなる場として提喩的に把握する。このさまざまな形式的一貫性からなる場が、究極的ないし最終的に一体性をもつということは、部分の本性と全体の本性とのアナロジーによって明らかにされる。このようにランケは、この隠喩と提喩の両者を組み合わせた様式を選択することで、共時的なもの（つまり実証主義的なもの）であれ、弁証法的なもの（つまりヘーゲル主義的なもの）であれ、とにかく歴史における一般的な因果関係の法則を探さなくてはならないという、先人たちが呪縛されていた義務から解放された。それだけではなく、かれはそのおかげで、歴史学が望みうる最高の説明様式は、歴史過程の物語的描写なのだと信じることができたのである。しかし、そこには重要な問題が横たわっている。そのときランケが見落としていたのは、客観性の名において歴史に対するロマン主義的なアプローチを拒絶することはできたとしても、歴史が物語による説明であると理解されるかぎり、その課題の遂行のために元型となる物語形式が、言い換えれば、プロット構造が必要とされるはずだという点である。プロット構造なくしては、物語にかたちを与えることはできない。

喜劇としての歴史過程

ランケの大半の歴史学的著作においてプロット構造として機能しているのは、喜劇の物語《ミュートス》である。かれのそれぞれの作品は、この喜劇という枠組みのもとでは、マクロコスモス的なひとつの大きなドラマ全体のうちの個々の一幕劇であるとみなすことができる。この物語によってランケは、自分が叙述する場面の個々の細部に関心を集中させながらも、膨大な記録文書の洪水のなかから証拠として意味をもつ出来事とそうでないものとをまちがいなく選別できるというゆるぎない自信をもって仕事を進めることができた。自分が客観的であると考えること、資料に対する批判的原則をもつこと、そして歴史的記録のなかで出くわす対立関係のあらゆる陣営に対して寛容で中立的な態度で共感をもってのぞむことは、けっして無前提に可能になることではない。それがランケのように多作な成果に結実するのは、歴史の場というものが、一連の対立関係からできてはいても、最後は必然的に調和的解決に収まるに違いないという具合に、メタヒストリー的に見てあらかじめうまく形象化されているからである。このような調和的な解決では、「自然」が最後は、それと同じように安定した存在となった「社会」にとって代わられる。つまり、人間が人為的に構築する国民国家的な「社会」も、いまや「自然」のように必然に支配された揺るぎのない安定した所与のようなものになるということである。『列強論』というかれの評論では次のように書かれている。

一見したところ世界史は、国家や民族が偶然的に入り乱れて突進しあい、あるいは襲いあい、また次々にあとを受け継いでいくさまを示しているようであるが、実際はけっしてそうではない。また、往々にしてはなはだ疑わしい問題とされるが、文化の増進が世界史の唯一の内容をなすのではない。われわれが世界史の発展のなかに認めるものは諸々の力であり、とくに精神的な力、生命の生み出す創造的な力であり、生命そのもの、すなわち精神的エネルギーである。この力は定義したり、抽象化したりはできないが、われわれはそれを直観し知覚することができるし、それが存在することを体験的に共感できるのである。その力は花と咲いて世界を魅了し、種々さまざまな姿をとって現れ、戦いあい、抑制しあい、克服しあう。これらの力の相互作用や継起、それらの生滅または復活の中に——すなわち、いよいよ大きな充実といよいよ高い意義や広い広がりを包みもっているそれらの復活の中に、世界史の秘密は潜んでいるのである。

（『列強論』八一－八二頁）

ここで規定力をもっている隠喩という様式は、明らかに有機体論的なものであり、強調点は過程そのものにおかれている。しかし、過程が示されているといっても、それはものごとがたんに時間のなかに、つまりそれ自身の時間のなかに単純に出現するとか、過ぎ去っていくということではない。あらかじめそこでは時間そのものに価値が与えられている。そうなるのは、たとえ目的自体はいまだ特定されず、ただ形式的一貫性一般があるとされるだけにしても、とにかく何かその目的にむかって前進しているようだということは、すでにそれと分かるからである。

しかし、この発展全体がやがて迎える結末あるいは目的は、ランケの『政治問答』に具体的に描かれている。中世後期から大革命を経て王政復古期に至る長い期間をかけて形成されてきた個々の国民国家のあり方を説明するために、ランケは、ヨーロッパにおける歴史過程の結果を天体システムという隠喩を使って言い表している。

相互に分離した世俗的でしかも精神的な多くの共同体、

それらは神明の御加護と倫理的エネルギーによって生み出され、制止することのできない勢いで発展し、紛擾を極めた現世の最中に、理想への密やかな情熱に動かされ、それぞれがそれぞれのやり方で進んでいく。このような存在を直観したまえ。これらの星の群れを、それぞれの軌道と相互作用のシステムにおいて！（『政治問答』五八頁）

ここでは、成長と発展の過程を規定するための有機体論的な洞察が、それよりももっとシステムの均衡を規定するのにふさわしい機械論的な洞察に置き換えられている。用いられている太陽系の惑星という表象は、全体としては安定して見えるシステムの内部にちゃんと継続的な運動があるということを示唆できる利点がある。ランケは、自分の時代がすでに歴史の終焉を迎えているなどと考えていたわけではない。しかし、かれによれば歴史の運動は無秩序で無目的なものではなく、法則に支配され、秩序づけられている。歴史の運動は永遠に続くといっても、それはもはやそれ自体が変化するとは考えられない完成された関係システムの内部での、限定された変化のことである。

ランケは、フランス革命にいたるまでの時代を、関係システムのなかでさまざまな力がみずからにふさわしい固有の場所を求めて抗争しあった時代だったと見ていた。またこのシステムそれ自体が、対立と調停の過程を通じて構成されてきた、あるいは生成してきたのである。ランケの時代は革命以後の世紀であるが、それはこのシステムの構成過程がついに完遂された時代なのだと理解されている。いまやこのシステムは均衡を達成したメカニズムとなり、完成された適切な普遍的形式として成立しているのである。たしかにこの先も運動、成長、発展は続くと考えられるが、根本のところではシステムのなかの要素は、完全に構築される以前の状態とはすっかり違ったものになっている。「完全な人間性」に到達するという内的な目的の実現のために歴史がまちがいなく動いている。しかも、もはやこの動いている歴史の媒体となるのは、人間の力を超えた実在としての「自然」ではない。最終的に舞台は、人間自身が構築した存在である「社会」に置き換わってしまっている。

以下では、さらにランケの歴史理論を三つの次元で考察してみよう。その場合に、言語学の理論構成にならって、「分析の文法」「出来事の構文論」「解釈の意味論」という具合に整理して考えてみることにする。

歴史的分析の「文法」

ランケにとって、世界過程の全体とは一応区別される歴史的過程それ自体は、完全に安定した場である（この安定性は神によって担保されている）。その場には、個々の客体が（つまり、そのそれぞれが個々に神によって作られた人間が）住んでいる。個人は集まって一体となり、明確なかたちをもった実体（つまり、個々に神によって作られた民族）としてまとまりをもっている。そして、今度はその民族が、国民としての自分たちの運命を実現するために、特別な制度（つまり、教会と国家）を考案する。個人であろうと民族であろうと、ひとはみな野蛮で動物的な欲望に支配されており、その結果、生まれつき無秩序で破壊的な存在である。しかし、ランケによれば、教会と国家という二つの制度において、民族の無方向的なエネルギーを人類にとって有益なプロジェクトへと誘導する手段が与えられているのである。

ランケは、教会と国家の起源について、あるいはそれらがどう創設されたのかについて、無用な思弁を繰り広げるようなまねはしなかった。これら二つの制度が一般的に役に立つということは、ランケにとってはもはや歴史の事実であり、歴史学的省察によってだけではなく、日常的な経験によっても確証されることだった。ランケの個人的見解によれば、この二つの制度は、放埒な人間性に秩序を課すために神によって創設されたものだった。またかれは、それら二つの制度が人間生活において果たす一般的な意味での有益な役割は、冷静な歴史研究によって事実として裏づけられると信じていた。そうすることによって、敬虔な者の目には両制度が神的な起源をもつことが示唆されるはずである。しかし、民族の生活における秩序という機能の価値を認めるために、それをいちいち神的なものだと信じることがどうしても必要であるわけではない。教会と国家は、歴史的時間のなかでの、たった一つの秩序を与える原理を体現している。「民族」が自分たちの精神的、物理的エネルギーを「国民」の形成のために活用できるようになるのは、まさにこの教会と国家を通じてである。

このように見るとき、世界過程の第一の段階の主題をなしている秩序と無秩序の力は、その歴史的な形式を、一方では教会と国家のなかに見出すとともに、他方で同時に民族のなかにも見出していると考えられる。これらのカテゴリーは、相互に排除しあうことはない。なぜなら、ちょうど民族が、共通の土地に暮らし、同じ言語による共通の文化を基盤とし、特殊な慣習や倫理などを共有している人間から構成されているように、教会や国家も、人間によって構成されるからである。なるほど、実際に起きていることを見ると、教会や国家がつねに秩序と平和的進歩という原則のために働くわけではないことは認めざるをえない。それどころか、教会と国家は、ことあるごとにみずからのもともとの勢力圏を拡大しようと窺っている。たとえば、聖職者たちは国家の権威を奪いとり、そのせいで民族の政治的強さが衰退することがあるし、政治家があらゆる霊的な権威を侵害して、民族の精神的エネルギーが減殺され、市民の私的生活や道徳性一般が変質するという悪しき結果を招くこともありうる。そうしたとき、分裂した不幸な国民は内戦に苦しめられ、近隣の民族による侵略を招くことになる。逆にその近隣の民族は、特有の国民的「理念」の力のなかにいっそう適切な政治的権威と教会の権威との巧みなバランスを生みだしているために、国家の統一した形式を作りだし、衰弱した隣国の国民を犠牲にして、自己の発展と拡大という内的衝動のままに突き進むことができるだろう。そのように近隣諸国の拡大によって脅威に瀕している国民は、危機の時代において、精神的、物質的な強さを確保しないかぎりは、また改革を行って教会制度と政治体制とのあいだに国民を鼓舞する「指導的理念」を再確立できないかぎりは、災厄が降りかかり、その国民は歴史から消え去り、人類史において二度と姿を現すことがなくなる。

また、国家や教会についてのある特別な考え方が人間の想像力を過剰に支配してしまい、本来その考え方に適合していた民族の枠を超えて、見境なくその力を外に及ぼしてしまうこともある。その実例が、（ローマ・カトリック教会のような）「普遍的教会」や（ゲルマン民族の神聖ローマ帝国のような）「普遍的国家」である。実際これこそが中世において起こったことであり、ランケの信じるところでは、その結果として、人類の「平和的進歩」は減速し、民族から国民への発展は阻害され、文化は、ためらいと不安と恐れに満ちたゴシックという薄暗闇のなかに落ち込んでいった。しかし、最後には、とりわけヨーロッパ文明を構成しているあらゆる多様な民族のなかから改革者が登場し、この普遍的教会と普遍的国家という二つの理念に戦いを挑むことになる。さらに、こうした改革者たちは、キリスト教の本質的な真理とヨーロッパ文化の本質的な一体性をしっかりと保持しながら、新たな教会組織や政治組織の形式を、そしてまた両者の関係形式を作りあげたのである。こうやって作られた宗教と国家の新しい関係は、さまざまな民族自身の特有の欲求を表現することにうまく適合していたし、そうした民族を鼓舞する国民的「理念」にも合致していた。

これが、ルネッサンスと宗教改革が、またそれに続く宗教戦争の時代が実際にもっていた意義だった。この時代において、国民の「理念」がヨーロッパのさまざまな民族の自覚的な支配原理として出現した。ヨーロッパの民族は、それぞれが固有の歴史的な使命を担った国民として生みだされ、そのエネルギーの方向に適うように、人間に有益な秩序だったやり方で教会と国家を創設するわけである。

歴史的事件の「構文論」

いったんヨーロッパの民族が国民として構成され、それによって教会と国家も固有の精神的、物理的な欲求に沿うものとなり、宗教と文化的属性を共有する普遍的ヨーロッパというコンテクストの内部に織り込まれると、ヨーロッパ文明は、歴史的発展における質的に新しい段階に足を踏み入れるのである。ヨーロッパの民族がそれぞれの国民国家として構成されることで、完全に自律的で進歩的な文化組織体の自己制御システムが出現する条件が作りだされた。さまざまな国民のさまざまな「理念」が、ヨーロッパの多様な民族のなかで意識化される。そうなると、一方では国民の内部の民族と教会と国家のあいだの関係を、他方ではそのように構成された国民相互のあいだの関係を制御する自律的なシステムが確立される。この体制にとっては、ほとんど三〇〇年のあいだ、なかなか完成にはいたらない産みの苦しみの時期があった。それが仕上がる前の段階には、いよいよ新旧の険しい対立局面が生まれ、古い中世的な意味で普遍的な社会組織からは直接攻撃されるのではないとしても、それに類する世俗的な存在からの攻撃には耐えなくてはならなかった。それがすなわち、カール六世、フィリップ二世、ルイ一四世、ジャコバン派、さらにはナポレオンといった政治統治者による攻撃であった。かれらはみなヨーロッパ全域の支配を、あるいはまさに全世界の支配をもくろんだ。しかし、こうした政治的ヘゲモニーを握ろうとする企ては、「統一性に基づいた多様性」という国民国家段階にふさわしい原理がなんとかうまく働くことによって阻止された。ランケは、この原理こそが、ヨーロッパ的国民国家体制の社会組織というなんびとも否定しがたい様式なのだと捉えていた。この様式が明白な表現を見るのは、国民ごとの差異化過程の必然的帰結として、ヨーロッパ公法空間における国民国家間の勢力均衡の原理が登場したときである。

ある国民が自己の「理念」のなかに、対内的な意味で、つまり民族、教会、国家の内的関係を調整するメカニズムを見出したように、ヨーロッパという「理念」も、対外的な意味では、不定形で不均質な中世的世界から生まれてきた多様な諸国民のあいだの関係を調整する支配メカニズムとして機能した。ランケは、フランス革命のなかに悪しか見ることができない多くの擬古的な保守主義者とは違って、革命がもたらした一定の成果を認めている。たとえば、革命が次のような結果をもたらしたと論じている。革命によって、国民は自己意識の究極的段階にたどりついたし、列強はまったくの唯我独尊ではなく、あらゆる他の国々によってそれぞれの国が維持されるという相互依存のあり方を共通に目指すようになり、ヨーロッパ文明は、外敵による全面的な滅亡戦争や、下からの革命の切実な恐怖から解放された、「平和的進歩」がかぎりなく続く千年王国の時代に入ったのである。だからこそランケは、『列強論』で書いている。「列強がヨーロッパから独立をかちとるために立ち上がったのがフランス革命前の一〇〇年間の主要な事件であったとすれば、各国の国民精神そのものが若返り、再興されて新しい発展をとげたということが、革命の後につづく時代の出来事である」（『列強論』七八頁）。ランケの時代は「ひとつの偉大な解放をなしとげたが、しかしそれは旧体制の解体という意味だけの解放ではない。むしろ解放は、建設し統一することに役立つものである。わたしたちの世紀は初めて強国をつくり出したばかりでなく、すべての国家の基本的な原理である宗教や法を再生させ、そしてとくに個々それぞれの国の原理に新しい命を吹き込んだのである」（七九頁）。

ランケにとって、自己制御的な国民国家ができあがり、それがやはり自己制御的な権力関係のいっそう大きい共同体にまとまる状態が作られたということは、ある意味で歴史が終焉したことを表している。人間はこの時代までに、歴史とは何であるのかをすでに認識してしまった。要するに、ランケにとってまさに自分の眼前で歴史が完結したのである。一九世紀中葉におけるヨーロッパの体制だけでなく、未来のあらゆる発展の基本形もすでにそこで確定されている。このシステムはほとんど完璧な均衡状態にある。もっとも、ニュートンの物理学体系には、それを正しく調整するために「時計職人としての神」がときおり介入する必要があったように、ヨーロッパの国民国家秩序もときどきは調整が必要になる。こうした調整は、たまに起こる市民の騒擾や国家間の限定的戦争という形式をとって作用する、というわけである。

とはいえ、ヨーロッパの歴史的発展に関するランケの理解は、かれの世界観全体を生みだす公理からは切り離して考えることができるし、ひとつの解釈として、あるいはヨーロッパ史研究を組織するための図式として、それ自体のメリットに注目して評価されてもいいはずである。そして、他の歴史家も、ランケの史料批判や事実の客観的確定という方法を用いることで、当のランケに対して、歴史の場を構成する要素

▼**カール六世**（Karl VI）一六八五－一七四〇。ハプスブルク家の神聖ローマ皇帝。

▼**フィリップ二世**（Philippe II）一一六五－一二二三。カペー朝第七代フランス王。プランタジネット朝イングランドとの領地争いに勝利し、またアルビジョワ十字軍の遠征を利用して、フランス王国の版図を拡大した。

▼**ルイ一四世**（Louis XIV）一六三八－一七一五。ブルボン朝第三代フランス王。ブルボン朝の最盛期を築いた。

▼**ジャコバン派**　フランス革命におけるもっとも急進的な共和主義党派で、革命の主導権を握ると、反革命のかどで対抗勢力を粛清していった。ここで中世的普遍主義の世俗的等価物として挙げられているのは、ロベスピエールがキリスト教に代えて理性崇拝を確立するために「最高存在の祭典（La fête de l'Être suprême）」を実施したことを指している。

やそれらを関係づける様式をめぐり、学術的論争を挑むことができるだろう。ランケ自身は、自分の著作に対する批判には度量の広さを見せていた。批判者は、ランケが特定の時代、国家、個人、思想などを叙述する際に見逃した「事実」だけでなく、本来かれのシステムとは根本的に適合しえないような事実のカテゴリー全体、たとえば経済のカテゴリーについても考慮に入れるようにランケに注意を促したのだった。しかし、ここで重要な点は、ランケの歴史解釈のシステムにおいては、ある要素がたんなる史資料よりも重要な役割を演じているということである。それは、「国民の理念」という観念にほかならない。

歴史解釈の「意味論」

「国民の理念」という概念がランケの体系のなかでどういう役割を果たしているのかを説明するためには、先ほどわたしがそれに与えた性格づけにはとどまらない考察も求められている。というのも「国民の理念」は、ランケにとっては、人間の社会を組織する方法の、数多くの理念のなかのたんなる一例にはつきないからである。むしろそれは、人間たちを「平和的進歩」の達成のために組織できる唯一の原理なのである。つまり、ランケにとって「国民の理念」とは、所与であるだけでなく、ひとつの価値であり、もっと言うなら、それがあって初めて、歴史上のあらゆるものに、肯定的な意義や否定的な意義を与えることができる原理なのである。ランケは、「国民の理念」の意味を規定する際には、それを永遠に変わることのないもの、神の思想のごときものだと表現している。民族に盛衰があり、教会が作られたり消失したりし、国家が勃興したり滅んだりするということは認める。また、その過程を年代記にまとめ、あるいは後の世において、その時代の個性や独自性を再構成することが、歴史家の課題だということも認めている。しかし、民族や教会や国家の本質を把握し、その個性と独自性を認識するという課題は、まずはそうしたものに生命を吹き込み、それを特有の歴史的実在にしている「理念」を把握するということでなくてはならない。そして、それらを「どうでもいいもの」ではなく、まさに「なにか意味あるもの」にする一元的な原理をそこに発見することである。ランケにとってこうしたことが可能となるのは、もっぱら「国民の理念」が無時間的で永遠のものであるからである。

ところがこの「理念」は、原則的には、それが特定の歴史的形式のなかで具体化するときにしか認識できないものである。つまり、ある民族がある特定の国民となることに成功するかぎりにおいて、初めて認識しうるのである。だから、いまだみずからを国民国家として実現する段階へと到達していない民族や文明はどれも、一六世紀における近代ヨーロッパの本当の意味で歴史的な夜明けに先立つ段階に、すなわちある種の前歴史的な暗闇の時代にとどまっている。この昼と夜という隠喩から論理的に帰結するのは、ランケ自身の時代がちょうど歴史の正午に位置するという判断である。ランケ自身の時代とは、ヨーロッパがフランス革命のトラウマから解放され、完成された国民国家からなる自己制御的システムが、その究極的な形式を獲得した時代のことである。こうすることでランケは、同時代の現実をあらゆる時代に適応可能な超時間的理念へと作りかえた。正真正銘の変革や革命や動乱が起こる可能性をランケが認めたのは、かれ自身が生きている時代よりももっと前の時代においてだけである。他方で、かれの思い描く未来は、かれ自身の時代がただ限りなく先へ先へと拡張していくだけのことであった。

自己制御的な国民国家体制を生みだすということは、ランケにとって、すべてのものが志向すべき目的であり、あらゆる歴史的運動の終局点となる状態であった。そのためにかれは、それ以外のどんな社会組織形態も、最後はかれの時代においてついに実際に達成されると思われるものを現実化するまでの、未完了の試みと見なさざるをえなかった。また、それゆえにかれは、ひとたびこの現在のあり方がはっきりとした姿を現したならば、もはやそれに優る社会組織の形式は生まれえないという立場を死守しなくてはならなかった。ヘーゲルやトクヴィルやマルクスの場合と同様に、ランケにおいても、代案《オルタナティヴ》となりそうな唯一の社会組織形式とは、ある種のコスモポリタン的ないし普遍的原理に基づいた、インターナショナルなものか、トランスナショナルなものであった。とはいえかれは、そうした形式の実現可能性を、歴史過程そのものに訴えることで根拠づけることはしていない。なぜなら、そのような普遍的な形式は、中世においても（ローマ・カトリック教会や神聖ローマ帝国として）試みられたことがあったが、それには国民国家の理念が導く方向性に比べれば欠陥があることが分かったからである。だから、中世の形式は結果として乗り越えられ、金輪際復活してくることはなかった。また、たしかにランケは、こうした普遍主義的な共同体の形式を未来において復活させる試みがありうることを一応は認めていたし、そうした試みの具体例をリベラリズムやデモクラシー、あるいは社会主義や共産主義のなかに見ていた。しかし、かれは、こうした歴史的運動を戦争と同じような存在として、すなわち、永遠の生命をもつ国民の「理念」の強化やいっそうの展開をもたらすためのただのきっかけにすぎないものとして見ていたのである。

ランケにおける歴史的理念《イデー》の保守的含意

『政治問答』でランケが言うには、戦争は「国内の政治組織の様式」を決定することはなく、せいぜい「その変化」を規定するぐらいのものである。『列強論』では、自身の時代をヘレニズム時代に関係づけている。かれの説明によれば、ヘレニズム時代は、

われわれ自身の時代と多くの類似点をもっている。すなわち、きわめて広く栄えた共通の文化、軍事面における発達、複雑な対外関係の作用と反作用、通商上の利害や財政の重要性、産業上の競争、数学的知に基礎をもつ厳密な学の隆盛などがそれである。しかし、ヘレニズムの国々とはひとりの征服者アレクサンダーの事業とその後継者たちのあいだに生じた分裂から生まれたものであり、それぞれの個別的な存在原理というものを保持することも獲得することもできなかった。そうした国はもっぱら軍事力と富の力にだけ依存していた。まさにそれゆえにこそ、あのように早く解体され、ついには完全に消滅してしまったのである。（『列強論』七九頁）

ヘレニズム時代とは対照的に、ランケの時代は、「倫理的強さ」や「国民性の原理」という創造的な能力を持つまでに活性化されている。かれはこう問うている。「もしも万一、現代の国家が、その基礎をなす国民的原理から新しい生命をくみとっていなかったならば、現代の国家はどうなっていただろうか。国家がこの原理を欠いてもなお存在しうるとは、なんびとも信じることはできないであろう」（『列強論』八〇頁）。それだからこそ、かれの示唆によれば、国民的な自己同一性の原理が維持されるかぎりにおいて、自己制御的な国民国家体制もまた存続していくはずである。

当然のことながらランケにとって、歴史家の課題とは、国民性の原理が国民のあいだで強化されるように歴史を描くことであり、それだけが、野蛮に後戻りしてしまわないための自己防御策なのである。のちにかれ自身が編纂した選集からは除外されたある一節では、かれにとっては当然の主張だが、国民国家体制は神々の対話のように永遠に続くものだ、と述べられている。国民国家体制が、さらにその次の段階に到来するかもしれない平和な世界共同体の発展を妨げはしないか、という問いに対しては、文明そのものがそもそも多様性と分割に依存しているものであって、だからその対立が止揚されて一つになることなどありえないと答えている。

さまざまな文学がおのおのの特性を混合し融合するとしたら、そこには堪えられない退屈があるだけだろう。おのおのの文学がそれぞれ独立して初めて、すべての文学が結びつくことができる。ひとつの文学が他を支配したり、その本質を損なったりすることなしに、おのおのが生き生きとして、たえず触れ合うことが十分に可能なのである。

国家や国民の場合も事情はまったく同じである。ただ一つの国家が決定的、絶対的に支配することは、他の国々をだめにしてしまう結果になろう。すべての国を混合することは、ひとつひとつの国の本性を滅ぼすことになろう。真の調和は、ひとつひとつを分け、おのおのを純粋に完成させることから生まれるのである。（『列強論』八三頁）

要するにランケは、世界中の人間が政治的に一つに統合されうるとか、人間が国民国家や教会によって課せられる制約から解放されうるといった、国民国家段階を超えるような新しい共同体形式の可能性を受け入れはしなかった。このことは、かれの保守主義がどのような基準を持ち、どのようなあり方をとるのかを端的に表している。「国民の理念」がかれの歴史理論において絶対的な価値として機能するのだから、まさに普遍性の観念や個人の自由といったものは、歴史そのものにとって代わろうとするものとして、つまり、それを人間社会の根幹に据えようとすれば歴史そのものを廃棄してしまいかねないような観念として、扱われている。こうした観念は——のちにアルベール・カミュが同形的な発想をするのだが——一方では全体主義の原理と、他方ではアナーキズムの原理と同じものとして位置づけられている。また、それと似たようなことであるが、「国民の理念」は、人間が協力しあって行為するための普遍的原則に関する（社会科学的）探求をすべて抑制する働きもしている。そうした社会科学的探求がランケにとって危険であるのは、国民性という不可侵の特質が持つべき価値をおのずから疑問視しかねないからであり、要するに国民性を、純粋に歴史的な本性をもつよう構築されたものであると暴露し、「国民の理念《イデー》」そのものを相対的なたんなる一つの「観念」として扱うからである。つまり社会科学的探求は、「国民の理念」を特権化するのではなく、その実際のありように即して批判的に扱うべきだと主張する危険な作業である。そして、その「国民」の実際のありようとは、国民国家そのものが、世界史の特定の時代のなかで特定の時空のうちに構築される、人間の結合の仕方に関する恣意的な観念にすぎないということである。それは、実際には一六世紀から一九世紀のあいだの三〇〇年間に形成された、特有の制度的、文化的形式であると考えることができる。したがって、社会科学を野放しにしておけば、たとえ将来において人間の破壊的なエネルギーを創造的なものに昇華する役割を果たすのが、社会主義思想がいう労働者階級なのか、通俗的人種理論がいう選ばれたるアーリア人種であるのか、あるいは単純に人類そのものであるのかは別としても、とにかくいつか国民国家の理念が人間の結びつきに関する別の社会構想に置き換わる日が来る可能性を排除できなくなるのである。しかし、これは国民国家の理念を堅く信奉しているランケには容認できることではなかった。

ランケにとって人間的な問題が解決可能であるのは、もっぱら国民と、国民のうちに形成された制度というコンテクストの内部においてだけである。こうした制度があるから、そのまま表出したなら破壊的な効果を及ぼさざるをえないはずの衝動も制御することができる。ランケは、教会の権威を脅かすもの（唯物論、合理主義）、国家の権威を脅かすもの（資本主義、帝国主義、人種主義、リベラリズム）、国民の権威を脅かすもの（社会主義、共産主義、あるいは世界教会主義の宗教）▼を、すべて文明そのものにとっての脅威であると考えていた。ランケにとって、あらゆるくびきから解放された人間本性への信頼に思想的に依拠するような、国民国家を相対化する運動はみな、感傷的な人道主義でしかなかった。そして、そうした運動が革命的手段によって自分の主張を押し通そうとするかぎり、それは国家と教会によって弾圧されるべきだと見たのである。

そこでランケは、教会や国家も、民族も、かれの体系における所与の前提として、つまりそれぞれに観察し特定することができる特性を帯びた、ひとつひとつ独立した自明の実体として見なす。かれはまた、歴史家の責務とは、いかにそれらの実体が一つになって、その形成原理である個別の国民的「理念」を備えた国民的共同体を形成するようになるかを再構成することにあると考えた。そのかぎりでは、かれの「客観的」歴史研究の理念は申し分のないものであった。ところが、国家、教会、民族、国民といった存在が今のように目の前の「所与」としてではなく、けっして自明ではないような「問題」をなしているような歴史的な記録のなかでは、かれの経験的方法がうまく役立たない局面が生まれるのである。繰り返すなら、社会体制がすでにしっかりと確立されており、人間と国家と教会の実在的本性が何であるのかということを、歴史家の研究を方向づけるための、批判以前に確証できる規則として提示できるようなところでは、歴史研究は、ランケ的方法に基づいてうまく進めることができた。しかし、そのような国民国家的社会制度がいまだ構築されていないか、あるいはその弱体化やぐらつきが始まっており、社会組織の原理が職業的歴史研究者に自明の前提として与えられることがなくなり、そのために何が人間的共同体の最善の形式であるのかという問題が突きつけられているようなところでは、現在と過去を探究するための別の方法が必要であり、歴史的過程を規定する別の概念的カテゴリーが求められる。このような別の方法や別の概念的カテゴリーを求めて、一九世紀末の三〇年間の時期が顕著にそうであったように、新しい社会科学が生みだされたのであった。こうした新しい社会科学は、一般に歴史の問題に関わるものではあったが、しかしそのどれも一様に、その時点までにすでに歴史学的方法と呼ばれるようになっていた知の制度とは敵対的な関係に立つものだった。というのも、この時点においていう歴史学的方法とは、ランケのそれを意味していたからである。それはたんなる素朴な帰納的方法ではなく、まさに国民こそが社会組織の唯一可能な単位であり、唯一の望ましい単位であるという前提を伴っており、またそれゆえにこそ国民という集団だけが歴史研究にとって唯一の意味ある単位なのだという確信のうえに立脚していた。世紀末の新しい社会科学はまさにその点を批判していたのである。

喜劇としてプロット化された歴史

ある意味でランケは、ミシュレの場合よりもいっそう気楽に普遍的な規定に適合しているといえるが、また別の意味では、その逆であるともいえるだろう。それは、喜劇の様式で書かれたランケにおける歴史のプロット構造が、物語の筋立てのレベルにおいては、ロマン主義的な歴史よりも、形式的にいっそう一貫したものだからである。ミシュレのフランス史のプロットは、主人公（つまりフランスの民衆）が、その成長と自己実現を妨げようとする人物や制度や伝統に抗って、大革命の過程で自分自身の内在的な本性を完全に自覚し、その内的統一性を、たとえつかの間ではあっても、完全に達成するにいたるまで次第に高めていく過程を描いていた。しかし、その過程が一貫して純粋な上昇線を描くことは、この線を構成するひとつひとつの点が隠喩的に規定されていることで、あいまいになっている。このそれぞれの点は、主人公であるフランスの民衆がひとつひとつの勝利とともに到達したより高い段階をイメージするために、いっそう眩しく、いっそう徹底的であり、いっそう広大にして濃密なものでなくてはならない。さらにミシュレは、この上昇過程の歴史を、革命の最高潮がとうに過ぎ去ったずっと後の時点において、それも革命の理想が裏切られたことで、達成された頂点からその後転落していったのだということを十分に思い知らされた地点から叙述していた。そのために、革命のクライマックスにおける純粋さや輝きや神聖さを捉えようとするかれの努力も、出来事そのものが起こる岸辺からあたかも潮が引いていくようにどんどん革命の理想が後退していく様子を、このうえなく屈折した詩的表現手法を使って描き出すことで、かろうじて保ちえたのであった。

ミシュレは、自分が叙述するその歴史時代を、ランケとは対照的な仕方で経験していたが、そのかれもやはりランケと

▼世界教会主義の宗教　教義には、キリスト教のなかにある教派的対立を克服して、一つの聖書、一つの聖体をもとうとする運動であり、より広い意味では、あらゆる宗教のあいだに対話と協力を生みだそうとする宗教運動。

同じく王政復古期の歴史家ではあった。いわばミシュレが、理想から遠く離れた衰弱過程として、いわばことがすんでしまったあとの抑鬱状態として耐え忍んでいたことを、むしろランケは歴史過程の極致として、言葉の文字通りの意味での完成態として享受していた。ランケにとっての問題は、ミシュレが革命の瞬間を理解したときのように、民衆の内在的な一体性を妨げるために人工的に作られていた障壁が取り除かれ、それによって国民的一体性が達成された革命的沸騰という時点なのではない。むしろランケにとって重要なのは、大革命以前には、それ自体においても、またお互いの関係においても不調和であった諸要素が、大革命によって、いっそう高い共同性の形式のなかで純粋に統合されたことである。それこそが国民国家であり、またそれぞれの国民国家がそこに自分の場所を持って全体の不可欠な部分として機能している国際的な自己制御システムであった。

ヘルダーによって提示された歴史過程の有機体論的な理解は、ランケの著作のなかに、過程全体を把握するための隠喩としてなおも現前していた。しかし、ランケになると、この有機体論的な理解はさらに昇華されて喜劇的なプロット構造になっている。この喜劇的なプロットのおかげで、ランケにとってヨーロッパ史についての物語は、他の歴史とは比べものにならない特別な意味を表現する歴史として理解されている。そのためこのプロット構造は、ミシュレのロマン主義的な歴史を生みだし、それに二次的な意味を与えたときのそれよりも、それ自体としてはもっと複雑なものになっている。

ミシュレは歴史に、主人公であるフランスの民衆と、その敵対者であるアンシャン・レジームとの生死を賭した闘争という、マニ教的な二元論のプロットを与えていた。このプロットでは、物語のクライマックスにおいて、どちらか一方が、他方によってうち滅ぼされなくてはならない。そのときは、ミシュレの『フランス革命史』のなかの表現によれば、贖いとしてか、あるいは最後の審判として顕現するのである。しかし、ランケはミシュレとは違って、この対立のスペクタクルを、主人公と敵対者との闘争がもたらすより大きな統一のなかに位置づけて判断し、この闘争の事実そのものによって社会的秩序一般が何を獲得できたのかに強調点を置くのである。したがって、そこでは一九世紀になってついに達成された人間性の最終的な一体性というイメージが、歴史的時間の終着点を表す特別な前提になりかわっている。この終着点は、信念や想像力によって、歴史過程の行きつくべき先として思い描かれている。そのときに第一の重要性が与えられるのは、中世盛期から王政復古期にわたる千年来の対立の過程から生みだされた制度や国民という観念のなかにすでに達成されているヨーロッパの社会的一体性という形式である。

喜劇には三段階の動きがある。まずは見かけ上の平和状態から始まり、そこに対立が現れ、そして最後に本当の平和的社会秩序が確立されて対立が解決する。ランケはこの三段階の展開を想定したことで、歴史過程全体から分割される主要な時代単位のひとつひとつを、自信と確信とをもって描き出すことができた。つまりランケは、時間的過程がそのように確実にプロット化されうるのだという事実に頼ることによって、安心して自分自身の時代の政治形態や社会形態を、歴史分析の「自然な」単位として受け入れることができたのである。そして、これによって、歴史の場を空間的な構造として、言い換えれば無時間的に広がる共時的な構造として位置づけることが可能になった。

　ランケは西ヨーロッパの文明をラテン的な文化成層とゲルマン的なそれとに区分し、また両者をさらに、それぞれの文化成層のなかに見出される語族というカテゴリーにまで分割した。まずこうした語族は、ヨーロッパのさまざまな地域における文化と自然とのあいだにおいて、ひとびとの共生的関係の基盤として機能するものであり、これによって民族が形成される。すると次にこの内部に、さまざまな民族に特有の徳や力を組織化し表現するのにふさわしい、特殊な形態をとった政治組織と教会組織が求められるようになる。そして今度はそうしてできあがったさまざまな国民のあいだで——勢力均衡《バランス・オブ・パワー》という観念に表現されるような——特殊な関係様態が生みだされるのである。この特殊な関係様態こそ、過去における国民間のあらゆる対立が、それを到達点として目指していたような最終目的である。実際にランケによって書かれた物語の進行過程では、部分は全体から分析されており、ついでその全体は部分から再構成されるという循環的な構造になっている。その結果、ランケの歴史学では、部分が全体に対してとる関係が次第に明らかになっていく過程は、読者がなぜものごとが実際にそのように起こったのかということの説明を経験として獲得していく進み方になっている。

　ランケのこのような説明戦略を可能にする喩法論的規定の様式は、提喩的なそれである。この喩法を歴史叙述に際して歴史の場に「方法論的に投影する」場合には、そのことに選択的親和性をもつ論証の形式は有機体論的なものになる。歴史学について考察する近代の歴史家たちが「歴史主義《ヒストリスムス》」と呼んでいるのは、実はこの有機体論的論証形式のことである。だから、なぜものごとが実際にあったように生起したのかについてランケが与える説明は、ある点ではミシュレの場合と似通っていると言ってもいい。つまりミシュレの場合にしてもランケの場合にしても、説明されるべき出来事は、その出来事を特殊な「織物《テクスチュア》」に織り上げているあらゆる要素がはっきりさせられることで、そのコンテクストの内部のどこかに位置づけを与えられている。しかしランケは、所与のコンテクストの規定——たとえば「中世」「宗教改革」「一七世紀」などといったような規定——において、形式的一貫性が全体のレベルでもひと連なりになっているという感覚をミシュレ以上に読者に与えている。この連続性の感覚を通して、あらゆる歴史的事物の活動は、部分がより大きな歴史的全体に、つまり歴史の最終段階にあるヨーロッパ文明という形式そのものに統合されるものだと暗示されているのである。

序論で確認したように、物語ること《ナラティヴ》には、「次に何が起こったのか」とか「結局のところどういう結果になったのか」という問いに対する答えを与えるストーリーの要素が含まれているのと同様に、「いったい何が問題なのか」という問いに対して答えを与えるプロットという要素も含まれている。そのために、ランケの歴史的説明もストーリーの段階とプロットの段階という二つのレベルで作用している。もっと詳しく言うなら、ストーリーのレベルでは、「何が起こったのか」という問いに対して、出来事を他の出来事へと連関させる筋道を選び出し、一つないしいくつかの出来事をコンテクストのなかに組み入れることによって、問いに対応する答えが与えられている。その際には、どんな法則定立的な説明も寄せつけないような、出来事の豊かな織物《テクスチュア》とでもいうべきものがそこに織りあげられた印象が生まれる。もう一つのプロットというレベルでは、「なぜそれが現にあったように起こったのか」というより抽象化された問いに対して、第一のストーリーのレベルですでに獲得された形式と考えられるあるコンテクストから、また別のコンテクストへの運動が生じ、そこで、連続するそれぞれの段階において現象同士が互いにより高次のものへと統合されていく過程が示されることで、答えが与えられる。言い換えれば、そこで歴史叙述の論証形式が有機体論的様相をとるのである。このとき、歴史学者にとってこの第二のレベルにおいて形式の形式が知られうるということが、つまりあるコンテクストから別のコンテクストへの転移ということが否定され、特定のコンテクストがそれだけで自明化されると、その歴史過程の最終段階に、つまり歴史家自身の時代の獲得された形式的まとまりが求められている段階に、あらゆる先行段階のテロスであり目的であり目標であるという特権的な位置が与えられる結果となる。いま述べたことをもう一度整理すると、要するに歴史の場はまずはバラバラの出来事の複合態として眺められる。そしてこれが、ストーリーの脈絡や筋道によって互いに関係づけられることで、出来事はあたかもつづれ織りのような複雑な関係へと編みあげられるのである。ついで歴史の場は、部分と全体とが、互いにミクロコスモスとマクロコスモスという関係をもった統合された全体性というあり方に作り上げられるのである。そのようにして、ランケの歴史学において、歴史のなかに現れている最新の形式的まとまりは、歴史過程全体のなかではっきりと認識されうる社会的、文化的組織の至上の形式であるということが、暗黙のうちに表明されるのである。

そこでランケは、歴史を提喩的な様式で理解していた。方法に翻訳したときには、この提喩的様式があるおかげで、かれは歴史を喜劇という様式においてプロット化することができたし、それを有機体論という論証様式で説明することも可能になった。しかし、ランケの歴史叙述にいわば「実在論的な」科学という顕著な特性を与えているプロット化と説明の両様式を、本格的に擁護しようというのであれば、ランケの作品そのものとは別のところにいったん目を向けなくてはならない。ランケの仕事に対するこのような弁護の弁は、すでに一八二一年という早い段階に、プロイセンの外交官であり哲学者であり科学者でもあったヴィルヘルム・フォン・フンボルトの、「歴史家の任務」と題された試論（もともとはベルリンでの講演）のなかで与えられている。

歴史的方法として有機体論を本格的に弁護すること

かつてイタリア出身の歴史家であるアルナルド・モミリアーノは、ランケをアウグスト・ベック▼やドロイゼンと並ぶカール・ヴィルヘルム・フォン・フンボルトの「理想的な弟子」と評したことがある（Momigliano, "A Hundred Years after Ranke", 105）。また、一九六〇年代においても歴史家ジョージ・イッガースが、歴史思想の本性や、国家、社会、ヨーロッパ文化の未来といった主題に関して、ランケの観点とフンボルトのそれとには親和性があると論じている（Iggers, *The German Conception of History*, chaps. 3-4）。しかしそうしたつながりがよく知られているにしても、いま挙げた「歴史家の任務」というフンボルトの試論は、のちにランケが歴史の喜劇的なプロット化と組み合わせた有機体論的説明原理をあらかじめ本格的に弁護した仕事として、かなり注意深く検討する価値がある。ランケが喜劇というプロットと有機体論という論証形式のこの組み合わせを選択したのは、歴史の「史資料」の「客観的」考察から、特別な意味で保守的なイデオロギー原理を引き出すためであった。

「歴史家の任務」のなかでフンボルトはまず、歴史家が法則定立的な歴史理解を求めることを明確に否定するところから始める。その代わりにかれが歴史家に望むものは、「実際に何が起きたか」ということに関する「単純な叙述」に努める姿勢である（フンボルト『世界史の考察』五七頁）。もちろんこれは、歴史家の仕事が「ただ事件を理解し再現するだけ」でよいということではなく、むしろ逆に歴史家は「自発的」「創造的」であらねばならないと論じられている。なぜなら

▼**アウグスト・ベック**（August Boeckh）一七八五－一八六七。ドイツの古典文献学者。

ば、出来事は「感覚という領域においてはその一部分だけが可視的であるにすぎず、それ以外の部分は、さらに直観や推理や推量によって付け加えられなくてはならない」からであり、「現れてくる出来事も、そのそれぞれが散乱しており、支離滅裂で、離れ離れである」からである。そして、出来事のこうした「パッチワーク」が内部に隠しもつ本質的な「統一性」は、「依然として直接的な観察からは遠いところにとどまっている」。フンボルトが強調するところによれば、出来事を観察するだけでは、それらが「互いに相伴い時間的に継続して起こったという状況」は分かるにしても、一連の出来事の「内的真理」を唯一規定しているその「内的因果関係」にまで分け入って洞察することはできない（同前）。そうした観察から明らかになるのは、完全には捉えられていない対象の領域であり、ぱっと見るかぎりは曖昧に思われる複合関係である。そこでは、出来事のひとつひとつのまとまりは、「まるで遠く隔たって眺めたときに初めてそのかたちが分かる雲をごく近くから見ているとき」みたいに、それ自体はとりとめもなく姿を表しているだけのことである（一五八頁）。

実はこのひとまとまりの出来事がもつ「内的真理」とは、歴史家が詩人に匹敵するような能力を使って出来事に与える「形」なのである。フンボルトが言うように、歴史家は、「表現の仕方によって、つまり、直接観察したままでは不十分な断片を補い、他のものに結びつけることによって、出来事の真理を明らかにし」なくてはならず、そのためには歴史家自身の「構想力」を使用するしかない。しかし、詩人とは違って、歴史家は「純粋な空想」を用いてはならない。歴史家は、空想ではなく、フンボルトが「結合能力」と呼ぶ、特有な意味で歴史的な理解様式に基づかなくてはならない。フンボルトが暗示するところによれば、この結合能力は、歴史家が「直観力」の働きを、それが勝手に空想として自由に浮遊してしまわないよう抑制するため、「必然性の法則」を適用し、その結果として初めて生みだされるものなのである（一五九頁）。つまり、歴史家は「歴史的真理を目指して、同時に（……）二つの方法を」とらなくてはならない。それは「出来事を正確に、私見を交えず、かつ批判的に究明する」方法と、「そうやって探求された出来事を結合する」方法との二つである（一六〇頁）。

しかしフンボルトは、この結合能力を歴史過程全体にうかつに拡大してはならないという。なぜなら歴史の場とは、

この世界の出来事が、膨大な数でひしめき合う騒擾状態だからである。そうした騒擾は、その土地の本性、人間の性質、国民や個人の性格から出てくることもあれば、まるで奇跡によって植えつけられたかのように、どこからともなく飛び出してくることもある。そうした状態の

もとになる力は、ぼんやりと認識されるものであるのだが、また、人間の魂の奥底に根差している永遠の観念によって目に見える形で活性化されるものでもある。こうした騒擾の一切は、精神といえどもけっしてこれを単一の形式にはもたらしえないような無限なものである。（一六二頁）

歴史家は、歴史の場全体に単純な形式を押しつけないようにし、自分の仕事をその場のなかの限定された領域に、暫定的で、ある程度範囲が限られた形式的連関を与えることにとどめなくてはならない。そうすることによって初めて歴史家の職業は、特有の意味で「リアリスティック」になるのである。

歴史家は「リアリティに対する感受性を喚起し活性化する」ように努めなくてはならない、とフンボルトは言う。かれの主張によれば、実際に歴史家がそのなかで仕事をするための「欠くべからざる本質的な要素」とは「リアリティの感覚」である。そして、これは「時間における存在のはかなさとか、過去のことがらと現在のことがらとの相互依存性を理解すること」だと定義されている。それはまた同時に「精神の自由を意識し、理性を承認すること」でもある。時間のなかでのはかなさや因果性を知りながら、その他方で精神の自由を意識するという、この二重の認識があって初めて歴史家は「あたかも現実それ自体によってそうされているかのように、読者の情動をかきたてる出来事の物語を構成する」ことができる（一六三頁）。

歴史的リアリズムをこのように理解することの大いに興味深い一面は、表面的に見れば、前章で論じたカーライルが持ちだしたロマン主義的な「存在の混沌」という歴史の概念とほとんど変わるところがないという点である。そこにおいては歴史的知のリアリズムとは、人間の生が自由であると同時に決定されてもいるという逆説を、読者の心のなかに歴史家が喚起し続けることであるように見える。実際フンボルトは、歴史の知が、現在においてひとが「なすべきこと」や「避けるべきこと」を教えるために実用的に用いられる可能性を、独特のやり方で否定している。しかし、それと同時にかれは、ロマン主義による歴史の「詩的」理解の核心にあった、歴史的知とは「共感」からのみ構成されるという考え方も拒絶している。フンボルトは次のように言う。歴史学は、リアリティに対するわたしたちの行動について、その意識を活性化し洗練する力をつけるという点で有益であるのだが、この力は、出来事そのものを単純に捉えることにおいてよりも、「出来事に付け加えられる形式」を予測するという点において、いっそうはっきり表現されている、と（一六四頁）。また、この点において、歴史的説明をめぐるフンボルトの理解が、提喩的な前提をもっていることも明らかとなる。かれの主張するところによれば、歴史的説明とは、ひとまとまりの出来事のなかに見出される形式に表現を与えることであり、そうした表現のなかで、「あらゆる出来事」が「ひとつの全体のなかの一部」であると提示される。言い換えれば、フンボルトが評価する歴史叙述においては、「記述されるあらゆる出来事」が、「歴史そのものの内在的形式」であるように提示されているのである（同前）。

フンボルトは、歴史学的表現とは、「出来事の真の形式」を明らかにし、物語のなかに含まれる出来事のあらゆるまとまりの「内的構造」を露わにすることであると考えている。それにもかかわらず、フンボルトが意図していることは、ちょうどミクロコスモスがマクロコスモスと照応するように、あらゆる出来事が全体に関係していると理解させるような、提喩的な操作であるのは明らかである。しかし、フンボルトの見るところでは、歴史学的表現とはミメーシスであり、それは、出来事そのものをそれらの特殊な姿において再生産することなどではなく、むしろ、出来事の全体的な構造がもっている形式的なまとまりを再生産することでなくてはならない。これこそ、かれが二つの種類のミメーシスを、つまり、事物の永遠の形をただ模倣するだけのミメーシスと、ことがらの「内的な形式」を形象化することとしてのミメーシスとを区別する理由である。前者のミメーシスは、製図師がそうしているように、ただたんに対象の外形をトレースするばかりであるのに対して、後者のようなミメーシスは、本当の芸術家がそうしているように比率と調和のとれた範型を与えている（同前）。とくにこのうちの後者の働きは、芸術家たる歴史家自身が、具体的な身体を特有な意味で形式的な一つのまとまりへと変容させることができる「観念」を与えなくてはならない。フンボルトは、この「観念」があるからこそ、写像するように再生産する場合の真理と、事物に内在する「形式の真理」とを区別することができたのである（一六九頁）。もちろん、この論理が歴史学的表現に適用されたときには、こうした区別は歴史家を、ある種の主観性や相対主義にさらされた状態に追いやることになる。こうした主観性や相対主義は、ミシュレのようなロマン主義者が、自分たちの「共感」という概念を、歴史的理解の固有の指針として正当化したために招き寄せてしまったものであった。しかし、フンボルトは、「歴史家を導くことができる観念は存在するのか。もし存在するのであれば、それはどんな性質のものであるのか」という問いを立てることで、こうした主観性に落ちこむことに抵抗した（一六九－一七〇頁）。

ところがフンボルトは、いま引用した箇所にすぐ続く一節で、美的で哲学的な意味での「観念」と、歴史学的な意味での「観念」とを区別しているために、かれが理解する歴史学的な知の根底には、本質的に古典古代以来のものであるようなかなり古めかしい理解、つまりアリストテレス的な理解が据えられていることを露呈してしまっている。なぜなら、アリストテレスがとりわけ詩にとってこそふさわしいと考えた知のあり方と歴史学的知のあり方とを、かれが同一視しているからである。かれによれば、歴史家がリアリティについてもつ理解とは、ロマン主義の芸術家が求めるような種類のものではない。つまり、単純な主観的知や主観的な情動状態を表現したものではない。むしろそれは、歴史的記録のなかに現れる出来事の内奥にあるかもしれない世界を捉えることなのである。

フンボルトの言うところでは、歴史家はまさに「形式の真理」を追究する「芸術家と類似した方法で」出来事の真理を探究しなければならない。歴史学においては「理解」とは「（その出来事の——ホワイト）編成と、観察者によってそれに適用された感受性とが合一して生まれる」ものである（一七〇頁）。そして、かれによれば、歴史的出来事の本性と、その出来事に対して歴史家が用いる理解の様式とのあいだには選択的な親和性がある。歴史的出来事とは、達成された生の形式と、そうした形式を変容させようとする傾向とのあいだにある緊張関係が表出したものにほかならない。歴史を全体として把握するということは、一方では社会や文化のなかで新しいものを生み出そうとする「力」を、また他方では個別の存在を思考や感情や意志のさらに大きな統一態に結合していく「傾向」とを、ともに理解することを意味している。だからこそ、「歴史的真理」は「一般的に考えて、芸術的に取り扱われる場合よりも、むしろ哲学的に取り扱われる場合のほうが危険にさらされる」のである（一七一頁）。

フンボルトの見るところでは、つねに哲学は全体性を、本性的に目的論的な統合過程の完成態というものに還元しようとする傾向をもっている。かたや歴史家は、究極的な目的や完成態に関わるのではなく、傾向や過程にこそ関わるのでなくてはならない。そして、歴史家が傾向や過程を扱う際には、それらが究極的には何でありうるのかという考え方を、そこに押しつけるべきではない。むしろ歴史家は、出来事にその形式的なまとまりを与える「観念」を、「おびただしい出来事そのもののなかから出現させたり、あるいはもっと正確にいえば、真の歴史的感性によって行われる出来事を観想することで、心のなかに創出させたりする」のである（同前）。それゆえに歴史家は、「観念」の形式を、世界史の出来事の「考察」のなかにもたらすとともに、同時に、「その形式を出来事そのものから」「抽出」しなくてはならないのである（一七二頁）。これが「矛盾」に見えることを、フンボルト自身も認めている。しかし、かれが言うには、実際に出来事のあらゆる「理解」は、「主体と客体とのあいだに先行してある根源的な調和」を前提にしている。そのような調和とはどんなときも「あらかじめ存在している普遍的観念を何らかの新奇で特殊なものに適用すること」なのである（一七三頁）。

そして歴史的理解の場合は、あらかじめ存在している普遍的観念は「人間の心」の働きからなっているのであり、この働きが、歴史的存在を基礎づけるとともに、同時に、それを理解するために不可欠な意識をも基礎づけている（同前）。

ここまでがフンボルトの論述であったが、よほど寛大な批判者でもないかぎり、こうした議論が、本当の哲学的分析なら示さなくてはならないはずの論理的厳密さを備えているとは認めないだろう。実際に、この議論は、歴史的説明を科学的に理解することが可能だと繰り返し主張しておきながら、因果的あるいは法則定立的な説明をどれも歴史的真理に到達するにはふさわしくないと退けており、結局のところはそうした理解の可能性を覚束なくさせているだけである。こういう事情に強く後押しされて、フンボルトは、歴史学的研究を哲学から切り離し、歴史に関する知を、かれが狭い意味でのミメーシス的活動だと考える芸術に近づけて理解しようと望むようになった。かれは歴史の知というものを、加工されないままの記録が知覚に提示する所与という混沌と、その混沌を法則的秩序や包摂的な体系に服属させることができる法則科学の理想とのあいだに位置づけるのである。そのうえでかれは、歴史家は、歴史過程を支配する力を、そこから少しでも法則性を取り出すべく理解しようとしてはならないと言う。要するにフンボルトは、歴史叙述は芸術から類推するものだという理解をもとにして考えているのであるが、そのことでかれは、想像力のなかに含まれている形式の観念と、個々の事物において出会われる事物の形式表現とが合致していることを前提とした芸術観を呼び出してしまう。その結果生まれる歴史的知の理論は、本性的に個性記述論のそれであり、その意味するところは類型論であった。しかしこれによっては歴史的存在の謎は解決されないままであり、そのカーライル風の「存在の混沌」は、フンボルトが標榜する新古典主義の芸術が望みうる至高の目的として描くような種類の、普遍的で形式的な一貫性といったものにまで縮減されてしまっている。ロマン主義者や主観的な観念論者には、精神が認識にその形式をどこまで押しつけているのかということははっきり理解されており、そこで現実がその姿を矯正されることで、「人間化」が行われていると考えられるが、フンボルトは、こうしたロマン主義者や主観的観念論者の理解を無視している。つまりフンボルトは、ライプニッツやヘルダーが推奨していたような、意識と存在との完全なる一致というフィクションをあらためて主張しているのである。ただし、形而上学的でかたくるしい形式のままではなく、それをかなりスマートに洗練させたうえでのことではあったが。

このようにフンボルトは、歴史家とは「すべての出来事の結合形式の普遍的な表現を自分自身の力で構想する」ものだという（一七四頁、強調はホワイト）。そしてこの結合形式から、歴史家は、歴史過程を構成する出来事の本質的な結合というイメージを引き出すことができる。しかし、フンボルトは、歴史家が能動的に歴史を構築するものだとしても、歴史における結合関係を理解する三つのパターンを、研究主題の本来的な把握にふさわしくないものとして排斥している。それは歴史への機械論的アプローチと生理学的アプローチと心理学的アプローチの三つである。かれによればそれらは、歴史過程において実際に起こったことがらを説明するために、いずれにしても因果的結合を中心に据えてしまうからだ。つまり、フンボルトがこれら三つのアプローチを拒否するのは、それらが、「世界史のあらゆる部分」がそこから理解され、支配されうるような「有限なるものの領域の外部にある」視点を、すなわち理念を獲得することができないからである（一七四－一七六頁）。ここでかれは、観念に関するかれ独自の教説を提案している。この教説は、普遍化という営みは妥当だ、という考え方に基づいている。この普遍化という操作は、世界史に含まれる出来事の全体性に対する、人間の心の働きの全体性を反省するところから引き出されている。そしてそれは、現実をまさしく「歴史的に」理解するための基礎をなしている。

フンボルトは、世界史の諸部分は、全体的なもののヴィジョンに統合されなくてはならないと言う。こうした理解は、「世界統治」（一七七頁）という考えに基づいているか、あるいは、歴史過程全体はより高次の統一原理の働きを表すという観念に支えられている。このような統一性原理の本性は厳密には特定できない。しかし、そうした統一性原理が存在することと自体は、歴史的に理解された証拠から推測可能である。

こうしたフンボルトの考えによれば、歴史家には、新たに生起する出来事の必要条件を見定めることも、その十分条件を決定することも不可能であるように思われる。基本的に、歴史過程において新しい形式が現れてくることを、環境という外的条件そのものからすべてを説明することはとてもできないと決めつけられている。それに、ある出来事が起こるための必要十分条件を規定することは科学の目的であるのだから、歴史家がそうした条件を探究する可能性は、はじめから否定されているのである。そうなると、そうした新奇な存在が眼前に現れたとき、歴史家に残されているのはそれに驚くことであり、そのうえでその新しい存在を「表現する」という課題を果たすことである。「表現する」といっても、それは、新奇なものを理解すべく歴史的に条件づけられている意識に与えられた形式的一貫性によって、そうするのである。

しかし、もしもこの方法が、歴史における新奇な存在の出現を捉えるのに十分にふさわしいとしても、逆にそれらの消滅する局面については、ヘルダーの場合と同様、説明する手段がないということになる。

フンボルトは「周囲の環境だけでは十分に説明できないエネルギーや現象が生まれ出た」事例として、エジプトで「純粋形式において」芸術が突発的に出現したことや、ギリシア人たちのあいだに「自由な芸術」が突然発展したことを挙げている（一七九頁）。かれはとくにギリシアの達成を奇跡として捉えており、それらは「説明」のしようのないことだという。なぜなら、それは、「個性」の純粋に「個性的」な達成が表現されたものだったからである。この奇跡の顕現を前にしたとき、歴史家の任務とはもはやそれを説明することではない。むしろ、歴史家の任務は、ただそれをそこにあるがままに、つまり本質的で人間的な自由の表れとして表現することである（同前）。同時に歴史家は、ギリシア文化が衰退し消滅してしまったように、この奇跡の効果が持続はしないことを認めなくてはならない。フンボルトによれば、ギリシアの文化が消滅してしまった原因は、その文化の観念が現象的な存在形式にすっかり入り込んでしまって、観念的なものを見失ったことにある。そのように、ギリシア文化の消滅を物質的、因果的に説明することは、実のところフンボルトによって暗黙のうちに是認されているのである（同前）。

いまわたしがフンボルトの議論のなかに指摘したこの観念は、少なくとも奇妙なものである。というのも、そこでは現象は、それらが現実化する過程においてはあるひとつの規則によって支配されるのに、その消滅過程においては別の規則によって支配されているからである。言い換えれば、現象が現実化する過程は比類ないほどに「精神的な」力によって支配されているのに、後者の衰退過程は格別に物質的で生理学的で心理学的な力によって支配されているからである。その結果として、萌芽・発生・成長の過程には、円熟・衰退・消滅の過程よりもいっそう大きな価値が与えられている。このことは奇妙な非対称を示しているが、それは、歴史意識をことさら楽天的で楽観的な方向にもっていきたいという欲望があるからなのだと想定しないかぎり、うまく説明がつかない。ギリシア史における「奇跡的なもの」とは、「最初の一歩が踏み出されたこと、最初の火花が発火したこと」であり、言い換えれば、生起しつつある現実なのであって、その新たなものが姿を現そうとしているさなかに、不明瞭さのなかへと消えていくものがあることなのではない。フンボルトは、この「最初の一歩を歩みだした」という端緒がないならば、「どんなに好適な状況があっても奏功せず、どんなに修練しても、またどんなにゆっくり進んでも——たとえそれが数世紀にわたるにせよ——目的にたどりつくことはありえない」と述べている（一八〇頁）。

出現しつつある新奇なものに高い価値が与えられることで、歴史過程は、ちょうど形式が内容に対立するように、精神が物質に対立しつつ、それらのあいだの交互関係が精神の特筆すべき力によって支配されるようなものになる。フンボルトは、この過程の初期段階をとくに重視したいと考えていた。しかし、かれのこの願望は、かれが歴史的時間のなかで誕生・発展・衰退を叙述していることによっては、かならずしも十分に正当化されていなかった。

　ある事物の「観念」は、「個別的な精神の力」に委ねられねばならないと、フンボルトは言う（一八二頁、強調はホワイト）。だが事物の観念をその個別性において捉えることは、それが消えてしまう時である。なぜなら、そのように個別化することで、精神的な力を、現象的な存在の世界を支配する法則に左右される状態に陥れることになるからである。そうなると、事物の観念がもっているはずの永遠の価値は、時間的な有限性へと移され、没落の過程へと向かうことになる。しかし、フンボルトの主張によれば、事物やその理念が時間のなかに消え去るということは、歴史的存在の避けがたい本性の証拠としてではなく、むしろ精神の能力の顕現として理解される必要がある。このときの精神の能力とは、現象の領域において、みずからの世界を具体化していくことなのである。精神が現象として具体的になり、消滅していくということは、精神が現象の領域における因果法則から「自律的であること」の証拠であって、精神それ自体のなかにも因果法則が働いているなどということを示しているのではない（同前）。観念が時空間のなかで完全にその姿を具体化していく運動は、実のところ時空間の内部における展開としてではなく、むしろ潜在態である「内的」存在から現実態である「外的」存在への運動として理解されているのである。

　フンボルトは、この内的存在から外的存在への運動を歴史的発展の形式としてうち立てようとしたが、その発展全体が向かっていく目的をはっきり特定することはしなかったし、その際に、観念論や歴史的知の「哲学的理解」といった隘路に陥ることもなかった。かれが述べていたと思われることは、思想はわたしたちに、歴史を「観念論的な」やり方で思い描くことは許しても、歴史的存在のさまざまな形式を、全体的なものという観念論のヴィジョンから捉えることは許していないということである。ここでわたしたちは、ヘーゲルが、知的ないし道徳的な曖昧さを助長しかねないと非難していた、歴史的思考における「形式主義」に出くわしている。こうした曖昧さが、フンボルトの思想において歴然となっている。そうした欠点は、フンボルトが論文「歴史家の任務」の最後で、わたしたちは、歴史のなかに現れる傾向性や生成のエネルギーを超えて、「人間的な個別性を構成することはなくても、ただ間接的にであれ、それに関係づけられているような理想的な形式」を認識することができると認めているところで明らかであった。かれは、そのような理想的な形式を、言語そのもののなかに認識できるという考えを表明している。そこで言う言語そのものとは、「その国民の精神」だけでなく「それ以前の、もっと独立性をもった基礎」も「反映して」いる。だから、そうした言語は、「他から影響を与えられるというよりも、他に影響を及ぼすもの」であり、その結果、「あらゆる重要な言語は、観念の創造とコミュニケーションのための独特の乗り物として出現する」のである（同前）。そして、この類推から、かれは「存在と力を達成すると考えられうる、万物の根源的にして永遠なる観念」が作用するあり方について、引き続き意見を表明しつづけていた。この「永遠なる観念」のあり方とは、「より純粋で完璧であらゆる様式である。要するに、そうした観念が美を達成するのは、あらゆる精神的、物体的な形においてであり、真理を達成するのは、あらゆる力を不可避にその内的な法則にしたがって作用させることにおいてであり、そして正義を達成するのは、永遠にそれらを裁き罰する冷酷なる出来事の法廷においてである」（一八三頁、強調はホワイト）。

しかし、フンボルトは、「世界統治の計画を直接に」認識するような判断力が人間にあることは否定した。かれによれば、人間は最善の場合でも、「その世界統治の計画が現れてくる観念のなかに、そのことを予知する」だけである（同前）。こうしてかれは、次のように結論づけることができる。「歴史の目標」とは、「有限な形式が観念と一つになりうるあらゆる様式やあらゆる形において、人類によって実現されることになる観念を現実化させること」でなくてはならない、と。この「有限な形式」と「観念」とが統一され、「もはや両者をそれ以上緊密に相互浸透できない」地点においてのみ、この全過程は終わりを迎えることができるというのである（同前、強調はホワイト）。

そこでフンボルトは、もともとの歴史家と芸術家の比較という論点に立ち戻り、「芸術家にとって自然の（……）つまり有機的なものの構造を知ることは、歴史家にとっては、能動的かつ受苦的なものとして人生に表れる力を探究することである」と言い切る。芸術家が「比例や均衡や純粋形式の概念」として捉えるものを、歴史家は「世界の出来事の連鎖のなかに具体的に繰り広げられ展開されながら、しかし、けっしてそうした出来事の部分になることはない観念」として認識するのである（同前）。そして、このことが、フンボルトの「歴史家の任務とは何かという問いに対する、最終的であるが単純な答え」に足場を与えているのである。要するに「歴史家の任務」とは、「現実のなかで自己実現しようとする観念の格闘を提示すること」である（一八四頁）。

おそらくここでの強調点は、この「格闘」という言葉に置かれている。というのも、フンボルトが述べるところでは、観念は、自己実現というその最初の試みにいつもかならず成功するわけではないからである。観念は、「激しく抵抗する物質」を完全に支配することに失敗して、「倒されて」しまうかもしれない（同前）。もっとも、観念が自己実現することに失敗したときに経験される一連の悲劇は、フンボルトにおいては、本当の悲劇としてではなく、つまるところ喜劇的な過程として理解されるべきである。この点は、「どんな出来事も完全にはものごとの普遍的なつながりから切り離されない」ということを理由にして、かれには決着のついている分かりきった結論なのである。ともあれ「観念」の問題が必然的で絶対的なこととして描かれているのではなく、「格闘」という、自由と可変性の余地を含んだ言葉で考えられていることを見落としてはならない。いまや全体的なものは、自由に支配されており、部分はその自由を、現実化の過程においてどうにかぼんやりとではあれ写し出している。したがって、この全体的なもののなかに含まれている自由に強調点が移ったということは、生成と変化の現象に力点が移ったということであり、「全体的なものの一貫した連関を探究すること」に対して抵抗するような発想に、より多くの根拠を与えることになるのである。なにしろ、そのような「全体的なものの連関を探究する」思考は、それだけでは人間の自由を否定するような決定論の支配を樹立しかねないからである。

　さて、このようにフンボルトの歴史の理解について考察してきたことで、ランケとかれが代表するアカデミックな歴史叙述が、ヘルダーの有機体論的アプローチに対してどのような関係を持っているのかという問題が理解できるようになる。ヘルダーの思想と比較してみると、ランケ的アプローチではいくつかの強調点の移動が確認できる。まず変化は、歴史的世界の全体的な統合の証拠を探し求めようとするような、ヘルダーの思考においてまだ優勢であった衝動が、ランケにおいては減退している点にある。また、ヘルダーが、誰が見ても明らかなほど明確に提唱していた有機体論的な説明概念が、ランケでは個性記述論的な説明概念に代わっている。その結果ランケの歴史叙述においては、たとえていうなら、歴史の場が作りだす織物の織り目はゆるやかなものになる。そして、それを出来事と事件の全体的な場として特徴づけて、歴史過程を普遍的な論点ですべて理解したいという衝動も弱まっている。ただしその他方で、普遍的枠組みや物語の意義、そしてそうした過程がプロット化されるときの様式が持つ本質的に喜劇的な特性に関しては、ランケにおいてもそのまま変わっていない。だから、ヘルダーとランケとのあいだにあるこうした変化は、一種の調整として位置づけることができるだろう。それによって、歴史を説明したいという衝動は、歴史過程を歴史家の眼前で繰り広げられるとおりにひたすら記述したいという願望にまで昇華されたのである。歴史過程が持つ意味はそのまま変わらない。それは、その解決がいずれにしろ近々もたらされるはずの喜劇として理解されている。しかし、そこで前提されている喜劇的な枠組みが変わらずに維持されていることで、その枠組みの内部で起こる出来事は、ことさら楽観的な様相で理解されうるのである。約言すると、ランケの歴史学においては、過程全体の最後には特別に喜劇的な解決がもたらされるに違いないと確証しながら、そのドラマの結末をはっきり特定しないままにしておくときに、そこに出現する格闘や対立という否定的な現象を、歴史的リアリティの展開のなかに含まれる真正な要素として享受することができるのである。しかも、こうした歴史的リアリティの真正な要素のなかには、歴史のなかで闘争や対立という否定的な契機のほうが長い目で見て最終的に勝利するといった可能性は、けっして組み込まれていない。要するに、人間が抱く大望がどんなに挫折することがあっても、その敗北は、そこに含まれる理念をさらに活性化させ、現実における理念の最終的勝利を確実なものとしていくための、たんなるきっかけとしてしか扱われないのである。

繰り返すが、悪、苦痛、受苦という否定的な契機も、精神にとっては、その多様な可能性を歴史的時間のなかで現実化させるための、たんなるきっかけにすぎないものとして享受できる。歴史的なドラマの喜劇的大団円における阻害要因であるそうした否定的な特性は、たしかに十分に現実的で過酷なものではあるが、それらのここでの役割は、精神がそれ自身の現実化を達成するためのきっかけを与えることだと考えられている。その結果、歴史家は人間と人間、国民と国民、階級と階級のあいだにあった過去のあらゆる対立から距離をとり、美と真理と正義とは長い目でみてかならず勝利を収めるものだという完璧な自己確信を抱いてそれらを眺めることができるのである。ランケの場合、歴史のドラマ全体に喜劇的結末が入り込んでくるということは、ヘーゲルの思惟においてそうであったようには、それ自体が反省の対象とされることはない。それは終局目的としてただ前提に据えられているにすぎない。この終局目的は、歴史の内部にいるわたしたちの立ち位置からはなんとか直観的に予感することはできるにしても、それを現実的に深く理解するためには、歴史のドラマの最後の一幕、最後のシーンにおいて、特殊性としての「有限な登場人物」と一般性としての「精神の形式」とが「一つに統合される」のを待たなくてはならない。どのように過程全体が機能するのかは、ひたすら一般的にのみ認識され、また一般的にしか知りえないのである。だからランケ的歴史家が望みうる最善のことは、世界のさまざまな時代、さまざまな場所において、その時々の一時的な形式的まとまりが作りだされる過程を、ひたすら物語として表現することでしかない。歴史家にとって、歴史における新しい形式がなぜ出現するのかという理由はどこまでいっても「奇跡とでもいうべき謎」であって、それは知覚の対象ではあっても、概念による理解の対象とはならないのである。

フンボルトの「歴史家の任務」について、少しだけ補足しておくなら、かれにおいて達成された形式が消滅するということは、それらを支配する観念が、そうしたものがもつ特殊性という条件に巻き込まれてしまうことを表している。つまり物理的な変化と解体の法則を考えなくてはならない。しかし、フンボルトの体系は、かれが「病的な類型のひとつである生の異常状態」と呼んだものが出現し、それが優勢になるという歴史過程のなかに生じる事態を説明することができなかった。というのも、かれにとっては、悪や過ちや不正義が、善や真理や正義と同じように、それ自体の「理想的な」形式をもちうるということがどうしても考えられなかったためである。たしかに、他方ではフンボルトは、疑いもなく生の状態の「異常」と「正常」のあいだにはある種の類推関係があるとは述べている。「はっきり説明できる原因もなしに突発的ないし漸進的に発生し、それ自体の法則にしたがっているように見え、あらゆる事物の隠れた結合関係を示す」傾向性という点では、異常状態も正常状態も相互に類推しあうことができるほどに同じなのである。だが、こうした正常なものと異常なものに共通する傾向が、いかにしてフンボルトが理解する歴史のドラマの部分を構成しうるのかについては、かれはうまく想像力を働かすことができないでいた。かれにとっては、歴史過程のこうした暗黒面は謎のままであり、「そうした原理が歴史に活用されるようになるのは、おそらくずっと後の世になってからのことだろう」と断言していたのである（一八一頁）。

さて、以上の論述で、ヘルダーからフンボルトを経てランケへといたる変遷過程において、一方で有機体論的な説明戦略は個性記述論的な説明戦略へと変化しつつも、喜劇的なプロット化の様式はそのまま影響を受けずに引き継がれたことを明らかにした。わたしはそのように考えることによって、一九世紀初頭の歴史学がこれまでのやり方で論じられるときにきまって用いられ、いまではクリシェにまでなっている通常の専門用語を使わずにすんだのである。あらためてこうやって見ると、そうした過去の論争においてこれまで取り上げられてきた普遍と個別の対立、具体と抽象との対立といった問題は、実はそれほど重要ではないかもしれないことが分かるだろう。同じことは、歴史が哲学的に理解されるべきか、それとも経験論的に演繹されるべきかという問題や、歴史学とは芸術なのか科学なのかといった問題にも当てはまる。こうした専門的な術語によって繰り広げられてきたあらゆる議論の真の争点は、そうした術語自体が暗黙のうちに何を意味しているのか、ということから出てきてしまう問題であったと言ってもいい。つまり、そこで本当に問題となっていたのは、一方では芸術、科学、哲学といった知の様式を論争の当事者たちが暗黙のうちにどう理解しているのかということであり、他方では、どういった本性をもったものとして、個別の出来事とそのコンテクストとのあいだの関係が理解されてきたのか、ということであった。歴史的なものについては、その内容をめぐる実質的な論争よりも、それを支える諸概念の自己理解の形式的分析に目を転じることが重要であるということは、ここでも再確認することができる。

実際のところ、フンボルトはランケと同じように、歴史とは、個別の出来事のその具体的な現実態における知であり、歴史家が立ち向かうべき問題とは、個別的なものを、それが生起し、その運命を達成するコンテクストへと関係づけることだと理解していた。さらにフンボルトもランケも、歴史とはつまるところ、芸術の一形式であり、とくに古典的芸術の一形式であると見ていた。つまり現実を所与の時空間のなかで「現実的に」出現するとおりに表現する、ミメーシス芸術の一形式だというのである。さらにフンボルトは、歴史研究の目的とは、究極的には全歴史過程の真の意味を予感することであると主張した。だからそれは、過去についてのあれこれバラバラな図像を作りだすだけではなく、そうした図像がただ部分や断片を表しているだけであるように見える過程のただなかに浮かび上がる、もっと次元の高い関係性を理解するところまで上昇することでもある。歴史学的省察は、フンボルトによれば、とりわけ道徳的な問題関心によって、つまり、自分の本性がいかなるものであるのかをなんとか知りたいと願う人間の欲求によって、後押しされて発達するものである。だからこそ、人間は自分が直面している現在の生が与えるものよりももっとよい未来を構築するために、行為することができる。問題となっているのは、歴史的出来事が生起するコンテクストや、それらが起こる枠組みや根拠がいかに理解されうるのかということであり、また、出来事の連鎖によって時間のなかで具体化された過程が、道徳的な意味において人間性をより高めていくものとして理解されるのか、それとも人間性を貶めていくものとして理解されるのか、ということなのである。

小括

歴史過程に関するランケの思想を見ていくと、文学的ロマン主義のいくつかの主要な前提と明確な断絶を示す観念に出くわす。それでも、かれが実際に行った歴史叙述の背後にロマン主義的衝動があったということは、もちろん否定できない。ランケ自身、そうした衝動が青年期の自分の思考に影響力をもっていたと証言している。それは、のちのかれの関心の持ち方にもよく表れている。たとえばかれが個別的な出来事をその独自性と具体性において捉えようと試みたことや、歴史的説明を物語として理解したことがそれを指している。そして、歴史というドラマに登場するひとびとの意識の内部に入り込み、かれらが自分自身をそう見ていたとおりにかれらのことを理解し、その時代やその場所でかれらが目の当たりにした世界を再構成したいと心を配ったことも、大きく言えば、ロマン主義的な衝動が生き続けていたことの証である。しかし、同時にランケは、批判の目が養われていない者に歴史的記録がそう見えてしまう「形式の繚乱状態」を、つい賛美したくなるような衝動とは、断固として闘った。かれの見方によるなら、歴史は、一見どんなに混沌としていようとも、本来的な意味で教養のある歴史意識に対しては、ちゃんと理解可能な意味をしっかりと提示してくれるものなのである。もちろん、この理解可能な意味というものは、宗教的感受性だったら歴史の省察から引き出すことができるような、存在の究極的な意味をめぐる全面的な確信には、どこか及ばないいささか相対的な性格をもったものである。この歴史の理解可能な「意味」とは、歴史過程の有限な断片のなかに浮かび上がる形式的まとまりをなかば直観的に把握することなのである。それは、人間の生と社会とが時代とともにますます包括的に一つに統合されていく過程として、歴史において次々に表れてくるような構造群を把握することでもある。換言するならば、ランケにとって歴史が意識に提示する意味とは、ひたすら有機体論的なものであった。ただし、それは、かつてノヴァーリスが歴史過程全体のなかに見出せると主張していたような、全体論的な有機体論▼ではない。ランケのそれは、部分‐全体関係の有機体論とでも言うべきものであって、この理解があるおかげで、世界を見ている者は、全体性のなかに含まれているいっそう大きなマクロコスモス的一貫性が、ミクロコスモスをなす断片のなかに暗示されていると知ることができる。ただし、繰り返しになるが、ランケ本人は、マクロコスモスにおけるこのようないっそう大きな一貫性の本性を完全に適合的に捉えることができるためには、特別な宗教的感受性に頼るしかないと考えており、この役割ばかりは、いかに適切に構成された歴史意識であっても十分には果たすことができないと考えていた。だが、ランケは歴史家に対して、ある種の洞察を通して、意味ないしは意味の束を獲得することだけはできると請け合っている。この洞察があるから、ランケの歴史学は一方ではコンスタンが苦しんだ絶望感を克服することができるし、その他方でノヴァーリスが提唱したある種の素朴な信念を乗り越えることもできるようになっている。人類が国民国家の均衡システムという人間的共同体の秩序を実現できるように、歴史的リアリティがさまざまな時代、さまざまな場所において自己展開していく形式を見出すこと――これこそが、ランケが理解する「歴史家の任務」にほかならない。そして、この有機体論的な教説は、ちょうど一九世紀の第二四半世紀ごろの時期に歴史学が自律的な学問として形成されていくにあたって、その理論的裏づけにランケが貢献したもっとも肝要な点なのである。

　ランケとヘーゲルの弟子であるハインリヒ・レオ▼とのあい

▼**全体論的な有機体論**　ノヴァーリスの全体論的な有機体論については、本書第3章の節「存在の混沌」や、『ノヴァーリス作品集 一』（今泉文子訳、筑摩書房、二〇〇六年）の諸断章を参照のこと。

だで論争が起こったことがある。たしかにこの論争は、人間の知性は特殊から普遍へと進むべきか、それとも普遍から特殊へと進むべきかという論題をめぐって繰り広げられたことはそのとおりである。しかし、実のところここでは両者は互いに共有しているある前提の内部で論争していたにすぎない。つまり、ランケもレオもともに、歴史の場とは、普遍的なものと特殊なものとが、また普遍的なものと個別的なものとが出会い、それらが歴史過程のなかで勝手に融合しあう場所なのだ、という理解を前提にしていた。はっきり言うなら、一方では（つまりヘーゲルによって代表される立場では）概念的な理解における厳密さを求めることが重視されたのに対して、他方では（つまりフンボルトやランケの立場では）歴史的知の基盤としての厳密な概念理解に歴史の叙述が完全に包摂されてしまうことに対して、個別的な記述はちゃんと抵抗することができるのだという考えが主張されたのであった。有機体論的な説明概念においては、換喩的、機械論的説明の場合のようにすべてが説明可能になるのではなく、「分析のなかの一定の箇所では、曖昧さが絶対的な価値を持つ」というゆったりとした考え方になるのはごく自然なことである。その場合には歴史の場とは、本質的にこれまでなかった新奇なものが出現してくる場所であり、そのときの条件やそこで作用する衝動は、神ならぬ人間には本来的に不可知なもの、つまりけっして歴史家がすっかり見通せるようなものではないのである。これこそが、ランケとその学統の歴史学的研究が掲げた「経験的」方法が歴史家に対して求めたことの内容である。しかし、こうした「経験論」は、特殊なものの厳密な観察から引き出されたものではない。むしろそれは、ある種の歴史過程を、そもそも分析に抗うものとして扱い、また一定の理解様式も万能の説明概念としてではなく、本来的に限界づけられたものとして扱うことにする、という研究者の決断から出てきているのである。

歴史的な事件の、結局のところは謎めいた（あるいは、そう表現したほうがよければ「奇跡のような」）性格をこのように理解することで、歴史をそもそも不可解なものだと断じてすべてすませるような蒙昧な姿勢に落ちこまないでもいられる。ランケ的な歴史叙述においては、そのマクロコスモス的な次元における歴史過程について語られるあらゆる物語に、本質的に喜劇的なプロット構造が出てくることはすでに何度も述べた。歴史をきまってそういうものだと信じると、つい歴史をすべて不可解なものと断じてしまい、人間の理性を無力視してしまう反啓蒙の誘惑に足をすくわれかねないのである。ランケにおいては、そうした危険をどうにか避けられるようになっている、ということが重要である。たしかに、歴史過程を結局のところは喜劇的な本性をもったものだと捉える態度は、よく言われる歴史主義者の楽観的世界観を支えていることだろう。だが注意しなくてはならない。ランケ的な歴史主義がこうした「楽観的な」先入観を当然のように前提にしてしまうことで、もしも真理への信仰を正当化するだけの理論的根拠がない場合には、ただの楽天的なだけの態度がいかに幼稚な概念として厄介な経験をもたらすのかが見えにくくなる。フンボルトとランケの提喩的な意識においては、この理論的な根拠は、最初からアプリオリに想定されている先入観なのであって、それ自体が批判的分析の対象となったり、論理的に正当化されたりすることはない。もしも人間が絶望に陥りたくないなら、歴史をそのように喜劇的な解決を内在したものとして見ることが道徳的に必要なのだ、と断言するだけのことである。しかし、ランケの歴史学では、真理を信じることの正当性の根拠は、世界過程を現実的に実証的な歴史叙述の形で表現してみて、全過程の喜劇的なプロット化の実践が、確からしさの尺度をどうやら満たしているらしいというテストを通過することによって、初めて与えられている。つまり、歴史家が自分たちの学問的自己理解による学問的共同体の内部の実践によって、互いの知的信念に実際的な根拠を与えていたわけである。

　こうして見ると、歴史主義がさらされていた脅威とは、実のところ理論的なものではなかった。なぜなら、有機体論的な説明概念は、それ自体が作りだした公理の及ぶ範囲の外部からは、とても攻撃しえないものだからである。では、こうした公理を掘り崩すために必要なものとは何であろうか。歴史的記録が、論証様式のレベルで、機械論的説明様式によっても個性記述的説明様式によっても、さらにはコンテクスト主義的説明によっても説明可能なのだと証明するだけでは、どうやらまだ十分ではない。むしろプロット化のレベルにおいて、ある歴史家によって喜劇として表現されているその同じ過程が、他の歴史家の手によって、悲劇として、あるいは不条理劇として表現されることが可能なのだという証明のほうが、それが歴史叙述の実践であるだけに、よほど脅威である。ある公衆が、自分たちが主人公となっている歴史ドラマに、もはや自分たちの力では喜劇的結末をもたらすことができないと考えているとしよう。そのような公衆に向かって、いま挙げたような、プロット化のオルタナティヴが与えられたとしよう。そのときにはおそらく論証のレベルにおいても、歴史の有機体論的な説明への関心はかれらのなかで後退し、機械論的ないしはコンテクスト主義的な説明技術を求めようとする願望に席を譲ることになるだろう。そして、これこそが、一九世紀の最後の四半世紀の時期に、学問的世界で広範

▼ハインリヒ・レオ（Heinrich Leo）一七九九－一八七八。ドイツの歴史家。ヘーゲルの強い影響を受けている。

に見られた出来事であった。要するに、この時期に、一方では実証主義とマルクス主義が大きな影響力を持つようになり、その他方で審美主義が広がっていったのである。

しかし、そうした状況においても、ランケ的な有機体論が放棄される必要はなかった。ただし、現実を科学的に理解する自分自身の能力が消失したときの、支配的な社会階級の動揺を反映して、歴史過程を喜劇として表現する姿勢から、それを不条理劇として表現する姿勢へと推移していくことだけは避けられなかった。そして、これこそがブルクハルトが行ったことである。

フンボルトの試論、「歴史家の任務」の意義は、論理的かつ科学的根拠に関してけっして適切性を満たしているわけではないかれの歴史学的説明にあるのではない。その意義は、歴史研究に対する有機体論的なアプローチが適切なものであると証明してみせるときの、かれの信念の強さに求めるべきだろう。それが言わんとしているのは、もし歴史的表象が、全歴史過程の究極的な形式的一貫性を信じることで補強されるならば、歴史学的思考は、ロマン主義者の「存在の混沌」というような概念にも、また、観念論者や実証主義者がほのめかすような理念による、あるいは法則による完璧な理解可能性という概念にも、落ち込まないですむだろうということであった。つまりそれは、理解の提喩的な様式にコミットしていることを表していた。

提喩の物語《ミュートス》は、喜劇の夢であり、完全なる調和が実現し、あらゆる格闘、葛藤、対立が解消される世界への予感である。このような世界が達成されたとき、すべての罪、すべての悪徳、すべての愚昧は、歴史という劇の結末において最終的に樹立される社会秩序という目的のための手段であったことが、ついに明らかとなる。ただし、喜劇的な結末には二つの型がある。その一つは、主人公が、自分の目的に突き進むことを阻む社会に対して、勝利を収めるパターンであり、いま一つは、挑戦者である個人に対して、集団性の正しさが、共同体の決定的な形式として再確認されるパターンである。第一の種類の喜劇的プロット化は《願望の喜劇》と呼ぶことができるし、第二の種類のそれは《義務と責務の喜劇》と呼ぶことができる。ミシュレは、『フランス革命史』を、第一の様式で書いた。ランケは、ヨーロッパ諸民族の歴史を第二の様式で叙述した。その意味では対照的な二人を、一九世紀の第二四半世紀における新しい、言い換えれば「リアリスティックな」歴史叙述の代表者として結びつけているのは、多くの差異にもかかわらずかれらが共有しているある確信である。それは、歴史過程をその特殊性と多様性にできるかぎり配慮しつつ虚心に記述しさえするなら、歴史的出来事の完成態と到達点と理想的な秩序のドラマをはっきりとした姿で浮かび上がらせることになるだろう、という確信であった。そして、その物語を紡ぐということが、なぜ出来事がそのように起こったのかの説明になると信じていた。歴史的記録に含まれている史資料と出来事の混沌状態に没頭することをいとわないかれらの姿勢の背後には、出来事をその特殊性において適切に描き出せば、混沌のイメージなどにではなく、形式的一貫性というヴィジョンに到達するだろうという信念があったのである。こうした形式的一貫性は、科学によっても哲学によっても捉えることができず、ましてやたんなる言語的表現ではけっして把握できないものである。この二人の歴史家はともに、歴史の発展過程の核心にある「観念《イデー》」の本質をつかみとろうとしており、それを物語的散文のなかに引き出すことが、かれらの第一の目標であったのだ。

第5章

トクヴィル——悲劇としての歴史的リアリズム

Tocqueville: Historical Realism as Tragedy

はじめに

もしもミシュレの歴史的思考に一貫性があるとしたら、それはかれが、歴史の場で捉えた諸個人と歴史過程についての知の両方を、どこまでも隠喩的に描きとおすだけの力量をもっていたからだった。また、ミシュレは歴史の場に現れる対象を個性を記述することで理解しようとしたが、そうした志向性は、一七八九年の大革命における焦点となった出来事をロマンスという物語様式によってプロット化したことでさらに補強されている。だが、その他方でかれの思想が根本のところで一貫しないものであったのは、本質的にアナーキーなものであった歴史過程の理解のなかから、かれ特有のリベラルなイデオロギー的意味を引きだそうと努めたからである。そうした一貫性の欠如という特徴は、ランケの思想と作品には見られない。ランケの知の理解は「有機体論的」であり、そのプロット化の様式は「喜劇的」であり、そのイデオロギー的立場は「保守的」であるために、全体が親和的ですっきりしている。その結果として、わたしたちがランケを読むときには、かれの語り手としての力量や学識には強い印象を受けるが、その作品には、偉大な詩や文学や哲学、そして偉大な歴史叙述から通常連想するような緊迫感が欠如している。そのことは、ミシュレのような歴史家への関心が、ランケのような歴史家においてはまったくありえないようなかたちで、しばしば復活する理由を説明しているかもしれない。ひとはランケの業績には敬意を抱くが、ミシュレの格闘にはストレートに、しかも共感をもって反応してしまうのだ。

同じことを逆の面から言ってみよう。人間と社会の歴史を大きなスケールで概観することが求められる場合に、ランケの仕事にみなぎっている自己確信に匹敵するだけのものを、他の歴史家に見出すことはできない。そもそも歴史的知というものは、「事実」との格闘の結果から生まれるだけでなく、自分自身との格闘の産物でもある。ランケの場合はその自分についての解釈が実に安定している。ランケのように、リアリティをどう理解するのかについて、別のようでもある可能性が少しも問題にされないようなところでは、その思考が生み出すものは、やたらにお行儀がよく退屈であったり、根拠のない自信に固まったりしがちである。そんなランケを前にしていると、わたしたちは何かゲーテを前にしたときと同じ印象を受ける。ランケとゲーテは似たところがあり、かれらは自分が達成できると心から確信できないようなことにはけっして手を出さない。ランケの意識の核心に横たわっているると思しき安定感は、かれのものの見方と、かれがそれを歴史家としての自分の仕事に適用することとのあいだに齟齬がないことから出てきているのだ。ところが、ミシュレにはこうした一貫性が欠けている。ミシュレは、かれの歴史観から、その歴史観とは整合しないにもかかわらず意識的にコミットしているイデオロギー的立場へと移行しようとするところで、すでに飛躍を抱え込んでいた。わたしたち現代人は、そもそも道徳的自己確信というものが、もはや存在しないとまでは言わないにしても、つねに両義的に表れ出てきて、その両義性がひとを惹きつけるだけでなく危険なものにもなりかねない複雑な時代に生きている。だからこそ、そのわたしたちには、ミシュレの作品が特別な光彩を放って見える。ミシュレは深い混沌と情熱に満ちているから、わたしたち現代人にとって、ランケよりもずっととっつきやすい歴史家である。

さて、わたしたちがこのミシュレのテキストのなかに見出すのと似たような騒がしさは、かれの優れた同時代人にして同国人であったアレクシス・ド・トクヴィル（一八〇五－五九）の作品のなかにも認められる。この共通点は、トクヴィルがミシュレと共有する二つの感情から由来している。それは、一つには自分自身とは異なるひとびとに対する強烈な共感感情であり、いま一つは、過去においても現在においても、自分がもっとも評価するものが破壊されるのではないかという恐れの感情であった。わたしたちは第3章を通じて、いかにミシュレが、歴史一般を次第にアイロニーによって理解するようになっていったのかを跡づけておいた。一七八九年の輝かしい大革命という多幸感に取り憑かれた時代は、少なくともミシュレの見るところでは、あたかも国民の理想的な統一が達成されたかのように見えた特別な状況だった。しかし、革命の政治が進展して最初の陶酔が色褪せ、フランスの政治的生活が一瞬の幸福から遠ざかっていくにつれて、ミシュレはアイロニーによって考えるようになっていった。つまり、フランス史の頂点がだんだん消失していったとき、ミシュレが一七八九年にいたるフランス史を造型するために用いていたロマン主義的な物語は、フランス史の頂点から時が過ぎていけばいくほどに、ますます崇高化され、意識の奥底へと抑圧され、そして一種の暗示となっていった。それでも、もしも歴史家がその完全な豊かさと多様性と躍動感を見失うことなく過去を再構築し再発見しさえすれば、それは、幻滅させられる政治的失敗という表層を透かして、真の姿において歴史の帰結がどう見えるのかを明らかにする歴史叙述になるはずだと理解されていた。少なくとも、わたしは第3章でミシュレについてそう述べてきた。そのことを念頭に、今度はトクヴィルを見てみよう。トクヴィルが歴史を、またフランス史一般をどう考えたのかという点を、『アメリカのデモクラシー』（一八三五年）から『回想録』（『フランス二月革命の日々』、一八五九年執筆）まで跡づけてみると、そこでかれがミシュレとよく似たあり方で、アイロニーによって世界を捉える立場へとずれていく変化の跡をたどることができる。ただし、トクヴィルがこのようにアイロニーへと後退していく端緒となる地点は、ミシュレの場合とは違っている。ミシュレはロマン主義から出発し、かれが歴史家として抱いていた理想が裏切られる運命を、一度は悲劇として捉えたあと、最後には崇高化されたロマン主義とアイロニーとの渾然としたた理解に落ち着き、それがかれの一七八九年以後のフランス革命史のヴィジョンを規定した。それとは対照的にトクヴィルは、悲劇的な歴史観をなんとか維持しようとひたすら心砕くところからスタートするが、やがて、かれが遅かれ早かれ結局あらゆるものがそこからは免れられないと見るようになったアイロニー的な状況理解の諦念に、だんだんと沈みこんでいくのである。

近年のトクヴィル研究は進展し、かれの思想の知的、感情的な基盤をかなり詳細に解明できるようになっている。研究者たちが取り組んできたのは、たとえば先行世代や同世代の思想家からかれがどういう「影響」を受けていたのかという問題であり、また、オルレアン王朝主義▼が考える社会的政治的世界のなかでトクヴィルがどういうスタンスをとっていたのかという問題であった。トクヴィルが社会学的思考の重要な先駆者であったという声価は確立しているし、かれが自由主義にも保守主義にもともにイデオロギー的に貢献したことも今日広く認められている。だから、トクヴィルの思想や作

▼**オルレアン王朝主義**　フランス革命期以来の王党派思想のひとつ。ブルボン王家のオルレアン分家をフランス王としてかつぎ、立憲君主主義を掲げた。

品や人生をめぐるこうした理解にさらに個人的な見解をつけ加えるのがわたしの目的ではない。わたしにとってずっと重要な問題は、歴史をめぐるかれの思索を、歴史学的省察のある独特なスタイルのモデルとして分析することにある。

このスタイルは、（リベラルとか保守主義とかいった）何らかのイデオロギー的なレッテルやら、（社会学的かどうかといった）特定の学問的規定やらによって隅々まで説明しつくせるものではないようだ。実際問題として、歴史家としてのトクヴィルの著作が内包している論理的意味はラディカルなものであるとわたしは睨んでいる。かれは歴史を研究して、それが作用するときに支配的に働く因果法則を特定しようとしたのだが、そのときかれは、通常なら近代的で唯物論的なラディカリズムの方法として位置づけられるようなやり方で、社会的過程を分析している。この隠れたラディカリズムが、トクヴィルの二冊の主著『アメリカのデモクラシー』と『旧体制と大革命』が持つ大きなコンテクストを支えており、またこの二著を可能にする悲劇的な物語にも照らしだされている。

これら二つの作品のなかでは、主として社会的現実の類型論的解釈が行われており、トクヴィルは、現実との関わりのなかから構成された類型を用いて歴史的過程や歴史の駆動力が何であるのかを特定する。そして、普通ならその類型を使って個性記述論的に諸現象を解剖していく方向か、それともそれを有機体論的に統一していく方向かの、どちらかを目指すということになるはずであった。ところがトクヴィルは、ミシュレとは違って、またランケとも違って、ヨーロッパの未来が本当にどうなっていくのかについて、諸形式のミシュレ的な百花繚乱の語りも、対立しあう諸力のランケ的な総合も想定しなかった。かれから見ると、社会において人間たちが相互に和解しあう見込みは、未来にはほとんどなかった。言い換えれば、歴史を避けがたい葛藤のアリーナにする歴史の推進力は、社会の内部でも、また人間の心のなかでも、和解的に作用することはなかったのである。（『アメリカのデモクラシー』や『フランス二月革命の日々』における）トクヴィルの表現にこだわるなら、人間はつねに二つの「深淵」の「へり」のところでかろうじて踏みとどまっている。かれの眼前に口を開けている深淵は、それなくしてはそのひとが人間たりえないような社会的秩序という暗がりであり、後ろに開ける深淵は、そのひとがそのつど完全な人間になることを妨げる悪魔的な自然という暗がりである。進むも地獄、退くも地獄というわけだ。この二つの「深淵」の「へり」という実存的状態を人間が意識できるようになるのは、動物的な状態を乗り越えようとするあらゆる努力が阻まれるときであり、トクヴィルの言い方では、人間の内部に抑圧されつつ束縛され、その種としての優越性を得られないままに住まっている「天使という要素」を育み解き放とうとする努力が、もはや立ち行かなくなるときである。

深淵のイメージは重要である。トクヴィルのあらゆる思索の根底には、根源的なカオスに対する予感が存在する。このカオスによって、歴史的、文化的、社会的秩序は、謎めいたものにも、また浄福に満ちたものにもなる。かれの傑出した同時代人である作家バルザックがそうであったのと同様に、トクヴィルも、人間が「歴史」をもっているという事実の不思議さに喜びを感じている。しかし、人間は自然および社会秩序という二つの深淵から抜け出し、それに抗おうとして、まったきカオスに対する防護壁でもあるはずの「社会」を投げ出してしまう。そのときでも、この暗い深淵を背後に負っているために、世界の過程を支配する究極的な力を認識しようとしても完全にはうまくいかない。つまり、ときどき控えめな認識上の知のいくばくかを得られる程度で、人間にはそれ以上の真理を期待することができないのである。（マルクスとは違って）トクヴィルにとっては存在そのものが神秘であったために、歴史現象の類型論的編成作業から自然な流れとして出てきてもおかしくはない本格的な歴史の科学という構想にまで、自分の洞察を凝縮させることができなかった。かれは内面世界に解消しがたい存在の神秘という残余を抱えていたために、歴史過程の法則を概念化することができなかったのである。その概念さえあれば、歴史それ自体が、互いに他を排除しながら分裂し、それでも繰り返し起こる類型的な社会的現象へと落ち込んでいく理由を、説明することができたはずなのであったが。

しかし、トクヴィルに先行する一八世紀末の啓蒙期や、かれのあとに来る一九世紀末の、それぞれひたすらアイロニー的に考えてしまうようなひとびととは違って、かれは歴史に普遍的意味がまったくないと考えることはできなかった。悲劇的な争いが繰り返し明らかにすることは、歴史の秘密というものは、人間の自分自身との永遠の自己格闘のことであり、またつねに自分自身に立ち帰ることだった。そこでトクヴィルは、歴史の謎をあるときはアイスキュロス的に描き出し、またあるときはソフォクレス的に表現する。それはつまり、よりよき未来のために今こそ自己確信のある行為をなせとアイスキュロスの『縛られたるプロメテウス』風に鼓吹するか、あるいは、ある可能性を未成熟なうちに放棄してしまうことの危険性を警告したり、あるいは社会や個人の計画によく分からないまま迂闊に乗り出すことの愚かさをソフォクレスの『オイディプス』悲劇風に暗示することであったりする。トクヴィルのリベラリズムは、この二重のパースペクティヴに依拠しているのである。さらに亡くなる直前にはトクヴィルは、エウリピデス的とでもいうべきか、あるいは別の表現をするなら晩年のシェイクスピアのようだというべきか、かなりアイロニカルな態度に近づいていったのだった。それは、存在には意味がないのかもしれないという恐ろしい懐疑の思想である。この思いに襲われたときトクヴィルは、道徳的理由からそのことを自分の心の奥底深くに抑え込んだ。それは、この極端な認識が、運命によって課せられた平凡な人生を懸命に生きている市井のひとびとの意欲を挫けさせてしまうかもしれない、と心配したからである。だからこそかれは自分の友人であったゴビノーをすら、本来なら哲学者と歴史家が追い払わなくてはならない不安を進んで流布するような歴史概念を、真理の名において称揚したという廉《かど》で非難したのであった。

　もしもトクヴィルが、歴史にはまったく意味がなく、なんの希望もないと主張したか、あるいはその正反対に、歴史にはしっかり意味があり、その意味を人間は完全に知ることができると断言していたなら、かれは自分のあとにやってくるブルクハルトの反動的立場か、それともかれの同時代人であるマルクスのラディカルな立場かのどちらかに押しやられていたことだろう。だが、トクヴィルは、歴史にはまだ意味があるということと、この意味が人間そのものの神秘的な本性のなかに見出されるべきであるということとをあくまでも同時に信じようとしていた。この神秘にかれは高い価値を置いた。結局そのためにトクヴィルは、歴史過程が法則論的な性格を持つと理解することで多くの重要な社会的日常的問題をめぐってラディカルな立場をとることはあっても、基本的にはリベラルと言っていいイデオロギー的立場の主唱者でありつづけたのである。

　トクヴィルの「科学的な」歴史研究とは、つまるところ歴史的出来事を諸類型、つまり、集合、類、種などのなかに位置づけることに尽きていた。かれによれば、所与の史資料は、社会や政治や文化の現象に関する一定の類型の組み合わせを整理することで、知に転化する。たとえばトクヴィルは、社会の二類型、つまり民主制社会と貴族制社会を分析している。かれが、晩期中世からかれ自身の時代へといたる西欧近代の文明史を捉えるときに問うているのは、この二種類の社会がいかに文明のなかに出現し、それらの関係や相互作用はいかなるものとなり、またそれぞれの類型の未来にはどんな見通しがあるのかを見極めることであった。そこでトクヴィルが探求した問題を一言で表現するなら、これら二つの本質的に変わることのない社会類型が出現し、相互に作用しあい、互いに矛盾に陥るとき、その過程はいかなる相貌を帯びるのかということに尽きていた。

　ただし実際にはトクヴィルは、この問題をそのまま提示することはしていない。まずかれは、ある社会類型（貴族制社会）の衰退過程の表現とも、別の類型（民主制社会）の勃興過程の表現とも見えるひとつの長期的な流れを、大きな射程で見極めようとする。かれは、貴族制という類型の衰退が、そのまま民主制という類型の勃興を促す効果があると考える。つまり、かれは歴史過程の全体を、利用可能なエネルギーの有限量を内包した閉鎖システムとして理解しており、そのシステム内の何らかの成長過程で獲得されたものは、システムの他の部分における喪失と均衡がとれていると見たわけである。したがって、単一な過程としてのシステム全体は機械論的な視点で捉えられており、その諸部分間の関係は機械論的－因果論的な術語によって概念化されている。

もしトクヴィルが観念論の（あるいは有機体論の）思想家であったなら、このエネルギーの交換のさなかに、普遍的意識が積極的に成長し展開してくる可能性を考えざるをえなかったことだろう。そしてその成長過程は、かれの生きている時代が、先行するあらゆる時代に対して思想やその表現の点で、より優れたものへと生成することだと理解されたはずである。それがヘーゲルのやり方であったし、ランケのやり方でもあった。ところが、トクヴィルがこの過程に見出したのは、普遍的意識の自己実現ではなかったし、貴族制の衰退と民主制の勃興とからひたすら利益を得ている諸勢力の権力の目的論的な自己展開でもなかった。ここで言う「利益を得ている諸勢力」とは、一つは中央集権的な国家権力であり、もう一つは大衆の力であった。かれの見るところでは、この二つの勢力は一つに合体して、かれが理解するかぎりの文明や文化にとってだけでなく、人類そのものにとっても決定的な脅威になっている。そこで問題となっているのは、こうした勢力の野合において両者がただ散発的、偶然的に連合しているということではなく、そこに貴重な人間的資源、つまり知的、倫理的、情動的資源が、恒常的、持続的に混乱し損なわれる文化的混乱が生じてしまっているということである。

全過程は悲劇的なドラマとならざるをえないから、トクヴィルが歴史と歴史的知について初期に行った省察では、歴史家の仕事とは、時代の地平線上に登場する新しい拡大しつつある勢力と、かれらの出現に脅かされて衰退する古い文化的理念とのあいだに位置をとって、両者の調停者になることだと明確に見据えられていた。要するにトクヴィルは二つに引き裂かれた世界に住んでいるのである。かれの目的は、その構造における分裂と分断をできるかぎり小さくし、それを完全に癒合することはできないにしても、ある程度食い止めることであった。

トクヴィルは、西洋文明史の全体を、かれの省察を支えるかなり広いコンテクストとして設定した。このコンテクスト

▼**エウリピデス**（Euripides）ＢＣ四八〇頃－〇六。アイスキュロス、ソフォクレスに続くギリシア三大悲劇詩人における最後のひとり。ソフィストの影響を受け、伝統的な神話、宗教観に批判的だった。その写実的傾向は、神の祭典と結びついたギリシア古典悲劇とは合致せず、ギリシアの新喜劇（ネア）に受け継がれた。

を背景にしたうえで、文明のヨーロッパ的変種とアメリカ的変種とを、かれ自身の世代の未来を決める、相対的に純粋な類型の実例として位置づけている。ただしそこでは、かれが二つの類型の歴史を眺めるときの視点についても、かれがその歴史を語るときの語り方についても、明らかにある変化が起こっている。まずアメリカのデモクラシーを分析する際のかれの最初の視点は、当初は行為者や媒体に対してより高いところから眺める観察者のそれであった。また、そのおりのかれの筆致も、少なくとも『アメリカのデモクラシー』の第一巻の段階においては、温和なアイロニーとでもいうべきものであった。それは、トクヴィルがヨーロッパの読者に、このアメリカのデモクラシーという政治的プロジェクトの強みと弱みをともに知らしめたいという意図を持っていたからである。ところが、それとは対照的に『旧体制と大革命』の時期になると、視点も筆致も変わってくる。いや、そもそもトクヴィルは、『アメリカのデモクラシー』の第二巻で、分析に際してアメリカの制度、習慣、行為様式にいっそう批判的になり、それをヨーロッパの文化的生活に内在する永遠に価値ある本質に対する脅威と考えて、さらに明確に対決的な姿勢をとるようになっていたから、そこにすでに『旧体制と大革命』における語り方への変化の徴候は兆していたということができるだろう。

その視座は、もはや行為者の上位に設定されたものではなく、出来事の渦中にいる人間のそれであった。つまり、渦中にあって、しかもそれでいてなんとか出来事から距離をとり、その普遍的傾向を予測し、行き着く先や方向性を予想し、当事者たちに警告を発することができるようにしようと奮闘する人間の視座なのである。そのために叙述の筆致もこの視座の転換に対応して変化する。つまり『旧体制と大革命』では、語り口は初期に比べてずっと冷ややかになっている。悲劇的物語は、アメリカ社会の表層で起こっている動きにいっそう肉迫した語り方になる。そこでは、言語的には『アメリカのデモクラシー』第二巻がすでにそうであったように、換喩的なものが優勢になった。しかし、同時にそこに歴史の通時的過程という捉え方が目立ってきており、時間の流れと発展の感覚がよりいっそう前に迫り出してきている。

このように『アメリカのデモクラシー』第一巻と『旧体制と大革命』とのあいだには重要な変化が起こっており、当初は主として構造のことを考察していたのに、やがてそれが過程についていっそう多くの紙幅を割くようになる。そのため、後の時代の著作になるほど具体的な個々の表現をどう物語るべきかという問題にも重きが置かれるようになっていった。早い時期のアメリカ民主政治の構造分析においては、分析のコンテクストとして役立てるために、宗教改革から一八三〇年ごろまでの西欧史の過程が単純に想定されている。この過程の内部においては、アメリカのデモクラシーは硬く厳密な構造であるように描かれており、たとえそのなかで運動や成長があるとしても、それは内包されている構成要素やそれらの間の相互関係がたまたま表面に表れたことによる変化だった。それに対して『旧体制と大革命』のなかでは、過程と構造のあいだの区別はほとんど消失してしまう。それとともに読者に及ぼす言葉の効果はいっそう文筆力に物を言わせたものになり、その分、イデオロギー的な企図がはっきりしてきている。しかし、『アメリカのデモクラシー』にしても『旧体制と大革命』にしても、これら二つの作品の意義は、結局は停滞、宿命、幻滅、圧制、人間性喪失という単一なイメージに収斂している。トクヴィルのあらゆる著作の背後でかれを突き動かしていたものは、いつでもアイロニー的な物語を誘発しかねない、ひとを途方に暮れさせる敗北や絶望のヴィジョンであった。そして、この絶望に落ち込まぬようトクヴィルが踏みとどまりえたのは、ただ意志によってのみである。かれの歴史に関する作品を読めば、そのどれであれ、かれ自身をラディカルな蜂起へと突き動かしたとしても、あるいは逆に反動的なニヒリズムへと駆り立てたとしても、少しも不思議ではないことが分かるだろう。だがそれでも、この意志行為があったがゆえに、トクヴィルは最後までリベラルとして語り続けることができたのであった。

弁証法に抗って

トクヴィルの作品においては、ランケの場合とは違って、歴史の場が弁証法的に変容するという感覚はほとんど見当たらない。かれの作品を支配する感覚とは、人類は卓越した特別の位置からずっとずり落ち続けているのではないかという感じであり、与えられた可能性をうまく利用し損ねたのではないかという思いである。ランケは、歴史の力の二元論を、かれ自身の時代において現実的に達成される社会的妥協の先行条件であると説明したが、この二元論は、トクヴィルにとっては文明そのものに対する端的な脅威であった。実際、トクヴィルの歴史学上の達成はみな、全面的な破局を前にしつつ、かれの目には非和解的に見える諸勢力の対立からとにかく何かを救い出すことができないかどうか、はっきりさせようとする格闘から出てきている。

トクヴィルが歴史過程の特徴だと考えた二元論という枠組みは、人間本性についてのかれの理解そのものにも反映されている（あるいはそもそも、その理解から導き出されている）。一八三六年にかれは、友人にあてて次のように書いていた。

わたしたちが何をしようと、人間が身体とともに魂まで持つということを阻むのは不可能なのだ。（……）わたしのなかでも、たいていの人間がそうである以上に、獣性が馴致されているわけでないことは、君が知っているだろう。（しかし――ホワイト）わたしはそれでも人間よりも気高い存在である天使を称えるし、天使という属性が優勢になるなら、何だってするつもりだ。だからわたしは、人間が残忍なヘリオガバルスの徒になることも、崇高な聖ヒエロニュムスの弟子になることもなしに歩むことのできる中庸の道を発見しようと、ずっと研究をしているのだ。多くのひとはけっして強奪者からも聖人からも、そのどちらからも何かを見習いたいとは考えないだろう。（Tocqueville, *Memoire*, I, 318）

同じような二元論は、トクヴィルの政治理解のなかにもある。そこでもかれは中庸の道を追い求める。かれは自分の政治的な立場については、次のように注釈している。

かれらは、わたしに貴族制の予断や民主制の先入観を読み込んでいる。（……）しかし、たまたまそうなったにしろ、わたしはこの時代に生まれたせいで、ついその両方に身構えてしまう。（……）わたしが生を享けたとき、貴族制は死に瀕していたし、民主制はいまだ生まれていなかった。だから、わたしの生来の傾向は、目をつむってそのどちらかを選ぶ、ということができない。（……）むしろわたしは過去と未来のあいだでうまくバランスをとり、また自然本能に任せてどちらかに引きつけられてしまうこともなく、問題のそれぞれの面を静かに考察することができるのだ。（II, 91）

トクヴィルは、自分の生きている時代が、社会体制や文化的理想についてあれかこれかという選択肢のうち、どちらも選べない苦しみを抱えていると考える点では、かつてマキャヴェッリが置かれていた立場に似ている。ナポレオンの没落以来、ヨーロッパは、より古い貴族制的体制と、より新しい民主制的体制とのあいだで宙吊りになっていると考えるのである。ヨーロッパは、前者をすべて廃棄してしまったわけでも、後者をすっかり抱擁して受け入れたわけでもない。双方の不完全性に悩まされつつ、かといって、利益はどちらからもまったく享受できないままでいる。トクヴィルが見るところでは、同時代の主要な問題とは、二つの体制の利点と欠点とを秤量することであり、また未来にとってそれぞれがどれほど見込みがあるのかを評価することであり、さらに、人間的自由と創造性をもっとも促進するものを毅然と選択する勇気を持つことである。この問題を検証する知は、歴史学的なものでなくてはならないとされているが、しかしだからといって、伝統的な歴史学的考察だけでは、この時代の要求を満たすことはできない。それが求めていた歴史のヴィジョンは、それ自体で「貴族制的」であったわけでも「民主制的」であったのでもない。むしろ求められていたのは、両方の体制を客観的に判断したり、そのなかから何であれ未来のために有益であるものを救いだしたりすることができるような視座であった。

同様にトクヴィル自身の時代の文化そのものも、より古い貴族制時代の観念論と、勃興しつつある民主制時代の唯物論とのあいだで揺らいでいた。啓蒙思想は、貴族制的観念論を批判し、人間の関心を、研究の本来の対象であるべき「リアルで目に見える世界」に向けかえた。だから最初は、思想も芸術も、ひたすら物理的世界に、つまり「人間の外部の」世界に関心を集中させていた。しかし、このように人間の外部の自然に魅了されるということは、その時代がもちうるたったひとつの関心であるというわけではないし、その時代に実際にうまく適合していることでもなかった。それは「もっぱら過渡期にだけ」ありがちなことにすぎない、とトクヴィルは述べている。『アメリカのデモクラシー』のなかの予言的な言葉によれば、来るべき時代において、思考と想像力は「もっぱら人間だけ」に集中するようになり、もっと厳密にいうなら、人類の未来にだけ専念するようになるだろう（七六－七七頁）。

過去を偶像化しがちな貴族制とは違って、民主制は、「来るべきものを夢見ている。そちらの方向に民主制の想像力が際限なく成長し、あらゆる限界を超えて膨れ上がるのである」（七八頁）。このように、民主主義的文化の唯物論的で功利主義的な本性は、不可避に、人間における精神の喪失を促進してしまうが、それにもかかわらず、同時にこれが少なくとも未来の希望を後押しすることにもなる。たとえば、「民主政治の諸国民のもとでは、詩が伝説に育まれるとか、古き時代の伝承や想起から滋養を得るということは期待できない。また詩人は、自分の読者も自分自身ももはや信じることができないような超自然的本質を備える森羅万象に、いまさらあらためて生命を吹き込もうとはしないし、民衆自身が生き生きと捉えている美徳や悪徳を冷たく擬人化することももうできない」（八〇頁）。詩にとっては、貴族制の文化の厚みのある想像力によって開示された詩的主題という計り知れない領

▼**ヘリオガバルス**（Heliogabalus）二〇三－二二二。古代ローマ皇帝。治世は短かったが、そのあいだにローマ的な規範を宗教的にも性的にもこの上ないほどに侵犯し、最後は暗殺された。退廃の代名詞のように語られる。

▼**聖ヒエロニュムス**（Eusebius Sophronius Hieronymus）三四〇頃－四二〇。カトリックの四大聖人のひとり。激しい荒野での修行を通じて信仰を守るひとの典型とされる。

域は、突然萎縮し、想像力はむしろ自分自身に関わるようになり、自分自身のもとに再帰してくる。詩人は、人間的本性のなかにこそ、かれの唯一の本来的な対象を発見することになるのである。「こうしたあらゆる伝統的資源が人間から遠ざかっていく。しかし、人間はなおもそこにとどまるのであり、新しい時代の詩人は人間以外のものを必要とはしない」（八〇－八一頁）。

もし、人間自身が、思想や芸術の対象とされ尺度とされることがありうるとしても、それは観念論的になるのでも、唯物論的になるのでもなく、むしろその両者の組み合わせになり、だから英雄的であるとともにリアリスティックであるような新しい文化の理念を創出することが可能になる。そうトクヴィルは信じていた。だからこそ次のように書いている。

驚くべき対称関係を発見し、語りがたいほど巨大でかつ微細、深く暗いのに光輝に満ちるという矛盾だらけの状態で、敬虔さと奇跡、侮蔑と驚嘆とを同時に喚起ができるようになるためには、何も天地を横断しなくてはならないわけではない。わたしはただ自分自身を考察すればいいのである。人間は無から生まれ、時間を横切り、そして永遠に神の御許に帰る。人間はほんの一瞬だけ、二つの深淵のへりのところをさまよい、ふたたびそこから立ち去る。（八〇頁）

この「二つの深淵のへりに」存在することが、固有の意味で人間的な苦悩の感覚を、言い換えれば絶望を生み出している。しかし、それはまた固有の意味で人間的な大望を、つまり、認識し、かつ創造しようとする衝動をも生み出しているのである。

もしも人間が自分自身についてまったく何も知らないなどということがあったら、かれは自分のなかにまったく詩を持たないことになっていただろう。なぜなら、精神が理解できないものを叙述することなど不可能だからである。もしもかりに人間が、一目で自分自身の本性が分かる存在であるとしたら、かれの想像力は鍛えられもせずに怠惰なままであろうし、自分が抱くイメージに何も付け加えないということになっただろう。ところが、人間の本性とは、一方で自分について何事かを知ることができるほどには十分に露わになっているのだが、その他方で、自分以外のあらゆるものは濃い闇のなかにとらわれており、だからそこでは永遠に手探りし、永遠に徒労を重ね、自分の存在についての何かより完全な概念にしがみつき続けなくてはならないほどに、曖昧なままでもある。（同前）

トクヴィルの感覚では、人間の意識には、絶望と大望を活性状態に保ち、人間の精神を未来に向け続けるということが必要である。しかし同時に、よりよい、より人間的な未来は、ひたすら厳しい受難に抗することで、そして、もっとも苦難に満ちた戦いに従事することによって獲得されうるということも忘れてはならないと警告している。したがって、来るべき時代のためにトクヴィルは、芸術が貴族主義時代の叙事詩的様式から、過渡期の叙情的な様式を経て、人間的条件への新たな知覚、つまり悲劇的なそれへと変容していくものだと想定していた。また哲学も、古き観念論というあり方から、過渡期の唯物論的あり方を経て、あたらしいよりリアリスティックなヒューマニズムに移っていくものと見ていた。この新しい人間像に対応する固有の社会体制は、単純に貴族制か民主制かのどちらかであるということではない。それはむしろ両者の結合形態であり、つまり、民主政治の原理に調和しつつ、平等主義的で唯物論的で、しかも功利主義的なものとなると見たのである。歴史家の課題は、貴族政治の原理と民主政治の原理の両者が、ヨーロッパの文明のなかにあるひとつの永続的な衝動の作用であって、それは西洋文化をその初源から規定していた自由への願望に他ならないということを明らかにする点にある。歴史家はこれを明確にすることによって、この新しい社会制度の創造を手助けする。

次の点は強調しておきたい。トクヴィルが歴史家に調停者という役割をあてがったのは、かれのその後の歴史的反省が深まるにつれて、精神がだんだんアイロニーの枠組みにはまり込んでいくことを予感したからである。歴史家としての最初期の仕事では、かれは歴史の悲劇的な見方に基づいて学識を積み上げようとしていた。そのような見方の前提になっていたのは、運命との闘いにおいて人間本性を支配している法則が存在するという考え方であり、もっと言えば、社会過程を規定する法則一般があるという理解である。もしも実際に、こういう法則が歴史学的な研究を通じて発見されうるのであれば、そのときそうした認識は、ちょうどトゥキュディデスが有名な『ペロポネソス戦記』の冒頭で説明していたように、人間の発展において避けがたい状況や環境を、できるかぎりわずかな労苦で乗り切ろうとするのには有益だったことだろう。しかし、歴史過程のそのような法則が発見できるかもしれないという楽観的な発想は、そうした法則が適用されるはずの人間本性がどういうものであるのかを考えれば、決定的に限界がある。たとえば人間自身は、合理的に考えれば自分自身の最善の利益となるはずの行為を排除してしまう非合理な力を自分のなかにもつのだから、決定的に欠陥のある存在であると考えることができる。もしもそうだとすると、たしかに社会的存在としての人間の行為を支配する法則を発見できれば、ものごとは分かりやすくはなるに違いない。しかし、それによって明らかになるのは、本質的な自由ではなく、人間が宿命的によそよそしい力に規定されてしまっているということなのである。そして、トクヴィルが歴史の法則を研究しようとしたことで当初誘い込まれていたラディカルなイデオロギー的立場に、かれが実際に突き進んでいくことを阻んだものこそ、このような宿命的に欠陥を抱え込んだ人間本性という概念であった。その人間性は、けっしてそれ自身において自足的なものではなく、むしろなんらかの仕方でつねに自分の外部にはみ出してしまうような厄介なものとして理解されていた。

実際にトクヴィルは、かれの法則定立的な歴史概念から引き出しうるラディカルな意味を抑制し、法則を探求するという営みから、類型を構築する営みへと、自分がやっていることをだんだん変容させていった。しかも認識論のレベルでのこのような推移は、美的表現のレベルでの変化ともパラレルである。そこでも、暗黙のうちに悲劇的なものであったプロット構造から、次第に風刺劇的な性格を強めるプロット構造への、似たような転換が生じる。晩年の思想では、トクヴィルは、人間が地上の王国を獲得するためにそのもとで働かなくてはならない条件に、どの程度まで制約されているのかについて、また、それを本当に獲得することが可能なのかどうかについて、問わずにはいられなかった。そして、アイロニー的な世界認識が前景に迫り出してくればくるほど、かれのリベラリズムが、イデオロギー的な立場としていっそうはっきりするのである。

トクヴィルは貴族制的なものに親しみを感じていたし、ずっとそうあり続けていた。だからこそ、トクヴィルをこの観点で研究するひとびとが、かれの精神の精髄を本質的に保守的なものであると規定したがるのももっともなことなのである。しかし、トクヴィルは、ものごとの現状に満足して、それをあるがままに受け入れるという保守主義者によくある生き方には違和感を抱いていた。いくつかの点でトクヴィルが自分自身の生きている時代に同調できず、不満を抱いていたのは、イデオロギーとしては正反対の存在である反動的なゴビノー伯の場合と事情が似ていた。ゴビノーと違うのは次の点である。トクヴィルは、貴族的な文化の徳を賞賛するからといって、それを尊重するように主張したり、過去の理想的な時代に比べて自分の時代がただ絶対的に衰退しただけだと考えたりする誘惑に、そのまま身を委ねはしなかった。後年のクローチェと同様に、トクヴィルは、あらゆる過去の理念的、社会的現実のなかには欠点があり、だからそれらを凌駕して、別のもっとエネルギーのある歴史的生の形式にすげ替えることが必要だという立場をとっていた。そのために、トクヴィルの最終的な分析においては、貴族制と民主制の両方をともにアイロニーによって眺めざるをえないことになった。しかし、かれは最後まで、自分自身のアイロニー的感受性が持っている意味を外に向かって表明することは拒んでいた。だからかれは、表向きは歴史の悲劇的な見方を支持しつづけているように見えたが、その実そうした見方を見限っていたのである。それは、かれが、ヨーロッパの歴史過程を悲劇としてプロット化しながら、その暗黙の前提になっていた歴史の法則とは何であるのかをはっきりさせようとはしなかったことにも、またかれのように歴史を法則定立的に理解すれば当然そこに求められるラディカルな帰結をはっきりさせたがらなかったことにも表されている。

二つの様式における詩と歴史

トクヴィルは、歴史叙述が社会的過程の法則性を定式化できるものだと（マルクス風に）考えていた。このことは、かれが『アメリカのデモクラシー』のなかで歴史と詩の関係を議論していることによって、また、『アメリカのデモクラシー』第二巻で提示されるような仕方で歴史認識の諸相を捉えていたことによって、はっきり示されている。

かれによれば、一方で詩は「理想の探求と描写」を行うものであるのに対して、歴史は、人間の世界に関する真理を伝えなくてはならず、理想を実現しようとする努力のなかにつねに現れるリアルな力を明らかにし、社会の未来のためのリアルな可能性を描かなくてはならない。しかし、トクヴィルの議論によれば、歴史の貴族制的な理念も民主的な理念も、それだけでは真理に忠実で完全な現実のヴィジョンを提供することはできない。というのも、貴族的な歴史家と民主的な歴史家は、歴史的記録を調べるときにもおのずから異なった点に注意を払い、違ったものを眺めているからである。たとえば次の事例を考えて見ればいい。

> 貴族制の時代の歴史家たちが世界という舞台に目をやるとき、かれらはまずもって、芝居全体を進めるごく限られた数の主役に目をとめる。かれらの視線は舞台の前景を譲らぬこれらの偉大な登場人物たちに惹きつけられ、そこに釘づけになる。これらの主役を動かし語らせている隠れた動機を明らかにすることに熱中し、他のことは忘れてしまうのである。（『アメリカのデモクラシー』二上、一五一頁）

貴族的な歴史家たちには、「あらゆる出来事を個人の意志と特定の人物の気質から説明」し、そのために「もっとも重要な革命をも、とかく細かな偶発的出来事に結びつけようとする」。その結果、かれらはいつも「このうえなく些細な原因を巧みに浮かび上がらせ」るが、他方で「しばしば最大の原因を見逃す」のである（同前）。これは、民主的な歴史家の場合にはまったく違うことになる。民主的な歴史家は「まさに正反対の傾向」を示す。かれらは「人類の運命に対する個人の役割にも、国民の行く末に対する市民の貢献にも、ほとんど何の影響も認めない。そして反対に、あらゆる個別の小さな事実について、大きな普遍的原因をもちだすのである」（同前）。貴族的な歴史家は、詩人に比べるならその表現のなかで対象を理想化する度合いは少ないとしても、個人が自分の運命をみずから統制していることをしきりに描きたがるという点で、民主的な歴史家の上を行く。かれは、普遍的原因が個人に及ぼす力に対して、また普遍的原因がかれを抑圧し恣意的に押しゆがめていることに対して、感受性が鈍いのである。それとは対照的に、民主主義的な歴史家には、歴史的舞台のうえで見つけ出したとるに足らない細部のまとまりのなかに、なんとかして何らかのもっと大きな意味を発見しようとする傾向がある。つまり、あらゆることを、個人などではなく、ひたすら大きな、抽象的で普遍的な力に帰さなくてはならないという思いに駆られていたのである。そのために、歴史とは、人間が未来を支配する力をもたないという気のめいる物語なのだと考える傾向がある。だから、憂鬱なシニシズムを生み出すか、それとも、ものごとはそのうちどうにかなるものだという根拠のない希望を口にするかのいずれかである。

わたしは、こうした二つの歴史の概念を個性記述論と機械論と呼び、意識の二つの様式、つまり隠喩的様式と換喩的様式の機能であると考えてきた。トクヴィルは「アイロニカルにも」歴史意識のこれら二つの様式から距離をとっている。また、それらに理解を示す場合でも、どちらも歴史的発展の事実を、つまり、ある状態や条件がもう一つの異なった状態や条件から発展してきたという事実を、適切に評価していないという点で不十分だと指摘している。この指摘はなかなか適切である。貴族的な歴史家は、歴史の場における運動、旗幟、扇動だけを見ており、したがって、表面的な変化の背後にある持続と継続を信じることができない。民主主義的な歴史家は、運動や変化として現れてくる総体としての事態の背後にいつも同一のものを見ているので、どんな本質的変化にもまったく気づくことがない。

では、トクヴィルが、ともに両立せず、ひとしく不十分なこうした歴史認識の二つのヴィジョンにとって代わりうると考えたものとは何だろうか。そこで想定されているのは、貴族制と民主制の双方に代わる第三の選択肢といったようなものではない。問題はむしろ、貴族的な観点と民主的な観点の結合《ヽヽ》にある。したがって、それぞれのヴィジョンは、あるひとつの観点において妥当性を主張することができるだけである。つまり、それぞれは特殊な社会類型の分析にとってのみ、効力を発揮するだけである。所与の社会の探求に際して必要な歴史意識と、記述されるべき時代や文化の社会構造とのあいだには、ある種の選択的親和性がしっかりと働いている。したがって、トクヴィルの独特の主張とは、歴史過程のなかには、二つの異なった因果連関システムが存在しており、このシステムの一方は貴族制的な社会に、もう一つは民主制的な社会に属しているということである。かれはその点を次のように展開している。

わたしとしては、いつかなる時代にも、この世の出来事のある一部はごく一般的な事実に帰すべきであり、他の一部はきわめて個人的な影響に帰すべきだと思う。この二つの原因はつねに共存するのであって、両者の関係が異なるだけである。民主的な時代には貴族的時代においてよりも一般的事実が多くのことを説明し、個人の影響力から説明できることはより少ない。貴族制の時代には反対で、個人の意志がずっと強く、普遍的な原因はより弱い。少なくとも、他のすべてのひとびとの自然な傾向に少数の人間が逆らうことを許す境遇の不平等それ自体を、ひとつの普遍的原因とは考えないかぎりにおいてではあるが。（一五三－一五四頁）

したがって、トクヴィルは、歴史過程に関して、当時互いに競合しあっていた個体論的な考え方と決定論的な考え方とのあいだの、つまり、歴史を混沌と見るイメージとそれを摂理に基づいて描くイメージのあいだの、どちらか一方を選ばなくてはならないとは思っていなかった。むしろ問題は、そのつど考察の対象となっている社会構成体のなかで作用している主導的な因果的原理をはっきりさせることであった。「民主的社会に起こる出来事を描写しようとする歴史家が、普遍的原因に多くの役割を認め、その発見にもっぱら努力を傾けるのは正しい。だが個人の特殊な行為を再発見し跡づけるのが難しいからといって、これを完全に否定するのは誤りである」（一五四頁）。

しかし、こうした解釈原理を歴史研究に適用しようとするときに生じる難題は、現実において問題であるものをその問題の解決と取り違えてしまうということであり、目の前の所与をさらに深く解明することができないということである。貴族制社会の没落原因を究明しようというときに、その社会自身が歴史的現実の真の本質であると自分で思い込んでしまっている分析者の基準を、分析すべき当の現象に適用するのでは、ものごとはほとんど明らかにならないだろう。それは一社会における支配階級のイデオロギーが実際に果たしている効用を額面どおり受け止めるようなものだからである。結局のところトクヴィルの問題とは、時代の趨勢から排除された貴族階級に向かって、なぜそうなってしまったのかを説明してやることだった。というのも、その階級のスポークスマンたちは、「貴族的な」本性のためにその階級が「自然に」身につけていた歴史意識を適用するのだが、そうしたやり方では、この問題に対する満足のいく解決を見出せなかったからだ。

これは近代における「民主主義」の成立という問題にも関わっている。これまで見てきたように、トクヴィルの意図は、民主主義者に向かっても貴族制論者に向かっても、この新しい社会形態の真の本性を明らかにしてやり、これこそが、フランス革命以後の時代にはかならず趨勢となる定めなのだと説明することにあった。しかし、そうだとすれば、すでに民主化された社会に特徴的な歴史意識の形態に訴えたところで、それは貴族制社会のひとびとにとっては、とうてい説明の役を果たすものではない。この貴族的なひとびとは、分析されるアメリカの社会にも、それが生み出した意識様態にも、自分たちにとっての災厄しか見ようとしなかった。

そうなるとトクヴィルが探し求めているものとは、ある社会体制に典型的な認識の範型をいかにして、別の社会体制の視座からだけものごとを見たがるひとびとにも理解可能なものへと翻訳するかということになる。したがって、かれの課題は、意識の二つの様式、つまり隠喩的様式と換喩的様式を調停し、それぞれが自分こそ「リアリズム」だとしている二つの主張の要素が、いずれもなんとか維持されるようにすることである。トクヴィル自身の知的傾向を考えると、こうした調停の試みが生ぜざるをえなくなった理由は、アイロニーにある。ただしそこでは、道徳的配慮があるために、かれは直接にアイロニー的な歴史概念を選択することができない。歴史を喜劇として構想するとともに、その喜劇によって提喩的な意識を正当化するというあり方は、トクヴィルにはとても受け入れることができなかった。なぜなら、ひょっとするといつかは社会的諸力が喜劇的な和解を迎えるようになると期待できるような世界には、かれ自身がもはや住んではいなかったからである。喜劇に依拠する発想は、かれにとって選択可能なものとはまったく考えられなかった。また他方で、かれがフィヒテやヘーゲルに関して述べていることから推察しても、そうした歴史の考え方を提喩的な意識によってかれ自身の時代のような混乱した状況へと押しつけることは、トクヴィルにとって不道徳なことになってしまう。

同じことは、「民主主義的な」歴史の観念と、その基礎になる換喩的な意識にもあてはまる。トクヴィルは、かれの時代に特有の形式を説明するための原因を探求することに形のうえでは乗り出していたのだが、しかしみずからそのような普遍的原因を探究することは、研究プログラムとして限界があり、また道徳的見地からしても、ひたすら探究に従事するひとに退廃的な影響と及ぼすと考えていた。そのためにかれは、こう指摘している。

個人の行動が国民に働きかけた跡を見失うと、しばしばひとは、その動因である人間なしに世界が動いているかのように思い込む。市民ひとりひとりの意志に働きかけ、最終的には人民全体の運動を生み出すことになる動因は、認識し分析するのが非常に難しい。ひとはそれゆえに、この運動は人間の意志によるものではないのであって、社会はみずからを支配する上位の力に気づくことなく従っているのだという考えに誘われるのだ。
　一方で、あらゆる個人の意志を導く一般的事実をどこかに見出さねばならないとすれば、人間の自由は救われない。他方で、無数の人間に同時に当てはまるほど広大で、すべての人間を一挙に同じ方向へと傾けるほどに強力な原因は、容易には抗えないものとして映る。そうした原因を認めてしまうことと、それを抗い難いものとして理解することとは、紙一重である。（一五五頁）

トクヴィルの考えによれば、かれの同時代の歴史研究が生み出していたのは、「少数者が国民の命運に影響を及ぼすような力をもつ」ことを否定するだけでなく、そもそも国民自身に「自分自身の立場を変容させる力」があるということも否認してしまうような歴史学に他ならない。歴史家たちはいたるところで、歴史が「動かしがたい摂理」や「何か見通せない必然性」に支配されているという信仰に屈していた（同前）。トクヴィルの恐れは、もしもこの手の受動的な教説が歴史家の手から読者に渡ったら、「共同体の大衆に感染し」、「近代社会の活動性を麻痺させる」ことにすらなりかねないということにあった（一五六－一五七頁）。

そこで、トクヴィルの目的は、歴史において「普遍的原因」が作用していることを裏づける点にあった。しかもそれは普遍法則として貫徹しているのではなく、そうした普遍的原因が、特定の社会や特定の時代と場所において、いかに制約された仕方で影響を及ぼしているのかを、はっきり限定するというやり方をとらなくてはならないのである。かれの時代のアメリカではっきりとした姿を現していた民主主義社会においては、普遍的原因を探求することは、その社会そのものがまさにそうした普遍的原因の産物であるために許されていた。それに対してヨーロッパでは、そうした原因を探求することは、知的な意味だけでなく、道徳的な意味でも疑問視されていたのである。というのもヨーロッパ社会は、民主制的要素と貴族制的要素の結合であった（あるいは、少なくとも一八三〇年当時はそう見えていた）からである。これはトクヴィルからすれば、一般法則と特殊法則の一対によって歴史過程を分析することが可能だということであった。言い換えれば、二種類の因果論的な作用因によって、すなわち一般的な意味で文化的な作用因と、個別的な意味で人間的な作用因とに即して、歴史過程を分析するのである。これらの因果論的作用因は、そのどちらもが道徳的権威として等しく正当であり、歴史過程のなかでは同じように自律的に作用する。だが、この二種類の因果論的作用因のあいだには対立が生じうるのであり、その対立をどうすべきかという意識が、トクヴィルの歴史に関する初期の省察に、悲劇的構想という様相を与えていたのであった。

トクヴィルは歴史家の課題を、アイスキュロスが悲劇詩人の課題であると考えていたことと本質的によく似たものだと見ていた。つまり、それは「治療的」ということである。本当の歴史意識は、制度と法律を創設して人間自身の高貴な能力を陶冶することにより、古き神々への恐怖を払いのけ、人間たちに、自分自身の命運に対する責任を引き受ける心の準備をさせる手助けとなるはずであった。しかしながら、そうした歴史意識を陶冶することは、特殊な意味では、貴族的観点を救い上げることを必要としたのである。とはいえその場合、この貴族制的な視点が生かされるのは、社会組織の基礎としてではなく、むしろ現実をめぐるひとつの見方として、あるいは「民主的な」歴史観念が孕む道徳的に退廃的な作用に対する解毒剤としてなのである。

貴族的な歴史理念は、人間が「みずからの主人となり仲間を治めるには、自己を抑制する術さえ知っていればよい」ということを教える。これとは逆に、民主的な歴史理念においては「みずからに対しても周囲に対しても、人間がなしうることは何もないかのごとくである」。そうだとすれば、トクヴィルにとって問題となるのは、「命令することを教える」貴族的な歴史叙述と「従属することしか学ばせない」民主的な歴史叙述とを、互いに結びつけることは可能かということである（一五六頁）。おそらくかれは、新たな種類の歴史叙述によって、これら二つの歴史概念を結びつけることが可能であるだけでなく、そのいずれをも凌駕して、歴史を詩と、実在を理想と、真実を美や善と一つにする、新しい歴史学の枠組みをも見出すことができると考えていた。その新たな枠組みにおいて追求されるのは、「人間の魂を打ちのめしてしまう」のではなく、それを「高めあげる」ことである（一五七頁）。したがって、トクヴィルは『アメリカのデモクラシー』を、「誰にも追従するものではな」く、また「いかなる党派に対しても仕えたり攻撃を加えたりしない」書物として世に問うたのであった。かれは「別の見方をするというよりも、ずっと先を見ようとしたのである」。そしてその結果、かれは歴史に新しい次元を加えたと主張する。というのも、他の歴史家たちは「明日のことにかまけていた」のに対して、かれは自分の思考の照準を「未来」に向けていたからである（一上、三〇－三一頁）。実際にかれは、未来を歴史として扱おうとしたのだった。

自由主義の仮面

そういう次第でトクヴィルは、かれの同時代の歴史家たちが、「目先の未来のこと」だけを考えているために、結果として人間の「未来全体」の利益を損ねている短慮なひとびとであると規定した。このトクヴィルの非難を額面どおり受け取れば、これは正確な記述ではないことになるし、少なくともはなはだしい誇張だとは言わざるをえない。というのも、実際のところトクヴィルの時代の重要な歴史家の大半は、トクヴィルの非難するところとは違って、その当時の古めかしい学者の専門的仕事からは目を転じて、目の前の「現在」をなんとか説明し、その時代の社会を未来に続く「現実的な」運動の方向に適合させようと、さまざまなやり方で努めていたからである。とくに、目先のことだけにとらわれた歴史叙述ではなく、「未来」を志向した歴史叙述でなくてはならないという区別は、トクヴィルの専売特許どころか、フランス革命以後の時代のリベラルなイデオロギーを支える基盤のひとつであった。この時代、リベラルな歴史家たちはこの区別に基づいて、未来がどういうものになるのかについての自分の考察が、科学的すなわち客観的な研究であると主張することができた。そしてその客観性を、より直接的に社会に巻き込まれ、目先のことに右往左往していたかれらの論敵たちによる、功利的で実用本位の考察に欠けているものと見ていたのである。それゆえにジョン・スチュアート・ミルは、一八三六年の『アメリカのデモクラシー』の書評のなかで、皮肉にもリベラルの立場から見てトクヴィルには科学的で客観的な研究に欠ける一面があり、その思考には反自由主義的な要素が見受けられると指摘していたのである。

そうなると、トクヴィルが自由主義的なのか反自由主義的なのか、(より先の未来を見通すという意味で)客観的であるのか否かは、難しい問題になる。たしかにトクヴィルは、まさに自由主義者のように、自分は過去や現在とはまったく違う未来が可能だということを疑わないと告白している。その点では、世の批評家たちが、旧体制の望ましい遺産は守りたいと希望したトクヴィルの言葉だけをとって、かれを保守主義者のなかに括っていることは適切ではない。かれはそうした保守主義のグループとは区別されるべきである。未来とは歴史的な未来であるという発想や、過去と現在とは、たとえ単線的なつながりではないにしても、やはり連続的に発展していくものなのだという理解などが、トクヴィルをはっきりと自由主義者の系譜につなぎとめている確信なのである。だが、

▼ジョン・スチュアート・ミル (John Stuart Mill) 一八〇六－七三。イギリスの哲学者、経済学者。著書に『自由論』(岩波文庫ほか)、『功利主義論』(中央公論社ほか)など。
▼『アメリカのデモクラシー』の書評　ミルの書評は以下に所収。杉原四郎・山下重一編『J・S・ミル初期著作集』第三巻、御茶の水書房、一九八〇年。

細かく見ると話はもう少し複雑である。トクヴィルがこのリベラルの系譜に属しているとしても、一方でかれは、未来がどういうものになるのかについて詳細な予言まで行うのは控えるべきだという姿勢をとっている。その他面で、過去の研究からありうる未来像をラフにスケッチしたり、さらに、特定の未来をよしとせざるをえないと主張したりする傾向も示している。トクヴィルにとって歴史研究は、単純に過去から未来の進歩を説明するものではないが、それでも未来に関わっている。トクヴィルは、生きている人間を具体的な決断状況に立たせるために、またかれらの眼前に横たわっている選択可能性を自覚させるために、さらに、いまを生きている人間たちに自分が行うどんな選択にも困難が伴うと教えるために、いわば指針として歴史認識を用いているのである。トクヴィルの思考を見ているとそこにはつねにある思考の循環運動が現れている。それは、いま述べたような人間の未来を造型する能力を賞賛すること（自由主義的方向）から始まって、あらゆる行為に伴う危険や苦しみを想起させること（反自由主義的方向）に進み、ふたたびまた、奮闘と労苦の賞賛に立ち戻る（自由主義的方向）という振幅である。こうしたゆらぎの運動こそが、トクヴィルを自由主義的にして、かつ悲劇的な「リアリスト」であるという緊張を孕んだ存在にしたのである。

社会的調停の歴史叙述

さてこのように、トクヴィルが自分の課題だと考えていたのは、選択可能な社会の諸概念のあいだや、過去と現在のあいだのみならず、そもそも現在と未来とを調停することでもあった。また、貴族制と民主制の二極のあいだには、考慮しなくてはならない多くの可能性が含まれており、それはエリートによる寡頭政治から、愚民による専制政治にまで広がっている。歴史家の課題は、いかにこうした可能性のなかに、未来のための明確なオルタナティヴがありうるのかを認識することにある。トクヴィルは、どんなかたちにおいてであれ民主主義はヨーロッパにとって不可避であるということを少なくとも疑ってはいない。しかしその民主主義の未来において、いかにひとびとの生活が具体化されるのかについては、未決定のままに残している。あるいは、かれが一八三五年に『アメリカのデモクラシー』の書評者に対して書いたように、「抗いがたい未来の方向に読者を向きなおさせ（……）ある部分での前向きの推力と他の部分の抵抗力が暴力的なものにならないように、そして社会をその宿命の成就にむかって平和裏に前進させるように努めたのだ。これがこの著作を貫き、また他のあらゆる作品を被っているアイデアである」（Tocqueville, *Memoire*, II, 270）。そしてかれは、ここでいう「宿命」が、けっして貴族制でも民主制でもなく、この二つが結合したものとなること、つまり、古い秩序から由来する精神の独立という契機と、新しい秩序から出てくるあらゆる権利の尊重という契機とが一つに収斂したものとなることを期待した。

だから、トクヴィルを突き動かしているものは、このときばかりは弁証法的だった。かれは歴史における対立的な二要素の総合の可能性を模索したのである。しかし、ことは簡単ではなかった。というのも、かれが採用した記述方法は、あらゆる総合の可能性を排除していたからだ。かれは、類型論的な分析手続きを提案し、還元論的で二元論的な類型学を構想したのである。したがって、かれの分析が完璧に遂行されればされるほど、対立しあう要素の総合の可能性はますます遠いものになる。かれが歴史を換喩的な用語で構想していたために、必然的にかれの思想は、分析によって示された構成要素を、思考であれ実践であれ、有意味な体系のなかに統一することが不可能になったように見える。

ごくうわべだけで判断すると、トクヴィルの『アメリカのデモクラシー』は歴史的な物語としての資格をもっていない。

▼ジャクソン流民主主義　合衆国大統領アンドリュー・ジャクソンとその支持者の政治文化であり、それに先立つジェファーソン流の民主主義に比べて、白人男子全体に選挙権を与えたことを背景として、合衆国議会に対する大統領や行政府の権限が強化されていた。一八二〇年代後半から南北戦争勃発までの時期にあたる。

というのも、時系列的な枠組みがあまりに前提されているからである。民主主義社会の現象の解明に利用された分析カテゴリーを理解するために、アメリカの民主主義についての詳細な知識が必要とはされておらず、アメリカ民主主義の発展ないし進歩は、ごく単純に捉えられている。それゆえに、進歩の観念がトクヴィルの主張の組み立てを決定している編成原理であった。ヨーロッパからの最初の入植者たちが第一の入植地を作った時代からジャクソン流民主主義時代▼にいたるまでにアメリカで起こったあらゆることが、トクヴィルにとっては、たんにシステム内部における変化なき諸要素の純化あるいは分節化を表しているにすぎない。だから、アメリカ史の過程の最新の段階、つまりトクヴィル自身が観察した時代に最終的に発生していたものは、まさしく異様なものとして描かれる以外にはほとんど道がなくなっていた。つまりアメリカは、チェック・アンド・バランスとして役立ちうるようなあらゆる要素がその内部から抹消されてしまった、一元的な体制として描かれたのである。

『アメリカのデモクラシー』序文ではこう述べられている。かれはこの作品を「あらゆる障害を越えて何世紀にもわたって進行し、いまなおそれがもたらした廃墟のなかを前進する革命」に対する省察から生まれた、「一種の宗教的畏怖の念のもとで」執筆したのであった（一上、一五頁）。民主主義の進展はいわば「神の御業」である。すなわち「普遍的、持続的なものであり、日ごとに個々人の力では左右しえないものとなりつつあり、そしてすべての出来事、すべてのひとびとがその進展に奉仕している」（一四頁）。民主主義は、悲劇的宿命という本性のなかに存在している。ヨーロッパの社会は、すでにこの民主革命の最初の衝撃を感じてはいるのだが、しかし「この革命を有益なものとするために必要な変化を、法制、思想、慣習、習俗にもたらすことはない」（一七頁）。たとえて言うなら、ヨーロッパは新しい社会にいたる道のりを掃き清めたが、いまはそのうえに歩み出すのに躊躇している。ヨーロッパ人は「貴族制を破壊した」が、しかし「往時の廃墟に足を止めて悦に入り、そのままいつまでもそこに留まっていたいかのようである」（二二頁）。

トクヴィルは、最初の革命的熱狂が収まったあとに、理想化された過去の記憶に執着するのは、人間には自然なことであったと指摘する。「わたしたちは急流のただなかにとり残され、岸辺になお見える残骸にかたくなに目を据えているうちに、流れに引き込まれ、後ろ向きのまま深淵に向かって押し流されているのだ」（一六頁）。しかし、もとに戻ることはもはや不可能である。「わたしは、わたしたちが入りつつある時代に、特権と貴族制に基づいて自由を支えようと試みるものは失敗すると信じて疑わない」（二下、二六三頁）。したがってそこから、いま時代に求められている問題とは「貴族制を再建することではなく、神がわたしたちを住ませたまう民主制のなかから自由を引き出すことだ」という結論が与えられる（二六四頁）。

しかしながら、トクヴィルは、このいかにも避けがたく見える問題の公然たる主唱者ではなかった。それは、かれが「平等」の原理は「人間の独立」を脅かす危険性に満ちていると信じていたからである。実際、「こうした危険が将来に考えられることのうちでもっとも恐るべきもので、しかももっとも予見されていないものである」と考えていた（二七六頁）。しかし、トクヴィルは、これらの危険性が最終的には克服不可能なものではないという期待を抱いている。たしかに、民主主義社会のなかに生きるひとびとは「規則に縛られることには我慢できない」し、「みずからが好んで選んだ状態でさえ、永続すれば飽きてしまう」。かれらは「権力を好む」が、同時に「権力を行使する者を軽蔑」し、そして「簡単に権力の手から逃れる」だろう（同前）。しかし、かれはこのことについては本質的に恐れるべきものは何もないと信じようとしていた。「こうした衝動は、変わることのない社会状態の根底から生じるものだけに、繰り返し現れるであろう。長い間には、それらはいかなる専制の定着をも妨げ、人間の自由のために闘おうとするどんな世代にも、新たな武器を提供するであろう」（同前）。だから重要なことは、いまの時代に起こっていることについて、本来的な意味で歴史的な視座を見失わないことである。それゆえに、

過ぎ去った社会から引き出した観念をもって生まれ来る社会を判断することは、かたく慎むべきである。そのような判断は公正ではなかろう。二つの社会は驚くほど異なり、比較しがたいのだから。

祖先の社会状態に由来する特殊な美徳をいまを生きる人間に探し求めることも、ほとんどそれに劣らず馬鹿げていよう。その社会状態それ自体が倒れ、かつてそこにあった善きもの悪しきものすべてをひっくるめて崩れ去ったからである。（二八一頁）

生まれ来る社会の状態が、以前のものに比べてよりよいものになるか悪いものになるかを、あらかじめ確定することは不可能である。どちらにおいても同じように、美徳と悪徳とが出現するからだ。新しい時代の人間たちと古い時代の人間たちは、「二つの異なる人間性のごとく、それぞれ固有の長所と短所、独自の利益と害悪をもつ」（二八〇頁）。トクヴィルによれば、かれの時代には「平等のなかにそれが生ぜしめるアナーキーな傾向性しか認めない」者がいた。こうした手合いは「自分自身の自由な作用を恐れ、自分自身を怖がる」。また、その反対の立場をとる者たちもいた。かれらは「平等からアナーキーへといたる軌道の横に、人間を不可避な隷属状態へと導くように見える道を、ついに発見したのだった。かれらはすでにこの避けがたい状況にあらかじめ心を順応させている。自由でありつづけることに絶望して、すでに心中ひそかにやがて来るべき主人に恭順を示しているのである」。これら二つの立場の違いはと言えば、「前者が自由を危険と見なし、後者がそれを不可能と判断する」点だけであり、結局は「どちらも自由を捨ててしまう」（二七五頁）。トクヴィルは、この二つの立場を同時に批判する論拠を探し求めたのである。正しく、また十分に広がりがある歴史観は、平等の原則に対するさまざまな反応のうちに、素朴に信じこんでしまうことの愚かさを見てとるとともに、思慮なくそれを恐れることの愚劣さも見てとることができる。こうして、トクヴィルは『アメリカのデモクラシー』を読者公衆に対する次のような訴えで締めくくっている。「だから、未来に対して警戒の念を起こさせ闘志をかきたてる、健全な懸念をもとうではないか。ひとの心を意気消沈させる類の軟弱で怠惰な恐怖心は捨ててしまおう」（二七六頁）。

歴史過程の「構文論」

トクヴィルは、「好奇心を満足させるためだけ」にアメリカの民主主義の研究に着手したのではない（『アメリカのデモクラシー』一上、二七頁）。第一にかれは「民主主義それ自体の姿、その傾向と性質、その偏見と情熱の形態」を求め、「民主主義に何を期待すべきか、その何を恐れるべきか」を知ろうとしていた（二七－二八頁）。また第二に、かれは「すべてが新しい世界」に必要な「新たな政治学」のための基礎を提供しようとしていた（一六頁）。トクヴィルの真の主題は、自由という理想である。この理想は、ヨーロッパの文化生活をその原初から特徴づけているものであり、貴族制も民主制も、それぞれがそれぞれの仕方で、ともにそれに貢献している観念である。

しかし、トクヴィルによるアメリカの民主主義の理解は、ある意味で奇怪でもあった。かれにとってアメリカの民主主義は、借り物であり、分裂であり、西欧文明の構造内にとどまるものであって、一六世紀に封建的共同体が崩壊して以来ヨーロッパに存在していた傾向の、一面的で極端な展開形態であった。たしかにアメリカは、民主主義の純粋モデルの一例を提供している。「まさにこの地こそ、文明人が新たな土台の上に社会の建設を試みることになった地であり、未知の、あるいは実行不可能とされてきた理論をはじめて適用して、過去の歴史に何の準備もない新しい光景を現出するにいたる場所であった」（四五頁）。アメリカには巨大な自然の富があることと、またそこには先行するどんな社会的秩序も存在していなかったことが、ヨーロッパにおいては劣勢のままであった思想と実践の伝統をして、成長させ繁栄させ、自由の理想における創造性と破壊性の二つの潜在力を余すところなく開花させえたのであった。したがって、「崩れ落ちた世界の残骸の下になお半ば埋もれたままの」（二下、二七七頁）ヨーロッパではどうにか始まったばかりの社会体制が、アメリカでは、それを全面的に発展させるための一種の温室環境のなかに置かれているのだ。しかし、より古い社会のこうした歴史的遺制の存在こそが、ヨーロッパには、アメリカで現れているものよりもさらによい社会体制を創造する可能性を提供するのである。

『アメリカのデモクラシー』の第二巻が書かれていた時点までに、アメリカ社会はトクヴィルに対して、ある潜在的な宿命的欠点を露わにしはじめていた。これらのうちもっとも顕著なものは、発展のない変化という傾向である。トクヴィルは、アメリカの社会生活や文化生活のなかに気のめいるような停滞を発見した。それは革新に対する抵抗であり、変化を進歩に転化させることができないという点である。このために、かれの言うところによれば、アメリカの民衆は、かつてその二世紀前に「いま住む土地にたどり着いたとき」、一九世紀において「わたしたちの目に映るかれらの姿とほとんど変わらなかった」（二上、二四頁）。トクヴィルはまた、アメリカのような民主主義の社会生活における風土病のような唯物論に、憂鬱な気分にさせられている（二四八―二四九頁）。そして、多くの箇所でかれは、アメリカには金権政治が出現するのではないかという不安を表明している。これは、平等の理想を掘り崩すものであり、また、ヨーロッパの貴族制をその初期の創造的な時代に特徴づけていた思想と実践における、健全な自立心に比べてみると、とうていそれに代わることができないようなひどいものであった。

ヨーロッパが潜在的に類似の危険に脅かされているということは、アメリカの民主主義において本質的に「アメリカ的なもの」は何もないとかれが主張していることによっても明らかである。アメリカの生活のあらゆる局面が、その起源をヨーロッパに持っているというのである。そこでかれはこう書いている。「アメリカ史を注意深く研究し、この国の政治的、社会的状態を丹念に検討してみると、次の事実の正しさが深く確信される。すなわち、いかなる意見、慣習、法律であれ、いや、たった一つの出来事でさえ、この国の歴史の出発点によって簡単に説明できないものはないということだ」（一上、四九頁）。そしてかれは、アメリカにおける社会生活のスタイルが平穏なものとなったのは、そこではヨーロッパにおける民主革命の成果がいわば「革命なしに達成されている」からであると見ている（二六頁）。この事情によって、アメリカに樹立された社会体制は、周期的に行われる批判と評価に服することができ、またその進歩的な変革への衝動を縮減することも可能となったという。

アメリカの社会生活をヨーロッパの社会生活から実際に区別するのは、こうした革命の伝統の欠落という特徴である。アメリカでは、民主的な理想がたんに制度として確立されているだけであるのに対して、ヨーロッパではそうした理想が、貴族制そのものと、また貴族制と民主制の双方の敵であった中央集権的権力という対立物とも戦いながら樹立されなければならなかった。この対立は、貴族制文化の一定部分に対して、民主主義の理想を受け入れるように強いたのである。それは、平等の原則と革命的衝動との混交を引き起こし、それによって、民主主義革命の伝統を創出した。この伝統によってヨーロッパは、アメリカの民主主義には欠落している漸進的な変化の可能性を手に入れている。したがって、アメリカ史を理解するためには、二つの要因だけが（つまり社会的理想を教育することと、それを発展させるための自然環境だけが）考察されればよい。それに対して、ヨーロッパの歴史を理解するためには、四つの要因が研究されなくてはならない。四つとは、貴族制的な社会の理想、民主制的な社会の理想、中央集権的国家、そして革命の伝統である。アメリカのドラマは最終的な分析においてはひたすら、平等の原則の確立のための人間と自然との闘いであるのに対して、ヨーロッパのドラマは、本質的に社会政治的なものなのである。そこに含まれているのは、社会の対立しあう観念であり、これらの観念を超越し、それに対立し、それらを自分の優位性のために利用する国家権力であり、国家権力の原理に対立し、自由の理想に奉仕するために、ときにはそれを解体しさえする革命的伝統である。つまり、ヨーロッパのドラマは、アメリカのそれと対立するものとして、実際の悲劇のあらゆる構成要素を備えていたのである。

アメリカの歴史の「意味論」

以上のすべてが、『アメリカのデモクラシー』第二巻の冒頭に描かれたアメリカとヨーロッパの姿である。ここでトクヴィルは、アメリカとヨーロッパの民主主義思想の原理を一六世紀の宗教改革家にまで遡って跡づけていた。しかし、かれの指摘によれば、ヨーロッパでは自立的な判断や批評の精神がルターからデカルト、ヴォルテールへと思想として発達し続けたのに対して、アメリカではこの精神は、世間で通用する通俗的な意見を受け入れることへと退化した。そのために、ヨーロッパでは宗教と政治と文化の革命的な伝統に支援された民主主義という哲学的な伝統が存在したのに対して、アメリカでは哲学的な伝統がほとんど存在せず、哲学への興味さえもなかった。宗教的な信念から生まれたアメリカの社会は、「疑問を感じることなく」この信念を受け入れてきたために、「この信念に由来し結びついている多くの道徳上の真理も同じように受け入れざるをえない」（『アメリカのデモクラシー』二上、二三頁）。それとは対照的にヨーロッパでは、平等という原則に対する抵抗が貴族階級のなかにおいても中央集権的国家においても存在していたために、革命と哲学の両者が育てられてきた。それに応じて、思弁的な自己批判の伝統も、革命的な行為による体制批判の伝統も、ヨーロッパでは生き続けたのだった。そしてこの二つの伝統は、原則的には平等主義でありながらも、思想と実践の両面においてその個性を増進するような、アメリカには存在しない新しい社会を創出する可能性をもたらしたのである。

それゆえに、アメリカは結局のところ、ヨーロッパにおける自由の伝統の半分だけがグロテスクに発達した存在を表している。ヨーロッパの文明は、二つの対立する社会的理想（貴族制と民主制）と二つの政治的方向（中央集権国家と革命）から発達した。これに対してアメリカの文明は、民主主義の理想に拮抗する貴族主義的な理想を欠いており、また中央集権国家に拮抗する革命の伝統もなかった。だから、アメリカにおける自由の未来には、重要な危険性として、中央集権国家の原理と民主主義的な社会という理想とが一体となってしまう可能性があった。それは多数者による圧政を作り出す可能性がある（三〇－三一頁）。ヨーロッパでは、貴族的な独立心の伝統と革命の伝統は、民主主義の理想の発達に対する抑制役となる。この抑制がよいものになるか悪いものになるかは、それがどのように適用されるかにかかっている。そのためにトクヴィルは、ヨーロッパの同時代人に向かってこう指摘したのだった。「今日の諸国民には、人間の身分が平等になっていくことを阻止することはできまい」。しかし、「その平等の原則がかれらをどちらの方向に国民を導くのか、つまり隷属か自由か、知か野蛮か、繁栄か困窮かは、かれら次第である」（二下、二八二頁）。

そういうわけで、『デモクラシー』第二巻におけるアメリカについてのトクヴィルの省察のなかには、率直な称賛はほとんど含まれておらず、むしろ批判と考えられる部分が多い。かれのアメリカに対する態度は極端にアイロニックである。かれはアメリカを上から見下ろして、アメリカのあらゆる様相に審判を下した。かれの見たところでは、アメリカを一つの複合体として構成している条件や過程には、それが人類一般にとって価値のあるものを生み出してくれるという希望を裏づけるようなものはほとんどなかった。トクヴィルがアメリカ史に与えたプロットは、ロマン主義的に上昇していく過程ではなかったし、主人公がみずからのこうむる苦難を通して自覚する悲劇的な栄枯盛衰のそれでもなかった。アメリカ的形態における民主主義、つまり独裁への本質的な衝動に対する抑制がまったくない民主主義は、長い目で見ると悲惨な結果に終わるほかはない。

たしかにトクヴィルは、国民が「過去の出来事や人種や土地から、あるいはその国の風土から由来する、なにか克服しがたい物質的な力によって」全面的に支配されるようなことはけっしてないということを、わたしたちに思い起こさせている。このような決定論の原理を信じることを、かれは「誤った怠惰な教義」として激しく非難した。この原理は、「無力な人間と軟弱な国民」しか作り出せなかったからである。摂理が人類を全面的に独立した存在、つまり完全に自由な存在としては創造しなかったとしてもなお、あらゆる人間が自分の主人となる自由の空間を想像することは可能であった。歴史家の義務とは、「脱することのできない決定的な囲い」が「人間ひとりひとりの周りに」張り巡らされているにもかかわらず、「その広い限界のなかでは、人は強力で自由である」のだと明らかにすることであった。そしてそのことは、ひとりの人間においてそうであるように「国の民についても同じである」（同前）。しかしトクヴィルは、民主主義やアメリカの未来に希望を抱くだけの根拠をほとんど与えてくれない。たぶんそれが、かれの作品が一九世紀後半のアメリカではあまり人気がなかった理由であろう。ジョン・スチュアート・ミルはトクヴィルの思想のなかに、民主主義に対する暗黙の敵意があると判断した。したがってミルは、トクヴィルの歴史的な洞察と社会学的な観察の深さを高く評価する一方で、フランス貴族たるトクヴィルがアメリカとヨーロッパにおける民主主義の未来について引き出した意味については、それを不当なものとして否定したのだった。

ヨーロッパ史というドラマ

ひとつのドラマとして考えられたヨーロッパ文明において、トクヴィルはその第一幕、すなわち貴族制という一幕のなかの最後の場面を生きていると信じていた。また、ヨーロッパで始まったばかりの二幕目、すなわち、民主主義という一幕の最後に起こりうる結末を、アメリカにおいて見たと考えていた。かれの意図は、いかにそうしたドラマが、悲劇的結末ではなく喜劇的な結末とともにヨーロッパで演じられうるのかを示すことであった。つまり、かれがアメリカにおける民主主義を研究したことは、ただたんに次世代のヨーロッパの仮説として叙述するだけではなく、画一的な民主主義の運命をヨーロッパが回避するために役立てるという意図もあった。

トクヴィルが見た当時の西洋文明は、分断され分裂した状態にあった。大西洋の一方には、アメリカという怪物がいる。他方には、対立する理想に引き裂かれ、それらのどれがいいのかを選ぶことができず、自分の力に確信がなく、自己革新の源泉をみずからの内部にもっていることに気づかずにいる優柔不断な自信のないヨーロッパがある。アメリカ社会を診断し、その社会の民衆が独裁へと堕落することを予測し終えてから、トクヴィルはヨーロッパ社会の分析へと矛先を向け変えた。かれは、ヨーロッパにおける一〇〇〇年の伝統のうち、何が死に何が生き残っているかを見定め、またその未来の可能性を判定しようとしたのだった。ヨーロッパ社会にフランス革命がもたらした影響についての数巻からなる研究の第一巻として計画された『旧体制と大革命』は、貴族の文化的理想を弁明する意図で書かれたものである。この本の戦略は『アメリカのデモクラシー』と同じだったが、しかし、その戦術はわずかに違っていた。アメリカ民主主義の研究は、一方における民主主義への恐怖と、他方における民主主義への無思慮な崇拝の双方に対する解毒剤として、活気のない世界であった一八三〇年代のオルレアン王朝主義のフランスに注入されたものだった。この研究の意図は、民主主義がすでにどれほどまでヨーロッパ史に定着しているのかを示して、反動家たちの恐怖を緩和することでもあり、同時に、新世界で発達した純粋な民主主義の欠点を明らかにして急進派の熱狂を和らげることでもあった。『旧体制と大革命』にも、それと似た二重の目的がある。一方でそれは、民主主義者が大事にしていた革命的な伝統そのものが、いかにして貴族的な社会から創造されたのか、いかに革命が（皮肉なことに）それが転覆させようとした当の社会的体制から生まれたのかを示して、かれらの熱狂を静めようとしたのである。しかし、その他方で、旧体制と新体制が連続していることを示す諸要素を、とくに、革命家がそのために戦ってきた自由の原理を脅かす中央集権国家の発展をめぐって、アイロニックに強調した。歴史の時計を巻き戻すことはできないという確信は最後まで保たれ、それを巻き戻す欲望はトクヴィル自身の心に浮かぶたびに抑制された。だがそれと同時にかれは、平等主義のために人間がはらうべき代償を冷静に算定し、平等主義による社会的進歩の成果に必然的に伴う人間文化における損失を、読者の意識に徹底的に植えこんだのである。

リベラルな視点、保守的な語調

トクヴィルは『旧体制と大革命』の序文で、自分の本の執筆目的についてこう書いている。「新社会と旧社会とはいかなる点で類似し、いかなる点で相違しているのか、さらに、この全面的な大混乱のなかでわたしたちが失ったものは何か、また獲得したものは何か、という点を明らかにし、最後にわたしたちの未来を予見してみたい」(『旧体制と大革命』八五頁)。だからこそかれは次のように述べるのである。

それゆえ、男性的な徳、すなわち真の独立精神、偉大さへの憧憬、自己信頼と大義信奉といった、必須ではあるがいまやほとんど消滅した徳のいくつかを祖先のなかに見出すごとに、それらを浮き彫りにした。同様にして、旧世界を破壊しつくして、いまだに悩みの種となっている悪習の痕跡を旧体制下の法律、思考様式、習俗のなかに見出したとき、わたしはその実像を明らかにするように心がけた。その悪習がもたらした過去の害悪の正しい理解を通じて、悪習が将来に引き起こす害悪をより正しく理解してもらうためである。(八六頁)

そうだとすれば、この旧体制の研究もやはり、旧体制を歴史的に再構成することを自己目的として行われたのではない。むしろその目的は、トクヴィルの時代が、あらゆる過ぎ去ったものへの不毛な憎悪からも、現在において自分自身が達成したことに対する同様に不毛な自己満足からも、うまく身を引きはがすのを手助けすることであった。着眼点は明らかに自由主義的だが、その語り口は保守的である。表面的には客観的で公平を期したものであったが、雰囲気は、避けられない出来事を悲劇的に受忍するというあり方から転調し、旧秩序の信奉者たちへのアイロニックな忠告へと変化した。そうしたひとびとに向かって、旧体制の崩壊という現実を受け入れ、自分たち自身にとって最善の利益を直視し、それにしたがって行為せよと告げたのであった。

大革命はトクヴィルによって、ある種の不可避で歴史を超越した過程の産物として提示されているわけでもなければ、避けることのできない決定的な未来として描きだされているわけでもなかった。むしろその反対に、それは自然や特殊な社会状況によって提示されている二者択一という現実において、人間的選択から生みだされたものである、と主張されている。大革命は、旧体制そのものと同様にすでに歴史的な出来事なのである。それは明確な過去なのであり、特有の相貌と生活様式をもたらしており、悲しむべき悪徳と、大切にしなくてはならない美徳とを伴っていた。旧体制と同様、大革命にも、それが始まった理由もあればそれが終わった理由もあり、あるいは、生きているひとびとの心のなかに記憶されている凄惨なあり方をとらざるをえなかった理由もある。しかし、トクヴィルは、旧体制から新しい社会への移行がどのように起こったのかを、弁証法的な発展過程としてではなく、巨大な天変地異のような圧倒的な断絶として示そうとしたのだった。もっとも、この大転換という過程のなかで、人間的意識はその社会的存在が置かれている状態と和解したのであり、しかもその変化のドラマに参加したさまざまな行為者たちが抱く特別な意図における相違や対立にもかかわらず、それが起こったのであった。

そこで、『旧体制と大革命』は何かを保護することを意図した評論であった。トクヴィルの目的は、ヨーロッパをかつての時代に戻すことにも、現在ある状態に留めておくことにもない。それは、民主主義の未来をより自由で人間的なものにすることを目指していた。しかし、このようなさらに人間的な未来は、主要には貴族的な言葉づかいで理解されたのである。エドマンド・バークに関する注目すべきコメントのなかで、トクヴィルはこうした目的を詳しく説明している。

ほかならぬバークまでが、フランス人に次のように言っている。「あなたがたは自国の政府の悪弊を正そうとしていますが、なぜ新しいものを作るのですか。どうして古い自治権を取り戻すことだけに留めないのですか。(……)」。眼前で起こっていることが、まさにそのヨーロッパの古い慣習法の廃止をもくろむ革命である、ということにバークは気づいていない。問題はまさにそこに存するのであって、他のどこにあるのでもないということを、かれはまったく見通していない。(二二七－二二八頁)

大革命とは「社会体制全体」を疑うことであり、フランスの民衆にとっては「過去と断絶し、いわば自分の運命を二つに分断して、革命以前の状態と以後の希望とを越えがたい溝で隔てる」試みであった(七九頁)。だが重要なことは、この試みが実現されなかったという点である。トクヴィルの研究が示すことができたのは「革命がどんなにラディカルなものでも、それが革新したものは、一般に考えられているよりもはるかに少ない」ということである（一二六頁）。それと同時に、過去と完全に断絶しようという試みの失敗は、大革命に反対する論拠にはなりえなかった。というのも、トクヴィルが言うには、

　大革命が起こらなかったにしても、古い社会体制はやはりいたるところで崩壊しただろう。ただ、ところにより時間の前後があるだけだ。その場合には、旧体制は突然にではなく少しずつ倒壊していったことだろう。大革命は、長期にわたり少しずつおのずと終結に向かう事態を、急激に終結にいたらしめたのである。それも、混乱と苦しみのうちに一挙に、何の顧慮も躊躇もなく、そうしたのである。（一二七頁）

　トクヴィルにとって大革命は、より高いレベルの論理が歴史のなかに顕現したこととして理解できる出来事であった。しかし、フランス史に限って言えば「大革命の勃発は、けっして偶発的な出来事ではない。たしかに大革命は突如として世界を襲ったが、長い産みの苦しみの当然の帰結として、一〇世代が努力を傾注してきた活動の、突然で激烈な結末にほかならなかった」のである（同前）。したがって、トクヴィルは大革命を、旧体制に「内在した現実」として、つまり「まさに旧体制のなかのすぐそこに存在していたもの」として表現する。大革命は、その指導者たちが意図したような、またその敵対者たちがそう思ったような、過去とのラディカルな断絶とはかけ離れたものであり、実際にはそれは革命があわてて破壊しようとしていた当の社会構造そのものがもたらした自然な結果であった。そのように見れば、大革命とは、神聖な出来事でも悪魔的な出来事でもなく、言葉の真の意味で歴史的な出来事である。すなわち、それは過去の産物であり、独自の根拠をもって成り立っている現在であり、ヨーロッパがとりうるどんな未来の性向のなかにも必然的に見出されうる要素だったのである。したがって、次のことにも納得がいく。トクヴィルの同時代人の大部分が、自由主義者であれ保守主義者であれ、民衆の「縄を解いて」放恣な状態に放つようなあらゆる行為、とくに大革命の時期に実行されたそれらの措置について、みな一様に悪い結果をもたらしたと異口同音に訴えているのに対して、トクヴィルだけは、民衆と大革命に対するリアリストとしてのまなざしを維持し続けたのだった。それは何よりも解き放たれた民衆が「そこに存在していた」から（そして、その民衆なしでは出来事が進むはずもなかったから）である。また第二に、かれら民衆が、人間一般について、そしてあらゆる階級の個人とかれらの必要を満たすために作られた社会システムとの関係について、何ご

とかを明らかにしてくれるからである。

アイロニーの視座から見る悲劇的対立

『旧体制と大革命』の主人公とは、実は旧体制《アンシャン・レジーム》そのものである。この体制は、みずからの過去の息苦しい重圧と、自己の延命のためには変化が必要だという自覚とのあいだでとらわれの身となっていた。トクヴィルが旧体制を擬人化し、自分の物語の悲劇的な英雄にしたと主張するのは、実のところ誇張が過ぎるかもしれない。しかし、旧体制のジレンマにはたしかにリア王▼の振る舞いのようなところがある。君主制とその存続する体制をトクヴィルは、一方での中央集権国家化の論理と、他方での幸福を求める人間の切望の論理からなるジレンマに苛まれた存在として描いている。かれが示したのは、次のことである。まず第一に、旧体制がいかにして、すべての階級に属するひとびとの生きる条件をよりよくするために、一連の改革を行っていたのかということである。しかし第二に、なぜ時がたつにつれ、その企てられた改革が、社会秩序における個別の部分に対して体制がとるべき義務とは矛盾する関係に陥ったのかということである。そして第三に、ある改革が着手されているときに、その改革が、そこから利益を得るはずの階級や集団を満足させるのではなく、むしろただ他の改革への要求を促すだけに終わったのはどうしてかということであった。大革命前夜、フランスは逆説と矛盾のクモの巣のようになっており、それが民衆のなかに、社会体制に対する一様な反感を増幅させたのだった。この反感を静められるものは、全面的な変革の試み以外にはありえなかったのである。

> 一方に、裕福になりたいという欲求が日に日に膨らんでいる国民がいる。他方に、たえずこの欲求を煽り立てては不安を喚起し、ついには国民を絶望に陥らせる政府がある。この欲求の二方向の力が相まって政府崩壊へと導くことになった、というのがことの真相である。(『旧体制と大革命』三六六頁)

トクヴィルによれば、フランス人が何世紀ものあいだもっていたのは、次のような二つの感情である。

> 一つの感情とは、不平等への激しく抑えがたい憎悪で、他の感情よりも根が深く、はるかに古くから続いてきたものである。この憎悪は、不平等そのものを目の当たりにして、生まれ膨らんできた。フランス人は、この連綿として抗いがたい力をもつ憎悪に駆り立てられて、まだ残存していた中世の諸制度をその基盤にいたるまで完全に破壊した。そしてその空き地に、可能なかぎり個々人

が類似し、諸条件が平等である社会を築こうとしたのである。もう一つの感情とは、憎悪ほど古くもなく根深くもないものだ。フランス人はこの感情に駆られて、平等な生活だけでなく自由な生活をも追い求めた。

旧体制の末期ごろには、この二つの感情はいずれも真剣で激しいものに見えた。大革命の初期に、この二つは出会い、交わり、一時は一体となった。相互の接触のなかで過熱し、ついにはフランスの心臓部にいっせいに火をつけた。（四〇五–四〇六頁）

ここに述べられているように、大革命とは、人間の意識と社会体制との対立の結果であった。そして、大革命のもっとも普遍的な本性は、一方で思想と感覚とのあいだに、他方で法的制度と政治的制度とのあいだに調和を回復させようという正当な試みであった。大革命は、純粋に精神的な要因から出てきたものでもなければ、純粋に物質的なそれでもなく、歴史を超越した何か自律的で規定的な力が現出したものでもなかった。大革命の主要な原因とは、二〇〇年前からフランス人にとって適切に機能していた体制が、かれらの理想への切望とはもはや一致しなくなったと、フランス人が突然感じたということにある。

意識と社会とのこのような分裂状況は、その大半が、知識人の旧体制に対する批判の結果であったとトクヴィルは書いている。かれら知識人によるユートピアの予見は、自身が民衆のためにあるのだと僭称していた既存の社会秩序から、民衆を離反させる結果になったのだ。そのために、民衆は次のような精神世界を築いていくことになる。

現実社会においては、制度はまだ伝統的で、雑然として整合性がなく、法律は多様で矛盾を含んでいる。身分は明確に区分され、社会階層は固定され負担は不平等である。この現実社会を超越したところに、すべてが単純で、整合的かつ画一的な、理性にかなった想像上の社会が少しずつ築き上げられていった。民衆の想像力は徐々に行政の世界を離れて、抽象的原理の世界に引きこもっていった。ひとびとは現実の世界に無関心になって、可能性の世界に思いを馳せ、ついに著述家たちが構想した理想世界に観念的に生きることになった。（三一六頁）

▼**リア王**　もちろんシェイクスピアの『リア王』のこと。年老いたリア王は、もっとも誠実な末娘を勘当してしまうが、言葉巧みにかれに取り入りながらも実際には冷淡であった残り二人の娘に裏切られ、結局は国を追われる放浪者となった。

トクヴィルの示唆するところによれば、このユートピア主義が正当でないのは、旧体制が整合的で矛盾のないものであったからだけでなく（それは実際に混沌としていた）、フランスの民衆の客観的な状態は、大革命後の数十年間よりも、大革命以前の時代のほうがよかったからであった。トクヴィルはこう書いている。「大革命後を眺めてみても、公共の繁栄が大革命前の二〇年間ほど急速に進展した時期はない」（三五九頁）。この状況における「パラドクス」とは、この繁栄の進展こそが、それを育てた制度に不利になる失点として作用してしまったことであった。そのため、次のような特徴的とも思える一節において、トクヴィルは述べている。

> 国民の偉大さと力強さをその行政的機構の仕組みだけに帰することほど、皮相な見方はない。そうした機構がいかに完璧であっても、その機構の背後でそれを動かしている駆動力こそが肝要なのである。イギリスを見たまえ。イギリスの行政法は、今日でもまだフランスのそれよりもはるかに複雑多岐で不統一であるように見える。しかし、ヨーロッパではイギリスほど公共財産が充実した国、個人財産があまねく安全で多様な国、社会が安定し豊かな国があるだろうか。これはとりわけ、法律そのものの妥当性にではなく、イギリスの法律全体に魂を吹き込んでいる精神に起因している。生命に力があふれているから、一部の器官の欠落が妨げになることはないのである。（三六〇頁）

トクヴィルは、「着実に拡大する繁栄」が大革命直前の時期にフランスの民衆に及ぼした作用をさらに列挙している。かれは、この繁栄の進展によって「ひとびとの精神はますます現状に安んじなくな」ったと主張する。「民衆の不満が激しくなっている。古い制度全体への憎悪が強まっている。国民は明らかに革命に向かっている」（三六〇－三六一頁）。

そのうえでトクヴィルは、個別の地方の社会状況を考察することに筆を進める。かれは、旧秩序が改革の要求によってもっとも急速に根こそぎ引き抜かれたイル・ド・フランス、つまり首都パリを中心とした地域圏と、前時代の流儀がもっとも厳格に守られたフランスの地方とを対照させながら、「のちにこの革命の主要な発生源となるフランスの諸地域は、まさに発展がもっとも著しい地域である」と指摘した（三六一頁）。続けてかれは言う。

> このような情景には驚きを禁じえないが、歴史はこれと同様の光景に満ちている。ひとびとが革命に走るのは、かならずしも事態が悪化の一途をたどっているときとは限らない。多くの場合、もっとも重く厳しい法律に何の不平ももらさず、意識していないかのごとく耐え

てきた国民は、その法律の重圧が軽くなるやいなや、徹底的に拒否の姿勢を示すものなのである。革命が破壊した体制のほうが、だいたいにおいて革命直前の体制よりもよくできていた。経験の教えるところによれば、悪しき政府にとってもっとも危険な時期とは、一般にみずから改革を始めるそのときである。長く抑圧したのち臣民を解放しようとする国王を救うことができるのは、完璧なる政治家だけだろう。それは不可能なことなのだ。不可避のものとして耐え忍ばれてきた弊害は、そこから逃れられる可能性が開かれるやいなや、我慢ならないものとなるようだ。ある悪弊が除去されると残った悪弊がいっそう際立ち、いっそう悲痛な感情を抱かせる。なるほど弊害はより小さくなってはいるが、感覚はより鋭くなっている。全盛期の封建制は、消滅時のような激しい憎悪をフランス人にかきたてることはなかった。ルイ一六世の専政のほんの小さな衝撃でさえ、ルイ一四世の徹底的な専政以上に耐えがたいものと思われた。パリにおいては、ボーマルシェの短い投獄が、一六八五年における竜騎兵《ドラゴナード》の新教徒迫害以上に大きな衝撃を与えたのである。

一七八〇年には、フランスの衰退を主張する者はもはやいなかった。逆に当時は、フランスの進歩にもはや限界はないと思われていたようである。人間はいつでも無限の改善可能性をもっているという理論が生まれたのは、この年である。その二〇年前、ひとびとは未来にまったく希望を抱かなかったが、いまや未来を憂う者はまったくいない。想像力は、話に聞いたこともない未来のあの至福を、あらかじめ素早くつかみとる。すると、すでに手に入れた財産は忘却の淵に沈み、新しい財産の獲得が焦眉の急となる。（三六二－三六三頁）

この一節が暗示するのは、ギリシア悲劇において、それと類似した社会的変化の法則が概念として用いられていたということである。その法則によれば、自分の生活条件の改良過程にある者は、災いの出現に気をつけなければならない。この災いは、世界を理解するための、あるいは世界や自分自身を「リアリスティックに」見るための自分の限られた能力を、過剰に拡大させてしまったとき、その結果としてもたらされるだろう。そう示唆すると同時にトクヴィルは、旧体制の権力と、その試練の時期に旧体制を見限った力とを特徴づけるために、身体という有機体論的な隠喩に訴えている。

人間そのものと同じくその諸制度においても、生存維持の諸機能を担う器官とは別に、中心にある一種の見えない力、生命の根源そのものであるような不可視の力が見出されると言えるだろう。以前と同じように機能して

いるように見える器官が、まったくの役立たずになっているということがある。（二一七－二一八頁）

この「生命の根源そのものであるような不可視の力」がひとたび枯渇してしまえば、あとはただ旧体制は自己崩壊への道を進んでいくだけである。どうあがこうとも、旧体制はみずからの死の原因を助長するばかりであった。旧体制がみずからの地位を改善しようとする努力そのものが、ひとびとを自然にそれに対する反逆へと向かわせる、諸個人の原子化という社会条件を生み出したのである。

しかし、こうしてブルジョアが田舎貴族から、そして農民が田舎貴族とブルジョアから切り離され、同様の分離状況が各階級のなかに浸透していって、さらに小さく分割された特殊な諸集団が形成されたのである。その結果、全体はもはやたんなる同質的な塊となり、各部分のあいだにもはや相互結合は生まれなかった。政府を妨害するためにも支援するためにも、もはや何も組織されることはなかった。その結果、フランスの歴代君主が建設した壮大な建物全体は、その土台をなす社会が動揺するやいなや、一瞬にして倒壊した。（三〇一頁）

そしてこの一般化から続けてトクヴィルは、この経験からなにも学ばなかった自分の世代について、アイロニカルにこう述べている。

そして最後に、歴代君主の失策と過誤によって漁夫の利を得たかに見えたのは、民衆だけだった。民衆はたしかに君主の支配を免れたわけだが、君主が教えた、あるいは学ぶに任せた誤った思想、悪習、悪癖の束縛から逃れることはできなかった。民衆は教師たる君主の手に負えないほど、おのれを律する力に欠けていた。（同前）

これらの諸節は、トクヴィルが静かに自信をもって、経済的な要因から、社会的、政治的、心理的要因へと議論を進め、これらすべての要因を単一の歴史過程の多様なアスペクトとして考察し、しかもそれぞれの要因にふさわしい重要性を与えながら、どれひとつ例外化することなく論述できる能力を持っていたことを示している。しかし、そこには、多くの仮定も含まれている。個人の行為をもっぱら階級的属性の機能としてのみ想定することがそれである。また、そこには人間本性を変わらないものとして見るような先入観を方法論的にできるかぎり抑制しようとする姿勢もあったし、階級的忠誠心とイデオロギー的な選好に関して考えさせられるヒントもある。トクヴィルは自分を、闘争を超越した位置に立っているものとして描き、また実際にそうした位置に立っていた。

しかし、かれはけっしてこの闘争に関与するすべての勢力に分け隔てなく同情する観察者などではなかった。むしろかれは事態を深く分析しつつ、まったく自分の理解の及ばない力の作用や状況に捉えられていたひとびとの、公平な審判者だったと言うべきだろう。

革命というドラマのアイロニー的解決

しかし、それと同時にトクヴィルは、旧体制から新時代への移行を、過去の最悪の要素が、達成された現在の一面としてそこに保存されるような過程であると表現している。ミシュレやランケと同じように、トクヴィルも、かれの時代を旧体制の時代に結びつける連続線を発見したのである。だが、トクヴィルの目にはこの連続性は問題のある相続関係であった。それは、中央集権国家と平等への愛へという一見矛盾する二つの志向からなっていた。不幸にも、この二つの要因はかならずしも両立しないわけではないと指摘している。「フランスの国民は、それが「平等への欲求を助長し引きたてようとする」かぎりでは、どんな政府にでも「独裁政治が支配するのに必要な慣習や思想や法律」を提供してしまう傾向がある（『旧体制と大革命』四〇八頁）。

その一方で、もう一つのより細い線が、現在と過去を結びつけていると考えられている。トクヴィルはその線を「自由への欲望」と呼んでいる。中央集権国家への衝動と平等への愛が継続的であり、次第に成長してきたものであるのに対して、自由への欲望は、潮の満ち引きのように高まったり衰えたりしてきた。「大革命の勃発から今日までのあいだに、自由への愛は、いくどとなく消滅と再生を繰り返してきた。だから、こうして長い間、経験によって試されたり抑制されたりすることがなければ、自由への愛とは、落胆し、怯み、意気阻喪しやすい、表面的で一時的なものとなってしまうだろう」。中央集権国家も平等への愛も、この自由への欲望を必然的に満たしてくれるようなものではない。前者である中央集権国家体制については、当然の理由から自由とは不整合だと言える。後者である平等への愛については、それを信じるひとびとが「執拗でしばしば盲目的な熱意をもって」おり、その熱意を満たしてくれる者にあらゆる特権を認める心づもりがあったため、自由への欲望とは両立しないことが多かったのである（同前）。

それならば、未来における自由への希望はいったいどこにあるのだろうか。トクヴィルはそれを、革命の伝統を生み育んだフランス人のもつ特異な性格のなかに見出せると主張した。

そのいかなる行動も振幅が激しく極端であり、原理よりも情動に動かされやすいのは、世界中でフランス国民だけである。こうして、人並みはずれたその行動は、ときに一般の予測を許さず、毀誉褒貶の対象となる。（……）フランス国民は、みなが抵抗できずにいるあいだは、見えない糸に操られているかのように従順だが、どこかで抵抗の範が示されるやいなや、統治しにくい国民となる。（……）フランス国民は、ヨーロッパの諸国民のうちでもっとも目立つ危険な存在であり、相次いで称賛と憎悪、共感と恐怖の対象となりやすい国民であるが、とはいえ、関心の対象とならないというようなことはけっしてあるまい。（四〇九－四一〇頁）

フランス人は、その行動が予測不可能であり、無限の多様性をもち、極端であるという面において、アメリカ国民とは正反対の類型をなしている。トクヴィルは、フランス人のなかに多くの称賛すべき側面が見出せることに一点の疑いももたなかった。ただし、ミシュレがしたようには、フランス国民に神秘的な性格を与えることはしていない。フランス国民の特異な本性の起源は、はっきりと識別できる歴史的な要因のなかに存在しており、その要因のいくつかをトクヴィルは『旧体制と大革命』のなかで明らかにしたのである。しかし、かれはフランス人を、アナーキーと圧政の両方からヨーロッパを救うことのできる革命的な伝統のすぐれた守り手とみなした。この伝統は、極端なかたちをとった平等主義の害悪の解決策であり、中央集権の行きすぎを抑える平衡力であり、過去に戻ろうとしたり現状に甘んじたりしようとする衝動に対する解毒剤であり、将来における人間の自由の継続的発展を保証するものである。

アイロニー的視点がもつイデオロギー的意味に抵抗する試み

トクヴィルは自由より秩序を評価した。しかし、エドマンド・バークがそれ以前に行っていたように、そしてヘーゲル右派がトクヴィルの同時代にそうしたように、みずからの秩序への愛を社会的変化に抵抗するための論拠とするようなことは容認しなかった。事実、ヘーゲルの道徳哲学に対するトクヴィルの個人的な敬意は、かれが一八五四年にドイツを訪れた際、プロイセンの「統治権力」がヘーゲル思想を利用しているありさまを見て、深く損なわれた。この年に書かれた手紙の中で、かれはヘーゲル主義について次のように指摘している。ヘーゲル主義は、当時解釈されていたところでは「政治的な意味で、すべての打ち立てられた事実は正当なものとして従わねばならないものであり、またそれらの事実が実在するということだけでそれに従うことを義務とするには十分であると主張する」ものであった（Tocqueville, *Memoire*, II, 91）。つまり、ヘーゲルの死から四半世紀後にトクヴィルが出会ったヘーゲル主義は、現状（status quo）を神格化するだけの思想に見えたのである。このことは、あらゆる事物が本質的に歴史性を備えているというトクヴィルの確信に抵触した。かれは、人間には、過去から引き継がれたものについて判断を下し、それを変化する環境や人間的欲求という光に照らしながら修正する権利があると確信していたが、当時の俗流ヘーゲル主義は、その信条と真っ向からぶつかりあうものであった。かれは同様に、かれの友人であったゴビノーの人種差別的な教義にも不快感を覚えていたが、それはまた別の理由による。ゴビノーは遠く離れた神話的な過去を神格化したのだが、それが「ヘーゲル主義化」されたプロイセンの現状と同じくらいに圧政的であるように映ったのである。

後期啓蒙におけるアイロニー的な歴史叙述は、疾風怒濤とロマン派の時代への移行をもって滅んだのではなく、たんに後景に退いただけであった。アイロニーの様式で歴史を理解する態度は、ジョゼフ・ド・メーストル▼の反革命的な悲嘆においても、キリスト教の信仰からのヨーロッパ世界の堕落に関するフランソワ＝ルネ・ド・シャトーブリアン▼の悲しみに満ちた省察においても、キルケゴールの新正統主義においても、マックス・シュティルナー▼のニヒリズムにおいても、そして、その大部分がヘーゲルによる世界過程全体の喜劇的なプロット化に対するアイロニー的な応答であるにすぎないショーペンハウアーの哲学においても、その根底に見られるものである。しかし、歴史に対するアイロニカルなアプローチというものは、一九世紀の半ばに至るまで、ロマン主義と喜劇という二つのアプローチに対する本格的なオルタナティヴにはなりえなかった。ショーペンハウアーの哲学と同様に、このアプローチは一九世紀の半分が過ぎたころになってようやく、ミシュレとランケのような歴史家の「ナイーヴさ」と、概念的に重層決定されたマルクスやエンゲルスの「歴史哲学」との、両者に対する代案として確立されたのである。一八四八年から五一年の革命以後にヨーロッパの学術界や芸術、

▼ジョゼフ・ド・メーストル（Joseph de Maistre）一七五三－一八二一。フランスの政治家、哲学者。思想的には反啓蒙主義であり、ペシミスティックな反革命論『フランスについての考察（*Considérations sur la France*）』などを書いた。

▼フランソワ＝ルネ・ド・シャトーブリアン（François-René de Chateaubriand）一七六八－一八四八。フランスの政治家、文学者。著作に『キリスト教精髄』（田辺貞之助訳、創元社）など。

▼マックス・シュティルナー（Max Stirner）一八〇六－五六。ドイツの哲学者。青年ヘーゲル派（ヘーゲル左派）のひとり。著作に『唯一者とその所有』（片岡啓治訳、現代思潮社）など。

文学の世界を特徴づけていた「リアリズム」の論調のなかでは、歴史のアイロニー的視点はどこにおいても、思想と表現の支配的な様式としてロマン主義的視座や喜劇的観点の後釜に座った。そしてこの視点は、ハインリヒ・フォン・トライチュケとハインリヒ・フォン・ジュベルに代表される国民主義的歴史学の一潮流である「国家理性」(Staatsraison) 学派、イポリット・アドルフ・テーヌとバックルと社会ダーウィニズムなどに代表される「実証主義」学派、そしてエルネスト・ルナンやブルクハルトやウォルター・ペイターなどに代表される「唯美主義」学派を後押しするものであった。

トクヴィルは、歴史をアイロニー的に理解することがもっている作用を完全に認識しており、またそれが力をもつことを予見している。かれは一八五〇年代初頭には、友人であるアルチュール・ド・ゴビノーの仕事のなかに、この概念の帰趨を見て取ったのだった。かれは、アイロニー的な洞察が正当なものであると認めようとしながら、他方で、この洞察を乗り越え、少なくとも自分自身の世代にとってささやかな希望を抱くための根拠を与えてくれるような、オルタナティヴとなる歴史の悲劇的理解を描きだそうと努めたのであった。

ゴビノー批判

いまでは有名となった『人種不平等論 (*Essai sur l'inégarité des races humaines*)』のなかでゴビノーは、歴史をロマン主義的に理解することにも、喜劇的に理解することにも等しく足場を与えてきた進歩の神話を、頭から拒絶している。かれは、つい最近までの (革命という) 過去やかれ自身の時代を、人間の解放という長いドラマの頂点として見るのではなく、むしろ歴史全体を、人種的に純粋だと想定された古き時代から、普遍的な人種の堕落や「雑種化」という状態への退化に至る長い「転落」の過程として見たのである。ゴビノーの語り口は純然たる皮肉屋のそれであり、かれは特有の強面のリアリズムを主張し、読者に自分が考える生命や歴史の「事実」なるものを承認するようにと断固たる要求を掲げていた。かれの著作が「退廃した」性質のものだという批判に答えて、ゴビノーは書いている。

もしわたしが退廃的だとすれば、それは誘惑する快い香水ではなく皮肉に含まれている酸でそうしているのです。もっともそんなことは、まったくわたしの本の意図するところではないと信じてください。わたしはひとに向かって「あなたがたに罪はない」とか「あなたがたは非難されるべきだ」とか「あなたがたは死んだも同然だ」などと告げているのではありません。わたしが言っているのは、あなたがたはもう若さを使い果たして晩年期にさしかかっています。あなたがたの秋が、これまでに世界の他の部分で見られたどんな老衰の状態より強健であることには、疑いの余地はありません。しかしそれでもそれは秋です。やがて冬が来て、子供が生まれることはもうないでしょう。（Tocqueville, *The European Revolution*, 284-5）

この一節を支配する論調と、革命後の絶望的なニヒリズムの例として先に引用したコンスタンの一節（本書第3章二四九頁以降）とが対照的であるのは明白である。コンスタンの口調がメランコリー的であったのに対して、ゴビノーの口調が示しているのは、意固地なまでの冷酷さと客観主義である。前者が印象を告げるのに対して、後者は科学的な真実なるものを主張して憚らない。一八五〇年代やそれ以降の他のさまざまな歴史家たちと同様にゴビノーは、詩人や予言者としてではなく、社会過程の診断医としてのみ行動すると言い張った。

起こっていることや起ころうとしていることをあなたがたに告げることによって、なにかをあなたがたから奪い取ることになるのでしょうか。わたしは殺人者ではないし、死が近づいていることを知らせる医者でもありません。もしわたしが間違っているならば、わたしの四冊の本にはなにも残されないでしょう。しかしもしわたしが正しいとすれば、事実がそれに直面したくない者の欲望によって屈服させられることはけっしてありません。（ibid., 285）

ゴビノーの理論に対するトクヴィルの抗議は、主として倫理的なものであった。それが同時代の精神にもたらすはずの影響をかれは恐れたのである。一八五三年にトクヴィルは、ゴビノーにこう書いている。「永遠の不平等から生み出され

▼**「国家理性」**（Staatsraison）**学派**　ランケの次世代のプロイセン学派であるトライチュケやジュベルらの「政治史」学派を指している。小ドイツ学派（第7章四二七頁の訳註を参照）とほぼ同義。

▼**社会ダーウィニズム**　自然科学におけるダーウィン的な進化論を、人間社会にも当てはめようとする思想傾向。スペンサーの「適者生存」がこの思潮の要約としてよく引き合いに出される。もっとも、この呼称が初めて用いられたのは、二〇世紀アメリカの歴史家リチャード・ホフスタッターの著作『アメリカの社会進化思想』（後藤昭次訳、研究社出版）においてであった。

▼**エルネスト・ルナン**（Ernest Renan）一八二三－九二。フランスの哲学者、宗教史家。著作に『イエス伝』（津田穣、岩波文庫）など。

る悪が、あなたの教義においてどれほど内在的で本質的なものであるのかがお分かりになりませんか。自尊心、暴力、同時代の人間に対する軽蔑、圧政、卑劣、そういったすべてのもののことです」(*Correspondence*, 229)。トクヴィルは、ゴビノーの教義がカルヴァン主義的な宿命論の現代版、つまりその唯物論的ヴァージョンにすぎないと論じた(227)。トクヴィルはゴビノーにこう尋ねている。「諸民族の運命をこの線に沿って跡づけることで、歴史を正しく明らかにすることができるなどと、あなたは本当に信じているのですか。歴史が始まって以来、あるひとびと、ある感情、ある考え、ある信念といったものの影響下にあるもろもろの人類史的な出来事について、その原因を見つけ出そうとした数多くの偉大な精神が従ってきた慣行を捨て去ってしまえば、わたしたちの人間についての知識がより確実になると、本当に信じているのですか」(228)。トクヴィルは、歴史に対するかれ自身のアプローチとゴビノーのアプローチとの違いは、「事実」に依存する方法と「理論」だけに依存する方法との違いであると主張している(268)。前者が真実をもたらすのに対して、後者は意見だけしかもたらさない。しかもこのゴビノーの意見は、歴史家にすっかり見捨てられたまま、憂鬱と悲観という感情だけをかきたてる革命後の状況に順応しなければならなかった世代に特徴的なものであった(231)。

トクヴィルによるこの反論に対してゴビノーは、むしろ逆に、自分こそ、事実の発見により露わになった真実がもつ道徳的意味ではなく「事実」そのものを扱っている、と応答した。一八五六年に書かれた手紙のなかでゴビノーはそう書いている。「わたしの本は、事実の研究であり解説であり提示であります。この事実は存在するものであり、さもなくば存在しません。言えることはただそれだけです」(286)。これに対して、トクヴィルは答える。

あなたは人類を、少なくともわたしたちの種族を、根本的に信じていません。それが退廃的であると思っているだけでなく、二度と栄えることはないだろうとも信じています。あなたによれば、わたしたちは身体的な性質そのものによって隷属を余儀なくさせられます。だとすれば、この群衆に対して少なくとも一定の秩序を維持しておくことが、つまり、剣やさらには鞭による統治が、あなたの目には利益のあることだと映っているのも、きわめて論理的であります。(……)わたし自身は、そのような意見をわたしの属する種や国についていだく権利も意向も、自分にはないと思っています。かれらに絶望してはならないと思っています。わたしからすれば、個々の人間と同様に人間社会もまた、みずからの自由を行使することによってのみ価値あるものとなります。過去にあったいくつかの貴族的な社会よりもわたしたちの新しい民主的な社会のほうが、安定を保ちその自由を維持するのは難しいと、わたしはつねづね主張してきました。しかしそれがまったく不可能であるなどとはけっして言うつもりはない。そして、ひとはそのようなことを試みさえもしないだろうなどという考えを、神がわたしに吹き込むことがないよう祈っております。それは違う。わたしは、あらゆる創造物の頂上に立つこの人類が、あなたが言うような雑種化された羊の群れになったなどとは考えないし、人類にはどんな未来も希望もなく、少数の羊飼いにその運命を預ける以外にはないなどとは絶対に信じません。いずれにしてもこの羊飼いは、わたしたち羊たる人間よりましな動物などではなく、実際にはより悪い動物であることがほとんどでしょうが。(309-10)

この最後の一節には、歴史的な知をトクヴィル自身が理解するときに、その基礎となっている本質的に倫理的な視点が表現されている。トクヴィルの歴史理解とは、これまで何度も述べてきたように、事実そのものを「それだけで単独に」研究するランケのような姿勢とはまったく異なり、劇作術に即して考えると、悲劇作家が自分自身と自分の読者のために得ようと目指す超歴史的な倫理的観点を探究することにほかならない。このような超歴史的な観点から考察することによって、対立をはらんだ政治という闘争場面に立っているさまざまな党派の代表者たちは、自分の立場に固執するだけだったら永遠の対立状態になっていたはずであるが、あらゆる人間的知が有限性という性格を抱えていることや、社会をいかに構成すべきかという問題についての解決策もきまって一時的なものであること、したがって、自分のそのつどの考え方を絶対化してしまうことはできないのだという諦念のような自覚と、折り合うことができる。これは、悲劇としての歴史理解とアイロニー的な歴史理解とのぎりぎりの境界とでもいうべき地点である。

歴史を喜劇として理解することからは、社会に適応する歴史叙述が生みだされるが、歴史を悲劇として理解することからは、社会を調停する歴史叙述とでも呼ぶべきものが生まれる。では、アイロニーとして歴史を理解する場合にはどうだろうか。ときにはアイロニー的な視座が調停機能を果たすような様相を示すこともあるが、しかし、一般的には、アイロニー的な歴史叙述が始まるのは、悲劇の彼岸においてである。つまり悲劇の真実が書きとめられ、しかもそれが適切ではないと分かったあとになって、その書き手が選択する第二の視点からアイロニー的な歴史叙述が生まれるのである。ゴビノーと論争していた時期のトクヴィルは、近代の歴史をめぐる省察が開示する残酷な真実との悲劇的ともいうべき和解の状態にあったのだが、そこから、ゴビノーのアイロニー的な歴史叙述を規定するルサンチマンの感情や、ランケの喜劇的な歴史叙述を突き動かしていた「あるがままの現実」に順応する精神性にずり落ちていかないように、必死に抵抗していたのであった。

アイロニーへの転落

一八五〇年に書かれた『フランス二月革命の日々』で、トクヴィルは一七八九年から一八三〇年にかけてのフランス史を振り返っている。かれによれば、この歴史は「四一年間にわたって、一方の旧体制とその伝統、その追憶と期待、貴族主義に代表される人物たちと、他方の中産階級によって指導される新しいフランスとのあいだで展開された、執拗な闘争を描いた絵画のように」見える。七月革命が起こった一八三〇年に「貴族」に対する「中産階級」の勝利が「決定的」になったということを、トクヴィルは認めている。旧体制のすべての残りものは、悪であれ、善であれ、解体されたのだった。それが「この時代の一般的な相貌」だった（『フランス二月革命の日々』一七－一八頁）。

『フランス二月革命の日々』におけるこうした論調は、その約一五年前に公刊されていた『アメリカのデモクラシー』のそれとは違っている。また、ゴビノーと交わした書簡集を満たしていた論調とも異なっている。それは、『アメリカのデモクラシー』を作り上げていた悲劇的な立場が、『回想録』では、アイロニー的視座に置き換わったためである。トクヴィルは、ゴビノーに対しては見せまいとし、またフランス史をめぐる公共的な省察においてははっきり表明することを拒否していた絶望感を、『回想録』では爆発させた。かれによれば、『回想録』は「公衆の目を想定して描かれた絵画などではな」く、むしろ「わたしの精神に休養を与えるものなのであって、けっして文芸作品ではないのだ」（一五－一六頁）。かつてこの絶望感を隠していたのは、歴史家が公衆を想定して発表するつもりでいる大革命についての研究は、革命そのものによって何が得られ、何が失われたのかを「客観的に」評価しなければならなかったからである。

『アメリカのデモクラシー』（一八三五－四〇）においてトクヴィルは主張している。アメリカでもヨーロッパでも、「民主主義の原理」の成長によって多くのものが失われたが、しかし同時に多くのものが得られたのであり、平均すれば、得られたものは失われたものよりも価値があった。その結果、一七八九年から一八三〇年までのヨーロッパの動乱は、新たな社会秩序をもたらしただけではなく、ひとびとをよりよく新しい生の実現へと導くことのできる一種の社会的叡智をも生み出したと見ることができる。しかし、かれが旧体制の崩壊と大革命の到来に関する二冊目の歴史書を計画することになったときまでには、最初のころの希望や、それに続いて表立ってきていたストア派的な諦念が、歴史一般に関するゴビノーの考察を支配していたものとさほど変わらない絶望に席を譲っていた。

『旧体制と大革命』の第一巻が出版された一八五六年までには、調停するような論調はかなり減退してしまっていた。この作品の目的として表明されているのは、「新社会と旧社会とはいかなる点で類似し、いかなる点で異なるのか、さらに、この全面的な大混乱のなかでわたしたちが失ったものは何か、また獲得したものは何かを明らかに」することであった（『旧体制と大革命』八五頁）。トクヴィルの見方によれば、一八三〇年代の限定つきの楽観主義を正当化しているように見えていた社会状況は、トクヴィルの目には一八五〇年代までに大きく変わってしまったために、いまやかれは、慎重なペシミズムに根拠づけを与えることしかできなかった。だがそれでも、悲劇作家に固有の信念はまだ生きていた。旧体制の崩壊、大革命、そしてその後への影響には社会過程の作用が反映されており、その過程は、客観的に確定されさえすれば、相変わらず教育的な意味を引きだすことができるし、かき立てられた情熱や先入観を穏健化することもできると確信していた。大革命とその理想を、社会過程が表出したこととして受容するという姿勢が、なおも存在していたのだった。そうした社会過程は、いずれにしても無視できないものであり、だからそれにいちいち憤激することは正気の沙汰ではなく、またそれを回避しようとすることは愚かなことだと考えられていた。しかし、革命をめぐる最初の本である『旧体制と大革命』でのそうした希望は、二番目の本である『フランス二月革命の日々』においては、諦念に席を譲っていた。

しかし、大革命についてのノートにトクヴィルはこう書いていた。「新しく、しかも恐ろしいものがこの世に現れた。新たな種類の巨大な革命である。この革命のもっとも屈強な担い手は、もっとも学識がなくもっとも通俗的な階級であるが、その他方でかれらの行動は知識人によってそそのかされており、またかれらの法は知識人によって書かれたものである」（*The European Revolution*, 161）。なにか新しいものが生まれていたが、それは、ランケが革命から遠く離れたベルリンの安全な場所から見ていたような、自己調整的で自己制御な社会システムではなかった。それは「新奇で恐ろしいもの」であり、善にも悪にもなりうるものであった。ありうる未来の発展を予知するためにこの「新奇で恐ろしいもの」の本性とそれを支配する法則を規定することは、トクヴィルが歴史家としてのキャリア全体を通じてつねに目指していたことである。かれの仕事における語調と論調は、一貫してアイロニーとペシミズムに向いていたが、しかし視点は悲劇的なものでありつづけた。革命のスペクタクルが歴史意識に提示した法則は、ヨーロッパと世界の破滅を予感して喜びを感じていたゴビノーの倒錯した論調においてではなく、その法則を社会的善に転化するために意識化しようとする一貫した努力のなかで考察されたのである。

トクヴィルは、歴史的記録における特定の時代を、ほかのあらゆる時代を裁き咎めるための基準にしようとする衝動に、最後まで抵抗しようとしていた。そして、すべての階級に対して同じ偏見のない態度を保とうとしていた。しかしかれは、下層階級に「希望」があると公言したにもかかわらず、かれらにはなんの信頼も寄せてはいなかった。一八四八年にかれは、温和な懐疑論とでも言える論調でこう書いている。

わたしたちの状態はたしかに深刻だが、それでも民衆の良識や感情には希望の余地がある。いままでのかれらのふるまいは、とりわけ賞賛すべきものであった。この善良な傾向を利益にして民衆を指導できる指導者さえいれば、これらすべての危険で実行不可能な理論をさっそく処分して、共和国を唯一の持続可能な基礎の上に、すなわち自由と権利の上に置くべきであろう。（『フランス二月革命の日々』Tocqueville, *Memoire*, II, 91頁）

トクヴィルは、個人的な政治的信条においてはリベラルであり（したがって主義としては変化を歓迎し）、多くの革命を生き抜いた貴族人であった（したがって、苦痛のない変化などはないということを経験から知っていた）ために、歴史を考察するにあたっては、ミシュレよりも「現実主義的」な態度をとっていた。しかし、ミシュレと同様に、かれの作品の語調は、死に近づくにつれてよりメランコリー的になり、したがってより反動的になった。だから、後の世代がトクヴィルを十分に評価しなかった理由を見つけるのは難しくない。かれが当初から自分の胸のうちに養いつづけていた悲劇的なリアリズムがあまりに多義的であったために、多義性がそこに占める場所をもちえないような後続の極端な一世代にとっては、それはどうしたところで正しくは評価しえない思想であった。一八四八年の革命は、一八世紀以来のリベラリズムがそこに栄えていた中間的な領域を全滅させた。それに続く世代の歴史家たちは、他のひとたちと同様に、革命に反対するのか、それとも支持するのかのいずれかの立場を取らねばならず、また保守主義とラディカルとのどちらの見方で歴史を読むかを決めなければならなかった。哲学で言えばショーペンハウアーとスペンサーとのあいだ、文学で言えばボードレールとゾラとのあいだ、そして歴史思想で言えばランケとマルクスとのあいだで、自身の立場を決める必要を感じていた思想家たちにとって、トクヴィルの見方は、ヘーゲルのそれと同様にあまりに融通無碍であり、あまりに両義的であり、そしてあまりに寛大なものに見えたのだった。

小括

わたしはトクヴィルを、歴史の悲劇的かつリアリスティックな理解を支持する人として称賛してきた。また、かれが、ヘーゲルをその最高度の理論的表現とする総合的かつ分析的な歴史主義の相続人であるとも評価してきた。ヘーゲルと同様にトクヴィルは、歴史過程の一次的な現象である「社会的連関」に目を凝らしていた。しかし、かれがそこで何よりもまず見出したのは、人間の意識と外的要求が遭遇し、対立し、そしてそれが本質的に進歩的な人間的自由の展開過程において問題の解決に失敗するということである。トクヴィルは、超自然的で超越的な原因を前提にするようなどんな思想も、自分の歴史的省察から追い出した。それと同時に、物理的、化学的な刺激から人間の行動を説明するという自然主義的な決定論の誘惑にも抵抗した。かれにとって自然とは、歴史においてこそ役割をもつものだが、決定的な要素としてではなく、社会のさまざまな可能性の舞台や手段として作用するもの、つまり受動的な制限として作用するものであった。トクヴィルによれば人間の意識は、理性であれ意志であれ、歴史の重要な力として作用し、先の時代から相続された社会構造につねに反作用を及ぼしながら、その構造を不完全な人間の知識で解明し未来の利益のために変革しようとする。かれはその倫理的理想としては個人主義者であったにもかかわらず、人間的可能性のプロメテウス的な理解やシジフォス的な理解という、ロマン主義思想の隆盛期にもてはやされた二つの概念に寄りかかることには抵抗したのであった。トクヴィルの歴史の取り扱い方は、小説においてかれによく似た人物であったバルザックによる歴史の取り扱い方と同様である。すなわち、人間は自然のなかから現れ、自分の理性と意志によって自分の直接的な欲求にふさわしい社会を作るが、やがてこの自分の創造物との運命的な戦いに身を投じ、歴史的変化のドラマを提供するのだ。歴史的知識は、ヘーゲルの場合と同様に、この戦いのドラマを特定の時代と場所において作り出す要因として役立てられる。それは、人間をみずからの現在へと位置づけ、地上にみずからの王国を得るためにうまく促進したり妨げたりしなければならない力の存在を知らせてくれる。またそうすることによって、死せる過去についての観想から現在のなかに生きている過去へと移り、人間の注意力をみずからの身中にあるこの過去という悪魔へと振り向けるのである。それが人間自身の創造物であり、したがって人間の意志に従いうるものであることを証明して、この悪魔への恐れを追放しようとしたのである。しかし、結局のところトクヴィルは、人間の歴史というドラマが悲劇的でも喜劇的でもなく、まさしくゴビノーがそれを公衆の眼前に描き出したときにトクヴィルが批判した退化のドラマにほかならないことを認めざるをえなかった。

しばしばトクヴィルには歴史家としての称号が認められず、社会学者の位置に格下げあるいは格上げされてきた。その理由の大部分は、歴史の細部に対するかれの関心が、しばしば類型学へのより強い関心のなかに解消されていたことか、さもなくば、過程あるいは通時的変動よりも構造と連続性にかれの関心があるように見えたことにある。しかし、歴史家か社会学者かといった区別は、人文科学の歴史に新しい学問分野が現れた時点を確定しようとするときには役立つかもしれないが、個々の思想家の人文思想に対する寄与を正しく評価するためには結局は不公平なものであり、だいたいはうまくいかない。トクヴィルの場合、かれの最終的な位置づけが歴史家なのか社会学者なのかを定める試みは、時代錯誤そのものである。なぜなら、トクヴィルの時代においては、純然たる過去への関心よりも高いところに立とうとする歴史家の試みと、個々の出来事を一般的過程の構成要素にする力を理論的に分析する営みとのあいだには、まったく不整合はなかったからである。この試みは、ロマン派に先立つ歴史叙述がもっていた最善の伝統のなかにあった特性であり、歴史家が自分の物語を構築するときにしていることを分析するときのヘーゲルの仕事とも完全に合致している。そして、もっと重要なのは、このことがどうやってあのことから生じたのかについてのたんなる観想的思弁に満足することを拒否し、《生のなかにある現在》と《知のなかにある過去》とを結びつける普遍的原理を発見しようと望み、さらにその原理を、過去から引き継がれた社会形態と人間が闘争することを悲劇として認識することから導出された古典的原理として命名したのは、ヘーゲル主義的なことであったという点だ。

トクヴィル以前には、多くの自由主義的、保守的、およびラディカルな歴史家が、革命という事実に対して、それを一つの所与として取りあげることに満足していた。かれらはまったく無意識のうちに、いかに革命が起こったのかについて、そして最善の場合でもなぜそのように起こったのかについて、自由主義的、保守的、あるいはラディカルまたは反動的で教条的なそれぞれの説明をつむぎ出すことに没頭していたのだった。トクヴィルはこの議論から一歩後ろに退いて《そもそも革命は本当に起こったのかどうか》という問いを立てた。そして、かれがこの問題を設定したのは、意味論の実践問題としてではなく、歴史的世界における事物の究極的な本性に関する、すなわち事物に対してそれにふさわしい名を与える方法をめぐる真の問いかけとしてであった。フランス大革命やアメリカの民主主義のような複雑な出来事をそれにふさわしく名づけることは、未成熟であったり不完全であったりする語法によって隠されてきたことがらの複雑さを、しっかりと明るみにひき立てる試みでもあった。それは、さまざまな時代や場所で「実際に起こったこと」に対するいかなる教条的なアプローチよりも、はるかにラディカルな試みであった。というのも教条的アプローチは、「実際に起こったこと」に関する意見がひとびとのあいだで不一致であることのイデオロギー的基盤を手つかずのままにし、たんに党派のために事態を追認するような役割を果たす作品を提供しただけであったからである。しかし、それに対して、複雑な歴史的出来事を特徴づけるにあたって伝統的な語法そのものまで疑問に付すトクヴィルは、人間の選択の限界まで思索している。かれの問いは、心地よい慣れ親しんだ語法をひとりひとりから奪いとり、「実際に起こったこと」が何であったのかを、自身の未来について望ましい出来事という観点から、自分の力で見定めていくように読者に強いる。つまり、歴史の潮流に従って心地よく漂流するのか、あるいはその流れに逆らいつつ闘争のなかに身を置くのかを選ぶように、読者は問いかけられるのである。

トクヴィルの歴史分析は、歴史を社会学化したとよく言われる。この見方とは逆に、実際にはかれは言語をその効果に関して脱物神化（de-reifying）しているということができる。それは、歴史を真にアイロニー的に理解したことがもたらした結果である。というのもアイロニーは、その現在に対する挫折した展望を作り出している要素の相互作用を通じて、アイロニーの魅力に感受性のある読者をいざなうからである。そして、みずからが現在直接に感じている要求や欲望や切望によって未来を選ぶことを通じて、過去に独自の仕方で名を与えるよう、読者を誘導するのである。トクヴィルの調停的な歴史主義ほど解放的なものはない。なぜならこの歴史主義は、革命や民主主義の興隆といった歴史的な出来事の「意味」を、過去や現代にではなく未来に位置づけるからである。そしてこの未来を選ぶのは、過去が本来的にもつ両義性が暴かれることによってかえって純化された個人にほかならない。

道徳的な両義性に基づく創造的命名としての歴史叙述という概念を直観したことによって、トクヴィルはまさしくリベラルな歴史家となった。そしてその同じ直観は、イギリスにおけるかれの偉大な同時代人であったJ・S・ミルをリベラルな立場に置いたものでもあった。かれの『宗教三論』における「自然論」には、こう書かれている。

天地創造について認めうる唯一の道徳的な説は、以下のとおりである。神の原理は、物理的にであれ道徳的にであれ悪しき力を一挙に制することはできない。それは、人類を悪の力に対する絶え間なき闘争の必然性から解き放たれた世界に置くことも、あるいはこの闘争においてつねに人間を勝利者にさせることもできない。それはただ、この闘争を力強く、また次第に勝利の可能性を高めながら継続していくことを人間に許すことができただけであり、また実際にそうしただけである。（Mill, *Essential*

Works, 386)

ミルによれば、このような説は「善のみならず悪の創造主ともなりうるものにただ漠然と一貫性もないままにすがることよりも、（個人を――ホワイト）行為へと勇気づけることに、はるかに適していた」（387）。また同じ『宗教三論』の「宗教の有用性」という試論において、かれは「超自然的なものへの信仰は、ただ一つのかたちしかとらない」と主張している。その信仰形態においては、

知的な矛盾と道徳的な不正が、余すところなく明らかにされている。それは、全能の創造者という観念を二度と呼び戻さぬよう放棄する。また、自然と生命を、神が与えたもうた道徳的な性格や企図の一貫した表現としてではなく、プラトンが信じたような御しがたい物質や、マニ教徒の教義にあったような悪の原理に対する、善なる意図のたたかいの産物として見るのである。（428）

ミルの主張によれば、この世界過程の二元論的な概念化において、

徳のある人間は、（……）同じ苦労をもつ仲間の称えられるべき性格を至高のものと見なすが、偉大なたたかいの相手に対してはわずかなものしか寄与しない。このわずかなものは、自分とよく似た人間たちが集まることによって豊富になっていく。そしてこの寄与は、悪に対する善の漸進的優位へと、また最終局面における善の完全な勝利へと向けられたものである。この優位と勝利は歴史によって指し示されており、また先の教えを通じて、自然のなかに見出されるあらゆる善の企図を与えたもうた神の計画だと理解することができる。（ibid.）

わたしがミルのこの一節を引用したのは、この一節がリベラル思想の源泉としてのミルの申し分ない信任状であるにもかかわらず、トクヴィルがこれを書いたとしてもおかしくないからである。トクヴィルがリベラル思想の殿堂《パンテオン》に場所を得ることができたのは、かれが歴史という次元に、この典型的にリベラルな《倫理的マニ教主義》を付け加えたからにほかならない。かれの歴史の観念は二元論を提起する。この二元論を構成する両項は弁証法的に関係しあっているが、そこには特定可能な最終的総合の可能性はない。この二元論が人間全体にとって有益であるのは明白である。というのも、ミルがマニ教的信条からそう言ったように、この二元論を証拠づけるものは、幻影のように全能の創造者という実体を伴っておらず（つまり教条的ではなく）、そしてこの二元論が人間に対してなす報酬の約束は、はるか遠方において不確実にしか

示されない（したがって、ただの私利にとっては興味をかきたてない）からだ。

倫理的マニ教主義は、その動機も目的も問いただすことができない。この教義の信仰者は、対立しあう諸力のあいだで宙吊りにされ、勝利が簡単に収められるという希望が奪われているために、自身がもちあわせているどんな才能であれ、また自身の職業や使命から得ているどんな力であれ、それをかれにとってそう見えるものとしての善に奉仕する道具へと変えてしまう。しかしながら、そのときかれは同時に、自分にとってそのように見える悪についても、その正当性と真実を認めるのである。かれは二つの深淵のあいだで宙吊りとなったまま、ひょっとしたら死後の生という証明できない仮説のなかに耽溺するのかもしれない。だがかれはこの仮説を、自分自身にも自身の敵にも等しく開かれた可能性として見ている。そしてこのマニ教主義者は、もしリベラルになることに成功するならば、この仮説を捨て、ただ人類に仕えることだけに満足するだろう。そのときこの人類には、知られうる起源も感知しうる目的もなく、ただ世代ごとの一定数の課題だけがその眼前に横たわっている。リベラルはもろもろの選択を通じて、この人類をひとつの本質として構成する。また自己批判と他者への批判とを通じて、人類の複雑な遺産が段階的に発展していくよう保証しようと試みるのである。リベラルな歴史主義者は、歴史的な出来事の命名を進めていくことによって、すなわち、慣れ親しんだ名の下に潜んでいる複雑な現実を継続的に露わにしていくことを通じて、世界に対する悲劇的かつ現実主義的な視座を救済する。そして、特定の教義への絶対的な傾倒へと向かう衝動を解消することを通じて、自身の後継者たちのために、最小限のものだが希望となりうるような自由をアイロニカルに探求するのである。

第6章 ブルクハルト——風刺劇としての歴史的リアリズム

Burckhardt: Historical Realism as Satire

はじめに

歴史のロマン主義的で喜劇的な表現から悲劇的でアイロニー的な表現へと、また、過程的ないし通時的な歴史から構造的ないし共時的な歴史へと議論を進めると、プロットという要素よりも主題という要素のほうが表だってくる傾向がある。少なくともプロットとは、展開するストーリーを具体的に分節化する戦略であると捉えるかぎり、そう言って構わないだろう。本章で論じるブルクハルトにいたって、見たところ主題ばかりが目について、そのプロットがいよいよ特定しにくくなっていくのである。ミシュレやランケは、歴史を自己展開していく物語として捉えていた。トクヴィルは、歴史とは人間の本性や社会のなかの、互いに相容れない要素がぶつかりあうことだと考えていた。つまり、歴史が向かっている先とは、トクヴィルにとって、まさに歴史家が生きている現在において、あるいはその近い将来において、巨大な力が衝突しあうような状況であった。ところが、それとは反対にヤーコプ・ブルクハルト（一八一八－九七）は、そもそも歴史において発展していくようなものなど何一つないと考えていた。かれにとってものごととは、さまざまなものが一つに合わさっているが、それは多かれ少なかれ輝きを放ったり密度を備えていたりするものもあれば、より自由なものやより抑圧的なものもあり、また運動もあったりなかったりして、そうした多様で矛盾しあったものから一つの構造物ができあがっている。叙述される歴史的状況は、ブルクハルトの天分によって創造性あふれる壮麗なスペクタクルにまで仕立てられているために、政治や宗教でさえもしばしば「芸術作品」のように見えるほどだった。しかし、ブルクハルトの評価によれば、芸術的感性が、まるで過去から未来にむかって進歩するかのように発達していくことはありえないし、政治的推進力からも宗教的推進力からも結局のところは抑圧状態しか生まれない。歴史が教える真理とは陰鬱なものである。それは希望にも行動にもつながらない。そもそも人間それ自体が今後も存続しつづけるのかという展望すら、そこで暗示されることはない。

ヴィーコは喩法についての議論のなかで「アイロニーは、反省の時代が来るまでは始まることはなかった。というのも、アイロニーは、真実の仮面をかぶった反省の力による虚偽から作られているからである」と述べている（ヴィーコ『新しい学』二、五二頁）。ヴィーコは、文明を最初から最後まで貫いてしまったあとで、また最初から同型的な知の展開過程の循環（*corsi*）が再来する（神々の時代、英雄の時代、人間の時代）と考えているが、そうしたかれの理論のなかでは、アイロニーはつねに最終的な解体段階を表す意識様式である。したがって、『新しい学』の結論の部分で、ヴィーコはたとえばローマの共和制末期のような時代についてこう述べる。

民衆国家が腐敗すると、哲学者たちも腐敗した。懐疑主義に陥ったのである。学識ある愚か者たちが真理を中傷しはじめた。すると誤った雄弁術が生まれ、対立が起きると双方の側をいいかげんに支持するようになった。市民たちは、富が地位の基準になっている状態に我慢できなくなり、ローマの平民に選ばれた護民官と同じように雄弁術を悪用して、権力の手段にしようとしたのである。激しい南風が海をかき回すように、市民たちは内戦を引き起こし、完全な無秩序状態にしてしまった。こうして共和制国家を完全な自由から、無秩序の支配する完全な専政国家へと堕落させ、自由な民衆を野放しの放縦へと突き落としたのである。これはあらゆる専政国家のなかでも、もっとも悪質なものである。（ヴィーコ『新しい学』三、二三五－二三六頁）

ヴィーコが特別な種類の言語論的な基本要素《プロトコル》を構成する四つのおもな喩法の一つとしてアイロニーを挙げていること、そしてこのアイロニーは、普通は「あることを述べながらも、その反対のことを意味する」とされていること――この二点に注意を払う必要があるだろう。ヴィーコは、アイロニーが「真実の仮面をかぶった反省」の力による「虚偽から」生みだされるものであると強調していた。アイロニー的な言語がはっきりと姿を現すようになったことを示す指標は、哲学の分野では懐疑主義の台頭であり、公共的討議ではソフィストの議論の登場であり、政治的言説ではプラトンが「論争術的」と呼ぶような類の論拠の登場である。こうした言論のあり方の根底にあったのは、社会的存在としての人間の本性が断裂してしまい、政治家たちのあいだで二枚舌と利己主義がひろがり、公共善に関わるあらゆる職務に携わるひとびとのあいだにエゴイズムが蔓延し、行為を正当化するために本来なら法律と道徳性が求められるべきところでも、むき出しの権力（クラトス）▼が生殺与奪の権を握るようになっている、という認識であった。のちにヘーゲルが言っているように、アイロニー的な言語は『精神現象学』の自己意識論に出てくるような「不幸な意識」を表現したものであり、当の主体はあたかも自分が自由であるかのように振る舞おうとするが、そうすればするほど実は自分自身の外部にある力にとらわれた意識となってしまうのである。このような力は、その自己意識がなによりも求めているはずの主体の自由には結びつかず、また社会のなかに広がったときには、公共的《レス・プブリカ》なことがら一般の健全さとはほど遠い専政的な状態を生みだすのである。

ノースロップ・フライによれば、アイロニー的な文学の中心テーマとは、一言でいうなら英雄的なものの消失である（フライ『批評の解剖』三一八頁）。そして、どんな文学スタイルやも文学様式にもアイロニーの要素は入りこんでいる。悲劇や喜劇の特徴である、出来事の当事者の視点とそれを眺める観察者の視点や、あるいは個々のものにとらわれている部分的な視点と全体的な運命の貸借表が見えている距離をとった視点などといった「二重の視点」は、いうまでもなくその典型例であるが、これはある程度ロマンス劇の技法にもあてはまる。少なくとも、ロマン主義の作家が、主人公を阻む側の勢力のほうが最後には勝利する可能性もありうると読者に思わせるほど迫真の闘争を描くとき、そう言うことができる。しかし、一般にアイロニーの文学では、この「二重の視点」はただ人間を衰退させるだけの「第二の自然」▼になりさがってしまう（あるいは、そうしたものに作り上げられてしまうと言ってもいい）。要するに、アイロニーはいたるところで美徳という果実のなかに虫を探しまわるようなものであり、また実際

▼**クラトス**　クラトス（Kratos）は、ギリシア神話における神のひとりで、力の擬人化のこと。

▼**第二の自然**　悲劇や喜劇においてであれば「二重の視点」を移動することでもたらされる真理の発見という効果が期待されている。ところがアイロニーになると、第一の自然である表層の本性はまじめに受けとめるに及ばず、結局はどんなに努力したところで、否定的で自堕落な第二の自然の姿が浮かび上がってきて、第一の自然はその正反対である第二の自然によって無効化されることになる。

にそれを見つけだしもする、というわけである。

「アイロニーが、悲劇から英雄的なものの要素を取り去った」と述べたフライは、次のように続けている。アイロニーで中心になるのは、「挫折して当惑するという主題」である（三二一頁）。もっとも、初期のヒュームに見かけるような穏やかなアイロニーの場合には、既存の社会制度に基本的には満足しながらも、その枠内で人間として不満をもったり挫折したりする様子を楽しんでいる。こうした穏やかなアイロニーは喜劇という形式をとりがちである。愚かなことが現れるたびにその「正体をあばく」ことに専念し、どんなに英雄的な人物にも少なくとも最小限の愚かさは潜んでいるはずだ、という一般的な真理で満足するからである。しかし、アイロニーは、社会が崩壊したり文化が消滅したりする終末的雰囲気のなかに出現した場合には、非常に極端なあり方をとり、不条理論者の世界観に近づくのである。たとえばサルトルの初期の実存主義哲学ほどアイロニー的なものはない。そこでは「欺瞞」が、言い換えれば、自分や他者を裏切ってしまう人間の絶望的な実存的傾向性が、つねに繰り返し強調されている。世界は、残酷な自己隷従状態が繰り広げられる場であって、「他者」と関わることは、それ自体が自己意識にとっての死の一形式と見なされている。

アイロニーというスタイルは、一般的に迷信との戦いが繰り広げられる時代に優勢になるものだ、と指摘することもできる。もっとも、そこで問題となる迷信の内実は時代によって違っており、素朴な宗教的信仰であることもあれば、君主政治の権力や貴族階級の特権であることもあり、さらにブルジョア階級の自己満足であることもあったが、いずれにしろそれらと戦うという点は変わりない。アイロニーが登場したということは、フライの言うように英雄の時代が過ぎ去り、英雄主義を信じる能力をひとびとが失ってしまったことを表している。この英雄喪失という契機が、アイロニーをロマン主義の「アンチテーゼ」にしている。しかし、いずれにしても世界を悲劇的に理解する段階を超えて、英雄と神々との闘争の後に、また英雄と運命や仲間との格闘の後にいったい何が残されたかを見渡すようになると、アイロニーはかならず生の暗い面を、つまり「底辺から見える」光景を強調するようになる。フライによれば、アイロニーは、このような視座からかつては英雄的と考えられていたものの「人間的な、あまりに人間的な」（三三〇頁）様相を、そして表面的にはいかに壮大に見えていても実際には破壊的な様相を、強調するものである。これこそが、もはや悲劇の段階にはとどまらない「リアリスティックな」段階におけるアイロニーである（三三一頁）。この段階のアイロニカルな態度の実例が、トクヴィルの最後の著作である『フランス二月革命の日々』と、死の直前に書かれた革命についての注釈（どちらも日本語版『フランス二月革命の日々』に所収）に示されている。

「世界を悲劇的に理解する段階を超えた」とき、アイロニーの意味がさらにその論理的帰結にまで推し進められ、人間の生には逃れられない宿命論的要素があるという信念は形而上学的な段階にまで高まって、思考は逆転し、世界を逃れようのない閉ざされた循環や永劫回帰という車輪のイメージで眺めるようになっていく。フライはこのような世界認識を、「束縛のアイロニー」と呼んでいる。これは「救済の夢」どころではなく、むしろ社会的専政支配という悪夢であり、「悪魔的なものの顕現」（三〇九頁）である。意識は反転して「恐怖の夜の街」をじっと観想するようになり、人類の理想的な目標に対する信頼も、またその失われた理想の埋めあわせを求める試みも、すべてアイロニーによって破壊しつくされてしまう。だからフライの言うように、「解体《スパラグモス》」が、つまりいはそもそものはじめから失われてしまったという感覚が、ある英雄的行為が破壊され失敗する運命にあり世界は混乱と無秩序に支配されているという感覚が、アイロニーと風刺劇の元型的なテーマなのである」（二六五－二六六頁）。

アイロニー的な意識のとる言語論的様式が表現しているのは、人間が現実のありのままの姿について知覚したり、思考が構成したりすることを適切に表そうとしても、そもそも言語そのものがそうした力を持っていないのではないか、という疑念である。このような様式は、現実の過程と、何らかの仕方でその過程を言語的に規定することとのあいだに、宿命的な不均衡があるという意識を伴って展開されていく。したがって、フライも指摘しているように、こうしたアイロニーの言語様式は、ロマン主義と同様に、一種の象徴主義に近づいていく傾向がある。しかし、ロマン主義とは違って、アイロニーは、究極的な隠喩、つまり生の本質を表すための隠喩の隠喩を追い求めるようなことはない。というのもアイロニーはあらゆる「幻想」を奪われているので、「本質」それ自体に対する信頼すらも完全に失ってしまっているからである。こうしてアイロニーは、言語自体によって引き起こされた意識の呪縛状態を解くために、ついには言葉遊びに向かうようになり、存在について何かを表すのではなく、言語についての言語という空転する存在になってしまいがちである。そして、あらゆる定式を疑い、言語のなかで経験をとらえようとするどんな試みにも含まれているはずのパラドクスを暴露しては、ただそのことに満足を見出しているだけである。アイロニーは、意識がもたらしてくれる果実をたいていは箴言や警句や金言にまとめるが、こうしたアフォリズムの類は、結局は当のその発話それ自体にはねかえってきて、そこに含まれている見かけ上の真理や妥当性までも無効にしてしまう。最終的にアイロニーは、世界のなかで生きることとは、言葉でできた牢獄にとらわれてしまうことなのだと理解している。つまり、世界は「象徴の森」であり、この森から逃れでる道はない。あらゆる定式やあらゆる神話を破壊することで満足し、ただひたすら「観想」しながら、世界とは所詮は「あるがままのものごと」としてしかありえない、という諦念にひたるのである。

ブルクハルト――アイロニー的世界観

ドイツの哲学者であり思想史家でもあったカール・レーヴィットによれば、ただひとりブルクハルトだけが、「歴史という観念」を最終的に物語から解放した。つまり、かれだけが、神話と歴史的知との混同から生み落とされ、中世初期より一九世紀半ばまで歴史的思考を支配していたあの始末におえない「歴史哲学」から、歴史を最終的に解き放つことができたというのである（レーヴィット『世界史と救済史』三二頁以下）。しかし、レーヴィットは、ブルクハルトが駆使した洗練された文体、機知、「リアリズム」、「ものごとをあるがままに」見たいという願望、そしてかれが知とはただひたすら「直観する」ことなのだと説明する態度に含まれる反動的意味そのものが、実のところやはり特殊な種類の物語的意識という要素なのだと理解していなかった。ブルクハルトは、歴史的思考を物語全般から解放したのではなく、その時代の想像力を縛っていた歴史の物語から、つまりロマンス劇、喜劇、悲劇という三つの物語形式から解放しただけだった。こうした物語から解放する過程で、ブルクハルトは歴史的思考を別の物語に、つまり風刺劇という物語に委ねてしまった。そうすることで歴史的知は、その時代や場所のあらゆる社会的、文化的問題から決定的に切り離されてしまうのである。風刺劇では、歴史は「芸術作品」になる。しかしここで前提になっている芸術というのは、ただひたすら「観想的な」ものである。それはプロメテウス的というよりはシジフォス的であり、能動的というよりは受動的、その時代の人間の生に英雄的に光を当てるというよりは、あきらめて運命を甘受するものだった。

一般的には、歴史家としてのブルクハルトについて二つの見方がある。あるひとはかれを、社会が国民国家化、産業化、大衆化したことによる文化の衰退を敏感に感じとって表現した批評家だとみなしている。それに対して、かれを、人間の本性や世界や知に関するあまり深みのないショーペンハウアー的理解から出てきた、不適切な歴史ヴィジョンにとらわれた知識人として理解するひともいる。前者の見方は、ブルクハルトの「感知する力」を賞賛するために、その理論家としての欠点を大目に見がちになる。そしてひたすら「直観する」というブルクハルトのやり方を、時代を超えて有効性をもつ歴史学的方法にするのである。後者の見方は、哲学者や社会理論家としてはブルクハルトの議論には欠陥があると考えて、その歴史観や倫理観の偏りを批判する。しかし、そのとき歴史過程の本性に関するかれの考えを真剣にとりあげることをせず、むしろ、かれをたんにその時代を代表する存在だったと位置づける程度ですませてしまう。

　真実はこの二つの見方の「あいだ」にあるのではなく、むしろその下に隠れている。前者のように、ブルクハルトのなしとげたことを手放しで賞賛してしまうと、かれの歴史観を独創的なものにし、その歴史叙述の方法に真正な印象を与えている認識論的立場が、実は倫理的でイデオロギー的な要素を含んでいることを覆い隠してしまう。また、後者の見方のように、かれのなしとげたことを軽蔑するような理解は、ブルクハルトの本質的なニヒリズムやうぬぼれや反動的なイデオロギー的立場を正しく暴きだしてはいるものの、かれの倫理的原理が美的なやり方で正当化されていることの問題点を曖昧にしてしまうことになる。

　ブルクハルトの歴史観は、トクヴィルの歴史観が終わったところから、つまりアイロニーの状態から始まっている。ロマンス劇の熱狂、喜劇の楽観主義、悲劇の諦念に満ちた世界観は、かれにとってはいまやどうでもよかった。ブルクハルトは、美徳がつねに裏切られ、才能が堕落し、権力がより利己的な目標のために用いられる世界を眺めていた。かれは自分の生きた時代のなかに、美徳をほとんど見つけることができなかったし、無条件の忠誠を誓うことができるような目標も見つけられなかった。たった一つ身を捧げることができたのは、「古きヨーロッパの文化」だったが、それはブルクハルトにとってはすでに廃墟であり、プッサン▼の風景画に描かれている蔦と草の茂みに覆われて崩れ落ちているローマの建造物のようなものだった。かつて「自然」に対抗して建てられたこの建物は、いまやその自然に呑みこまれるのを懸命に拒んでいる。もはやこの廃墟が再建される望みはない。かれはただ、そのいにしえの姿を想起して満足するしかなかった。

　しかし、ブルクハルトの過去に対する態度には、批判的な契機が含まれていないわけではなかった。（かれがしばしば肯定的に引用している）ヘルダーとは違って、ブルクハルトは古いものなら何でも擁護しているわけではない。またランケと違い、ものごとは長い目で見れば結局いつもよいほうへ向かい、個人的な悪徳も公共の利益に変わっていくものだ、などという幻想を抱いていたわけでもない。さらにトクヴィルと違って、理性と思慮深い言葉が矛盾に満ちた現状から価値のあるものを救い出してくれるだろう、などという儚い希望にすがって、自分が個人的に抱いている最悪の恐れを無理やり抑制するなどということはしなかった。そして言うまでもな

▼プッサン　ニコラ・プッサン（Nicolas Poussin）一五九四－一六六五。フランスの画家。バロックの全盛期において、古典主義的で寓意的な作品を残した。

いが、ミシュレとも違って、争いごとであれ偉大な目的であれ、何かに対して熱狂することはなかった。ブルクハルトはあらゆるものに対して、自分自身に対してすら、アイロニカルだった。自分自身の真剣さについてさえ心の底から信じているわけではなかったのである。

若いころのブルクハルトは、軽い気持ちで自由主義の思想と関わりをもったこともあった。父祖から受けついだプロテスタント信仰を失い、初期のころには、自由主義の伝統が宗教にとって代わるのに一番適していると考えるようになった。しかし、かれにとって自由主義という新しい思想は、その前の段階で抱いていた宗教的信念と同じように、実存を左右するものというよりは、むしろ知的な興味の対象だった。かれは政治を、紳士の趣味にはふさわしくないものと見て軽蔑した。ビジネスと同じように、政治も、かれがすばらしいと考えていた古代ギリシア人やルネッサンスのイタリア人のようなライフスタイルを粘り強く涵養するのには邪魔になると思ったからである。「わたしは扇動家や革命家になろうなどと考えたことは一度もなかった」(Burckhardt, *Briefe*, 56) と一八四二年に書いている。こうしてかれは、一八四〇年代のよく言われる「自由主義的多幸症」の時代を通して、ずっと美術史研究や音楽やデッサンで気をまぎらわせ、パリ、ローマ、ベルリンの上流社会での人付き合いを楽しんでいた。そこでのかれはつねに自由主義者を自称して、「自由の精神」を「人類史の至上の概念」であり、自分自身にとっての「指針となる信念」だとみなしていた (58)。

一八四〇年代をしめくくった四八年の一連の革命が、かれの信条を根底からゆさぶった。ブルクハルトが教壇に立つようになっていた最愛の街バーゼルには市民抗争の嵐が吹き荒れ、古きヨーロッパ文化のなかでかれが重んじていたものすべてが「急進派」によってゆるがされ、一掃されてしまったのである。こういった一連の出来事について、かれはどこか苛立った筆致でこう書いている。「こうした不愉快な出来事がどれほどひどく人心を荒廃させ、不機嫌にしてしまうか、あなたには想像もつかないでしょう。仕事をすることさえできないし、ましてそれ以上のことなどとてもできないのです」(119)。さらに一連の出来事がその結末を迎えたあとで、苦々しげに述べている。「自由という言葉は、立派で美しい。しかし『国民』と呼ばれている騒々しい大衆に実際に虐げられ、それを目の当たりにし、市民たちの暴動を耐え忍んだことのないひとには、自由を口にする資格などありません。(……)大衆の独裁から出てくる未来には専政政治しかありません。それ以外のものを期待するには、わたしは歴史というものを知りすぎています。これこそ歴史の終わりを意味するでしょう」(119f.)。

同時代の多くのリベラル教養層のひとびとと同じように、ブルクハルトは静かな書斎生活から乱暴に引きはがされ、むき出しの権力が支配する俗世間の荒々しい現実へと引きずり出されたのである。その情景は、かれには耐えがたいものだった。「あらゆるものから逃げだしたい」とブルクハルトは書いている。「急進派から、共産主義者から、実業家、知識人、野心家、理屈屋、理想主義者、絶対論者、哲学者、詭弁家、国家、狂信者、観念論者から、ありとあらゆる『主義』や『主義者』から」(137)。そして、若いころに立てた誓いをもう一度繰り返す。「わたしは善良な私人、情愛のある友、そして善き魂でありたいのです。(……)大きな全体としての社会とは、もう関わりをもつことはできません」(ibid.)。この誓いにさらに付け加えている。「わたしたちはみな滅んでいくのかもしれません。でもわたしは、せめて滅ぶ価値のあるものを見つけたい。それはヨーロッパの古き文化なのです」(139)。

こうしてブルクハルトは事実上、隠れて生きるようになった。バーゼルに引きこもり、知的にもがき苦しむ大学を訪れるわずかな学生を教え、その街の市民の前で話をした。しかし、バーゼルの外にある学界とのつながりは絶ち、一八六〇年以後は自著の出版さえ拒みつづけたのである。それでも、すでにこの時期までにブルクハルトの評判はそれなりに知れ渡るようになっていた。もっと評価にふさわしい地位を提供したいという申し出がたえまなく届いても、かれはすべて辞退した。ドイツを流れるライン川の上流にあたるスイスの街の高みから、ヨーロッパが破局へと急ぎ足で向かっていく様子を眺めおろし、リベラリズムの失敗を見通しつつその原因を診断して、それがニヒリズムに帰結するだろうと予言した。しかし、行く末を予言できても、ブルクハルトは、闘いそのもののなかに足を踏み入れることは拒んだ。かれは、自分の幻滅のなかから、社会と歴史についてのひとつの理論を育てあげたのである。その理論は、将来の危機を予言するという点では正確であったが、それ自体がそこで起こっている病の兆候でもあるという性格をもっていた。ブルクハルトは自分自身の引きこもりを、迫りくる混沌にこれ以上責任を負わずにすむようにするための行為だと考えていた。だが、実際にはそれはヨーロッパ教養人の神経の破綻を示すものにすぎなかった。それが結局は、最終的にヨーロッパ文明を全体主義のテロルという奈落の底に突き落とす勢力を、野に放つことにつながったのである。

ブルクハルトのもっとも重要な歴史学的著作は、生前に出版された『コンスタンティヌス大帝の時代』(一八五二年)と『イタリア・ルネサンスの文化』(一八六〇年)、それに死後、講義ノートをもとに出版された『ギリシア文化史』と『世界史的考察』である。文化の衰退についての研究である『コンスタンティヌス大帝の時代』は、ローマ帝国の崩壊と近づきつつあるヨーロッパ文明の末路とを意識して比較しようとしたものである。『イタリア・ルネサンスの文化』は、あの文化隆盛期の全体像をほとんど独力で描きあげた力作であり、いまなお学問的に定評のある書物である。この二つの著作は、一方は文化の衰退に、他方は文化の復興に関わるものだが、ともにただ一つの共通する問題を扱っている。つまり、危機の時代に、文化はいかなる運命をたどるのかという問題である。言い換えれば文化はどのようにして世界史の巨大な強制力に隷属するのか、あるいはそこから文化はどのようにして解放されるのか、ということである。そして、ブルクハルトはこの巨大な強制力が宗教であり国家であると考えていた。『コンスタンティヌス大帝の時代』は、古代世界の専政国家の支配からは解き放たれても、中世の宗教には縛られつづける文化のありさまを描いている。それに対して『イタリア・ルネサンスの文化』は、宗教精神が衰弱していく様子と、一八世紀に近代権力国家が創設される前の時代に隆盛した、個人主義的なルネッサンス文化の姿を描きだしている。

こうしたブルクハルトの作品に登場する英雄たちはすべて、それぞれの時代の文化を代表しており、つねにダイナミックな性格を備えたひとびとである。ダイナミックであるのは、かれらが既存の規範ではなく、自分自身の内的世界像が命じることに服しており、通俗的な徳の概念を超越しているからである。かれらは（著者であるブルクハルトと同じように）世間から引きさがり、自分自身の自律的な性格をひそかに育むという場合もあれば、このうえなく強い意志の行為によって普通の人間であれば免れられない条件に打ち勝って、世界を自分自身の創造的な自我の支配下におくという場合もある。ブルクハルトは、前者のタイプが古代ギリシアのピタゴラス学派や中世の隠者たちの姿であり、後者のタイプはルネッサンス期の芸術家や君主たちの姿だと考えた。要するにブルクハルトの普遍的なテーマは、偉大な人物たちと社会のさまざまな強制力との相互作用だったのである。そしてこのテーマは、『世界史的考察』のなかで詳細にわたって理論的に展開されることになる。

ブルクハルトは、自分も「歴史哲学」をもっているということを絶対に認めようとはしなかった。すべてを説明し、あらかじめ調整された知的枠組みのなかに位置づける世界構想（Weltplan）を提供すると、ヘーゲルが強い調子で断言していたのを、ブルクハルトはあからさまな侮蔑をこめて批判していた。ところが、そのブルクハルトが、ある書簡のなかではテーヌを賞賛しているのである。テーヌの全体的な意図は多くの点でヘーゲルと同じものであり、しかもその「歴史哲学」はヘーゲルほど緻密でも柔軟でもないにもかかわらず、である。ブルクハルトにとってヘーゲルとテーヌの根本的な違いは、前者の歴史哲学がラディカルな結論につながりやすいどころか、ラディカルな帰結をきまって招いてしまうものであるのに対して、後者はラディカルな結論を思いとどまらせる効果をもっているという点にあった。しかし、実際には、ランケの実例からブルクハルトもよく分かっていたように、ある歴史哲学の可能性を否定することは、事実上別の歴史哲学を、とくに保守的な歴史哲学を支持することである。というのも歴史哲学の可能性を否定すれば、理性にはさまざまな出来事のなかにパターンを見つけだす力があるということや、出来事にパターンを当てはめようとする意志が正当だということを否定してしまうからである。師ランケと同じようにブルクハルトも、歴史をその時代の政治的論争から引き離し、少なくとも歴史から政治的な主義主張を引きだす機会を封じることこそ歴史研究なのだと証明しようとした。それは保守主義には好都合なことである。そのためにブルクハルトは、自分の「歴史哲学」であったものを歴史の「理論」と呼んで、自分は歴史を提示し、分析するために資料を「恣意的」にアレンジしているにすぎないと言い張ったのである。かれは出来事の「実在的な本性」を提示することができなかった。というのも、ブルクハルトのペシミズムは、出来事がそもそもなんらかの「本質的性格」をもっているなどと仮定するような贅沢を許してはくれなかったからである。そして、こうしたペシミズムは、ブルクハルトの心のなかでは、ショーペンハウアーの哲学を知的よりどころにして正当化されていた。ブルクハルトと政治的右派にとってショーペンハウアーは、マルクスや政治的左派にとってのフォイエルバッハのような役割を果たしていたのである。

世界観としてのペシミズム
――ショーペンハウアーの哲学

ショーペンハウアーの哲学は、『意志と表象としての世界』がすでに一八一九年という早い時期に出版されていたにもかかわらず、一八四〇年代までほとんど注目されなかった。ところが、一八五〇年以降には、一転してヨーロッパの知的生活の中枢に入りこむことになる。しかも専門的な哲学者たちというよりも、むしろその一周り外にいる芸術家、作家、歴史家、ジャーナリストたち、つまり哲学に近い領域に関心をもつ知識人や、哲学体系のなかになんらかのよりどころを求めているひとびとのあいだで広まったのだった。ショーペンハウアーの世界観は、とくに一九世紀の終わりごろの知識人が求めたものにうまく合致していた。それは唯物論的ではあっても、けっして決定論的ではなかった。またロマン主義芸術の用語を使い、「精神」や「美」や嗜好などについて語ることは許したが、こうした概念に超自然的な地位を与えはしなかった。そのうえショーペンハウアーの世界観は、道徳的には極度にシニカルだった。ひとが現在の状況から得られる快楽は、たとえどんなものであっても、苦しみに苛まれている魂には必要な慰めとして許されるのである。また、他人の痛みや苦しみは避けられないだけでなく望ましいものでもあるから、それに特別の注意を払ったり、関心をもったりする必要などない。こうして、かれの哲学は上層中産階級の倦怠《アンニュイ》にも、下層階級の苦しみにも、同じようにうまく折り合うことができた。つまり、ショーペンハウアーの世界観は、ひどく利己的なものだったのである。

ショーペンハウアーの哲学は、一九世紀末の多くの若い作家や思想家にとっては、出発点であるとともに乗り越えるべき障壁であった。ニーチェ、ヴァーグナー、フロイト、トーマス・マン、そしてブルクハルトも、みなショーペンハウアーの哲学から学んだ。それぞれが、創造的な芸術家として、人間の苦しみの研究者として感じていた生をめぐる不満に説明を与えてくれる教師を、ショーペンハウアーのなかに見出したのである。この五人のうちの二人、つまりヴァーグナーとブルクハルトは、最期のときまでショーペンハウアーの信奉者でありつづけた。

ショーペンハウアーは社会理論も歴史哲学ももたなかった。それどころか、その哲学体系全体が示そうとしつづけたのは、なぜ社会的関心も歴史的興味も必要ないのかということだった。このようにかれは、社会的関心についても歴史的関心についても、それらを否定的に斥けられる理論をもっていた。かれは、どんな形であろうと歴史主義という歴史主義はみな否定し、それとは違うものを考えたのである。ジェルジ・ルカーチは、ショーペンハウアーを一八四八年以後の、つまりポスト二月革命期の、ドイツ・ブルジョアジーのイデオローグだと規定している。この時期には、フォイエルバッハの自由主義的でヒューマニスティックな自然主義が明確に放棄され、ドイツの中産階級が置かれていた時代と状況に合わせて、反動的で悲観的でエゴイスティックな世界観が求められていた。しかし、ショーペンハウアーは、イギリスのスペンサーやフランスのプレヴォ＝パラドール▼がそうだったような、たんなるイデオローグではなかった。ルカーチによれば、ショーペンハウアーとは、自分自身がかかげた理想にもかかわらず行動できなかったことを正当化せざるをえない階級の、したがって、進歩と啓蒙に関してこれまで主張してきたことと違い、それ以上の改革の可能性を否定する階級の、その生活様式を婉曲的に擁護する者だったのである（ルカーチ『歴史小説論』二八四頁）。

もちろんショーペンハウアーは、ある意味ではブルジョア的価値に対する容赦のない批判者でもあった。ブルジョアのあいだに蔓延する実用的活動の損得勘定、ひたすら自分の財産の安全を求めて汲々とする態度、キリスト教道徳にただ形式的にだけ執着する姿勢を、徹底的にこきおろしたからである。かれは、一方では神の見えざる手が社会を公共の利益の実現へ導くというレッセ・フェール的な資本主義の理論も、また他方では法律のもとでの競争こそが協働関係においては生産的であるというランケの敬虔な歴史主義《ヒストリスムス》のスローガンも、どちらも否定した。それに代わって、かれは人間の生を現実にあるがままの姿で明らかにすると公言した。それはつまり、目標や目的も、ほんのわずかな成功の可能性もないまま、それでもなお不死へのどうしようもなく無意味な渇望に駆りたてられ、恐ろしい孤立関係に苦しみ、そこで絶望的なほど欲望に支配されているという人間のありのままの現実である。つまるところショーペンハウアーの一般的な世界観は、何かある特定の時点で何が起ころうとも自分はそれに完全には関わりを持たず、行為しようというどんな衝動も、その動機が利己的であろうとそうでなかろうと、とにかくすべて掘り崩してしまうようなものであった。

それにもかかわらずショーペンハウアーの体系が一九世紀末の知識人たちを惹きつけた理由の一つは、それがダーウィンの描き出した自然像と合致していたからである。ダーウィンの自然には実現させるべき目的がなかったが、ショーペンハウアーの自然も同じだった。したがって人間にも目的がないことになる。ショーペンハウアーの場合、社会とは孤立した個人の集合体であり、ひとりひとりが自分自身の欲望に捕らわれている世界である。互いにでたらめに動き回りながらぶつかりあい、それぞれの人間は、他の誰かの利己的な欲求を満足させるための手段であるにすぎない。人間のこうした自然からの疎外、または人間同士の疎外、さらに人間の自分自身からの疎外については、同時代では『経済学・哲学草稿』のマルクスも認識していた。しかし、マルクスはそのような疎外は、究極的には人間的生のなかにとどまって資本制的生産様式という特定の歴史的な規定性を廃棄することで克服できるものであり、人間と自然、人間と他の人間、人間と自分自身との本来的な再統一は達成可能だと見ていた。そして、歴史における社会的な変革をめざす理論を通じて、マルクスは、闘い、思考し、信頼できるようななんらかの歴史的に具体的な共同的関係が、一定の制限された事例において、つまり私有財産が廃棄され、資本の支配が廃棄された一定の歴史段階において達成されうると信じることができた。

他方、ショーペンハウアーは、こうしたことをすべて否定した。共同的関係と見えているものはどれも錯覚にすぎない。存在するすべての愛はまやかしである。表面的に過去よりもいっそう人間的な理解が生まれ、見たところ進歩が生じているかのような現象は、まったくの神話にすぎない。マルクスによれば、人間の疎外は、特殊な時間と場所における自然とのある特殊な関係に原因があり、だからこの疎外を超え出て、

▼プレヴォ＝パラドール　リュシアン・アナトール・プレヴォ＝パラドール（Lucien-Anatole Prévost-Paradol）一八二九－七〇。フランスのジャーナリスト、エッセイスト。著作に『フランス・モラリスト研究』（関根秀雄訳、育生社）など。

普遍的な人間的共同体が現実的に達成される状況を革命後の未来に見通すことができる。しかし、ショーペンハウアーによれば、人間が他の人間から孤立してしまうのは、自然の存在論的基盤そのものに原因があり、それは社会に本質的に内在している変更不可能な要素だった。かれはまた、このような人間的孤立という条件を乗り越えられるのはただ幾人かの天才だけであるとも断言している。こうした天才は、行為しようとするどんな意志も無効にしてしまうような意識状態のなかにいるから、他者と交わるのではなく、ひたすら自分自身とだけ孤独に交流している。

　ショーペンハウアーは、現実的なものと感性的なものとは同じであるとしている点では、フォイエルバッハと見解が一致していた。また人間とは、生を意識化する段階にいたった自然なのだと考えている点でも、フォイエルバッハと共通している。しかし、ショーペンハウアーにとって、意識とは、自己を認識するようになった能動的自然などではなく、むしろ重荷である。かれによれば、この意識があるために現在と未来とがバラバラに分断され、いたずらに期待にふりまわされたり、後悔に苛まれたりして、果ては受苦という基本的な人間的感情に支配されることになるのである。

　人間は、あらゆる動物と同じように苦痛を感じるだけでなく、自分が苦痛を感じていることを知っている。つまり苦しみ悩む存在である。また人間は二重の苦痛、つまり苦痛それ自体と、その苦痛を受けたくないという意識とに悩まされている。世界における特有な意味での人間的な奮闘を引き起こしているのは、まさに行為をなすことで苦痛から解放されたいという衝動なのである。しかし、苦痛から逃れたり、欲望を満たしたりするための奮闘は、結局は完全に自己破壊的なものになってしまう。人間の奮闘というものは、うまくいくか、いかないかのどちらかである。うまくいかない場合、もともとの苦痛はいっそうひどくなる。だが、うまくいった場合でも、苦痛がなくなるとその状態が物足りなくなり、もともとの苦痛とは別の新しい苦痛を求めたあげく、結局はそれに飽き飽きして退屈することになる。こうして別の苦痛の循環が生まれる。つまり、もともと欲しいと思っていたものが手に入ることで生まれる退屈から逃れるために、さらに何かを探し求めつづけることになるのである。

　こうなると人間のあらゆる奮闘は、まったく目的も意味もない意志と行為の循環に基づいていることになる。それは死が個人を、個人の意志のそもそもの源である自然へと解放してくれる日まで容赦なくつづく。かつてフォイエルバッハが、人間らしさと人間的尊厳とを正当化するために堂々とかかげていた向上心（Streben）は、ショーペンハウアーによれば、人間存在にとってもっとも基本的な事実であると同時にもっとも基本的な重荷であった。ショーペンハウアーの場合、人間の理性と知は、フォイエルバッハのように協同的活動や愛に基づく行為を通じて人間の成長を促すための手段ではなかった。理性は、人間が限られた存在であることを知らしめてくれるだけのものである。理性は意志を、時間と空間という完全に限定された範囲に押しこめてしまい、意志のままに行為できるはずだという個々人の感覚をすべて破壊してしまう。理性によって、ひとは自分のおかれた状態を抽象的に吟味することはできるが、悩みや苦痛から逃れられるかもしれないという希望は与えられない。

こうした論拠をよりどころに、ショーペンハウアーは、欲望の挫折でしかない生から逃れるための方法として、自己破壊＝自殺の可能性を考慮せざるをえなくなった。しかし、かれはこの可能性を排除した。というのも、かれからすれば自殺は、人間的実存の問題を解決する方法というよりは、むしろ人生をあまりに深刻に捉えすぎている証拠だからである。自殺者は、生を愛しているのに、その生の置かれている状態に耐えられないから自殺する。かれは、生きようとする意志を放棄するのではなく、ただ生を放棄するのである。だから「自殺者は個を否定するだけであって、種を否定しているわけではない」（ショーペンハウアー『意志と表象としての世界』三八五頁）。

ショーペンハウアーの目標は「種を否定する」ことだった。そしてかれは、想像力を用いて表象する人間の力こそ、この目標を達成するための手段であると理解した。だから、人間の真の自由はこの表象を形成する能力にある。言い換えれば、意志の自由とは、知覚のなかから世界を自分が選んだとおりに形成する能力のことである。こうした想像力のつくりだした表象に基づいて行為しようとするときにのみ、自分にあらかじめ定められている本性を、経験として知るようになるのである。したがって、ある個人の意志の最高目標とは、自由を経験することだということになる。また、そのための唯一の方法が想像力の行使であるかぎりは、もっとも善き生とは、さまざまな現象を、ひたすらその想像力による再創造の素材として利用することだということになる。

このような図式のなかでは、歴史学の思考は二次的な位置しか占めることができない。なぜなら、歴史学の思考は、リアルな時間といったものが表象とは関係なく存在し、人間をとりまく出来事もそれを捉える意識とは区別された客観的現実性をもっており、さらに想像力がこうした出来事を理解しようとするときには因果論的カテゴリーしか用いることができないことを前提にしているからである。しかし、生きられたものとしての歴史的存在とは、変わることのない欲望のゲームであり、欲望を満たそうとたえず格闘することであり、そうしたときには、成功することもあれば失敗することもある。もしも欲望が満たされれば、次には新しい欲望を求めざるをえず、また満たされなければ満たされないで苦痛なのである。そこにあるのは、衝突しあう行為からなる混沌とした状況である。これらの行為はすべて、さまざまな動機や意見や表現形式という仮面の下に隠されてはいるが、よく分析してみれば、それはどれもやみくもで利己的な意志であるにすぎない。

こうした循環がどこまで広がるのかを定めているのは、苦痛と退屈である。このことは、戦争や革命などの大きな社会的出来事の本当の原因が、実は個人の意志の屈託にあり、出来事をじっくりと考察するためにもちだされているスローガンなどは見せかけの理由にすぎないことを意味している（ショーペンハウアー『意志と表象としての世界』二四〇－二四四頁）。しかし、天才の本質的な特性は、歴史の過程に巻き込まれることではなく、純粋な観察者にとどまりつづける能力にある。天才の目的は、現象のなかで求められている形式を、精神という内的な眼を用いて完成させることである。これを歴史学にもっと具体的にあてはめて言い表すなら、自分がいいと思う史資料を受け入れたり、手に余るものを拒絶したりしながら、それらを思うままに使って、自分の考察にとって好ましい像をつくりあげることを意味している。

このように考えると、ショーペンハウアーにとって歴史学の知は二流の認識形式であることになる。というのも歴史学の知は、もっぱらこまごまとした事象に注意を向けるばかりで、そのため、現象から離れて、世界に内在する観念を眺めるよう視線を向けかえる邪魔になるからである。だから歴史学的省察は、それが詩に近づけば近づくほどよいことになる。つまり、細部にこだわってあらゆる事象のあら探しに陥るのをやめ、むしろその細部の「内的真理」を観想するところにまで高まっていけば、それだけ優れたものになるのである。

そうだとすると、歴史上の行為主体の発言を実際に言われたとおりに伝えるのではなく、むしろそのときに言ったはずだと思われるように造形したトゥキュディデスのような古代の歴史家たちのほうが、証拠資料が尽きるところで叙述をやめ、実際に起こったことを再構成することに自分の仕事を限定したランケ的な歴史家たちよりも、ものごとを適切に認識していたことになる。そして知がどれほどの権威や解放的な力をもつかは、それが事実からどれほど自由であるのかによって、つまり時間、空間のなかでさまざまな事象を規定しながらつなぎ合わせているカテゴリーからどれほど自由であるのかによって、決まることになる。

ショーペンハウアーが芸術を評価するときの基準にしたのは、それが現実を模写することをどの程度あきらめているか、時間的、空間的限界を実際にどれほど乗り越えているか、という点だった。

こうなると空想が事実にまさることになり、詩が歴史学よりもすぐれていることになる。芸術形式のなかでも同じような優劣をつけることができる。たとえば悲劇は喜劇より優っているし、喜劇は叙事詩よりすぐれている。同じことは造形芸術や視覚芸術についてもいえる。建築は彫刻より劣る。建築では実用的問題への関心が、形式的調和への志向を妨げてしまうからである。彫刻は絵画より劣っている。彫刻のほうが、空間にいっそう強く縛りつけられているからである。また詩は、絵画よりさらにすぐれている。視覚的イメージよりも言語のほうが、自由に並べたり置き換えたりできるからである。だがその詩にしても音楽には劣る。音楽は言語から完全に解放されていて、時間の限界を超えた純粋形式に思いをめぐらすようにわたしたちを促すからである。こうしてついに最高の芸術形式にたどりつくことになるが、それはもはやけっして空間的な形に移し替えられるものではなく、そもそも空間的に表現されることさえない。ただ芸術家の心のなかで、あらゆるものの基底にある形式と密接に結びついたかたちで、純粋無垢なままにとどまる。つまり世界そのものとふたたび一つになることが、意志としての世界の目標なのである。

明らかにショーペンハウアーにとって、個人に与えられる救済の可能性はもっぱら個人的なものでしかありえず、けっして共同社会的なものにはなりえない。わたしたちは手のほどこしようもないほどに他の個人から切り離されており、他者をただ敵対してくる意志として眺めることしかできない。そしてその他者にしても、わたしたちをかれらの視野のうちにある対象として眺めることができるだけである。こうしてあらゆる社会制度が、その内在的な価値を否定され、どんな社会的志向性も過誤や欠点だとみなされる。しかし、ショーペンハウアーは、自然科学的なものであれ心理学的なものであれ、とにかく何らかの一般理論が、わたしたちの現実と願望とのあいだを橋渡しできるようには考えなかった。というのも、科学は、現実に秩序を与えるための一過性の、本質的に劣った方法にすぎないからである。つまり、この不十分な方法が、有機体が生き残るのに必要な直接的で実用的な目標を達成するために、現実をどうにか時間と空間という直観の様相のもとに、そして悟性によるカテゴリーのもとに秩序づけているだけなのである。さらに科学のアンチテーゼである芸術にしても、ひとびとを結びつけるのではなく、逆に孤立させてしまうだけである。なぜなら芸術的ヴィジョンの価値は純粋に個人的なものであって、そのヴィジョンを楽しむひとにしか理解されていないし、またこれからもずっと理解されえないようなひたすら私的なものだからである。したがって科学にも芸術にも、それぞれ本質的に人間を疎外する性質がある。科学は、実用的な目的にそって操作するために、世界を物から構成された存在として扱うからであり、芸術は、行為することから引き退いて社会から遠ざかっていたいという欲望を昂じさせるからである。それに対して歴史学は、ひとを完全に個人的なままにとどめるのではなく、ある種の類の意識を育むという点がひょっとすると違うかもしれない。

そもそも人間は、自分の抱く目的を達成しようとしてはそのつど失敗を重ねるものであり、そうするたびに人間の観念がいろいろ変わるのだと次第に意識されるようになる。歴史学は、そうした多様な変化を学の主題として探究すべきだと主張することによって、そこに「人間として」という類意識をつくるのである。しかし、そうは言いながらも、人間の観念のこうした多様な変化について教えられる内容をみるかぎり、歴史とはつまるところ救いがたい災厄の物語でしかないのである。歴史がこのような類意識という感覚を生みだすのは、かろうじてわたしたちが、ひとりひとりの人間にかかわる出来事が失敗の証拠であるということを表す形式を、今度は自分の想像力のなかで完全なものに仕上げられるという前提においてである。そうすることで、わたしたちは歴史だけでなく時間それ自体も超越して、本当の人間性に到達する、とショーペンハウアーは言うのである。

今述べてきたことは、歴史家が通常は自分たちの史資料を整理するのに使っている年代順や因果関係に基づく区別が、それ自体としてはまったく役に立たないことを意味している。せいぜい例外的に認められる意義としては、それが悲劇詩人たちが教える真実に到達する足がかりになるかもしれないということくらいである。ちなみにこの詩人が教える真実こそ、ショーペンハウアーによれば、「ひとの為したる最大の罪は、かつて生まれてきてしまったことである」というものだった。人間を進化したり発展したりするものとして論じることなど無意味である。実は、そもそも変化について語ること自体がまったくもって無意味である。さらに人間は、大なり小なり共有された社会を築きあげるために共同性志向を備えていると考えることも、なおいっそう無意味である。ショーペンハウアーの歴史像は、もっぱら個人的な必要や資質からできているにすぎない。かれにとって、たった一つの価値ある歴史とは、かれ自身の心のなかで、歴史などまとめて無視して構わないという気持ちをかきたててくれるものだけである。

そういった次第で、ショーペンハウアーは、「歴史的に重要な」階級や「歴史的に重要な」時代といった問題をめぐる、ヘーゲルとランケのあいだの論争からは超然としていた。というのも、かれによれば、すべての人間は基本的に同じようなものだからである。たしかに行為することから引きこもっていられる能力のある者はいるし、そうしたひとは幸いである。その他方で、行為に巻き込まれる者もおり、そうしたひとびとはみな挫折する。さらに行為することを拒む者も挫折することには違いないが、そうしたひとは、少なくとも純粋な形式を観想する喜びを抱くことはできる。

ショーペンハウアーの思想においては、過去と現在と未来のあいだの区別はすべて消え去ってしまう。あるのは現在だけである。過去や未来は、自分自身の心のなかで感じられる変化の予感を取りまとめる様式にすぎない。ショーペンハウアーが現在に向かって発するメッセージは、どんなことに関しても同じであって、次の一言に集約される。つまり、生きているかぎりは、自分が手に入れられるもの、自分が楽しむことができるものだけを欲望するように自己鍛錬せよ、ということである。こうした欲望は非物質的なものに向けられなくてはならない。なぜなら、物質的なものは変化するからである。また、このような欲望は、純粋に個人的なものでなくてはならない。なぜなら、自分以外の何か他のものに依存していれば、それを取りあげられる場合もあるからである。こうしてショーペンハウアーの哲学は、完全なナルシシズムに帰着する。現象にあらわれた形式を自分自身のなかで心に抱き、それを観想することによって、仏教の賢人が求めた有名な境地である涅槃《ニルヴァーナ》に達するというわけである。自分自身が個人的に投影した形式からできる不動の王国を観想する純粋な喜びにひたりながら、かつて自分を、苦しみに満ちた個体としての生のうちに産み落とした混沌とした自然のなかへと、最終的に回帰できる日を待望している。こうしてショーペンハウアーは、その昔にルソーを嘆かせた歴史的かつ社会的に存在することの苦悩を超克する。かれにとっては、リアリストたちが自然、意識、社会という三領域に分裂した世界を考えることで設定した緊張関係は、完全に克服されたのである。全体的なものはばらばらになって混沌のなかへと消えていく。こうしてショーペンハウアーは、人間だけでなく自然までも否定することで、歴史を解消したのであった。

ショーペンハウアーの世界観は、社会のなかにあって、社会問題をすべてなかったことにしたい勢力の欲求に完璧に合致していた。一方では階級と階級とのあいだの緊張状態を、また他方では伝統を守れという命令と、革新を企てよという命令とのあいだの緊張状態を、正面から考察するのはあまりにつらいと思っているひとびとに、そもそもそんなことを考えること自体がまったく無意味だと信じさせてくれるのが、ショーペンハウアーの哲学だった。同時にかれの哲学は、自分自身の人間たるゆえんをはっきりさせる手立てとして、つまり独我論を避ける手立てとして、人類全体を探究しなくてはならないという課題意識をもっているひとびとに、そうではなく、自分に喜びを与えてくれる部分の歴史だけを研究すればいいのだと信じさせてもくれる。それどころか、自分の姿を自分の想念のなかでこしらえあげ、そのなかで自分の快楽を高めてくれるような時代様相だけを研究すればそれでいいのだとまで思わせてくれるのである。ブルクハルトは、こうした先行理解の影響下で、かれの一面的で歪められた一五世紀イタリア像を描いたのだった。ニーチェのギリシア悲劇論もこうした考え方から生まれた。ヴァーグナーの「総合芸術▼」もまた、このような考えに守られながら作曲された。トーマス・マンの『ブッデンブローク家のひとびと』もショーペンハウアーの哲学によって正当化されていた。

これらの思想家たちすべてに典型的に認められるのは、自分たちが生きている社会に対する顕著な嫌悪感である。ただし、それは、なんらかの公的ないし私的行為によって社会をよりよいものに変えることができるのではないかと考えることの拒否でもある。かれらはみな、現実から芸術的な経験のなかに逃走したいという志向性を示していた。この芸術的経験は、人間性の核心について共通理解を与えたうえで、人間と人間とを結びつけたりするようなものではない。むしろ、自分自身の感覚ばかり研ぎ澄ませて他者から孤立し、社会的コミュニケーションをいっさい不可能にするような性質のものである。ニーチェとトーマス・マンはのちになって、自分が初期に抱いていたショーペンハウアー的な芸術理解を否定し、それが現実逃避的であり、芸術を人間の活動とする考え方には適合しない思想だと適切に洞察するようになった。しかし、ヴァーグナーは、生涯ショーペンハウアーのヴィジョンに忠実なままで、熟達した芸術的手腕と技量を駆使してショーペンハウアー流の自己欺瞞の能力を磨きつづけた。一九世紀後半の、ひょっとするともっとも才能に恵まれた歴史家だったヤーコプ・ブルクハルトも、それと同じ道をたどったのだった。

歴史意識の基盤としてのペシミズム

ショーペンハウアーと同じように、ブルクハルトも同時代にはあまり評価されていなかった。たいていの歴史家は、ブルクハルトがあまりに無責任で主観的すぎるので、歴史家としては考慮に値しないと考えていた。しかし、一九世紀の終わりが近づいたころになってようやく、ランケ流のアプローチがあまりにも多くの問題を解決しないまま残してしまったことが明らかになってきた。そのため歴史に関心のある思想家たちは、自分の考えを首尾一貫して推し進めていくとマルクスの態度かショーペンハウアーの態度かのどちらかを選ばざるをえないと気づき始めた。このときになってやっとブルクハルトの運命は上向き始める。歴史をエゴイスティックな芸術経験だとしたこのショーペンハウアー流の悲観主義者が、この時期に評価されるようになったことは、ブルクハルトと一九世紀末の学問について、少なからぬことを語ってくれる。

一九世紀末とは、崩壊と衰微の感覚に彩られているのにそのことを認めたがらない時代であり、阿片としての芸術という理解に逃げこんだ時代だった。ブルクハルトは最終的にこのような芸術理解を自分の歴史観のなかに取りこんだのである。ニーチェはすでにそのときまでに、ショーペンハウアー哲学の核心部分に巣くう虫を見つけ、それが生への恐怖感にすぎないと暴いてみせた。かれは、そこに含まれている危険性をブルクハルトに警告しようとして、ブルクハルトの歴史は、マルクスもランケも等しく帰着するはずの傾向に真に対抗できるような、新しい社会理解への道を示してはいるが、十分なものではないと暗示したのである。しかし、ブルクハルトは、ニーチェの批判に応答することを拒んだ。この対話拒否の姿勢については、不毛な哲学的論争に巻き込まれるのを避けようとした選択だと評価されることが多いが、実際のところ、そこには褒められるようなものは何ひとつなかった。ブルクハルトはおよそあらゆる論争を嫌ったために、この件でも知的論争に巻きこまれるのを拒んだだけだった。ショーペンハウアーはブルクハルトに、積極的に奮闘尽力することなど無意味であり、思想においても行為においても、自分にとって楽しいことだけをする人間こそよく生きる者だ、と教えていた。

風刺劇的スタイル

ブルクハルトのもっとも有名な著作『イタリア・ルネサンスの文化』は、次のような序論で始まっている。

本書には厳密な意味で、たんなる試論というタイトルがつけられている。(……) ある文化の輪郭は、おそらく人によってそれぞれ違った像に見えるだろう。しかもわたしたちの文明の母であり、いまだにわたしたちに影響を与えつづけている文明を扱うときには、個人的な判断や感情が読者にも著者にもつねに入りこんでくるのは避けられない。わたしたちがこれから思いきって乗りだそうとしている果てしない大海原では、さまざまな航路を取ることができるだろう。他の人の手でこうした研究のために同じような論考が書かれれば、まったく違った扱いになるばかりでなく、本質的に異なった結論に達することもあるだろう。(一三頁)

このあとでブルクハルトは、「ルネッサンスの芸術」について特別に一章を設けるというもともとの構想に触れ、それがうまくいかなかったと漏らしている。そしてそれ以上の前置きなしに、いきなりルネッサンスの文化や学問を分析するための前奏曲として、一二、一三世紀イタリアの歴史についての叙述を始めるのである。

つづいて繰り広げられるのは輝くばかりの景観であり、そ

▼**総合芸術** 詩、音楽、舞踊、演劇を一つにした総合的芸術(Gesamtkunstwerk)。ヴァーグナーは「楽劇」で総合的芸術作品を目指した。

れは印象派の巨匠が描いたスケッチのようなタッチであった。そこにイタリアの政治的展開のおおまかな輪郭が描きだされている。さまざまなイタリアの都市国家史の一般的なアウトラインが与えられ、外交政策の本性が示され、この時代の政治生活のユニークな実質が息をのむ見事さでまとめ上げられている。これが「芸術作品としての国家」という著名な冒頭章の内容である。ルネッサンス期の戦争の性格とイタリアの政治生活における教皇権の地位について簡潔に論じたうえで、当時のパトリオティズムの特性を手短に規定して、この章は閉じられている。中心に据えられている観念は、イタリアの政治生活の本質は「その時代の比較的すぐれたひとびとのあいだに愛国的な反感と抵抗を呼び覚ました」（一六二頁）というものであった。ここでブルクハルトは、イタリアの政治状況をドイツ、フランス、スペインのそれと比較対照している。かれによればこれらの国々には、それぞれ戦わなければならない外部の敵がいたため、それとの対抗で君主制は国民を統一し、封建的混沌のなかからまとまりをつくりだすことができた。ところがイタリアでは状況は違っていた。ここでは教皇権の存在が、つまり「教会国家」が、「国民的統一の永遠の障害物」になりつづけたのである（一六二頁）。こうしてイタリアの政治は、統一と統合の機会を逸してしまう。イタリアで国民的統一という観念が実際に定着したときには、すでに遅すぎた。国内はフランス人とスペイン人であふれかえっていたのである。イタリアでは「地域的な愛郷心」が本当の国民的感覚の代わりになったと言えるかもしれないが、ブルクハルトによると「それは貧弱な代用品にすぎなかった」（同前）。この章は陰鬱な調子で締めくくられる。そこに漂っているのは、好機が失われ、国民的統一という目的が裏切られ、時代の波には乗り遅れ、崇高な課題が打ち捨てられてしまった、という意識であった。

「芸術作品としての国家」と題された章は六章構成のうちの一つであるが、同書のどの章も、ルネッサンス期イタリア文化の多様な位相の分析からなっている。もちろんここでいう文化の概念は非常に広い意味で理解されている。それは風習や社会習慣、法律、宗教、文学、演劇、祝祭、儀式などに及び、豊富な資料が用いられているが、つねにそのカテゴリーには奥行きがあり、目配りが行き届いていた。それぞれの章は「個人の発展」、「古代の復興」、「世界と人間の発見」、「社交と祝祭」、「道徳と宗教」と題されている。つまりこの本は、のちにブルクハルトが『世界史的考察』で分析するカテゴリーに基づいて編成されていたのである。それは、文化によって「決定された」政治と宗教の世界だった。ブルクハルトによればルネッサンスとは、「文化的」契機が政治と宗教の双方への従属状態から解放されてその地位を上昇させ、支配的な存在となり、今度は政治や宗教の形式を規定するようになった時代なのである。人間の経験のそれまではどちらかというと世俗的な領域に関わっていたあらゆることが、そこでは芸術に転化した。言い換えれば、あらゆるものが、それ自体に内在する崇高な形式を獲得し、実際的な関心と美的な関心とが申し分なく結合するまで高めあげられなければならないのである。社会生活に関する一切のことが、実用性への従属関係から解放されるとともに、超越への願望からも自由になった。ルネッサンスにおいてはあらゆるものは「それ自体において」あるとおりに存在しようとしたのであり、それ自身の本質的な輪郭の完全性を破壊しかねないような思索によって歪められてはならないのである。ものごとは明晰に眺められるようになり、そこでの生の目的とは、形式的な一貫性を達成することだけであった。

しかし、ブルクハルトが扱った主題――個人生活、古代の復興、人文主義、社交生活、宗教――のどれに対する記述も、政治を論じた章と同じように陰鬱な論調で締めくくられている。この陰鬱な響きは、一日の終わりに敬虔な気持ちを呼び覚ましてくれる晩鐘に似ている。主題が導入され、一定の代表的な人物や決定的な出来事について、詳細な現実が描きあげられる。しかし、叙述が進んでいくと、結局は暗鬱な諧調に転調し、人間に関するあらゆることは虚しいのだと思い知らされる。たとえば「個人の発展」についての章は、狡猾で「アイロニカルな」アレッティーノ▼をめぐる考察で終わっているが、そこでブルクハルトは次のように書いている。

いまではこのような人物、このような生き方が、かぎりなく不可能に近くなってしまった。それはイタリアの精神にとっては、よい徴候である。だが歴史批評にとっては、アレッティーノはつねに重要な症例でありつづけるだろう。（二〇五頁）

「古代の復興」の章は、当時の人文主義者たちがさまざまなアカデミーを領導しきれなくなり、その結果として文化が凡庸になってしまった、という指摘で終わっている。短い結びのパラグラフの最後に来るのは次のような謎めいた言葉である。「イタリア演劇の運命も、そしてのちにはオペラの運命も、長きにわたって、こうした（つまり、あか抜けない田舎風の）組織の手中に落ちることになった」（三三六頁）。さらに「世界と人間の発見」や「社交と祝祭」の章は、引用によって暗示された遠まわしの意見表明を除けば、まったく何のコメントも残すことなく締めくくられている。「世界と人間の

▼**アレッティーノ**　ピエトロ・アレッティーノ（Pietro Aretino）一四九二－一五五六。イタリアの作家。風刺劇や性愛文学の作家として有名。著作に『色欲のソネット（*Sonetti lussuriosi*）』など。

発見」の章で引用されているのは、ピーコ・デッラ・ミランドラの有名な『人間の尊厳について』のなかの一節である。しかし、それがこの位置に置かれてしまうと、人間の本性についてのピーコ・デッラ・ミランドラの崇高な概念がのちの世ではいかに尊重されなかったかということをほのめかす効果しか生まない。それとは対照的に、その後の「社交と祝祭」の章は、ロレンツォ・デ・メディチの詩篇で終わる。

青春は美しい、
だが過ぎ去るのも早い！
楽しみたい者には、楽しませておくがいい、
　明日のことなど、分からないのだから。（五〇一頁）

最終章「道徳と宗教」の末尾に来るのは、この作品全体のテーゼの総括ではなく、「一般的な懐疑の精神」をめぐる議論とフィチーノやフィレンツェのアカデミーを支配するプラトン主義についての考察である。

ここでは中世神秘主義の残響が、プラトンの教義と独特の近代精神がとけあったひとつの潮流のなかへと流れこんでいる。世界と人間についての知の貴重な果実のひとつが、ここで熟すことになったのである。そのことから考えただけでも、イタリア・ルネッサンスは近代の先導者といわざるをえないだろう。（六五一頁）

ブルクハルトのルネッサンスについての「試論」はこのように締めくくられる。この試論にはきちんとした始まりも終わりもない。少なくとも、ひとつのドラマのクライマックスや大団円にあたるようなものはない。すべては移り変わりにすぎない。実際には、表向きの主題である「ルネッサンス」そのものよりも、むしろそれ以前（中世）とそれ以後について、はるかに多くのことが語られている。イタリアにおけるルネッサンスについて多くが語られていない、というのではない。この「試論」は、さまざまな知識や洞察、目の覚めるような知見、この輝くばかりの文化とその活動の時代における理想と現実の落差に対する厳しい評価に満ちているからである。しかし、ここにはルネッサンスの「ストーリー」がない。ルネッサンスの本質を要約し特徴づけることができる統合性のある展開がない。実際のところ、かれの『歴史学的断章』や革命期に関する講義ノートのなかでかなりはっきりと述べられているように、ブルクハルトにとってルネッサンスとは幕間芝居であり、二つの大きな抑圧的時代にはさまれた間奏曲である。つまりそれは、文化も政治も宗教の命じるところに従っていた中世と、文化と宗教とが次第に国家や政治権力の命令に従うようになった近代とのあいだの幕間なのである。

　このように理解すると、ルネッサンスというのは二つの専政期に挟まれた休憩時間に、文化という契機が演じてみせた「即興芝居」でしかなくなる。即興であるから、中世や近代についてするのと同じような種類の分析に服させるわけにはいかない。ルネッサンスが産みだしたものは、言ってみれば、羽根ではくように一瞬の筆致ですばやく捉えるしかないのであり、それらの個性に即して本質をぱっと直観し、いくつかの非常に包括的で一般的なカテゴリーのもとにそれをまとめあげる以外には叙述のしようがないのである。その場合に、ストーリーとしての始まりと終わりのあるはっきりした物語を紡ぎだすことはもはや考えられていないにしても、そこにある傑出する個性をそのまま活き活きと表現するという目的だけは見失われていない。ルネッサンスがどこで始まりどこで終わったのかを見分けるのはそう簡単なことではない。ルネッサンスの生みだしたものは、まるで二つの峻険な岩壁のあいだを流れる大波の作りだす波頭のようなものである。それは、ただ潮が退くようにあっさりと終わりはしなかった。晩期においても、ルネッサンスの、遅れてやってきた（すでに弱まってはいても、まだ完全にはおさまっていない）力のない動きは、まさにその石の防波堤にぶつかっては飛び散って重なりあうような波のそれに似ている。そのような防波堤をほとんど悪意に駆られたかのように築いていたのは、生まれでてくる個性の生気に満ちた多様性や輝くばかりの才能、そして知的創造性とうまく折り合いをつけられなくなっていた頑迷な権力者たちだった。ブルクハルトの目には、こうした防波堤とは、かれの同時代の布置関係に置き換えて言うならばフランス革命のことであり、その内実は、「近代」という時代の唯物論であり俗物主義であり凡庸さであった。

　ブルクハルトのルネッサンス像は、ルネッサンス期の芸術に譬えるなら、ピエロ・ディ・コジモ▼やラファエロが描く絵

▼ミランドラ　ピーコ・デッラ・ミランドラ（Pico della Mirandola）一四六三－九四。ルネッサンス期のイタリアの哲学者、人文主義者。著作に『人間の尊厳について』（大出哲ほか訳、国文社）など。

▼ロレンツォ・デ・メディチ　ロレンツォ・デ・メディチ・イル・マニーフィコ（Lorenzo de' Medici il Magnifico）一四四九－九二。フィレンツェ・メディチ家の当主。詩人でもあり、学問や芸術のパトロンとして、ルネッサンス最盛期の基盤となった。

▼フィチーノ　マルシーリオ・フィチーノ（Marsilio Ficino）一四三三－九九。ルネッサンス期を代表するイタリアの哲学者、人文主義者。プラトンの翻訳者。

の主題の組み合わせを想起させるものである。あるいはブルクハルトの同時代のラファエロ前派に比較対象を探すなら、バーン＝ジョーンズやロセッティの、倦怠の光に浸された絵のようだと言ってもいい。色調は哀愁に満ちているが、絵の題材は自然のままで、崇高である。主題となる素材の「リアリズム」は、粗野で激しいものをけっして隠そうとしないところからきているが、そのときでもつねに読者に、人間の欠点という堆肥の山に育ってくる花々のことを思い起こさせてくれる。しかし、その意図はアイロニー的なものである。ブルクハルトの作品全体を通じて、卓越した達成を果たしたこのルネッサンス時代に暗黙のうちに対置されているのは、けっして中世ではなく、歴史家自身の灰色の世界、つまり一九世紀後半のヨーロッパ社会だったのである。ブルクハルトの比較では、一般に抑圧的な時代とされる中世ですら、近代という時代が被っているほどの苦しみは体験してはいなかった。だから問題は近代なのだ。ルネッサンスは、あらゆる点で近代的世界とは正反対だった。あるいはむしろ、近代が表しているのは、ルネッサンスの時代には偉大な文化的達成にまで昇華された人間本性の特性のすべてが、一面的に偏って発達を遂げてしまった姿だというべきかもしれない。近代とは、人間喪失の結果である。一六〇〇年から一八一五年のあいだの時期に何かが失われてしまった。そしてこの「何か」こそ「文化」だったのである。

歴史過程の「構文論」

一八六五年から八五年までバーゼル大学で行われた近代史の講義のなかでは、ブルクハルトは一六世紀を開始期と考えている。かれは、この時期に続いて一連の「転移《メタスタシス》」が起こったと言う。力や徴候が、社会体の一組織ないし一部分から他のそれへと、突然非合理的に移動したのである（Burckhardt, *Judgements*, 232）。この「転移《メタスタシス》」という概念は、歴史に関するブルクハルトの思考における中心的な隠喩である。かれはこうした転移あるいは移動の理由を自分で説明できるとは主張しない。それらは不可解なものである。しかし、なぜそうなったのかは解明できなくても、どのような作用を及ぼしたのかは明らかだった。だからこそ、歴史がなぜそのように進行するのかについて決定的な説明は提示できないとしても、年代記的な記録を、出来事のそれぞれの断片や部分にまで細かく解きほぐすことはできる。たとえば、ちょうど一四世紀に、何か新奇で不可解なものがイタリアの都市国家のなかに出現したように、「フランス革命に先立つ数十年のあいだに、新奇な種類の出来事や人間が登場してきた」（163）。このことは、ルネッサンスとフランス革命にはさまれた時期が、たとえとどのつまりはそれが何であったか規定できないとしても、原則的にはルネッサンスそのものと同種と捉えられるようなまとまりを備えていた、ということを意味している。「それは、一四五〇年以後の、近代的世界という時代の壮大な幕開けとの関係で言うなら、継続であった。革命の時代との関係で言うなら、それは前の時代の終わりであり、来るべき時代の準備の時期にすぎなかった」(165)。それはやはり「幕間の休憩か、あるいは幕間芝居」(ibid.)でもあったのである。

しかし、大革命の時代は、ブルクハルトにとって、ちょうどトクヴィルにとってそうであったように「新奇で恐ろしいもの」であった。大革命は「まずすべての理想と大望を解き放ち、それからすべての情熱と利己心を解き放った。大革命は、専政政治を継承し実践したのだが、これはこれ以後永遠に、あらゆる時代のあらゆる専政政治の範例という役割を果たすだろう」と書いている(219)。しかし、そこでは、トクヴィルの場合とは違って、この新奇で恐ろしいものの誕生の結果「何が獲得され、また何が失われたのか」というバランスシートを見定めようという試みは、まったく行われなかった。ブルクハルトにとっては、何もかもが喪失だった。トクヴィルがまだ健筆をふるっていた時代を振り返りながら、ブルクハルトは次のように語っている。

もちろん、わたしたちが生まれ育ったあの三〇年間には、革命はすでに完結したと信じることが可能であったし、何か客観的なことがらとして叙述できるように思っていた。(……)

その時期に、たしかに中立ではないにしても、公正な視点に立ち、落ち着いた説得的な態度によって一七八九年から一八一五年にかけての時期を、完結した時代として概観しようと努めた、古典的とまでは言わないにしても、よく書けている作品が登場していた。

それにもかかわらず昨今では一七八九年以来人類に襲いかかっていたものとまったく同じ大嵐が、さらにわたしたちを圧迫しつづけていることがはっきりしてきた。

▼**ピエロ・ディ・コジモ**(Piero di Cogimo) 一四六二頃–一五二一。ルネッサンス期におけるイタリアの画家。宗教画や神話に着想を得た作品を多く著した。
▼**バーン＝ジョーンズ** エドワード・バーン＝ジョーンズ(Edward Burne-Jones) 一八三三–九八。イギリスの画家。「自然をありのままに再現すべき」とする、一九世紀中葉のイギリスで勃興したラファエル前派の推進者。
▼**ロセッティ** ダンテ・ゲイブリエル・ロセッティ(Dante Gabriel Rossetti) 一八二八–八二。イギリス、ラファエル前派の画家。

わたしたちは自分たちが公平であるように心から誓うことはできるのだが、それでも無意識のうちには深く党派的な判断にとらわれているのかもしれない。(225)

それというのも「フランス革命を通じて生じた決定的に新しいこととは、公共の福祉を目指して状況を変えることが可能になり、またそうしようとする意志が生まれてきた」ということだったからである。その結果、政治が最高の地位に引き上げられることになった。ところが、政治を導く原理としては、無政府主義か専政政治があっただけである。要するに選択肢は「状況を変えたいという危険な欲望にさらされつづけるか、あるいは政治形態の崩壊を恐れて独裁的な反応に出るか」(229) のどちらかだったのである。

政治を最高の地位に引き上げてしまうこのような「悪魔的な衝動」を後押ししていたのは、「人間の本性は善である」という「幻想」(230) だった。「理想主義者」は自分たちの「欲望や夢想を、精神的世界が自然と調和し、思考と生とが一つになるなどといった明るい未来像に基づいて、肥大化させていた」(231)。しかし、ブルクハルトによれば、これらはどれも「幻想」の産物であった。現実主義の人間は事態をもっとよくわきまえているし、歴史家は少なくとも「願望」が虚しいものであることを知っている。ブルクハルトのねらいは、このような幻想を解消し、人間の意識に自分たちの限界や有限性を再認識させて、この世で幸福を見つけることなどできないと分からせることだった (ibid.)。「わたしたちの課題は、どんな願望も抱くことをせず、愚かな喜びや恐れからできるだけ自由にいて、とにかく歴史の展開を理解できるようになることである」(231-32) とブルクハルトは言う。かれにはこの課題の難しさが分かっていた。なぜなら、客観性というものは、歴史学という「あらゆる学問のうちでもっとも非学問的な」領域においては、なによりも確保することが困難な視座だからである (『世界史的考察』一四六頁)。しかも、自分が時代のなかで「どこに置かれているのかを見出す」としても、それはいわば「欠陥だらけの船に乗って、無数の大波のひとつにさらわれて漂流していると思い知る」ことなのだから、ますますそう感じることになる。ブルクハルトは、自分の声に耳を傾けてくれるひとびとに向かって、「わたしたち自身も、部分的にはこの波なのだと言える」(*Judgements*, 232) と念押ししている。そこで、わたしたちが期待できる最善のものは、もちろん未来社会の予言などではなく、せいぜいフランス革命とともに始まる時代のなかで自分たちのおかれた位置がどこにあるのかを知ることである。わたしたちの歴史理解がとらなくてはならない形式とは、「自分たちが嵐の吹きすさぶ大海のどの波のうえで漂っているのか」(252) を特定することにすぎない。

「波」と「転移」――この二つのイメージが、歴史過程についてのブルクハルトの理解を要約している。前者のイメージは、たえまない変化という発想を示唆しているのに対して、後者のイメージは、ひとつひとつの衝動のあいだにはつながりなどないということを暗示している。かれの歴史理解にはヴィーコとは違って循環的なところはない。没落のあとに最初に立ち戻るようにふたたび活性化が起こる必然性はないのである(27)。しかし、歴史が没落していくことは定められている。少なくともある時期にはそれは避けられない。かろうじて歴史学において説明されなければならないのは、文化的な卓越性や達成という契機である。それらの契機こそが問題なのだ。

(政治的偉業の基底にある)力への意志と(宗教的帰依の基底にある)救済への願望が存在することについては説明を必要としない。これらは人間本性の根底に横たわる基礎となる事実であり、それぞれの文明の質と量に応じて両者がたえず退いたり満ちたりする。それとは対照的に、文化的諸契機は非連続的なものであり、しかもたえず増えつづけている、とブルクハルトは断言している。言い換えれば、文化は、質の点では、ヴィジョンの卓越性と明快さを備えながらも相互に対等な諸契機を産みだしており、しかも量の点では、これらの契機は無限であり、人間精神をつねにより広大なものにしつづけるという作用を持っているのである。しかし、文化が繁栄するのは、国家と宗教という「強制的な」権力が弱体化したために、その内奥にある衝動を抑制することができなくなり、文化が開花するための物質的条件が整ったときだけである(『世界史的考察』一〇一頁)。

歴史の「意味論」

ブルクハルトの評価によると、以上が、ルネッサンス期にイタリアで起きたと考えられることであった。要するに、文化とは人間本性の永遠の契機であり、強制的な権力が弱まったときに花開くものだという一般的な註釈を除いてしまうと、この文化的隆盛についての本格的な説明はそこにはいっさい提示されていない。もっぱらルネッサンスの成立を規定する否定的な条件が挙げられているだけである。言い換えれば、教会と国家を疲弊させる一〇〇〇年にわたる抗争の結果、イタリアでは両者が同時に弱体化していたために、文化が育まれ、拡大し、全面的に開花する余地が生まれたのであった。しかし、この開花という出来事それ自体はひとつの神秘である。少なくともそう見える。というのも文化の春は、人間の魂の内奥に隠れている脈動に起源をもっているからである。それはとくに芸術に関して言えることである。

芸術は、魂をゆり動かす神秘的な脈動から生まれる。この脈動によって解き放たれるものは、もはや個人的、

一時的なものであることをやめ、象徴を通じて意味深いもの、永遠のものになる。（一〇七頁）

国家に代表される実際的な生や、宗教に代表される観念上の生に対して、文化とは「第二の、理念による創造であり、地上でたった一つの不朽の存在である。個人の時間的限界を免れてこの世で不死となり、しかもどの国の民にも理解できる言葉なのである」（一〇八頁）。たしかにこの「理念による創造」にしても、その外に現れる形式は物質的なものであるために、時間による破壊の危機にさらされてはいる。しかし、たとえある文化的作品が歳月のうちに壊れたり失われたりしていても、もともとの創造のきっかけになったイメージに含まれていた「自由と霊感と精神的一体性」を示唆するためには、ほんのわずかな断片が残ってさえすればいい。ブルクハルトが述べるには、その断片は「とくに心に深く訴える力をもっている」。というのも「たとえ抄録や梗概やたんなる暗示においてであっても」芸術は芸術だからである。「類推の力を借りることによって」わたしたちは「断片から全体を」知ることができる（同前）。

ブルクハルトが用いた言語は、表現形式からいっても、内容的な重点の置き方からいっても、アイロニーの言語である。ブルクハルトによるルネッサンスの表現の仕方は、考古学の発掘現場から集められた破片の山をじっと注視しながら、部分からの「類推によって」全体の文脈を洞察する鑑定家のそれだった。しかし、その場合の全体の文脈の形式はただ暗示することができるだけで、具体的に内容に立ち入って規定することはできない。それは、カントが、人間の学的認識を説明するためには要請されなくてはならないが、そのことについては何も語ることができないと説明した「物自体」の概念のようなものである。ブルクハルトが聴衆に語りかけるときの声は、アイロニーによって考えるひとのそれであり、聴衆自身よりもより高尚でいっそう悲しげな、知恵をもつひとの声という響きを持っていた。かれは自分の研究対象である歴史の場を、その意味が捉えがたく特定しがたい存在として、アイロニカルに眺めていた。それは、力ずくで支配するにはあまりに繊細すぎ、かといって無視するにはあまりにも崇高であって、洗練された知性だけがかろうじて認識できるものだった。ブルクハルトは、歴史的対象の世界が文字通りの「盛り合わせ鉢《サトゥラ》」のごときものであり、ごった煮料理や混ぜ合わせ料理のようなものであると捉えていたのである。それらの要素はたしかに、本来の文脈から切り離されて、その文脈も分からなくなっている歴史的対象の断片であるが、さまざまなやり方でまとめあげることができるし、多様であるが同じくらい根拠の確かな意味の群れのなかから、一定のまとまりのある形象を作りだすこともできる。かれは『世界史的考察』のなかでこう言っている。「結局のところ（……）わたしたちが描く歴史像は、たいていがたんに作り上げられたものにすぎない」(一八頁)。わたしたちは、幻想を助長したり、いまここで問題となっていることから注意をそらしたりするやり方はとってはならないにしても、その断片をいろいろなやり方で結びつけることはできる。ブルクハルトの語るストーリーはアイロニー的であり、アフォリズムふうのスタイルをとり、アネクドートや警句や軽いジョークが織り交ぜられている(たとえば、一八四八年の革命は倦怠《アンニュイ》から生まれたのだとか、ナポレオンは自分自身の「堪え性のなさ」のせいで敗北したのだ、という)。このストーリーのプロット構造もまた、アイロニーに規定されたものだった。つまり、「ストーリー全体の核心」は、ものごとが全体としてそこに向かっていくような「山場」もなければ、歴史法則が顕現することも、大団円が生じたり、超越的な啓示が現れたりすることもない、ということである。ブルクハルトは、その認識論においては懐疑論者であり、その心理学においてはペシミストだった。かれは、自分自身の時代に優勢な勢力や、それが向かう方向性に抗うことに、陰気な喜びを感じていた。かれは「たんなる物語にすぎないもの」には、かれがまさに軽蔑的にそういう言い回しをしているとおり、敬意を払うことをしなかった。それは、かれが「ものごとが最後にどんな結果に終わるか」という予言を述べるのを拒んだからだけでなく、結局のところ、知りえない始まりと予知不可能な終局とのあいだのあいまいな中間的時間に、最終的に意味を持つはずの暫定的結末のようなものを見つけられなかったからであった。

しかし、つねにブルクハルトの脳裏から去らないものがあったとすれば、それは自分がどんな敵に対峙しているのかという意識であった。この敵とは、あらゆるアイロニストがそう考えているように、かれにとっても「幻想」を抱いてしまうことなのであった。こうした「幻想」は二つの主要な形式で現れる。つまり、一つは、すべてを隠喩に還元してしまえるとする幻想であり、そこからアレゴリーが生まれる。もう一つは過剰なまでに象徴を用いようとする幻想であり、そこからは形而上学が生まれる。歴史は、文化と宗教と国家の三重の相互作用によって形成されるというブルクハルトが掲げる歴史理論は、実のところ、文化がアレゴリー的感性、象徴的感性、歴史的感性の三重の働きからなるというかれの文化理論を反映したものである。要するに、この三重の働きを

▼**盛り合わせ鉢**(サトゥラ) さまざまな果物を盛った鉢である「satura」は、風刺劇「satire」の語源である。風刺劇は、ロマンス劇・喜劇・悲劇とは異なって明確なクライマックスや一元的な起伏がなく、韻律や形式において多様なものをおりまぜて作られているために、こう呼ばれた。

前提にすると、アレゴリー的感性に局限化されるあり方や、象徴的感性に一面化されるあり方は、拒否すべき敵であり、それでは適切に歴史的感性が発揮できないということになる。ブルクハルト流のリアリズムの真髄ともいえるこの文化理論は、かれのどの本格的な理論的著作のなかでも展開されてはいないし、おそらくかれはそもそもそれが理論であるとすら認めていない。しかし、その理論はまぎれもなくブルクハルトの仕事の根底に存在していたし、イタリア芸術を「楽しむ」ガイドブックであるかれの『美のチチェローネ――イタリア美術案内』（一八五五年）のイタリア絵画についての章のなかで、実に明瞭に提示されている。

「風刺《サトゥーラ》」のプロット構造

歴史家ブルクハルトは、美術の鑑賞者、とくにイタリア美術の鑑賞者としての能力を発揮しているときに、もっとも率直で、また一番気負うことなく語っている。これはかれの内面の核心に触れる主題であったからだろう。かれの最初の主要な歴史作品である『コンスタンティヌス大帝の時代』（一八五二年）が出版された翌年に作られたイタリア美術のガイドブック『美のチチェローネ』で、ブルクハルトは本領を発揮し、美術の評価にもっとも深く踏み込んでいる。この『美のチチェローネ』は、ブルクハルトに、過去の生について考えるときにはしないような仕方で、直接的に、しかも実に主観的なやり方で歴史の対象について没頭して省察する機会を与えたのである。つまり、芸術的作品の世界全体が、認識の対象として直接にかれの前に現前していたのである。芸術作品の内容や意味は、言語によっては伝えられない。少なくとも言葉のうえだけのこととしては伝えられない。媒体が何を語っているのかを、その作品の意味の考察よりも先に推測してはならないのである。ブルクハルトにとって、少なくとも芸術作品に関しては、媒体とメッセージは文字通り区別できないもの、あるいは区別してはいけないものだった。肝心なことはただ、あるがままの姿の芸術作品に向き合い、そこから形式的な一貫性を引きだすことだけだった。しかし、歴史学一般では、こうした取り組み方は不可能だとブルクハルトは考えていた。なぜなら史資料には形式的な一貫性があるにしても、その形式的一貫性は、史資料が表現しようとしている出来事の本性に対しては何らの本質的な関係がないからである。それに対して、芸術作品は自己言及的である。芸術作品にはその時代の性質や雰囲気やスタイルが反映されるにしても、それを享受するのに、芸術作品が登場した環境との関係という問題を考慮に入れる必要はない、とブルクハルトは考えていた。事実、『イタリア・ルネサンスの文化』から視覚芸術についての考察を外すとブルクハルトが決めたのは、偉大な芸術はそれが制作された外的環境に強く依存しているとする見解に打撃を与えたいという思いがあったからかもしれない。

ルネッサンスの芸術家を論じる場合、ブルクハルトはつねに、その芸術作品の内容や形式がどの程度パトロンの関心や圧力を受けて制作されたものだったのかを判定しようとした。また中世芸術について論じる際には、偉大な芸術家の場合は外部からの制約を乗り越えることもあったとはしながらも、宗教や政治のような芸術とは無関係の圧力のもとで制作された芸術には、ほとんど例外なく欠陥があると考えていた。

興味深いのは、ブルクハルトの著作でもっとも「歴史学的」でないこの作品が、見たところはもっとも厳密に年代順に書かれていることである。『美のチチェローネ』は、建築、彫刻、絵画の三つの部分にわかれているが、これはショーペンハウアーの美学にしたがって、高まっていく「精神性」の順位を表している（初版の「序文」を参照）。区分された部分のそれぞれで、古典古代や古代キリスト教の時代から、ブルクハルトが一八世紀まで続いたとみるバロック期にいたるまで議論が展開されている。そこで語られるのは、盛期ルネッサンスに代表される傑出した状況へと次第に昇りつめながらも、その後三つの分野すべてでいったん達成された調和と均衡が崩壊し解体していく、というストーリーである。最後の時代は、悲劇的というよりはむしろ感傷的な調子でつづられている。それぞれ三つの部分の締めくくりは、どれも哀愁のただよう陰鬱な雰囲気で語られているのである。建築について語っている部分は、「別荘と庭園」の描写（とくにコモ湖畔の別荘についての短い記述）で終わり、彫刻についての部分は、彫刻家カノーヴァ▼についての議論（とくにクレメント一四世の墓碑）で終わっている。絵画に関する部分は、プッサンとクロード・ジェレ通称ロラン▼の風景画（とくにローマ周辺の平原《カンパーニア・ディ・ローマ》の風景画）についての省察で締めくくられている。

ブルクハルトの読者にもっとも直接的なインパクトを与えたのは建築を論じた部分だったが、絵画に関する部分は、ブルクハルト自身が歴史学一般の資料に向けている歴史的感受性や語り方の原則を、もっともよく表している。古代キリスト教とビザンツ帝国期の西洋芸術が劣っているのは、当時の芸術家たちが宗教的教義と世俗的権力に強要されて、「たん

▼**カノーヴァ**　アントニオ・カノーヴァ（Antonio Canova）一七五七－一八二二。イタリアの彫刻家。一八世紀後半における古典的芸術への回帰運動（新古典主義）の代表格。

▼**ロラン**　クロード・ロラン（Claude Lorrain）一六〇〇－八二。フランスの画家。その風景画は後世に高い評価を得る。

なる機械的な反復」に陥りがちだったせいだとされた。ロマネスク期の芸術は、ブルクハルトの評価によれば、「無害な物語の」様式（Der Cicerone, 701〔既訳書『美のチチェローネ』は抄訳のため引用部分は未収録〕）のなかに本質的な健康さがみられるが、基本的には神話的で象徴的なものである。イタリア美術のゴシック期は（北方ルネッサンスとは違って）ルネッサンスで花開くあの自然主義の誕生を表すものとして描かれている。絵画は建築に奉仕するという地位から解放された。たしかに宗教にはなおも仕えたままではあったにしても、それ自体の固有の表現可能性をのばしていけるように自由になったのである。とくにそれは、ジョットについて言える。かれは、ブルクハルトによれば、最後にはミケランジェロとラファエロの傑出した達成につながる基盤を準備した画家である。

よくあるようにジョットの達成したことを、主として「理想的な美の表現」を目指したことや、「リアルな描写力」を持っていた点から規定しようとはしなかった。というのも、かれによればこの二点では、かれは同時代や近代の芸術家たちよりも劣っているからである。ジョットのすぐれた業績は、むしろ「語り手」としての能力、ストーリー・テラーとしての能力にあったという。ジョットは、「物語を鮮やかに、飾り気なく美しくするには何が必要かを教えてくれた」（『美のチチェローネ』五五頁）。かれはブルクハルトの見るところでは、歴史的情景を描く巨匠として、また当時のひとびとにとっては実際にあった歴史的事件だった、キリストや聖フランチェスコの生涯や教会をめぐる出来事についての語り手として、登場したのであった。パドゥアやアッシジやその他の地域のフレスコ画や板絵の大作に登場する人物たちは、すべてもっぱら物語を説明するという目的のためにのみ存在していた（Der Cicerone, 721-22）。描かれた人物たちは、イコンとして機能しているわけではなかったし、かれら自身の外部に存在する何かを指し示したり、暗示したりしているわけでもない。かれらのすべてが、語られる物語のために存在し、絵のなかの行為を説明するために役立っている（ibid.）。たしかにジョットの芸術でもアレゴリー的要素は、ダンテの場合と同じように完全には排除されていない。ブルクハルトによれば、アレゴリー的要素が残されている分だけジョットの絵の力は弱まっており、アレゴリーの危険にさらされながら、そこからかろうじて免れているという。ブルクハルトの説明にしたがえば、主題を隠喩へと変質させてしまいがちなこのアレゴリーという要素は、ルネッサンス美術を脅かしつづけた。ラファエロがルネッサンスの最高の代表者になったのは、かれがアレゴリーの要素の犠牲にならず、むしろそれを自分の意図に応じて使いこなし、支配することができたからである。ブルクハルトにとって、アレゴリーとは「神秘」という要素への屈服を表していた（727）。それは言い換えるなら、「洞察力」の、つまり直観（Anschauen）の欠如でもあった。

隠喩に抗って

現実を明晰に知覚しそれをまるごと表現しようとする努力に対して、神秘主義が優勢を占めたことの徴候が隠喩であり、それはかならず芸術と真実を破壊してしまうとブルクハルトは考えていた。そして、ジョットについてのコメントのなかでこう述べている。

　清貧の義務を清貧との婚姻として表現することは隠喩であり、そのようなもののうえに芸術作品を築くことはできない。なぜなら隠喩は、必然的に誤った結果をもたらすことになる。（……）寓意的な人物を感覚的な活動に移し替えなければならなくなるやいなや、隠喩なしにはほとんど何も達成できず、隠喩を用いると馬鹿げたもののしか生まれないのである。（『美のチチェローネ』六六頁）

ブルクハルトはこう書いたあとすぐに、ルネッサンスが勝利したのは、世界を隠喩によって記述することの危険性を洞察したからだと示唆している。

　芸術もすべてのアレゴリーが不十分なことはよく感じていた。それを補うために芸術は、たいてい古代から借用された普遍概念の代表者を創造し、それをアレゴリーのひとつひとつに添えたのであった。（……）ダンテもこうした表現方法を頻繁に用いている。このように造形されたものは（……）たんにもの珍しいだけで、当時の素朴な歴史的知識のレベルを表している。（六六頁以下）

つまりブルクハルトは、当時の歴史的知の素朴さを、世界を隠喩によって記述しようとする傾向と対比させ、隠喩の罠から逃れようとする衝動が、とくにジョットの「物語的な」表現スタイルのなかにどれだけ現れているかを示そうとしたのである。

しかし芸術作品におけるアレゴリー的要素を、象徴的要素と混同してはならない。ブルクハルトによれば、「芸術のなかに最高のかたちで表現されなければならないが、たんに歴史的に構成するだけでは具象化できない」ような「崇高な理念」を表現するには、象徴的描写が必要である。「崇高な理

▼**ジョット**　ジョット・ディ・ボンドーネ（Giotto di Bondone）一二六六頃－一三三七。イタリアの画家。ルネッサンス絵画の先駆者。

念」を表現しようとする芸術作品は、「アレゴリーが少なければ少ないほど、そして生き生きとした動きが多ければ多いほど、強い感銘を与えるものになる」（六七頁）。

このような崇高な理念は、「死を超越した世界と結ばれているすべてのもの」と関わりがある。そしてそれは福音書や黙示録の「預言」を超えてダンテの『神曲』で考察されたものでもある。だが、とブルクハルトは警告している。崇高な理念に対する関心は、「個々の出来事を表す芸術的表現」に対する関心によって媒介されなければならない。「『神曲』の象徴的内容には（……）たんに文化史的価値しかなく、詩的価値はなかった。『神曲』の詩的価値は、本質的に個々のモチーフを表している高度の彫塑的な表現様式に、つまり、つねに雄大な文体にかかっていた。これよってダンテはヨーロッパの新しいポエジーの父となった」（六八頁）。

こうしてヨーロッパ芸術の歴史は、アレゴリー的、歴史的、象徴的表現へ向かうそれぞれの傾向が生みだす三重の緊張のなかで展開していったとみなすことができる。そしてルネッサンス様式とは結局、中世文化の「神学的傾向」に支えられたアレゴリー的、隠喩的衝動という伝統が次第に消えていった結果生まれたものだということになる。神学的傾向がいったん排除されてしまうと、ルネッサンスの高度な芸術は、二種類の表現のあいだの創造的緊張に身を委ねることになった。つまり崇高な理念（象徴的行為）と物語（「歴史的」行為）とのあいだの緊張である。

アイロニーとしてのリアリズム

ルネッサンスは、隠喩を排除しながら、その他方で、歴史的な物語と「崇高な観念」の象徴化という二重の課題に対しては忠実でありつづけたことで、その核心において「リアリズム」という性質を持つことになった。ブルクハルトは一五世紀《クワトロチェント》イタリア芸術について論じる際に、このリアリズムの要素を分析することから書き起こしている。このリアリズムの要素は、（それまでのように典型を表現しようと努めるのではなく）人間の形態の細部を、つまり動いている人間的形姿の変化や運動を表現したいと望んだことや、遠近法の規則を発見したことに表されている（九七頁）。こうしたことはみな、古代の範例に依存するのではなく、自然の姿そのものを探求するようになった結果、可能になったことであった（九七頁以下）。しかし、このような外的な現実に対するリアリズムという関心は、何もないところから偶然に生まれてきたわけではない。それは「鋭い美的感覚」が「気まぐれな夢想」になったりしないようにするために、「崇高な観念」をはっきりと意識するなかで育まれたものなのである。

この時代は（つまり、ルネッサンスは——ホワイト）天与の才として、外的な現実をあらゆる細部にいたるまで追うのではなく、それをあくまでより高い詩的真実を損なわない程度にだけ追求するという鋭い美的感覚を初めから備えていた。細部があまりに豊穣であることがあったにしても、そうした過剰が生じるのは建築や衣装の趣味や装飾においてであって、外的な生活のみすぼらしい偶然についてはそうではなかった。したがって、それが与える印象はくたびれた貧相なものではなく、むしろ祝祭的なものだった。たしかに核心的な部分を壮大で高貴なものにまで高めることができた者はほんのわずかであり、多くのひとびとは気まぐれな夢想にとらわれていたし、それが一五世紀の一般的な傾向ではあったのだが、それでも造形の普遍的な気高さが、かれらの着想に喜ばしい、どこまでも心地よい形態を与えたのである。（九九頁）

これが、ブルクハルトにとってもっとも望ましい「リアリズム」の定義である。かれは自分の歴史研究は、ルネッサンス的なあり方の芸術作品でなくてはならないと考えていたが、これは、そうした歴史研究のためにかれが要求したリアリズムである。このリアリズムは、一九世紀のリアリズムとはすっかり対照的なものであった。ブルクハルトによれば、一九世紀のリアリズムは、細部を写真のように再現しようとする低俗な興味以外の何ものでもなく、「崇高な観念」への献身という普遍的基準に統御されたものではなかった。先に述べたようにブルクハルト自身は「歴史哲学」には反発していたが、そのこととは正反対に、かれの考えるリアリスティックな歴史叙述のほうは、このように現実とはどんなものであるのかについての、抑制されてはいるがはっきりとした普遍的構想を必要としたのである。この普遍的構想は、具体的な細部についての知識とはまったく別のもので、歴史の作品には、理想化されてはいるものの、それにふさわしい形式的な一貫性を与えてくれるものだった。ブルクハルトはこの普遍的構想を、ひどくあいまいな形でしか正式な理論として認めていない。それにもかかわらずこの構想は、歴史的存在の事実についてのかれの理解を規定しており、そのおかげで「気まぐれな夢想」に陥らないリアリズム、つまり「鋭い美的感覚」のリアリズムが実現されたのである。ルネッサンス芸術そのものと同じように、ブルクハルトの歴史叙述もまた、象徴主義と物語とのあいだの領域で問われるべき問題として展開されている。このような歴史叙述の一番の敵は隠喩であり、そして、現実を表現するときに隠喩がとる形式であるアレゴリーだった。

　ブルクハルトによれば、ルネッサンスは一六世紀《チンクェチェント》に「稲妻のように（……）天からの贈物のように、突然姿を現す。その時が来ていた。（……）いまや偉大な巨匠たちが、不滅の芸術作品のために永遠の真実を収穫する。それぞれ違った自分のやり方をとっているために、ひとつの美が他の美を排除することはない。むしろすべてが集まって、至高の存在のさまざまな姿での顕現をもたらしている」。たしかに、美しいものがつねにそうであるように「花の盛りはじつに短い。（……）ラファエロの短い生涯（一四八三－一五二〇——ホワイト）は、もっとも完璧なものすべての出現を目撃したが、かれの死後ただちに衰退が始まったのであり、それは、かれよりも長く生きた巨匠たちにしてもそう言わざるをえない」（一八〇頁）。

この凋落のきざしは、ラファエロの同時代人である二人の巨匠、レオナルド・ダ・ヴィンチとミケランジェロの作品にすでに表れていた。レオナルドのほうは過度に「風景の助け」に依存するようになり、そこからあの「モナリザ」の（ブルクハルトを悩ませた）「夢見るような効果」が生まれ、アレゴリーへの回帰を招いたのである（一八三頁）。それとは対照的に、ミケランジェロでは、「歴史的」要素が象徴的要素にとって代わられがちであった。すべてがあまりにも崇高であり、それとバランスをとるものがなかった。「人生をわたしたちにとって親しみのあるものにしてくれるあらゆること」について、かれの作品ではその具体的な細部が描かれない。その結果、「その本性からしてひたすら崇高で美しいもの」が、ミケランジェロの作品において「誇張される」ようになった（一九八頁）。

ブルクハルトがシスティーナ礼拝堂のフレスコ画を論じることで明らかにしたのは、ミケランジェロの絵画に欠けているのが「歴史」だということだった（Der Cicerone, 825. 既訳書『美のチチェローネ』は抄訳のため、この箇所は未収録）。このことは、これらのフレスコ画に「重々しさ」を与えることになったが、同時にラファエロ芸術の完璧さがいまや崩れ始めているという徴候でもあった。ミケランジェロが鋭敏な美的感覚を欠いているということは、かれの「最後の審判」に表されている。「最後の審判」は、それが可能かどうかという点でも、望ましいかどうかという点でも、表現するのにふさわしい対象ではなかったかもしれないと、ブルクハルトは仄めかしている（『美のチチェローネ』二〇一頁）。「ミケランジェロは、運動や配置、遠近を強調する短縮法、純粋に人間的な形態の群像化、といったあらゆる表現可能性を実際に召喚できるプロメテウス的な幸福を享受している」（二〇二頁）。これはマニエリスム▼において欠点として現れてくる傾向だった（二〇四頁）。そして、ブルクハルトがミケランジェロに与えた評価は、かれを天才としていかに称揚してはいても、最終的には否定的なものだった。「ミケランジェロが亡くなったとき、すべての芸術のあらゆる立脚点がおかしくなってしまった。誰もが無制約なものを求めるようになった。ミケランジェロの場合に無制約であるように見えていたものはすべて、かれの内奥にある個人的な本質によって制約されていたということを、誰も知らなかったからである」（二〇四頁以下）。

すると、（あえて言うとすれば）レオナルドの天才は気まぐれな夢想の方向に逸脱し、その他方で、ミケランジェロの天才は象徴主義の方向に逸脱したと見えるかもしれない。それに対して、ラファエロの場合には、夢想は排除され、象徴主義と歴史のあいだには完璧なバランスが保たれていた。「ラファエロでは、個別的なものが非常に強く直接的に作用するために、わたしたちはそこにこそ本質的なものを見つけたと信じるのだが、しかし、全体的なるものから生まれる魅力こそが、それと意識していないうちに決定的な要因として働いているのである」（二二六頁以下）。しかし、全体的なるものの感覚とは、もちろん形式における完全性であって、自然のままの象徴主義ではなかった。ブルクハルトによれば、初期のフィレンツェ時代の肖像画で、ラファエロはすでに「偉大な歴史画家」（二二七頁）としての才能を発揮している。数ある聖母像を描くときでさえ、ラファエロは「つねにできるかぎり象徴主義的手法を使わないようにしている。たとえばヴァチカン宮殿のフレスコ画に表れているように、必要なところでは象徴的なものも意のままに用いてはいたが、かれの芸術は、形式の外部に存在する関係に依存するようなことはなかった」と、ブルクハルトは断言する（二三五頁）。「エゼキエルの幻視」を描いたときでさえ、ラファエロは、中世絵画ですでに範例化していた題材を取り上げ、それを「峻厳な象徴によって可能になるかぎり、素晴らしい美の精神において作り替えている」（二三六頁）。そしてラファエロは、ヴァチカン宮殿の「署名の間」のフレスコ画では、伝統と権威に命じられてアレゴリー的で歴史的なテーマを取り上げたが、観る者がそこに描かれている人物たちを混同しないよう、ひとりひとりを個人として識別できるように描いた。そのようにして、かれ独特のバランス感覚の才を用いて、歴史的場面を表現したのである。

たとえば「聖体の論議」に描かれた人物像は、「純粋に絵画的なモチーフにしたがって」制作されている。「かれらはほとんどすべてが過去に属している人物たちで、多かれ少なかれ遠い存在であり、それを理想化する記憶という心の働きのなかにのみ生き続けていた」（二四六頁）。また「アテナイ

▼**マニエリスム**（Maniérisme）ルネッサンスの古典主義芸術を受け、一六世紀半ばから一七世紀初頭にかけて、その衰退ないし反動として現れたとされる芸術様式。歪んだ遠近法、不自然なプロポーションなどが特徴。最初はブルクハルトにみられるように否定的評価が主流だったが、その後積極的に評価されるようになる。晩年のミケランジェロやエル・グレコなどに顕著である。

の学堂」には、まったく「神秘的要素がない」。この絵の背景となる学堂の建築は「精神の力と魂の力のすこやかな調和をはっきりと象徴して」いるが、人物たちの配置には「絵画的モチーフと演劇的モチーフとの完璧な一致」（二四七頁）がみられる。そして「署名の間」は「形式と思想とが純粋な均衡を果たしているはじめての包括的な芸術作品」（二五〇頁以下）であった、というのがブルクハルトの結論である。かれは、この時期のラファエロの作品の特徴を論じるなかで、芸術的な完全性に関する自分自身の定義を表明している。

ラファエロの場合にはじめて、形式は全体の効果を損なうことなしに、どこまでも美しく高貴で、同時に知的な活気に満ちている。どんな細部も出しゃばって前に迫り出してくる、ということがない。芸術家は自分が扱っている偉大な象徴的主題の繊細な生命を正確に理解しており、特定のところに関心が集まりすぎると、全体の調和をいとも簡単に壊してしまうのが分かっていた。そして、それにもかかわらず、かれの描いたひとつひとつの人物像は、それ以降のあらゆる画家にとってもっとも重要な研究対象になったのである。（二五一頁）

ヴァチカンの廊下《ロッジア》や壁掛け《タペストリー》のための下絵、「ヘリオドロスの間」、「火災の間」、「コンスタンティヌスの間」の偉大な連作によって、歴史家にして劇作家《ドラマティスト》であるラファエロの力量が確立され深みを増した、とブルクハルトはつづける。とくに「コンスタンティヌスの間」に描かれた「ミルヴィオ橋の戦い」では、ブルクハルトが「理想的な歴史的瞬間」と呼んだものが、完全な迫真性と理想性を備えた姿で描きだされている（二五七頁）。教皇からの指示のもとで働き、主題や人物について特定の扱い方をするよう強制されながらも、ラファエロは内外からのあらゆる要求を自分の才能のために見事に使いこなしていた。歴史と芸術に同時に忠実でありつづけながら、観るひとの目を永遠に惹きつけてやまない美しい作品を創りだしたのである。ブルクハルトは結論づけている。「近代人の精神は、形式美の領域において、かれ以上にすぐれた支配者にして守護者である人物を知らない。というのも、古代はわたしたちには断片化した姿でどうやら残されてはいるが、その精神はけっしてわたしたちのそれではないからである」（二六六頁以下）。ラファエロがたんなる「美的」天才というよりも、本質的に「倫理的」天才だったのは、歴史的感覚と美的感覚にともに忠実でありつづけることができたかれの能力によってである、とブルクハルトは言う。この理想的な芸術家についての評価は、いかにもブルクハルトらしく、哀調とともに終わっている。

こうした倫理的な特性は、かれがもし仮に長い生涯に恵まれたとしても、老年期にいたるまで失われることはなかっただろう。かれがまさにその死の直前の時期にみせた驚くほどの創造力をあらためて考えてみると、かれの夭折によっていかに多くのことが永久に失われてしまったのかと思わざるをえない。（二六七頁）

このようにラファエロに賛辞をささげたあとでは、ブルクハルトが描くイタリア芸術の物語は、持続する凋落の物語になる。ティツィアーノ▼やティントレット▼は、それぞれの独自のあり方ですぐれた成果を残したが、しかし、凡庸さや通俗性へと頽落していく傾向はとどめようがなかった。ブルクハルトは他にも数多くのすぐれた技量や、さまざまな分野での才能を見出すものの、結局衰退の流れを押しとどめるものは何も見つけられず、かれが「近代派」と呼ぶものに行き着くことになる。近代派の主要な特徴は、ブルクハルトによれば、卑俗なリアリズムの傾向である。

ありとあらゆる理想的な企てを試したにもかかわらず、こうした近代絵画は最高の目的から排除されている。というのも、それはあまりにも直接的に描写し説得しようとするからである。しかし、その一方で、近代絵画は、末期文化時代の子として、たんなる直接性（つまり素朴さ）のなかで超然としていることはもはやできなかった。近代絵画の自然主義は、あらゆる存在や出来事そのものをその手でつかみたがる。自然主義は、このことをすべての芸術的効果の第一の条件だと考え、観る者のほうはふだんからまったく違う種類の刺激を求めることに慣れているのに、その内的感覚を考慮しない。（三七六頁）

ブルクハルトは、この近代派特有の欠点を容赦なく分析した。物語的な絵画にはなにか「印象的な」ものが含まれており、たいていはグエルチーノ▼の「聖トマス」のようにキリストの傷口に触れるだけでなく、数本の指を傷口の中に突っ込

▼**「ヘリオドロスの間」……の偉大な連作**　ラファエロは、これらと「署名の間」のユリウス二世の四つの居室に、聖書や歴史を題材にしたフレスコ画を描いている。
▼**ティツィアーノ**　ティツィアーノ・ヴェチェリオ（Tiziano Vecellio）？－一五七六。ルネッサンス期におけるイタリアの画家。作品に「海から上がるヴィーナス」など。
▼**ティントレット**（Tintoretto）一五一八－九四。ルネッサンス期におけるイタリアの画家。ティツィアーノの弟子。作品に「スザンナの水浴」など。

んでいるトマスを描いた「通俗的なもの」に終わる（三八六頁）。歴史画では、殉教に対する血まみれの関心が優勢を占めており、「写実的」であればあるほどいいと思われていた。また、カラヴァッジオの「メドゥーサの首」の場合は、「残忍なものが、深い感情よりもむしろ嫌悪感を惹き起こす」とブルクハルトは述べる（三八六頁）。神聖な題材は「当時の社会のエチケットや良き作法によって」表現されてきた（三八六頁以下）。情動を表すためには、形式よりもむしろ、表出ばかりが用いられた（三八八頁）。宗教的な法悦と至福を表すために失神する女性像が描かれることが多く、もっとも神聖な題材と世俗的な題材が一つになって、野卑で過度に官能的な自然主義に陥ってしまった（三九〇頁）。ブルクハルトにとって、カラヴァッジオによって生み出された絵画のジャンルである風俗画は「異様なほど才気ばしっている、恐ろしい演劇的な内容」を持っていた（四〇〇頁）。風景画でのみ、すぐれた才能が全面的、直接的に力を発揮したが、近代的な様式で描かれて不朽の名声を得たイタリアの風景は、ほとんどはイタリア人以外の画家たちの手によるものだった。ブルクハルトによれば、プッサンとその後継者たちが描いたのは、「手つかずの自然だった。そこでは、人間の痕跡は、ただ建築として現れるだけで、主として古い時代の廃墟であったり、質朴な小屋であったりする。わたしたちがそこで想像したり、おそらくそこに表されていると思ったりする人類は、古い寓話世界に属しているか、あるいは聖なる歴史や牧人世界に属している。そのために、全体の印象は太古の英雄時代の牧歌的な感じになる」（四〇六頁）。そして最後にクロード・ジェレ通称ロランが、「人類を慰める」にふさわしい声で語りかけてくる自然を描いた。ブルクハルトは、イタリア芸術を楽しむための案内書をこう締めくくっている。「かれの作品に沈潜するものにとって（……）いかなる言葉も無用である」（四〇七頁）。

歴史と詩

「歴史と詩とのあいだの序列争いは、最終的にショーペンハウアーによって決着がつけられた。人間の本質を認識するにあたっては、詩のほうがより多くのことをもたらす」とブルクハルトは『世界史的考察』のなかで述べている。「歴史は、人間一般の本質についての認識という点では、詩の恩恵をこうむっている」。そのうえ「詩が創造された目的は、歴史よりもはるかに崇高なものである」（『世界史的考察』一二二頁）。これは明らかに次のことを意味している。つまり詩が原理を与えているのであり、その原理によって、出来事をそれぞれの特殊性に即して歴史的に考察する営みを、一つの構造にまとめあげることが可能になる。こうした構造が、いずれにしろ出来事の内容やその本質的な形式を表現するために、一定の役割を果たすのである。さらに、ブルクハルトの信じるところでは、どんな文明に関しても、もっとも有益であり、その文明の本当の内的な本性をもっとも明確に提示している資料とは、詩的なものなのである。つまり、「歴史は詩のなかに、もっとも重要であると同時にもっとも純粋で洗練された資源のひとつを見出すのである」（同前）という。

しかし、純粋な詩的表現を脅かす危険性もある。それは先に説明した鋭敏な感覚をもった「リアリズム」に迫る危険性と同じものである。というのも、ブルクハルトによれば、詩は起源においては「宗教の器官として」出現したのだが、すぐに詩人自身の「個性」を表現する手段になったからである（一二三頁以下）。このような宗教からの詩の分離は、ブルクハルトによれば崇高なものを求める人間の意志が引きおこしたものであり、「理想的な登場人物たちに普遍的に人間的なことを語らしめ」んとしたアイスキュロスやソフォクレスの古代アッティカ悲劇が、その到達した高みだった（一三三頁）。それとは対照的に、中世の詩は「礼拝の一部であって、決まった物語に結びつけられていた」ものだったし、近代の詩には「アレゴリー的で風刺的な『道徳性』」という衝動に満ちていた（同前）。

ブルクハルトの歴史叙述は「あらゆる体系的なものを（……）断念している」。かれは、自分の描く歴史像が「自分自身の反映にすぎない」と率直に認めていた（一八頁）。しかし、歴史的物語がわたしたちの意識にもたらしうる洞察は、適切に書かれた詩がもたらす洞察と本質的に同じだと考えていることは曇りもなく明らかである。ブルクハルトが考えている歴史は、詩がそうするように、そしてそれ以上にラファエロの視覚的な詩がそうしたように、一方では過度のアレゴリー化の危険を、他方では過度の象徴化の危険を回避する。これがもたらす帰結とは、歴史の場を占める対象やそうした対象のあいだにあると想定される関係について、それを隠喩的に特徴づけるような形式をすべて攻撃する姿勢である。アイロニーに依拠するあらゆる哲学者や歴史家がそうであったように、このような反隠喩的態度がブルクハルトのアイロニーの本質をなしていた。そうだからこそ、ブルクハルトの文体は一見したところ「純粋さ」を備えているようにも見え

▼**グエルチーノ**（Guercino）一五九一－一六六六。イタリアの画家。一七世紀ボローニャ派の代表格。作品に「われアルカディアにもありき」など。

▼**カラヴァッジオ** ミケランジェロ・メリジ・ダ・カラヴァッジオ（Michelangelo Merisi da Caravaggio）一五七三－一六一〇。イタリアの画家。ボローニャ派。作品に「洗礼者聖ヨハネの斬首」など。

る。そこでは単純な平叙文がふんだんに使われており、もっとも多く用いられる動詞はたんなる繋辞《コプラ》であって、それによって出来事やその過程についてブルクハルトが特徴づけをしているときの積極的な声は、ほとんど消し去られてしまう。かれの文章では「〜である」という単純な観念が、名人芸といえるほどみごとにさまざまなヴァリエーションで登場するのである。『イタリア・ルネサンスの文化』のなかの、「世界と人間の発見」の章から無作為に選んだ一節が、わたしの言いたいことを例証してくれるだろう。

> それに続く一五世紀末と一六世紀初めのイタリア詩の第二の全盛期と同時代のラテン詩には、人間の心情に対して自然が及ぼす強い影響力を示している例がふんだんにある。そのことはその時代の抒情詩人たちを一瞥しただけで、十分に納得できるだろう。本当のところ、入念に練りあげられた自然描写はごくまれにしかみられない。というのも、この活気に満ちた時代には、小説や抒情詩、叙事詩が描かなければならないものが他にいくらでもあったからである。ボイアルドやアリオストは力強く、だができるだけ簡潔に自然を描いている。しかしその描写によって、読者の感情に訴えようとはしていない。かれらはただ物語と性格描写だけで、読者の心をとらえようとしているのである。実際、手紙の書き手や哲学的対話の作者のほうが、詩人たちよりも自然に対する愛情の高まりをはるかによく証言している。（三六〇頁）

ひとつの領域とそこを占める人物についてのすばやいスケッチは、印象派の画家の巧みな筆づかいを思わせる。そこでは印象は、ひとつひとつばらばらな知覚の報告にすぎず、たしかにそれは合わさって一つの主題《テーマ》とはなっているが、命題《テーゼ》にはならない（三六〇－三六一頁）。ここで引用したパラグラフ全体の構造も、節からなる章の構造も、そしてひとつひとつの節それ自体の構造も、どれもが並列的である。そこでは、出来事を論証するためにそれを仮説的に組み立てたいという衝動が意図的に抑制されているように見える。次に引用する「人間の発見」という主題に関する一節には、たしかにはっきりとした命題《テーゼ》があるし、ブルクハルトもそうした言葉を用いてはいるのだが（三六五頁）、その他方で「証明のための論拠となる現象はほとんどないだろう」と、いさぎよく認めている（同前）。そしてこう述べるのである。

> ここでわたしが、推測という危険な領域に踏みこんでいることは分かっている。そして（……）一四世紀と一五世紀の知的運動における、繊細でゆるやかではあってもはっきりとした変化のように見えるものが、他のひとたちには同じようにははっきりとは見えないかもしれない

ことも分かっている。ひとびとの魂のゆるやかな覚醒という現象は、見る者にそれぞれ違った印象を与えるかもしれない。どの印象がもっとも信頼できるものなのかということは、時がたてばやがて分かるだろう。(同前)

さらに、詩のなかに表現されている新しい精神の例を数多く挙げてから、ブルクハルトは全体の印象をこう要約している。「このようにイタリア的情緒の世界は、澄みわたり簡潔で、簡潔だからこそもっとも印象深い一連の絵画として、わたしたちの眼の前に繰り広げられるのである」(三六八頁)。ここでブルクハルトが、自分の抱く「印象」を他者の抱く印象に突き合わせているだけでなく、自分の崇高の感覚についても、それを他のもっと不完全な感覚に突き合わせて考えていることは明らかである。しかし、それは単純な断定的主張をするための議論として持ち出されているのではない。歴史の場で起こっていることにわたしたちの目を向けさせ、説明してくれているこの崇高なものの力は、まさしくブルクハルト自身の詩的感受性の作用である。この感受性は、かれ自身の評価では、記述と説明の双方の役割を果たす隠喩からは、はっきりと切り離されている力であった。それは、詩や歴史についての、隠喩が規定的なロマン派的理解の対極をなすものである。そしてこの感性は、それがもっとも純粋に表現されるときには、隠喩はすでに論外として、換喩にとらわれるだけでなく、提喩にはまり込む誘惑すらもはねつける力をもっていた。

ルネッサンス芸術の盛衰に関するブルクハルトの理論は、歴史が芸術作品として書かれなくてはならないというかれの理解がどういうものであるのかについても、決定的な洞察を与えてくれる。かれにとって歴史という芸術を脅かしている危険性は、ルネッサンス芸術を脅かしていた二つの危険性と同じであった。やはりアレゴリーと象徴化である。繰り返すなら、アレゴリーとは、歴史的事実から道徳的意味を引きだすことであり、象徴化とは、具体的な現実を無時間的な精神的諸力の暗示にまで昇華することであった。聖アウグスティ▼ヌスの『神の国』は、この第一の危険性の実例であり、歴史的な出来事を、万物を支配する倫理的な力の顕現にまで還元

▼**ボイアルド**　マッテーオ・マリーア・ボイアルド（Matteo Maria Boiardo）一四四一頃－九四。ルネッサンス期におけるイタリアの詩人。著作に『恋するオルランド（*Orlando innamorato*）』など。

▼**アリオスト**　ルドヴィーコ・アリオスト（Ludovico Ariosto）一四七四－一五三三。イタリアにおけるルネッサンス期最大の詩人、劇作家。著作に『狂えるオルランド（*Orlando furioso*）』など。

した。アウグスティヌスの作品の場合は、歴史意識が「強制的権力」のひとつに隷属したときに、つまり、この場合は宗教に隷属したときにどうなるのかを表している。もっとも、そもそもキリスト教に限らず、特定のイデオロギーのために書かれた歴史は、「アレゴリー的な」歴史叙述の実例とまったく同じ特性をもつことになるはずである。それに対してヘーゲルは、過度な象徴化が陥る危険性の実例を表している。具体的な歴史上の出来事を、本性的に形而上学的な一定の形式的体系をつくりあげるために解体し、それによって、あらゆる出来事はその特殊性を奪われて、類や種という普遍的カテゴリーの構成内容に変換されてしまう。しかし、ラファエロの芸術がそうであったように、真正な歴史叙述であれば、アレゴリー化しようという衝動や象徴化したいという衝動はそのまま野放しにされるのではなく、「リアリスティック」な表現が必要だと考える歴史家の意識のもとに統御されるのである。このような適切な「リアリズム」は、二つの構成要素を持つと考えられている。その一つとは、歴史の場は不連続な出来事の組み合わせから成り立っているものであり、まったく同じ出来事が二度起こることはありえないという理解である。そして、もう一つは、歴史の場はさまざまな関係から構築されているという認識である。そして、こうした構造についての感受性は、ちょうどラファエロが「アテナイの学堂」や「コンスタンティヌスの戦い」、「ボルセーナの奇跡」などの作品において人物配置を行ったときのような、卓越したレベルにまで達していなければならない。というのも、卓越した歴史家が叙述すれば、冷酷な権力に支配され、文化が政治に隷属していた時代についての叙述さえ、ある種の形式的一貫性をもつようになるからである。それは、ラファエロの「ボルゴの火災」を観るときにわたしたちに呼び醒まされる形式感覚に似ている。「ボルゴの火災」という作品は、一見したところは激しい動きと興奮にあふれているが、実際には部分においても全体においてもみごとな形式的一貫性をもった傑作である。しかし、だからといって叙述が似たり寄ったりになることはない。歴史的過程のなかの異なった時期は、ラファエロが描いたさまざまな絵画がそうであるように、互いに区別して考えることはできる。ラファエロのそれぞれの絵は、内容の点でも、またその構図によって解決される形式の点でも、ひとつひとつが異なっている。それを判断する基準は、厳密に美的なものである。歴史叙述における歴史像を構成する要素も、ある何らかの「歴史」画が描かれるときの要素と同じくらい、変化に富んだものになりうる。もちろん歴史家は、ラファエロが「コンスタンティヌスの戦い」を描く際に許されなかった以上に、歴史上の登場人物を勝手に創りだすことは許されない。絵画がどのような内容にならなくてはならないかを決める規則はあらかじめ存在しないのである。歴史家が「創出する」のは、ある図像の諸要素のあいだにある形式的な関係だけである。こうした要素のあいだの関係は、ミクロコスモスのマクロコスモスに対する関係というよりも、出来事とそのコンテクストとの関係である。ある出来事とそのコンテクストとを厳密に区別することができないのは、「ボルゴの火災」とラファエロがそれを表現するために描きこんださまざまな要素とを、厳密には区別できないのと同じである。そして言うまでもないことだが、出来事が起こる「原因」は、そもそもブルクハルトの場合にはほとんどまったく考慮されないのである。

小括

ブルクハルトが提案している歴史的説明についての形式的理論はどれもみな、歴史的な出来事が展開される「枠組み」の理論にすぎなかった。つまり、出来事とその枠組み自体との関係についての理論ではなかった。あるいはむしろ、その関係をめぐるブルクハルトの理論の基底にあったのは、出来事と、その出来事が生起するより大きな歴史的枠組みとを最終的に区別することは不可能なのだという理解であった、といったほうが適切かもしれない。こうした理論こそコンテクスト主義である。というのも、この理論においては、歴史的出来事についての説明とは、歴史的時代というタペストリーを織りあげているさまざまな糸が区別され、歴史の場という「構造」を作り上げているさまざまな出来事のあいだの相互連関が示されることだからである。しかし、ある出来事とそのコンテクストとの関係は、全体的なものを示す言葉によって個別的なものが表現される提喩的なものではない。つまり、そこでは部分の全体に対する関係は、ミクロコスモス－マクロコスモス的な関係として捉えられてはいないのである。たしかに、ブルクハルトはこうした提喩的な表現と取り違えられかねない言葉をしばしば自分の歴史作品のなかで用いてはいるが、それはたいてい、国家と教会、つまり政治と宗教という強制的権力に対して文化がヘゲモニーを獲得する偉大な瞬間を特徴づけるためだけに限られていた。芸術作品の部分と全体とのあいだには、あるいはそうしたものとして生きられた個人の生の部分と全体のあいだには、たしかに内的な調和や一貫性は存在している。しかし、このような内的関係は、文化そのものが政治や宗教に対してとる関係の様態とは正反対をなすものだった。というのも後者の文化と政治や宗教との関係はブルクハルトにおいてすら、それと自覚しないうち

▼聖アウグスティヌス　アウレリウス・アウグスティヌス（Aurelius Augustinus）三五四－四三〇。初期キリスト教会最大の神学者、思想家。著作に『告白』『神の国』など。

に換喩的に理解されているからである。つまりそれは、破断的状況として、利害の分裂し衝突する状況として、そしてさまざまな力による不可避な闘争として捉えられており、これらは人間の本性の深奥に根ざしていて、その働きは究極的には神秘的なものだと解釈されていた。このような葛藤から生まれでるものは、今日の言葉でいえば、「現象学的」にしか扱うことができない。葛藤から生まれでたものの「歴史」を「物語」の形式で書くことはできるが、しかし、この物語が贖いや和解や、あるいは啓示による救済の約束の公現へとつながる展開の道筋を記述することはブルクハルトにおいてはありえないだろう。

ブルクハルトが語る過去についての物語は、つねにすぐれた達成から隷属状態へと落ちていく「凋落」のストーリーである。いったんこの「凋落」が起こった後には、歴史家に考察すべく残されているのは、「断片」や「廃墟」として理解された歴史的構築物だけである。この歴史的構築物の探究に惹かれる歴史家の情熱は、それらの「断片」や「廃墟」のなかに含まれている「過去のものを想起せよ」という呼びかけに喚起される。こうして失われた時を求めることだけが、歴史家に残されたただ一つの義務なのである。こうした過去の断片に、現在のヒロイズムを鼓舞する恐れのあるような寓話を押しつけるようなことは、歴史家には求められていない。過去の断片を「ドラマ化」して、協同社会的行為がもつ癒しの可能性を信じさせようとする行為などは、歴史家には許されていないのだ。なかでも歴史家に禁じられているのは、同時代のひとびとの衰えた力を蘇生させ、かれらを本来の人間性を求める闘いに押しやるために、自分自身の力に自信を与えることができるよう、歴史的、宇宙的過程についての普遍的な法則を探求するような営みであった。

ブルクハルトは、歴史のなかに悲劇の真実の暗示を見出した、と明言している。しかし、かれの悲劇理解は、ギリシア悲劇のそれではなく、あくまでもショーペンハウアーのそれだった。そして、ブルクハルトがそこから引きだした唯一のモラルは、「そもそも生まれてこなければよかった」という、気のめいるような結論だったのである。言い換えれば、少なくともブルクハルトは、生の喜びはせいぜい過去のごくかぎられた時代に生きた男たちに与えられるものにすぎないと考えていた。たしかにかれは、未来において文化が再生する可能性に期待を寄せてはいたが、人間が現在において積極的な行為によってそうした文化の再生に貢献できるかもしれないという希望はまったく抱いていなかった。かれは直近の未来は、そのときどきの政治的現実をさまざまに代表する存在のあいだの争いに委ねることとし、しかもその争いから積極的なものが生まれるとは全然期待していなかった。未来に対するブルクハルトの考え方は、違う道筋を通ってたどり着いたものではあったが、『西洋の没落』を書いたシュペングラーのそれとまったく同じものだった。感受性が豊かな人間がとることのできる唯一の行動は、ひとびとの視線から身を隠し、自分自身の庭を耕し、過去のものごとに思いを馳せながら、目下のところ幅を利かせている狂気がいつか自滅するのを待っていることだけだった。そうすれば、ひょっとすると壊滅的な破局のはるか彼方で、文化がふたたび復活するかもしれない。それまでは都市から田園へと引き退き、選ばれた少数の気の合うひとたちと洗練された会話をかわしつつ、「実践的な」ひとびとの活動は軽蔑しながら、ただ待ち続けるしかないのである。

ブルクハルトのペシミズムは、人間のうちに潜む究極的な創造的能力に対する信頼の芽を埋めこんでしまった。もっとも、かれは、啓蒙主義以来もたらされた文化の理想をすっかり否定してしまうには、あまりに生を愛しすぎていた。クローチェが考えているように、ブルクハルトに欠けていたのは知性ではなく、倫理であった。「あらゆるペシミストと同じように、かれは自分のなかに少しばかりの貪欲なる快楽主義を潜ませていた」とクローチェは書いている（Croce, *History as the Story of Liberty*, 96）。この快楽主義が、ブルクハルトを、世界に向きなおって自分がもっとも高く評価する部分を救おうとするのではなく、むしろそこから逃避しようという気にさせていた。かれの著書と人生が「芸術作品」を擁護するための「芸術作品」とみなされていたのも、おそらくそのためだった。しかし、ブルクハルトがいかに審美主義的であったにしても、かれが達成した歴史叙述はたんなるディレッタントの域をはるかに超えていた。時代の緊張と重圧を察知する能力を備えていたがゆえに、かれは文化の衰退現象をめぐる卓越した分析者になることができたのである。世界史に関わる概念を駆使して世界からの逃亡を正当化しようと願望した点で、ブルクハルトはたんなる審美主義者とはわけが違っていた。世界が向かっている方向を理解しているとかれは考えていたが、その流れに何らかの積極的なやり方で対抗する意志は欠落していた。このような意志の欠如という点で、ブルクハルトは友人であり大学の同僚でもあったニーチェとは、本質的に違っていたのである。

第Ⅲ部

一九世紀後期の歴史哲学における「リアリズム」の拒否

The Repudiation of “Realism” in Nineteenth-Century Philosophy of History

第7章

歴史意識と歴史哲学の再生

Historical Consciousness and the Rebirth of Philosophy of History

一八世紀という時代では、歴史叙述を三つの類型に区別するのが通例であった。つまり、「真の歴史叙述」「物語風の歴史叙述」、それに「風刺劇的な歴史叙述」の三つである。このとき歴史哲学の課題は、このうちの最初のもの、つまり「真の歴史叙述」によって与えられる事実が、はたして人類にとってどんな意味をもつのかをひたむきに内省することだと考えられていた。ところが、一九世紀になると、「真の」歴史叙述と「歴史哲学」を区別することに力点が置かれるようになった。そういう枠組みで考えたために、歴史叙述は、過去に起こったことを忠実に描写しなくてはならず、空想から出てきたものと関わりをもってはならないことになった。それは客観性という精神にのっとって書かれるべきであり、現代の党派的な争いから超然としていなくてはならず、意味を純粋に「哲学的に」反省しようとするとすぐに生じかねない歪曲や抽象的論議から免れていなくてはならない。これが一九世紀の歴史学者たちの基本了解であった。その一方で、歴史哲学の側を代表するヘーゲルも両者を区別していた。ただし、かれは、歴史叙述と歴史哲学とを隔てている溝の深さを強調するというよりは、歴史哲学に立脚すると歴史叙述がどれほど明晰に分析を果たせるのか、ということのほうに目を向けていた。ヘーゲルは、歴史学が過去の実在を厳密に表現しようとする際に、もしも歴史叙述が不可避に巻き込まれる解釈上の争いを秩序立てる役が哲学に割り当てられていないなら、そんな歴史叙述は学問の名に値しない素朴な状態にとどまらざるをえない、と考えたのである。

ヘーゲルは、本書の第2章で詳細に見てきたように、歴史叙述のさまざまな形式を普遍的歴史、実用的歴史、批判的歴史、概念的歴史の四つに区別していた。しかし、この区別法は、そのあと一九世紀に生み出される歴史叙述を整理するための原理として、引き継がれることはなかった。一九世紀の主流派となる歴史家がとくに重視した原理は、むしろ国民史と地域史とを分けるためのものやら、「一般」史ないし世界史を展望するためのものであった。またその点とともに歴史家たちがしきりに区別したのは、一連の歴史的出来事やその出来事の証拠および目撃証言をめぐるもともとの評価と、出来事があった時点で「現実に」起こったことをどのように物語としてあとからありありと再構成するのかという問題との違いであった。しかし、もっと重要な点は、過去の「真の」評価と、過去において「起こらざるをえなかった」ことのアプリオリな評価（つまり歴史哲学）とが、また何が「起こるべきであったか」ということを押し出す考え方（つまりイデオロギー的歴史、あるいは所謂「狂信的」歴史）とが区別された、ということだった。

このような「真の」歴史と「哲学的」歴史のあいだであれこれ考えられた区別の他に、一九世紀の歴史家たちが強調していたのは、真の歴史的解釈はどんなものであっても純粋に「芸術的な」原則だけから構成されることはありえないし、その逆に物理科学が扱うような例外のない法則を生みだすこともないという論点であった。ただしこれは、「真の」歴史というものは、それ自身のうちに科学的、哲学的、芸術的要素を持っていないということではない。それどころか一九世紀における歴史叙述の主流派は、歴史家とは、科学的、哲学的、芸術的な諸原理に同時に足場を持つ人間のことなのだと強調していた。しかし、歴史学が固有の目的や方法や主題を備えた自立的な学問領域だと自己主張する場合、その歴史学に含まれるべき科学的、哲学的、芸術的要素とは、もはや一九世紀初頭の、つまり「真の」歴史叙述が最初に姿を現したと考えられていた時代の科学、哲学、芸術のことではないと信じられていた。科学にしろ、哲学にしろ、芸術にしろ、一九世紀を通してすっかり様相を変えてしまったという認識を前提にして、三つの立場の連関が考えられていたのである。細かく言うなら、そこで歴史学が考えている科学とはもはや実証主義的科学ではなかったし、その歴史叙述に含まれている哲学もドイツ観念論の哲学ではなくなった。その歴史叙述に含まれていた芸術的要素にしても、もはやロマン主義美学のそれではない。結局のところ、歴史家が過去に起こったことに対して歴史学以外の諸要素を活用して真の評価を下そうと努めたとしても、それはすでに本質的に常識と化し、通俗化していた科学理解、哲学理解、芸術理解をあてにしてのことであった。だから、一九世紀思想の主流派における歴史学が、自分たちの学問は科学的、哲学的、芸術的要素を含んでいると主張するようになっても、それはその世紀初頭の沸騰するような新しい構想ではなく、むしろ逆に古めかしいニュートン以前的、ヘーゲル以前的な実在概念に、もっとはっきり言えばアリストテレス的な概念の水準に戻ったうえでのことだといって過言ではないだろう。そのためその科学と言ったら「経験的」で「帰納的」なもののことであり、その哲学とは「実在論的」なもののことであり、その芸術にしても、大胆な表現をとったり主観的な構想力を解放したりせず、依然として実在の「ミメーシス」に、つまり模倣論的な存在理解に基づいたものにすぎなかった。

もちろん、だからといって実証主義や観念論やロマン主義の歴史叙述が歴史学の領域においてはまったく生み出されなかったということではない。なぜなら、こうした三つの知的潮流から刺激を受けた歴史叙述は、実際にこの一九世紀を通してたしかに繰り広げられもしたからである。実例としてコント、バックル、テーヌ、ハインリヒ・レオ、シュトラウス、フォイエルバッハ、シャトーブリアン、カーライル、フルード▼、そしてトレヴェリアンの名を挙げるだけで十分だろう。しかし、歴史叙述が実証主義的、観念論的、ロマン主義的な性格を体現してそれぞれ実際に姿を現すと、主流派をなす職業的な歴史家たちは、それを「真の」歴史の原理から逸脱したものとして、つまり歴史学が専門的な学問制度となったことによってとうに訣別したはずのあの「歴史哲学」の水準にふたたび落ち込んだものと見て、首を横に振ったのであった。

主流派のなかでは、さまざまな歴史学の「学派」が登場し、「国民的」使命を掲げたり（プロイセン学派▼、小ドイツ学派▼、フランス派、英国派▼など）、あるいはもっとストレートに政治的な立場を、つまりそのまま歴史家のイデオロギー上の姿勢を標指す立場（保守派、リベラル派、急進派、社会主義者など）を標

▼**フルード**　ジェイムズ・アンソニー・フルード（James Anthony Froude）一八一八－九四。イギリスの歴史家、伝記作家。著作に『カーライル伝（*Life of Carlyle*）』など。

▼**プロイセン学派**　ドロイゼンなど政治的な志向の強い歴史学派で、プロイセンによるドイツ統一の歴史的正統性を主張した。

▼**小ドイツ学派**　プロイセン派とほぼ同義であり、オーストリアやスイスを加えず、プロイセン主導のドイツ統一を是とする立場の歴史学者の一派。

▼**フランス派、英国派**　政治的、民族主義的志向の強いプロイセン派とは異なり、当時のフランスやイギリスでは、テーヌやバックルに代表される、自然環境からの人間の意識や行動への影響を重視する、実証主義的アプローチが主流だった。

榜したりしていた。こうした「学派」の旗幟は、それを明示することで特別な研究領域や主題を表そうとするものや、歴史家が歴史叙述の前提や目標にしている現在の社会の喫緊の課題に、いったいどう対応するべきかを明確にしようとするものであった。こうした学派が時代状況のなかで相互に対立しあうありさまは、歴史哲学の存在ほどには、過去の「真の」歴史を書く努力を深刻に脅かす剣呑なものだとは考えられていなかったようである。そこで、次の二〇世紀に入り、その最初の一〇年間のうちに、フュター、グーチ、クローチェという三人の大物が一九世紀史学を概観することになったときにも、いずれも歴史叙述と歴史哲学とを区別することは、正統な歴史叙述と正統性のない歴史叙述とを分けるためには、あって当然の原則だと考えたのだ。

まずフュターは、かれの『近代史学史（*Geschichte der neueren Historiographie*）』（一九一一年）のなかで、フランス革命以後の歴史思想における四つの主要な潮流と段階に位置づけを与えている。それは、「ロマン主義史学」「自由主義史学」「実証史学」「科学的歴史学」の四つであった。このうち最後の科学的歴史学は一八七〇年代に端を発する潮流とされ、フュター本人が採用した立場である。また、クローチェは『歴史学の理論と歴史』（一九一二－一三年）のなかで、歴史学には「ロマン主義史学」と「観念論史学」と「実証史学」の三つがあり、これらはすべてみなその名前が暗示するそれぞれの「歴史哲学」をそのなかに残しているために欠陥を抱えていると批判した。そして、哲学と科学と芸術のあいだの本来的な関係が最終的に打ち立てられた知が、四番目の「新しい歴史学」（正しい歴史学）であって、クローチェ本人がそれを最先端で担っているという自覚を表明したのである。三人目のグーチは『一九世紀の歴史と歴史家たち』（一九一三年）のなかで、歴史家の学派と主題を「国民的かどうか」という観点から「それぞれの本性に即して」分類し整理したが、しかしかれは同時に、自分たちの時代は、適切な「歴史－科学」の枠組みにおいて前世紀の学問的達成を一つに総合することには最終的に成功しておらず、それを果たすために負わなくてはならない課題はまだまだたくさん残っていると嘆いたのだった。

この三作はそれぞれに、歴史がいかに書かれてきたのかを見渡している作品であるが、驚くべきことに三人とも、アカデミズムや職業的歴史家に対するもっとも仮借ない批判者であった二人の思想家が歴史学や歴史学的作品をめぐって遂行した内省の成果を、なんとか無視して済まそうとしていた。その二人の思想家とは、マルクスとニーチェであった。フュターの著作のなかでは、マルクスはプルードンの批判者として一度言及されているだけであり、ニーチェはかれとブルクハルトとの違いを強調するために言及されているにすぎない。グーチがこの二人について触れたのは、本筋とは離れた文脈においてのことだった。そしてクローチェは、ニーチェについてはすっかり黙殺し、マルクスはロマン主義的な歴史学派の一角に追いやってしまった。ともあれ三人が三人とも、歴史過程の一般法則や歴史学の方法、そして分析の規則のごときものがいまだに存在しないために、いかに歴史哲学（クローチェの場合は「歴史の理論」）が現代の歴史学の後塵を拝さなくてはならない体たらくであるのかを嘆いたり、少なくとも嘆くそぶりを見せたりしていたのである。フュターは、ダーウィンの『種の起源』が生物学や民族学で果たした仕事を歴史研究の領域で遂行するような人物が出現することに期待をかけており、グーチは歴史学作品のさまざまな伝統が一つにまとめられ、歴史を分析する普遍的な科学的原理が生み出されるまでには、いかに多くのことがなされなければならないのか、という問題を強調した。クローチェは、グーチが表明するその種の見せかけばかりの謙虚さをあからさまに軽蔑しながら、自分がしようとしている仕事こそが、まさしくそうした普遍的な科学原理を構築する営みなのだと言い放っている。もっとも、三人のなかではクローチェだけは、もしも歴史哲学が歴史学の一般科学や一般理論として役立ちえないのであれば、近代科学や哲学や芸術に対する一九世紀の敵意から生まれた歴史学の別の潮流のなかから、時代の思想が望んでいる歴史的総合の原理が引き出されるべきだった、ということを認めていた。

言うまでもなく一八六八年にプロイセンの歴史家であったJ・G・ドロイゼン（一八〇八‐八四年）によって試みられた仕事がそれであった。『史学――学問および歴史学方法論の講義（*Historik. Vorlesungen über Enzyklopädie und Methodologie der Geschichte*）』のなかでドロイゼンは、歴史的解釈がとりうる主要な形式や、そのそれぞれに対応する表象形式を規定しようと試みたのである。この作品が目指したのは、アリストテレスが弁証術のために『トピカ』においてなしとげ、論証術のために『オルガノン』のなかの論理学論においてなしとげ、弁論術のために『修辞学』においてなしとげ、さらには、詩作法のために『詩学』においてなしとげたことを、歴史学研究のために果たすということであった。そうした意思が、かれの著作のタイトルである「史学」（Historik）という古典ギリシア語風の概念や、その副題である「学問および歴史学方法論の講義」という表現にこめられている。ヘーゲルと同じようにドロイゼンも、歴史学の解釈を「伝記的解釈」「実用的解釈」「条件的解釈」、そしてかれがいうところの「観念の解釈」の四つに分類していた。これらの解釈様式は、今風に言い換えるなら、それぞれが歴史の心理学的アプローチ、因果的アプローチ、目的論的アプローチ、倫理的アプローチということになるだろう。『史学』を抜粋した『史学要綱』は『史学』そのものと同じように一八六八年に公刊される以前から、草稿として出回っていた。『史学』にしろ『史学要綱』にしろ、ドロイゼンの著作において瞠目すべきことは、それが、まさに一九世紀歴史学の成果によって歴史的思考が陥ることになる「歴史主義の危機」を、いかにはっきり予感していたのかという点である。この危機は、一九世紀の歴史学ばかりではなく、第一次大戦に先立つ一〇年間にフュター、グーチ、クローチェのような思想家が、歴史学は科学という地位をもつべきだと主張して展開した議論にも責任があった。そうしたことをドロイゼンは半世紀も前にあらかじめ見てとっていたように見えるのである。

一九世紀前半に活躍したヴィルヘルム・フォン・フンボルトやレオポルド・フォン・ランケと同様に、ドロイゼンも、歴史学が自立性をもつ研究領域であり、それ自身の特殊な目的、方法、主題を備えた専門分野であって、そのために実証科学、観念論哲学、ロマン主義芸術からそれぞれ区別されなくてはならないと考えていた。しかし、これを主張するときのかれを取り巻く知的な風土や精神的環境は、すでにフンボルトやランケの時代とは違ったものになっていた。哲学はもはやドイツにおいても観念論一辺倒ではなかったのである。また実証主義ももはや、合理主義や機械論的説明様式に対する時代遅れの熱狂の残滓ぐらいにしか受け取られておらず、そうした残滓では物理学や化学の過程を記述することはできても、生物や人間の構造を性格づけるのには適さないと考えられていた。ダーウィニズムは、実証主義の運動に新しい生命を吹き込んではいたが、純粋な人間科学や純粋な社会科学を実現するという見込みは、それが登場した一八六〇年代に比べて、けっして見通しが明るいものになってはいなかった。さらに文学におけるロマン主義運動は遅くとも四〇年代の後半までには小説を中心としたリアリズム文学に主導権を譲っており、したがって、かつて作家や詩人から突きつけられた歴史家の客観性を脅かすような厳しい批判は、いまや矛先の甘いものになり、せいぜい象徴主義が支配する詩のサークル内だけの瑣末な問題に変容していた。そうした経緯のなかでドロイゼンは――実証主義からも、マルクス主義からも、社会ダーウィニズムからも等しく突き出されていると思っていた――歴史学を科学化せよという主張が、歴史学のかけがえのない自律性にとって、もっとも重要な脅威だと見た。また、こうした事情のなかでは至極当然な発想だったが、ドロイゼンは、歴史学が芸術に対して一定の親近性を持つという点を認めれば、一方では歴史叙述に客観性を与えることができ、しかも同時代の科学との差異も同時に主張する道が開けると考えるようになった。したがってかれは、出来事の解釈が、半世紀に及ぶ「客観的」歴史学によってさまざまに提示されてきた過程をずっと見渡しながら、いずれにしてもそれらの諸解釈は総じて人類の知には実際的な貢献をしてきたと肯定的に言い切ることができたのであった。ドロイゼンの言わんとしたことは、歴史家は、歴史の場を最初に刈りこむようにして特定の問題を浮かび上がらせなくてはならず、必然的に過去に対して部分的で断片的な評価を下さざるをえないが、その歴史家が歴史の場を切り取るやり方のうち、ちゃんとした必然性があるものとしては、先ほど挙げた「伝記的解釈」「実用的解釈」「条件的解釈」「観念の解釈」という四つの普遍的類型に限定せざるをえないということであった。この四つのそれぞれは、歴史的存在のそのつどの違った領域を照らし出しており、それを用いて表現すれば、同一の出来事のまとまりを、（相互に対立に陥らざるをえないということはないにしても）対照的なほどに異なった仕方で多様に説明するという結果に到達できるに違いない。

ドロイゼンは、歴史の場をめぐる科学的、哲学的、芸術的視点がどうあるべきかを考察する際に、実際にかれの歴史叙述に明らかなように、アリストテレス的な科学理解、哲学理解、芸術理解をそこに持ち込んでいる。たとえばかれの歴史学論は、アリストテレスの体系風に研究の方法（方法論）、研究素材の体系的分析（体系論）、表現技法（場所論＝トピカ）の三つの主要部分に区分されており、この三つがそれぞれ歴史家のなすべきことの科学的次元、哲学的次元、芸術的次元に対応しているのである。この三区分法に則して、ドロイゼンが考えている三つの段階を見てみよう。四つの普遍的解釈によって規定されるという限定は、すでに研究の方法が問題とする第一段階の端緒となるところで生じている。つまり、まず歴史家は、証拠として構成しなくてはならない素材や資料や言語によって構成された材料となるものについて、一定の読み方を選択しなくてはならない。具体的に言うと、もしかれが、当該の出来事を引き起こした行為者について理解しようとするときには、かれは伝記的解釈に向かうようになるはずである。もしその歴史家が出来事の原因を探求しようとし、その出来事を一連の因果的作用の連鎖とみなすときには、実用的解釈に向かいがちになる。もしも、その歴史家が出来事の過程を蓋然的ないし必然的に規定する環境や条件についてまず考察し、そのため、出来事が生じる状況のなかで優勢に働く社会的、文化的、自然的なファクターのことを念頭におこうとするなら、条件的解釈を選ぶことだろう。さらに、もし出来事をもっと大きな、信念体系における道徳的ないし観念的過程の一部分として見るなら、きっとその歴史家は観念の解釈という倫理的解釈に惹きつけられるだろう。

次に第二段階である研究素材の体系的分析のところでは以下のように展開する。その段階で歴史家がさしあたって先のように秩序づけられた素材から実際に作り出すものは、素材の内容それ自体、内容の現象形式、表現手段、目的ないし目標という四つの要因である。ここでも、歴史家の個人的で主観的な志向性が作用している。だから、理解を歪曲してしまう危険性はつねに存在している。しかし同時に、歴史家は理解の問題が一義的かつ自動的に決まるものではなく、かれの前で未決定であるからこそ、自分の倫理的、科学的、哲学的な才能を働かせなくてはならない。しかし、この企て全体のために払われるべき代価は、歴史家の仕事の第三段階とでもいうべき表現技法という次のステージになって初めて支払われることになる。この第三段階で歴史家は、表現技法を選択して、もともとの出来事のリアリティと、そのリアリティを理解するための操作のさまざまな可能性のなかから、ひとつを読者に指し示しているからである。

この表現技法という第三段階においてドロイゼンは、今度は表現の四様式という区別を持ち出している。それはまず「探求的表現」「教育的表現」「討議的表現」に差異化される。この三つはどれも、歴史家の位置を読者と主題とのあいだで考察すべきこととして設定されており、つまり読者を一定の普遍的結論に誘導し、歴史家自身が期待する一定の感受性を生み出そうと努めることが大切になる。そして、四番目の様式が「物語的表現」と呼ばれる（明らかにドロイゼンは、この四番目の表現様式を歴史叙述にとって一番適切なものだと考えていたようである）。ドロイゼンの注釈によれば、物語的表現は「探求の結果を、それが実際に生じるさまをそのままミメーシス＝模倣してひとつの過程として描くのである。つまりこの様式は、探求の結果から、探求そのものが目指したことがらが生成してくるというイメージを作っている」（『史学要綱』九一節）。ただし、このミメーシスは出来事をただ写真のように再現することと考えられてはならないし、逆に出来事が「自分で語りだす」ことを自由に許すような操作として理解されてもならない。というのも、ドロイゼンが主張するところによれば、「それらをして語らしめる語り手がいなくては、それらは語ることができない」からである。かれはこう付け加える。「歴史家の最大の誉れとは、けっして客観性ということではない。かれが正しいかどうかは、かれが理解を試みるということにかかっている」と（同前）。

この「理解」ということも、ドロイゼンの著作の第一部「方法論」で定義された解釈様式に対応して、「伝記的様式」「モノグラフ的様式」「カタストロフィー的様式」「実用的様式」という四つの明確な形式に区分されている。この四つは物語のなかの直観様式であり、出来事の物語的なプロット化がどんな志向性を持っているのかということと、どんな歴史を採用するのかということに、根拠を与えるのである。

このような歴史叙述の「表現技法」について、ゲオルク・ゴットフリート・ゲルウィーヌスは、一八三七年に書かれた『史学論摘要（*Grundzüge der Historik*）』のなかで「叙事詩、抒情詩、作劇法に倣う」ことを提唱していたが、ドロイゼンはこれをきっぱり否定している（『史学要綱』同前）。それにもかかわらずドロイゼンは、かれが考える表現様式が、ヨーロッパの文学的伝統の中心的な物語構造から抽出されたものであることははっきり認めているのである。それによると、歴史における人格の役割を強調する「伝記的様式」は、ロマンスという語りの形式と関わりをもっている。目的論的な性格が強く、運命の展開や「内的法則」の顕現を可能にする条件に力点を置く「モノグラフ的様式」は、悲劇に対応している。あらゆる争いあう党派の「権利」を明確にし、新しい社会が古い社会から誕生してくる過程を描き出すものが「カタストロフィー的様式」であるが、これは、文学における喜劇に対応する。そして、法則の役割を強調し、出来事が実際にとる過程をすでにあらかじめそう定められたものと理解するようなあり方は「実用的様式」であるが、これは風刺劇の様式に対応している。このように、四つの提示様式は、歴史家が問題にしている過程を表現するのに適した文学的表現手段を指定しているのである。つまり、歴史家が自分の解釈の枠組みのなかで考えているときには、まさにこの文学的手段が、それぞれの異なった因果論的な作用因に、つまり個別的作用因、道徳的作用因、社会的作用因、自然的作用因となるファクターに支配されることが起こっているという。

　ドロイゼンの議論のなかに頻出するこのような歴史叙述の説明様式や提示様式の四分法的分類は、他の歴史学者や歴史哲学者が繰り広げた同種の図式にも似たようなパターンとして見受けられる。振り返ってみても、わたしたちはすでにヘーゲルが反省的歴史の種類を説明したときにも「普遍的歴史」「実用的歴史」「批判的歴史」「概念的歴史」の四つからなる四分法的な分類に出会っていた（本書第2章一八九頁を見よ）。また、クローチェは一九世紀の歴史思想の主要な形式を「ロマン主義的歴史学」「観念論的歴史学」「実証主義的歴史学」「新しい歴史学」の四つに分けていたし、フュターのカテゴリーも、「ロマン主義的史学」「自由主義的史学」「実証史学」「科学的歴史学」の四つに分かれていた。実は似たような種類の分類図式を、二〇世紀の初頭にヴィルヘルム・▼ディルタイも練り上げている。ディルタイは、『精神科学における歴史的世界の構成』（一九一〇年）のなかで、一九世紀初頭の歴史叙述の伝統に対して枢要な貢献を果たした歴史家として、ランケ、カーライル、トクヴィルの三人の名を挙げたあとで、四番目にあたるかれ自身が書いた『精神科学序説』（一八八三年）こそ、「歴史哲学」の伝統のなかでは歴史

▼**ゲオルク・ゴットフリート・ゲルウィーヌス**（Georg Gottfried Gervinus）一八〇五－七一。ドイツの文学史家、政治史家。四巻からなるシェイクスピア論を著した。

▼**ヴィルヘルム・ディルタイ**（Wilhelm Dilthey）一八三三－一九一一。ドイツの哲学者。自然科学に対抗する精神科学を提唱。『解釈学の成立』など。

家がその領域を自律的な学として確立して以来切望されてきた『歴史的理性批判』の真の序章をなすものだと謳っていた。だから、この場合も四分法であった。このパターンの極めつきとして、ニーチェが「生に対する歴史の利害について」のなかで歴史的意識の形式を分類した四分法、つまり、「骨董的」「記念碑的」および「批判的」歴史意識に加えて、かれ自身の「超歴史的」意識を区別していたことを想起してもいい。

歴史的思考を分類するにあたってこのような四分法的パターンを実に頻繁に見かけるのは、それ自体としては驚くべきことではない。というのも、そもそも一九世紀の文化史は、ロマン主義、観念論、自然主義、象徴主義という四つの主要な運動に分類整理ができるからである。それぞれに多様な歴史の概念は、歴史的知の問題にこれらの運動が投影されたものであり、それが歴史の概念にまで拡張されたものである。だから、その時代の分析者が自分の分類図式を用いて整理し性格づけようとした競合しあう四分法的な歴史概念は、それぞれの違った世界観から抽象されてきたものだと読むことができる。要するにそれぞれの運動は、「科学」「哲学」「芸術」がどうあるべきかについて、それ自体の独自の理解をもっている。したがって、歴史を理論的に捉えようとするひとが、歴史は他の領域に対してどういう関係にあるのかという問題を規定する場合に、そのひとが属しているそれぞれの違った文化運動に決定されて、文化史のなかのいずれかの領域の概念に偏愛を持つとしても不思議はない。問題は、こうした先入観を解明し、それらの共有された先入観をはっきりさせることになるような、もっと別の規定様式をも探究し、そしてその結果として、それらが歴史に対するあるひとまとまりの価値選択体系の一部分であるということを明らかにできるかどうかにある。同時に、それらのなかにある強調点の違いや従属関係を読み解いて、それらを、表現されているひとまとまりの思考伝統のなかの段階として、あるいはヴァリエーションとしてはっきり位置づけ直すことが重要なのである。

ここでわたしはドロイゼンをめぐる議論から離れて、歴史学的思考の基本的な問題について、わたし自身が自分の独創として提示した定式表現に立ち戻ろうと思う。それは、歴史過程の表現形式をめぐって、どのような言語的モデルを構築すべきなのかという問題である。そこには、言語的モデルが言語論的構築物であるために、語彙論、文法論、構文論、意味論の四つのレベルに腑分けして考えることが可能なのではないか、という発想も含まれている。もしわたしがこのやり方を推し進めれば、いろいろな歴史家が、同一の歴史の場の同一の出来事について、それぞれ違った様相を強調しているという事態を、たんなる相対主義としてではなく、当然起こりうることとして正面から見据えることが可能になるはずである。というのも、歴史家は、実際にその歴史の場における多様な対象を知覚し、その対象をまずは仮に歴史的存在というさまざまな類や種にグループ化し、ついでそれらのあいだにある関係を多様な用語で概念化し、さらにそれらの関係がどう変容するのかをそれぞれの違ったやり方で解明し、その結果として、かれらが書く物語の構造によって歴史家ごとに多様で異なった意味を形象化することになるからである。このように理解すると、歴史とは言語を（日常言語であれ、専門的な言語であれ——といっても、普通は言語なのだが）使用する試みであり、その言語を使用して、歴史一般や全歴史過程のさまざまな断片の意味について、言明が構築される多様な言説世界を構成する方法を採用することなのだといっていい。

言語論的統合作用には、さまざまな段階がある。それは、最初は単純な名づけの行為から始まり、ついで歴史現象の集合やその相互関係が定立されるように共時的分類図式や通時的連続図式が浮かび上がり、そして最終的には、全歴史的過程を理解しようとする場合に歴史現象が帯びる「意味」が問題になる段階にまで及んでいる。このような統合作用の諸段階があるために、包括的な「歴史的言説の言語」を構成するのに不可欠なさまざまな操作のうち、どれに個々の歴史家が意義を認めるのかによって、歴史家が自分の課題を理解する仕方が違ってくるはずである。言語論が基本にあるから、おのずから、言語に関わる四つの営みである語彙論、意味論、文法論、構文論が基本になる。そのなかでも語彙論のレベルに焦点を絞る歴史家は一つの極をなしている。一九世紀においてもその方向性をとった歴史家は、その性格からしてクロニクルのようなものを——たとえ、中世のクロニクルよりはずっと手の込んだ実証的に「完全な」ものではあるにしても——生み出すことになった。それに対して、性急に歴史の場全体の究極的な意味（意味論）の探求をしたがる歴史家は、「歴史哲学」を生み出そうとしていた。

語彙論的な操作が歴史叙述活動の一つの極であり、それが単純なクロニクルを生むのに対して、意味論的な操作がもう一つの極をなし、それが歴史哲学であるとひとまず設定すれば、一九世紀のアカデミックな歴史家たちが「真の」歴史と呼んでいたものは、要するにこの二つの極のあいだのどこかに位置づけられなければならないはずだ。そして、そのなかに残り二つの契機も位置づけられる。つまり文法論的なレベルにおいて、あるいは構文論的レベルにおいてということだ。ここでいう文法論的なレベルでは、普遍的な分類という操作が優勢であり、歴史の場の共時的な構造に形を与えることが目指されている。他方、構文論的なレベルでは、過程として理解された歴史の場の動態が分析の主要な対象であり、歴史的なものそのものの通時的関係の表象が捉えられる。もちろん、あらゆる歴史的な著作では、そのなかで歴史的過程一般が有意味に語られるための適切な言説世界を構築することが目指されているから、いずれにしろ四つのレベルすべてが作用していると考えられる。そして、ひとによって歴史叙述の種類が違ってくるのは、ある意味のレベルがすっかり欠落するからではなく、言語論的な構成の諸レベルのなかでの力点の置き方が違ってくるから、そうした結果になるのである。つまり、この語彙論、文法論、構文論、意味論という四つのレベルは、あらゆる言語的な営みに欠かすことのできない契機としてつねに存在しているのである。

さて、そうなると、歴史叙述的な言説が、歴史の場を占める客体をただ名づけることにあまりに厳密に制約されすぎ、ただそうした対象を、歴史の場に出現してくるときの順番どおりに時間順に配列しているだけである場合には、歴史学の著作はクロニクルに成り下がってしまう。しかし、もし歴史叙述の言説が、ありとあらゆる歴史的対象のなかに存在すると思われる関係をはっきりさせるために、事実の細部を間引いて単純化すると、その結果は、ダントが言う「概念的物語」、すなわち「歴史哲学」になる。つまり歴史のなかで実際に生じたことの「真の」描写とは、たんなるクロニクルと歴史哲学のあいだに位置し、一方では史資料を共時的に分類する作業のレベル、つまり文法論的レベルに、また他方ではそれを通時的に表現する作業のレベル、つまり構文論的レベルにとどまる描写になることだろう。だからこそ、一九世紀に制度としての歴史学を自明視するようになった職業的な専門的歴史家たちの歴史叙述では、歴史の場を形式主義的に特徴づけるとともに、その過程を物語的に表現することこそが、「歴史」を書く適切なやり方であると見なす傾向が強くなっていったのであろう。そして、歴史学者が「歴史叙述」を自分で説明するときには、それを一方では血の気の薄いクロニクルを淡々と書くこと、他方ではいかがわしい「歴史哲学」を書くことという両端のあいだのどこかに、位置づけざるをえなくなったのである。

このように考えると、「歴史学的評価」とは普遍的因果関係に関わることであり、この因果関係のもとで、まず歴史の場の出来事が適切に名指され、ついでそれが明確に「歴史的」性質をもった種や類にグループ化され、さらに、出来事の相互関係のなかに起こる変化が記述されることになる。もちろんこうした操作は、歴史的に意味を持つものの統制的概念を、つまり歴史の場とその過程の性格に関する一定の概念的理解を、前提にすることだろう。一言でいうと、そうした操作は、当の歴史家がいかに虚心坦懐に資料に当たっているつもりでも、そこに「歴史哲学」を含意するはずである。「歴史学の」過去の評価のなかでは、この「歴史哲学」は、たんに「抑圧されて」いたり、昇華されて違う形のものになっていたり、あるいはひたすら控えめに隠されたりはしているが、まぎれもなくそこに現前しているのである。直接哲学が説かれているのではなくとも、それは歴史の場で「起こったこと」を評価するために現実に用いられる説明様式のなかに、そして実際に語られることを特定の種類のストーリーへと変形するプロット構造のなかに表れていることになる。そのような「抑圧され隠された」歴史哲学は、過去ないし現在のまさしく包括的な表現の根底に横たわっている。ただし、こうした暗黙の哲学は、歴史学の叙述を表面的になぞっているだけでは明確にはならない。それは、過去ないし現在の一定の「解釈」について、また、一定の時代の政治的なアリーナに関与する集団にとって特別に関わりがある出来事について、批判者が自覚的にテキストを読解することによって初めてはっきり特定されるような「イデオロギー的」な境位である。しかし、歴史家によって選択されるさまざまな説明様式（有機体論、コンテクスト主義、機械論、個性記述論）のあいだを、あるいは歴史家の物語が構造化されるためのさまざまなプロット化の様式（ロマンス、喜劇、悲劇、風刺劇）のあいだを、適当な折り合いをつけて曖昧に調停するというやり方は存在しようもないから、歴史叙述の場が豊かで創造的な姿で出現するかどうかは、まさしく、それが同じ出来事群からいかに多くの多彩な評価を生み出すことができるかどうか、いかに多元的な意味を多様な仕方で創出することができるかどうかにかかっている。結局、歴史学は、その場合には、一方で歴史哲学者にありがちな歴史の場をただちに概念化してしまうような活動に抵抗しつつ、その他方で、クロニクル作者がそうなりがちな、出来事の混沌に飲み込まれてしまうことにも抗いつつ、歴史叙述としての自分の作品全体の説得力を語彙論、意味論、文法論、構文論のレパートリーのなかから汲み出さなくてはならないことになる。

　このような歴史哲学と歴史学との関係のなかでは、歴史哲学者とは、職業的な歴史家が書く歴史叙述作品のなかではたいてい隠されたままの説明戦略や物語戦略を、明るみに出さなくてはならないと気のはやるひとびとであるから、そのような歴史哲学は歴史学にとっての脅威ともなりかねない。しかし、実は歴史哲学者は歴史学者の感覚からするともっと大きく厄介な脅威を体現している。というのも、歴史哲学者とはその特性からして、歴史に意味を与えるために職業的専門家が無難に受け入れている戦略を変革したいという願望に突き動かされているひとびとでもあるからである。一九世紀の職業的な歴史学者が歴史哲学に対峙するときの険しい悪意や、その時代の歴史哲学が職業的な歴史家を前にしたときに見せる侮蔑したような表情は、その当の歴史哲学者たちが、専門職としての講壇歴史学というものは、結局はただ「歴史哲学」が提供する価値の受け皿にすぎず、それらに概念的に決定されているだけの存在だと意地悪にも主張していたことに原因がある。それどころか、歴史哲学者のなかでアカデミズムや専門職の歴史学に対してもっとも厳しい姿勢を示す批判者は、そもそも歴史学が専門的な学問的制度になったということ自体が、つまるところ、ある種の説明概念と一定のプロット化様式を排除する操作を、知の条件としてこっそり持ち込んだ結果にすぎないと見なしていた。実際にニーチェによる職業的な歴史家たちの「凡庸さ」に対する攻撃は、最後はかれらの通俗的な学芸の観念を衝いたものであったし、マルクスによる歴史家たちの卑屈さに対する攻撃も、かれらが持っているブルジョア的な学問概念に対する批判であった。

こうした攻撃を内在していたことによって、マルクスやニーチェがなしとげた思索は、アカデミズムの歴史学の考え方に対する「ラディカルな」告発という意味を帯びることになる。他の歴史哲学者ならば――たとえばコントやバックルであれば――せいぜい芸術や科学の領域における表象概念や技術を歴史学に適用して新機軸としていただけのことであったのだが、マルクスやニーチェは、一九世紀の高等文化全体の基底に横たわり、芸術に対する科学の関係も決定している芸術観や科学観そのものに挑戦していたからである。こうして歴史学研究は、専門職化することで、言ってみれば規則に支配された活動となったのである。これは、ちょうど語彙採集者や文法家が、通常の言語活動のなかにある用例を熟考して、そのなかにある規則を解明し、「そうした規則に従った発話こそが本来的用法だ」と定義したときに、そこで初めて言語活動そのものが規則に支配された存在になったことと対をなしている。このようにして、正統な存在として神聖化される本来的用法という概念が成立することによって初めて、それぞれ多様な様式が数多く存在しうる可能性のなかから、一つの組み合わせが戦略として選ばれるようになるのであり、そうした戦略はどれもこれも、多かれ少なかれ、このようにして与えられる「規則」にかなうことができるのである。

一九世紀の歴史学的思考においては、正統的な存在という位置づけを与えられ、さまざまな様式と親和性を持つ多様な基本要素が、それぞれミシュレ、ランケ、トクヴィル、ブルクハルトによって代表されて歴史叙述として展開された。これらの歴史家はそれぞれみな、自分の仕事こそが本当の「リアリズム」であると誇り、またその時代の歴史叙述からなる「言語的」共同空間によって承認された「正しい」用法のもとで、自分こそが歴史的出来事の場を規定するためのもっとも適切な方法を発見したと胸を張った。

しかし、後期ウィトゲンシュタイン的な発想に立って歴史叙述も日常言語の言説世界だと理解すれば、同一の歴史的出来事を解釈する可能性も非常に多様であるという事情がよく見えてくる。歴史的出来事のこの多様性を前にして、哲学的に非常に敏感な思索力を持つひとなら、「ゲーム規則」をまったく違ったふうに構想する可能性がしっかり存在するということを洞察し、歴史の場を描くためにまったく違った言説システムを用いることが可能だと見てとることができる。現にマルクスとニーチェは、歴史的知をこのように多様に理解することの知的可能性を、論理的な帰結に至るまで首尾一貫して考え進めたのだった。要するにこの二人の哲学者は、歴史叙述というゲームの言語規則を変更しようとしたのであった。マルクスはそれを、歴史的思考のなかにある科学的な構成要素の批判を基礎にして遂行したし、ニーチェは同じことを、芸術的な構成要素の批判によって実践した。へーゲル的な用語で表現するなら、マルクスとニーチェがしようとしたこととは、それぞれが固有のやり方ではあったにしても、「反省的歴史」というばらばらの多様な実践として行われていることを「純粋に哲学的な歴史学というたった一つの基礎へと変革せよ」という（へーゲル的な）命法に従うことだった。そのような純粋に哲学的な歴史学とは、歴史過程について何かを知っているばかりではなく、同時に歴史学が歴史過程をいかに認識しているのかをメタレベルで認識するということであり、しかも、その認識の営みを哲学的に完全な体系として根拠づける歴史学なのである。

へーゲルからクローチェに至る時代、つまり一九世紀全体に登場した歴史哲学の重要な諸形式は、記述によって説明する実践として構想された歴史学が暗黙のうちに抱えてしまうアイロニーをどうしたら回避できるか（あるいは超克できるか）という格闘の表現だということができる。繰り返しになるが、この時代におけるもっとも深みのある二人の歴史哲学の代表者がカール・マルクスとフリードリヒ・ニーチェであった。この二人は歴史的知をめぐる自分たちの反省を、（ランケとその学統に代表される）歴史的思考における公的で職業的な正統派の歴史学者集団や、（ミシュレ、トクヴィル、ブルクハルトに代表される）その正統派的な規範からの派生態ではあるが歴史学に受容されてはいたひとびとの叙述形式が、実は暗黙のうちにアイロニーを抱え込んでいることを見据えたところからスタートしたのである。もちろんマルクスやニーチェにとっては、ちょうどランケやトクヴィルやブルクハルトにとってそうだったように、いや、かれら以上に、ロマン主義的な歴史叙述に退行するという選択肢はもはやありえなかった。歴史叙述における他の企てと同様に、マルクスとニーチェも、かれらの掲げる「リアリズム」の本質が、歴史に対するロマン主義的アプローチの主観主義を克服し、また後期啓蒙の合理主義的な先駆者が孕んでいたナイーブな機械論を乗り越えようとする格闘なのだと分かっていた。このような「リアリズム」概念を持っていたという点で、何度も言うが二人はへーゲルが切り開いた道を歩んでいるのである。

ただし、へーゲルがそうであったようにマルクスやニーチェもまた、歴史的知を意識の問題そのものとして理解したのであって、たんに手ごろな「方法論」のひとつとして考えていたわけではない。さらに言うと、へーゲルと同様にマルクスやニーチェも、歴史的知を現在の社会的文化的生活の必要性に関係づけるべきだと主張したのである。かれらは二人とも、過去についての「観想的」認識を望んでいたのではなかった。かれらはともに、純粋に観想的な歴史叙述は、悲劇的な結果を招くとまでは言わないにしても、人を衰弱させるような効果を生み出すだけだということを自覚していたのである。ミシュレやランケやトクヴィルが、そしてブルクハルトがただ一瞬だけ垣間見たことを、つまり、過去を考察する方法が、そのひと自身の現在と未来をどう考えるのかに深刻な意味をもつという真理を、二人は明確に洞察していたのである。そしてかれらは、歴史的な意識という問題を留保なくかれらの哲学の核心に据えた。ヘーゲル本人を除くならば、この二人ほど一九世紀において、歴史の問題に、あるいはむしろ、《歴史の「問題」という問題》とでも表現すべきメタレベルの論点に強迫的に囚われていた思想家はいないだろう。そして、二人が哲学者としてなしとげたことの大半は、このようにかれらが《歴史の「問題」という問題》を解決する基盤を探し求めたという視角から見ていくと、みごとに理解可能になるのである。

しかし、かれらが実際に達成したことは、言語的実践のなかの単一の伝統の一員であると想定すると分かりやすくなるミシュレ、ランケ、トクヴィル、ブルクハルトらがそれぞれ展開した歴史的反省とは違った様式に、理論的な正当化を与えたということであった。つまりマルクスは、かれの歴史分析を展開し、「イデオローグ」と呼んで軽蔑したアカデミズムの歴史家やディレッタントたちに対する批判を展開するときには、換喩に関わる術語群を用いたのである。しかし、マルクスの究極的な意図は、歴史の分断や矛盾がいかにアウフヘーベンされ、共産主義という人類の発達の次の段階が、提喩的な一体性の場として現実的に描かれうるものであるのかを示すことにあった。一言でいうなら、マルクスの目的とは、アイロニーを悲劇に、そして最終的には悲劇を喜劇へと翻訳することだったのである。

それとは対照的に、ニーチェは悲劇も喜劇もともに「アイロニー的に」眺めたのであり、この二つの見方を、事実をひたすら「リアリスティックに」知覚したときの残余としてではなく、むしろ人間的意識それ自体が構築したものとして見ていた。同時にかれは、いわゆる歴史法則のすべてがフィクションとしての性格をもっており、また人間の知は、それに先行する価値体系に従属しているのだ、と断言した。悲劇や喜劇が、そしてあらゆる科学の形態が物語的な本質を持つことを明らかにすることで、ニーチェは、意識を人間的意志というそれ自身の起源へ立ち帰らせようと努めたのである。『反時代的考察』の第二考察にあるように、現実の生を毀損するのではなく創造するという仕方で理解し、そのうえにたって生の利害に基づいて行為することが、その目的であったのだ。このようにニーチェは、歴史的過程についての議論を本質的にアイロニー的な条件として暫定的に特徴づけることから始めたにもかかわらず、つまり、まったく混沌としており、いわゆる「力への意志」を除くいかなる法則にも支配されていないものとして議論を始めたにもかかわらず——最後にはロマン主義的なドラマとして、人間的な自己超越と個人の救済のドラマとして、人間の歴史をプロット化しようとした。それも、その救済は、鉄のような必然性をもつ「自然」からの救済とか、畏怖すべき超越的な神性への救済ではなく、人間自身からの、それも歴史のなかに存在してきたものとしての人間からの救済であり、自己と和解した条件において存在しうるかもしれないものとしての人間に到達するという意味での救済だったのである。そのとき、ニーチェは、マルクスと同様に、社会からの解放と同時的なものとしての歴史からの解放を思い描いていた。しかし、この解放がとる形式は、それが提示されている姿を見るかぎり、ふたたび人間の共同体を蘇生させるようなものではない。それはむしろ、純粋に個人的なものであり、超人にとって可能なものであるが、群集には拒絶されるような性質のものである。群集は、ニーチェによっていま一度自然と歴史の両方に委ねられてしまう。

　マルクスとニーチェは、受苦と分裂という条件のなかから健全な歴史的生が誕生することがいかに可能なのかを問うていた。あえて言うなら、二人とも歴史学のなかにはそれに匹敵するひとを考えることができないほどに極めつきの楽観主義者だった。ランケの楽観主義は、私的な悪徳が公共的な善に変容しうるということを説明するだけの理論的な基礎に欠けていた。ミシュレの楽観主義は、具体的な形を持たなかった。それはただムードを表しているだけのことであり、歴史的説明のために書いた論考が表明している欲求でしかなかった。トクヴィルやブルクハルトにおいては、そもそも楽観的になる理由が存在しなかった。マルクスとニーチェは、ロマン派や講壇の自己満足的な現実主義者たちがもつ楽観主義を批判するとともに、そのロマン主義や講壇には反発しつつも結局はディレッタントにすぎないひとびとが抱く悲観主義についても批判していた。マルクスとニーチェは、歴史的思考を、科学（マルクス）か、芸術（ニーチェ）かのいずれかの位置をもつと言えるようなカテゴリーに関係づけていた。マルクスのヘーゲルに対する反乱（それは革命というよりはむしろ読み換えとでもいうべきものだ）と、ニーチェのショーペンハウアーに対する反乱（これは拒絶というよりは、むしろ改訂とでもいうべき読み直し行為だった）とは、似たようなところに逢着した。二人は歴史の場とその過程に関して、総合的な思索をしようとしていた。それは、歴史分析の文法論と構文論の構築とでも呼ぶべきものを目指すことでもある。これによって、かれらが描く歴史の「意味」は、マルクスなら明確な科学的定式を、ニーチェなら明確な芸術的表現を持つことができたのであった。

マルクスの思想において、歴史の問題として重要なのは、構造や過程を規定するときに用いられるべき説明様式とは何かという問題である。これは、科学としての歴史学という概念と調和していた。それとは対照的に、ニーチェの思想においては、問題はプロット化の様式の問いとして現れている。このプロット化の様式は、どんなものであれ何らかの規則によって支配されているようには見えない対象領域を創造的に解明するために設定されるものなのである。二人のうちのどちらも、歴史的思想家が説明やプロット化の多様な様式のなかで行う選択は、なんらかの超歴史的な原理や規則に訴えて導き出されざるをえないということを前提にしている。二人のどちらにとっても、説明やプロット化の多様な戦略の選択を客観的に正当化するような、価値自由の根拠のようなものは存在していない。

マルクスとニーチェが一九世紀の末の「歴史主義の危機」を加速させたという批判は、客観性という概念そのものがかれらによって歴史化されたということから出てきている。かれらにとって、歴史的思惟は、わたしたちが単純に歴史の場の史資料に「適用」できるような客観性の基準を備えてはいない。かれらが疑問視したものこそ、まさにその客観性の本質そのものだったのである。

第8章 マルクス——換喩の様式における歴史の哲学的弁護

Marx: The Philosophical Defense of History in the Metonymical Mode

はじめに

カール・マルクス（一八一八－八三）は、歴史の場を換喩という様式において理解していた、とまずは指摘してみることにしよう。歴史の場をあらかじめ形象化するときにかれの用いているカテゴリーは、分裂や分断や疎外である。そのために、かれの目に映った歴史過程は、トクヴィルやブルクハルトが自分たちの歴史分析を仕上げたときに、これこそが歴史の真の意味だと断言した「罪業と苦難のパノラマ」という姿と同じものであった。マルクスは、言ってみればかれらの結論から始めている。かれらのたどり着いたアイロニーこそが、マルクスの出発点だったのである。マルクスが目指したのは、歴史の場を占める力や対象を究極的に一つに統合するという希望を、どこまでリアリスティックに思い描くことができるのか、はっきりさせることにあった。ミシュレやランケが歴史過程のなかに発見したと主張したような統合化の傾向は、マルクスの目からするとまやかしの誤った統合であり、さもなければあくまで部分的な統合でしかなかった。というのも、そのような統合のもたらす利益にあずかることができるのは、人類全体のごく一部だけでしかなかったからである。このように人類が断片化してしまうという否定的な現実は、はたして人間という動物にとって避けられない生存条件だと考えなければならないのだろうか。その点を見定めることにこそマルクスの関心があった。

ヘーゲルは歴史を喜劇的に理解していたが、それはつまるところ、生のほうが死よりも正しい現実であるというかれの信念に根ざすものであった。ヘーゲルにとって精神として表現される人間の「生」は、いまよりもっと適切な社会生活の形態が歴史的未来を通してもたらされるという可能性を保証していた。このヘーゲルの喜劇的な構想を、マルクスはさらに先へと推し進めて考えていた。かれが心に描いたのは、奇妙な言い方に聞こえるかもしれないが、そのような「階級社会」を解体すること、つまり、いかなる時代のいかなる人にとっても、そこでは意識と存在の矛盾が運命として甘受されなければならないような、そうした既存の「社会」を解体することに他ならなかった。そうだとすると、マルクスに歴史や社会に関する理論の形成を促した最終的な歴史観はロマン主義的なものであったと主張しても、けっして完全には的外れではないだろう。しかし、かれは人類の救済を、かれ以前の神学的、形而上学的構想がそうであったように、時間性そのものから永遠性のなかへと無力な人間が救い出されることとして理解したのではない。むしろかれは、まず人間と自然との和解というかたちをとった救済を思い描いたのであり、その場合の自然とは、ひ弱な人間を蹂躙する恐ろしい威力という空想が作りだした仮象をはぎ取られ、最終的に技術論的法則に従うような人間にとって利用可能な存在となっている。そして、人間と自然との和解は、階級社会というすでに存在する疎外された社会状態の維持ではなく、本当の共同体を創造することにつながっている。それは、もはや利己的な理由によって他者と争いあうことをせず、ただ互いに共存しているからこそ自由であるという存在となるまでに、諸個人を人間として最終的に完成させる、ということである。このように構想されているために、マルクスの抱く歴史の観念は、本章の冒頭でそれを換喩的だと呼んだことに加えて、完璧な提喩を表現しているものだとも言わなくてはならない。言い換えれば、そこでは部分が人間と和解した自然という一つの全体のなかに溶け込んでいるのであり、このような全体は、それを構成する実体のどの部分よりも質において優越している。そして、思い出してもらいたいのだが、全体を用いて部分を表すことこそ提喩という喩法の特性であったはずである。

このようにして、かつてヴィーコによって提起され、ルソーを悩ませ、エドマンド・バークによって遠ざけられ、そしてヘーゲルによって重要な哲学的問題として定式化されてきた問題、すなわち「社会という問題」が、あるいは「人間の社会的存在性格という厄介な本性」が、マルクスにおいて歴史的研究の中心に迫り出してきた。マルクスにとって、もはや社会とは、（バークにとってそうであったように）混沌に満ちた自然とそれに取り巻かれて苦しめられている人間性とのあいだのたった一つの防護壁でもなければ、（ルソーやロマン主義者にとってそうであったように）個々の人間とかれらの真の「内的自然」とのあいだの隔壁でもない。ヘーゲルと同様にマルクスにとっても、社会とは二つのことのためにあった。つまり、それは人間を自然から解放する手段であるとともに、人間同士が互いに疎外されあう原因でもあったのである。社会は、統合すると同時に分断を引き起こし、解放すると同時に抑圧するという一にして二重のものであったのだ。したがって、マルクスが構想するところによれば、歴史的探究の目的とは、まずは社会が、このような解放的かつ抑圧的という二重のあり方で人間の生においてどのように機能しているのかを明らかにすることにあり、ついで、この条件によって表されるパラドクスが時代のなかでいかにして解決されなければならないのかを示すことにあった。

マルクスについて研究するという問題

マルクスの作品を研究して次の三つの論点を確定するという作業は、すでに今日では広く受け入れられるようになっている。(1)とくに『経済学・哲学草稿』（一八四四年）や『ドイツ・イデオロギー』（一八四五年）のような草稿群に代表される初期マルクスの作品と、『共産党宣言』や『経済学批判』序言、『ルイ・ボナパルトのブリュメール一八日』や『資本論』のような後期の作品との連続性と非連続性はどうなっているのか。(2)マルクスの思想は、その社会的含意において、どの程度まで「ヒューマニスティック」であると言えるのか。それともその逆に、どの程度まで「全体主義的」であると言わざるをえないのか。(3)マルクスの理論は、全体として捉えた場合に、またたとえあれこれ現代的な解釈が加えられたとしても、どの程度まで社会科学にとって積極的な貢献を果たすものだと言えるのか。――近年の多くの批判的研究が、これらのマルクス解釈をめぐる省察に努力を傾注してきた。マルクスが影響を受けて成熟した体系を作り上げることができた思想的世界の人物たちや、かれがそこで敵として闘った人物たちに対して、いったいどんな関係をもっていたのかを解明したという点で、わたしたちがそうした現代の批判的マルクス研究に負うところは大きい。

こうした批判が取り上げるそれぞれの論点の中心にあるのは、(1)では哲学者としてのマルクスの仕事はどこまで一貫していたのかという問題であり、(2)ではかれの思想が現在の社会問題に対してどれだけ有意味性を持つのかという問題であり、さらには(3)では歴史がこれからたどらざるをえない過程について予測したときに、マルクスのヴィジョンがなおも妥当であるのかどうかという問題であった。したがって、マルクス主義への敵対者と同様に、今日のマルクス主義の立場に立つ理論家にとっても、マルクス主義がみずからそう主張しているように科学的な社会分析の体系であるのかどうか、マルクス主義者による社会的危機の分析は現代の危機にも適用可能なのかどうか、そして、マルクス主義の経済理論は、近代産業資本主義の黎明期に発展した商品交換システムを説明するうえでもっとも可能性に富む方法を表していると言えるのかどうか、といった点をはっきりさせることは、避けるわけにはいかなくなっている。

　しかし、マルクスの思想を研究するにあたって、とくにわたし自身のアプローチでは、こうした問題の大半をあえて議論の脇におくことにしたい。わたしが目指しているのは、歴史一般の構造と過程に関するマルクスの思考の支配的な様式が、どういったものであるのかを特定することである。わたしがマルクスに関心を寄せるのは、なによりまず、かれの思想が、歴史意識のある特徴的な様態の代表例だからである。代表例と言っても、一九世紀ヨーロッパ人の意識のなかで互いにヘゲモニー争いを繰り広げていた別の様態の最良の代表者たちと比べて、マルクスがより「正しい」という意味ではない。わたしは、「歴史学」は出来事の生起を証明する史資料のせめぎ合う場だと見ている。その意味での「歴史学」は、「過去に何が起こったか」に関するさまざまな、しかも互いに同程度に信憑性のあるいくつもの物語的説明が並列しあう状態におかれている。そのような複数ある説明のなかから、読者も、歴史家自身も、現在において「何がなされるべきか」という問題に役立つ多様な結論を複数引き出すことが可能である。マルクス主義の歴史哲学によって達成できる仕事は、ヘーゲルやニーチェやクローチェのような他の歴史哲学者の歴史哲学によってできることに比べて優れているというわけでも、劣っているというわけでもないのだ。あるひとがどの哲学の真理を自分の信念とするのかに応じて、他の思想家とは違ったことをする気になるかもしれないとしても、その複数の選択のなかにあらかじめ真偽や優劣の差はない。

　要するに、マルクスの歴史哲学に対しては、それを、自分自身の位置を歴史的生成という流れのなかで見ようと意志する視座を与えてくれる思想として採用するか、さもなければ、肯定派と似たり寄ったりの主意主義的な理由から、むしろそれを拒否するかのどちらかの態度をとるしかない。わたしたちが、過去や歴史一般のあらゆる展開を理解するのは、最終的には個人的なものである実感的な渇望や希望においてである。それは、現に存在している社会制度のなかでのわたしたち自身の位置、未来に対してわたしたちが抱く希望や不安、そして、わたしたちがそれを代表していると思いたい人類のイメージなどがどういったものであるのかということと関連がある。このような実感としての渇望や希望が変わるのに応じて、わたしたちは、自分が歴史一般について抱く理解を調整して作り直している。そうだとすると、これは実は歴史の問題ではなく、自然の問題であることになる。そもそも自然の世界の変化に働きかけたり、あるいはそれを統御したりするために用いる知識の原理においては、わたしたちにはあれかこれかを選択する余地はない。そこでわたしたちにできることは、科学的な分析原理を採用して自然の作用を理解するか、さもなければ自然を支配することに失敗するだけである。

しかし、歴史については事情が異なる。わたしたちが創出し、まさに歴史を経験する基盤のひとつを提供している社会的世界を組織するには、多様で、相互に同程度に信頼性を備えている複数のあり方があるために、そこで歴史的現象を理解するためにも複数の異なったあり方が可能なのである。もう一度自然と歴史の対比について述べるなら、たとえばリュシアン・ゴルドマンが指摘したように、客観的な自然科学を伸長させようとすることはさしあたって自然を対象とすることであり、あらゆる近代的階級の、そして実際にはすべての個人の利益に関わっている。というのも、人間が、自分の目の前にある資源としての「自然」に対して支配力を拡大し、その拡大された自然力のなかから「社会」が構築されるようになるということ自体は、現代世界のあらゆる階級にとって共通して利益になるからである。しかし、社会的存在として見たときには、自然として見たときとはちがって、わたしたちが自然を科学的に利用した結果、高められた生産力を使って実現できる社会は多種多様であり、そこにおける利害関係もさまざまである。言い換えれば、わたしたちが促進したいと考えるような種類の社会科学は、特定の種類の社会が成長するのを促進したり抑制したりする科学の力と考えられるものに、ある決定的な制約を加えるという特徴を持っている。

したがって、適切な社会科学がどんな形態をとるべきなのかを考えるにあたっては、一方を選べばもはや他方を選ぶことができないような、徹底的に両立不可能だと言ってもいいような複数のあり方が存在するに違いない。これらのあり方のなかで、わたしたちは、社会分析の特別にラディカルな理解がある正統性をもっていることを理解しているし、まちがいなくマルクスは、そうした理解の一九世紀における傑出した代表者である。しかし、マルクスの理解の傍らには、社会分析のアナーキスト的な理解、リベラルな理解、保守的な理解という別のヴァリエーションが列挙されなければならない。社会分析のこのような考え方のどれをとっても、歴史的過程とそのもっとも重要な構造の、あるなんらかの特殊な理解をそれぞれ伴っているか、あるいはそうした理解を生みだしている。個人は、認識論的、美学的、そして倫理的に考えるために、歴史的過程とその構造についてのひとつの特殊な理解にひきつけられるのである。そのとき、価値観の相対主義的な並立状態と見えるものに怖じ気づいて、歴史過程の本性をめぐって競合する概念のあいだを、本質的に価値中立的だとされる認識根拠に基づいて客観主義的に調停しようと試みても、少なくともわたしの見るところでは得るものはないだろう。このことは、マルクス主義の社会理論家がそうしようと、非マルクス主義の社会理論家がそうしようと同じことだ。あるひとがマルクス主義者である最大の理由は道徳的なものであって、それは別のひとが自由主義者であったり、保守主義であったり、アナーキストであったりする最善の理由がやはり道徳的なものであるのと同じことである。反映論的な理解に陥っている俗流化したマルクス主義者がそう思い込んでいるように、「歴史的証拠」なるものに素朴実在論的に訴えることで、マルクス主義の歴史観が確証できるわけでもないし、反証されるわけでもないのだ。なぜなら、マルクス主義者の歴史観と非マルクス主義者の歴史観のあいだで争点とならざるをえないのは、何が証拠で何が証拠ではないのか、史資料はいかにして証拠として構成されうるのか、現在の社会的現実を理解するためにどんな意味があり、そのように構築された証拠からどんなことを引き出すことができるのか、ということだからである。これらはとうてい一義的に決定できることではない。

だからこそ、マルクスが歴史を描いたのは、（トクヴィル風に）社会的な調停を行うためでも、（ランケ風に）社会的な支配秩序への適応を促進させるためでもなかった。マルクスは社会変革の予言者であり、かれに比肩しうる他のどんな一九世紀の思想家もけっして試みなかったやり方で、そもそも歴史的意識を獲得すること自体がすでに人間解放の手段であると理解したのである。「フォイエルバッハに関するテーゼ」で、かれはこう表明していた。「哲学者たちは世界をただざまざまに解釈してきたにすぎない。重要なのは、世界を変えることである」（『マルクス・コレクション』二、一六二頁／『全集』三、五頁）。そのときかれが言おうとしていたのは、人間は世界の理解を試みないでもよいということではなく、かれらが世界を理解しているかどうかを確定する唯一の試金石は、その世界を変革する力だということである。こうしてかれは、ランケの名のもとにヨーロッパ全土の学界の権威として確立されていた学問観のような、ただ観想的であるだけの歴史叙述を作り出すありとあらゆる既成の計画に戦いをいどむのである。マルクスにとって学問とは、知を変革することであった。つまり、物理的領域においては自然の変革であり、社会的領域においては人間の意識と実践の変革であった。そしてマルクスは、本来の人間性という理想にあたかも微分でもするかのように無限に近づいていくと主張する無限の連続的発展という微温的な議論を解体し、そうしたイデオロギーそのものから人間を解放する手段こそが自分の歴史理論なのだと考えたのである。実際にマルクスの目から見ると、ヘーゲルやトクヴィルのような思想家たちは、その本来の人間性という抽象的な概念がついに完全なものとして実現するような状態を、無限に未来に先送りしてしまっていた。マルクスにとって、正しく理解された歴史とは、それ自体が地上の王国に到達した人間というイメージを与えるばかりでなく、その王国が最終的に獲得されることになるための一手段でもあったのである。

したがって、わたしは、先に示したマルクス論に関する三つの論点を、さきほどはとくに論じないと断っていたが、こうした考察のコンテクストのなかでは、そのうちの第一の論点であるマルクスの初期草稿と後期の作品との連続性という問題についてだけは、わたしなりの喩法論的視点から考えておこうと思う。わたしが強調したいのは、マルクスが取り組んでいる歴史の普遍的理論に関するかぎり、この連続性の有無をそのまま無媒介に論じることは、問題として不適切な設問だということである。一八四〇年代を通してマルクスが体験した同時代の出来事や出会った特定の思想家たちが、『ブリュメール一八日』や『資本論』として表現されたかれの体系構成に与えた影響について考えをめぐらせてみるのはたしかに興味深いことかもしれない。しかし、それらはあくまで伝記上の問題であって、本来の意味で理論的な関心と呼ぶに足ることではない。わたしが主張したいのは、マルクスのことを、歴史的に哲学することのあるひとつの明確なスタイルを代表している思想家であると考えると、かれの思想は、一貫して一定の喩法論的構造を参照しながら議論を展開していたのが分かるということである。そして、この喩法論的構造こそが、『ドイツ・イデオロギー』（一八四五年）から『資本論』（一八六七年）にいたるまで、かれの思想に独特の性格を与えていたのである。

歴史をめぐるマルクスの思想の核心

歴史とその構造や過程に関するマルクスの思考の核心は、ほとんど定説のように論じられているように、ヘーゲル、フォイエルバッハ、イギリスの経済学者、そして空想的社会主義者の思想のなかから、マルクスが妥当だと考えた要素を結びつけたことにあるのではない。むしろそれは、歴史的世界の包括的なイメージのなかで、換喩という喩法論的戦略と提喩という喩法論的戦略とを総合しようとする格闘のなかにこそあったのである。このようにマルクスの仕事を特徴づけることによって、かれの思想のなかで、一方における機械論的‐唯物論的要素と他方における有機体論的‐観念論的要素とのあいだにある関係をはっきり特定することが可能になる。これは、マルクスがイギリス経済学の研究から引き出したと考えられている実証主義と、ヘーゲルから借りてきたと考えられている弁証法的方法とのあいだの関係だと言い換えてもいい。喩法論に着眼することで、論敵を批判するのにマルクスが用いた戦術と、かれが歴史的記録のなかに見出したと考えた歴史の真理を提示するのに用いた戦術とを区別することも可能になる。

一方に、社会的状態にある人間が抱える分裂という条件を換喩的に理解するという課題があり、他方に、歴史過程全体の最後にあるはずだとマルクスが探っていた統一性を提喩的に暗示するという課題があるとすると、マルクスの思想はその二つの営みのあいだを動いている。いかにして人間は、直接的には決定されていながら、しかも可能性としては自由であることができるのだろうか。どのようにすれば人間は、その生成のなかでは分裂し断片化されているのに、それと同時にその存在において一にして全でありうるのだろうか。こうしたことが、マルクスの心を捉えた問いである。こうした異なる状態または条件を特徴づけるために、かれは二種類の言語を必要とした。そして、かれは歴史的記録を、事実上は現象の二つの秩序へと、しかも価値のうえでの上下関係を与えることなく、いわば水平的に分割したのである。そのうちの一つの秩序は、換喩的な規定戦略によって統合的に関連づけられ、もう一つの秩序は、提喩的な規定戦略によって関連づけられている。そうなると、マルクスの問題とは、このように区別された二つの秩序をいかに関係づけるのかという課題であったことになる。

マルクスは実際、現象を換喩的に、因果関係において関連づけている。そして、このことが、マルクスのつまるところ唯物論的である歴史理解の指標であるとともに基準でもある。かれが自分の歴史概念を「弁証法的唯物論」であると呼ぶことの含意とは、社会の土台において展開される過程は機械論的に理解するが、上部構造の過程は有機体論的に理解する、ということなのである。「弁証法的」と「唯物論的」とがまさにこのように「弁証法的‐唯物論」として結びつけられたことによってはじめて、本性からして外在的で機械論的な人間的諸関係の構造が、長い時間で見たときには、それとは質的に異なった構造のなかで、つまり、部分の全体に対する関係が内在的で有機体論的であるような構造のなかで生起する、と考えることが可能になった。

マルクスはこうして、歴史過程を二つのレベルで、つまり土台と上部構造という二つのレベルとしてプロット化したのである。土台というレベルにおいては、はっきり特定できる生産手段とその関係様式は相互につながりあっているが、それは、自然のなかに見出されるのとよく似た厳密な因果法則によって支配される関係である。しかし、上部構造というレベルにおいては、まぎれもない進歩が存在している。人間を人間に関係づける様態が進化するのである。たしかに、生産様式を体現する土台のレベルにおいても、物理的世界とその過程を人間がそのつど一定の度合いでよりよく捉え、それを支配するようになるという意味では、進歩は存在する。しかし、それとは対照的に、上部構造のレベルにおける進歩の内容は、人間が自分自身と、自分の仲間である他の人間から疎外されていることをどこまで深く人間として意識するのか、またそうした疎外が乗り越えられる社会的条件がその意識の発達に応じてどれだけ展開されるのか、ということにある。

したがって、マルクスが理解しているように、そもそも人類史は、二様の進化を表しているのである。つまり、それは、科学と技術の発展を通じて、人間が自然やその資源をかつてない規模でコントロールする力を獲得していくという意味においては、上昇である。しかし、人間が自分自身から、そして仲間である他の人間からますます疎外されていくという意味では、これは下降でもある。この二重の運動によって、マルクスは、歴史の全体が決定的な危機に向かいつつあると信じることができた。それは、人間が地上の王国に到達するか、さもなければ自己破壊にいたるかというような対立として出現する危機である。自己破壊にいたる場合には、人間自身だけでなく、かれがそこから生まれ出てくるとともに、自分自身の人間性をかけた戦いのなかでそれと対決している自然という存在も破壊することになる。

要するに、マルクスの歴史哲学は、歴史を通じて変わらない基礎的な関係構造の共時的な分析と、それによってこの構造が乗り越えられたり、人間の他の人間に対する関係づけの新しい様相が作り出されたりするような、有意味な運動の通時的な分析とからできている。そして、これが含意しているのは、マルクスにとって、歴史は同時に二通りの仕方で、つまり、悲劇の様式と喜劇の様式でプロット化されなくてはならないということである。人間が本当の発展可能性のある人間的共同体を作ろうとする試みは、かれが社会状態にとどまるかぎりは、歴史を支配する法則によって繰り返し挫折させられるのだから、そのかぎりでは人間は悲劇的に生きている。しかし、そうであるにもかかわらず、かれはまた喜劇的にも生きている。というのも、こうした人間と社会とのあいだの相互作用は、階級社会そのものが解消され、純粋な共同体が、つまり共産主義的生活様態が人間の真の歴史的運命として構成されるような状況をめがけて、一歩一歩人間を後押ししているからである。

分析の基礎モデル

あらゆる歴史的現象を理解するためにマルクスが採用した分析戦略のモデルを、もっとも明確に定式化しているテキストのひとつは『資本論』第一巻第一章である。そこでかれは、人間が生産するあらゆる商品における価値の「内容」と「形態」とのあいだの区別をはっきりさせるために、労働価値説を提示している。「商品論」と名づけられたこの章は、四つの節に分けられている。そのうちの第一節と第二節は、商品の価値の内容に関わり、第三節と第四節は、さまざまな交換システムにおいて価値がとる形態を論じている。

マルクスが述べるところでは、商品こそが、「資本制的生産様式が支配的である社会の富」の「基本単位」である（『コレクション』四、五五頁／『全集』二三、四七頁）。そして、労働価値説に基づいて商品の使用価値と交換価値の区別に進む。これによって、原初的なシステムであれ、発達したシステムであれ、とにかくあらゆる経済システムにおいて行われている交換過程に投げ込まれた商品のすべてについて、その内容と現象形態とが区別されるのである。マルクスの主張によれば、商品が使用価値をもつのは「抽象的人間労働がそのなかに対象化されている、あるいは具体化されているから」である。かれはこの価値を「価値形成実体」、つまり「労働の量によって」測定できるものだとしている（六一頁／五二頁）。これは「価値としてすべての商品は、凝固した一定量の労働時間にすぎない」ということを意味する（六二頁／五三頁）。

しかし、マルクスは、商品の交換価値は、ある交換システムのなかで商品に定められている価値とは同じものではないと指摘している。どんな現実の交換システムにおいても、商品がもつとされる価値は、それを生産するのに必要とされる労働量とは無関係なものとして現れる。人間が商品を交換するのは、商品に交換価値を与えるシステムの内部においてである。このシステムは、商品の使用価値を厳密に決定するシステムとは別のものである。このことは、一定の交換システムのなかで商品が表現している価値形態は、商品の現実的な使用価値、言い換えれば価値内容とは別のものだということを意味している。商品は、その使用を目的とする価値とは異なった、交換を目的とする価値をもっている。そして問題は、マルクスが見るかぎり、商品の形態（交換価値）と内容（使用価値）とのこの違いをどう説明するのかということにある。この違いを説明できるならば、一方における価値の変化する現象形態と、他方における商品の変わらない価値内容とを区別する方法を手にすることができる。マルクスは、商品の使用価値が、その商品の生産のために求められる社会的必要労働の量によって与えられ、不変であるのに対して、交換価値は、さまざまな時間と場所において、多様な歴史的状況や交換システムの内部でそれがとる現実的な関係によって規定されるから、定量的ではなく変わっていくものであると考えていた。

ここでわたしにとって興味深いのは、マルクスが、商品の価値の現象的な局面がとる多様な形態を分析しているだけでなく、こうした形態と、現象的な形態がいかに変化しても、かれの目からすると不変であるような、あらゆる商品の実際的な、あるいはリアルな価値とのあいだの関係をも分析している、という点である。というのも、こうした二種類の関係、つまり、一方における異なる価値形態のあいだの関係と、他方における価値形態とその不変の内容とのあいだの関係は、一方における歴史的（社会的）存在の現象形態と、他方におけるその不変の（人間的）内実とのあいだに存在するとマルクスが考えている関係に対して、ちょうど類比可能な関係にあるからである。

最初の場面でマルクスが主張するのは、どんな商品においても、その実際の価値は、その生産に費やされた社会的必要労働の量によって固定されているが、それにもかかわらず、あらゆる商品の価値の現象形態、つまりその交換価値は変化し、単純な（または個別の、偶然的）価値形態、総体的（または拡大された）価値形態、一般的価値形態、そして貨幣形態（Geldform）という四種類の形態のどれかの形態をとることができる、ということである。第一の形態においては、ある商品の価値が、他のなんらかの商品のなかに存在すると仮定される価値と等置される。第二の形態に進むと、マルクスが述べているように、商品の価値は、さまざまな商品の「際限のない羅列」のなかで表現されうるようになり、「商品世界における他の無数の要素で表現される」ようになる（九六－九七頁／八五頁、強調はホワイト）。第三の形態においては、上着、一定量の茶、コーヒー、小麦、金、鉄等々が、なんらかの異なる一定量の商品、たとえばリネン布に「値する」と見なされる場合のように、あらゆる商品の価値が、その羅列のなかの一商品によって表現されるのである。それによって、あらゆる商品に共通する価値、つまりそれらの生産に必要とされる一定量の労働を、唯一の異なる商品と等置することが可能となる。さらに第四の形態では、ある特殊な商品である金が、それによって他のあらゆる商品の予想される価値が設定され特定される尺度として定められたときに、価値は存在として外的に現れる。

マルクスによれば、この四番目の価値形態こそが、つまり貨幣形態こそが、むしろ商品の現実的な価値の分析における出発点を表している。価値のとる貨幣という形態は、経済学的分析において解決されなくてはならない「謎」である。この謎とは、自分の労働によって、使用価値として商品のなかに存在する価値を創りだしている当の人間が、交換価値によって、とりわけ金で表されるその交換価値によって、あくまで商品の価値を解釈しようとする奇妙に転倒した事実にある。マルクスが言うように、

人間生活のさまざまな形態を考察し、またそれらを学問的に分析するとき、その仕方は一般的にいって現実の発展とは反対の道をたどる。それはことが終わってから始まり、したがって発展過程の結果が出そろったところで始まる。労働生産物に商品というレッテルを貼り、したがって商品流通の前提となっている生活形態には、この形態が社会生活についての自然な形であるという固定したイメージがとっくに染みついてしまっている。その後でようやくひとびとは（……）この形態の歴史的性格ではなくて、その内容を説明しようとするのである。だから、ひとはもっぱら商品価格の分析のみをもって、商品の価値性格を確定しようとしてきた。ところが、まさ

に商品世界のこのような完成した姿――貨幣形態――こそが、私的および個人的な労働の社会的性格を明らかにするのではなく、それにヴェールをかけるものであり、それとともに個々の労働者たちの社会的関係を覆い隠すものなのである。上着や靴などは抽象的人間労働の一般的な具体化としてのリネン布に自分を関係させる、とわたしが言うとき、このような言い回しはいかにも奇妙にきこえる。けれども上着や靴などの生産者たちが、これらの商品を一般的等価物としてのリネン布――金や銀でも事情はまったく同じだが――に関係させるとき、社会的総労働に対するかれらの私的労働の関係は、かれらにとってはまさにこれと同じく倒錯した形態（verrückte Form）で立ち現れているのである。（一一六頁／一〇一―一〇二頁、強調はホワイト）

マルクスが、価値の貨幣形態を「倒錯した」ものと特徴づけていることに注意を払う必要がある。それが倒錯しているのは、少なくともブルジョア社会においては、マルクスの見るところあらゆる金属のなかでもっとも有用性のない金属との、つまり金との交換価値によって、人間が生産し交換する商品の価値を特徴づけようとしているからである。商品の価値の内容と形態を両方とも分析するマルクスは、商品の価値をその金による等価量と等置しようとするこの衝動の倒錯性を暴き出さざるをえない。マルクスが、ブルジョア社会は商品の物神性という「謎」のうえに打ち立てられてきたものだと規定したとき、かれはこのことを言おうとしていたのである。ブルジョア社会においては、商品の価値が、それの生産に費やされた社会的必要労働の量からなっており、しかも同時にその価値を金との交換価値と等置することにも基づいているということを、人間はその自覚なしに不可視にしてしまおうとしている。マルクスによれば、金のような社会的有用性のない商品を、人間労働によって作り出された商品の価値を決定する基準として確立することは、資本主義生産様式の命ずるところに従って、ブルジョア的な規範によって組織される社会が構造的に引き起こす物の見方の錯視を実証するものである。

商品は、マルクスの観点によれば、現実においては、ひとまとまりの個別的な実体として存在する。繰り返すが、その実体の実際の価値は、それの生産に費やされた一定量の社会的必要労働によって決定可能である。しかし、商品は、人間の意識においては、もっぱら他の商品との交換価値を、とりわけ金という商品との交換価値をもっていると理解されているかぎりにおいてのみ存在しているにすぎない。この奇妙な事実は、どのように説明できるのだろうか。

マルクスは『資本論』第一章第三節において、価値形態――つまり商品の交換価値――について詳細に述べることを通じて、一方では貨幣形態の展開を説明し、他方では「商品の物神的性格という謎」へのかれの解答を読者に予感させている。この節の冒頭でかれは述べている。

（……）ここでは、ブルジョア経済学がかつて試みようともしなかったことを実行しなければならない。すなわち、この貨幣形態の発生過程を証明すること、つまり商品の価値関係のなかに含まれる価値表現が、そのもっとも単純でもっとも地味な姿から光り輝く貨幣形態に発展した過程を跡づけることである。これをなしとげたなら、貨幣の謎はただちに消えてなくなる。（七四頁／六五頁）

続いてかれは四つの価値形態の区別へと進む。単純な（または偶然的な）価値形態、総体的（または拡大された）価値形態、一般的価値形態、そして貨幣形態の四つである。

マルクスの分析において興味深いのは、原初的な物々交換のような交換形態における相対的な使用価値の日常的かつ自然な等置という事実から、倒錯した段階でのいわゆる金の物神化という事実を引き出すために、かれが用いている分析上の戦略である。というのもこの戦略は、（自然的な発展過程においてではなく、むしろ）言葉の本来の意味で社会的かつ歴史的な発展のあらゆる過程において、現象的なレベルでどんな変容が起こるのかを分析するためにマルクスが用いる方法の雛型として使うことができるからである。

この戦略は、言葉のヘーゲル的な意味で、本質的に弁証法的なものだと考えることができるかもしれないし、四つの価値形態も、そうしようとするなら、即自的価値（value in itself）、対自的価値（value for itself）、即自かつ対自的価値（value in and for itself）、即自かつ対自的でありそれ独自で存在する価値（value by, in and for itself）、という具合にヘーゲル風の術語で考えられるかもしれない。しかし、フーコーが考察したように、価値の現象形態に関するマルクスの弁証法的分析は、リカードの経済学の用語に比べてみると、「価値」という言葉の拡大解釈を表現しているにすぎず（フーコー『言葉と物』）、マルクスが遂行したことは、いかに「価値」という概念がその社会進化のさまざまな段階において人間によって多義的に理解されてきたのかの喩法論的分析だったことは明らかである。

たとえば、マルクスの単純な（または偶然的）価値形態のモデルであるのは、ある任意の二商品のあいだでの隠喩的関係として理解される等価関係である。マルクスによれば、

x量の商品A＝y量の商品B、あるいは、x量の商品Aはy量の商品Bに値する（二〇エレのリネン布＝一着の上着、あるいは、二〇エレのリネン布は一着の上着に値する）。（七四頁／六五頁）

しかし、この種の等価関係は、たんに算術的な等式を表したものではない。外見上は算術的であるその形式のなかには、もっと深い、もっと深遠な関係性が隠されている。マルクスは「価値形態の秘密のすべてはこの単純な価値形態のなかに潜んでいる」と論じている（七五頁／同前）。というのも、マルクスが述べているように、AとBが等しいという発話のなかで、

（……）異なる二つの商品AとB、わたしたちの例ではリネン布と上着が、はっきりと異なる二つの役割を演じている。リネン布は自分の価値を上着で表現し、上着はこの価値表現の素材として役立つ。前者の商品は能動的役割を、後者の商品は受動的役割を演じる。前者の商品は相対的なものとして表現される、すなわちそれは相対的価値形態の状態にある。後者の商品は等価物として機能する、すなわち等価形態の状態にある。（同前／六五－六六頁、強調はホワイト）

簡潔に言うなら、AとBを外見上等価という関係において結びつけている繋辞《コプラ》、つまり等号記号は、実はその見せかけに反して自分以外の対象に関わっているという意味で他動詞的で能動的なのであり、さらに言語学的に特殊な言い方をすることが許されるなら、そこでは屈折によって対象領有をしている（anaclastically appropriative）のである。かみくだいて言えば、リネン布は上着という他の存在と関係することによって、自分だけではとうてい表現することのできない自分自身の価値を、この他者を通じて、あるいはあたかもこの他なるものによって屈折して自分に作用が戻ってくるようにして、初めて表現することができるのである。

「AイコールB」という表現のなかでは、Aとして示されている商品の価値は、Bによって「相対的なもの、あるいは比較されたものとして表現されている」。その一方で、Bとして示されている商品の価値は「等価である」ことにある。この繋辞《コプラ》は、比較されている二つのもののあいだに換喩的な関係を打ち立てている。それは差異性と類似性とを、つまり「相対的価値形態」と「等価形態」とを同時に表現している。これらは、マルクスの言葉では「相互に帰属しあい、互いに条件づけあう、分離できない構成要素であるが、同時に相互に排除する、あるいは対立させられた、同じ価値表現の両極でもある」（同前／六六頁）。かれはこう結論づけている。

ひとつの商品が相対的価値形態をとっているか、あるいはそれと対立する等価形態をとっているのかは、もっぱら価値表現における商品のそのつどの位置に左右される。すなわちそれが、自身の価値を表現してもらう商品であるのか、それともそれ自体において価値を表現する

商品であるのかによって、左右されるのである。（七六頁／六六－六七頁）

一言でいうなら、価値を表現する言語のなかでは、ある商品に与えられるのが相対的価値形態か、あるいは等価形態であるのかは、それが隠喩的表現の左辺に置かれるのか、右辺に置かれるのか次第なのである。あらゆる表現の核心部に存在している隠喩は、ある商品に、何らかの別の商品を通じて価値を指定している。このことは、まさしく「価値形態の謎のすべて」を解く鍵である。この隠喩は、純粋に物質的なあるいは量的な実体が、いかにして精神的なあるいは質的な属性を付与されるようになるのか、という問題を理解する鍵を与えてくれる。そしてマルクスは、この隠喩を理解することを通じて、すべての商品がもつ、とくに金がもつ虚偽の霊的性格を暴き出す方法を手に入れたのである。

さまざまな価値形態が（それは、ある商品の価値の本当の内容に、つまり、その商品の生産に費やされた社会的必要労働の量に対立したものとしてあるのだが）、意識の様態の産物であるということは、マルクスが相対的価値形態の分析において述べていることから明らかである。かれは次のように述べている。「いかにして一商品の単純な価値表現が二つの商品の価値関係のなかに潜んでいるのかを見つけ出すためには、その関係を、さしあたりその量的側面をまったく度外視して考察しなければならない」。また、かれはこれとは「正反対の行き方をして、価値関係のなかに、二つの商品種類の特定量が互いに同等とされる割合だけを見ようとする」ひとを批判する。かれによれば、そのような分析は、「異なるものの大きさは同一の単位に還元された後に初めて量的に比較可能になるという事実」を覆い隠してしまう（七六－七七頁、強調はホワイト）。隠喩的表現において、このあらかじめ想定された同一の単位は隠されており、等値関係のなかで比較されている対象のもつ外的な属性だけにしか注意は払われていない。しかし、この隠された同一の単位とは何なのか。

わたしたちはこう言おう。商品は、価値としては人間労働のたんなる凝固物（Gallerten）にすぎない。それゆえに、わたしたちの分析は商品を価値の抽象へと還元している。しかし、だからといって商品の物体的形態から区別される価値形態を商品に与えているわけではない。ひとつの商品の他の商品に対する価値関係については、事態がちがってくる。この場合、ひとつの商品の価値性格は、他の商品に対してみずからを関係づけることを通して、浮上してくるのである。（七八頁／六八頁）

商品Aと商品Bは、マルクスが論じるところによれば、実際には「人間労働の凝固物」の「具体化された」形態であり、これは、あらゆる人間的生産物の隠された内容である。上着とリネン布が価値形態という表現のなかで等置されるとき、「裁縫労働は事実上、二つの労働のなかで現実に等しいものに、つまり双方に共通する人間労働という性格に、還元されている」。このような「回り道」をしながら、マルクスは、「織布労働もまた価値を織りこむかぎりでは、裁縫労働からみずからを区別する指標をまったくもたない労働、すなわち抽象的人間労働」なのであると述べている。この抽象的人間労働は、それが何であれ所与の二つの商品が等しいとする主張のなかで表現されている。そして、この主張は「さまざまな種類の商品のうちに体現されたさまざまな種類の労働を、それらに共通のものに、つまり人間労働一般に還元する」（七八－七九頁／六九頁）。

そこで、以下で見るようにマルクスは、言語学風の不思議な言い回しを用いて、商品交換が意味するところを解明するのである。そうした言語学的に読解できるような手段によって、人間はあらゆる商品に価値を与えるものとしての自分自身の労働を間接的に称えているというのである。だからここでは言語論的還元がどういうものであるのかを把握することは、マルクスが「商品語」（die Warensprache）と呼んだものがどういうものであるのかの把握であり（八一頁）、またそれに加えて、さまざまな交換システムのなかで価値が帯びる現象形態の理解になる。この商品語は、外的な関係の言語である。それは、あらゆる交換行為の基礎として相互に比較可能なものだとされる任意の二商品のあいだにおいて内的な関係を現実になしているもの（つまり、あらゆる商品に内在する労働という共通要素）を覆い隠している。そこでマルクスは、こう書いている。

上着を生産するときには、事実上、裁縫労働の姿をとって人間労働力が支出された。だから上着のなかには人間の労働が堆積している。この側面から見れば、上着は「価値の担い手」である。とはいえ、そのような上着の属性は、とことん擦り切れて糸目が見えるようになっても、その糸目から透けて見えるわけではない。そしてリネン布との価値関係のなかでは、上着はただこの側面でのみ、したがって身体をもった価値すなわち価値身体としてのみ、通用する。上着がどんなにボタンをかけて襟をつめた姿で現れたとしても、リネン布は上着のなかに、自分と同じ血でつながった価値という美しい魂を認めたのである。とはいえ上着がリネン布に対して価値を表現するときには、同時にリネン布にとっては価値が上着という形態をとっていなくてはならない。たとえば、個人Aが主君としての個人Bに向かって恭しくふるまうことができるのは、Aにとって主君という称号が同時にBの肉体という姿をまとうからであり、したがって顔つき、髪の毛、その他多くのことが、国父が代わるたびに変化するからである。

（……）リネン布は、使用価値としてあるかぎりでは感覚的に上着とは違う物であるが、価値としてあるかぎりでは「上着の同類」であり、上着と同じ表情をしている。このように、リネン布はその実物形態とは異なる価値形態を受け取るのである。リネン布の価値としての存在は、それが上着と同等とされることで姿を現す。それはちょうど、キリスト教徒の羊たる本性が、かれが神の小羊と同等だとされることで現れるのと同じである。（八〇－八一頁／七〇－七一頁）

こうした引用におけるマルクスの趣向を凝らした言葉づかいを、価値形態に関するかれの分析の目標とは無関係なものとして斥けるべきではない。この凝った言い回しはここには不可欠である。それによってマルクスは、物や過程や出来事に対して意識が（誤った）意味を付与するように機能するあり方を、理解させることができるのである。マルクスの見方によれば、物の世界とは、孤立した個体物から、つまり特殊な存在からなる世界であり、それらは、互いにどのような本質的な関係をもまったく結ぶことのないように見えている。しかし、交換行為の基礎として、ある商品に実際に与えられている価値とは、意識の作りだした産物なのである。マルクスが暗示しているのは、人間は、ちょうど労働によって商品を創り出し、それらに価値を与えるのと同じように、物に意味を与えているということである。実際、かれはある註のなかでこう言っている。

見方によっては、人間にも商品と同じことが起きる。ひとは誰でも鏡をたずさえてこの世に生まれてくるわけではないし、またフィヒテ流の哲学者のように「我は我なり」と言って生まれてくるわけでもないのだから、ひとはなによりもまず他のひとに自分を映してみる。自分の同類としての人間パウロに関係することを通じて初めて、人間ペテロは自分を人間としての自己自身と関係させるのである。しかしこれによって、ペテロにとっては、皮膚と髪を備えたパウロもまた、パウロとしての身体を備えたままで、人間という類の現象形態としての意味をもってくる。（八二頁／七一－七二頁、註一八）

マルクスが関心を持っているのは、物同士の関係であった。その関係によって、物と物は、「それらがそれだけで単独にある」ときのあり方とは異なった現象的様相を帯びることができる。そこから類推できるように、人間は、人間同士の相互関係を除けば、人間という類にとって固有の「人間らしさ」をもつことがまったくない。したがって、こうも言えるだろう。商品の価値を理解するための手がかりは、人間の精神において、ある商品が他の商品に対する隠喩的関係に組み込まれるなかに発見されるのである。マルクスは述べている。

見てのとおり、商品価値の分析がこれまでわたしたちに言ってきたことを、リネン布自身が他の商品、たとえば上着との交渉に入るやいなや、言うのである。ただリネン布は、自分だけが話せる言葉、つまり商品語で、自分の考えをひそかにもらすにすぎない。人間労働という抽象的属性をもつかぎりでの労働が、リネン布自身の価値を作るのだと告げるために、リネン布はこう言うのである――上着はリネン布と等しいとされるかぎりで、すなわち価値であるかぎりで、リネン布と同じ労働から成り立っていると。リネン布の崇高な価値対象性がそのごわごわした身体とは異なるということを告げるために、リネン布はこう言う――価値が上着のように見えているのであり、したがって価値物としてのリネン布自身も、卵が互いにそっくりであるように、上着に等しいのだと。ついでに注意しておくと、商品語は、ヘブライ語以外にも、多少正確さの違いはあれ多くの地方語をもっている。たとえば、ドイツ語の Wertsein よりもロマンス語の動詞 valere, valer, valoir のほうが、商品Bを商品Aと等置することが商品A自身の価値表現であることを、いっそう適切に言い表してくれる。Paris vaut bien une messe!（八一頁／七一頁）

そうだとすれば、「AイコールB」という隠喩的表現において表された「価値関係」によって、「商品Bの自然的形態は商品Aの価値形態になる、すなわち商品Bの身体が商品Aの価値を映す鏡となる」。そして「商品Aが、価値身体、つまり人間労働の具体化としての商品Bと関係することによって、商品Aは使用価値Bを自分自身の価値表現の材料とする。商品Aの価値は、このように商品Bの使用価値で表現されることによって、相対的価値の形態をとるのである」（八一－八二頁／同前）。

ここまでの議論のなかでわたしが強調してきたのは、マルクスが、所与の商品に含まれている価値の「形態」と「内容」とを区別しているという点であった。というのも、この区別は、マルクスが自分の歴史哲学を考察する場合に、歴史的過程の「現象」と、その内的な隠れた「意味」とのあいだに打ち立てようとした区別とは類比的な関係にあるからである。歴史が現象してくるときの形態とは、さまざまな種類の社会が現れては消えるという継起関係である。それは、まだ分析されてはいない歴史上の記録をざっと見るだけでも確認できる。そうした社会形態の変化は、商品論として叙述される価値形態が変化するのとまったく同じあり方をとっている。

しかし、こうした変化がもっている意義や意味は不変のままである。これは、あらゆる商品にその真の本質的な価値を与える労働の「凝固物」が、いかに価値形態が多様であろうとも、つねに不変であったこととまったく同じである。これは、歴史的過程によって作り出された社会形態が価値形態に対応し、同時に、そのような社会の形態を規定している生産様式が、商品の価値内容に対応していることを意味している。歴史的実在のとる形態は上部構造のなかで与えられ、その内容は土台（生産様式）において与えられる。そして、歴史的実在の形態、つまり社会の根本的な形態は、価値形態とちょうど同じ数だけ存在している。

価値についてだけでなく、社会についても、ともに四つの基本形態が存在する。価値形態は、単純な形態、総体的形態、一般化された形態、そして貨幣形態の四つであった。社会形態は、原始共産制社会、奴隷制社会、封建制社会、資本制社会の四つである。そこで、あらためて次のような問いが生まれる。それは、社会形態と、ある社会形態から別の社会形態への移行様式とは、価値形態と、ある価値形態から別の価値形態への移行様式（『資本論』では金の物神性という「謎」に対する答えとして与えられる叙述のことを指しているが）に対して、本当にわたしが暗示してきたように、類比的と考えられる関係にあるものなのだろうか、という問いである。もし本当に価値形態と社会形態とが類比的な関係にあるのなら、わたしたちはマルクスの歴史理論を適切に理解する糸口を商品論のなかに見出したことになるし、同時に、かれの初期著作と後期の著作とのあいだの概念的な連続性を確立したことになる。

観点をさらに絞り込みたい。『資本論』を書きながらマルクスは、価値形態が単純で本源的な、言い換えれば隠喩的な等価表現から生まれ出て、まさに発達した交換システムの特徴である金《きん》の物神性を説明する、というように理解していた。しかし、あらゆる商品の真の価値内容は、本質的に同じものでありつづけている。つまり、その商品を生産する際に費やされた労働がそれである。同じことは、社会の歴史についても言える。社会の形態は変化するが、こうした変化の基底にある内容は不変のまま変わらない。この内容は、人間の自然に対する関係である生産様式からできている。こうしたシステムの構成要素は変化することがあり、その際に、それらの基礎のうえに作られた社会的関係における変化を決定づけるかもしれない。しかし、こうした変化の本当の意味は、研究対象となっている社会の現象的な形式だけを眺めているかぎりは、見つけられないはずである。変化の意味は、現象の裏に隠された、生産様式のレベルにおいて生じる変化のなかに存在しているからである。

繰り返しになるが、マルクスは、いったん単純な価値形態を分析し、その隠喩的な本性を明らかにするや、そこからさらに他の三つの価値形態の本性を純粋に喩法論的な仕方で解明することにまで踏み込み、ついには金の物神性の分析にいたりついたのだという道筋は、強調しておかなくてはならない。総体的価値形態や拡大された価値形態は、商品の価値を換喩という様態において理解することに他ならない。ここでは商品間の関係は、それらを無限に拡張可能な列のなかに位置づける、という発想に基づいて理解されている。具体的に言うなら、そうした商品が他のすべての商品と関係づけられ、諸商品は、「A＝B」「B＝C」「C＝D」「D＝E」……という具合に、所与の商品の価値が、交換システムのなかで他のすべての商品の一定量と等価であると見なされるわけである。しかし、商品の存在が拡大された列のなかでこのように理解されることは、等式の組み合わせが拡張するということ自体によって、すべての商品によって共有されている価値が現れる可能性を暗示している。要するに、商品が、純粋に外的な関係で構成される総体的システムの諸部分として配置されうるという、まさにその事実によって、一般的価値形態の可能性が提起されているのである。このような具合に、換喩的に与えられていた諸商品の列が、さらに提喩によって、ある全体のなかの諸部分という属性を与えられることが可能になる。マルクスの見るところでは、全体の数式において提示されているこのような価値は、実際には個々の商品の生産のなかで「凝固」した労働に他ならない。しかし、人間は、特殊な交換システムのなかに包摂されることで、自分たちがあらゆる商品のなかにあると捉えた価値の真の内容を、自分自身から隠してしまう傾向をもっている。その傾向が原因となって、あらゆる商品の組み合わせに内在している共有された価値は、提喩的な喩法によって、金における量として統一される。そうなると商品は、この金を交換システムのなかで商品の価値を表す本来の尺度と考えて自在に使いこなせるようになる。そして、どんな交換システムにおいてもあらゆる商品の価値を表現する力を「倒錯的に」金に帰属させてしまうのであり、その転倒が、発達した商品交換システムの特徴である「金の物神性」を説明するのである。

　こうして、価値形態の過程ないしは展開においては、まず他の商品との等価という観点において、商品価値の原初的な（つまり隠喩的な）特性が現れ、そこから進んで交換システムにおいてそれがもたらす金（あるいは貨幣）の量によって商品の価値が（アイロニー的に）設定されるまでに至るのだが、この過程は、わたしたちが想定するような還元と統合という二つの喩法論的戦略に沿って進行している。つまり、一方の還元は換喩という喩法に親和的に、他方の統合は提喩という喩法に親和的にもたらされるということである。『資本論』中のこの節でマルクスが分析している最後の価値形態、つまり貨幣形態の分析は、四つめの喩法であるアイロニーに親和的なものである。つまり、その商品の生産に費やされる必要労働は、貨幣（または金）という等価物の形態で捉えられた価値が貨幣に付与されることによって隠されてしまうのであり、まさしくそのかぎりにおいて、貨幣形態はアイロニー的なのである。また、商品の価値をその貨幣という等価物の観点から特徴づけることが正しくもあるし間違いでもあるという意味でも、貨幣形態は喩法としては撞着的であるのだからアイロニー的である。貨幣形態に含まれている真理は、普遍的な価値評価の基準という観点ですべて商品を見ようとする衝動のなかに映し出されている。他方で、この貨幣形態に含まれている誤りのほうは、この基準を、所与の交換システム内部でその商品が自在に等価関係のなかに入ることができる貨幣という等価物のことだと考えてしまう点に含まれている。あらゆる商品の価値をその等価物である金と同一視する物神性という本性は、もっとも発達した交換システムがもつ自己錯覚という状態であると同時に、意識が解放されてすべての商品に価値を与えている真の根拠が理解できるようになるための前提条件でもある。そしてマルクスは、資本主義として知られる交換システムの強さと弱さをともに分析するために、その基礎として労働価値説を利用したのだった。

　そうなると、『資本論』第一章の後半の叙述はまさしくアイロニーという喩法の実践そのものに他ならない。そこで実際に行われているのは、労働価値説という真理の理解から始めていないような商品価値の理解はどれも純粋にフィクションなのだ、と暴露することである。一言でいうなら、労働価値説は、あらゆる誤った価値理解を克服するための基本線として用いられている。

　しかし、マルクスは、喩法論的な還元によって提供される、つまり単純な価値形態から拡大された価値形態、一般化された価値形態を経て貨幣形態に至るさまざまな価値形態が全面的に間違っていると主張しているのではない。この点は強調しておかなくてはならない。というのも、それぞれひとつひとつの価値形態が価値の本性一般に対する重要な洞察を含んでいるからである。こうした洞察は、商品がどんな交換システムにおいてであれもっている価値の真の本性を発見したいという、しかるべき理由のある衝動に由来している。しかし、内容よりもむしろ形式の考察から始めるような商品の分析においては、すべての価値の本当の基礎は、曖昧化され、認識から隠されたままにとどまる。こうして、価値形態に関する思考の歴史はずっと下降線を描き、自身が自己欺瞞と疎外に捕らわれた深みにまで沈んでしまうのである。この下降線が行きつく最底辺とでもいうべき水準では、人間は自分自身の労働の価値を、それがあらゆる商品価値の真の内容であることが見えなくなっているために、自分に向かって否定してしまい、自分たち自身の固有の能力であるはずの価値そのものを創造するという特性を、むしろすっかり転倒させて無価値な金属にすぎない金に付与してしまうという状況が起こる。

だが、他のあらゆる商品価値理解を批判する際にマルクスが依拠していた労働価値説と、かれが分析した他の誤った、つまり幻想に捕らわれた価値形態とのあいだの関係は、ではどのような性格のものなのだろうかとあらためて設問してみよう。マルクスの説が真理で、他の説が虚偽だという実質的な二元論は関係がない。ここでも喩法論的に考えることができるはずである。わたしの考えではそれは換喩的な関係であり、したがって、不可避に還元的な関係として現れてくることだろうと思う。というのも、マルクスは、商品交換という現象が、二つの存在秩序に、つまり一方では形態か、他方ではその真の内容に、要するに存在の現象的な秩序か、叡智的秩序に分割されると主張していたからである。いったんこの区別が認められるならば、その二つの存在秩序が実際においては関係しているものとして捉えられる根拠を問い尋ねることも必要である。マルクスによって分析されたさまざまな現象形態に目が行ってしまう意識によって、なぜあらゆる商品価値の真の内容は抑圧されるのだろうか。この問題は、同時に心理学的であり社会学的であり、そして歴史的なものである。そして、この問題に対するマルクスの解決法を理解するためには、一方ではかれの意識の理論を、他方ではかれの歴史哲学を分析しなければならない。

歴史的実存の「文法」

マルクスは一八四〇年代末に、一方で社会思想の先行世代における主要な学派、つまりドイツ観念論、フランス社会主義、イギリス経済学と折り合いをつけようと格闘しながら、自分の歴史理論の大きなレイアウトを描いた。その時期のマルクスの立場——それは、かれとエンゲルスとが、ダーウィンによってあとから科学的に確認されたと見なすことになる立場でもあるだが——の基底には、ひとつの確信があった。つまり、人間の意識とは、一次的な（自然的）欲求と二次的（情動的）欲求を満たすために、人間という動物とその環境とのあいだの関係を統御する能力であり、しかもこの能力は、時代ごとに質的に異なったものではなく、ただたんに時代とともにいっそうその機能上の効率を高めていくにすぎないものだと考えていた。そこでかれは、フォイエルバッハにならい、自然は意識がなくても存在しうるのに対して、意識は自然なしには存在しえないという事実を、自分の思考の中心に据えたのである。だからマルクスは、『ドイツ・イデオロギー』にこう書き記す。「わたしたちはすべての人間の実存を、したがってすべての歴史の第一の前提を確定することから始めなくてはならない。すなわち、人間は『歴史を作る』ためには、まず生きるという状態になければならない、という前提からである。しかし、生活には何よりもまず、飲んだり食べたりすること、住むこと、衣類をまとうこと、さらにその他の多くのことが含まれている」（『コレクション』二、六四頁／『全集』三、二三頁）。この公理から始めて、マルクスは、最初の歴史的行為とは精神的なものではなく、純粋に動物的なもの、つまり「物質的生活それ自体の生産」だと主張することに進む。そうすることでかれは、一般的な意味での動物的自然と特殊な意味での人間的自然との「本質的」区別を発見したがるような、それまでのあらゆる先行的試みを批判することが可能になった。だからかれは、次のように書いたのである。「人間は、意識、宗教、その他任意のものによって、動物から区別されうる。人間は、生活手段を生産し始めるやいなや、みずからの手で自分を動物から区別するようになる」（五五頁／一七頁）。このような生産の本性は、かれの主張によれば、人間の身体的な成り立ちによって「規定」されている。自分たちの生活手段を生産しながら、人間は間接的に「みずからの現実的で物質的な生活」を生産しているのである。人間の姿をこのように思い描くとき、人間的意識とは、自分の環境を利用し生活の糧とするために、人間が自然によって自分に与えられたものの一部として思いのままに用いることができる特有の手段でしかない。後になってマルクスは、この考えを『資本論』のなかで次のように展開している。

> 労働はなによりまず、人間と自然の間に介在する一過程、人間が自分自身の行為を通じて自然との代謝を仲介し、調節し、制御する一過程である。人間は自然素材に対して自分もまたひとつの自然力として向き合う。人間は自分の生活に利用できる形で自然素材をとりこむために、腕、脚、頭、手など自分の肉体に備わっている自然力を活動させる。この運動を通じて、人間は自分の外なる自然にはたらきかけ、それを変化させるが、同時にそれによって自分自身の本性をも変化させる。人間は自身の本性のなかに眠っていた潜在能力を発展させ、その力を自分の統率下に置く。ただし、ここでは動物に近い原始的で本能的な労働形態は扱わない。労働者が自分の労働力の売り手として商品市場に登場する状態と比べれば、人間労働が原始的で本能的な形態を脱していない状態は、もはや遠い昔の話である。（『コレクション』四、二六三－二六四頁／『全集』二三、二三四頁、強調はホワイト）

したがって、人類の努力がもたらす動態のなかには、特殊な意味での人間的な自然が隠れたあり方で存在しているのである。マルクスは書いている。

> わたしたちが想定するのは、人間にしか見られないような形態の労働である。たしかにクモも織匠と似た作業

をこなすし、またミツバチは大工の棟梁顔負けの巣を建設する。しかしどんなに下手な大工といえども、どんなに上手なミツバチよりはじめから優れている点がある。それは、大工がロウで巣を作る場合には、それに先だって頭のなかですでにそれを作り上げているということである。労働過程の終わりに出現するのは、その開始時点ですでに労働者のイメージのなかに、つまり観念として存在していたものに他ならない。労働者は、自然に存在するものの形態を変化させるだけではなく、自然に存在するもののなかに自分の目的を実現する。かれはこの目的を知っており、この目的は法律のようにかれの行為のあり方を規定し、この目的にかれは自分の意志を従わせねばならない。しかもこの従属は、ばらばらの行為ではない。労働する諸器官の行使のほか、目的に向かう意志が注意力というかたちをとって現れ、それが労働の全継続期間を通じて必要とされる。しかも、労働自体の内容や手法が労働者にとって魅力に欠けるものであればあるほど、つまり労働者が肉体的および精神的な諸力の自由な営みとして労働をたのしむ度合いが少なければ少ないほど、この意志はいっそう必要となる。（二六四－二六五頁／同前）

そうすると、かれが『ドイツ・イデオロギー』ですでに書きとめていたように、次のような帰結が導き出される。

人間が自分の生活手段を生産する仕方は、さしあたっては既存の、そしてまた再生産されるべき生産手段それ自身の性質に左右される。この生産のしかたは、それが諸個人の身体的生存の再生産であるという側面からのみ考察されてはならない。それはむしろ、すでに諸個人の活動の一定のしかたであり、かれらの生を表出する一定の様式であり、かれらの一定の生活様式なのである。諸個人がその生を表出する仕方が、かれらの存在のしかたである。したがって、かれらが何であるかということは、かれらの生産活動と、何をかれらが生産するのかということと、またいかにかれらが生産するのかということと、一致する。したがって個人が何であるかは、かれらの生産の物質的条件に左右される。（『コレクション』二、五五頁／『全集』三、一七頁）

このように還元して考えることでマルクスには、人間的意識の三つの前提を導きだすことが可能になった。（わたしは三つの「前提」と言ったが、マルクスはこれを同時代のドイツ哲学の語り口への皮肉もこめて三つの「契機」と呼んでいる）。三つの契機とは、第一に欲求を（それも第一次的欲求と第二次的欲求を）充足したいという衝動であり、ついで第二に、他の人間を再生産し類としての生活を維持する能力である。この第二の契機からは、最初の社会集団である家族が導きだされる。そして最後には第三の契機として、異なった環境における人間的生活の維持に適合した生産様式の構成がある。

こうしてマルクスは、わたしたちが人間的意識の存在を理解するためにでさえ、動物としての人間とその環境とのあいだの自然的結合と、人間が、家族のなかであれ家族間であれ、ともかくも他の人間との共同活動に入るための社会的結合とが必要とされなくてはならない、と結論づけるのである。こうした前提に立ったからこそ、マルクスは、自分の歴史理論においては、一方のかれの唯物論的な形而上学を、他方の社会発展に関する自分の弁証法的理論に結びつけることができたのである。

マルクスが探し求めたのは、あらゆる社会において、人間的意識と物質的世界、そしてその時代ごとの生産様式のあいだに存在する内的な関係であった。そこでかれはこう書いている。

ここから次のことが分かる。すなわち、特定の生産様式あるいは産業的段階は、つねに特定の協働様式あるいは社会的段階と結びついており、この協働様式自身がひとつの「生産力」である。人間が入手しうる生産力の量は、社会状態の条件となるから、「人類の歴史」はつねに産業と交換の歴史との関係のなかで研究され扱われなくてはならない。（六七頁／二五－二六頁）

マルクスは、すでに見た三つの「契機」が明確に人間的な特性を示す意識の基底に横たわっていることを分析的に証明してきたが、そうした契機は、その意識に対してまさしく論理的に先立っているのであり、実際に、その意識から派生してきたものだと見なされてはならない、と強調している。それらの諸契機は、「歴史の夜明け以来、そして最初の人間以来」、意識と並行して同時に存在していたのであり、「いまだに今日の歴史のなかでなおも確認できる」のである（六六頁／二五頁）。

そうだとするとさらに、人間の意識は「それ自身が起源となる『純粋な』意識」としてあるのではない、とマルクスは続けている。まさにその端緒から、「『精神』は物質という『負荷』に呪われている」。何よりもまず、意識は、「もっとも身近な環境についてのたんなる意識であり、自己を意識するようになった諸個人の外側に存在するひとびとや事物との狭い関連についての意識である。それは同時に自然についての意識であって、自然は最初はまったく疎遠な、全能で侵し難い力として人間に対抗する。それに対して人間はまったく動物的にふるまい、家畜と同様に自然に威圧される。したがって、それは自然についての純粋に動物的な意識である

（自然宗教）」（六七―六八頁／二六頁）。

単純な（偶然的）価値形態が「価値形態のすべての神秘」一般を含んでいるのとすっかり同じように、単純な社会形態やそれに付属する意識形態も、社会形態一般の神秘を内包している。まぎれもなくマルクスが、『共産党宣言』において、社会組織のとる三つの主要な形態（奴隷制社会、封建制社会、資本制社会）が存在すると論じていることがその証拠である。たしかに、四つめの形態である原始共産制社会について暗示されているのは、エンゲルスがつけた註のなかだけではある。しかし、マルクスは、すでに『ドイツ・イデオロギー』において、この原始的な社会組織形態における意識の様態を隠喩的なものと特徴づけて、次のように書いていた。

　他の場合と同様にここでもまた、自然に対する人間の狭い関わりが人間相互の関わりを狭くし、また人間相互の狭い関係が自然に対する人間関係を狭めるという具合に、自然と人間との同一性が現れる。というのも、自然はまだほとんど歴史的に変容していないからであるが、他方ではまわりの諸個人と結びつきをもつ必要があるという意識から、ひとが社会のなかで生きているという意識が始まるからである。この始まりは、この段階の社会生活そのものと同様に動物的である。それはたんなる畜群の意識であって、この場合に人間が羊から区別されるのは、その意識が本能の代理を務めているのか、それともかれの本能が意識されたものであるかによるにすぎない。（六八―六九頁／二七頁）

こうしてマルクスは、真正に歴史的であるすべての発展の前提条件として、人間的発展における原初の段階を仮定したのだったが、この段階にあっては、人間は、その様相としては厳密に隠喩的である意識を持つという状況で生きている。これはヴィーコの『新しい学』が描いたことに通じるのだが、もっとも単純な喩法である隠喩的な思考によって、最初の人間は、自然と自分たちが類似していることと、自分たちは自然とは異なっていることとを同時に把握しながら存在している。この段階における人類が抱いている意識は、「動物的な」意識、つまり「羊のような」意識、「畜群のような」意識に似ているが、この意識が、最初の社会形態である部族社会のなかで人間の生存を安定したものにするのに役立っている。マルクスの見るところでは、このような最初の社会形態においては、原始共産制が、経済的組織の支配的な形態として実在していたのだと想定される必要がある。こうした段階にあっては、人間は採集狩猟民として自然に寄生して生活の糧を得ている。これは言ってみれば、人類とよく似た本能や身体能力を備えた他の動物がしているのと同様の生産と消費の形態に、人間が参加しているようなものである。

しかしマルクスは、人間の生活におけるあるファクターが、人間の意識と自然とのあいだの、また人間と他の人間たちとのあいだの先に述べた隠喩的な様相を変容させる働きをする、と考えていたようである。それは経済的なファクターであり、もともとは性差に基づく機能でしかないものであった。そして、このファクターは、分業として発展するのである。分業は、言ってみれば、社会的諸関係の諸形態に対して機械論的に作用し、それによって人間が自然と関係する仕方に、したがってその結果として人間が他の人間に関係する仕方に変革をもたらすのである。だからこそ、マルクスは書いている。

この羊のような意識、すなわち部族意識は、生産性の上昇、欲求の増大、それら両者の基礎になっている人口増加によって、いっそう発展し開発される。それとともに分業が発展する。この分業はもともと性行為における分業に他ならなかった。その後、それは生まれつきの素質（たとえば体力）、欲求、偶然等々のためにおのずから、すなわち「自然成長的に」行われる分業となっていく。（六九頁／同前、強調はホワイト）

要するに、人類の分化は純粋に身体的な要因によって、つまり一方における性差と、他方における身体的力の差によって引き起こされた。人間という類の内部におけるこのような種類の分化は、人間の自然とのあいだの、そして人間自身の類とのあいだの、原初的な部族的一体性を生みだしていた原初の同一性を解体するのである。身体的ないしは遺伝的に与えられた属性を原因としていたそのような原初的な類の分化は、マルクスが推定するところでは、類の内部での別の、はるかに根本的な分裂にとって代わられる。それこそが「物質的労働と精神的労働」の区別として表現されるような分裂である。

マルクスは述べている。この区別が社会に現れたときになって初めて「分業は現実的に分業になる。この瞬間から意識は、あたかも自分が、現に実践していることについての意識とは何か別のもののように、つまり、現実的なものを思い浮かべることなしに、何ものかを実際に想像できていると思い込む。その時点から意識は、自分自身を世界から解放し、『純粋』理論に、つまり神学、哲学、倫理学などの形成に進んでいく」のである（同前／同前）。言い換えれば、物質的労働と精神的労働との分業の結果として、身体的属性や力のばらつきにおける純粋に機械的な要因によって引き起こされた分化から始まったものでありながら、やがて人類は、それ自身からの自己疎外や、自己自身の創造的な能力からの疎外という隘路に入り込んでいくようになる。そして「『純粋』理論、つまり神学、哲学、倫理学など」が要請する観念が作りだした「精神」という存在に、こうした創造的な力を帰属させるように強いられるのである。

いまや人間は一体的なものではなく、バラバラな、切り離された存在として、たまたま隣り合っているだけというあり方で存在し始めるのである。そのときに、単一の類であるような全体のなかの諸部分が、いつか最終的に一つのものとして和解するという可能性を信じることはあらかじめ排除されている。だからこそ、マルクスは言うのである。

ところで、意識が単独者として（つまり個人の意識として——ホワイト）何を始めようとまったくかまわない。わたしたちは、このがらくた全体からただ一つの結果、すなわち以下の事実を引き出せばよいのである。分業によって、精神的労働と物質的労働、享受と労働、生産と消費は、それぞれ別個の個人に割りふられてしまう。そのような可能性が、いやむしろ現実性が生じるからこそ、生産力、社会の状態、意識、という三つの契機は、互いに矛盾に陥ることがありうるし、また陥らざるをえないのである。そしてそれらが矛盾しないですむ可能性があるとすれば、それはひとえに分業がふたたび廃棄されることのうちにしかない。（七〇頁／二八頁、強調はホワイト）

したがって、分業とともに、一方では人間と人間のあいだの隠喩的な関係が、他方では人間と自然のあいだの隠喩的な関係が解体され、それに代わって換喩的な関係が打ち立てられる。そうなると人間は、原始社会の場合のように相互に一体性を持っているという様態においてあるのではなく、むしろたまたま隣り合っているというような様態において存在するようになる。あるいは、マルクスの表現を使うならこうだ。

分業とともに（……）そして社会が互いに対立しあう個々の家族へと分化すると同時に、分配が生まれるのであり、実際的に言うなら労働とその生産物の（量的に質的にも）不平等な分配が、つまり所有が出現するのである。この所有の核となるものは、つまり所有の初発の形態は、家族のなかに存在しているのであり、そこでは妻と子供が夫の奴隷である。（同前／同前）

マルクスの見るところでは、人間という類のなかにあるこの分裂という条件の社会的表現が奴隷制なのである。

家族内において隠れている奴隷制は、もちろんまだきわめて粗野で潜在的であるのだが、しかし最初の所有である。ついでに言えばこの所有は、この段階ですでに、他人の労働力を自由に処分できることという現代の経済学者の定義に、完全に一致している。ところで、分業と私的所有とは同一のものの表現に他ならない。同じことが、前者では活動との関わりで、後者では活動の産物との関わりで、言い表されているにすぎないのである。

（七〇－七一頁／同前）

こうして、原始共産制という社会様態において表現されていた原初の一体性は、階級社会における分裂という状況にとって代わられる。意識においても実践においても、それ以前は一体であったものがともにいまや分断されている。そして、かつて自然に向かってそれ自身として一体をなしていた人類は、いまや二種類の生産者である働く者と働くことなく生産物を得る者へと、それゆえ二種類の消費者である過剰に消費する者と消費しようにもその対象をほとんどもたない者へと、またその結果として二種類の人間である二階級へと、分裂したのである。これをもって人間的社会の歴史が始まる。人間的社会は、その歴史のさまざまな段階において、部分と部分との敵対性という様態のなかに、つまり対立や闘争、そして人間の人間による搾取のなかに存在するようになる。いまや人間たちは、実際においても意識においても、主人と奴隷という相互関係の様態のなかにある。この条件においては、人類のある部分と別の部分との差異は、人間たちが共有する同じ種という属性から連想される類似性よりもはるかに基本的で重要なものとして理解されるのである。

しかし、意識だけでなく社会関係の様態もこのように変化するとしても、この変容は、意識そのものが弁証法的に変容したことによって引き起こされたとは考えられていない。社会組織が原始的な部族制の原始共産制段階から古代奴隷制の段階へと転換する原因は、純粋に唯物論的な要因によるのであり、それはつまり発生学的要因（性差）と機能分化（分業）によるのである。また分業は、人間のなかに社会的分化を引き起こし、それが原因となって、人間自身の意識の「高尚化」が起こる。つまり、人間が自己意識のなかで、自分自身を自然に優位する霊的なものの高みにまで押し上げるのである。

性差に基づく役割分業に続いて、原始的な社会における肉体労働をする者と、その労働が原始的な意味ですでに精神的である者との分業が、すなわち労働する者と司祭との分業が現れる。マルクスによれば「この瞬間から意識は、あたかも自分が現にそこでなされている実践に対する意識とは別ものであるかのように（……）思い込むことが実際にできるようになる。この瞬間から意識は、自分を世界から解き放つことができる」（六九頁）。なぜなら、意識は自分に関心を向け、人間としての固有な様相において、つまり精神的な様相において、自分についての空想を実体化し、これらの空想をあたかも現実的なものであるかのように扱い、それによってそのイメージを神格化し崇拝するということが可能になる。ところが、まさにこの精神的なものの実体化の過程によって、思惟は、人間を潜在的には一体化可能な類にするものを発見し、分業を宗教的、形而上学的なイメージのなかで再統一することができる。そこで思惟が可能にするのは、人類の諸部分を、部分の総和以上の存在である全体の諸要素として、つまり喩法論的に言うなら提喩的に一体化するという知的営みである。これによって、あの「純粋な」神学や哲学がすべて発生する。それは、文明の夜明け以来人間が誇りとしてきた理論であり、またそれとの関係で、みずからの人間的と呼ぶにふさわしい目的や生きることの目標を決定する存在を、つまり神や超越者を捜し求めるような理論だった。

歴史過程の「構文論」

マルクスが、その思想家としての生涯にわたって用いつづけることになる歴史理論の文法と統語法がはっきりと形をとるようになったのが『ドイツ・イデオロギー』を執筆していた頃であったことは、留意しておくべきだろう。かれはこの時点以後、視野にあるすべての歴史的現象を土台と上部構造というカテゴリーに区別していくことができた。まず土台は、次のような生産手段と生産様式から成り立っている。(1)生産手段（マルクスはこれを、(a)ある時代や場所においてある人間集団が利用可能な天然資源、(b)労働力、つまり生産的労働を行うことができる人口、(c)利用可能な技術力、と定義した）。(2)生産様式――これはつまり、特定の時代や場所において生産手段によって与えられる、人間の手で利用可能な力の現実的比率である。

他方で、上部構造を構成しているのは、物質的稀少性、制度、法、国家の組織形態という条件のもとで、生産手段の支配をめぐる闘争から生まれる、現実の階級分裂である。これは分業が発生したことによって必然的に生じる。慣習、習俗、民俗の全体もここでいう上部構造に属している。それらは、一方では現実の社会形態がどうあるべきかを決定するが、それとともに、現に存在している社会構造に合理性を付与する高等文化――宗教、科学、哲学、芸術など――の領域を支配している。このような高等文化の一部である歴史叙述について言うなら、歴史の史資料は、つまるところ単独の単位として特定できるような原子的事実がある、という形式で了解されたり、ある種の出来事の発生を裏づける資料上の証拠という形式をとったりしてイメージされるのが常である。ここに言語理論の表現を適用するなら、それは、いわば歴史的記録のもつ語彙論《レキシカル》的な要素だといってもいい。しかし、語彙論《レキシカル》的な要素ばかりでは史資料は得られないということが重要である。そこには、その語彙を規定する構文論《シンタクシカル》的な要素も重要である。つまりそうした歴史のデータにしても、マルクスの見るところでは、土台と上部構造という、二つの歴史的に有意味な出来事のカテゴリーにまとめたり、そのことに対してしかるべき感受性があったりして初めて理解可能になるのである。

歴史的現象がいったんこのように文法的とでもいうような仕方で分類されたなら、こうしたカテゴリーに構造化されながら表現されている人間的実践の領域において、そもそもなぜ変化というものが生じるのかという問題が出てくるはずである。そして、このことを説明するために、構文論的《シンタクシカル》な原理を適用することが可能になる。このような構文論的《シンタクシカル》な原理にあたるのは、まずは土台とその上に立つ上部構造のあいだの関係を支配する機械的因果関係という法則に他ならない。マルクスの歴史分析の体系における中心的な構文論的《シンタクシカル》原理は、歴史過程全体の「意味」や「有意味性」を与えるものであり、端的に言うなら次のように表現できる。つまり、土台における変化は上部構造の変化を規定するが、その逆はあたらない。言い換えれば、歴史的実在の社会的、文化的な次元における変化は、土台における変化を引き起こさない。

いわゆる上部構造の変化が土台における変化を生まないという点について、異論はあるだろう。たしかに、人間の創意工夫や主意的行為が生産手段に変化をもたらすことはあるかもしれない。たとえば、飢餓や疫病がそうすることがあるように、戦争もまたときには労働力を根絶やしにしてしまう。発明が技術力を本質的に変えることもあるし、天然資源は使われつづけるうちに失われていく、といった例を考えればいい。しかし、生産手段において起こる変化は、ある社会の秩序や、そこで公共的に信頼されている文化的資産（哲学、宗教、芸術等々）を別のものへと変化させるように機能するわけではない。したがって、土台と上部構造の関係は、ただたんに一方向的であるだけでなく、厳密な意味で機械論的なのである。

しかしながら、その他方で、上部構造の基本的形式は、『資本論』でのマルクスの商品分析における価値形態と同じカテゴリー的特質を示している。それもまた数としては四つであり、それらをマルクスが特徴づける仕方も同様に喩法論的であって、したがって上部構造は『資本論』で価値形態がそう捉えられていたのと同じ仕方で、ひとつの形態から次の形態へと展開しながらつながっていく。社会のこのような四形態（古代共産制社会、奴隷制社会、封建制社会、資本制社会）は基本的カテゴリーをなしており、通時的な過程として歴史の現象を考察するときには、その現象はこのカテゴリーのいずれかに整理されることになる。それらの継起関係は、有意味な歴史的出来事というドラマの一コマ一コマを構成するのであり、それをめぐってマルクスは、自分の歴史学的著作において、根底的なプロット構造（そのなかで過程全体のもっている意味が開示されることになる）を自分が与えたと考えている。

このことに関して、マルクスは、ともすると機械論的な反映論者がそうするようには、外的世界が個人の心的過程の固有の内容を一義的に決定するのだ、と主張しているのではないことは強調しておきたい。かれ以前に、似たように機械論的な主張をしていたホッブズもすでにそうであったように、マルクスもまた、個人の空想とは外的世界に機械的に決定されるのではなく、外界となんらの関係もなく、ただ人間の魂の内的な渇望を表現しているだけのものでもありうるのであって、世界に関するイメージを無限に繰り広げることがありうると認めている。しかし、マルクスは、そのような個人の空想が創りあげたものは、それが生産様式とそれに対応した社会的生産物にいかに適合しているとしても、そのまま有意味な社会的力になりうることは否定している。

もっと重要なことは、上部構造の一部である人間的意識の公共的に真だと考えられている形態に生じる変化は、あらゆる形態の人間社会の基底において、つまり生産様式のレベルにおいて起こる変化のあとで、それに従って初めて発生するということである。先にも述べたように、生産様式における変化は、それに従属している社会的、文化的上部構造のなかで変化を引き起こす。社会的秩序における変化の必然性が明白になると、「純粋な」意識がすぐれた才能によって個別に生みだしていたものが、公共的に承認される新しい集合意識の候補になる場合がありうる。このことが、あらゆる次元における歴史的変化についてマルクスが立てた基本法則のもっとも基本的なことであった。だからこそかれは、一八五九年の『経済学批判』序言を、つまり一八四〇年代におけるかれの初期の哲学研究と、一八八三年におけるかれの死とのほぼ中間の時期にあたるこの著作を、この基本法則を提示することから始めたのだった。

> 人間たちは、みずからの生活を社会的に生産するさいに、かれらの意志から独立した一定の必要な関係を、すなわち、人間の物質的生産力の一定の発展段階に対応する生産関係を、受け入れる。この生産関係の総体が、社会の経済的構造あるいは土台を形成している。この現実的な土台には、法的および政治的な上部構造がその上にそびえ立っており、また一定の社会的な意識形態が対応している。物質的生活を生産する様式が、社会的、政治的および精神的な生活のプロセス一般を条件づけるわけである。人間の意識が人間の存在を規定するのではない。逆に、人間の存在がその意識を規定するのだ。社会の物質的生産力は、その発展のある段階にいたる前までは、既存の生産関係の内部で拡大を続ける。しかしその発展のある段階に達すると、既存の生産関係と矛盾するようになる。あるいはまた、生産関係を法的な表現に代えただけだが、所有関係と矛盾するようになる。この関係は、生産力を発展させる形式から、これを束縛するものに転じる。社会革命の時代はこの時に始まるのである。経済的土台の変化に伴い、巨大な上部構造の全体が、徐々に

あるいは急激に変容する。こうした変容を考察するうえでは、つねに次の二つを区別しなければならない。一つは経済的な生産条件における変容であり、これは自然科学並みの正確さで確認すべき物質的な変容である。もう一つは、法的、政治的、宗教的、芸術的および哲学的形態、一言でいえばイデオロギー的形態であり、人間はこうしたかたちでこの対立に気づき、この対立に決着をつける。こうした変革の時代を、その時代の意識から判断することはできない。それはちょうど、ある個人が何であるかを、この個人が自分を何ものだと思い込んでいるかによって判断することができないのに等しい。むしろこの意識こそ、物質的生活の矛盾から、つまり、社会的な生産力と生産関係とのあいだに現存している対立から、説明されねばならない。ある社会構成体は、それが十分に包み込むことのできる生産力がことごとく発展してしまうまで、没落することはけっしてない。より高度の新しい生産関係は、その物質的な存在条件が古い社会自身の胎内で孵化してしまうまで、古いものに取って代わることはけっしてない。（『コレクション』三、二五八－二五九頁／『全集』一三、六－七頁、強調はホワイト）

この一節から見てとれるように、マルクスにとって有意味な因果的作用は、弁証法的ではなく直接的に、土台から上部構造へという方向で働くのである。そのように考える場合には、論理的必然として、社会的変化を促す要因となる因果的諸力相互のあいだにはズレが生じるし、また社会の変化と文化の変化とのあいだにもズレが存在する。しかし、このズレは「物質的な存在条件が古い社会自身の胎内で孵化してしまうまで、古いものに取って代わることはけっしてない」という惰性的なあり方から生まれるものであり、あるいは逆に、土台において根本的な変化があるときにも人間の意識はただちには無力であるために古い関係に執着して引き起こされる。人間の意識は、より以前の生産様式に依存しているために妥当性を失うが、やがて社会の発展とともに矛盾が決定的になり、そうした状況においては、それまでの生産様式から受け継いだ現実理解の様式を打ち捨てざるをえないことになる。新たな生産様式がある社会のなかで支配的なものとして打ち立てられて初めて、公共的に認められた意識の形式と実践の形式の双方が樹立され、それが新たな法、新しい国家の組織形態、新しい宗教、新しい芸術等々に結実するのである。

こうした全体のなかでまさしく弁証法的であるのが――この点でマルクスがいかにドイツ観念論に負っているのかが分かる――公共的に承認されたある意識形態が、別の意識形態へと変化するときのその様態である。土台が変化することで生じる変容に、人間の意識が、つまり上部構造が適応するということが、弁証法的過程なのであり、この過程は、ヴィーコが指摘していたような原始的な意識が自然と人類一般に対してとる隠喩的な関係から生まれ出て、やがてそうした関係が換喩的に把握されるようになっていくという、あの喩法論的な変化とちょうど類比的なものとして考えられるのである。つまり、ここでも隠喩的な意識から換喩的な意識へ移行し、そしてさらに提喩的な意識へと展開する——これこそ、野蛮から高度に文明化した意識へと進むなかで、人類が、自分自身をそのコンテクスト（自然的、社会的コンテクスト）に関係づける様式を弁証法的に変容させつつ経ていく諸段階なのである。

しかし、このような意識の変容がまさに弁証法的に生じ、しかもそれが意識の作用を支配する原理に突き動かされているからこそ、マルクスが引用のなかで指摘していたように、わたしたちは、変容していく時代をその時代自体の意識によるだけでは判断できない。従来の見方に縛られた歴史家は、時代の意識をその時代自体の言葉で再構成しようとして、そのように考えがちであるが、それは適切ではないのである。時代の意識とは、たとえ何が現実でなくてはならないのかについて、当の本人の自己認識においては過去から引き継がれた特定の観念にあらかじめ目を曇らされていないと思っているにしても、やはりつねに当のその知覚がその歴史性に拘束されつつある時代のそのつどの社会的な現実とみなすもの以上でもないし、以下でもない。

歴史における意識の変容を説明する理論としては、マルクスにとって、ヘーゲルの『精神現象学』が分析的方法のモデルたりうるものであった。意識の状態は（つまり、公共的に承認された意識の諸形態は）弁証法的に、つまり措定、否定、否定の否定などといった展開によって互いに関係しあっている。しかし、こうした意識の状態は、歴史的存在が現象してくる形態を表現しているにすぎない。歴史的存在の形態ではなく、真の内容のほうは、土台のなかに、つまり生産様式のなかに見出されなくてはならない。この内容が理解されることによって、歴史的存在は科学的分析の、言い換えれば法則定立的で因果的な分析の主題になる。弁証法的な過程をとる現象形態のほうは、この生産様式の反映にすぎない。

人間は、それ自身の精神において、自然や他の人間に弁証法的に関係している。しかし、マルクスが主張するところでは、現実的には人間は自然に対して機械論的因果性という様態において関係している。人間による世界の理解は意識によって媒介されているが、しかし、精神の動態ではなく世界のなかでの人間の物質的生存という現実存在は、人間が自然的世界と社会的世界に対してつねにとっている現実的関係によって決定されている。そして、こうした現実的な関係は、それはそれで、その本性からして厳密に因果論的で決定論的なものである。このことこそ、マルクスの頻繁に引用される箴言の意味に他ならない。「人間の意識が人間の存在を規定するのではない。逆に、人間の存在がその意識を規定するのである」(二五八頁/六頁)。

そこで、経済的土台において起こる変化は、生産様式と自然的世界との弁証法的な相互作用から生みだされるものなどではない。逆に、生産様式における変化こそが、厳密な機械論的法則に即して生じてくるのだ。土地の疲弊、人口減少、自然を搾取する新たな技術の発明――生産手段におけるあらゆるこうした変化は、因果関係という自然科学上の概念によって説明できる変化の帰結として起こっている。蒸気機関のような、新しい機械の発明は、技術力と労働力との関係を変えてしまうかもしれないが、これは、実際的問題を解決するために行われる知性の機能として理解される。こうした発明が表しているのは、弁証法的なプロセスではなく、むしろ、機械論という思考の様式を、消費や交換のために生産性を高めたいという欲求によってもたらされる特殊な問題を解決することに適用することなのである。

さらに詳しく言うなら、経済的土台の変容は、厳密に機械論的で、しかも漸増的なものなのであって、弁証法的なものではない。では何が弁証法的に見えるのかというと、この変化が上部構造にもたらす効果が、過去から引き継がれた社会形態やそれに付属する意識の様態と、経済的土台の変容が求める新しいそれらとのあいだに、弁証法的な相互作用を引き起こす、ということなのである。しかし、上部構造に対するこのような効果ですら、その本性は機械論的なものであって、弁証法的なものではない。というのも、マルクスが『経済学批判』序言で指摘していたように、公共的な承認を獲得することになる意識形態は、土台における変化によって社会において呼び起こされる変容に応じて生まれてくるものだが、これはそのような変化によってあらかじめ決定されているのである。したがって、マルクスは次のように述べる。

(……)人間はつねに、みずからが解決できる課題だけを立てる。なぜなら、もっと立ち入って見れば、課題自身が生じるのは、それを解決するための物質的な条件が存在し、あるいは少なくともその条件が生まれつつあると理解される場合だけだということが、いつでも明らかになってくるからである。(『コレクション』三、二五九頁/『全集』一三、七頁、強調はホワイト)

要するに、公共的に意味をもつ社会的「問題」とはどれも、実のところまったく問題などではなく、むしろ解くべき「謎」と呼んだほうがいいものなのである。というのも、マルクスの見方では、そうした「問題」は、解決可能なものとして、つまりその問題が生じてくるその時代やその場所において、つねにそれを解決しようとするひとびとに対して解決のための手段を与えてくれるものとして考えられるからである。歴史過程のさまざまな段階において人類が向き合わなければならない決定的な問題が生じる過程をめぐっては、「弁証法的な」ものは何もない。また、こうした問題を解決しようと努力して、人間がさまざまな歴史的状況において用いる手段についても、「弁証法的な」ものは何もない。「弁証法的である」のは、土台が変化したために生まれる社会問題を解決しようと自覚したときに、意識が構成する社会形態や文化形態のあいだの継起関係のほうである。そしてマルクスは、歴史のなかに出現する社会的存在形態や文化的存在形態の真の内容を最終的に分析するために、まずは「弁証法的な」方法を用いたのであった。それは、かれが『資本論』の最初の章で価値形態の真の内容である投下労働量を明らかにするためにこの方法を用いたのと同じやり方である。

歴史的記録は、分裂や自己疎外という状況を、人間存在のあたかも本来的な条件であるかのように語っているが、そのような条件へと人類を投げ込んでいるのは分業である。だからマルクスは、『ドイツ・イデオロギー』でこう書いていた。「分業とともに（……）そして社会が互いに対立しあう個々の家族へと分化すると同時に、分配が生まれるのであり、実際的に言うなら労働とその生産物の（量的に質的にも）不平等な分配が、つまり所有が出現するのである。この所有の核となるものは、つまり所有の初発の形態は、家族のなかに存在しているのであり、そこでは妻と子供が夫の奴隷である」。

かれは奴隷制を「最初の所有」としたうえで、当時の経済学における通俗的な理解に対応させて、所有とは「他人の労働力を自由に処分できること」だと定義する。そして、こう結論づける。「ところで、分業と私的所有は同じことがらの表現である――同じことが、前者では活動とのかかわりで、後者では活動の産物とのかかわりで、言い表されているにすぎない」（『コレクション』二、七〇−七一頁／『全集』三、二八頁）。

マルクスはまた、分業のなかに、社会生活における私的利害と公的利害との分裂の、つまり個別的利害と普遍的利害との分裂の起源を見ている。たしかにかれは、こうした区別が他ならぬ人間的生活の本性から生じてくることを認めていた。マルクスが言うように、共同体的利害は「何よりも現実のなかで、分業によって分断された諸個人間の相互依存として存在する」。しかし、分業が生まれるようになると「各人は自身に担わされる一定の専属的活動範囲をもち、そこから抜け出すことができなくなる。各人は狩人や漁師であり、羊飼であり、批判的評論家であり、しかも、生活手段を失いたくなければいつまでもそれに留まらなくてはならない」。こうして人間は、自分自身が生み出したものの奴隷となる。種一般としての人間は自然を支配する力を獲得しているはずなのに、具体的人間はまさにその力に使役される存在になり下がる。人類は断片化され原子化される。そして諸個人は、十全な人間であろうとする欲望と、生産の特殊化された道具として働かねばならない必然性とのあいだで引き裂かれるようになる。このように機能的に分化した領域へと「社会的活動が凝固すること」が、「これまでの歴史的発展の主要な契機のひとつ」であったとマルクスは考えている。そして、個別的人間同士のあいだではかれらの人間的な熱望とかれらに社会的に与えられる役割との対立のなかに、また、社会一般においては個人の利害と共同の利害との対立のなかに、マルクスは、国家を創出するために背後で駆動している力を発見したのだった。したがって、かれはこう論じる。国家とは、つねに「どのような家族的、部族的集団にもある紐帯」に、そしてつねに「とくに（……）分業によってすでに規定されている階級に、つまり、どのような人間群のなかでも分化してきて、そのうちのひとつがその他を支配しているような階級に基づいている」。しかし、それにもかかわらず、ある特定の国家形態が実際に表現しているのは、人類全体の普遍的利害を決定的に表現したものとして提示される特定の階級の特殊利害に他ならない（七一–七二頁／二九頁）。

こうした理由によって、最終的にはすべてのいわゆる「普遍的利害」がつねに支配階級と被支配階級の双方によって、人間の外側にあり、人間を超えたもの、つまり人間にはよそよそしいものとして経験されるのである――ただし、よそよそしいとは言っても、支配階級にとっては（かれらの権力や特権を「自然な」特質として成り立たせてくれるから）慈悲深いものではあるが、被支配階級にとっては（かれらの個人的で階級的な利害を十全に実現したいという衝動をつねに妨げるから）有害なものである、という違いはある。「諸個人が、自身の特殊利害だけを、すなわちかれらの共同利害とは一致しないような利害を求める（……）からこそ、この共同利害は（……）それ自身がまた特殊かつ独特であるような『普遍的利害』として、押しつけられるようになるだろう」。他方、「共同的で、しかも幻想上の普遍的な利害に対してたえず現実的に対立するこれらの特殊利害の実践的闘争もやはり、国家という形態における幻想的な『普遍的利害』による実践的調停と制御を必要とする」。それゆえに「社会的な力、すなわち分業のなかで生み出されたさまざまな諸個人の協働から発生した拡大された生産力は、かれらの協働そのものが自発的ではなく自然成長的であるのだから、諸個人自身の結合した力としてではなく、ある疎遠な、かれらの外部に存在する力として立ち現れてくる」。つまり、この力は、その本当のあり方である諸個人自身の力としてではなく、かれらから「生」を吸い上げた抽象的な力として、客体化され、物象化され、共同の目的に転化されているのである（七二–七三頁／三〇頁）。

この物象化によって、歴史を意味づけようとする先行するあらゆる試みにおいて人間が経験してきた、あの「恐怖」が呼び起こされる。社会的な力が自然的な力として捉えられるために、「諸個人はこの力がどこから来てどこへ行くのかを知らず、したがってもはやこの力を抑えこむことができない。反対にこの力は、いまや独自の、人間の意志と行動から独立し、むしろ逆にこの意志と行動を導くような一連の局面や段階を、たどっていく」(七三頁／同前)。それゆえに人間は、みずからを歴史の統治者ではなく犠牲者だと見なすようになってしまう。したがって、あらゆる歴史のあの決定論が生まれでる。それは人間を、自分より大きな力への従属者という状態にしてしまい、またそれを通じて社会の多数者の地位を貶めることに貢献し、他方で同時に社会の少数者の地位上昇を正当化するのである。すなわちそれが、聖アウグスティヌスの神学的決定論であり、ヘーゲルの形而上学的決定論であり、エドマンド・バークの伝統主義による決定であり、イギリス経済学の粗雑な唯物論的決定論である。さらには根本のところでは、トクヴィルの社会学的決定論でさえもそれに当てはまる。これがまた、善意の人道主義、ヒューマニズム、審美主義、ロマン主義、ユートピア社会主義者といった、あのありとあらゆる素朴な反抗の起源でもある。こうしたひとびとは、さまざまな決定論に抗って個人の意志の自由や人間の能力を肯定し、世界を理解する感受性を変化させることを通じて自分の世界を変革するというのである。

しかし、歴史過程のこのような決定論的な理解も、またそれに反発する素朴な理解のどちらにしても、社会秩序それ自体は必然的であるとともに同時に過渡的なものであり、強制力をもつとともに解放力をも備えているものだという、本質的な真理を捉えるにはいたらない。要するに、それらの理解のいずれによっても、社会のダイナミクスは把握できないし、全歴史過程の発展パターンを捉えられないのである。繰り返すが、決定論的な発想をとる一方の立場は、人間的自由は、かれを最初から支配しているしたたかな必然性に直面させられるものなのだと説明して片づけ、個人の利害には集団の利害にしっかり服従することを求めるのである。他方、ヒューマニスティックでユートピア的な主意主義の発想をとるもう一つの立場は、こうした必然性を嘆き悲しむだけであり、社会そのものが解体されさえすれば実現可能になるはずの、子供じみた自由の夢へと逃げ込むのである。

歴史の「意味論」

今述べた決定論とユートピア主義という二つの立場とは対照的に、マルクスは、土台と上部構造とのあいだに存在する機械論的関係のなかに、ダイナミックな歴史科学のための概念的基礎を見出し、また自分がその過渡的な社会段階においてどんな歴史が生じるのかを予言する手段を発見した、と主張したのである。「弁証法的唯物論」とは、ヘーゲルの論理学と、あらゆる知は感覚経験から始まらなくてはならないというフォイエルバッハの確信とが結びついたものである。

ヴィーコ的に表現するなら、これこそマルクスによる「新しい学」にあたる。この思想は、太古の時代以来の歴史のあらゆる段階において人間が経験してきた疎外された「社会的」生活は、階級支配の廃絶とともに消え去るに違いないという確信に、学問的正当性を与えたのであった。加えて、ブルジョア社会とは、生産手段を組織化する資本制的生産様式において、その上部構造の形式をなすものであるが、マルクスの「新しい学」は、このブルジョア社会のなかに階級支配という意味での社会生活の最終段階を見出すとともに、それを打ち砕く変革主体をも発見している。『共産党宣言』（一八四八年）が明言しているように、これまでのあらゆる歴史は階級闘争の歴史である。そうだとすれば、「ブルジョア的生産関係は社会的生産過程における最後の対立形態である。（……）ブルジョア社会の胎内で発展しつつある生産力は、同時にこの敵対関係を解決するための物質的条件をも創りだす。したがって、この社会構成体とともに人間社会の前史が幕を閉じるのである」（『経済学批判』「序言」、『コレクション』三、二六〇頁／『全集』一三、七頁）。

それぞれの時代の社会そのものを超克するという、この変革過程のダイナミクスは、『共産党宣言』のなかにもっとも明確に表現されている。ケネス・バークは『動機の文法』のなかで、「演劇学的な」用語を用いて『共産党宣言』を分析してみせた。その際にケネス・バークが強調したのは、マルクスが『共産党宣言』で提示している歴史像のなかで、演劇から類推可能な「場面」という要素が、歴史過程の全体の内実を構成しているように見える「行為者」や「行為」や「行為手段」の理解をどれほどまで決定し規定しているのか、という点であった。バークの観点からすると、「行為者」に対して「場面」が優位な位置を占めているということは、マルクスが歴史を本質的に唯物論的に理解していることを、そして唯物論者としてのホッブズの伝統に属する決定論的哲学者であることを露わにしている。この点がマルクスを、歴史の真の意味を理解するさいに「行為主体」と「目的」により大きな役割を与えているヘーゲルのような純粋に弁証法的な思想家から区別しているのである。

ケネス・バークの分析は、その分析の範囲内では十分に正しい。しかし、他方でそれは次のことの理解を妨げてしまうという瑕疵も含んでいる。つまり、バークの分析では、他の著作と同様にこの『共産党宣言』でも、どれほどまでにマルクスの思考が、現実をめぐる機械論的な概念化だけでなく有機体論的な概念化にもあわせて訴えることによって、同時に二つのレベルで展開されているのかが、はっきりしていないのである。また、いかにマルクスの思考が、一方における換喩と他方における提喩という二つの根本的に異なる言語論的基盤《プロトコル》を利用しているのかも曖昧である。つまり、このようにマルクスは、同時に二種類の様式によって、すなわち悲劇と喜劇とによって、歴史の過程をプロット化しているということが重要なのである。もっとも、そこでは単純に二つのプロットが並列しているのではなく、前者のような悲劇的プロット化を、後者のような喜劇的プロット化の一段階に組み入れられるものとして設定するというやり方がとられており、そうすることで、マルクスは、階級対立である社会状態を克服して人間の人間とのユートピア的和解を実現するという夢を保持しつづけながら、その他面で、自分が「リアリスト」であるとあくまで主張できたのである。分業を通じて人間が社会状態という疎外された社会的諸関係のなかに陥って以来、歴史において支配的であった悲劇という条件がついに止揚されるという展望は、マルクスの思想においては、かれが歴史の研究から引き出そうとしているラディカルな政治的立場を、科学的に正当化する役割を果たすことになる。

今見てきたような言葉でマルクスの歴史の観念を特徴づける際にわたしが念頭においていたことを、もっとも具体的に表現しているのは、『共産党宣言』の序章で提示された歴史理論の簡明な分析だろう。

『共産党宣言』は、過去のあらゆる歴史的段階の構造がもつ固有の本性を明確にすることから始まる。「これまでのいっさいの社会の歴史は、階級闘争の歴史である」。これまでのあらゆる社会におけるさまざまな階級は、「みな絶えざる対立関係にあった。そしてひっきりなしに、時には裏で、時には表で公然と闘争を続けていた」(『コレクション』二、三四五頁／『全集』四、四七五－四七六頁)。マルクスの主張によれば、この間断なき闘争は、ときおり、社会秩序全体の決定的で革命的な再構成という爆発的瞬間に至りつくことがあった。しかし、こうした再構成のいずれもそのあとに平和をもたらすものではなかった。それぞれの契機は、たんに「新しい諸階級を、新しい抑圧条件を、新しい社会闘争を、旧来のものの代わりに生み出しただけ」であった(同前)。それにもかかわらず、この過程は「階級対立」の「単純化」を招いたことは確かである。社会は次第に二つの陣営へと、つまり、相互に対立する二大階級であるブルジョアジーとプロレタリアートへと分化したのである。

歴史におけるもっとも重要な構造的関係は、対立である。しかし、発展過程の諸段階間の関係は、弁証法的である。したがってマルクスは、歴史過程における諸階級の継起関係を、次のように説明している。

> 中世の農奴のなかから、初期の都市の城外市民が生まれ、こうした城外市民からやがて、ブルジョアジーの最初の要素が発展してきた。(三四六頁／四七六頁、強調はホワイト)

ここでの発展のイメージは有機体論的であり、関係の様式は提喩的である。しかし、土台の進化における異なった諸段階のあいだに生まれる関係の様態は、提喩とは違った言葉によって特徴づけられている。

これまでの封建的な（……）方式は、新たな市場とともに増大してきた需要にもはや応じきれなくなった。代わりに、マニュファクチュアがその場所を占めた（antreten）。ギルドの親方は、産業を営む中間層によって追い払われ（verdrängt）、種々のギルド的組合のあいだにあった分業は、いまや個々の工場の内部における分業の前に消滅していった。（同前／四七七頁、強調はホワイト）

ここでは、イメージのあり方は機械論的であり、諸部分の関係の様式は換喩的である。そして、社会秩序をさらに変革していくための条件は、本質的に機械論的因果性の言語によって描き出されている。

しかし、市場はますます拡大し、需要はますます増大していった。マニュファクチュアをもってしても、もはや間に合わなくなってきた。そのときマニュファクチュアの場所は、巨人のような近代工業に取って代わられた（antreten）。すなわち、産業中間層の代わりに、産業の億万長者が、すなわち全産業軍の隊長たちである近代のブルジョアが、登場したのだった。（同前／同前、強調はホワイト）

こうして、マルクスは『共産党宣言』の序章で、歴史の場を構成する諸要素を描写し、それらを歴史における機能という観点からいくつかの類型へと分類したうえで、次のように結論づけている。

こうして見ると、近代ブルジョアジー自身が長い発展の産物であることが、つまり生産と交通の方式に起きた一連の大変革の帰結であることが分かる。（三四七頁／同前）

続けてマルクスは、近代ブルジョアジーの発展を特徴づけているが、それは、このブルジョアジーを、それ自身のなかにおのれ自身を解体し自己変革を遂げるための端緒を懐胎した社会組織形態として位置づけるやり方をとっている。マルクスは、近代的中産階級が、自分では自己利益を追求しながら、結果として、自分自身のイデオロギー的資源を、つまり、それ自身のもっとも大事な意識的信念や忠誠を転倒させ、狂わせ、枯渇させることに立ち至るというあり方を、アイロニーの形式で描いている。かれの主張によれば、この展開は「封建的、家父長的、また田園的な関係のいっさいを破壊」

し、また「神の国への敬虔なあこがれを、騎士道の情熱を、町衆の憂愁を、エゴイズムによる打算の冷水に浸けて溺死させてしま」うだけではない。同時に「人格の尊厳を交換価値に解体」し、「宗教的および政治的幻想のオブラートに包まれた搾取の代わりに、あけすけで破廉恥な、直接的でいかなる潤いもない搾取をもたらし」もしたのである（三四七－三四八頁／四七八頁）。要するに、ブルジョアジーは、人間がまっさらな曇りのない眼をもって、「社会」の内部での何千年にもわたる存在の堕落した状況についに正面から向き合わなくてはならない条件を創り出している。そこで生み出される意識の様態のなかに、社会秩序の真の本性をめぐる「リアリズム」という方法意識が浮上してくるのである。このようなリアリズムは、一方では近代科学を生みだして物質的世界をとことん利用できるようにするとともに、またその「リアリティ」そのものを変革するという能力においては、それ以前の時代の意識形態に比べて積極的な意義を持ち、強力なものとなるのである。

ブルジョア社会のアイロニーとは、マルクスの示唆するところによれば、それが「生産手段を、そして生産関係を、つまり社会関係全体をたえず革命的に変革していかないことには、存続できない」という点にある（三四八頁／同前）。このように革命に突き動かされる傾向は、ブルジョアジーにとっての「自己の生産物の販路をたえず拡張していく必要」（三四九頁／四七九頁）という事情から生じてくる。ブルジョアジーのなし遂げたことは、その勃興と発展についてのマルクスの説明のなかでは、まさに英雄的なものであり、まさしくプロメテウス的物語として描かれているのであるが、それがいまやその発展の帰結として陥っているのは、内的矛盾という状況である。つまり、永遠に拡大する市場を必要とするために、ブルジョアジーは「ブルジョアジーとその支配の存立条件である所有関係」に対する反乱へと駆り立てられるのである（三五二頁／四八一頁）。この逆説的な状態から、もっとも高度に発展した資本主義経済システムにおいて周期的に勃発する「恐慌」が生じるのである。

ブルジョア的生活における内的矛盾は「伝染病」を引き起こすのであり、何よりもそれは、「以前ならばどんな時代であろうとまったくの無意味と思えたであろうような社会的病疫」、すなわち「生産過剰」である（同前）。そしてアイロニー的なことに、これらの伝染病に対してブルジョアジーが施す治療は、治癒するどころか、将来におけるその病のはるかに有害な爆発的流行を準備し促しているのである。

それでは、ブルジョアジーは何によって危機を乗り越えるのだろうか。一方では、大量の生産力を強制的に破棄することによってであり、他方では、新しい市場を征服し、またこれまでの市場をよりいっそう徹底的にむさぼりつくすことによってである。それは、どういう方法なのだろうか。より全面的でより大規模な恐慌を用意することによってであり、またそうした恐慌を防ぐ手段を減らすことによってである。（三五三頁／同前）

　こうしたすべてのことの結果として、旧来の封建的秩序を「叩き壊す」のにブルジョアジーが用いたまさにその武器が「いまやブルジョアジー自身に向けられている」（同前／同前）。しかし、ブルジョアジーによって育てあげられた手段であり、ブルジョアジー自身の破滅をもたらすことになる手段は、無から生まれるものではない。それは、それをとりまく環境のなかで機械論的に作用する一定の原因から生じる結果としての因果関係のうちに生まれるのであって、それによって新しい生産システムが創出されるのである。ブルジョアジーの破滅をもたらすはずの手段は、ブルジョア階級そのもののもっともやり手のひとびとによる搾取行為によって、たんなる「商品」の状態に、言い換えれば、ひたすら非人間的な状態、あるいは自然状態へと還元されてしまった、あらゆる階級のあらゆる疎外されたひとびとから構成されているに違いない。この、資本主義システムによって根底から疎外された「残りくず」である新たな階級こそは、人口のなかのあらゆる階級から徴用されてくるプロレタリアートなのである。

　したがって、プロレタリアートは、考えつくかぎりのもっとも多様な出自をもっている。かれらは、自分が「残りくず」という状態にあることをほんのわずかでも意識しておらず、そもそものはじめから完全な孤立した離散状態という条件のなかにある。しかしながら、その発展の過程においては、この「残りくず」が黄金へと変貌する。地上のみじめな「残りくず」から創り出されるのが、まさにプロレタリアートという人間解放の手段である。

　このように、マルクスはブルジョアジーの歴史を悲劇としてプロット化する一方で、プロレタリアートの歴史を喜劇というもっと大きな枠組みのなかに組み込むのであり、そのクライマックスにおける解決は、あらゆる階級がなくなることであり、人類が一つの有機的全体へと変革されることなのである。だから、マルクスがこの喜劇を、四幕劇としてプロット化するのは驚くにあたらない。この四幕劇は、古典演劇の四つのステージである苦難《パトス》（πάθος）、競合《アゴン》（αγών）、解体《スパラグモス》（σπαραγμός）、認知《アナグノリシス》（αναγνώρισις）という順序に対応している。

　ドラマの展開は、ブルジョアジーとの闘争によって先に進められる。しかし、まずはその第一幕においては「個々の労働者が別々に戦う」。かれらは、「一体性のない大衆でしかな」く、かれらの真の敵がブルジョアジーであることさえ知らず、その代わりに、かれらの「敵の敵」、すなわち「絶対王政の遺制」と戦うのである（三五五－三五六頁／四八三頁）。この舞台においては、プロレタリアートの意識は気分（すなわち苦難／情念《パトス》）でしかない。そこでのプロレタリアートは、ただ無自覚なまま即自的に存在しているだけであって、けっして自己を意識して対自的に存在しているわけでも、他者を意識しているわけでもない。しかしながら「産業の発展とともに、プロレタリアートは数が増えていくだけでなく、だんだんと巨大な集団とならざるをえず、それによって力も大きくなり、次第に自分たちの力を感じるようになる」。労働者たちは「ブルジョアジーに対抗する連合体」、すなわち労働組合を作るようになり、かれら自身が考える自己利益をめぐって、かれらを搾取する者たちを公然たる闘争の場に引き込むのである（三五六頁／四八三－四八四頁）。こうした抗争は、労働者を、政治という集団へと強固にまとめあげる。ここで舞台は二幕目の競合《アゴン》へと転換している。そこでのプロレタリアートは、ブルジョアジーに対する意識的な敵対関係という状態にある。したがって、プロレタリアートは対自的で自覚をもったものとして存在し、最終的には断ち切られるべきだと分かっている階級社会という世界のなかで未来を予感しながら暮らしている。そこでは、むき出しの力が、大衆が心に描くことができるたった一つの目的である革命を果たす手段として、つまり他の階級であるブルジョアジーの脅威に反抗して自分たち自身の物質的条件を変革する手段として理解されている（同前／四八四頁）。

こうして「プロレタリアたちは階級へと、またその帰結として政治的党派へと組織化される」のだが、しかし、こうした組織はまた、「労働者たち自身のあいだの競争によって」つねに覆されてもいる。そのために、舞台は競合《アゴン》から第三幕にあたる解体《スパラグモス》へと転じるのであり、そこではプロレタリアートは、そのいくつかの要素へと分解している。しかしながら、このようにバラバラに分解することは、（ヘーゲル的な意味では）プロレタリアートが自分自身の潜在的に持っていた一体性の意識にたどりつくためには不可欠なことなのである。マルクスはこう言う。プロレタリアートは「またそのたびごとに復活し、いっそう強固に団結し、まとまった強大な存在となる」（三五七頁／同前）。その競合《アゴン》の結果として陥った分散状態からプロレタリアートがこのように反復的に復活することは、ブルジョアジー自身の内部に生じる分裂によって助けられているのである。

ブルジョアジーは、旧来の貴族制秩序の遺制によって、またブルジョアジー自身の内部において自分たちの敵対者となった諸要素によって脅かされている。そのためにブルジョアジーは、ことあるごとに、みずからの敵との戦いで自分たちを支援するようにプロレタリアートに訴えかけざるをえない。当然それには、ブルジョアジーの利益のために考えられているものであるとはいえ、プロレタリアートへの政治教育が伴う。前述の貴族やブルジョアジーのなかに生まれるそのような敵対的部分は、ブルジョア的秩序のなかの当面の勝者であるさらに強力な部分の犠牲となるのだが、そうした敗者となった旧支配階級のひとびとはプロレタリアの生活状態へと零落し、それと一体化し、プロレタリア的な主張をみずからのものとし、本来はブルジョアのものであった「啓蒙と進歩の活き活きとした成分である多くの教養をプロレタリアートに提供する」ことになる（三五七－三五八頁／四八四－四八五頁）。こうして、プロレタリアートは、他のあらゆる階級的「残りくず」の貯蔵庫に変容するばかりでなく、ついに自分がそのような貯蔵庫であることを自覚する階級となり、またそのために、それ自身の大望においては、コスモポリタン的で無階級的な存在になっている。プロレタリアートは、ただたんに即自的であるのでも、対自的であるのでもなく、同時に即自かつ対自的であるような一階級となる。したがってプロレタリアートは、真正な意味で革命的な階級、「歴史の謎」を解き明かす階級である。まさしくこの転換が、四幕目の認知《アナグノリシス》にあたる。このような変革の過程を、マルクスは次のような言葉づかいで描き出している。

そしてついには、階級闘争がいよいよ決着の時期に近づくと、支配階級内部の、そしていっさいの旧社会内部の解体過程が、ますます激しくかつはっきりとしてくる。結果として、支配階級内部の小さな分子がこの階級自身に訣別して、革命的階級、つまり未来をその両腕に担っている階級に加わる。以前には貴族の一部がブルジョアジーに加わったが、それと同じように現在ではブルジョアジーの一部がプロレタリアートの側につくのである。それとともに、何よりもブルジョア・イデオローグの一部が、つまり、歴史の運動全体の理論的理解にまで到達したようなイデオローグたちが、プロレタリアートの側につくようになる。（三五八頁／四八五頁）

そして、このような意識の成長と変革の結果として、プロレタリアートは、唯一の「現実において革命的である階級」、階級を超える階級、あらゆる階級からなる一階級となる。だから、それ以外の階級が「大工業が生まれるとともに弱体化し、やがて没落する」のに対して、プロレタリアートだけは「この大工業に固有の産物」となるのである。支配階級が「すでに獲得している地位を、それを獲得した条件に社会全体を従属させることによって守る」ことが不可能となるような社会と歴史のなかに、プロレタリアートはその位置を占めることになる。この事実のなかに、この革命的階級がもつ「固有の」本性が明示されていることだろう（三五八－三五九頁／四八五－四八六頁）。

（……）プロレタリアートが社会の生産力を奪取しよう

と思うならば、これまで自分たちの労働成果が横取りされてきた様式を廃止し、またそれによって従来のあらゆる横取りの様式をもなくさなければならない。（三五九頁／四八六頁）

というのもプロレタリアートは、アイロニカルにも「自分たちが守るべきものは何ももっていない」のであり、「それどころか、これまでの私的安全や私的保証や個人所有をすべて破壊しなければならない」（同前）。そして、プロレタリアートがその本来性に到達するとき、その結果としてもたらされるのは、「ひとりひとりの自由な発展があらゆるひとびとの自由な発展の条件となるような」社会条件、つまり共産主義である（三七四頁／四九六頁）。

こうしたプロレタリアートの四重の運動は、プロレタリアートがすでに通過してきた実際の諸段階ではない。明らかにそれは、あらゆる歴史的発展の終局としてマルクスが思い描いたような社会が実現されるべきならば、プロレタリアートが通過しなければならないとかれが考える諸段階の歴史的記述である。この文章の明らかに論争的な意図は措くとしても、マルクスがこれら四つの段階を実際にこのように特徴づけたことの根底には、何があるのだろうか。

ここでわたしがスケッチしてきたのは、歴史におけるすべての有意味な過程の、それもまだ萌芽状態にあるプロット構造である。それらの用語を用いることで、マルクスは、プロレタリアートの発展の最終段階とは、全体のなかで諸部分が提喩的に一体化することだと主張することが可能になった。マルクスの分析は、ある段階までは換喩的な様態で、つまり明らかに機械論的で因果論的な用語において提示されている。しかし、もっと大きく見渡してみると、まさにそこで描き出されているのは、初発においては隠喩の様態で特徴づけられた条件が、次には換喩に還元された状態で記述され、そして、諸部分の全体への提喩的一体化という様態へといたるという変化なのである。マルクスは、出来事からなる場を機械論的で因果論的な作用因の組み合わせに還元する、換喩的戦略に意識的にコミットした思想家の立場で歴史を書いていた。機械論的で因果論的な作用因は、歴史の変化に対して、厳密な意味で決定論的なあり方で作用するのである。しかし、かれは、社会秩序の内的で構造的な属性がもつ動態を理解する手法としては、換喩的プロット構造に一元化して考えてはいなかった。因果的諸力によって社会秩序が完全に決定されてしまうというあり方からその社会秩序の理解を救い出していた。社会秩序の全体は、土台（生産様式）において機械論的に作用している原因に従うものであり、またその原因によってそのおおまかな形象は決定されているにもかかわらず、上部構造の内的な動態のほうは、提喩的関係という様式において理解されるべきものなのである。そしてマルクスの考えによれば、共産主義とは、完全なる提喩的統合という様態にあるものとして構想された社会秩序に他ならない。

ここまで見れば、マルクスの歴史分析の方法と、（『資本論』第一巻第一章における）かれの商品分析の方法とのあいだに構造的類似性があることは、もはや明らかであろう。歴史的記録は、意味の顕在的なレベルと、意味の隠されているレベルとに分割されるのであり、両者は真の内容に対する現象形態として互いに関係しあっている。歴史の内容は、生産様式における変化を必要とする生産手段が変わることを通じて、漸増的に、つまり量的に変わっていくのである。

しかし、生産様式は、因果関係の作用因として、上部構造のなかに現れる諸形態を決定しているのであって、その優位性は、いかなる変化においても一貫して変わらない。人間が自然的世界に対して関係し、種としてのその欲求に備えるさまざまなやり方が、人間の社会的関係がとらざるをえない形態を決定している。原始共産制から奴隷労働を搾取する農業システムへの、またそのシステムから労働力の封建的編成への、さらにそこから近代の商業資本主義への転換という生産様式における根本的な変更が、マクロコスモス的な理解のレベルから見た、歴史というドラマのさまざまな「一幕」を筋立てて結びつける尺度を提供している。意識が、生産様式におけるこのような根本的な変化に対応してたどっていく道程は、隠喩的意識から始まり、換喩的意識や提喩的な意識を通り抜け、最後には豊かさのただなかの貧しさ、平和が可能な状況での戦争、富裕のただなかでの（物質的かつ心理的な）欠乏を育んでしまうという、本質的に逆説的な社会組織の本性をめぐるアイロニー的な理解にいたりつくのである。そして、近代人の条件に対するこうしたアイロニー的な意識は、人間と自然との、人間と他の人間との、そして人間の自分自身との隠喩的一体性という、より高次の新しい形態に（というのもそれはいっそう自覚的な形態であるのだから）人間的意識を移行させる基礎を準備するのである。この意識状況において、共産主義こそが、自分たちの発展過程の次の段階にいる人間にとって、ユートピアどころか、リアリスティックな可能性となるのである。

『資本論』の冒頭章で行われた分析を追っていくと、金の物神化という事態が本当は何であるのかが認識され物神化の謎が解けるのであるが、いったんそうなったあとに可能になるとマルクスが考えていたことと、いま述べた近代人が置かれているアイロニー的な状況とは、一言でいって、ぴったりと似通っているのである。価値形態の弁証法的分析が可能となるのは、マルクスが、労働価値説への信念に基づいて、価値の形式と内容とを区別しているからである。同様に、歴史的過程がとる形態についての弁証法的分析が可能となるのも、マルクスが、有意味な歴史的変化の作用因としての土台の優位性への信念に基づいて、歴史の形式と内容とを区別するからである。こうした弁証法的分析は、歴史の真の意味をめぐるマルクスの独創的な説明を擁護するための形式的な論拠を構成しており、歴史一般の形式のイメージとして『共産党宣言』のなかで提示された歴史過程のプロット化を正当化するのである。

しかしながら歴史というドラマにおいては、マルクスが実際にそう考えたように、まずは主人と奴隷、次には貴族と農奴、その後にはブルジョアジーとプロレタリアートという具合に、さまざまな演者がさまざまな場面を占めている。だが、プロレタリアートは、ドラマ全体の真の主人公となるような特別の役割やあり方を与えられているのであり、それは、全歴史過程がその初めからそうなろうと努めてきた人間の姿なのである。マルクスがプロレタリアートを特徴づけるとき、かれにとってプロレタリアートとは、歴史過程における人類のさまざまな部分が、そのさまざまな姿をとってそうなろうとしてきた（が、そのたびに失敗しつづけてきた）人類の全体像であることは明らかである。そして、マルクスは、プロレタリアートにこのような人類全体の運命を体現するという特別な位置を与えたために、それに伴ってプロレタリアートの対立項であるブルジョアジーそれ自体にも歴史的ドラマにおける特別な役割を与えざるをえなかったのである。

マルクスによる歴史のプロット化において、ブルジョアジーは悲劇的な英雄になる。というのも、まさしくブルジョアジーの没落を通じてこそ、プロレタリアートは世界史における自分たちの固有の喜劇的運命を意識するまでに高められるからである。つまり、プロレタリアートは、ブルジョアジーの勃興と没落の犠牲者であるだけでなく、その観察者《スペクテイター》でもあるという事実があるために、歴史過程全体には、あらかじめ定められた目的としての喜劇的な解決が与えられうるのである。『資本論』において、労働価値説を正当化するために価値形態の説明が行われたのとちょうど同じように、『共産党宣言』においては、社会と歴史そのものの双方に対するプロレタリアートの差し迫った勝利を正当化するために、社会形態の説明が行われているのである。そしてこれこそが、普通ならば「歴史」と呼ばれるものをマルクスが「前史」という位置へと格下げしたことの背景にある事情である。ブルジョア的抑圧者に対するプロレタリアートの勝利、階級的差異の解決、国家の衰退、そして、労働価値説の受容に基づいた新しい交換システムとしての社会主義の設立。こうしたことをもって初めて、人類の真の歴史は始まるであろうと、マルクスは予言していた。

具体的な歴史的出来事に適用されたマルクスの方法

これまでのところ、わたしは、マルクスの分析的方法の根本的構造を見極めようという見通しをもって、『ドイツ・イデオロギー』と『共産党宣言』と『資本論』の諸部分を分析してきた。マルクスの思想を分析する過程で、わたしは「弁証法的な」方法として一般に考えられているものがもつ喩法論的な性格を強調したのであった。マルクスは、何を分析しようとするにせよ、つまり、分析対象が社会進化の諸段階であっても、価値形態であっても、あるいは社会主義形態そのものであっても、対象となる現象を、隠喩、換喩、提喩、アイロニーという喩法に対応させた四つのカテゴリーないしは集合へと分類する傾向があると示唆してきたのである。そこで、さらにもう一例を挙げるならば、『共産党宣言』の終わりのあたりで、社会主義的意識のさまざまな形態を分類した際に、マルクスはその主要なタイプとして、反動的社会主義、保守的（ないしブルジョア的）社会主義、空想的社会主義、そして（かれ自身のものである「科学的」）共産主義の四つを挙げていたことにも目を留めてほしい。社会主義的意識の進化の過程は、本源的で隠喩的な（反動的）類型に始まり、換喩的（ブルジョア的）類型や提喩的（空想的）類型を経て、（マルクス自身のそれである）科学的というお墨つきを与えられた社会主義的意識へと進展する。この最後の科学的社会主義という意識によって、それ以前の意識形態をすべて、断片的で不完全で欠陥のあるものとして位置づけることが可能になったのである。したがって、マルクスの言うところでは、空想的社会主義者たちが「一貫して階級闘争を（……）鈍らせ、階級対立を調停しようとする」（『コレクション』二、三八八頁／『全集』四、五〇六頁）のに対して、共産主義者は「目下労働者階級が直面している目的と利益を達成するために闘」い（三八九頁／同前、強調はホワイト）、また「現存する社会的、政治的状態に対するすべての革命運動を支持する」（三九〇－三九一頁／五〇七頁、強調はホワイト）。このくだりは、一八四八年の熱狂のさなかにあってさえ、マルクスがプロレタリア革命に関して、それがその時代に実現可能だという幻想をまったく抱いていなかったことを示している。

共産主義者は、プロレタリアートの最終的な勝利を前へ前へと推し進めるために、すべての革命運動に「アイロニカルに」参加する。このアイロニー的な姿勢は、ブルジョアジーに対してだけでなく、ブルジョアジーに立ち向かう革命運動に関しても言えることなのであって、このスタンスをとったことで、マルクスは、最終的な勝利をもたらすまさにその時がいまにもやってくるかのような楽観的な幻想から免れていたのだった。プロレタリアートに蜂起を呼びかける『共産党宣言』は、それを書いていた当時のマルクスが、そこで情熱的に宣言されている革命が完遂されるという希望をほとんど抱いていなかったからこそ、まさしくアイロニー的な文書なのである。マルクスは革命が成功しないであろうということを知っていた。なぜなら、革命を想像し計画することの前提となる提喩的な意識段階に、ヨーロッパのプロレタリアートがいまだ到達していないことが分かっていたからである。実際、『経済学・哲学草稿』（一八四四年）においてマルクスは、共産主義を「私的所有の、つまり人間の自己疎外の積極的な廃絶として、したがって、人間による、人間のための人間的本性の現実的な獲得」として定義している。「だから、それは人間自身が、社会的な、つまり現実的に人間的な存在としての自分自身に立ち戻ることである。つまり、これまでの発展のあらゆる富を、自分のものとするような、完全にして意識的な帰還なのである」（『コレクション』一、三四九頁／『全集』四〇、四五七頁、強調はホワイト）。人間的なものをなす全体は、みずからと同一化し、諸部分からなる全体を統一体へと変容させる。このような同一化と変容が一八四八年の二月革命の爆発的状況のなかでほとんど起こらなかったことは、マルクス自身が、その時点での共産主義者の意識を、ただ限定された目的を含んでいるにすぎなかったと規定していることによっても暗示されている。またそのことは、眼前で展開された事件を批評する一連の報告記事として一八五〇年に書かれた『フランスにおける階級闘争――一八四九年から一九五〇年まで』の分析のなかで、さらにはっきり示されていた。

　マルクスの『フランスにおける内乱』（一八七一年）に付した一八九一年の序文のなかで、エンゲルスは、「歴史上の大事件がまだわたしたちの眼前で演じられている最中か、あるいはようやく終わったばかりというときに、これらの事件の性格や意義、その必然的な結果を、明瞭に把握する」マルクスの能力について論じていた（『全集』二二、一九三－一九四頁）。『フランスにおける階級闘争』において、マルクスは一八四八年の革命運動の特徴を「悲喜劇」と形容していた。というのも、この革命がプロレタリアートにもたらした利益とは、それが「結束した強力な反革命を生み出」し、その際「それと闘うことによって初めて反乱の党が本当の革命党に成長できるような敵を作り出し」たという点にしかないからである（『全集』七、九頁）。要するに、革命はここでは、主要には否定や対立やアンチテーゼを通じて、プロレタリアートの意識そのものを発展させる手段として役立つのだ、と描かれている。反革命党を創り出すことだけが、革命党に、反革命党との類似性と、それとの差異の両面において、自分たちを規定することを可能にしてくれるのである。

　実際、マルクスは、プロレタリアートの意識の本性とそれが実際に置かれていた歴史的状態とが、みずからの敗北を必要としていたと主張している。

> 　プロレタリアートは、当然にも自分を二月革命の勝利者だと考えていたから（……）かれらは路上で打ち負かされる必要があった。かれらがブルジョアジーとともに闘うのではなく、ブルジョアジーに対して闘うやいなや、

すぐさま敗北するのだということが示される必要があった。（……）武器を手にとって、ブルジョアジーはプロレタリアートの要求を拒否しなければならなかった。だから、ブルジョア共和政の本当の出生地は、二月の勝利ではなく、六月の敗北なのである。（二八頁）

六月の出来事をこのように、ブルジョア共和政の真の出生地として、ブルジョアジーの「真の」敵の敗北として、すなわち二月にはルイ・フィリップを退けるためブルジョアジーとともに闘ったプロレタリアート自身の敗北として暴きだすことは、『資本論』において示された貨幣という価値形態の弁証法的分析と、かなり似たところがある。言い換えれば、それは還元であると同時に還元を通じた解明でもある、ということである。「革命＝二月蜂起」という明示的な隠喩の形態で表明されている誤った等式は、「革命＝ブルジョアジーの勝利」というアイロニー的な否定によって修正されている。だからマルクスは次のように言う。

二月革命は美しい革命、万人が共感できる革命であった。なぜなら、この革命で王権に抗して爆発した諸対立が、まだ未発達のまま、仲良く並んでまどろんでいたからであり、この革命の背景をなす社会的闘争が、架空の存在、つまり空文句のなかの存在にしかなっていなかったからである。（三〇頁）

それとは対照的に、

六月革命は醜い革命、いとわしい革命である。なぜなら、事実が空文句に代わって現れたからであり、共和政が怪物の頭を隠していた王冠を叩き落として、この怪物の頭を剝き出しにさせたからである。（同前）

そうだとすれば、六月蜂起の利益に真にあずかることができたのは、ブルジョアジーであった。パリで勝利を収めたために、いまやブルジョアジーはヨーロッパ中で「自信」を深めている。しかし、それに伴って、一八四八年六月におけるブルジョアジーの勝利は、ブルジョアジー自身を無用のものとしてしまうための基礎を作りだした。というのもまさに、この勝利によって、ブルジョアジーがその本来の姿で、つまり怪物の姿において、衆目にさらされたためである。その怪物的性格は、憲法制定国民議会が制定した新たな憲法が内包する矛盾のなかに表れている。

マルクスによれば、「この憲法のもっとも包括的な矛盾」は、それがフランスの異なった階級のあいだに政治権力を配分したそのやり方にある。

憲法がその社会的な隷属状態を永久化するつもりである諸階級、つまりプロレタリアート、農民、小ブルジョアに対しては、憲法は普通選挙権を与えて、政治権力をもたせている。そして、憲法がその旧来の社会的権力を裁可している階級、つまりブルジョアジーからは、憲法はこのような権力の政治的保障を奪っているのである。この憲法は、ブルジョアジーの政治的支配を民主主義的な諸条件のなかに押し込めている。その条件はいつでも、ブルジョアジーに敵対する階級を勝利に導き、またブルジョア社会の基礎そのものを脅かす。憲法は、一方の階級には政治的解放から社会的解放へと進まないことを要求し、他方の階級には、社会的復古から政治的復古へと戻らないことを、要求しているのである。（四〇頁）

そのような矛盾した状況においては、フランスの選挙民の幅広いセクターに訴えかけることができたのは、ルイ・ボナパルトのような中身のない人物だけであった。こうして皮肉にも次のようなことが起こった。

フランス中でもっとも単純な頭の男が、もっとも多くの方面で意味をもつこととなった。かれは、まさに取るに足らない人物であったからこそ、自分以外のあらゆるものを意味することができたのだ。（四二頁）

こうして、ルイ・ボナパルト統治下のフランスの状態は、「金の物神性」に左右される近代資本主義社会の状態とまさしく同じものとなる。まったく無価値な存在であるボナパルトがすべての集団の利害と等置されえたのは、憲法のまやかしによって、すべての集団がそれぞれに固有の利害を否定されてしまった、まさにそのためである。フランス社会は、マルクスの古典『ルイ・ボナパルトのブリュメール一八日』においてさらに徹底した分析のテーマとなる、あの「茶番」状態へと追いやられたのだった。

茶番劇としての歴史

『ルイ・ボナパルトのブリュメール一八日』は、有名な次の警句から始まっている。

ヘーゲルはどこかで、世界史的な大事件と大人物はすべて、いわば二度現れると言っている。かれはこう付け加えるのを忘れていた。最初は悲劇として、二度目は茶番劇として、と。（『コレクション』三、三頁／『全集』八、一〇七頁）

こうして、ルイ・ボナパルトのクーデターは、マルクスの著作の冒頭パラグラフにおいて、一七八九年のブルジョア大革命のなかで結局はナポレオン一世を権力に就かせることに帰着した正真正銘の悲劇的事件の、そのアイロニックな屈折像としてあらかじめ形象化されたのである。たとえ一八四八年のフランス社会が、自分たちは一七八九年の革命的プログラムを実行していると思い込んでいたとしても、実際には「出発点よりも後退してしまった」(八頁／一一〇頁)とマルクスは見ていた。一八四八年二月二四日から一八五一年一二月までに起こったすべての出来事を、かれは『フランスにおける階級闘争』でしていたのと同じように「悲喜劇」として、つまり革命のパロディとして特徴づけた。このパロディは、一七八九年にかれらがそこから解き放たれてきた元の隷従状態よりもさらに抑圧的な隷従状態に、フランス国民を陥れたのだった。

さらにマルクスは「フランス人の知識人たちがよくそうしているように、このような結果になったのもかれらの国民が不意を襲われたからなのだ、ともっともらしく説明する」やり方も否定している。「そうした言い方をしたとしても謎が解けたわけではなく、ただ謎が言い換えられたにすぎない」からである。マルクスは続けて、本当の問題は「三六〇〇万の国民が三人の詐欺師に不意を襲われ、無抵抗で捕虜にされるようなことがいったいどうして起こったのか」を説明することにあると論じている(一〇頁／一一二頁)。

もちろん、このことがマルクスにとって本当に問題であったわけではない。少なくともそれは、分析を必要とする問題ではなかった。というのも、かれはその問題の解答をすでに知っていたからである。マルクスの問題とは文芸表現上の問題であった。つまり「何が実際に起こったのか」を説得力ある語り口で提示しなければならなかったのだ。

「何が実際に起こったのか」という問いに対してマルクスが公式的《フォーマル》にどう答えているのかは、かれがその答えに辿り着くために用いた分析方法からは区別しなければならない。公式的《フォーマル》に言うなら、ルイ・ボナパルトの勝利とは、プロレタリアートに対するブルジョアジーの《恐怖》と、ブルジョアジーとプロレタリアートの両者に対する農民の《反感》とが結びついた結果である、とマルクスはあっさり論じている(二四－二六頁／一二二－一二三頁、三八－三九頁／一三一－一三三頁を参照)。しかし、それに加えて、こうした一方の《恐怖》と他方の《反感》とを生みだす原因は何かというと、それがその基底にある「物質的条件」として提示されており、この「物質的条件」が、ブルジョアジーとプロレタリアートと農民とのあいだの関係と、一八五〇年の政府のボナパルティズム的形態を説明している。要するに『資本論』における価値の分析においてそうであったのと同様に、ここでも、分析されるべき現象の形式《フォーム》と内容《コンテント》とを区別することが重要なのである。

しかし、このような多様なファクターがどのように結びついて、第二帝政における特殊な関係形式を作りだしたのか、という問題を明らかにするという課題は残っていた。それがあったからこそマルクスは、一八四八年から一八五一年のフランスにおける重要な歴史的事件のクロニクルを構成する出来事群の背後にあった、「本当のストーリー」を暴露する必要があった。逆にいえば、この「本当のストーリー」を暴露するためには、一連の出来事を特別な種類のストーリーとしてプロット化する必要があったのである。このストーリーが、さきほど見たマルクスの冒頭の言葉のなかで「茶番劇《ファルス》」として特徴づけられていた。つまり、マルクスはこのストーリーを風刺劇《サタイア》の様式で書いたということである。端的に言って、フランスが「三人の詐欺師」の手に引き渡された一八四八年から五一年のあいだの出来事には、悲劇的な点は何ひとつなかった。マルクスが二月革命から第二帝政の樹立に帰着したと描いた一連の出来事は、ひとびとが隷属状態へとじわじわ転落していく過程であった。これを敗北した革命の当事者たちの高貴な志を証拠に持ちだして、それがあたかも真正な悲劇であったかのように規定しようとしても、無駄である。

この二月革命期についての叙述は、マルクスが一七八九年の出来事を性格づけるときの筆致とは、つまりフランス革命の過程におけるブルジョアジーの活動の描き方とは、違っている。大革命について、かれはこう書いていたからである。

> しかし、ブルジョア社会がいかに非英雄的であるにせよ、この社会を生み出すには、英雄的行為、自己犠牲、恐怖、内戦、諸国民戦争がやはり必要だった。そして、ブルジョア社会の剣闘士たちは、ローマ共和国の古典的に厳格な伝統に理想と芸術的様式を、つまり自己欺瞞を見出した。自分たちの闘いの偏狭なブルジョア的内容をみずからに対して隠蔽し、自分たちの情熱を偉大な歴史的悲劇の高みに留めておくために、そうした自己欺瞞が必要だったのである。（五頁／一〇八－一〇九頁、強調はホワイト）

これによれば、理想と現実とのあいだの隔絶が覆い隠されていたために、一七八九年のブルジョア革命は悲劇的であった。しかし、一八四八年から五一年の革命は話が別である。それは、理想が現実に追従していたためにこそ、「悲劇」ではなく「茶番劇的」であったのだ。その結果として、

> 社会そのものが新しい内容を勝ち取ったのではなく、国家がただ、その最古の形態に、つまりサーベルと僧服のずうずうしい単純な支配に戻っただけに見える。こうして、一八四八年二月の平手打ちに対して、一八五一年一二月の頭突きが応えるのである。悪銭身につかずというものである。（七－八頁／一一〇頁、強調はホワイト）

そこでは、第二帝政の樹立とは、一八四八年二月の蜂起に始まった一連の出来事の最終段階を表している。それは説明されるべき所与であり、実際にマルクスは「歴史」を四つの発展段階に分けて説明している。つまり、第一に二月革命の時期、第二に一八四八年五月四日から四九年五月二八日の憲法制定国民議会の時期、第三に四九年五月二八日から五一年一二月二日の立法国民議会の時期、そして最後に五一年一二月二日から続く第二帝政そのものである。その第二帝政も一八七一年のパリ・コミューンの日々のなかで打ち倒されることになる。

マルクスがこうした段階を特徴づけるときの手際は、『資本論』における四つの価値形態の分析のなかで提示されていたものと対応している。マルクスが二月革命の段階を「革命のプロローグ」（一一頁／一一三頁）として描いたのは、この時期を通じて、蜂起に関わったあらゆるひとびとを突き動かしていたものが、もっぱら「普遍的な」革命的目標であって、けっして特殊な革命的目標ではなかったからである。

（……）飛び交う美辞麗句と実際の不安定さやぎこちなさ、この上なく熱狂的な革新の希求とよりいっそうはびこる旧弊、社会全体におけるうわべの調和の拡大と社会成員間のより深まる疎遠化。他のどんな時代においても、これほどにさまざまなものがごちゃ混ぜになったことはなかった。（一二頁／同前）

革命的状況の外見とその現実は、互いに実に強烈な対照関係を示して存在しているのだが、しかし、そうしたものとしてはまったく認識されていない。このことは、単純な価値形態において、内容と形式の分裂が曖昧で見えなくされ、それによって内容の適切な理解が損なわれることになるのと同じである。したがって、「革命を準備し決行した分子がみんな（……）二月政府のなかに、一時的に自分たちの場所を見出した」（一一頁／同前）のである。「各党派は革命を自分なりのやり方で解釈した」。ついに武器を獲得したプロレタリアートは「革命に自分たちの刻印を押し、それが社会的共和政であると宣言」して、「現代的革命の普遍的な内容」を提示した。しかし、その普遍的内容は、かれらが「さしあたって実際面ですぐに着手できたことすべてとこの上なく奇妙に矛盾していた」（同前／同前）。その他方で、旧来の社会的権力のほうは再結集し、「戦線を整え、平静さを取り戻したことで、国民大衆のなかに、つまり政治的舞台に一気になだれ込んできた農民と小ブルジョアジーのなかに、思いもかけない支持者を見出した」のである（一一－一二頁／同前）。

ここで言う革命の理想と「さしあたって実際面ですぐに着手できたこと」との対照関係は、『資本論』で述べられている価値の「形態《フォルム》」とその真の「内容《コンテント》」との関係に対応している。一八四八年二月の状況の真の内容は、厳密には隠喩的と呼ぶことができるような普遍的な意識というあり方によって覆い隠されていたのである。覆い隠されたものにしてもそこに存在しているには違いないのだが、それは押し歪められた形式でそうなのである。言い換えれば、革命の真の内容は、二月の蜂起を可能にした物質的条件のなかに見出されるべきである。ところがこの内容は、一八四八年の場面に存在している社会的行為の形式とは矛盾した仕方で存在していたのであった。このことを革命のなかに登場してきた諸党派が暗黙のうちに理解していたことは、二月政体が「臨時政府」と呼ばれていたことにも示されているだろう。マルクスは言う。「誰も、何も、あえて自分に存続権と実行権があるとは言わなかった」（一一頁／同前）。マルクスから見れば、国民がルイ・フィリップに対する蜂起を成功させたあとに陥ったこの停滞状態は、いまや力によってしか解決できないような実践上の矛盾がそこに横たわっていたということの証明として十分である。

そして、この矛盾が解決されたのは、マルクスによれば、第二期に、つまり一八四八年五月四日から四九年五月二八日まで続いた憲法制定国民議会の時期においてである。これは、「ブルジョア共和政」の時期であり、プロレタリアートが初めに掲げた「二月革命の時期の要求に対する、生きるか死ぬかの抵抗」がブルジョアによって繰り広げられた時期であった。マルクスは、国民議会の役割は、「革命の諸結果をブルジョアのスケールにまで縮減すること」にあったと言う（一二頁／一一四頁、強調はホワイト）。要するに、第二期の目的は、革命の普遍的な内容を特殊な内容へと縮減し、普遍的支配をブルジョアジーの支配へと縮減することによって、第一期に含まれていた矛盾を解消することにあったのである。

パリのプロレタリアートの要求はユートピア的なたわごとであり、そんなものにはけりをつけなくてはならない。憲法制定国民議会がこう宣言したのに対して、パリのプロレタリアートは、ヨーロッパの内戦の歴史で最大の事件である六月蜂起をもって応えた。（一三頁／同前）

しかし、アイロニカルなことに、マルクスの評価によれば、この「ヨーロッパの内戦の歴史で最大の事件」が歴史的意義を有しているのは、なによりまずその失敗のゆえにである。もっぱらプロレタリアートの敗北によってのみ、プロレタリアートは優勢になっていく。

ブルジョア共和政が勝利を収めた。その側には、金融貴族、産業ブルジョアジー、中産階級、小市民、軍、遊撃隊に編成されたルンペンプロレタリアート、エリート知識人、坊主、農村住民がついた。パリのプロレタリアートの側についたのは、かれら自身だけだった。勝利の後、三〇〇〇人以上の叛徒が虐殺され、一万五〇〇〇人が裁判抜きで流刑になった。この敗北とともに、プロレタリアートは革命の舞台の後景に退く。（同前／同前）

　こんなふうに、六月の叛徒たちの敗北は、それを悲しむことはできるとしても、けっして悲劇的とはならない出来事として性格づけられているのである。なぜなら、かれらのブルジョアジーに対する反抗は、いかなる明瞭な目的意識によっても、いかなる自分たちの勝利の展望についてのリアルな見通しによっても裏づけられてはいないものだったからである。プロレタリアートの主張をふたたび盛り返そうとする試みが繰り返し敗北を喫するのは、マルクスの目から見れば少しも驚くべきことではない。プロレタリアートは、「六月に戦ったすべての階級がプロレタリアート自身の傍らに疲弊して身を横たえるまでは、自分自身のなかに革命的な偉大さを再発見することも、新たに現れた（他の集団との——ホワイト）紐帯から新しいエネルギーを獲得することもできないように見える」。言い換えれば、すべての階級がプロレタリアートとひとつのものとなるまでは、プロレタリアートには勝利の日は来ないのである。プロレタリアートが「少なくとも（……）世界史的な闘いを戦ったという栄誉を残して敗北した」という事実は、その敗北が「地ならしをしたことで、そのうえにブルジョア的共和政を創設し作り上げることが可能になった」（一四頁／一一五頁）といういっそう重要な事実を曖昧にすることはできない。ブルジョアからすれば、「寡占化とともにその支配者たちの輪が狭まるたびに、またより排他的な利害がより広範な利害に対して主張されるたびに、『恐ろしい革命』から自分たちの社会が救われる」ことになるという事実のなかに、ブルジョア的秩序の狭量さが露呈されている（一五頁／一一六頁）。

　ブルジョア社会の展開を特徴づけている点は、一七八九年に遂行された革命が掲げた理想への、この社会のシステムのもたらさざるをえない裏切りという関係である。まさにこうした革命の理想は、プロレタリアートの声を代弁するひとびとが、ブルジョアジーを権力に導いたのとまったく同じような「自由」とか「進歩の機関」とかという標語を、あらためて今度はかれらの支持層である民衆のために獲得しようと声をあげたとたん、ただちにそれは「社会主義的な要求」だという烙印を押されることになる。ブルジョア自身の理想が、ブルジョアジーが築き上げようとした「階級支配」への脅威として拒否される、というわけなのである。

　しかし、アイロニカルなことに、ブルジョアジーは、自分たちの自身の隊列のなかでいまや何よりもまず「平穏」を渇望するもっとも保守的な部分によって、「自分自身の議会制、その政治支配一般」までが「社会主義的だ」と見なされることになるとは理解できなかった（五九頁）。マルクスは指摘している。かつては競争、討議、論争、多数者による支配、等々のチャンピオンであったブルジョアジーは、他者からそれと同じ権利が求められるときには、そうした過程を許すことができなかった。したがって、ブルジョアジーは必然的に、これらのことを、「自由、平等、友愛」の理想や議会制民主主義の原則に自分が関わっていたという事実ともどもに否認せざるをえないのである。

（……）ブルジョアジーは、以前には「リベラル」だと祭り上げたものに、いまでは「社会主義」の烙印を押すというやり方で、次のことを認めているのである。すなわち、ブルジョアジーはかれら自身の利害によって、危険を冒してまでみずから統治を行ってはならないと命じられていること。国内で平穏を回復するには、まずなによりもブルジョア議会をおとなしくさせなくてはならず、またみずからの社会的な権力を無傷に保つには、自分たちの政治権力を破壊しなければならないということ。他の階級と並んで同じ政治的な無力に陥ることを条件に、個々のブルジョアたちだけが他の諸階級を搾取し（……）続けることができるということ。みずから財布を救うには、王冠が奪われ、みずからを守るはずの剣が同時に、ダモクレスの剣のようにみずからの頭上に吊るされていなくてはならないこと。（六〇頁／一四八頁）

この一連のアイロニー的な転倒には、演劇的な原理がある。その原理によってマルクスは、ブルジョアジーとプロレタリアートの両者による自己破壊の行動を「弁証法的に」説明していたが、これはヘーゲルにならって「歴史における理性の狡知」と呼ぶのがふさわしい問題である。この点を喩法論的に考えてみよう。一八四八年革命の第一期から第二期への移行とは、隠喩的な存在様式から換喩的な存在様式への移行に他ならない。第二期において、つまりブルジョア的な段階においては、「社会」は換喩的に「ブルジョアジー」に等しいものと見なされている。つまり、部分が全体を表しているのである。「議会共和政が、ブルジョアジーとともに舞台の全体を占め、その存在を謳歌するが、一八五二年一二月二日が『共和国万歳！』という連合王党派の恐怖の悲鳴のもとに、これを葬り去ってしまう」（一一六頁／一八九頁）。そして、それを葬り去るのは、革命の換喩的段階から提喩的な（一般化された）段階への移行をもたらしたルイ・ボナパルトである。マルクスはこの移行を次のように叙述している。

議会では、国民はその総意を法律に、すなわち、支配階級の法律を国民の総意に高めた。執行権力の前で国民は、自分の意志をすべて放棄して、他者の力の掟や権威

に服従する。執行権と立法権との対立は、国民の他律性と自律性との対立の表れなのである。（一二二頁／一九二頁）

この「執行権」（ボナパルト）は、『資本論』でマルクスが分析した一般的価値形態において、リネン布が他のすべての商品に対してそうであるのと同様に、フランス国民に対して、そのさまざまな階級に対して、立ち現れている。だからこそマルクスは次のように書くのである。

> それゆえに、フランスが一階級の独裁から逃れたのは、ただ一個人の独裁へと、しかも権威なき個人の権威へと戻るためであったようにしか見えない。（同前／同前、強調はホワイト）

しかし、アイロニカルにも、フランスがその足元に屈したのは「権威なき個人であった。いまやすべての階級が、等しく無力となり、等しく沈黙に陥り、銃床の前に跪くほど、闘争は完璧に調停されたように見える」（同前／同前）。こうして、ブルジョア共和政の特徴である「総体的」ないし「拡大された」階級対立の状態は、いまや「一般化された」ブルジョア独裁の状態と交代する。しかもそれは、あのルイ・ボナパルトの帝政として、であるから、ブルジョアジーが、一方では社会の支配階級として前面に迫り出しながら、その他方で一七八九年の大革命で渇望していたあの政治的な権力からは引き剝がされているというあり方で進行するのである。そこではすべての政治権力が単一の個人に、すなわちボナパルトに与えられる。「国家装置は市民社会に対してきわめて堅固になるのだから、その頂点には一二月一〇日会の頭目がいれば十分だ」（一二三頁／一九三頁）。

マルクスは、ボナパルトの成功が、フランスの分割地農民の支持に依拠していたと主張しているが、この階級がボナパルトの成功によって政治権力へと引き上げられたわけではない、という註釈も付け加えていた。価値形態の分析において、一般的価値形態が金の物神性へとつながったのと同様に、政治形態の連続においては、ボナパルトの占める大統領府が代表する一般的政治形態が、ボナパルト個人への物神化に帰結する。「外国から駆けつけ、火酒とソーセージで買収した酔っ払いの雑兵どもによって指導者に祭り上げられた冒険家」（同前／同前）であるボナパルトは、農民だけでなく他のあらゆる身分を裏切ったのである。自分を「中産階級の代表」と見なすかれが「何者かでいられるのは、ひとえに、かれがこの中産階級の政治的な力をすでに破壊し、毎日新たにそれを破壊し続けているからにすぎない」（一二三頁／二〇一頁）。みずからを「農民の代表」であり「ルンペンプロレタリアートの代表」と見なすかれは、これらの階級が「ブルジョア社会の内側で」幸せになるすべを学ばねばならないと主張することによって、かれらのことをも裏切っているのである（一三四頁／同前）。

ボナパルトの計画は、二枚舌と矛盾の代表例であった。だから、フランスのブルジョアジーが（まさにマルクスがかれらにその歴史叙述のなかでそう語らせているとおり）次のように主張したことは、正しかった。「一二月一〇日会の頭目しかブルジョア社会を救えないのだ！　盗みしか財産を、偽りの宣誓しか宗教を、私生児しか家族を、無秩序しか秩序を、救えないのだ！」と（一三三頁／同前）。ここでは、後にマルクスが「金の物神性」に帰するのと同じ「倒錯」が、社会全体のものとして描かれている。したがってかれは、たとえば社会のさまざまな階級に対するボナパルトの矛盾にみちた関係を引き合いにだしながら、こう叙述したのである。

この男の任務がこのように矛盾しているのを見れば、かれの統治がちぐはぐで、自信なげに右往左往し、あるときはこちらの階級、あるときはあちらの階級を、味方につけようとするかと思えば次には侮辱しようとして、どの階級も同じように敵に回してしまうことになるわけがよく分かる。またそれを踏まえれば、この男の実際の頼りなさが、伯父をそっくりまねた政府文書の高圧的で断定的な文体ときわめて滑稽な対照をなしているのがなぜなのかも、分かろうというものである。（一三四頁／二〇二頁）

ボナパルトの統治の矛盾は、貨幣という価値形態を特徴づけるとともに、それをその初めから不安定なものにしていたあの矛盾と、まさしくアナロジーの関係にある。そしてこのことが、マルクスが自信に満ちた口調でこの体制の最終的崩壊を予言することができた理由なのである。かれは『ブリュメール一八日』の最後のパラグラフでこの体制を、後に一八七一年の『フランスにおける内乱』において回顧的に下すことになる判定を予感させるようなやり方で特徴づけている。

この状況から現れてくる矛盾した要請に駆られて、さらには、手品師のようにたえず驚かすことで（……）衆目を集めておかねばならないために、つまりミニチュアのクーデターを毎日起こさねばならないために、ボナパルトは、ブルジョア経済全体を混乱に陥れる。かれは一八四八年には不可侵と思われていたことをみな侵害し、ある者たちには革命も仕方がないと思わせ、他の者たちには革命をやりたい気分を起こさせて、秩序の名のもとに他ならぬ無政府状態を生み出す。その一方で、同時にあらゆる国家機構から後光を剝ぎ取り、これを冒瀆し、深くかつ滑稽なものへと変えている。（『コレクション』三、

一三七頁／『全集』八、二〇四頁）

そして一八七一年には、体制と、それが仕えているふりをしている社会との双方における「腐敗」のすべてが、プロイセンの銃剣によって暴露された（『フランスにおける内乱』、『コレクション』六、三一頁／『全集』一七、三一四頁）。この「茶番劇」じみた政府形態の崩壊は、フランス社会を新たな発展のサイクルへと移行させる「直接のアンチテーゼ」を不可避にもたらす。すなわち、パリ・コミューンをもたらすのである。パリ・コミューンはまた、プロレタリアートの意識をも新たなサイクルへと移行させた。だからこそマルクスは、『フランスにおける内乱』でこう書いたのである。

パリのプロレタリアートが二月革命の到来を告げるときに発した「社会的共和政」というスローガンは、実のところ、階級支配の君主的形態だけでなく階級支配そのものを除去することになるような共和政への、漠然とした希望を表明しているにすぎなかった。パリ・コミューンは、そのような共和政がはっきりとした姿をとった形態であった。（同前／三一五頁）

スローガンとされた「社会的共和政」のもつ積極的意味を反映しているのは、その共和国をなす諸部分の総和よりもさらに大きな社会秩序を建設しようという試みであると、マルクスは論じている。したがってパリ・コミューンは、たとえば「フランス社会の健全な要素を代表し、したがって真に国民的」であっただけでなく「言葉の真の意味で国際的」（四一頁／三二三頁）であったし、「不朽の目標のために死ぬ名誉にあずかることをあらゆる外国人に許した」（四二頁／同前）のだった。コミューンの絶頂期におけるパリでは、実質上ほとんど犯罪がなくなっていたとさえ、マルクスは主張している。「死体公示所にはもはや身元不明の死体はなく、夜盗もなくなり、強盗もほとんどいなくなった」（四五頁／三二五頁）。いまではヴェルサイユに集いコミューンを倒そうと画策している退廃的な前体制の生き残りたちとは対照的に、パリはほとんど楽園のようだった。「パリのこの新たな世界に対して、ヴェルサイユの古い世界を見よ。（……）パリではすべてが真実であり、ヴェルサイユではすべてが嘘であった。そしてその嘘は、ティエールの口から吐き出されていたのである」（四六頁／三二六頁）。マルクスによれば、コミューン期のパリでは、一群のひとびとがつかの間、共産主義社会が将来そうなるはずの姿のモデルを作り出すことに成功したのだ。ちょうど、一八九一年にエンゲルスがこう書いたように。「よろしい、諸君、この独裁がどんなものかを諸君は知りたいのか？　パリ・コミューンを見たまえ。あれがプロレタリアートの独裁だったのだ」（『フランスにおける内乱』への序文」、

『全集』二二、二〇五頁）。

しかし、ここでも、一八四八年のときと同様に、革命は敗北をあらかじめ運命づけられている。それは、共産主義の社会を打ち立てるための物質的条件がいまだ十分には整っていなかったためだけでなく、「パリ・コミューン参加者の多数派がけっして賢明な社会主義者ではなく、またそうではありえなかった」ためでもある（「マルクスからニーウェンホイスへの書簡」、『全集』三五、一三二頁）。その時点で出てきた「社会的共和政」を求める声は、はっきりとしない内容を含んだ隠喩でしかなかった。つまり、それは「社会主義」ではあるが、プロレタリアートによる「階級支配」に転換しようという曖昧な規定として登場していたにすぎなかった。コミューンの観念は、次に具体的な姿をとって登場するときには、いっそう純化されて、自覚的に社会主義的なあり方を示すことになるが、ともかくもその前に、まずは換喩的な還元という競合《アゴン》の段階を経験しなくてはならないことになる。プロイセンの武力によって作られた第三共和政は、この換喩的還元が具体化した姿をとる社会的な形態である。ただし、そこでの矛盾は、それが取って代わった元の第二帝政の矛盾よりもましになったというわけでもない。第三共和政が前よりいっそう安定したものになったということもない。もし何か変化があったとしても、それは、病膏肓に入るというような具合に悪化すらしている。というのも、コミューンの歴史的経験からインスピレーションを得たことで、おびえたブルジョアジーと革命的階級として自覚したプロレタリアートとのあいだの妥協は、およそ困難なものになっているからである。時代とともに、いっそう現実と表象との関係が「倒錯的」になっていくことを、マルクスはまったく疑っていなかった。つまり、価値を金と取り違えたあの物象化した経済システムと同じように、近代の階級社会に倒錯した事態が生じることは運命づけられている。

小括

ここまで論じてきたことで、わたしはようやく、マルクスが抱いていた歴史の考え方を要約することができる。つまり、マルクスによって、それは分析の方法として考えられていただけでなく、表象の戦略としても理解されていたのである。わたしは、本章を通して自分の視点を据えて、マルクスの歴史観には二つの次元があることを明らかにしてきた。あるいは概念化の二つの軸があると言ってもいい。その一つは共時的な軸であり、土台と上部構造のあいだに存在すると想定される無時間的な関係に関わらざるをえない。いま一つは通時的な軸であり、土台においてであれ上部構造においてであれ、時間を超えて生起する変化に関わらざるをえない。マルクスがヘーゲルから断絶しているのは、歴史的存在の基底的根拠はヘーゲルが考えるような意識ではなく、自然だとかれが主張している点においてである。マルクスの確信するところでは、公共的に承認された意識形態は、生産様式によって機械論的に決定されているのであり、また、この生産様式を反映したものが意識なのである。こうした因果的関係は規定因と被規定対象がはっきりしている単線的なものであり、歴史を通じて、かならず作用するものだと理解されている。しかしながら、マルクスは、上部構造において表れてくる諸形態の継起関係を分析する際には「弁証法的」方法を用いているのであり、そのかぎりでは依然としてヘーゲルと変わらない。つまり、この点において、マルクスのカテゴリーとヘーゲルのそれとは同一なのであり、かれが、カテゴリーごとに分類された具体的存在のあいだの関係をどう理解するのかという点も、ヘーゲルのやり方とまったく変わらない。だから、人間の自己理解と、これらの自己理解の形式がそのなかで公共的な承認を獲得するはずの社会的基盤とが、どのような基本的形態をとるのかということの分析のためには、マルクスにおいて、ヘーゲルの「論理学」がもう一度必要とされているのである。さらに踏み込んで言うなら、人間の自己理解の基本形式やそれを支える社会的基盤を特徴づけるために用いられるカテゴリーと、それらの関係を特徴づけるために用いられるカテゴリーとは、両方ともに、ヘーゲルの『論理学』のなかのカテゴリーがまさしく本質的に喩法論的性質をもっていたということをマルクスが理解したからこそ、ヘーゲル哲学のなかから引きだすことができたのである。人間が自分をどう理解するのか、またそうした自己理解を投影してどのように社会を理解するのか、というあり方のさまざまな類型は、現実をいかに特徴づけるのかという様式において可能になっているし、また究極的にそれによって限定を受けるものなのである。そして、まさにその現実を特徴づける様式は、今述べた自己理解の類型や社会的投影のさまざまに変化する多様な様相としては、そもそも言語によって与えられているのである。これこそ、喩法論的な考察が必要である理由であった。隠喩、換喩、提喩、アイロニーという喩法は、人間の自己理解の手段を与えるだけでなく、分析のカテゴリーを与えるものでもある。この分析のカテゴリーがあることによって、いま述べた人間の自己理解は、上部構造のある局面が呈する歴史的変化の過程において、それを構成する諸段階として理解されることが可能になるのである。フランスにおける一八四八年から五一年の革命のようなミクロな事件を分析しているときであれ、人類の進化全体のようなマクロな出来事を分析しているときであれ、マルクス自身がつねに、出来事や段階の集合をカテゴリーに分類していくための基礎として、この喩法論という問題に立ち帰っている。これを通じて、出来事や段階は、その始まりの状態から終局的な状態へといたる進化の道を辿っていくのである。

　また、ヘーゲルにおいてそうであったのと同様に、マルクスが、演劇学の用語を念頭におきながら、歴史的に重要な一連の現象を四段階として分析するにあたって、その基礎となる発想をも、やはり喩法が提供している。出来事の歴史的に重要なあらゆる継起関係のプロット構造とは、先に指摘した演劇学の発想に即して表現するなら、苦難《パトス》から始まって、競合《アゴン》と解体《スパラグモス》を経て認知《アナグノリシス》へといたるというものだったが、これは終着点との関係で言うなら解放に向かう運動か、あるいは隷従へと向かう運動かのいずれかであると言える。言い換えれば、苦難に満ちた経験的世界の「ロマンティックな」超越をめがける運動か、あるいは隷従という「アイロニックな」状態へと進んでいく運動かのいずれかなのである。しかし、マルクスはこのいずれの行き先も否定していた。人類は、全面的な隷従状態にも完全な超越にも押しやられることはない。マルクスの歴史的ヴィジョンは、ヘーゲルのそれのように、歴史的ドラマのあらゆる行為の結果を悲劇的なものとして理解することと、その過程全体の帰結を喜劇的に把握することとのあいだを、いわば振り子のように揺れ動いている。ヘーゲルにとってそうであったのと同様に、マルクスにとっても、人類は自分自身と自然との喜劇的な和解という状態に到達するのだが、それはまさしく悲劇的な葛藤という媒介を通じて初めて可能になるのである。たしかにその際、この悲劇的葛藤は、それ自体としては、こうした葛藤が高貴であることを哲学的に理解するという慰めしか与えてくれないように見えるが、それでもこれは必要な媒介だった。このように、マルクスは、唯物論者として自分で歴史を「説明」する場合には、機械論的論証様式と有機体論的論証様式とのあいだを揺れ動いており、他方で弁証法的思想家としてかれが描く歴史の「表象」においては、歴史の基本的形式をあるときには悲劇的に、あるときには喜劇的に理解することのあいだで揺れ動いていた。

　ところで、もう一つ別の観点からこの問題を考えてみるなら、ラディカルな歴史家と保守的な歴史家とは、たとえその両タイプの歴史家が、あらゆる歴史的過程の喜劇的な理解に帰着するという点では同じであるとしても、右に述べた二重の運動があるのかないのかによって違いが生まれる（この複雑な二重の運動の振幅や奥行きこそが、ラディカルなヘーゲルやマルクスを、保守的なランケから分かつことでもあったのだ）。ヘーゲルとマルクスは、ランケには見られなかった仕方で、歴史における葛藤を深刻な問題として引き受けていた。ヘーゲルにしてもマルクスにしても、ものごとは、あらゆる可能的な世界のうちの最善の世界において、最善のひとつのために存在するものではけっしてない、ということを知っていた。人類は、自分では手に負えず、異なった時代や場所においては理解することもできない世界の秩序《コスモス》に対して、自己実現をしようと努めるのだが、そのとき人類は、悲劇的にも正真正銘の喪失感と損傷に耐え忍ばねばならない。そのことをヘーゲルもマルクスも分かっていた。しかし、同時にかれらにとって、そうした世界の秩序《コスモス》は、かれらがそれを評価しようと格闘したときには、理解されうるものなのであり、世界の秩序《コスモス》を支配する法則は、人間の試みを繰り返すなかで次第にはっきりと見極められていくものであった。ただし、世界の秩序《コスモス》を支配する法則が認識できるのは、もっぱら実践を通じて、行為を通じて、つまり、人間の意志をプロメテウス的に、とは言わないまでも、英雄的に確証することを通じてのみなのである。そのような自己確証の企ては、個人にとっても、集団にとっても、自分たちが苦難に直面したときには、敗北し挫折する危険性を孕んでいる。しかし、もしもそうした個人や集団が本当にその大望において英雄的であるならば、人間はその失敗や敗北を通じて、自然と歴史をともに支配する法則についての人間的知を最終的に獲得するという目的に貢献できる。そして、そのような法則に関する人間の知こそは、そうした法則が人類に加えてきた制約を、人間自身の手で克服していくための足場を提供するのである。

このように考えてくると、実はリベラルな歴史家や保守的な歴史家がマルクスによく浴びせかけている「マルクス主義は粗野な還元主義でしかない」という非難には、ほとんど妥当性がないと見ることができる。むしろ反対である。マルクスは、方法においてはおよそ還元主義者などではない。たとえマルクスの歴史理解が、マクロコスモス的な次元においては、階級対立のもとにある人類がやがてそれを克服して一体としての解放された存在となっていくというような、はっきり見分けられる統合的傾向のヴィジョンによって支配されているとしても、還元主義だという非難ははねのけることができる。どちらかと言えばランケのほうが、マルクスよりもはるかに還元主義的であり、ずっと自分が作りあげた神話の虜《とりこ》になっている。たとえ「それぞれの時代は神に直結している」としたランケの仕事が、あたかも歴史的現象をその特殊性や固有性において理解しようとしていたかのように見えるとしても、そうなのである。実際の問題として、統合的な表象の戦略に対する対抗として、ランケが一見相対主義にも見える拡散的な表象の戦略にこだわることも、イデオロギー的なバイアスを表しているにすぎない。マルクスが「歴史の謎」を解かなくてはならないというイデオロギー的バイアスに駆り立てられていると非難されるならば、それと同じくらいに、ランケに代表される実証主義の一見拡散的な表象の戦略も、考え方の枠組みとしては、さまざまな要因によって規定されたイデオロギー的バイアスに突き動かされていることは、ここまでくれば明らかである。ブルクハルトがそう主張したように、「歴史はもっとも普遍的なカテゴリーという観点を除けば、合理的に分析できるものではない」とか、「歴史の過程は、一連の『ただ推移していくだけの《メタスタティック》』変化の継起関係にすぎないと理解せよ」などと結論づけることは、マルクスが歴史について省察したことから導きだした人間的解放という結論と同じように、神話を産出しているのである。ブルクハルト以後のコンテクスト主義的な歴史理解が抱く「歴史の意味とはそれが何の意味ももたないことだ」という信条や、「歴史をそれに特別な意味を与えるように概念化することは正統性がない」という信条は、それを掲げているひとが考えているのとは違って、けっして認識の営みから導かれた判断ではなく、それもまたイデオロギー的な判断なのである。マルクスがしようとしていたのは、受動態ではなく、能動態で歴史を描くことを可能にしてくれるような分析の方法と表象の戦略を与えることであった。能動態とは、言ってみればラディカリズムの態度である。ただし、マルクスのラディカリズムはあくまでも左翼のそれであり、右翼陣営にも見られるラディカリズムからは、「歴史はもはや原理的に神秘的なものではなく、むしろ人間の本性そのものだ」と主張する点において区別されるのである。つまり、歴史を研究することは、それによってわたしたちが、その意味と普遍的な発展方向をともどもに理解できるような法則を手に入れることだと主張している点で、マルクスは現実へのアンガージュマンを肯定する左翼ラディカリズムなのである。またこのラディカリズムは、そこでマルクスのテキストの読み手を、一定の状況におけるそのひとの決断が何でなくてはならないかを細かく指定することなしに、つまり、機械論的な決定とは違ったところで、そのひとが可能な選択肢を選ぶという自由な状況に立たせてくれる。さらに重要なことだが、このラディカリズムは、マルクスのテキストの読み手に対し、ある特定の立場を正しい認識として指定するのだが、その立場においては読者がどのような選択をしようとも、マルクスはそれを、ランケ的な理解やブルクハルト的な理解でその決断を行った場合よりは、もっと深く自覚的な状況でそうするように強いているのである。ランケ的な信条であれば「何をなすにしても最善を目指して努力する」ということになり、ブルクハルト的な信条であれば、「何をなすにしても、所詮は差異はない」ということになるのに対して、マルクス的な理解であれば、このような決断は、現実へのより自覚的で能動的な企図とならざるをえないのである。

第9章 ニーチェ——隠喩の様式における歴史の詩的弁護

Nietzsche: The Poetic Defense of History in the Metaphorical Mode

はじめに

フリードリッヒ・ニーチェ（一八四四－一九〇〇）の思想は、一九世紀のその他ほとんどすべての文化活動について言えるのと同じように、歴史思想の分野でも画期をなしている。なぜなら、かれは一八三〇年代から歴史家が使用してきた歴史分析のためのカテゴリーを拒み、こうしたカテゴリーが適用されるようなあるひとつの歴史過程といったものが存在していることを否定したからである。だからといって、それはかれが歴史をめぐる問いに関心をもっていなかったということではない。むしろ反対に、かれの哲学的著作の大半は歴史をめぐる問題の考察に基づいており、それらのうちのほとんどが、その方法において歴史学的な著作であると見なすことさえ可能だろう。たとえば、『悲劇の誕生』（一八七一年）は、ギリシア悲劇の美学についての試論であるだけでなく、おそらくそれよりも重要な性格として、古典ギリシアにおいて悲劇精神が辿った生成と衰退の歴史でもあった。また、『道徳の系譜学』（一八八七年）は、ニヒリズムの倫理学への序説であるどころか、やはりそれよりも重要な点として、西洋文明における善悪の観念の歴史に関する大胆で独創的な試論であった。さらにいうと、ニーチェのほとんどの著作が、歴史意識についての考察や因襲的な歴史思想への批判を含んでおり、それらについて広く目配りしながら議論をするとともに、歴史の観念を創造的な目的に振り向けるべきだという新しい構想を示唆している。したがって、一八八二年にブルクハルトがニーチェに宛てて書いた言葉はまさに正鵠を射ていた。「あなたは、おそらく根本的にはいつだって歴史を教えているのです」（Burckhardt, *Briefe*, 496）。

しかし、ニーチェの歴史観は、ヘーゲルの歴史観がそうであったように職業歴史家からは評価されなかった。それは、かれの歴史についての省察が、ヘーゲルが用いたような専門的な言語に覆われていて曖昧だったからではなく、かえってかれの意図するところがあまりにも明らかであったため、すなわち歴史学の権限について専門的歴史家の考え方をあまりにも公然と脅かしていたためである。ニーチェの意図とは、歴史的過去というものが存在し、人間はそこからある単一の安定した真理を学び取ることができるのだ、という思い込みを打ち壊すことだった。ブルクハルトにとってと同様にニーチェにとっても、過去についての「真理」は、過去をめぐる各人の視点の数だけ存在する。かれの見方では、歴史研究はけっしてそれ自体が自己目的となるべきではなく、なんらかの生という目的に対応する手段として役立つものでなければならない。かれによれば人間は、自分を動機づけている目的に見合う仕方で世界を見ているのであり、自分たちの人間性を完全に実現するために着手しなくてはならないさまざまな企図を正当化するという目的で、それぞれ多様な歴史観を必要としている。そこでかれは、人間が歴史を見る方法を基本的に二種類に区別した。一つは生を否定するような見方であり、過去を理解するための、永遠に真である「正しい」単一のあり方が存在するかのように主張する姿勢である。もう一つは生を確証する見方であり、たった一つの歴史観ではなく、個々の人間が自分自身であるという実感を獲得しようとする企ての数と同じ数だけの、多くの異なった歴史観があることを肯定する姿勢である。前者の、永遠に真であり「正しい」単一の歴史観があると信じたがる欲望は、ニーチェの見るところでは、真正なひとりの神を信じる必要があったキリスト教のなごりに他ならない。さもなければ、それは世俗世界におけるキリスト教の相関項である実証科学である。実証科学にとっては、単一にして完全な、そして完璧に真である自然法則という確実な存在を信じることが必要であった。ニーチェは、真理に関するこうした本質的に窮屈な考え方や、芸術におけるその等価物であるロマン主義や自然主義の発想に対して、現実的なものをめぐるどんな見方も相対的なのだというかれ自身の理解を対置したのだった。

しかし、ニーチェのこうした思考は、同時代の芸術や科学から切り離されていたわけではなかった。それどころか、まさにはじめから、かれは同時代の芸術と科学が抱えていたニヒリズム的な含意を自分のものとして受け入れていた。つまり、自然過程それ自体は本質的には意味を内在していないという実証科学が打ち立てた認識や、人間が世界のなかに発見したと思われていたあらゆる形式や意味や内容は究極的には構築されたものにすぎないのだという象徴主義芸術の理解を、ニーチェは当初から高く評価していたのである。ニーチェにとっては、あらゆる科学やあらゆる宗教のどんな形式や意味や内容も、そもそも美的なものだったのである。それは、現実から夢のなかへと逃れ出たいとか、確かな意味や内容がまったく欠落しているなかでも経験に一定の秩序を押しつけたいという人間の欲求から生まれたものだ。かれは「真理」というものはすべて、もともとの美的衝動が倒錯したためにその結果としてできあがったものだと見なしていた。それが倒錯であるのは、あらゆる「真理」が夢を形式のない現実だとみなし、夢が与える姿のなかに生を凍結して閉じ込めようとしているからである。美的衝動は、本性からしてダイナミックなものであり——わたしならこれを弁証法的なものと言いたいところだが——夢と現実のあいだをたえまなく行き来して、萎縮し強張《こわば》った夢を、原初のカオスとの新たな接触を通じてたえず解きほぐし、新しい夢を創造して生への意志を支えているのである。最高の芸術形式である悲劇こそが、夢からいったん現実に向かい、そこでまた自覚的になって夢へとたち戻るというこうした弁証法的な運動を生み出すことができる。悲劇は、それを通じて、生の力への通路をあらゆる可能性に開かれた状態に保ちながら、しかし、それでもバランスを失って一気に破局に陥ることのないように、その力を人間が統合できるエネルギー量で徐々に解き放つことができるようにしている。

したがって、ニーチェが歴史について省察するときは、かれはつねに、いかにして歴史そのものをそれと同様に創造性のある夢の形式へと変換できるのかを明確にしようとしていた。もっとはっきりいうなら、かれは、いかにそれを一種の悲劇芸術へと作り替えることができるのかをはっきりさせようとしていたのである。かれはこうした関心をある意味ではヘーゲルと共有している。しかし、悲劇が何を教えてくれるのかについての理解では、かれはヘーゲルとは最終的には立場を異にしている。ニーチェに言わせれば、ヘーゲルが考えたのとは違って、悲劇はいかなる「優越的な視点」も提供することはないからである。むしろニーチェにおいて悲劇とは、そうした視点のすべてを、それが硬直して生を制約する概念になる前に解体してしまおうとすることだと性格づけられている。このように見るとき、ニーチェによる歴史をめぐる省察は、悲劇に関するかれの省察の延長上にあるということが分かる。だから『反時代的考察』の第二考察である「生に対する歴史の利害について」（一八七四年）のねらいを理解しようとするのなら、まずはその構想が生み出されるもとになった作品、つまり『悲劇の誕生』を理解しなければならない。

神話と歴史

『悲劇の誕生』そのものはもともと一八七一年に公刊されたものだが、一八八六年にはそれに「自己批評の試み（Versuch einer Selbstkritik）」と題した序文が加えられている。その序文のなかでニーチェは、後から振り返って、若い頃の論争の本当の標的であったと自覚したとする二つの観点を挙げている。二つの観点とは、アイロニーとロマン主義である。まずアイロニーについて言うなら、ニーチェによれば「わたしが当時捉え始めていたのは、ある危険な問題（……）学問的探究という問題であった。歴史上初めて、学問そのものと真剣に取り組んだ者がいたのだ」という（『悲劇の誕生』一〇頁、強調はホワイト）。ニーチェはこうしたアイロニーを、学者たちのもっとも重要な属性であると見ている。たしかに学者たちは「探究心」に駆られているという装いはとっている。しかし、その実これは、「真理に対して建てられた巧妙な防波堤」（九頁）という役割を果たしながら、思考と想像力が関わるすべての領域に広がっていた。つまり、真理の希求と言いつつ、その実それを突き動かしているのは正反対の隠された動機であるという点でアイロニー的なのである。「偉大なソクラテスよ、ひょっとしたらこれがあなたの秘密だったのではないか」とニーチェは問い尋ねる。「もっとも秘められた皮肉屋《アイロニスト》よ、ひょっとしたら、これこそがあなたのもっとも深層にあるアイロニーだったのではないか」（同前）。他方、もう一つのロマン主義について言うなら、若いニーチェにとってそれを体現していたのは、リヒャルト・ヴァーグナーとその音楽であった。『悲劇の誕生』の初版からそれに新たな序文を付して再刊するまでの歳月に、ニーチェは少なくとも一つのことは学んだ。「実際、わたしはその後この『ドイツ的本質』について、空望みなど抱かないで、仮借なく考えることを学んだ。現在のドイツ音楽についても同じことで、それが徹底的にロマン主義的であり、ありとあらゆる芸術形式のなかでももっとも非ギリシア的なものであることを知ったのである。おまけにこれは第一級の神経破壊者である（……）」（二〇頁）。

周知のとおりニーチェの名は、一九世紀末に起こった神話的思考への関心の再生や、とりわけ、かれが《救済》というキリスト教的神話と《進歩》というブルジョア的教説とに対して対置した「永劫回帰」の神話に結びつけられている。たとえばカール・レーヴィットは、永劫回帰の神話が『悦ばしき知』では倫理的命法の基礎として持ち出されていたにすぎなかったのに、『ツァラトゥストラはこう語った』では「形而上学的真理」として提示された、と主張している（レーヴィット『世界史と救済史』二七九－二八一頁）。かれは、実際のところ永劫回帰説は「ニーチェの最晩年の作品における根本思想」をなしていたと言う（二八四頁）。

ニーチェの思想をめぐって、レーヴィットのように永劫回帰説に重点を置くのとは別の見解も存在する。それによれば、ニーチェはもう一つ神話の、つまり人間がもつディオニュソス的能力とアポロン的能力のあいだの終わりなき交代劇という神話の創造者であった、ということになる。したがって、そこではかれは二元論哲学の擁護者として、すなわち、生がその運動全体として一つの円環を描くのではなく、外へと開かれており、場のなかでたえず二極の原理のあいだを揺れ動くのだとするマニ教的な理解の擁護者だと見なされている。

たしかに両説ともにもっともらしいものであり、どちらも歴史に関するニーチェの思想を適切に理解するためには一定の意義を有している。しかし、わたしが主張したいことは、永劫回帰の教説も、ディオニュソス－アポロン的二元論の教説も、それだけでは歴史的存在、歴史的知、そして歴史的過程についてのニーチェの思考を理解させてはくれないということである。むしろ、こうした二つの解釈が示している二種類の神話は、これに先だってニーチェが行っていた歴史学的知の批判から生まれたものである。言い換えるなら、二種類の神話とは、ニーチェが、何よりもまず歴史を芸術に翻訳しようと努めたことから、そして、美的なヴィジョンを悲劇的にして同時に喜劇的な観点における生の理解へと翻訳しようと努めたことから、その結果として生まれたものなのである。

哲学者としてのニーチェが目指したことは、人間の意識を、一方では世界についてのあらゆる換喩的な理解（これが機械論的な因果関係の教説と人間性から切り離された科学とを育んだ）から、他方では世界についての提喩的な昇華（これが「より高いところにある」原因、つまり神、精神、道徳性についての教説を育んだ）から解放することで、アイロニーを克服し、そしてその人間の意識を隠喩的な力を享受できる状態へと連れ戻すことである。そうすることで、「イメージのなかで戯れる」意識の能力、世界を純然たる現象として楽しむ能力に立ち戻らせて、それを通じて人間の詩的な意識を、太古の人間の用いた素朴な隠喩よりもいっそう自己意識的であるが、それだけにより純粋な活動へと解き放つのである。

そのためにニーチェは、『悲劇の誕生』のなかで、二種類の、しかもそれぞれが虚偽である悲劇的感受性を対立させている。一つは、悲劇的なヴィジョンをアイロニーの様式で解釈する感受性であり、もう一つは、悲劇的なヴィジョンをロマン主義的様式で解釈する感受性である。かれは、このような悲劇的意識に関する二通りの誤った概念設定の正体を特定し、それらをともに打ち壊すことを通じて、悲劇的な世界理解を喜劇的な解釈から自由にしてくれる再解釈の方法や、その逆のものを、つまり喜劇的な世界理解を悲劇的解釈から自由にしてくれるような再解釈の方法を、ディオニュソス的洞察とアポロン的洞察の結合として獲得したのだった。歴史的意識に関するニーチェの見解は、かれのあらゆる著作を通じて、いたるところに散りばめられている。しかし、それがもっとも深くまで掘り下げられているのは、『反時代的考察』の第二論文である「生に対する歴史の利害について」と『道徳の系譜学』においてである。ニーチェは、これらを通じて自分が生きた時代の歴史学的思考に対して、芸術に対して行うのと同様の外科手術とも言うべき大胆な治療を施そうとしていた。悲劇と同じように歴史にも、真の様相だけでなく偽りの様相が、また人間に解放をもたらす様相だけでなく、人間を殺してしまう様相がある。後述するように、ニーチェにとって虚偽の側に属すのはアイロニーとロマン主義であり、真実の側に属すのは、かれ自身が『悲劇の誕生』において実行しようとした悲劇と喜劇の結合であった。

　前章で見てきたように、マルクスは、法則や因果関係という概念を歴史の省察のなかにあらためて導入しようと努めていたが、それは、自分自身の時代の現代的な悪と対決し、人間のありうる未来を希望とともに思い描くという、歴史過程全体の喜劇的なプロット化によってであった。ニーチェもまた、文化を捨て去った近代という凡庸の時代にあって、英雄的なものの再生に対する同じような願望に動機づけられており、新しい根拠に基づいて、人間が未来への楽観的な投企を行うための礎《いしずえ》をふたたび築くことに取り組んでいた。しかし、かれの戦略は、マルクスとは正反対のものであった。なぜなら、マルクスが歴史における法則と因果関係の概念を再考することで、未来のために人類が担うべき責務というきわめてプロメテウス的な理念を正当化しようとしたのとは対照的に、ニーチェは同様の正当化を、まさしくこうした法則や因果関係といった概念を破壊することで成し遂げようとしたからである。

　みずからもっとも「歴史学的な」著作と呼んでいる『道徳の系譜学』の冒頭で、ニーチェはこう記している。「幸いなことに、わたしはやがて神学的な偏見を道徳的偏見から切り離すことを学んだのであり、悪の起源をもはや世界の背後に探すようなことはなくなった」(『道徳の系譜学』一四頁)。かれによれば、近代人が抱く幻想は、原始人のそれに劣らず危険なものなのであり、というのもそうした幻想の大半は、出来事を作用因へと、あるいは「現象」をその「本体をなす」想像上の実体の「顕現」へと換喩的に還元してしまう傾向から生じているからである。

> たとえば民衆が雷をその雷光から分離して、雷光は雷という主体の行為あるいは作用であると考えるのと同じように、民衆道徳もまた強さそのものとその現れとを分離して考える。あたかも強者の背後にはもっと別の、強者そのものとは無関係の基体のようなものが控えていて、それが自由に強さを発現させたりさせなかったりすると考えるようなものである。だがこのような基体などは存

在しない。行為、作用、生成の背後には、いかなる「存在」もない。「行為者」とは行為の背後に想像でつけ足したものにすぎないのであって、あくまで行為がすべてなのである。

　民衆は雷が光ると言うとき、行為を二重にしている。それは作用が作用すると言うようなものだ。つまり同じ一つの現象を、まずその原因として、次にはその作用として見なしているのである。自然科学者もまた「力が動かす、力が原因である」などと語るとき、同じようなことをしている。わたしたちの科学もすべて、冷静であり情動には左右されることはないと自称しながらも、言葉の誘惑に負けているのであり、押しつけられた「主体」という「取り替え子」を追い払えずにいるのである。

（七三‐七四頁）

　これら想像されたにすぎない本体や実体や精神的作用因といったものへの信仰を解体することが、哲学者ニーチェの主要な目標であった。言い換えれば、結局は言語上の習慣にすぎないものから産み出された幻想を幻想として暴き出すこと、意識をそれ自身が抱える、幻想を紡ぎだしてしまう力から自由にしてやること、そしてそれによって、生を破壊する「概念」のなかへとそうしたイメージを凝固させることなく、想像力をいま一度「イメージの戯れ」のなかに解放すること——こうしたことが、時代の教師としてのニーチェの至上目的であった。

　こうした生を破壊する概念のうちでもっとも危険なものが、あらゆる道徳性の基礎をなす概念、つまり善と悪である。換喩によって人間は、現象の背後に行為者や作用因を作り出した。また、提喩によって人間は、こうした行為者や作用因に特殊な性質を付与した。とくに、それがありのままであることとは別のなにものかであるという性質を提喩という喩法を通じて与えた。ニーチェはこう述べている。「抑え込まれて鬱屈している復讐や憎悪の感情」が、現象の背後には本体となる存在があるものだという迷信に付け込んで、「実は強者は自分でそうと決めれば弱者になれるし、猛禽は自分が望めば仔羊になれるのだ、という信仰を熱心に吹き込んでいる」としても驚くにはあたらない（七四頁）。「あたかも弱者の弱さそのものが（……）自由意志の結果そうしているのだと見せかけたり、生まれつきの性質であるものをまるで自分で選択したものでもあるかのような具合に見せかけたりする大仕掛けのトリック」によって、弱者は強者として、恨みに支配された者は寛大な精神の持ち主として、「邪悪な」者は「善なる」者として説明されるようになってしまう（七五‐七六頁）。

　ニーチェの見るところでは、かれ自身の時代の最高度に「アイロニー的な」性格は、今説明したようなこうした巧妙なトリックが、地上の弱者の利益のために考案された言葉のうえでの操作にすぎないことをついに暴露してしまった。その結果として、近代という時代はいまや混沌に行き当たって立ち竦み、人間的意識の発達段階の発端で、大昔の素朴なひとびとが向かい合っていたと考えられるものに比べれば、はるかに恐ろしいニヒリズムの可能性に直面しているのである。『悲劇の誕生』の末尾でニーチェは次のように述べている。

これこそ、神話の破壊を目指したあのソクラテス主義の帰結である現代の姿に他ならない。こうしていまや、神話を持たぬ人間は永遠に飢えながら、あらゆる過去のあいだに立って、土を掘ったりえぐったりしながら根を探している。たとえとんでもなく遠い過去にその根を探り当てることになろうとも。満足を知らぬ近代文化が途方もない歴史への欲求をもち、自分のまわりに無数の外国文化をかき集め、身も細るほどの認識欲を持っているということは、神話の喪失、神話的な故郷や母胎の喪失を指し示すものでなくて、いったい何であろうか。(『悲劇の誕生』二二〇－二二一頁)

この時代において「歴史意識」が誇らしげに持ち上げられていることは、要するに、アイロニーによって世界を理解する様態がいまや勝ちを収めているということの徴候であった。しかし、ことはそれにとどまらない。なぜなら、ニーチェによれば「歴史意識」とは、それ自体が現代の病の原因となりつづける力だからである。つまり、それこそが「道徳性」という問題そのものの基底に隠れている。

『悲劇の誕生』は、その最後のところで、「歴史的感覚」と「神話的」意識との対立を論じている。つまりニーチェの意図は、人間を神話から解放するのではなく、むしろ「歴史」あるいは「歴史過程」に代表されるようなあの近代人の「幻想」から解放することにあった。

ところである国民は、個人についてそうであるのと同様に、日常的経験に永遠なるものという徴を刻み込むことができるかぎりにおいてのみ、価値あるものになると言ってよい。そうすることによってのみ、国民は、歴史的時間は相対的なものに過ぎず、生には形而上学的な意味があるという、無意識的であっても深遠な自分の確信を表現するのである。ところが、国民が自分を歴史的に眺めはじめ、自身を囲っている神話的な要塞を壊し始めるや、それとは反対のことが起こってしまう。(二二三頁)

「歴史」や「歴史過程」という言葉は「フィクション」であるとし、しかもニーチェは、これを「神話」からは厳密に区別している。言うならばかれの目的は、次の二つのことがどこまで可能なのかを、はっきりさせることにあった。それは第一に、人間がもう一度、神話的に理解された世界に入っていくということである。しかも、もう一度するのであるから、人間はそれを今度は自己意識的に行うのでなくてはならない。また第二に、隠喩的意識だけが人間の生に与えてくれる自由を、人間がいま一度自分のものとして要求する、ということである。

『道徳の系譜学』の第二論文は、「約束すること」の現象学をめぐる議論から始まっている。約束とはすなわち、時を超えて誓いや義務を「記憶する」という人間に特有の過程である。言い換えるなら、それは「過去」に述べられた約束の言葉を「現在」へと運び込むことで、この現在を過去にとっての未来ではなく、過ぎ去った「過去」の再現にすることである。この「記憶する」という力に、ニーチェは「忘れること」あるいは「忘却」の力を対置した。かれによれば、人間はこの力によって、気がかりな過去の状態に向かって開いている「意識の扉や窓を一時的に閉じる」ことができる。そうすることで自由に自分の現在のなかへと「入っていき」、完全に澄みきった視界と力強い意志をもって状況に対処し、そのなかで活動することができるようになる。記憶する力は、人間を英雄的なあり方から遠ざける。すなわち、人間を予測可能な存在へと貶めてしまう。

さて、この本性的に忘れる動物のことであるが、これにとって忘却とはひとつの力であり、たくましい健康の形式であるのだが、この動物は自分自身のために対抗的な力を創りだす。それが想起する力である。この力の助けを借りて、忘却は、一定の事例において停止されることがありうる。とくにそれは、約束という問題の場合において起こる。(『道徳の系譜学』九九頁)

その結果が、「意志の記憶」の創出である。それは「一度でも刻み込まれた印象は二度と消すことができないというような受動的なもの」ではなく、むしろ「ひとたび意志されたことを意志し続けるという能動的なものであり(……)その結果、最初の決断と、その意志されたことが十全に実現されることのあいだには、長い連鎖が存在するのである。そしてこの意志の連鎖の途中では、見知らぬ新しい事物や事情が思いがけずに介入することも、あるいは別の意志の行為が介入することもあるが、そのためにこの連鎖が中断されることはない」(同前)。しかし、こうしたすべてのことは、ニーチェによれば、次のような特定の意識を前提として可能になっている。その意識とは、「必然的な行為を偶然的な行為から区別すること、因果法則に基づいて思考すること、遠くにあることをあたかもすぐそばにあるかのように考えること、目的と手段とを区別することを、その存立条件にしてきている」

ものである（一〇〇頁）。一言でいうなら、非英雄的な人間こそがこのような人物であり、そのような人間は、「抜け目がないだけでなく、自分で予測を立てることができ、それも自分自身の知覚に対してすら当たり前のようにそうでなくてはならない」。これによって、はじめて人間は「世の中の法的契約関係の場合の保証人がそうしているように、未来としての自分を裏書きできる」ようになる（同前）。

時間軸上のある一瞬になされた意志の行為をなんらかの未来の瞬間へと延長する能力、すなわちこの記憶するという能力を、ニーチェが危険な力と見ていたのは明らかである。かれにしてみれば、未来と向き合うに際してとられるこの態度は、過去に向き合う歴史意識において現れ出る態度と同じものである。自分を拘束する道徳、あるいは「良心」とは、歴史意識の特定の形態にすぎない。そしてニーチェにとっての問題とは、本性において隠喩的ではないあらゆる思考形態が人間に押しつけてくる一貫性への意志という力を、いかに打ち砕くのかということにあった。

『悲劇の誕生』は、かれによれば、古典ギリシアにおける悲劇精神を純粋に美学的観点から分析する試みであり、悲劇精神を、音楽をそのもう一つの表現形式とするある能力の創造行為として解釈する試みであった。そしてなによりも、純粋な悲劇を、虚偽であるか気が狂《ふ》れているかのどちらかであるやたらに「道徳を振り回す」敵から区別する試みであった。エウリピデスや新興アッティカ喜劇▼の作者たちの作品とは対立するような、アイスキュロス、ソフォクレス、そしてアリストファネスの作品に形を与えた真の悲劇精神は、純粋な隠喩的意識によって産み出されたものだ、とニーチェが考えていたことは間違いない。かれによれば、その悲劇的精神は、一方ではエウリピデスと新興アッティカ喜劇によって、他方ではソクラテスとプラトンによって裏切られたのだった。その裏切りは、悲劇における葛藤《アゴン》がもつ意味を因果関係の束に「還元」したり、次々に現れる葛藤《アゴン》を道徳的な言葉へと「還元」したりしたことによって生じた。つまりは、悲劇がもつ意味を、アポロンがもつイメージ創出の力とディオニュソスによるそうしたイメージを破壊する力とから織りなされる純粋な音楽的相互作用のうちにではなく、それとは別の、なんらかの「原理」のうちに潜むものと見なしたとき、悲劇の精神は裏切られたのである。ちょうど（叙唱的《レチタティヴォ》ではない）本来の音楽のもつ「意味」が、メロディーとリズムとハーモニーとの純粋な結合にあるのと同じように、純粋な悲劇もまた、アポロン的な形式とディオニュソス的な洞察との相互交換が生みだすイメージに他ならない。そしてこうした形式と洞察が作用することで、人間は好機を摑んで自分の生きる「現在へと」入り込んだり、あるいはその「現在から」脱出したりすることができる。

人間の生が、どれほどその神話を作り出す能力に、つまり、自分がいまにも死滅しようとしているときに健康と美の夢を見る能力に依存しているのか。ニーチェによれば、このことを見極めることができた最初のひとたちこそギリシア人たちであった。その黄金期においてギリシア文化が発展したのは、神話というフィクションを土台にしているということをギリシア文化自身が十全に意識していたからだ、とニーチェは信じている。かれはこの文化を、ヴェネツィアの粘土質の干潟に沈められた柱の上に建てられている寺院に譬えている。▼こうした工法のおかげでこの寺院は、一方ではそれを見る者に永遠性と自足性の幻想を与え、したがって、生がずっと続くことを可能にしたが、それと引き換えに、その建造物の内部で演じられるあらゆる劇には、それが生の本質的な儚さ、その恐ろしい有限性をすっかり分かったうえでのことだという特別な色合いを与えたのである。

　とはいえ、ギリシア文化は、牧歌的風景への安易な逃げ道でも、原初の混沌からの単純な逃亡でもない。それどころかギリシア人にとって悲劇芸術は、次のような重要なことがらを自覚させる方法であった。つまりそれは、人間の文化はせいぜいのところ幻想の複合体にすぎないということである。それも、たいがいかろうじて存立しているにすぎない幻想の複合体であって、しかもその足下には、あらゆるものがそこから由来し、あらゆるものが究極的にそこへ帰るような空虚が隠れている。また、幻想の複合体はたえず試練にさらされ、新しい複合体と置き換えられざるをえない。そして、混沌と形式との両者が、相互に依存しているものだという、より大きな視野での認識のうちに包摂されるときにだけ、創造的な生は可能になる、ということである。悲劇は、こうしたことを自覚させてくれるのである。ニーチェの主張によれば、あるひとつの理想世界の良さを享受するために、いつの間にか定冠詞付きで唯一無二の理想世界を見出してしまうというソクラテス－プラトン的な道徳性の衝動よりも、黄金期のギリシア文化のほうが優っていた。ギリシア人は人間の生を「未開の」野蛮な生活を超えるものにまで高めたが、そうかといってかれらは不可能な理念的世界を切望することはなかったのである。かれらは完全無欠の形式と完全な混沌とのあいだの一時的な均衡を、両方の可能性を理解し、それをつ

▼新興アッティカ喜劇　政治性を特徴とするアッティカ古喜劇に対比されるヘレニズム期の喜劇で、日常的な人間関係を素材としている。メナンドロス（BC三四二－二九二）らに代表される。

▼ヴェネツィアの……譬えている　都市ヴェネツィアは干潟の上にできた街。干潟に建物を建てるため、大量の杭を打ち込み、それを土台として、その上に市街が作り上げられている。

ねにありありと意識しつづけることによって達成していた。

　このように古典ギリシアの悲劇芸術は、ギリシア人が、現実的なもの、あるいはリアルなものを複製しようとするどんな衝動もすっかり捨て去っているということを映し出している。その場合、そこで言う現実的なものが、時空を超えた本質のありかとしての理念《イデア》的領域にあると捉えられているか、あるいは時空間の内部で感覚に与えられる無数の現象として捉えられているかは関係がない。悲劇芸術はリアリスティックに言えば幻想に深くかかわっているものであるが、それと同時に、自分自身の幻想を創造的に破壊するものでもある。原初の虚無からくる恐怖を優れた人間的生という美しいイメージへと変換しては、次いでそうしたイメージを破壊してしまうことで、悲劇は、人間文化の礎である古い夢を破壊し、新たな人間の欲求が満足できる新しい夢を構築する足場を整える。自由な個人の生には、互いにせめぎ合う幻想体系の隙間に、創造的な幻想を創出する余地が与えられている。そして、人間の創造的なヴィジョンを原初の虚無という深淵の暗がりから守る文化的才能は、同時にそれが、人間を閉じ込める硬質な外壁のようなものとして固定化されないように保たれている。なぜなら、あらゆる形式は人間の純粋な創造物に過ぎず、それを未来への運動の基礎となすときでもこの事実は変わらないということを、悲劇はたえず人間に想起させるからである。このような意味で、悲劇芸術は優れて弁証法的な芸術である。ただ悲劇のみが、英雄的な仕方で現実と対決するよう人間を駆り立てると同時に、この対決の後の生に向けて人間を再生させることができる。そのようにニーチェは主張したのだった。

　こうした見解のすべては、意識こそが人間につきまとう弱点であると同時に、人間に特有の強さでもある、というニーチェの信念に基礎を置いている。意識は人間に特有の生を築き上げることを可能にするが、同時に、いったん築き上げられるや、その生を変革しようとする衝動を蝕むものでもある。ものごとの本質を見抜くことができるから、人間は人間に特有の仕方で行為することができるが、ものごとの本質をあまりに深く見抜き、あまりに理解し過ぎることは、かえって行為する意志を挫くのである。ニーチェは述べている。

　ひとが行為するためには、幻想のヴェールに包まれていることが必要だ。これがハムレットの教えであって、過度の反省のために、いわば可能性の過剰を意識してしまって行為に移ることができない夢想家ハンスの、あの安っぽい知恵ではない。ひとを行為へと駆り立てるあらゆる動機を圧倒するものは（……）ハムレットの場合にも（……）真の認識、恐ろしい真実への洞察である。（……）ひとたび見抜いた真実を意識するなかで、いまや人間はいたるところに存在の恐怖あるいは不条理しか

見ない。（……）そこで人間は吐き気をもよおす。（『悲劇の誕生』七八頁）

しかし、これに続けてニーチェは言う。好運にも、人間には知っていることを忘れるという能力もある――さらに言えば、知っていることを否定するという能力もある。人間は夢に入り込み、イメージと戯れることを通じて、自分がいずれは死ぬという有限性の意識から引き起こされる恐怖や苦痛や苦悩を、不死を告げる夢にも似た暗示のなかに包み込む。そして、自分自身に魔法をかけ、隠喩へと逃げ込み、自分の生に信じられるだけの秩序と形式を与え、隠喩があたかも真理であるかのように行為し、そして人間であるかぎり自分の身に死が迫るという自覚を、何らかの永遠性によって死を克服する英雄的肯定の機会へと転換することができる。自分自身を魅了し、ディオニュソス的洞察をアポロン的イメージのなかで解放する能力のなかには、人間がもつ自己超越の能力が、つまり、たんに観想するだけではなく行為する能力が、もっと言うなら、たんにあるだけではなく、むしろなる力が宿っている。

▼**『歴史哲学』における太陽の隠喩**　ヘーゲルは『歴史哲学講義』の序論において、理性（nous）が世界を支配しており、太陽もその回りの遊星も理性に従って運動している、というアナクサゴラスの考えを、理性が世界史を支配しているという一般的確信が表明された史上初の事例として挙げている（『歴史哲学講義』下、武市訳三二一頁／長谷川訳二八頁）。

この人間に特有の、自己を欺く（self-delusion）能力を、ニーチェは『悲劇の誕生』において、ヘーゲルの『歴史哲学』冒頭にある「事実そのままの歴史」に出てくる「自分の目で見る」というイメージをみごとに逆転させて特徴づけている。「太陽を直視しようと無理に試みて、まぶしさから目をそらすとき、人間の目の前には、いわばそれを癒す手段として、色のついた暗い斑点が浮かぶものだ。ところがそれとは逆に、ソフォクレスの主人公におけるあの光の像の現象、つまり仮面のアポロン的なるものは、自然の内奥の恐ろしいものを見た目の必然的な産物であり、いわば身の毛のよだつ夜によって損なわれた目を治療するための、光の斑点なのである」（九〇－九一頁）。まだここでははっきりとは表れていない考えを、後にかれは『道徳の系譜学』のなかで明示的に表明することになるだろう。つまり、美への衝動とは、最初にある醜いものの意識に対する反射運動の結果であるというものだ。さしあたり明記すべき重要な点は、ニーチェにとって美しいものとは、超越的領域が反映されたものであったり、超越的領域が存在の内部に伏在していたりするものではなく、むしろ反動であるということである。すなわちそれは、生きようという人間の意志のみが創造できるものであって、世界の真理、すなわち《世界に真理はない》という受け入れるには過酷な真理の発見から引き起こされた反射運動なのである。「ひとが真理によって死なないために芸術はある」というニーチェの箴言が意味するのは、まさにこのことである。「真理によって死なないために」というのは、唯一の、すべてを包括する真理が存在しないということに気づいて、絶望のために死なないように、ということである。

『悲劇の誕生』のひとつの目的は、悲劇的葛藤《アゴン》を、（超越的な意味を持つ）倫理的あるいは宗教的なカテゴリーに訴えることなしに説明することであった。ニーチェはこれによって、人間がたんなる存在から疎外を通って世界との和解へと至る弁証法的過程は、包摂的な美的衝動だけが果たすことのできる機能であることを証明したかったのである。ニーチェに先立つこれまでの論者は、なかでもヘーゲルは、悲劇芸術を、意志を持つ個人と社会秩序との、あるいは世界過程とのあいだの葛藤の産物として、つまり一方における人間的良心《アイドス》と、他方における共同体の法《ノモス》、運命《モイラ》、自然《フュシス》とのあいだに生じる葛藤の産物として理解していた。そして、そうした論者においては、英雄の没落を観想することに伴う浄化感情《カタルシス》は、宇宙の本性に関わりがある道徳的に有意味な何らかの真理として理解されてきていた。そうした浄化感情は、ぼんやりとはしているものの、まちがいなく実在する、ひとりひとりを超えた生の意味を指示している、というのである。ショーペンハウアーですら悲劇を、「そもそも生まれないほうがよかった」という根本的真理の認識に導くものと見ていた。

ニーチェは、ショーペンハウアーにおける偽りのペシミズムが、ヘーゲルにおける偽りの楽観主義と変わらないと非難し、悲劇の精神の本質をヘーゲルやショーペンハウアーの理解とはまったく別のところに見出している。つまり、悲劇の精神とは、人間が、存在の本性は本質的に混沌としていることを分かっていながら、他方でその自分が産み出した夢のなかで生き続ける能力ももっており、しかも、その二つの能力のあいだには葛藤があることをはっきりと意識しているということなのである。このように見ると、悲劇芸術というのは、人間がそこから出てきた深淵に向かって降りていくという運動が生み出したものでありつつ、そこでは、それまで自分の生を支えてくれていたイメージが試練にさらされるから、同時にあらゆる形式が幻想なのだという重苦しい意識を帯びた新しいイメージ群に戻っていく正反対の対抗運動でもある。混沌から形式へと向かい、そしてまた混沌へと戻るというこの運動が、悲劇を、（叙事詩や叙情詩のような）他の詩作形式《ポイエーシス》からも、（宗教や科学のような）あらゆる信と知の体系からも隔てている。人間の存在に関するこの悲劇とは別の視点は、いずれも生を混沌であるか、秩序であるかのどちらかに固定する理解に陥りがちである。それに対して悲劇だけが、混沌の意識と形式への意志とのあいだの、生の利害における絶え間ない交代を必要としている。「ここではアポロンが、現象の永遠性の輝かしい讃美によって、個別者の苦悩を超克する。つまり、ここで美が生に内在する苦悩に打ち勝つのである。苦痛はいわば欺瞞によって自然の相貌から追い払われる」（『悲劇の誕生』一五五頁）。それとは対照的に、ディオニュソスは教えてくれる。「わたしたちは、いかなるものであれ、ひとたび生まれた以上は、苦悩に満ちた没落を覚悟せざるをえないと認識する。わたしたちは個別的存在の恐怖をいやでも覗きこまされる。しかし、立ちすくんではいけない。形而上学的な慰めが、たちまちわたしたちを、移ろいゆくものの姿のひしめきから拉致し去るのである」（一五六頁）。ニーチェは続ける。いまやわたしたちが理解しなければならないのは、「生へ向かって押し合いへし合いひしめき合う無数の存在形式のあまりにおびただしいのを目の当たりにし、世界を構成している意志のありあまる生産性に接するとき、現象の闘争や苦悶や破滅は今やわれわれには当然のことに見えてくる」ということである（一五六頁）。一方は永遠の美を一瞬の儚さのうちに見出し、他方は永遠の無常さを美のうちに見出すという、現象世界についてのこうした二つの経験の結果として、わたしたちは、悲劇的葛藤《アゴン》を観想する姿勢から抜け出し、生を喜劇的に受容するのである。「恐怖と同情にとらわれながらも、わたしたちは幸福に生きる存在である。ただし個別者としてではなく、万物を生み出すその産出の快感と溶け合ったあの一つの生き生きとした存在者として」（同前）そうなのである。

ニーチェがここで主張しているのは明らかに、ディオニュソスあるいはアポロンのどちらかが最終的に勝利する芸術ではなく、両者の相互依存を前提とする芸術である。ニーチェの時代は、ディオニュソスを忘れ、アポロン、すなわち形式への意志の過剰な崇拝にあらゆるものを代償にして身を委ねてきた。しかし、その代償がいかに深刻なものであるのかを予測するのは難しくはない。形式と秩序を永続化しようという錯誤をそのままさらに推し進めることは、生そのものを破壊する行為に他ならないとニーチェは確信している。しかし、ディオニュソスと生のあらゆる形式に対するかれの要求をもしも人間が今一度思い出しさえすれば、その本来の有用性をも破壊するまでに過剰になってしまった生の形式を廃棄して、生の多様な必要と利害にいっそう適切に対応した別の生の形式を創造することができるはずである。

もちろん、ニーチェはディオニュソス崇拝だけを主張したわけではない。一方で、もし混沌への意志であるディオニュソスがアポロンに対して全面的勝利を収めたならば、ギリシア人が苛烈を極めた努力を経てはじめて克服したあの「未開の野蛮状態」へとふたたび退行してしまうことになるだろう。しかし、その反対に、人間のなかのアポロン的能力が対抗するものがないほどに支配権を獲得するという状況は、峻厳さや圧政、抑圧、そして夢遊病者の生といったものが蔓延することを意味する。同じことを言い換えて表現するならば、もしも美しい神々の世界であるパルナッソス山を夢見るアポロン的な能力がなかったなら、人間は生きることもできないだろうが、現実に特別の形式を与え、イメージを作り出すというアポロン的な能力を人間自身に対立させて働かせようとする衝動は、結局のところ、ディオニュソス的なものだけが支配する場合と同じように、人間の生を破壊してしまうことになる。いや、事態はそれどころではない。アポロンが対抗者のないままに完全に支配している状態が生まれるときには、それが、ディオニュソスはディオニュソスで、当然にもいま一度自分の権利を掲げるために激しく対抗してくるから、もっとも暴力的な種類の反動を引き起こすのだった。

　ニーチェによれば、幻想にとらわれた生のうちでももっとも破壊的な結果をもたらす形式とは、イメージを概念へと変形し、そのうえで概念が与える言葉の内部に想像力を凍結するようなそれである。あらゆる形式は究極的には隠喩的なものであって、実体的なものではない、とニーチェは論じる。たとえば悲劇詩人が創造的に用いるなら、隠喩は「概念に代わってかれの眼前にありありと浮かぶ代理表象《イメージ》」として働く。そのとき劇中の登場人物は、たんに「個々の特徴を寄せ集めて構成した全体といったものではなく、詩人の目の前であつかましいほどに生き生きと動き回るひとりの人物なのだ」（八四頁）。この動態的なイメージ創出力は、アポロンとディオニュソスの両方から与えられたものであり、したがって形式と運動との、そして構造と過程との、生きた総合である。隠喩を用いることの何たるかを理解した詩人によって形成されたイメージは、アポロン的能力の、すなわち、本質的な混沌のなかに、混沌を通じて、あるいはその混沌のまわりに「境界線を引く」ことで個人を落ち着かせるという能力の賜物である。しかし、詩人は、隠喩のなかに含まれているイメージがディオニュソスによって破壊されなければならず、さもなければ「形式が硬直してエジプト流のぎこちなさと冷たさをもつ」ことになる「このアポロン的な傾向」が完全に勝利して、生を支える力への通路を断ち切ってしまう、ということを知っている（九八頁）。イメージが凍結して概念になるとき、（そもそも生そのものは否定されようがないから）それは生一般にとっての受難ではないにしても、しかし、人間の生は苦しむことになる。アポロンかディオニュソスのどちらかを実体化してしまうことは、人間性を破壊することである。なぜなら、人類が存在できるのは、二人の神の領域を分ける境界線上においてのみであるからだ。この構図において、人間の意識は二つの大きな力のあいだにあってバランスをとる一種の平衡錘のようなものである。今はこちら、今度はあちらと微妙に重心を移し続けることによって、人間は二人の神がお互いに破壊しあわないようにし、そのはざまの空間で、アッシリアとエジプトのあいだで生き延びたイスラエルのように生き延びるのである。しかし、ときおりは不幸なことに、イスラエルに降りかかったような災厄が生じることがある。

ニーチェはこう主張している。古代ギリシアにおける悲劇感覚の死は、一方ではアイロニー（「冷たい逆説的な思想」）が「アポロン的な観想」を圧倒してしまったことから生じており、他方では「ディオニュソス的恍惚」に対してロマン主義的な「火のような激情」が勝ちを収めてしまったことから生じている（一一九頁）。こうした悲劇精神からの離反は、ソクラテスとエウリピデスによって勢いづけられた。ソクラテスにおいては「アポロン的傾向は論理的形式主義へと硬く強張《こわば》らされて」しまい、エウリピデスにおいても、「それと相応したような、ディオニュソス的な情動の自然主義的な感情への翻訳」が見られたのである（一二四頁）。

悲劇精神への数々の裏切りのなかでも、ソクラテスによる裏切りは、人間に偽りの楽観主義を吹き込んだために、とりわけ破壊的なものであった。この楽観主義は、三つのソクラテス的幻想に基づいていた。つまり、「徳は知である。無知からしか罪は生まれない。徳ある者のみが幸福である」（一三五頁）の三つである。こうした幻想に影響されて、人間は「思惟が因果律という導きの糸をたよりに、存在のもっとも奥深い深淵にまで到達し、その修正すらも可能である」ということを信じるように吹き込まれた（一四二頁）。これはギリシア人の文化的生活における決定的な転回であった。なぜなら、これによってギリシア人は、究極の真理と生の完全な統御とを求めるという甲斐のない探求の道に送りだされたからである。いまやこの過程において、「生みだされたあらゆるものは、その苦悩に満ちた没落を覚悟しなければならないと教えてくれた」ディオニュソスは、忘れ去られてしまう（一五六頁）。

人間を理性的にすることで善なるものにしようとしたソクラテスの試みが失敗に終わったにもかかわらず、古典古代の世界は、このような絶対的なものの追究が愚行であることを直視しなかった。むしろギリシアのひとびとは、自分たちの関心を、この地上に生きる生にではなく、時空の彼方に存在すると思われ人間の体に備わるあらゆる動物的衝動を否認することで初めて到達できる「善」「真」「美」の追究のほうへと振り向けることで、かれらの愚行を手伝ってくれる思想家を見出した。それがプラトンであった。そしてこのプラトン的信念が、キリスト教への道を準備した。ソクラテスにおいてはまだ、究極的な平安と安寧を達成する意志と理性の両方の力が想定されていたのだが、この力がキリスト教によって否定されることで、人間の堕落はついに完成する。人間は、キリスト教による最終的な救済の希望のなかに、失望させられた理性の代わりになるものを見つけたのであったが、それは、いまここに生きることに対する自分たちの意志を放棄することと引き換えでしかなかった。キリスト教の勝利が意味していたのは、反牧歌的で異様に重苦しい性質をもった世界へと逃げ込むことであった。それは喜びではなく苦しみの世界であり、「大昔には純粋で、芸術的に感受性が豊かな人間が存在していたに違いないという信念」（一七五頁）ではなく、人間は本質的に病んでおり、弱く、生きるのに適さない存在なのだという信仰を根底にもっている。

こうした一連の思考が、ニーチェの描いた西洋人の「反正統的で対抗的《アンダーグラウンド》な」歴史像に根拠を与えている。ニーチェが主張するところによれば、ギリシア人の時代以来、西洋人の歴史とは、ずっと自家中毒の歴史に他ならない。かつては混沌と形式との架け橋であった人間は、ギリシア人が悲劇精神を失ったそのとき以来、自己欺瞞の二つの柱のあいだに吊るされた屠殺牛とでもいった様相を呈している。その一方の柱はキリスト教である。それは、人間の生が要求するものを否定し、到達すべき目標は別の世界にあって時間の終わりにならないと人間には明かされないと主張している。他方の柱は、実証主義科学である。それは、科学の知を知らない人間を野獣の地位へと貶めて非人間化することに喜びを見出す思考であり、人間とは機械論的な力を制御することも、そこから逃れることもできず、ただその道具であるにすぎないと説明する。悲劇精神の没落以来の西洋人の歴史では、生を否定するこれら二つの傾向が交互に現れては、それらが次々に人間を堕落させていったのである。

こうしたことからすれば、西洋人の精神史は、ただの振幅のプロセスにすぎないように見える。それは、人間の生命力と思考力に対して同じように破壊的な作用を及ぼす二つの概念体系の交代劇が、大石を山頂に運んでは転げ落ちるシジフォスの苦行のように、永遠に繰り返されるだけの歴史であり、脱出の希望のないまま、いずれにしても生を否定する二つの可能性が交互に巡ってくるだけの循環のなかに捉えられてしまうことである。後の時代になるとニーチェは、『道徳の系譜学』のなかで、人間のこうした自分の身体を切除するような行為もみな、知性の酷烈さを成長させることには貢献するという意味で価値があると認めるようになる。というのも、この知性の酷烈さは、それが科学や宗教という人間を支える神話に向けられたときには、この両者がいかに貧しいものであるのかを暴くことになるからであるという。しかし、ニーチェは『悲劇の誕生』ではまだ、科学によって宗教が無意味になり、批判哲学によって科学が無意味になったという事実は、ヨーロッパの精神史が脱神話化と文化的頽廃からなる千年の歴史過程であったことの証左であると指摘し、それで満足していた。そして、かれは、近代人のもとで歴史的自己意識が称揚されているという事実は、抑圧的であるとともに解放的な性格ももっていた神話的な基盤のすべてが、科学の手において解体したことを表すと説明していた。この循環、この振幅を体験することが、真正な発展の、つまり進歩の達成された証拠であるという。進歩とは、たしかにこれまでのところは古いものをただ破壊していくかのような否定的なものでしかないように見えるにしろ、実はそれは、自己欺瞞そのものを、自己欺瞞の手段自体を使って、つまり歴史意識と批判主義を使って破壊するという営みである。したがって、ニーチェによれば、この歴史のプロットはアイロニー的なものにならざるをえないはずである。なぜなら、そこでは、生を享受する人間の能力を破壊してきたまさにそのファクターが、いまやそれ自体に矛先を向け直して自己言及的になっているからである。そして、いまや人間はアイロニックに生きており、つまり神話も批判精神も、自分自身には枯渇してしまったということをまざまざと思い知っているために、まさに言葉の特有な意味において、アイロニー的な結果に逢着している。

生一般はそれ自体を正当化しないし、できない。そんなことをする必要は生そのものにはないからだ。そのようにニーチェは、『悲劇の誕生』を締めくくっている。人間だけが、あらゆる動物のなかで唯一自分の存在の不条理を意識しているために、自分の存在を正当化する必要を感じている。ニーチェによれば、芸術だけが人間に生を正当化させてくれるのだが、それは「写実主義的」な芸術、たんに自然を模倣するだけの芸術ではない。写真のような写実主義は別の形式における科学にすぎない。かれによれば、必要なのは、その形而上学的目的を認識している芸術である。なぜなら、哲学でも科学でもなく、芸術だけが、生の形而上学的な正当化を人間に与えてくれるからである。「芸術とは自然の模倣ではなく、自然の傍らで、自然を克服するために掲げられるその形而上学的代補に他ならない」（二一八頁）。それだけではない。そもそも芸術が与えるのは、人間が望むことのできるたった一つの超越であり、しかもそれも、夢を生み出すことによってではなく、萎縮してしまった夢が見せる虚偽の現実を解体することによって与えられるものなのである。真の芸術はただちに人間にこう告げる。「見よ！　とくと見よ！　これがきみたちの生なのだ！　これがきみたちの生存の時計の短針なのだ！」と（二一九頁）。そして同時に、あらゆる醜さや不調和を「意志が完全なままにあふれ出てきて自己自身と戯れる芸術的遊戯」（二二〇頁）に変えてしまうのである。

そして、ここでニーチェは問う。もしも人間が「不調和を体現するもの」でないとなれば、いったい何なのかと。不調和を体現するものであるからこそ、人間はこの不調和を美というヴェールで覆うために、驚くべき幻想を必要とするのである。ニーチェは自分の生きる時代を、人間の自己疎外の長い道程がついにたどり着いた地点であるとみなしている。したがって、その萎縮した幻想のすべてを破壊する批判精神の新たな時代のなかへ歩み入る時が来ていた。このような破壊の時代は、以前には西洋人が、唯一ヘレニズム時代にだけ経験してきたような、暴力と不調和の時代につながっていく。そのヘレニズム時代から、悲劇感覚の解体に直面した人間は、自虐的な自己切除の長い道程を下り始めたのであり、その道の果てに人間は「近代人」になったのであった。

わたしたちが接近していった状態は（……）ギリシア末期のそれと実に驚くばかりに似ているのだ。つまり、表面的には多方面的な知識欲があり、飽くことを知らない発見者の愉しみがあり、たいへんな世俗化が見られることについてはまったく同様である。ところがその実、故郷を失って右往左往し、がつがつして他人の食卓にまで押しかけ、軽率にも現代というものを祭り上げて賛美し、あるいは無感覚にも永遠なものにも背を向けて、「時代の相のもとで《スブ・スペツィエ・サエクリ》」、つまり「いまどき」の仕方で世の中を見ているだけなのである。（二二四頁）

しかし、ニーチェ自身は、楽観主義をもって未来に向き合っている。「ディオニュソス的な力がはげしく頭をもたげている場合には、アポロンもまたすでに、雲に包まれながら地上に降りているに違いない。その盛んな美の作用は、おそらく次の世代が見ることになるであろう」（二二四頁）。

幾世代にもわたってこのようなディオニュソス的過程とアポロン的過程とが交互に出てくるということが、ニーチェ思想の大部分を支える歴史の概念を具体的に造形している。先に述べたように、かれは、歴史が循環運動を、あるいは永劫回帰の運動を描くと見ていた。それは、かれの時代には一般的であった、歴史は線状に進歩するというナイーブな観念に対する解毒剤であった。そのような単純な思想は真理に近づくことさえない。まず、すでにかれは『悲劇の誕生』において、「未開の野蛮状態」におけるディオニュソス的精神と、ホメロス以後のギリシアのディオニュソス的精神とを区別し、そこにアポロン的あるいは叙事詩的な文化段階を媒介とする、前者から後者への進歩があると思い描いた。生への意志の発展のなかに見られるこの三段階の違いは、未開の野蛮状態のディオニュソス的精神である即自的意志、アポロン的あるいは叙事詩的段階である対自的意志、そしてホメロス以後のディオニュソス的精神である即自かつ対自的な意志という、意志のあり方の違いとして特徴づけてもよいかもしれない。ともあれニーチェにとってこれらは、悲劇精神によって「そのまま説明できる諸段階」だった。ちなみに、これらはキルケゴールがいう、意志を夢想すること、意志に覚醒すること、意志を意志することという三段階に対応していると解釈してもいいかもしれない。自分自身を意志として意識する意志が、純粋な悲劇の基礎を与えている。要するに、ここには、意志それ自体のなかで意識が成長していることが認められるのである。

さらに、ニーチェの図式でいえば、ギリシア悲劇の没落は「未開」の野蛮状態へと戻ることなのではなく、むしろ頽廃《デカダンス》へと進む運動によって起こるのであり、それ自体が三つの段階で進行する。それはヘレニズム的、ローマ的、キリスト教的という段階であり、言い換えれば、科学的、軍事的、宗教的という段階である。ニーチェがこれらの段階を経ていく過程を頽廃的《デカダンス》であると見たのは、破壊行為への意志であれ、創造行為への意志であれ、とにかくそうした意志を自由に解き放ったからなのではなく、そのそれぞれの段階が、意志を痛めつけ、規律化し、最終的にはその力をそれ自身に再帰的に振り向けさせたからである。

近代の西洋文明は、ニーチェによれば、たしかに見たところではこの過程を逆向きに辿っているように見えるところがある。つまり、「キリスト教的な」彼岸性から「ローマ的な」軍事主義へ、そこから「ヘレニズム的な」批判精神へ、そして新しい悲劇精神、さらにそこから、おそらくは現代文明における新たな野蛮状態へという過程を辿っているとも見える。しかし、ニーチェは、新たな野蛮状態では、人間はかつての未開状態における野蛮では経験しなかったような、ある種の自由と力を手に入れることができるという点で、原初の野蛮状態とは違うと信じている。『ツァラトゥストラはこう語った』における超人もまた、ニーチェ自身が言うとおり、たんなる破壊者ではなく同様に創造者でもあり、自分の生を芸術作品のように生きる者である。超人は、ギリシア人が悲劇の舞台上のイメージのなかでだけ具現化できていた不調和と形式を、まさに自分自身において体現する者である。

もしこれが歴史の循環的な観念の内実だとすれば、実際のところこの「循環」は非常に奇妙なものであることに気づく。ニーチェにとって、歴史の循環運動の下降と上昇とが同じことであるというのは、表面的に見た場合に限ってのことにすぎない。ニーチェはこう確信している。わたしたちは、純化され、浄化され、生を破壊するわたしたちのそれ以前までの幻想を脱ぎ捨ててふたたび上昇するためには、一度は下降しなければならない。要するに、ニーチェにとって太古以来の西洋人の歴史全体が、たんなる生存から疎外を通じて和解にいたる一つの偉大な進歩の運動なのである。ちょうどそれは、舞台上で演じられる悲劇的葛藤《アゴン》と同じである。しかし、かれが考えている和解とは、「自然」や「社会」との和解ではなく自己との和解である。そうした葛藤《アゴン》がわたしたちに資するのは、それによって自己意識が新たな段階に到達できるからであり、まさにそうした自己意識によって、ツァラトゥストラのような超人が混沌と闘うのである。

したがって、このように見た場合、歴史とは、時空を超えた絶対的なものを目指す弁証法的運動ではない。ニーチェが認める唯一の「絶対的なもの」とは、霊的な意味での超越を渇望するあらゆる衝動から完全に解放された、自由な個人である。つまり、自己を超克する能力のなかに自分の目標を見出す者であり、自分に新たな課題を課すことで自分の生に弁証法的な緊張を与える者であり、そして、ギリシア人が神にのみ可能であると思っていた生が人間においても実現したときの範例になろうとする者である。

第一に、ニーチェによる悲劇精神の解釈が、現実の本性のロマン主義的捉え方を否定し、同時にそのアイロニー的捉え方も否定することから出発しているのは明らかである。そして第二に、このようなニーチェの解釈は、これまで受け入れられてきた悲劇の概念を、喜劇のそれと合成することによって可能になっている。その結果、そのそれぞれが別々に教えられていた二つの真理が結合されているのであり、生と死をバラバラにではなく単一のこととして、しかも相殺しあうのではなく複合的に結びついたものとして受容するようになっている。しかし、そうすると次にそこから出てくることはどうなるだろうか。この悲喜劇的《トラジコミック》なヴィジョンには、あらゆる道徳的な含意がすっかり枯渇しているはずである。悲喜劇的《トラジコミック》なヴィジョンは、むしろ「音楽の精神」と同じものであるとされている。つまり、叙唱《レチターティヴォ》を伴わない音楽、世界についてあれこれ陳述するのではなく、純粋な形式と運動として、経験世界の傍らにただそのまま端的に存在しているだけの音楽である。音楽の精神に、言葉と文字の領域において対応しているのが隠喩である。あるものが隠喩的に捉えられることで、現象は、それ自身の外部にはどんな「意味」も持たないイメージへと変容する。それらは隠喩的イメージであるのだから、自分を取り囲んでいる存在と類似しつつ、しかも同時に異なっているというたとえとしての両義性を帯びている。したがって、隠喩においては、神話的思考がそうであるのと同様に、《個性化原理》(principium individuationis)が肯定されると同時に否定されもする。そして、ニーチェは、いまや現代において不可能になったように見える英雄的行為なしに、ふたたび神話の世界へと入っていくために、純粋に隠喩的な視点において悲劇の概念を書き直すべきだというのである。隠喩的意識への立ち戻りは、無垢なものを再生させることになるかもしれない。それが含意するのは、換喩的意識様式や提喩的意識様式の拒否ということになる。つまり、現象の背後に行為者や作用因を求めたり、それらに超自然的な性質を付与してそれとひきかえに人間の生の価値を貶めたりする姿勢を、これからは捨て去るということである。

ニーチェは、現象世界と直接に対峙する姿勢へと人間を立ち戻らせようとしたのである。そこでは、その人間の視座は近代的なものからは純化されているが、創造的な幻想を産み出すという能力はそのままに保たれるはずである。ニーチェは、記憶と忘却が人間の生を破壊しかねない悪しきあり方に陥ってしまうのを回避できるのは、経験世界を隠喩的に変形する人間の能力を取り戻すことによってだけである、と信じていた。隠喩的意識というパラダイムは、今述べてきたように、差異のなかに相似を、相似のなかに差異を見る能力でもあるのだが、これは、悲劇的精神の盛衰史を論じるときにかれが用いたディオニュソス－アポロン的イメージのモデルとしても役立っている。

この「歴史」はアイロニックな調子で書かれている。ニーチェはそこでは対象に対する関心と対象に対する軽蔑とを織り交ぜながら読者に語りかけているからである。しかし、悲劇的精神というこの歴史の主題について言うなら、それはまさしくアイロニー的なものである。というのも、悲劇の精神の「歴史」は悲劇的であるとともに同時に喜劇的でもあるからだ。つまり、そのプロット構造においては悲劇的であり、その政治的含意においては喜劇的なのである。悲劇的精神の盛衰史は葛藤《アゴン》としてプロット化され、この葛藤《アゴン》が、喜劇的意識のもたらした「悦ばしき知」への回帰を可能にする条件を作り出している。この『悦ばしき知』という作品は、ショーペンハウアーやヴァーグナーに対する讃嘆があふれてはいるが、しかし最後は、この二人の「ロマン主義者」のどちらともまったく関係のない注釈で締めくくられている。それは換喩的な因果関係による説明行為と提喩的な形式化された抽象概念による同定行為の両者から、言い換えれば、悲観主義と素朴な楽観主義の両者から、人間的意識が解放されることを寿いでいるような喜劇的な注釈であった。

ともあれこれらすべては、後期の著作を、とりわけ『ツァラトゥストラはこう語った』『善悪の彼岸』『道徳の系譜学』において現れるニーチェの完成した哲学を予期させるものである。わたしのさしあたっての関心は、ニーチェが、歴史的な思考はどのようにして新しい時代の先導役として貢献できると捉えているのか、歴史的思考に悲劇芸術の持っている解放力を付与するために何が必要だと考えているのか、という問題にある。したがって、わたしはこれから、楽曲に譬えれば、かれが『悲劇の誕生』に与えた、歴史叙述をめぐる終結部《コーダ》にあたる『反時代的考察』の第二論文「生に対する歴史の利害について」に目を向けなければならない。

記憶と歴史

『悲劇の誕生』において、ニーチェは人間の生を、混沌の意識とそれに形を与えようとする意志とのあいだに存立するものとして位置づけていた。そして「生に対する歴史の利害について」では、この観念の含意を時間という位相のもとで吟味していた。「生に対する歴史の利害について」を貫く問題関心は、人間という動物に特有の属性であるとかれが見る記憶と忘却の動態にあった。ギリシア悲劇の舞台で演じられる悲劇的葛藤《アゴン》には、結局のところ時間というものがない。それは時間的領域の外部に存在している。しかし、自分の人生を悲劇芸術の作品として生きなければならない人間は、時間の経過をたえず意識しながら生きなければならない。言い換えれば、いやおうなく歴史のなかで生きることを強いられる。したがって、そこでの問題は、歴史感覚が、つまり時間が過ぎるという感覚が、人間に固有な記憶と忘却の弁証法において、いかにして創造的に作用し、しかも同時に破壊的に作用するのかを見極めることにある。

ニーチェはしばしば、人間の行為能力は、あたかもその忘却する能力に、つまり、意識から解放され、ただ動物的本能だけに対応する能力によって決まるかのように語っている。しかし、実のところニーチェは、人間がなにかを忘れることと動物的な忘却とがまったく異なると考えているのである。動物の忘れる能力について語っても意味がない。というのも、動物にはそれに先だってまずは覚えていたいという衝動がないからである。ニーチェが「生に対する歴史の利害について」の冒頭で書いているように、動物は、永遠の現在に生きていて、飽くことも労苦も知らず、意識をもっていないために、人間に特有な意味での忘れるという衝動とは無縁である。動物と違って人間の場合には、その忘れるという衝動は、意志の行為に他ならない。

したがって、ニーチェは動物についてこう書いている。「『お前はなぜ自分の幸福を語らず、ただじっとわたしを見ているだけなのか』とその動物に向かって尋ねてみるがいい。動物は答えようとする。『それは自分の言おうと思うことをいつもすぐ忘れてしまうからだ』と。ところが、そのとき動物はそう答えようとしていたことをも忘れてしまって黙りこんでしまう。だからこそ人間は動物を不思議に思う」。そして人間は「自分についても、自分が忘れることを学ぶことができずつねに過去に固執していることをいぶかしく思う。たとえどんなに早く、どんなに遠くまで走るとしても、過去の鎖も一緒についてくる」(「生に対する歴史の利害について」一〇二頁)。要するに、人間は歴史的に生きているということである。人間は自分がたえず生成変化の途上にあること、あるいはその途上にないこと、自分のあらゆる現在がまるごと固定された過去へと消散してしまうことを知っている。過去はなされたこと、終わったこと、完了したこと、変えられないこととして、いつも人間の目の前にある。こうした過去の動かしがたさは、人間が自分自身に不誠実になる原因であり、人間自身に自分自身の一部分の切除というような自虐行為を引き起こさせる力である。

人間は本来、自分が生きる現在へと「入って」いき、それを完全に生き、しかも端的にそうしたいのである。これが人間のもつ主要な衝動である。しかし「過去という大きな、つねに増大していく重荷」が「人間を圧しつぶしたりよろめかせたり」する。この過去は人間とともに移動し、「目に見えない暗い負担となって、人間の歩みを重いものにする。もっとも、この負担を人間は見かけ上否認することもできるし、人間同士の付き合いのなかではそれを否認するのをおおいに喜びもするが、それも仲間の嫉妬をかき立てるためだけにすぎない」。しかし、人間は、このような過去という重荷を背負うことのない動物や、「否認すべき過去を何ひとつ持たず、過去と未来の垣根のあいだにあって至福の盲目状態のままに戯れている」子供を妬んでいる（一〇三頁）。

そうは言っても子供は、この記憶なき楽園をしばらくのあいだしか楽しむことができないという点で動物とは異なる。「かって……であった」という言葉を習い覚えたとたん、子供は「闘いや苦悩や倦怠」のすべてにさらされ、人間の実存が実は「けっして現在になることのない半過去形」にすぎないということを思い知る。死だけが人間に「待ちこがれた忘却」をもたらしてくれる。「死は、生と存在とをともに廃棄し、そして、存在とは不断の『……であった』にすぎないという認識に、言い換えれば、自分自身を否定し、破壊し、自己撞着になることによって生はあるのだという認識に、これ以外にはありえないという裏書き保証を与えるのである」（同前）。

創造的な人間となるための課題は、忘却を学ぶこと、「めまいも恐怖も感じることなく」現在という「一点に立ちどまる」こと、過去を否定せず、過去にあった者としての自分自身も否定しないで、それを忘れることである。過ぎ去ったことを覚えている究極の例は、「いたるところでひたすら生成だけを見るように宣告されている者」であろう。それは、まるでサルトルの小説『嘔吐』におけるアントワーヌ・ロカンタンのような人間であるが、かれはもはや自分自身の実存を信じようとせず、代わりにすべてが永遠の継起のなかに飛び去るのを見て、自分自身を生成変化の流れのなかに見失うことになる。忘却なしにはいかなる行為も不可能であり、いかなる生も理解することはできない。「すべての有機体の生命には光だけでなく闇もまた必要である」ように「すべての行為には忘却が必要」なのである。動物の例が示すように、たんなる生は想起がなくても可能であるが、しかし「およそ本当の意味での生は、忘れることなしには絶対に不可能である」（一〇四頁）。

これらの箇所は、近年のニーチェ研究ではしばしば見落とされているニーチェ思想のある一面を明らかにしている。ニーチェが考察していたのは、固有の意味での人間の問題、つまり《忘れることを習い覚える》という問題であって、これはけっして動物の問題なのではない。《忘れることを習い覚える》ということは、人間だけのものである《想起する》という能力をそもそも前提にしている。要するに、この論文では歴史意識の存在が前提にされていたのだ。歴史意識は、説明を要するものではなく、たんに引き受けられるべきものである。のちに『道徳の系譜学』でニーチェは、歴史的および心理学的な基礎づけのうえで、この想起という能力がどのように人間のうちに根をおろしているかを説明しようとすることになる。しかし、まだ「生に対する歴史の利害について」においては、その能力を自明のものと見なし、それが創造的な人間の生を生きるということに対してどのような意味をもつか、ということだけを問うていた。動物の「問題」とは、動物は想起しないということである。人間の「問題」とは、人間がすべてをあまりによく想起するということにある。自分の過去を想起するというこの能力から、人間に特有のあらゆる生の構造が現れる。人間が記憶を必要とする、という程度の生ぬるいことではない。人間がもはや取り返しのつかない仕方で記憶を持っているということであり、それは、人間にとって栄光であるとともにその地獄でもある。つまるところ、望むと望まざるとにかかわらず、人間は歴史を持っている。そうだとすれば、問うべき問題とは、この想起するという能力が過度に発達してしまって、生そのものを脅かすものになってはいないかということである。そして、人間が歴史をある仕方で忘却することに正当な位置づけが与えられた場合には、そこで問題になるのは、歴史を破壊することではなく、それを学ぶことである。

> 晴れやかさ、やましくない良心、悦ばしい行為、来るべきものに対する信頼——こうしたものが得られるかどうかは、個人の場合であろうと国民の場合であろうと、以下の点にかかっている。すなわち、見渡しのきくものや明るいものと、明らかにしえないものや暗いものとを区別する一線が存在するかどうか。ちょうどよいときに思い出すことができるのと同じように、ちょうどよいときに忘れることができるかどうか。ものごとをいつ歴史的に、またいつ非歴史的に感覚することが必要かを、力強い本能でもってかぎわけられるかどうかである。（一〇五－一〇六頁）

したがって、「読者が考察するように求められている点」とは「歴史的なものも非歴史的なものも、個人や民族や文化の体制の健康のためには二つとも必要だ」ということであった。

ニーチェが歴史の価値という問題を（そして、それだけにいっそう記憶の価値という問題を）、その歴史が奉仕する価値あるいは必要という問題のなかに位置づけている、ということは強調しておく必要がある。記憶することは見ることとおなじように、つねに具体的に何かを記憶することであって、けっして記憶することそれ自体といった一般化された活動があるわけではない。したがって、記憶することは意志の活動であり、意図、ねらい、対象を伴っている、という。さらに、人間はある独特の仕方で記憶することを選んでおり、そして人間が選ぶそのものごとの記憶方法がどんなものであるのかということが、人間が自分自身に対する破壊的な態度をとっているのか、それとも建設的な態度を取っているのかを検証する証拠となる。どのようなまなざしで自分自身の過去を振り返るかによって、その人の現在と未来が決まる。つまり、どのように過去を造形するのか、どのような種類のイメージを過去に押しつけるのかによって、どんな未来に飛び込んでいくのかが準備されるのである。人間は、英雄のように未来に大胆に踏み込むのか、それとも躊躇して後ずさりするかを決めることはできるのだが、しかし、いずれにせよ未来を避けることはできない。そうなると問題は、この記憶する能力を満たしているある種の自己破壊的な性格を取り除いて、記憶の能力それ自体をどのように純化することができるのかということになる。忘却もまた、人間の力、人間に特有の能力である。動物は忘れようと意志することはなく、ただ単純に自己意識のない瞬間ごとの状態を過ごしているだけだ。それとは対照的に、人間は忘れると同時に記憶してもいるのであって、この二重性こそ、固有の意味で人間的なことなのである。人間の忘却は動物の忘却とは異なる。なぜなら、人間が忘れるためには、記憶のあり方を作り替え、かれを自分自身の過去の生のなかに非創造的な仕方で閉じ込めている原因である記憶の痕跡を消去することが、まずもって求められるからである。

そのとき、ニーチェが、自分自身の時代の批判者として問うのは、記憶しようという過剰な衝動に対抗して、どのようにして創造的な忘却を打ちたてうるのか、ということであった。過剰な記憶衝動は、創造的に行為する意志を挫いてしまい、歴史的意識が人間の革新力に、つまり自己超越の力に役立ちうる程度を超えて、むしろその力を破壊してしまうからである。このことが意味しているのは、歴史的知それ自体が、それに先立つ何らかの力に結びつけられなければならない、ということである。あるいは、ニーチェ自身の表現によれば「歴史的教養は、むしろ新しいより強力な生の結果としてのみ、たとえば生まれつつある文化の結果としてのみ有益であり、未来を約束する。つまり、歴史的教養みずからが支配し指導するのではなく、より高い力に支配され指導されるときにおいて」なのである（一一一頁）。そうであるとすると、ニーチェの究極の目的は、ヘーゲルやマルクスのそれと同じように、歴史的知を人間的必要の範囲内に引き戻し、それを人間の主人にしておくのではなく、人間の必要に奉仕させることである。なぜなら、生は歴史による奉仕をまさに必要としているのであり、かれが言うように、近代においてはもっぱら歴史の過剰が生を害しているにすぎないからである。

したがってニーチェは、人間が歴史を三つの仕方で必要としていることを認める。第一に「活動と奮闘に関して」、第二に保守的で敬虔な能力を助けるものとして、第三に人間の苦難を和らげる香料や救済への願望として、である。人間のなかにあるこれら三つの必要は、三種類の歴史のあり方を、つまり記念碑的歴史、骨董的歴史、批判的歴史を生み出す。これら三つはいずれも、人間に特有の能力を育むとともに、同時にそれを脅かす可能性をもっている。

記念碑的歴史は、人間のもつ高貴さについての範例を与え、偉大なことがかつて存在し、それは可能だったのだから、そうしたことはふたたび可能でありうるということを教えている。記念碑的歴史は、とりわけ――カーライル風に――偉大な人物の物語として学ばれるものだが、現在の卑小さを非難するために過去を用い、よりよい未来のための戦いに歴史家自身を送り込むことができる。しかし、歴史に対するこのアプローチには欠点がある。つまり、記念碑的歴史は、誇大妄想的なものになりかねないのである。その一番の弱みは、史実の原因をそっちのけにして成果ばかりを描くことである。そうなるのは、どんな偉大な個人のなかにも共通の偉大さを発見するという間違った類推的思考によっているからである。このために「原因と結果の現実的な歴史的連鎖」がぼやけてしまい、あらゆる大がかりな事績のあいだにある本質的な相違が台無しにされ、過去はともするとロマン主義化されるのである。実のところ、生へとひとを駆り立てるものとして、記念碑的歴史と同じ目的を果たしているのはロマン主義の小説である。また、これが弱者の手にかかる場合には、この種の歴史は、現在と未来とに背を向けるものに転じかねない。つまり、偉大な行為はどんな形式であれすでに過去において達成されてしまっているのだから、今さら偉大さなど追い求める必要はないと教えることで、現在を生きている人間の自己確信を蝕みかねないのである。

過去を恭しく敬う態度をとって、それによって現在から逃げ去りたいという衝動は、極端な場合には、骨董的歴史というあり方をとって現れる。しかし、この骨董的歴史も、これに固有の特徴をもち、やはり創造的な面と破壊的な面の両方を備えている。創造的な効果を発揮する場合には、骨董的歴史は、起源への尊敬の念を生じさせる。それはいわば「樹木が自分の根に抱く満足感、自分の存在はまったくの恣意や偶然のせいではなく、ある過去からそれを受け継ぐものとして花となり実となって成長してくるものと心得、したがって自分の存在の弁明どころか正当化すらできるという幸福感、これこそ現在ひとびとがとりわけ好んで本来の歴史感覚と呼んでいるものなのだ」（一二二頁）。しかし、過剰になると、骨董的な歴史という態度は、偉大なものであれ卑小なものであれ、あらゆるものを無差別に鑑賞することによって、ものごとの差異を平準化してしまう傾向がある。それどころか、古いものなら何でも、それがたんに古いという理由だけでそこに特別な価値を置き、逆に、新しいものや伝統から離れたものに対してはどれにも不信感を掻き立てるのである。たとえ「敬虔感情の源泉が涸れた」ときであっても、骨董的歴史の態度だけは存続し、その結果、歴史家はすでにあるものを保存することだけに没入し、新しい生の創造には反対することになる（一二二―一二三頁）。

　歴史の記念碑的扱い方は、創造的に働く場合には、過去の偉業への尊敬の念に基づいて人間を未来へと向かわせるが、それが破壊的に作用するほど過剰になったときには、現在を生きるひと自身の本当の偉大さへの衝動を弱めるという逆の結果をもたらす。歴史の骨董的扱い方は、創造的に作用する場合には起源に対する敬虔な尊重の心を生じさせるが、破壊的に働くほど過剰になったときには、現在の必要ないしは欲望に対立するものとなる。この二種類の歴史双方に対する解毒剤にあたるのが、第三の批判的歴史である。批判的歴史は、「生きるために過去を粉砕し、同時に生きるためにそれを応用」（一二三頁）しようという衝動のなかに現れる。批判的歴史家の関心は「過去を法廷に引き出して手厳しく審問し、最後には断罪する」ことにある（同前）。批判的歴史家には、過去の偉大な価値という神話の実相を見破り、過去に対して無批判的な敬虔な態度を踏みつけにし、過去が現在に向かって掲げる主張を否定する力がある。たしかに、批判的精神にしても、その破壊的側面が表れる場合はある。たとえば、もしこれが過度に推し進められると、歴史のなかには高貴なものは何もないと証明してしまうから、その結果、かえって現在の瑣末なことがらを誤って神格化してしまう逆効果をもたらすからである。ニーチェが後に述べているように、「歴史的に確かめ直せばいつでも、非常に多くの誤ったもの、粗雑なもの、非人間的なもの、不条理なもの、暴力的なものが明るみに出てくるので（……）必然的に敬虔に満ちた幻想の気分が雲散霧消してしまう」（一五一頁）。批判的歴史が過度に推し進められると「アイロニー的な自己意識」を生み出すのである（一五八頁）。この意識は、さらにそのまま進むと、メフィストフェレスがファウストに告げた「生ずるものはすべて破壊されるに値する」という恐るべき真理を発見することになり、そしてこの真理からは「何ものも生まれ出ないほうがましだ」という結論が、つまりショーペンハウアー的な悲観主義や生への嫌悪が導き出される。ニーチェは警告する。「（批判的歴史が教えることだが――ホワイト）生きることと不正義とがどこまでも同じものであるということを身をもって体験し、しかもそれを忘れることができるようになるためには、大変な強靱さが必要である」と（一二四頁）。

　したがって、ニーチェによれば、歴史意識の危険性とは、骨董的歴史と批判的歴史と記念碑的歴史の三つそれぞれが過剰になることにある。骨董的歴史は古物崇拝（archaicism）に、批判的歴史は現在の特権化（presentism）に、記念碑的歴史は未来信仰（fururism）に陥る危険性を、それぞれに孕んでいる。とはいえ、いずれにしても過去からは逃れることができないのだから、ここで必要とされるのは、過去を読み解く三つのあり方すべてを何らかの仕方で適切に総合することであって、けっして過去からまるごと逃亡することではない。

わたしたちは、先行する世代の帰結なのであるからには、同時にその世代の過誤や情熱の結果であり、それどころか犯罪の結果でもある。こうした連鎖から自分を完全に解き放つことは不可能である。たとえわたしたちが過去の過誤を断罪し、自分はそれから脱却したと考えたとしても、わたしたちの出自がそこにあるという事実からは逃れることはできない。せいぜいのところ、過去から受け継いだ本性とわたしたちの現在の認識とを対立させたり、厳格な新しい現在の規律と古代の伝統とを対立させたりすることが起こるくらいである。こうしてわたしたちは、新しい生の様式、新しい本能、第二の天性を自分自身に植えつけ、これによって第一の天性はしなびる。これは、わたしたちの実際の出自を否定し、後《アポステリオリ》から作り上げた過去を手に入れて、自分がそこから由来したかのようにする試みである。ただし、これはつねに危険な試みである。なぜなら、過去を否定することについてはいったん始めたらその限度を見つけるのは困難であるし、さらに一般的に言って、第二の天性というものは第一の天性よりも虚弱だからである。（一二四－一二五頁）

あらゆる歴史形態が実例として、わたしたちにこの過去の事後的な創作という事実をたえず思い起こさせる。しかし、わたしたちはそのような「第二の天性」をなんとか作り出し、それを拡大しようとすることにいつだって固執している。そして、実際にそれに成功しているのである。もっとも、逆にわたしたちがそういうことを首尾よく果たすときにこそ、ニーチェによれば、批判的歴史家が存在することももっともだということが分かってくる。なぜなら、このタイプの歴史家は、目の前にある「第一の天性」がかつては「第二の天性」であったことや、「いま勝利をおさめている第二の天性はみな、いつかやがて第一の天性になる」ということを明らかにして一定の役割を果たしてきたからである（一二五頁）。

歴史意識の形態のこのような区分が三項になっていることは、これも喩法論的に解析するなら、それぞれ換喩の様式、提喩の様式、アイロニーの様式による分析に対応していると見なすことができる。ひとつひとつさらに掘り下げよう。まず、ニーチェから見ると、明らかに記念碑的な歴史叙述は、世界を《隣接性と分離》のカテゴリーで捉えるものであり、したがって偉大な人間を他の偉大なひとびとから、あるいは大衆から孤立化させて叙述することも、歴史過程における優れた因果作用と劣った因果作用の間の差として捉えるものであった。記念碑的歴史を重視するこのような姿勢が創造的になるのは、偉大な人間たちの事績を強調する場合であるが、過去、現在、未来の偉大さの差異に力点を置く場合には、破壊的な効果を及ぼす。それとは対照的に、骨董的歴史叙述は、提喩という様式において、つまり、《連続性と一体性》というカテゴリーに基づく様式で捉えられた歴史である。言い換えれば、それは、かつて存在したあらゆるものと、いま存在するすべてのものの間の関係という様式で捉えられた歴史である。骨董的歴史叙述は、すべてのものを歴史的価値や意義という点で同等にする。これが創造的に働くのは、いまを生きる人間すべてが過去の事物の結果として存在していることを人間に思い出させるときであるが、他方で、それが破壊的な効果を及ぼすのは、現在あるすべての事物を過去の事物の帰結にすぎないと断ずるときである。さらに三つめに、これら二つの歴史のあり方とも対照的なものとして、批判的歴史叙述が存在しているわけだが、それはアイロニーの様式における歴史である。それは、歴史上のどんな存在ももろくて非難を免れないものであると信じたり、あるいは、あらゆる人間の事績には過失が含まれていて、そもそもどんな虚偽にも真理が混じりどんな真理にも虚偽が混じると信じたりする歴史的思考である。このような歴史把握の様式が創造的に働くのは、それが現在の必要のために作用し、過去と未来の誇大な権威を掘り崩すときである。他方で、それが破壊的に作用する結果となるのは、歴史のドラマにおける現在という舞台上の決定的に重要な行為者に対して、かれもまた所詮は欠点をもっており、したがって英雄の名声を求めたり、あれこれかまわず崇拝したりすべきではないとうるさく言い立てるときである。

これら三形態の歴史意識における極端な、言い換えれば破壊的な相に対して、その解毒剤としてニーチェが提案しているのは、隠喩の様式において作用する歴史意識であった。かれが言う芸術形式としての歴史概念は、つまるところ悲劇芸術としての歴史という概念であり、さらに言えば、『悲劇の誕生』において擁護されたあの純粋な悲劇芸術としてのそれである。かれは「生に対する歴史の利害について」の最終節で、かれが「超歴史的」あるいは「非歴史的」な観点と呼ぶものを擁護しているが、そうした姿勢の背後に想定されているものこそ、この隠喩の様式で捉えられた歴史なのである。

ニーチェは「生に対する歴史の利害について」の第四節で、歴史は芸術の一形式となることで生に役立ちうると論じている。しかし、その反対に、歴史を科学に転化しようとする傾向は、生に力を与えるという歴史の機能にとって致命的な打撃となる。「過去に関する知識はいつの時代にあっても、未来と現在に奉仕するためにのみ求められるのであって、現在を虚弱にしたり、活力のある未来を根こそぎにしたりするためではない」（一二六頁）。生に寄与する一つの芸術形式として捉えられた歴史は、真理あるいは正義のためにあるのではなく、むしろ「客観性」のためにある。しかし、この「客観性」という言葉でニーチェが意味しているのは、ヒューマニストが示す《寛容さ》でもなければ、科学者に見られる《現実に対する超然たる態度》（disinterestedness）でもない。むしろかれが「客観性」という表現で言おうとしていたのは、芸術家が自己意識的に《現実にコミットしている態度》（interestedness）であった。

「歴史的客観性」を主張するときには、ニーチェはその含意として、次のことを念頭に置いている。つまり、ここで言う客観性とは、

> そのひと自身のパーソナリティに作用を及ぼすには、一連の動機と帰結を、あまりに明瞭に見通している歴史家が採用するある立場のことを指している。わたしたちが考えているのは、あらゆる個人的な関心から切り離されているという審美的な現象である。画家はこうした状態で絵を見て、そこに没入するのであるが（……）それと同じような芸術的な見方や対象への没頭を、わたしたちは歴史家にも求める。（一四四－一四五頁）

しかし、ニーチェはこうも主張している。

> 客観によってある人間に与えられる像が、ものごとの真実を示しているのだ、という発想は迷信にすぎない。それとも、客観がそのような瞬間に、それら自身の作用によって、純粋に受動的な媒介器のうえにおのずから描かれたり写真に撮られたりする、とでも言うつもりだろうか。（一四五頁）

ところが、これとは正反対に、客観性とは、もっとも高次の形式における人間の手による「創作」なのであって、「その結果は、芸術的に見るかぎりでは真の像とはなるが、歴史として見た場合にはそうではないだろう」（同前）とも言っている。その理由として次のことが挙げられている。

> このような意味で、歴史を客観的に考察することは劇作家の仕事である。つまり、あるものを他のものに結びつけ、諸要素をまとめあげて単一の全体を作り上げるという劇作家の仕事である。計画の一体性は、もしそれが客観のなかにすでに備わっていない場合には、そのなかに劇作家の手で組み入れられなくてはならない、ということがそこでの当然の前提になる。（同前）

この一節から次のことが言える。歴史的知とは、歴史上の知識や情報とは区別して考えるべきものなのであり、むしろそれは、演劇学的な発想や創作に譬えるべきもの、あるいはわたしの言葉で表現するなら「プロット化」に当たるものなのである。実際、ニーチェはこう主張している。「そのなかに通俗的な事実を一滴も含まず、しかも最高度に客観的であると呼ばれる資格があるような種類の歴史叙述がありうるはずだ」（同前）。かれはそこで、グリルパルツァー▼の意見を引いている。

> 人間精神が見通せない事実を感知する仕方。人間精神が、そもそも到底そのつながりも分からないものを結びつけるやり方。人間精神が、理解しがたいものを理解可能なものに置き換える仕方。人間精神が、内側からでなくてはおそらく説明しようがないような因果性についての自分自身の観念を、外的世界のなかに挿入する仕方。そして、人間精神が、無数の小さな原因が実際に作用しているかもしれないところで偶然の存在を認める仕方。歴史とは、まさにこういったあり方にほかならない。
>
> （一四五－一四六頁）

しかし、続けてニーチェはこのようにも警告する。この「客観性」という概念は慎重に使うべきである。「人間の活動」と「事物のなりゆき」（一四六頁）とのあいだに何らかの「対立」があると考えてはならない。それらは同じものなのだから、と。

繰り返すが、現象の背後になんらかの主体を探してはならない。現象そのものが歴史家の探している当の主体なのである。実は、歴史家の語ることが価値をもたないものになるのは、歴史家が手許の史資料について一般化を行うときである。他の学問であれば、そこに「法則が含まれている」から、「一般化はもっとも重要なこと」だろう（同前）。しかし、歴史家が行う一般化は、たとえそれが法則としての位置づけを主張して正当化を試みることができたとしても、まったく意味がない。というのも、一般化によって歴史から取り出されるような、「曖昧で解明できない部分を引き去った後の、真理の残余は、誰にも知られている陳腐な内容に過ぎず、少しでも経験があれば誰でも分かること」（一四七頁）だからである。それはまるで、演劇作品全体の価値がその最後の場面にだけ存していると考えるようなものである。歴史家の仕事の価値とは、一般化にあるのではなく、むしろ反対に、

▼グリルパルツァー　フランツ・グリルパルツァー（Franz Grillparzer）一七九一－一八七二。オーストリアの作家、劇作家。劇作品に『オットカール王の栄枯盛衰』など。

その真の価値とは、おそらくはありきたりの題材に創意に満ちた変容を生みだし、通俗的なメロディーを普遍的なシンボルにまで高めあげ、そこにいかなる深みと力と美の世界があるかを示すことにある。（一四七頁）

優れた歴史家は、よく知られていることを、これまで聞いたこともないようなものに変える力をもっていなくてはならない。また、普遍的なものを非常に単純かつ深みのある仕方で表現する力を持っていなくてはならない。これがあるから、その結果として、深みのなかに単純なものは溶け込み、深遠なものは単純さと一体になる。（一四九頁）

このように理解された歴史家は、歴史の場を占める対象を隠喩というあり方によって具体的に特定することにかけては達人である。親しみ慣れたものをそうでないものへと変容させ、それらをふたたび「見慣れない」「不思議な」ものへと変えることで、「普遍的な」ものが「特殊な」もののなかに、そして「特殊な」ものが「普遍的な」もののなかに存在していることが明らかになる。また、「単純な」ものが「深遠な」もののなかに、「深遠な」ものが「単純な」もののなかに隠されている。ただし、このように隠されているというあり方は、同時に露わになっているということでもある。つまり、人間が自分自身の生きる現在へと入りこみ、意志をもって歴史に対処する力が、そこにおいて開示されているのである。

ところで、そのような歴史意識を導くべき原理とはいったい何か。この問題に対するニーチェの返答は非常に個性的である。「ただ現在の最高の力をもってしてのみ、きみたちには過ぎ去ったものを解釈することが許されるのだ」と言うからである。「過去の言葉」は「いつも一種の神託だ。未来を建設する者、現在を知る者となってはじめてきみたちはこの神託を理解するだろう。（……）未来を建設する者のみが過去を裁く資格がある」。ただし、この過去の裁きは、未来を予言するためのいかなる規則も生みだすことはないだろう。「きみたちは、未来の生をあれこれ考えれば、計画したり新しいことを思いついたりは十分できる。（……）それでも、歴史に向かって、《いかに？》とか《どうやって？》とかということを教えてくれと頼むことだけはやめるがいい」（一四九－一五〇頁）。自分の本当の必要を「振り返って考える」べきなのであり、そうなることで、創造的な存在となった人間はある根拠を見出し、それによって「見せかけの必然性をすべて追い払う」（一八九頁）。言い換えれば、因襲にとらわれたままの学問理解から育ってきた「アイロニー的な自己意識」を打ち壊すことを通じて、新しい英雄的な歴史観が樹立されるのである。

特殊にはドイツが、一般的に見ればヨーロッパが苦しんでいるような種類の歴史意識には、ニーチェの見方では、あらためて別様に表現された三つの形式がある。それはヘーゲル主義、ダーウィン主義、そしてエドゥアルト・フォン・ハルトマンに代表されるいわゆる無意識の哲学である。ニーチェが理解するところでは、第一のヘーゲル主義は合理主義的で現在時に固定されている。しかし、歴史の力を讃嘆しつつも、「実際にはいつでもただぽかんと成功を崇めていたり、現実的なものを神格化したりすることになる。こうしたことに役立ついかにもドイツ式の言い回しがある。つまり、《状況に自分を合わせよ》というわけである」（一六四頁）。第二のダーウィン主義は、自然史と人類史を合成することでヘーゲル主義と同じ効果をもたらした。つまり、あるひとつの世代の人間たちに、自分たちこそが全宇宙過程の究極目的であり終着点であると信じ込ませ、よりよくなろうと努力するのではなく現状に満足することでよしとしている。第三のハルトマン流の無意識理論は、熄《や》むことのない神秘的な生成変化から、歴史全体の動力を作りだす。これにより、自分自身に対するあらゆる責任は人間から引き離され、人間を超えた力に帰せられる。人間はもっぱらこの力に仕えるだけであって、けっしてそれを統御したり支配したりすることはない（一七〇頁以下）。ニーチェの主張するところでは、そのような教説は、結果としては歴史そのものを否定することになるために、歴史に関するとりとめもないパロディを生みだすのである。それが作るのは、形而上学的な力が潮のように意味もなく満ち引きするものとしての歴史、というイメージである。こうした見方からすると人間は、「これまで生きてきたとおりに生き続け、これまで愛してきたものを愛し続け、これまで憎んできたものを憎み続け、これまで読んできた新聞を読み続けること以外に、何もすることはない。かれにとってはただ一つ犯してはならない罪がある。それはこれまでと違った生き方をするという罪だ」（一七一頁）。ハルトマンの哲学は、自我《エゴ》が知っている真理を否定し、フロイト的術語を用いて、イドの要求に従うのである。そのために求められるのは、

▼エドゥアルト・フォン・ハルトマン（Eduard von Hartmann）一八四二－一九〇六。ドイツの哲学者。ヘーゲルから形而上学的理念を、ショーペンハウアーから盲目的意志をとって総合し、自身の哲学の立場を「無意識者」とした。一八六九年に『無意識の哲学』を発表。生の哲学や新カント派、ユングなどに影響を与えた。
▼イド　精神分析の用語。ラテン語の中性名詞で名指されているが、心の奥底にある本能的エネルギーの源泉であり、快楽原則に支配される。エスともいう。

「自分の明確な目的のために、つまり世界の贖いのために、個人の人格を世界過程に完全に捧げることである」（一七二頁）。

そうであるとすると、無意識を至上のものとするハルトマンの教説は、ヘーゲルの「世界精神」やダーウィンの神格化された自然と同じくらい危険なものである。それが表現しているのは、形式への意志が強張《こわば》って生への意志を毀損するようになっている状態である。ニーチェは繰り返し主張している。もし歴史が生きた人間の必要に奉仕するものであるのなら、そのような一般的図式化はどんなものであれ避けるべきである。「われわれが世界過程の、言い換えれば人間の歴史の作り出したものからは、すべて賢明に距離を取る時代がやってくることだろう。それは、もはや大衆を目にすることがなく、ふたたび目の当たりにするのは、生成の荒涼とした流れに一種の橋をかける個人であるという時代である」（一七三頁）。当時かれはこう予言していた。「歴史の課題」とは、偉大な個人のあいだを媒介することであり、「偉大なひとを生み出す動因と力とを与えることですらある」。そのときにはキリスト教が教えるように「人類の目標が世界の終末にあるなどということは断じてありえ」ず、むしろそれは超人という「その最高の範例においてのみある」ということが認識されるだろう（一七三頁）。過度に敷衍《ふえん》されたランケ的な歴史主義《ヒストリスムス》が人間にもたらすある種の寛容さは、歴史家の歴史学が歴史上のあらゆる文化に等距離であることを標榜するが、究極的には有害である。「すべてを客観的にとり、何ごとにも怒らず、何ごとも愛さず、すべてを理解する。こういうことをしていれば人間がどんなに柔和で従順になることか！」（一六五頁）。それは人間にとっては致命傷となることさえありうる。しかし「幸いなことに歴史はまた」、それがどんなものであれ「歴史に抗して戦った」偉大な人物、つまり「現実的なものの有する盲目的な力に抗った偉大な人物」たちのことをも「記憶」し「保存」している（一六六―一六七頁）。

ニーチェの結論によれば、最終的に「歴史という病」への解毒剤とは歴史そのものでなければならない。歴史化された文化を治療する方法が同種療法《ホメオパシー》▼でなければならないということは、それもまた、もう一つのアイロニーをなしている。「なぜなら、歴史的教養の起源が、またこの教養が新しい時代の精神に対して、つまり《近代的意識》に対して抱えこんでいる絶対的なまでに険しい敵対的関係の起源が、それ自体として歴史的な過程として認識されなければならず（……）学問はその棘を自分自身に向けなければならない」からである（一六一頁）。そしてそのように、歴史そのものが歴史的教養の歴史的な起源を示すという解毒剤的な思考が実践されるとき、そうしたやり方は、芸術の神話創出力の発端となるあの「非歴史的な」高み、言い換えれば「超歴史的な」高みにたどり着くことが可能になることだろう。ここで言う非歴史的なものとは何か。それはもっぱら「芸術の力であり、忘却の力であり、自分を地平線という限定された視界のなかに据える力」である（一八六頁）。では、超歴史的なものとはなにか。それはもっぱら「純粋な生成の過程から、生存に永遠の安定した性格を与える過程へと、つまり芸術と宗教へと視線を」転じさせる力に他ならない。つまり、ディオニュソスとアポロンとを同時に与える力である（同前）。一言でいうなら、「非歴史的なものや超歴史的なものとは、歴史によって生が圧倒されてしまう状態に対する自然の解毒剤であり、歴史病の治療なのである」（一八七頁）。

わたしたちは、ひとたび芸術と神話に包まれれば、いま一度創造的な歴史研究に立ち戻ることができる。そして「生に導かれながら、あの三様のやり方で過去を利用することができる。つまり、歴史の記念碑的あり方、骨董的あり方、そして批判的あり方で過去を利用するのである」（一八八頁）。というのも「すべて生けるものは自分の周りにある雰囲気を、つまり神秘的な霞《かすみ》を必要とする」からである。「このヴェールが取り去られ、宗教なり芸術なり天才なりが、このような雰囲気をまとわない裸の星として自転せよと宣告されたりするならば、そのときは生がにわかに枯れ、干からびて実を結ばなくなるのは当然である」（一五三頁）。

近代の文化とはまさにこのようなものである。それは人間から、見知らぬものや驚くべきものへの深い感受性をすべて失ってしまった。近代の文化は何にでも皮相的に喜ぶのだが、だからこそまた、何ものもそれ自体については愛しもしなければ憎みもしない。その結果として、あらゆる考えや道徳を疑うような、精神的な故郷を失ったひとびとの世代が生じるのである。たとえばランケの歴史学のように「あらゆる時代においてそれぞれ事情は異なっていた」ということを理解することで、歴史的意識に突き動かされている近代的人間は、同時に自分の対話相手に向かって「お前がどんな人間であるかなどどうでもいい」と呟いて納得することになる（一五五頁）。したがって、近代においては芸術は歴史に対置されているために、この両者の関係を組み換え、「もし歴史が、純粋な芸術作品へと変容することに耐えられさえするならば」、それだけでたしかに「本能を維持し、奮い立たせること」は起こりうるだろう（一五一頁）。しかし「建設への衝動を何ひとつ持たずにただ破壊するだけの」歴史学は、「長期的に見

▼**同種療法**（ホメオパシー）ドイツのハーネマンが唱えた臨床医学で、人体において病気や症状を起こしている当の物質を使用して治療する。アレルギーなどの症状に対して、その原因や関与物と思われるものをきわめて希少な濃度で逆に身体に取り込んで、身体そのものの力によって治療する。

れば、自分の道具であると言っていい学者たちを生に倦み疲れた存在にしてしまう。というのも、そういう人間たちは、幻想を破壊するだけだからであり、自分や他者のうちにある幻想を破壊するそのような者たちは、つまるところ究極の暴君である自然によって罰せられる」からである（同前）。

「生に対する歴史の利害について」は、その手法に関して言うなら、ニーチェの他の大半の著作よりも分析的である。そのためにこれは、かれの後年の作品が次第に酒神賛歌《ディテュランボス》▼に擬した様式をとるようになっていくのと比べると、伝統的な哲学的批判により大きな信頼を寄せた古いスタイルで書かれている。しかし、だからこそ、ことの当然の帰結として、この分析的作品は、最後にはもっぱら破壊的なものになるほかはない。というのも、この作品のなかでは、悲劇芸術的な歴史叙述がどんなものであるのかについて、ほとんど何の具体的な考えも提示されていないからである。たしかに「生に対する歴史の利害について」は、初期の作品である『悲劇の誕生』が放つアウラの圏内で書かれている。だから、『悲劇の誕生』で示されたそうした歴史叙述の具体例が、「生に対する歴史の利害について」を読もうとする者の念頭にただちに浮かんでもおかしくはない。実際、二つの作品は相補的な関係にある。「生に対する歴史の利害について」という中期の作品は、『悲劇の誕生』にまでさかのぼる問題のその理論的根拠を明確化しようとしたものだと理解されることもある。言い換えれば、この小論は『悲劇の誕生』で提示された新しい歴史叙述のための道を準備しているのである。しかし、新しい歴史叙述への欲望を抱きつつ「生に対する歴史の利害について」が可能にしたのは、紀元前五世紀のギリシアに現れたような種類の悲劇芸術に近似した歴史叙述だけであった。この作品は、ギリシア悲劇の新たな歴史的評価の必要性を主張し、実際にそうしようと歩み出している。ギリシア悲劇の新しい歴史的評価を作りあげるための手段として悲劇概念を対置し、それを通俗的な歴史理解に突きつけているのだとすら言える。

しかし、古代ギリシア悲劇を、さまざまな形式の近代的な詩論（そこには、ニーチェがこの時点ではまだ賞賛していたヴァーグナー的なものも含まれているが）に突き合わせていたとしても、それはたんに並置しているだけにすぎなかった。ギリシア悲劇観が頽落した近代詩の観念へと変質していく過程は、依然として曖昧なままである。『悲劇の誕生』を見る限り、古代悲劇の衰退と没落を嘆き、近代の歴史意識を悲劇の対極だと呼んでいる時でさえも、ニーチェは、古代悲劇の近代への変質という歴史過程を説明するような理論をいまだ提示してはいなかった。しかし、実はかれは、すでにその時点でそのような理論にもう一歩のところまでは来ていた。主要な論点は、たとえば「生に対する歴史の利害について」で取り組まれたが挫折した試みのなかに示されている。あるいは、それは、歴史をめぐるあり方をめぐってニーチェが行った記念碑的、骨董的、批判的形式という区別や、それらの各形式の内部における創造的な形態と破壊的な形態との区別を強調する理論のなかに、つまり、記憶することと忘却することの弁証法的理論のなかに認めることができる。

それでも、ニーチェは「生に対する歴史の利害について」ではもっぱら否定形の形で、創造的で生に奉仕するような歴史叙述とは何ではないのかという点だけは論じていた。ただし、積極的にはそれがどのようなものなのかは何も言っていない。はたしてそれは、構造分析なのかナラティヴであるのか、共時的に考えるべきか、通時的に考えるべきなのか。あるいは、それは、運命に抗う個人の「物語」なのか、それとも出来事の最終的な帰結についての評価なのか、あるいはありえたかもしれない英雄的な事績を隠喩によって呼び出すようなことなのだろうか。ニーチェによれば、創造的な歴史叙述とは、同時にこれらすべてのものでありうるし、あるいは、それらのうちのどれかでもあれば、それらのうちの一定の組み合わせでもありうる。それが実際にどのようなものであるかは、歴史家が歴史を描こうとするときに、人間がどのような生の必要に駆られているのかによって決まる。要するにニーチェは、歴史学的著作の目的と、それがとる形式とがともにどういったものになるのかということを、かれの時代の生の必要をめぐる歴史家自身の感受性に委ねたのである。歴史家に禁じられているのは、現在を犠牲にして過去を、また未来を犠牲にして現在を神格化することにほかならない。すなわちそれは、没批判的な記念碑的歴史や没批判的な骨董的歴史を書いたり、あるいはその逆に、非英雄的で不遜な批判的歴史を書いたりすることである。生に奉仕する歴史叙述という今述べたようなモデルは、ニーチェ自身によって、その思想的遍歴の最晩年に書かれた作品である『道徳の系譜学』において提案されている。

道徳と歴史

『道徳の系譜学』（一八八七年）は、ニーチェが提案した「超歴史的な」手法を、歴史的な問題だけでなく、同時に哲学的な問題にも応用した仕事として読むことができる。他ならぬこの書は、道徳性、つまり人間の道徳的感覚の起源や意味を、言い換えれば人間の良心や、その人が「善」と「悪」という性質を信じるようになっていることの起源や意味を特定しよ

▼**酒神賛歌**（ディテュランボス dithyrambos）ディオニュソスに捧げられる合唱隊歌の一形式で、物語形式をもって祭祀の謂われや英雄譚を歌う。

うとしている。冒頭に来るのは、ルソー的な歴史理解に対する批判である。ルソーは、自然状態においては基本的に「善」である人間性が、社会状態へ「転落」して腐敗したのだと考えていた。それとは反対にニーチェは、人間は基本的には善でもなく悪でもなく、何ものでもないのであって、仮に人間がなんらかの状態へと失墜しているのであれば、それは「善」へと失墜したのであり、動物としての人間に特有の不満はすべてそこから出てきている、と主張している。しかし、こうした主張にとどまらず、この論考のなかでニーチェは、西洋の道徳の歴史をプロット化するための図式を提示している。それは、抑圧的な「善」からの人間の解放がいまや間近に迫っている、と予言するような語り方であった。この解放が表しているのは、マルクスにとってそうであったのと同様に、疎外態である現在の「社会的」条件からの解放である。しかし、マルクスとは違って、ニーチェはそれを来るべき「コミューン的なもの」への解放として構想したのではなかった。むしろ、かれはそれを他の人間との間に必要なあらゆる連帯からの解放として、つまりアナーキー以外の何ものでもない個人の自己充足の夢として捉えていた。たしかにかれは、このアナーキーな状態を「英雄主義」や「超人」と呼んではいたが、それでもその実質がアナーキーであることに変わりはない。さらに言えば、そこには社会の基礎となると考えられるあらゆる「価値」の解消をも含んでいるために、このアナーキーはより凄まじいものとなっている。

だからといってニーチェが、超人という究極的で創造的な（言い換えれば英雄的な）段階にいたるための予備的な段階として、現状としての「社会的」段階が必要だということを、ちょうどルソーが社会状態を否定したり、あるいはマルクスが階級社会を否定していたりしたのと同じように否定していた、と言いたいわけではない。それとは反対にニーチェは、この社会状態という二次的な段階が、人間に特有の属性をよりはっきりさせるため、つまり人間の意志と理性とを研ぎ澄ますためには必要であるのだと見ていた。それでも、同時にこの社会的段階は、かれからすればまだ自己否定の段階であり、意志が欠落しただ合理性ばかりが跋扈する状態であって、しかもこうした状態が現代において人間自身の批判力によって解体されてきていると考えた。そして、この危機に立つ社会的段階は、人間に理性と社会の専制を打破する準備をさせ、より高次の新しい「野蛮」へと人間の意志を解放するものだと理解していたのである。この新しい「野蛮」においては、個人は自分自身の生を芸術作品として生きることができるはずである。このようにニーチェは、自分の歴史像を、アイロニーという言葉の語源であるエイロン役がとる態度《ヴォイス》を用いて、つまり自己抑制的な語り方によってかえって傲慢な相手の語りを打ち破るという演劇的様式を下敷きにして書いたのであり、しかもエイロンという存在が喜劇の様式の構成要素であったことから分かるように、含意としてはそれを一種の喜劇としてプロット化したのであった。

『道徳の系譜学』の第一論文は「善と悪」や「良いと悪い」といった二項対立を吟味している。それはイギリス功利主義の立場の道徳家への攻撃から始まっている。ニーチェはこのような人物を、皮肉をこめて「倫理の歴史家」と呼んでいる。つまりそれは、因襲と化した倫理的態度をいかなる批判によっても吟味することなしにただ物語っているだけの学者のことである。ニーチェによれば、実はこのような倫理の歴史家たちは「歴史の善き霊から見放されている」。かれらはみな「かつての哲学者たちがつねにそうだったように、本質的に非歴史的な考え方をするのである」（『道徳の系譜学』三四頁）。

しかし、この文脈で言う「歴史的に思考する」ということは、いったい何を意味しているのだろうか。この場合、それは、自由で高貴な、そして強靱な貴族主義の意識へとたち戻って思考することである。何よりも貴族主義は、自分が気に入ったものとそうでないものを「命名する」権利を保持している。

> この高貴さと距離の感情《パトス》は（……）低位の類型、「下位の者たち」に対して、支配する高位の類型の者たちが感じる持続的で支配的な感情、全体的で根本的な感情である。それこそが「良い」（gut）と「悪い」（劣悪 schlecht）という対立の起源なのである（名前を与えるという主人の権利はきわめて広い範囲に及ぶものであるから、言葉の起源そのものも、支配する者の力の表現とみなすことができる。支配する者は「これはこういう名前のものである」と語る。そしてあらゆる事物と出来事を、それに命名した語によって封印するのであり、同時にそれを所有するのである）。（三六頁）

したがって、高貴な言語は直接的で、無邪気で、直裁で、素朴である。それは真相を包み隠すために名前を貼り付けるような真似はせず、言わば音楽を奏でるように端的に命名する。言い換えれば直截な考えの背後に第二の考えを潜ませるようなことをしない。

それとは対照的に、弱者の言語はけっして直接的なものではなく、つねに後から湧いてくる考えにとらわれており、遠回しの意味や隠された狙いを潜ませたものである。「もしも高貴な人間に復讐心《ルサンチマン》が現れるとしても、それは瞬時の反応のなかに解消されてしまうために、自分を毒することはない」

▼**エイロン**（Eiron）ギリシア喜劇における、みずからを卑下することで、最終的にはほら吹きを打ち負かす役回りの登場人物。この言葉は、アイロニーの語源でもある。『ニコマコス倫理学』1108a12。

(六一頁)。しかし、ここでさらにニーチェは言う。恨み深い抑圧された弱者がどのように「敵」を見ているかを想像してみようではないか。弱者にとって「敵」とは自分を規定してしまう「根本的な観念」であり、「邪悪な存在」であり、そして、弱者はそれとの「対照的な像として善人なるものを考え出したのである——この善人こそ自分だというわけだ！」(六三頁)。

ここでは高貴な人間と弱い人間との違いは、隠喩的に考えることのできる人間と、概念的に思考することにとらわれた人間との差異として捉えられている。前者は芸術の言語を使うが、後者は科学や哲学や宗教の言語を用いる。

こうした一般化を裏付けるものとして、ニーチェは、語源学に、つまり「良い」「悪い」「邪悪な」という言葉の歴史に目を向けて議論をしている。どの国民の言語においても、「良い」ということを表す言葉は、「身分の高さを示す『高貴な』とか『気高い』という語がそのもとになる概念」である(三九頁)。こういった元来の貴族主義社会は、自己中心的な非道徳性を持っていたのだが、それに対する反乱が新しい反貴族主義によって指導されて起こった。その新奇な反乱の主導者である聖職者たちは、元来の強者の貴族主義社会から枝分かれしていながら、その正反対の存在となったのである。畜群の新しい貴族主義は、弱者が登場するときの本質的な性質をその第一の属性としている。つまり、怨恨である。ただし、この新参の貴族主義は、自分の支配力を群衆にだけではなく、ある言語上の戦略を使って、同時に強者にも及ぼしている。その戦略とは、かれらがうちに秘めている怨恨を、ただ「愛」と呼ぶだけのことであった。

こうした怨恨は、畜群をなすひとびとがもつ力への意志が抑圧され、それが別の形に昇華されることにその起源がある。昇華作用を経ているために、この怨恨は、高貴な属性の評価を新たな基準でやり直すという形式をとる。要するに、高貴な人間であれば自分自身の行為を「良い」とし、自分自身とは異なっているひとびとを劣っているという意味で「悪い」とするのに対し、弱者はなによりまず自分よりも優れた人間の行為を「邪悪」であるとし、自分自身の行為を「善」であるとする。このようにして、「良いと悪い」という二項対立は「善と悪」という二項対立にすり替えられる。そして、最初の二項対立が道徳とはまったく関係がなく、個人によって感じられた快や苦の経験を述べているにすぎないのに対して、二番目の二項対立は、その真髄において形而上学的で道徳主義的であり、そうした定義を与える弱い人格や弱いひとびとの集団による行為とは違った行為に対して、本質的に邪悪な実体を与えるのである。

こうした歴史的すり替えに対して健全さという考えに立脚することで、ニーチェは「善と悪」という言語に含まれている形而上学的な道徳主義を超えようとしたのだった。かれはまず、こうした健全さを、感情の直接的で無媒介な表出として定義する。身体の有機的組織については健康ということが一般に言われるのであるが、ちょうどそれと同様に精神状態についても健康であると言われるとき、それが意味するのは隠喩的意識を失わない精神である。ところが、感情というものは、直接的で無媒介なはけ口を見出せない場合は、堰き止められたエネルギー蓄積となり、直接的ではない仕方でルサンチマンとして表現される、とニーチェは註釈する。こうしたルサンチマンは、身体活動というよりもむしろ精神的活動において表現されるものである。とくにそうした感情のエネルギーの堰き止めが起こる原因が求められるときに、表面に表れてくる。というのも、ルサンチマンは堰き止められている事態の原因が強者にあると説明し、そのことを徹底して正当化するからである。しかし、それだけではない。ルサンチマンを溜めた人間は、自分自身の弱さを説明するために、こうしたことが起こるのは強者がたんなる強さ以上のものをもっているに違いないからだと攻撃する。こうして強さという属性は、悪という性質へと翻訳されるのである。（強さや弱さといった）属性が（邪悪さや忍耐強さといった）性質に変換されるために、言葉のうえでの巧妙なごまかしが働いている。『道徳の系譜学』第一論文の第一四節で、ニーチェはこの価値転換がどのようにして起こるのかをアイロニックに描き出している。それは何から何まで言葉のうえでのものでしかない。弱者は「弱さを長所に（……）やり返すことができない無力さを善意に、そして臆病さを謙遜」にと、次々に言葉を変造していく（七七頁）。これによって、道徳の歴史全体は、隠喩による「無邪気な」世界把握がうち捨てられ、換喩的意識や提喩的意識が作用するようになり、その結果として生じたものだと理解されている。隠喩的な言語によってであれば、現象はイメージのなかで端的に捉えられる。しかし、換喩的意識はそうした現象の背後に行為者を創りだし、また提喩的意識は、そうした現象を超えたところに本質という性質を生みだしてしまう。そして、このように原因や本質を求めてしまうことで、隠喩的意識は衰退し、人間が自分自身に加える抑圧の二つの手段である科学と宗教とが生みだされるのである。

さて、ここでニーチェによる喩法論的理解の不徹底な点について、少しく立ち入っておこう。『道徳の系譜学』を書いた時点では、実はニーチェ自身は、道徳と文化をその「歴史」を描くことによって説明するのにあたり、自分がどの程度まで喩法論的な言語理論を用いているのかをよく分かっていなかった。この点については、かれはほとんど後からの着想なのだが、第一論文に加えられている「註」のなかで、考察をさらに深めるための問いを次のように提示している。「道徳の概念の発達史を考察するためには、言語学は、特に語源の研究は、どのような指標を与えるのだろうか」（九二頁)。事実上、この問いに対する答えにあたるものが、第一論文のこれまでに見た部分であった。そのなかでニーチェは、いかに詩的言語の換喩的次元や提喩的次元が、歴史を通じて、意識を自己抑圧に追いやっているのかを論じていた。こうした言語的な力が完全に発達していくと、最終的には、ニーチェの時代やその時代の文明を苛んでいるアイロニー的な意識に入り込んでしまうという結果になる。ただし、隠喩的言語は本質的に創造性をもつのだという発想に足場を置くことによって、ニーチェは、人間の取り除きがたい自己抑圧的な性向のなかで、当の隠喩それ自体がはたしてどのような役割を果たしているのかという問いを、自分が避けてしまったことに気づかなかった。しかし、その他面で、隠喩的な意識にはまぎれもなく創造的な機能があると考えるこの言語論的歴史主義とでもいうべき洞察があったからこそ、ニーチェは、かれの時代においてさまざまな形式をとって現れている歴史意識を（つまり換喩的形式、提喩的形式、アイロニー的形式をそれぞれとって現れている歴史意識を）批判することができたのであった。

この点を踏まえて仮定を立ててみよう。周知のようにニーチェは文献学者として訓練を受けてきた。したがって、そういうかれの思考においては、ずっと言語の変容が意識そのものの変容を理解するモデルになっていたに違いない。つまり、意識が循環的過程を経るという捉え方には、隠喩から換喩と提喩を経てアイロニーにいたるという言語論的循環の考え方が反映されていたと言っていい。したがって、無垢な意識のあり方に回帰するということは、当然にも言語の隠喩的段階に回帰することだと理解されていた。どんな出来事においてであれ、記憶と忘却の問題、言い換えれば約束することや、自分で作り出した過去あるいは未来に自分自身を縛りつけることといった問題の全体は、ニーチェの考えのなかでは、換喩的な世界理解や提喩的な世界理解が犯す過誤と同じことになっているのである。「善」へと「頽落」し、道徳や自己切除状態へと「頽落する」こととは、つまるところニーチェが理解している言語論的な発達可能性を先へ先へと進めることで、かえって自縄自縛の罠としてのそうした状態に落ち込んでいくということに他ならない。

「罪」「疚しい良心」および「これに関連したその他の問題」を論じた『道徳の系譜学』の第二論文は、人間に特有な記憶するという能力を再検討することから書き起こされている。ここでもそれ以前と同様にニーチェは、記憶を一種の倒錯した意志として描いている。この倒錯した意志によって、人間は特定の未来や固定された過去に自分自身を縛りつけているが、まさにそうした能力こそが「良心」なのだという。記憶する能力は、過去に行われた誓いに、現在と未来とを圧迫したり決定したりする力を付与する。誓いが行われ、記憶され、固守されると、その誓いは人間の生にある種の秩序を押しつけるが、それは忘却の能力によって押しつけられたものとはまったく異なったものである。忘却する能力はわたしたちが現在において生きることを可能にする。その機能とは「意識の扉と窓とを一時的に閉ざすことであり、わたしたちの低次の器官が意識下で互いに対立したり協調したりしている騒ぎや動揺からわたしたちを守ることである。そして、わたしたちの意識にしばしの静寂をもたらし（……）とくに支配する役割を持っている高次の機能と器官とが働く余地を作り出すこと」である（九八頁）。わたしたちが過去や未来を「忘れる」とき、わたしたちは現在をはっきりと「見る」ことができる。逆に、忘却が想起によって中断されるとき、とりわけ「約束を守るべき場合」（九九頁）においてそうなるとき、意志は先行する条件や欲望に縛られる。そして意志は、たとえ自分自身の健康を犠牲にしてでも、そうした条件や欲望を確約しつづける。

要するに、約束するという能力は、想起するという能力とぴったり同じ性質をもっている。ひとは約束することによって前に向かい、作為をもって構築した形式を未来に押しつけようと意志するし、その他方で想起することによって後ろ向きになり、作為的に構築した形式を過去に押しつける。ニーチェにとって、約束することと想起することの双方に関してともに重要なことは、それぞれ未来と過去にこうした作為をもって構築された形式が押しつけられるときに、そのことがどのような利害によってそうされているのかという点であった。良心の呵責に苛まれている状態とは、一般には過去の帰結を一身に引き受けていることだと思い違いされている。しかし、実際にはその理解とは逆に、それは過去における自分の行為を自分自身のものであると受け入れることができない状態なのであり、過去を自分自身の意志とは別の何らかの行為者または作用因の産物として見ようとする衝動、つまり、それを自分自身の存在を超えた、自分自身の存在に勝る何らかの「性質」の顕現と見なそうとする逃避的な衝動に他ならないのである。それとは対照的に、曇りのない平静な良心の状態とは、過去に起こったことや未来に起こることがどんなものであれ、それが自分自身の行為によって過去に起こり、未来に起こるのだとはっきりと言える力、つまり、それが自分自身の特性の顕現なのだと明確に言える力に他ならない。ニーチェは、創造的な忘却とは、同時に創造的な想起でもあると見ている。なぜなら、ニーチェが言う創造的な忘却行為とは、自分自身の意志を、また自分自身の力と才能を忘却するどころか、むしろその反対にそれを想起することであるからだ。このことは個人的記憶についてだけでなく、世代全体の集合的記憶についてもいえることなのである。たしかに、人間が自分自身であるということは、過去と未来の両方がそのまま自分に負荷してくる外在的な義務を否定して自己のアイデンティティを確証することだが、事はそう単純ではない。

というのも、自分が自分自身のために選択し、端的に自分で「これは良い」と高く位置づけるような義務についてはそうではないからである。後期作品である『道徳の系譜学』の第二論文で、ニーチェは中期の著作であった「生に対する歴史の利害について」のなかで回避していた問題をあらためて取り上げている。それは次のような一文のなかに端的に表現された問いである。「どうすれば人間という動物に記憶させることができるのか。愚かでぼんやりとしたこの動物に、今という瞬間しか理解していないこの動物に、忘れっぽさの化身であるようなこの動物に、いつまでも残るようなものを、どうすれば刻み込むことができるのか」（一〇四－一〇五頁）。ニーチェは言う。この問いの答えを見つけよ。そうすれば、良心の謎を解くだけでなく、社会や文化の謎を、そして歴史意識が破壊的な作用をしていることの謎も同時に解くことができるだろう、と。『道徳の系譜学』のそれ以降の考察はいずれも、文化と社会と道徳を、抑圧と昇華の心理学理論とでもいうべき観点から解明した試みである。そのなかで、たったひとつの取り返し不可能な過去と、体に刻み込まれる恐怖とが、本質的には同一のものとして同定されている。

ニーチェによれば、苦痛だけが記憶を創造することができる。したがって、ある文化全体の集合的記憶もまた、個人的な記憶と同様に苦痛の産物であって、けっして快の産物ではない。

人間が人間に記憶を刻み込もうとするときにはつねに、流血と拷問と犠牲なしではすまなかった。きわめて恐ろしい犠牲と担保（たとえば初子《ういご》の犠牲）、きわめて忌まわしい身体の毀損（たとえば去勢）、あらゆる宗教の礼拝におけるきわめて残酷な儀礼（すべての宗教は、そのもっとも深いところで残酷さの体系に他ならない）――これらすべては、苦痛こそが記憶術の力強い助けとなることを嗅ぎつけた本能から生まれたものである。（一〇五－一〇六頁）

人類史の始まりにおいて、まだ人類の記憶がそれほど高度に発達していなかった時代には、記憶を呼び覚ますためにもっとも恐ろしい方法が必要とされた。「刑法の過酷さは、人類がこの忘れっぽさを克服するためにどれほど苦労したか、そしてすぐに情念と欲望の奴隷となってしまう人間たちに、社会的な共同生活に必要ないくつかの基本事項を記憶にとどめさせるために、どれほど苦労したのかを示すひとつの尺度なのである」（一〇六頁）。個人はこのうえなく残酷な方法で、いくつかの「わたしはもうそれをしません」を覚えておくよう教え込まれる。これが「社会生活の恩恵のもとで生きるために（……）この種の記憶の助けを借りて、ひとびとは最終的にどうにか「理性的に」なることができた」（一〇八頁）。

そうであるとすると、良心の疚しさの起源とはいったいどこにあるのだろうか。これについては、「罪責」（Schuld）という言葉が、「負債がある」（Schulden）という即物的な関係を意味する言葉に由来しているという事実にニーチェは手掛かりを見つけた。要するに、罪の概念は、一般に倫理学史で説明されているように、はるかのちの世に現れた意志の自由の理論において生じたのではなく、太古の償いという考え方において発生したのである。かれによれば、損害と苦痛の関係が等価であるという考え方は「債権者と債務者とのあいだの契約関係」において生じた。「この関係は『権利主体』そのものと同じくらい古くからあるものであり、さらには購入、販売、交換、取引、交易などの基本的形式から生まれたものなのである」（一一一頁）。債権者は、債務者を苛むときに得られる快感から、ある種の支払いを受け取っている。しかもその快感の性質は美的なものである。それは、他者に対して権力を行使できるということから得られる快感であり、罰を与える人間が自分を「高貴である」と感じ、罰を受ける無防備な人間に対して優越感を得ることである。だからそれは基本的にサディスト的である。そして、サディズムこそがニーチェによれば、あらゆる「人為的な」ヒエラルキーの基礎にある（一一一－一一七頁）。

ニーチェは国家の起源をも、債権者と債務者の関係のなかに見ている。太古の時代においては「共同体とその成員との関係もまた、債権者が債務者と結ぶあの重要で根本的な関係と同じものである」と述べているからである（一二六頁）。元来、借金の返済を拒む者や自分の債権者に手を出す者は、法的保護の外部に追放されるばかりであった。しかし、次第にそれが変化して、追放されるのではなく、犯罪にある特別の代償を設けるだけの実践になったのである。要するに、社会がより豊かになるにつれて、サディスティックな快楽が、言わば交換価値をもった商品へと翻訳されたのだった。苦痛は、与えた苦痛であっても受けた苦痛であっても、交換価値をもつ商品と交換されることで蓄えられ、取り引きされ、税を課され、国民化され、社会化されるようになる。そのことの帰結として、蓄えてしまった苦痛が多大なものになったためにもはや犯罪者を罰する必要がなくなり、恩赦という制度を通じてただたんに許すだけの社会もありうるとすらニーチェは考えていた。これが、ニーチェの観点から歴史的に構成された、社会の千年史と言えるだろう。

しかし、これらの説明のすべては、ただ一種のアイロニーとして示唆されているだけにすぎない。というのも、ニーチェの本当の目的は、本質的に道徳とは無縁な人間の存在から正義の観念が生まれたのだということを説明するために、苦痛の資本化という考え方を用いることにあったからである。実際のところ、かれは次のように言う。「正や不正をそのものだけにおいて、独立させて論ずることには、いかなる意味もない。生そのものは、傷つけるもの、暴力的なもの、奪いとるもの、破壊するものであり、こうした特徴を抜きにしてはそもそも考えられない。したがって、傷つけること、暴力をふるうこと、奪い取ること、破壊することは、そのものだけにおいてはなんら『不正な』ものではない」（一三六‐一三七頁）。では、文明化された人間社会の存在の始まりにおいて実際に正義の観念が現れたことは、どう説明がつくのだろうか。

正義とは本来、弱者の怨恨を小さくするために強者が使った道具であった、とニーチェは論じる。

> 正義が行われ、保たれているところではどこでも（……）ルサンチマンが荒れ狂うのを防ぐための手段を探していたことが確認できる。それはたとえば、復讐者の手からルサンチマンの対象を奪い去ったり、あるいは、復讐させるのではなく平和と秩序を乱す者と闘わせたりするのである。また、ときには償いの方法を見つけ出して提案し、場合によってはこれを強制することがある。あるいはときには、損害と同じ価値のあるものを補償のための基準として設定し、以後はルサンチマンに、つねにこれに基づいて補償を要求させるよう仕向けることもある。（一三五頁）

そのような同等なものたちの間の政治体制、つまり法の支配という政治体制が打ち立てられることによって、復讐の行為は、個人的なものであるという矮小さや特殊性を剝奪され、客観的な関係に変容するのである。そしてこの変容が、人間の知覚の性格そのものの変化にも影響を及ぼしている。つまり、

> この権力に従属する者たちの感情は、自身への侵害行為によって発生した直接の損害に心動かされることがなくなり、長期的には、復讐が求めていたものとは正反対のものを実現するのである。なぜ正反対かというと、そもそも復讐とは、損害を受けた者の視点だけに立つということであり、この視点だけが重要となるからだ。こうして、行為がますます個人的な視点を離れて眺められるようになる。そして被害を受けた当事者までが、そのような視点からものごとを眺めるようになるのである。（一三六頁）

要するに、正義は、「正しい」行為と「悪しき」行為とのあいだの恣意的な区別にその起源をもつのである。それはまた、被害者であれ加害者であれ、あらゆるひとびとの知覚の志向対象を変えるように作用するから、その結果として、行為の当事者は自分なのだという感覚そのものがいつの間に構築された正義の問題一般に中立化されてしまう。ここからニーチェは次のような結論を導き出している。「生物学的見

地から見ると、法が守られている状態は、必然的に例外状態である。なぜなら法が守られている状態とは、力を目指している本来の生の意志を部分的に制限するものであり、その全体的な目的と比較すると、部分的な手段として下位に置かれるものであるからだ。つまり、この状態は、より大きな力の統一を作り出すための手段にすぎないのである」。そして、人間という種全体に及ぼされる射程の大きな影響力は、その実「人間の完全な非道徳化を、そして間接的にはニヒリズムの支配」をもたらす。そして、ニーチェは、法の支配のもとで適法性を重視することは「すべての闘争に反対するための手段」そのものとなると主張する（一二三七－一二三八頁）。

正義の起源に関するこの一節は、文化の歴史についてのニーチェの心理学的アプローチを理解するうえで決定的に重要である。ニーチェ自身、この連関の大切さについて自覚を持っていた。そのことは、この一節の直後に、どうしたら歴史家が、あらゆる文化の自己イメージとそれ自身の精神的原理の評価とを包み隠すイデオロギーの雲を見抜くことができるのか、という方法上の議論を展開している事実によって示されている。このようにして、かれは『道徳の系譜学』第二論文の第一二章で、真の歴史学的方法のための存在論的基礎を述べることになる。それは次のような観察から始まっている。

あらゆる種類の歴史にとって、つぎの命題よりも重要なことは存在しない（……）。あることが発生する原因は何かという問題と、それがのちの段階でどのような効用があり、実際にどう利用されるのかということ、つまり目的の体系のなかにどう組み込まれるのかということとは、天と地ほどに違う性質の問題だということである。存在するあらゆるものは、その起源がいかなるものであれ（……）権力を持っているひとびとによって新しい意図に基づいてそのたびごとに再解釈される。有機的世界で起きたすべての出来事は、ある種の征服であり支配である。逆にあらゆる征服と支配は、あらたな解釈であり、再調整である。その過程において、それ以前の意味や目的は必然的に曖昧なものになるか、まったく消滅してしまわざるをえないのである。（一二三八－一二三九頁）

この一節で言おうとしていることは、歴史の説明の機械論的、有機体的、そしてコンテクスト主義的な捉え方を、つまり「あらゆる種類の歴史」をすべて同時に拒否するということである。歴史の過程はけっして時系列的な過程などではなく、瞬間ごとの連続として理解されている。そのどんな瞬間も、その時点のその場面における行為者の意図によって、その前に来たものや、その後に来るものに関係づけられる。こうした考え方は、あらゆる目的論を破壊するだけでなく、同時にあらゆる因果論も破壊するものである。

この箇所でニーチェがしていたことは、ものごとの「進化」についての説明を、ある時代において権力を握っているひとびとによる「効用」によって説明されることと無自覚に混同した状態から解放し、そうした進化の意味を適切に位置づけることであった。言い換えれば、現在の公共的な知覚に注意し、このような、世界理解の基底で作用する知覚という手段を支配する支配的人間の決然とした意図においてそのつど再解釈されるものとして、進化の意味を位置づけることだった。したがって、生物学的ないし社会的現象の進化や発展を見渡すためのモデルとして、かれは原因‐結果の連鎖という因果論的思考に代えて、現在時から遡ってその再解釈の系譜を捉えるという系譜学的な概念を提示したのだった。そのためにかれは「ある事物や器官や習慣の歴史全体は、新たな解釈や新たな調整の絶え間ない連鎖になる」と述べている。「こうした新たな解釈や新たな調整は、それらのあいだで因果的に結びつけられている必要はない」のであり、ただ「単純に続いて起こる」のでいい。つまり、「ある事物や器官や習慣」の進化は、かならずしも「目的に向かう進歩ではないし、ましてや、最少のエネルギーと消費で達成されるもっとも論理的な最短の道などではない」。それはむしろ「その事物や慣行や器官などを制圧するさまざまな過程が、それらのものに深くあるいは浅く入り込み、互いに独立しつつ、あるいは依存しあいつつ、継続的に進行してきたことを示すものだ。それは一面では、こうした過程に対するそのたびごとの抵抗であり、防衛し反応するために自己の形式を変えようとする試みであり、そのような対抗の活動が成功した結果でもある」。そして、こうも付け加えられている。「形式というものは流動的であり、『意味』というものはなおさらそうである」（一四〇‐一四一頁）。

これらの謎めいた主張を解きほぐしてみれば、あらゆる歴史過程の意味論に関するニーチェの考え方を理解するための重要な洞察が含まれていることが分かる。かれ自身がそうしているように、議論は次のような論点にまとめられる。「部分的に無用になるということ、萎縮と退化、意味や合目的性が失われるということでさえも、つまり死そのものが、本当の進歩の条件のひとつであるということである。本当の進歩はつねに、より大きな力への意志として、あるいはこうした力に到達するための手段として現れるものであり、そしてつねに無数の小さな力の犠牲を通してそれは遂行されるのである」。これは、伝統的な悲劇の観念の肯定に他ならないように見える。「ひとつの『進歩』の大きさは、そのために犠牲にされざるをえなかったものの総量によって測られる」。そしてかれは、次のようにさえ言う。「個々のより強い人間の種族《スペキエス》が繁栄するために、集団としての人類を犠牲にすること、それもまあひとつの進歩であろう」（一四一頁）。

しかし、ニーチェが「歴史学的方法のこのような視点」(同前)と呼ぶものを、伝統的な悲劇概念によって描きだせるものにすぎないと性急に結論づけてしまうなら、それは間違っている。というのも、この方法論が詳しく述べられているコンテクストを見れば、それがなによりまず、当時通説であった進化論思想の大半を支配する環境への「適応」というブルジョア的発想に対する対案として提起されていたことが分かるからである。かれがこだわったのは、社会においてにせよ自然においてにせよ、進化過程をめぐる思想において適応の概念が占めていた枢要な位置に、能動性という概念を据えることであった(一四二―一四三頁)。

こうした歴史の方法論についての注釈を通じて、ニーチェは苦痛と良心との関係について以前に自分が行っていた分析にたち戻ることができる。処罰とは、恐れと用心深さと本能抑制とを増進させるものだ、とかれは書いていた。これが、文明化された生活の基底に存在し、また文明そのものの根幹にその初源から存在しつづけているという。痛みを与えることは、犯罪者と、犯罪者をその犯罪のために罰する裁判官とのあいだに、隠された絆を結ぶ役割を果たしさえする。というのも、痛みを与えることによって裁判官は、いかなる行為であっても、それが殺人であってさえ、それ自体において過ちであるのではなく、実はただ特定の状況下における犯罪だけが過ちであるということを犯罪者に示しているからである。これがスタンダールの『赤と黒』でジュリアン・ソレルが、「善き」社会によって裁判にかけられているあいだに気づいた、自己解放的な意味をもつ発見である。「道徳的なひとびと」による非難に対してジュリアン・ソレルは、他人には自分に道徳を命ずる権利などないとはねつけた。それそれ自体としての悪などといったものは存在しないとかれは主張する。さらに「良心の疚しさ」も認めない。かれは「良心の疚しさ」とは教え込まれたものだということに気がついたのだ。

ニーチェも同じことを主張している。「わたしは良心の疚しさというものを、人間がかつて経験したなかでももっとも根本的な変化の圧力のために患わざるをえなかった、深い病だと考えている。そして、この変化は、人間がついに社会と平和による拘束のうちに閉じ込められてしまったときにもたらされたものである」(一五四頁)。この良心の疚しさが形成される背後では、さまざまな本能を組織的に塞き止め、「のちに人間の『魂』と呼ばれるようなものを育てる滋養となる」ただ一つの契機、つまり「内面化」という契機がもたらされていた(一五六頁)。この魂が存在すると仮定されることで、「精神」が発明され、それが人間の自虐的な自己切除を引き起こすのである。そうした「精神」はどれもこれも、人間のなかに動物的な衝動があるということを嫌っている。このこともまた宗教の起源なのである。ニーチェが言うように、「この人間という動物の魂は、みずからに背を向け、みずからの敵の味方となった。そのために、あらゆる新しいもの、深いもの、前代未聞のもの、謎めいたもの、矛盾したもの、そして可能性を孕んだものがこの地上に出現した」。そして「このドラマを味わうためには（……）神々のような観客が必要である」。神々がそこに永遠の観客として控えるものとされ、その眼前で、世界を自虐的に切り刻むこのドラマが演じられ、それによって、人間のほうではなく、その神々のような聴衆のほうの「高貴さ」が保証され、その「価値」が確証されえたわけである。

社会や良心や宗教の起源に関するニーチェの説明が、どれほど『ドイツ・イデオロギー』におけるマルクスのそれと密接に対応しているかは、目をとめておくべきである。しかし、そこには重要な違いもある。つまり、一方でマルクスは、そうしたものの起源を人間の生存という差し迫った要求のなかに位置づけており、それは分業や生産物の不平等な分配をもたらす欠如態によって引き起こされるものだと説明している。その他方でニーチェは、人間を行為に駆り立てる力を心理学的ファクターのなかに、つまり力への意志に由来するもののなかに位置づけている。かれの考察によれば、力への意志は生への意志よりも強大であり、これによって、ある人間が他の人間を支配し搾取することだけでなく、人間が自分自身を破壊してしまう能力も説明がつく。もしも人類のなかにある心理学的性向によるのではないというのであれば、富裕さのただなかにあってさえ搾取階級がさらに搾取しようとすることや、被搾取階級が従属的な状態を進んで受け入れるなどということは、他にいったいどうやって説明がつくのだろうか。サディスティックな快を求める人類の心理学的な性向においては、苦痛を与えることは肯定的な快楽として経験され、苦痛を甘受することは、そうせざるをえないひとたちのあいだでの必然的現実だと理解されている。また、もしも心理学的性向によるのでないとしたら、人間の動物的本能が自分の手で抑圧されるということや、「良いと悪い」と「善と悪」という二様の別々の二項関係が現れるということは、どう説明がつくのだろう。さらに心理的性向が存在しないなら、ただの搾取する者と搾取される者という限られた範囲を超えて、人類史のはじまりにおいては強者たちのあいだで支配的だったに違いない「良いと悪い」という二項対立が、その後の歴史時代のいたるところで勝利を収める弱者による「善と悪」という二項対立にすり替えられたこうした価値転換を、他にどんな仕方で説明することができるだろうか。これらの問いに対するニーチェの答えは、力への意志という基本概念から展開する抑圧の心理学的理論とでもいうべきもののなかにすべて含まれている。この理論によりニーチェは、フロイトそのひとよりも偉大ではないとしても、少なくともフロイトと同じくらい大きな意味を持った歴史心理学者となっている。

わたしがそのような微妙な比較をするのは、フロイトが

『トーテムとタブー』で論じたエディプス・コンプレックスのような仮説、つまり、それによって社会的に条件づけられた経験を人間全体が生きていると解釈される普遍化された原初の「罪」という仮説にあたるものは、ニーチェが人間の良心の起源について行った説明においては、求められていないからである。かれは良心の出現の根拠を、強者がもつ純粋に美的な衝動と、この衝動に対する弱者の同様に美的な反応のなかにあると見ている。どちらの衝動もともに、人間という種がもっている単一の、分有されている力への意志の表れなのである。このようにしてニーチェは、人類史の端緒として、数で勝り無定形で怠惰な服従者たちの集まりを恐怖によって支配する戦士の貴族制が存在したという仮説を立てている。この貴族たちは必然的かつ本能的に大衆に自分たちが肯定する形式を押しつけたのだが、ニーチェはこの貴族を「もっとも天衣無縫でもっとも無意識的な」芸術家として称えている(『道徳の系譜学』一六〇頁)。しかし、この原初の芸術家たちは、その後よくある仕方で芸術の素材となっていくものを相手にするのではなく、むしろ端的に人間そのものを素材としたのだった。そのとき良心の呵責が、その芸術家たちのなかにではなく、かれらの服従者たちの心に湧き起こったのである。服従者たちは、主人のそれとは寸分たがわぬほど強い力への意志によって駆り立てられていながらも、それを直接的に表現することを妨げられ、本能を抑圧され、自分自身と対立した状態に置かれた。そして、「わたしは醜いのです」と表明することを通じて、自分が及ばないと思う美の観念を定義するための根拠になった。こうして見ると、「美」という観念は、「善」や「真」という観念と同様に、意識の産物なのであるが、その意識は行為するものではなく、外から作用を受けた受動的な意識なのである。そもそも善き生、真の生、美しい生を送る強い人間にとっては、こうした概念は必要ない。なぜならそうした概念は、悪いもの、間違っているもの、醜いものを特徴づける方法にすぎないからだ。したがって善、真、美という「概念」は、打ち砕かれた意志の産物である。つまり、力や生の享受に対する生来の切望に比して、現実の自分がいかに落ちぶれているのかということを、そもそもであることとであるべきこととの違いと考えるような個人が生み出したものなのである。こうした原初の意識が良心へと価値変容するありさまが、すでに見てきたように『道徳の系譜学』の第一論文で描かれていた。そして、今見ている第二論文では、この価値変容が社会道徳の基礎へと変換されていく様子が提示されていると結論づけられる。

　この点でもまた、ニーチェはマルクスと同じくらい厳粛な筆致で、しかもかれにとって特徴的なことに、いっそう心理学的なやり方で議論を進めている。そしてここでも、かれはフロイトを先取りしている。ただし、フロイトは、良心の起源を性のエコノミーのなかに、つまり、父によって独占所有された一族の女たちをかけた息子たちの戦いと、その結果として生ずる息子による父殺しのなかに見ていたという点で、ニーチェとは異なっている。もっとも、奇妙なことにそのときフロイトは、太古のひとびとのうちに、ある種の株式仲買人の観念を持ち出している。この心性によって息子たちは、突如として、女性を自分たちで分け合い、女性に対する所有権を打ち立て、そしてこの押収をトーテミズムという宗教を作りあげて正当化することが、長期的にはかれらにとって利益になると気づくのである。▼

フロイトと比べて特徴的なのは、ニーチェが力への衝動に性衝動を従属させたという点である。もしエディプス・コンプレックスが普遍的なものであるという証拠を見つけることにとらわれていなければ、フロイトも同じことをしたかもしれない。ニーチェは社会的良心の起源を、単純な権力関係のなかに見ていた。ちょうど個人の責任という観念が債務者の心性が徹底的に教え込まれたことから生まれたのと同じように、世代と世代のあいだとか、あるいはいま生きている人間とそれに先行している先祖たちとのあいだに存在すると考えられる社会の道徳的な連続性もまた、債務者と債権者の関係の機能として理解されている。

フロイトよりもかなり深い洞察を示してニーチェは次のように書き留めている。太古のひとびとのあいだでは、すべての世代が自分の祖先の世代に対して法的な義務を負っていると感じている。この義務は、どんな感情的な義務よりもはるかに強いものである。「ここで支配しているのは、自分の種族の存立がすっかり祖先の犠牲と働きによっており、したがってこれを、自分の犠牲と働きによって祖先に返礼しなければならないという確信である」（『道徳の系譜学』一六五頁）。しかし、もちろん、祖先への負債は完全に返すことはできない、とニーチェは言う。実は太古の社会には、奇妙だが、それでいて完全に理解可能なある論理が作用していたからである。この論理によって、現実に生きているひとびとのなかで成功すればするほど、生きている者の死者への依存度は増すことになる。「祖先とその力に対する恐怖、祖先に負っているという負債の意識は、種族の力が強まるとともに、種族がますます勝利を収め、独立し、尊敬され、恐れられるようになるとともに、それと正確に比例して、ますます強くなるのである。けっしてその逆ではない」（一六六頁）。それとは対照的に、種族の失敗や没落や敗北は逆の方向に作用して、祖先に対する尊敬を減少させるにいたる。もっとも、それはかならずしも結果として、祖先に対する負債が消えて、何か新しい種族が別に新たに再生することにつながるわけではない。というのも、生まれ直すということには、自分自身以外の誰かに債務を感じている状態を断ち切るという機能があるのだが、そのようなことは起こらないからである。このようにして、「この乱暴な論理の行きつく先を想像してみよう。結局もっとも力の強い種族の祖先は、恐怖の幻想が強まるにつれて、法外なものにまで成長し、神のような不気味さと想像を絶する暗闇のなかに押しこめられるに違いない。最終的には祖先が一個の神に姿を変えるのは必然である。おそらくここに神々の起源がある。それは怖れから生まれたのだ」（一六六－一六七頁）。

そして「人類は、『良い』と『悪い』という概念を（また位階を定めるという根本的な心理傾向を）種族としての貴族から受け継いだのだが、それと同様に、種族の神や血族の神も相続し、それゆえにまだ負債を返していないという重荷と、どうにかしてそれを返済したいという願いをも相続したのである」（一六八頁）。あらゆる贖罪宗教の起源がこれである。贖罪宗教は、言うならば、祖先とのあいだで結ばれていたゴルディアスの結び目を、個人の責任も個人の罪もいっしょに人間に帰することによって断ち切ったのだ。しかし、その過程で、この贖罪の代価として、地上の恵みを永久に放棄することを求められた。したがってニーチェは、キリスト教が、これまで考えられたもののなかでも最高度の負債と罪責の感覚の勝利を体現しているという。ただし、そのキリスト教の終わりのときは、贖いが訪れる喜びのときでなくてはならない。

ここで仮に、わたしたちは正反対の方向に進んでいたと想定しよう。そうすれば、キリスト教の神に対する信仰がたえず弱まっていることから見て、人間の負い目の意識も著しく衰えていたであろうということは、かなり確実に指摘できる。それどころか、もしも無神論が決定的で完全な勝利を収めれば、人類がみずからの始まりである第一原因《カウサ・プリマ》に、すなわち神に対して債務を負っているといった感情のすべてから、人類は解放されるかもしれない。無神論とある種の第二の無垢、つまり負債がない（unschuld）状態は、互いに結びついているのである。（一六九頁）

▼……気づくのである　ここでホワイトが言及しているトーテミズムにおける原父殺しと性のエコノミーは、フロイト『トーテムとタブー』第四論文第五節において論じられている（『フロイト全集』一二、岩波書店、二〇〇九年、一八〇頁以下）。

▼ゴルディアスの結び目　解決不可能な問題の譬え。しかもそれを誰も思いつかなかった大胆な方法で解決しまうことのメタファー。ゴルディアスの残した結び目を解けた者は小アジアの王になると言われたが、その後アレクサンダー大王が剣によってこれを解くのではなく断ち切り、小アジアを支配した。

真理と歴史

これまで述べてきたことの結果として、それでは世代間の義務感覚と「歴史意識」とは、結局は同じものであるように見えてくるだろう。「想起する」能力は両者の要に位置している。そして、世代間の義務感覚から逃避することは、そのまま歴史意識から逃げることを意味している。このように、人間にひとりだけで孤立して生きることをさせない他者や父祖に対する負債の心性があるとして、もし人間がその心性のために死ぬということにならないためには、想起するという営みは選択的な忘却という営みにとって代わられなくてはならない。

ニーチェは『道徳の系譜学』の第三論文、「禁欲的理想は何を意味するか」において、人間の自虐的な自己切除の能力が人類一般に及ぼした影響作用史を素描している。かれは、禁欲的理想の発展が、人間に特有な力の指標であると理解していた。たしかにそれは、宗教的禁欲をめぐって考えられているような霊的な力ではなく、人間の意志の衝動であり、それも言ってみれば「真空恐怖▼（horror vacuii）」にでも譬えるべきものなのである（『道徳の系譜学』一八六頁）。ニーチェが言うには、人間の意志は目的を必要とする。意志するということは、すべて何ものかを意志することである。目的が欠けているところでは、意志は空虚それ自体を目的として選ぶこともある。このように、自分の動物的情念を完全に発散させることができないときは、人間は必然性から徳を案出し、純潔さを目標や意図に、あるいは理想的価値にすることができる。そして、こうして禁欲的理想が、つまり痛みと自己切除の物神化が生じるのである。

高級文化《ハイカルチャー》の領域はみな、ニーチェによれば、この禁欲的衝動が昇華されて生まれたものである。芸術において、この衝動は、近代的な美学の理想である意志にとらわれない芸術家という概念において最高点に到達する。つまり、これが、カントが要請した俗世間の利害にとらわれていない公平な観察者である。カントにとって美とは、あらゆるもののうちで、あたかもそのようなもの自体がありうるかのように「関心なしに快をもたらすもの」なのである。ショーペンハウアーは美を「意志からの解放」、そして「意志からの解脱」として賞讃し、このカント的な美の概念づけを頽廃《デカダンス》へと方向転換した。しかしニーチェは、こうした美の見方にスタンダール的な観点を、つまり観察者というあり方ではなく、「美が意志を興奮させる」というあり方を対置している（二〇四頁）。このように、カント的およびショーペンハウアー的な美学の勝利とは、意志に対して知性が、力への意志に対して人間の抑圧能力が、行為者という理念に対して観察者という理想が勝利したことの徴である。要するに、それはイメージに対する概念の勝利であった。そのようにこうした美の観念が、当時の文化を特徴づけるアイロニー的な意識の原因をなしていたのである。

しかし、ニーチェの主張によれば、この禁欲的な文化は、その没関心性という理念を用いたごまかしにすぎない。というのも、それによって哲学者たちは、実際のところは自分自身の倒錯した力への意志を言い表しているだけだからである。ニーチェによれば、哲学者たちが言う「徳」は純粋な知性作用と考えられているが、つまるところ自己表現という目的に到達するための手段であり、言い換えれば、抑圧された人間に開かれている唯一の表現形態なのである。このように解釈するならば、プラトンからずっと伝わってきている哲学は、アポロン的な形式への意志が最初におしゆがめられたものの延長だと言って差し支えない。ニーチェは、ある種の禁欲主義については哲学者が成し遂げてきたことを非難してはならないと言い、活発な知的活動にはみなある種の禁欲主義が必要であるということを認める（二一九頁以下）。しかし、知力において得られたものが、動物的エネルギーにおいて失われたものに見合うのかどうかは、厳密に見極められなければならない。なぜなら、「いまではわたしたちが誇りとしている人間の理性と自由の感情のわずかな部分ですら、これほどに大きな代価をもって購われたものはない」からだ（二二四頁）。それでもニーチェは、知性がいかにして動物的エネルギーにとって代わったのか、そして知性が維持している文化の未来に何をもたらしたのかを問うことに、さらに関心を集中させている。

ものごとの哲学的考察の背後にある衝動が究極的には美学的な衝動であるとすれば、つまり、哲学することに駆り立てられることの起源が、世界に形式を押しつけたいという欲望にあるならば、哲学者たちが通常は禁欲的な静穏を受け入れ、禁欲的価値を信じてすらいるという事実はどのように説明すればよいのだろうか。ニーチェの推測によれば、そうした一見矛盾して見える事態はみな、禁欲的な傾向をもった宗教文化における司牧者たちの憤怒を永続させる手段として始まった。哲学者は、その本性からして司牧者の敵であった。しかし、始まりにおいては司牧者に匹敵する地位を持ってはいなかったために、哲学者は司牧者のようなふりを装わなくてはならなかった。残念ながら、まもなくその見せかけはそれを演じている者の心をつかみ、元来もっていた宗教からの解放を求める哲学的衝動は、もともとは敵対していたはずの宗教

▼**真空恐怖**（horror vacuii）元来は真空という観念のなかった自然学のなかで物体の運動を説明するために、すべての運動は真空を嫌うという考えをとっていたことを指す。転じて、何もないことに対する不安の心性を指している。

と寸分たがわぬほどに禁欲的な新種の宗教へといまや変貌してしまった。この結果、真正な意味で生に奉仕する哲学が消滅してしまったのである。

このことは、芸術に劣らず哲学においてもサディスト的な衝動が勝利を収めているということから窺える。ちょうど近代芸術が意志なき芸術家を賞讃するように、近代哲学もまた、足を引きずって歩く思想家を賞讃する。ニーチェによれば、カントの思考に見られるように、「禁欲的な自己への軽蔑と理性の自己嘲笑がきわまって、《真理と存在の王国が存在する。しかし、理性はまさにそこから閉め出されている！》と宣告されるとき」こそ、サディスト的快感の絶頂に他ならない（二三四頁）。同時代の哲学的理想においては、「純粋で、意志がなく、苦痛もなく、時間もない認識主観」が、「純粋理性」や「絶対精神」や「認識そのもの」という獲得されるべき目標とともにイメージされている、という。しかし、これらすべての概念においては、いわば「どんな生物にもとうてい考えられないような眼を想定すること」が求められているのである。つまり「どんな方向にもまったく向いておらず（……）それがあってはじめて見ることが本当に何ものかを見ることになる力がない、つまり、能動的な解釈する力が欠如しているような眼」を持てと要求されているようなものである（二三五－二三六頁、強調はホワイト）。こうした哲学者を呪縛する理想は、次のことを曖昧にしてしまう。「見るということはすべて本質的に一定のパースペクティヴから見ることであり、したがってどれもそれ自体が認識なのである。わたしたちがあることがらについて、ますます多くの情動に語らせるほど、また同じことがらに対してより多くの眼を向け、さまざまな眼を向けることができるほど、このことがらについてのわたしたちの「概念」は、その「客観性」は、それだけ完全なものとなる」（二三六頁）という事実が不可視になってしまう。そうであるとすると、真理への意志は、本質的には、ものごとの真理の理解を否定する道をたどることになる。客観性とは意志を持たない認識者の知覚のことだと捉える「客観性」の理想と同様に、真理への意志は、真理と意志の両方の敵なのである。

本書の意図にとっては重要なことなのだが、ニーチェは近代の歴史家を、このような意志なき認識者という理想をまさしく体現するものだと捉えていた。近代の歴史家たちは、意志も思惑ももたず、自分自身が出来事を映す「鏡」であると見なして、歴史的過去の前に立っている。かれらは「あらゆる目的論を斥ける。もはやなにも『証明』しようとはしない。裁判官の役割を演ずることは軽蔑しており（……）肯定もしなければ否定もせず、ただ確認し『記述する』だけである」（三二五頁）。他方では、こうした「客観的」歴史家の反対側に、ルナンのように「審美的な」頽廃的歴史家という対極の存在もいる。これは、「享楽的で淫蕩で、生にも禁欲主義的理想にも流し目をする歴史家たち、『芸術家《アルティスト》』という言葉を手袋のように使い、いまでは観想的な省察を褒めたたえる最近の言葉をまるで独占している歴史家たち」である。こうした観察者こそ極めつきの連中であり、「無能な者たちの、正義を気取る偽善」に満ちている（三一八頁）。

しかし、ニーチェが見るところ、ヨーロッパ文化はそれ自身の疎外の限界外へとすでに超え出てしまっている。何かが獲得されたのである。たとえ空虚への意志にすぎないとはいえ、意志は守られてきた。それは、禁欲的理想とは究極的には何のためのものであったのかという問題に関わっている。それは「生を否定する意志であり、生のもっとも根本的な前提に対する反逆なのだ。だが、ともかくそれもひとつの意志たることに変わりはない」（三二八頁）。残された課題は、この空虚への意志を自己意識へと引き上げることだけである。それは、禁欲主義によって作り上げられた感受性が人間に課した重荷のすべてを、この極度に洗練された知性の力によって打ち砕き、崩壊させることを、その場しのぎの策ではなく、しっかりとした計画として設定するためである。これが、そしてこれだけが、意志を積極的な意志することへと解き放つことだろう。この破壊と創造の作業のなかで、歴史もまたひとつの部分となることだろう。まさにそれは、『道徳の系譜学』のなかでニーチェ自身によって提示されている歴史を超えた芸術《スーパヒストリカルアート》となることを通じてである。

『道徳の系譜学』が、従来のヒューマニズムにおける真、善、美という三位一体の起源についての歴史心理学的な解明であるということは、いまや明らかであろう。この著作は、真、善、美が実体的に存在するという信仰を支えるうえで、伝統的な歴史意識がどのような役割を担ってきたのかを分析していた。そして、真、善、美を実体として想定する思考を捨て去ることができるような、生に役立ち、純化された新しい歴史意識を生みだすにはどうしたらいいのかということを例示して見せたのである。この生に奉仕する新しい歴史主義が前提としているのは、新しい心理学であり、それは理性や感性だけでなく意志もその主題として含み、意志の力学をその分析の中心的対象とするものである。この新たに構想された心理学の土台にあってそれを支えているのは、人間はなによりもまずイメージを作り出す動物であるという確信である。このような動物は、自分の世界をたんに動物にふさわしいやり方で理解する場合には降りかかってくる感覚印象の混沌状態に一定の形式を押しつけており、自分のイメージを目的に適ったものにするのである。しかし、この目的は、個人的で主観的なものと推定されており、その唯一可能な目的を世界の内部にもっているのであって、その外にはもっていないと考えられている。さらに言えばこの目的は、ニーチェの思考においては、この目的に先行したり、その内部に存在したり、あるいはその後に生じたりする力へのあらゆる義務づけから、完全に解放されている。この目的の実際的な限界は、その目的を下支えしたり特徴づけたりすると考えられている抽象的な力、言い換えれば、世界仮定全体のなかに現れてくる抽象的な力のなかにあるのではまったくない。むしろ限界は、ひたすら意志自身の行為のなかにあるのであり、抽象的な制約から同じように解放されているために、やはり同じように自由である他の意志によって追求される他の目的との相互作用のなかにある。精神も、社会も、国家も、生産様式も、文化も、この意志に対して何かを要求することはできない。なかでも司牧者はこの意志を抑制することがまったくできない。というのも、精神、社会、国家、生産様式、文化は、実在していると言われることがあるが、しかし実際には、それらは、人間性の生み出したもの、その力の、その造形能力の産物としてのみ理解されているからである。神に関して言えば、それが存在するとはまったく言えない。それは人間の想像力の産物として実在すると見なされるかもしれないにしても、しかし、まさにそのような想像力の産物にすぎないものとして退けられ、想像力の作用それ自体によって解体されてしまう可能性もある。

こうしてニーチェは、共有された企図のなかで人間を他の人間に結びつけている究極的な絆を断ち切るために、歴史意識を用いたのだった。かれは歴史そのものの究極的解体を思い描いたのであるが、それをマルクスよりもいっそうラディカルに行った。マルクスと同様にニーチェも、歴史学のそうした解体の後に残される瓦礫の彼方に、新しいあり方の人類が生み出されることを展望している。しかし、この新しい人類は、新たな共同性や純化された文化に奉仕するために呼び出されているのではないだろう。なぜならニーチェは、過去に遡及したものも未来を展望したものも含めて、そもそも共同体や文化の概念そのものを、自律的な個人を創出するためにすでに解体しているからである。ニーチェにとってはただ現在しか存在しない。人間は現在において孤独である。人間には、あらゆる現在を、あたかもそれがかれの永遠であるかのように生きる責任が課されている。これこそが、ツァラトゥストラによって教えられた「永劫回帰」神話の意味である。

小括

歴史哲学者としてのニーチェのもくろみは、歴史過程が何らかの仕方で説明されたり、プロット化されたりしなければならないという観念を破壊することにあった。説明やプロット化の観念そのものが解体され、代わりにその場所には、音楽の精神の言語的等価物と理解された純粋な物語、寓話、神話としての歴史表象が置かれたのだった。しかし、このような歴史表象の理解もまた、それ自体の概念上の基礎をもっている。つまり、そうした歴史表象の理解は、言語論に譬えてきたように語彙集、文法、構文論、そして意味論システムにあたるものを前提としているのであり、これらの要素によって、歴史の場に多くの可能的な意味を与えることが可能になる。

　ニーチェが歴史の場を見渡したとき、かれがそこに見出したのは、人間の意志作用の表出だけだった。かれはこの表出した意志の営みを、基本的に二つのグループに分けている。つまり、強者のそれと弱者のそれである。しかし、こうした二種類の歴史的行為者の関係をつかさどっている構文論は、両者を支配する基本法則である力への意志が、意識という人間に固有の能力に媒介されているという事実のために、複雑なものとなる。言い換えれば、意識による反省という人間の能力、とりわけことがらを名づける能力、言語を手段として事物を自分のものにする能力は、純粋な力の関係、すなわち意志の関係からなる本来の世界の傍らに、その世界についての意識が作りだす第二の幻想の世界を打ち立てる結果になる。そうなると、文化の歴史とは、この第二の世界を特徴づける権威をめぐって、弱者が強者と競り合う過程として見ることができる。そして、ニーチェが語る人間の意識の歴史が描いているのは、「良いと悪い」というカテゴリーによる世界の最初のイメージ化が、一方で「善と悪」のカテゴリーによったり、他方で「原因と結果」というカテゴリーによったりして、この世界を概念化するというイメージ化とは違ったやり方に置き換えられていく過程である。こうして、人間的意識の歴史は、原初の隠喩的な世界理解の様式から、提喩的、換喩的な世界把握の様式へと「没落」していくというようにプロット化することが可能になる。ニーチェはこの「没落」を、音楽、詩、神話の世界から科学、宗教、哲学の無味乾燥な世界への移行として描いている。

　しかしながら、この「没落」には本質的なアイロニーが含まれている。というのも、換喩的な把握様式や提喩的な把握様式を徹底して洗練させていくことは、かえってそれら両様式の衰退を招くように作用するからである。換喩や提喩によって生み出された宗教は芸術を否定し、その宗教を科学が否定し、その科学を哲学が否定するようになる。その結果として、近代的人間は、特有のアイロニー的な意識の深淵に投げ出され、自己自身の理性や想像力や意志に対する信頼感を奪われ、最終的には生そのものに対する絶望へと追い込まれるのである。

　ニーチェの見るところでは、この絶望こそ、かれの時代が歴史に対してなぜこんなに強迫観念を抱えこんでいるのかということを説明する理由である。近代の歴史主義的心性とは、現在においてどのように振る舞ったらいいのかということについてのモデルを過去が与えてくれるかもしれないという望みや、仮説として立てられた「歴史過程」がそれ自体の作用によっておのずから人間が切望する救済をもたらしてくれるかもしれないという期待から生まれ出たものである。しかし、こうした希望はかなえられることはなく、歴史はいまや、気散じや娯楽や催眠薬になりはてている。そのとき換喩や提喩やアイロニーという様式をとった歴史的思考は、近代人の病の兆候であるばかりでなく、そうした病気を続かせる原因でもある。というのも、こうした様式をとる歴史意識は、自分が外部にある力や過程に隷属しているということや、自分が過去や未来の世代に対して義務づけられているということ、そして、自分自身より強かったり弱かったりする力に拘束されているのだということを、ただ思い起こさせるだけの存在でしかないからだ。歴史意識は、人間に本当の意味で現在という時間性のなかへと「入りこむ」のを禁じることによって、歴史意識が乗り越えようとしたはずの当の条件そのものを、つまり時間性という桎梏をかえって強化してしまう。そうなるとニーチェにとって喫緊の問題とは、これまで受け継がれてきたあらゆる歴史理解の方法の権威を掘り崩し、歴史的思考を詩的な、つまり特別な意味で隠喩的な世界把握の様式へと立ち戻ることである。言い換えれば、創造的な忘却という能力を育てることなのである。それによって、思考と想像力は、そこに現にカオスとして横たわっている世界に対して端的に応答することができ、世界は現在の願望や欲望が求めるとおりに対処されるようになる。

繰り返すが、歴史的思考が隠喩的様式へと立ち戻ることによって、歴史のなかに決定的な意味を見出そうとするあらゆる努力からの解放が可能になる。歴史の場を構成する諸要素は、いくとおりにも無限に多くの組み合わせが可能なものとして理解されることにもなるだろう。それはちょうど、知覚を構成する諸要素が自由な芸術家にとってそうであるのと同じような自在さである。重要なことは、歴史の場が、知覚の場について考えられるのと同じように、さまざまな概念装置に覆われて概念化するというあり方に関わる問題ではなく、イメージ形成の機会として見なされるべきだということである。このイメージ形成の過程において、歴史の意味論という考え方そのものが完全に打ち消されている。そうした新しい歴史理解においては、出来事のクロニクルさえもが、歴史家が過去についての自分のイメージを自分の手で構築するときに、そうした過去のイメージを制約する客観的条件になるという権威を奪われるのである。ちょうど詩はそれ自体が、それによって言語の規則が乗り越えられる手段であるのと同様に、隠喩的な歴史叙述もまた、それによって歴史的説明とプロット化の従来までの規則が廃棄されるような方法なのである。実質的に歴史の構文論も意味論も否定されたあとでは、歴史の場における語彙論的な要素だけが、いまや「音楽の精神」によって導かれた歴史家が思いのままに扱うことができる唯一のものとして残されている。歴史の意味論という概念の解体は、同時に、歴史一般になんらかの意味が与えられるような方法を手に入れようという夢が打ち砕かれたということでもある。別の見方をすれば、歴史家はついに、過去についてなにかを言わなければならないという義務から解放されたのだ。そうなると、もはや過去とは、歴史家が創意に満ちた「旋律」を思いつく機会であるにすぎない。歴史表象はふたたびすべて物語となったのであって、もはやプロットでも説明でもなければ、イデオロギー的な意味でもない。つまるところ、ニーチェがその本来の意味において理解していた「神話」に、つまり「寓話」になったのである。

しかし、イデオロギー的意味をもたなくなったはずの歴史的知のこのような理解は、まさに特別なイデオロギー的意味をふたたび持つことになる。それは、ニーチェ自身も認識していたように、ニヒリズムというイデオロギー的意味である。したがって、ニーチェの思想を他のイデオロギー的立場において、つまり保守、リベラル、反動、ラディカル、さらにはアナーキーといった従来のイデオロギー的立場のなかのもっと純粋で一貫した形態として手軽に解釈しようといかに試みても、そうしたひとは、ニーチェによる歴史理解が、あらゆる意味で共同性を展望するものをすべて厳しく退けているという事実に直面せざるをえない。ニーチェの思想においては、反政治的な態度そのものを除けば、特定の政治的態度を構築するためのいかなる歴史的根拠も与えられていない。そうした思考は、過去であれ、未来であれ、現在であれ、個人の自我と意志の外部にあるあらゆるものに対する責任から解放されている。この点について言えば、ニーチェが体現しているのは、同時代の文化のアイロニー的な状態を英雄的に肯定する態度だけでしかない。

そして、ニーチェはこのような英雄的肯定が、思考それ自体によって想像力に課されている制約から創造的な構想力を解放するための手段であると考えていた。だから、こうしてかれが構想した隠喩的意識の再生は、一見するとこうした意識が要求しているかのように見えるロマン主義的な世界観へと退行してしまうことには、頑として抵抗する。隠喩的な歴史叙述をみずから実践したミシュレのような思想家は、自分が語る物語を構造づける隠喩的同一化様式の全構造のなかから、依然として歴史の本質的意味を引き出すことができると信じていた。ミシュレが隠喩的方法に賭けたという事実の背後に控えていたのは、歴史の本性や過程の誤った概念理解が支配してきた状態から自由になった人類が、なおも愛と相互の敬愛に基づいた共同体へとみずからを形成する能力をまだ持っているのだ、という確信であった。それとは対照的に、ニーチェは世界を分裂した状態のままにする。この分断された世界には、それを未来において支配することを運命づけられている強者が一方におり、他方にはその「素材」として、自己の力を解き放った芸術家である強者たちの手で一種の「芸術作品」へと作り替えられる運命にある弱者がいる。そしてこの分裂という状況は、ただたんにそうしたものとして受動的に受け入れられているどころか、むしろ望ましい状態として積極的に肯定されている。そこでは歴史的思考はかつて自身が抱いていた幻想から完全に浄化されている。歴史的思考が見る夢の産物は概念へと長いあいだ変形されてきたが、しかし、いまやそれは力への意志に奉仕するために引き渡されている。そして人類の運命は世界の作用へと委ねられてしまっている。そこでは芸術的格調だけが、人類と、死が君臨する恐ろしい暗夜への堕落とのあいだにたたずんでいるばかりである。

いまや、ニーチェにおける歴史の観念がもつ特有な意味での「ラディカルな」性格をはっきりと特徴づけることができる。かれが体現しているのは、歴史を説明しようとする努力も、歴史をなんらかの普遍的意味をもったドラマとしてプロット化しようとする努力も、両方ともに拒否するという姿勢である。たしかにかれは、歴史過程を悲劇としてプロット化することを唱導はした。しかし、かれが悲劇の概念を再定義したのは、悲劇からありとあらゆる道徳的含意を剝ぎ取るためであった。ランケ、マルクス、トクヴィルが、そしてブルクハルトさえもが主張した歴史を《説明する》という戦略は、ニーチェにあっては完全に放棄されたのである。というのも、説明することはもはやかれの関心ではなかったからである。プロット化と同様に説明もまた、もし行われたとしてもかれにとっては当座の方策に過ぎず、したがって歴史家が目指す最終目的や到達目標ではなかった。

こうしたすべての問題に関するニーチェの立場は、どちらかと言えばブルクハルトのそれにもっとも近い。しかしニーチェは、ブルクハルトが歴史をひとつの芸術として理解したときの含意を、ブルクハルトが容認した地点よりもさらに先まで運んで行った。いまだなお、ブルクハルトが触発されていたのは、視覚の場であれ歴史の場であれ、知覚が見出すことができるものを統制する「崇高」という観念であった。しかし、ニーチェにおいては、「崇高」の観念は「美」の観念に取って代わられている。そして、この美しいものは、何であれ主権的な意志が自分にとって「良い」とするものはすべてそう定義されている。そして、その「善」はといえば、「邪悪」ではなくただ「劣悪」にだけ対置されるものでしかない。つまり、主権的意志が経験において不快であるとするものにだけ対置されるのである。

こうして、哲学や科学や宗教そのものと同様に、歴史学の知もまた、快楽原則という規則に従っていることになる。したがって、同時代のルナンを例とする「唯美主義者」たちの敵であったニーチェが、結局は、純粋に美的な歴史概念を神格化しただけでなく、同時に美的感受性を力への意志という命法に従属させたことは、究極的なアイロニーであると言っていい。それによって審美主義者たちは、こうした力への意志への従属がなかった場合よりもさらに傲慢になり、そしてさらに危険な方向へと進んでいってしまったからである。

そしてここに、ニーチェが根本的にヘーゲルと対立する理由が見出される。ヘーゲルは歴史意識を、人間における美的衝動と道徳的衝動を媒介するための基礎と見なしていた。その他方でニーチェは、美的感性と道徳性との二項対立をどこまでも設定し、そのうえで前者の後者からの解放の方途を、歴史的意識それ自体の解体のなかに見出すという方向へと進んだ。しかしながら実のところ、この過程においてニーチェは、歴史的知に関するヘーゲルの思考のすべてを下支えしているある洞察を引き受け、それをその帰結にまで推し進めてもいたのである。すなわちそれは、歴史についての思惟を支配している規則が、どの程度まで言語上の慣習や伝統にその起源をもっているのか、ということをめぐる洞察であった。ところがニーチェは、詩的言語を概念的言語にラディカルに対立させることで言語そのものの内部に二項対立をしっかりと定立し、しかも後者の概念的言語を前者の詩的言語の純粋さからの「頽落」と見たのである。これによってかれは、歴史的過程から意味を汲み取り、そのなかにおける人間の位置を確定するという単一の課題に、芸術的洞察と科学的知を振り向ける根拠を見出すあらゆる可能性を、あらかじめ排除してしまった。芸術を科学と宗教と哲学から切り離しながら、ニーチェは自分が芸術を「生」との合一へと立ち戻らせていると考えていた。しかし、実のところ、かれは芸術を人間の生に対立させてしまう根拠を与えてしまっている。というのも、かれは生こそ力への意志に他ならないと見なしていたために、芸術的感受性をそうした力への意志に固く縛りつけ、生そのものを、実際的な利益を生みだすためには不可欠な世界知から遠ざけてしまったからである。

第10章　クローチェ——アイロニーの様式における歴史の哲学的弁護

Croce: The Philosophical Defense of History in the Ironic Mode

はじめに

わたしは、あらゆる歴史哲学者の著作のなかのアイロニーに関わる構成要素に注目し、それが、史資料から過去についての真実をつかみとろうとするどんな歴史家の試みのなかにも暗黙のうちに含まれているアイロニーとどのように違っているのかを明らかにしてきた。歴史家のアイロニーとは、史資料を批判的な精査にかけるために必要な懐疑という機能である。歴史家は、自分の仕事を進めるにあたって、ある時点では一度は歴史の記録をアイロニックに扱わなければならない。つまり、史資料というものは《それが語るのとは違ったことを意味している》とか、《それが意味していることとは違ったことを語っている》と想定しなくてはならないし、歴史家は史資料が《語っていること》と《意味していること》とを区別できると仮定しなければならない。そうしなければ、歴史を描くということにおいてどんな立場にも立てなくなる。つまり、もしもそんなことになったら、ただたんに収集した史資料を積み重ね、その史資料自身によって史資料自身の真実を語らしめるしかない、ということになってしまうだろう。たしかに、そういった意味での歴史家の職業上のアイロニーであれば、うまく仕事を進めるうえでの道具のようなものにすぎないから珍しくはない。もっとも、それはたしかに研究の初めの段階では方法論上は不可欠な要素として機能していても、研究が進んで史資料に含まれたあれやこれやの「真実」が明らかになるにつれて、実は次第に消えてゆくものである。つまり、歴史家は、自分が史資料から真実を抽出したと考えるやいなや、それまでの慎重でアイロニーを含んでいた姿勢を捨てて、自分が過去に「本当に起こったこと」に関する真実を語っているのだとかたく確信するようになり、わたしが本書でここまで分析してきたような喩法様式のどれかを用いて自分の歴史を書くことになるだろう。その際に歴史家は、聞き手にむかって自分の主張が真実だと頭から決め込んで押しつけるような態度ではなく、多かれ少なかれ史資料と主張がひょっとするとずれているかもしれない、というアイロニーの混じった謙虚な態度をあくまでとることがあるかもしれないが、そうはいっても自分自身がいま「知っている」こと、つまり解釈ではなく事実そのものについての確信という点では、けっしてアイロニー的な態度をとることはない。繰り返すが、たしかに歴史家が、史資料に対しても、読者に対しても、アイロニックな態度を変えることなく維持しつづけるようなことは起こりえないわけではない。しかし、それにとどまらずに、もしもその歴史家が、たとえばブルクハルトがそうしていたように自分自身の企図そのものに対してもアイロニー的なスタンスを維持すると、その結果として、そのひとが叙述する歴史は風刺劇の形式としてプロット化されることになる。そこではアイロニーは、どんな歴史家も一度はとるようなアイロニックな姿勢とは違って、歴史学的表現の原理に関わる問題へと引き上げられている。

ところで歴史哲学者の場合には、今述べてきたような歴史家のそれとは事情が異なっている。歴史哲学者は、史料批判の対象である歴史の記録に関してだけではなく、歴史家の企図全体に関してもアイロニックな（あるいは、そう言ってよければ、懐疑的な）態度をとるものである。歴史哲学者は、歴史家の仕事が（個々の仕事だけでなく、実際にはその歴史叙述の企図全体が）なおどれほどに《それと自覚されていない前提や仮定》に下支えされているものであるのかをはっきりさせようとする。つまり、歴史学的思考のなかにあるナイーヴな要素を洗い出し、歴史学の作業が、自分自身に関する批判的なまなざしを堅持することがどれほどできていないかを明らかにしようとしている。問題は批判なのである。したがって、歴史哲学が歴史家の仕事に対してアイロニー的な態度を維持し続けることがあるとしても、そのもっとも重要な目的は、歴史叙述それ自体がアイロニーに陥ってしまう可能性を自覚し、批判し、それを取り除くことに他ならない。

ある歴史学の作品が――というよりも実際にはすべての歴史学的作品が――一定の欠陥をもっているとか、または失敗作であるとかと判定されることがあるかもしれない。しかし、歴史哲学者が明らかにしたいのは、このような事実があるにもかかわらず総体としての歴史叙述の企てに関してはアイロニーという観点をとる必要はなく、歴史的思考が生にとっては有用であるということを確信し信頼するだけの根拠が存在しうるということである。思考が生み出すあらゆるものをアイロニーによって眺めていたニーチェのような人でさえ、生のための歴史的思考は、それを科学や哲学と同じ構築性のレベルに引きおろし、科学や哲学と同様に詩的想像力に立脚するものだとして、《客観性》や《利害関心にとらわれない観察》といったありえない理想に呪縛されている状態から解放してやることで、それを救済するべきだと主張していた。したがって、これまで述べてきたように、優れた歴史哲学者たちは、たとえ個別の論点に関する議論についてはアイロニーにおいて始まるように見えるにしても、より深いところではそのアイロニーを克服しようとし、またその乗り越えの根拠を見出そうと努めていた。こうした歴史哲学者が探究する根拠が存在するからこそ、歴史家たちは、自分がする過去の説明のなかに紛れ込むアイロニー的な要素を取り除くことができ、そうした過去において「実際に起こっていたこと」を自分は語っていると完璧な自信をもって主張できた。少なくとも、一九世紀の最良の歴史哲学者たちの場合はそうであった。そのことを具体的に述べてみよう。

　ヘーゲルは、歴史叙述のさまざまな形式を提喩的に分析することを通じて、歴史的思惟におけるアイロニーを乗り越える道を求めた。かれにおいては歴史叙述の形式とは、哲学的歴史学において歴史的思考が果たしたさまざまな種類の発見を弁証法的に総合するための助走だった。マルクスは、歴史的記録に含まれる事実と他の歴史家たちの仕事を、換喩的に分析し、提喩的に総合することを通じて、哲学的歴史学にいたる道を探し求めた。それによってかれはイデオロギーによって突き動かされて相対主義に陥ってしまう歴史叙述を史的唯物論という法則定立的な説明の体系に置き換えたと言うことができる。他方でニーチェは、アイロニーの立場をとることが招く論理的帰結を突き詰め、世界についてのどんな知もその起源においては本質的に隠喩的だと断言した。かれは、すべての他の世界把握の形態に対して詩的知恵がより優っていると考え、そのことをめぐる疑念をきっぱりと払拭することで、自分の時代の歴史的思考を支配するアイロニーから脱出する道を見つけ出そうとした。

　たしかに、こうしたそれぞれに異なった批判的戦略は、三人の歴史哲学者に対して、歴史一般をロマンス的喜劇としてプロット化したり、あるいは喜劇的ロマンスとしてプロット化したりすることが正当だと考える根拠を与えた。しかし、それと同時にこの三人は、それぞれが、あらゆる有限な歴史的実存は本質的に「悲劇的な」本性を持っていると断言することができたので、時代のなかのかれらの敵手たちよりもいっそう「リアルに」歴史を叙述することができた。ヘーゲル、マルクス、ニーチェにおいては、いずれも世界の過程を悲劇的に眺める姿勢とそれを喜劇的に眺める姿勢とのあいだの緊張関係が存在した。これは、たとえその思考の最終局面においてはそれぞれが真理のもっとも権威ある形式であると考えた人間的知の概念（つまり、ヘーゲルなら哲学的概念、マルクスなら科学的概念、ニーチェなら詩的概念）のなかに取り込まれて解消されてしまうとしても、さしあたってはその思索のなかにずっと保たれていた。

しかし、ニーチェとともに分析のカテゴリーそのものの解体が始まる。かれは、ヘーゲルが歴史のなかに見出した「形式」も、マルクスが発見した「法則」もいずれもフィクションに他ならないと規定した。それは詩的想像力の産物であり、多かれ少なかれある種の特定の生には有用であり便利であるにしても、人間の生の真実を発見するにはおよそ適切なものではない。ニーチェが見るかぎり、どの「形式」や「法則」を「真理」であるかのように扱ったらいいかを決める完全な権威は、主権的な自我や意志に授けられている。この自我は、自分自身の生の利害や力への意志以外、どんな法も認めようとはしないのである。ニーチェはまた、生の喜劇的見方と悲劇的見方とのあいだの区別を解消しさえする。かれの思想では、悲劇には大きく分けて二つの種類があるとされている。一つは、伝統的な種類のアイロニー的悲劇であり、これは「あるがままのもの」をめぐる諦念を教える。もう一つは、新しく、喜劇的で、アポロン的‐ディオニュソス的な種類の悲劇であって、こちらは生の力にだけ仕え、あらゆる状況をラディカルに超克することを教える。要するに、アイロニーは悲劇に似たものにされ、またその悲劇は喜劇に似たものにされ、それらのあいだの区別は取るに足らないものとされるのである。そして、ちょうどそれと同じように、科学と哲学と詩のあいだの区別も、最後に指名される詩という存在のなかに次第に同化されることで解消されている。

しかし、歴史についての思考はいまだに引き裂かれ、断片化され、内的に傷ついたままである。歴史家たちのあいだには、歴史学に因果関係の法則を求めることは不可能であり望ましくもないという一般的な合意はある。ところが、歴史学的知が（類型という）普遍的なものについての知なのか、それとも（個体という）特殊なものについての知なのかをめぐって、歴史家たちのあいだの分裂は解消されないままである。くわえて、歴史過程のプロット化という問題については、歴史をプロット化するのにふさわしい様式がロマンス、喜劇、悲劇、風刺劇のどれなのか、あるいはそれらのうちいくつかの組み合わせなのかという点についても、意見は一致していない。

その場合、ヘーゲル、マルクス、ニーチェが代表となる歴史哲学者たちの側は、歴史家とは対立した見解を示している。総じて歴史哲学者は、歴史の描写そのものだけで説明を試みることを否定し、そうした描写を擁護するための何らかのしっかりとした理論的基盤がなければ、歴史叙述として通常行われていることもアイロニーに陥るはずだと予想するのである。ヘーゲルたちは、実証主義にとらわれている素朴な歴史家とは違って、説明は実際にはナラティヴによって与えられているということを見抜いている。ただし、ここでいう理論的基盤がどんなものから構成されるべきなのかについては、三人の歴史哲学者のなかに合意があるわけではない。ヘーゲルは、歴史の場を特徴づけるにあたって、類型論的な分類によって説明を行い、悲劇と喜劇とを組み合わせてプロット化しながら、提喩という様式が歴史的説明として権威をもつと主張した。マルクスは、法則論的で因果的な分析によって説明を行い、またヘーゲルの場合と同様に、悲劇と喜劇を組み合わせることによってプロット化しつつ、換喩的様式が権威を持つと主張した。それに対してニーチェは、芸術的直観によって説明を行い、またかつてのかれの物語理論に特徴的であった悲劇と喜劇の組み合わせによってプロット化を行い、そうするなかで隠喩的様式を擁護したのである。そうなると、まさしく歴史哲学者に残された課題とは、この歴史意識の分裂という状態について省察を重ねることである。またそのような歴史学的知それ自体が、アイロニー的な様式を実存的な投企へと転轍することに他ならないとはっきり示すことである。そして、この実存的な投企という試みは、ミシュレからブルクハルトにいたるまでに歴史叙述のなかで体験されてきたさまざまな歴史哲学において存在しうる歴史学的態度の循環過程を、その最後の帰結にまで突き詰めることであった。しかも、いまやその循環の最後の局面が来ている。そうだとすれば、問題はこうまとめることができるだろう。つまり、どのようにして、ニーチェが非合理主義に後退することによってかろうじてかわすことができたあの絶望状態に陥ることなしに、アイロニー的な様式で説明されたりプロット化されたりする歴史を生きることができるのだろうか。歴史学的思考が（狂気に沈む以前のニーチェの最後の時期に当たる）一八八〇年代までに到達していた状況をこのように分析することから出てくる問題の内部にとどまりながら、この問題を解決しようとした歴史哲学者こそ、ベネデット・クローチェ（一八六六－一九五二）であった。かれは、その世紀のあらゆる歴史哲学者のなかで、もっとも才能豊かな歴史家であった。

批評としての歴史哲学

クローチェは哲学者として仕事を始めたのではなく、職業的な学者ですらなかった。かれは大学を卒業しておらず、アカデミズムに職を得たこともない。実際のところ、かれが同時代のアカデミズムの文化について抱いていた意見は、ニーチェやブルクハルトのそれとまったく同じで、軽蔑すれすれであった。かれはブルクハルトと同様に、プライベートな悩みと公的生活の退屈さから逃れるために歴史研究に取り組んだ裕福な在野の学者であり、アマチュアであった。かれの初期の仕事は言葉の厳密な意味での骨董学的なものであり、古いナポリのフォークロアや生活や建築を調べるという、歴史学的というよりは考古学的な研究であった。しかし、一八九三年、クローチェは「芸術の一般概念のもとに包摂される歴史（La storia ridotta sotto il concetto generale dell'arte）」と題された試論によって、歴史哲学の領域に踏み込んだ。この試論のなかで打ち出された概念を擁護し、練り上げることから、哲学者としてのかれのキャリアは始まったのである。かれは、この評論のなかで、歴史をひとつの芸術形式として理解するという考え方を守ろうとして芸術概念を詳細に展開していたのだが、それに続く一〇年のあいだ、この概念を擁護することになった。

一九〇二年、クローチェは『表現の学および一般言語学としての美学』（以下、『美学』と表記）を発表したが、これは、その時代にもっとも影響力をもった書物のひとつである。これに続いて、一九〇五年には「純粋概念の学としての論理学綱要（Lineamente di una Logica come scienza del concetto puro）」が、一九〇八年には『実践の哲学――経済学と倫理学』が、そして一九一七年には『歴史の理論と歴史』が公刊されている。これら四つの著作がまとまって、クローチェが「精神哲学」と呼ぶものを構成している。クローチェはこれを、近代世界にとっての一種の「人文学大全」、つまり人文学的体系の全体と見なしていた。ここで重要なことは、まずこの四部作の第一作『美学』が、歴史哲学においてクローチェが最初にとった立場、つまり、芸術の一形式としての歴史という立場を擁護しようとして書かれたという点である。また、歴史的な知の性格についてのこうした考えは、クローチェの精神哲学体系のいわば仕上げにあたる第四作『歴史の理論と歴史』のなかで展開される分析においても変わらずに維持されているという点である。

『美学』と『歴史の理論と歴史』は二作とも、その主要な主題（前者ではもちろん美学、後者では歴史叙述）についてまず理論的な議論が行われ、それに続いて、扱われる主題に関する先行する思索の歴史が論じられる理論編＋歴史編という構成になっている。それぞれの著作の理論編にも歴史編にも、その判断には自信がみなぎり確信に満ちている。そして、そうした正当化の議論を読者がどう評価するのかに応じて、かれの自信は、それが受け入れられた場合には高みから見下ろしたような感じになり、逆に評価されなかった場合には、そのことに猛り狂った調子になっている。ここで重要なのは、クローチェがかれ自身の「精神の学」は同時代の精神的要求に完全に適合したものなのだということを一貫して前提にしていたということである。かれはこの哲学の内側から、偉大な皮肉屋が大狂信者と共有するあのアイロニックなまなざしで、同時代の競合する思想体系を眺め、また過去の先行する思想体系を振り返っている。クローチェは、かれ自身の立場とは異なるどんな立場にある思想においても、かれのヘーゲル論のタイトルをもじっていうなら、そのなかの「生きているものと死んでしまったもの」が何であるのかを正確に分かっていた（あるいは分かっている、といつも主張していた）。しかし、逆に、かれ自身の思想体系における生きているものと死んでしまったものを見分けることができるようなひとがいるということは、暗黙のうちに否定されている。というのも、かれ自身の哲学は他の哲学とはちがって本質的に「批判」の思考機関《オルガノン》であり、言葉の本来の意味での批判哲学だからである。したがってこの哲学は、他の哲学に対して批判的であるものと同様に、最初からみずからに対しても十分に批判的であり、そのためにかれに先立つあらゆる思想体系を崩壊させた「虚偽の悲観主義」と「虚偽の楽観主義」に陥らないですんでいるというのである。

クローチェが一九〇二年に創刊し、死の前年である一九五二年まで編集し続けた雑誌は、クローチェの思考の特徴を表して、まさに『クリティカ』と名づけられていた。かれはその誌上で、『美学』やそれに続く「精神哲学」の他の著作のなかで自分が描きだした領域に対して、批判のまなざしを注ぎ続けたのであった。実際にクローチェは、あらゆる批判の営みのなかに存在するアイロニーの要素を取り上げ、それを形而上学的、認識論的な原理という位置にまで高めた。こうした原理に訴えることで、一九世紀の文化的遺産の総体は、とくにそのラディカルな要素は値踏みされ、そこに欠けているものが特定され、そしてそれが「歴史学」に委ねられるということが可能となった。クローチェの問題とは、かれ自身がよく自覚していたことなのだが、どのようにしてこのアイロニーの立場を近代における唯一の可能的な「知恵」として定立し、しかもその場合に、つねにアイロニー的である世界観が不可避にもたらす懐疑主義や悲観主義に思想的に巻き込まれないでいられるのか、ということであった。

文化史についてのクローチェの試論はいつも、人間のあらゆる企ては本質的に欠如態であるという理解に貫かれている。かれの哲学は、過去のあらゆる事物のなかに不適切なものを見つけ出し、そうすることによって、過去に可能だったのだから現在の不適切なものと共存することも可能なのだと認識させる哲学であった。扱われる主題が、一九世紀ヨーロッパ文明の評価、この文明に生気を吹き込んだ歴史の概念（特に進歩の教説）や、最良の思想家たちに育て上げられた歴史の理論といったことに関わってくるとき、クローチェの考察は格別に厳しいものとなった。たしかにかれは、一九世紀の歴史思想家たちが、啓蒙期、ルネッサンス、中世、古典古代といった過去の諸時代の思想家たちよりも先に進んでいると認めてはいる。しかし、その分析の最後になると、かれが最初ははばかることなく賞賛していたはずの一九世紀の歴史学的思想や著作に対して、その著者たちがどんなにその時代の歴史性を誇っていようとも、ほとんど意義を見出していない。

『歴史の理論と歴史』の「歴史」編は、他の著作家の誤解、曲解、不明を延々とあげつらっている。一九世紀の歴史思想家に対するかれの批判はアイロニーを特徴としている。要するに、歴史哲学者は「歴史的」感覚をほとんど持っておらず、歴史家は「哲学的」理解力を欠いている、というのである。クローチェはこう主張する。その時代の歴史家たちは、たちの悪い「歴史哲学」を非難しながら、自分が描く歴史の形式を、自分たちの客観性と経験主義を一番誇っているひとびとの意識の奥深くに暗黙のうちに埋め込まれた「歴史哲学」から引き出しているから、その幻想に囚われたままである。しかし、クローチェが論じるところでは、歴史哲学に対して拒絶的でありつつ、しかも同時にアイロニカルにもそれに服属しているという撞着した姿勢を示していること、しかもそうした特徴はランケ自身の著作のなかにすらその痕跡が認められたということのなかにこそ、クローチェの議論を正当化する手がかりが含まれている。

歴史学は哲学であり、哲学は歴史学である。哲学的意識のない歴史学はありえないし、歴史学的意識のない哲学もありえない。クローチェはそのようにアイロニカルに主張した。一九世紀の歴史学が失敗したのは、こうした歴史学研究という活動性の真の性質を理解しなかったためであった。したがって、問題を整理するために必要とされているのは、哲学と歴史学の真の性質を明らかにし、両者の区別を確立し、その後に、それらを結びつけて、一九世紀が想像しえたものよりもっと健全で健康な世界観を創りだすことであった。

クローチェは、ちょうど哲学が歴史学の「方法」であるように、歴史学は哲学の「主題」であると証明しようとした。たちの悪い「歴史哲学」を、クローチェはよく「形容矛盾」と呼んでいたが、実のところそれは一種の修辞的冗語法《プレオナズム》であった。というのも、クローチェから見れば「歴史学は哲学に他ならない」し「哲学は歴史学に他ならない」のだから、わざわざ歴史の哲学などと重ねて言う必要はないからである。哲学の具体的な内容が本性において歴史的であることは、歴史学的な命題形式が本来は哲学的知性のカテゴリーによって与えられるのと同じことである。

たしかにクローチェは、哲学はそれ自体の方法を持っているものであり、それが論理学、つまり「純粋な概念の学」であると主張してはいる。また歴史学は、それ固有の方法を使用することがあるが、それは歴史学のナラティヴを構成するのに先立った段階での調査という作業のなかでである。歴史家は、史資料の批判のためには文献学的な方法を使わなければならなかったが、歴史の場を占める対象を理解するためには、概念に先立つ「直観的な」、言い換えれば芸術的な洞察を用いなければならない。それはつまり、歴史的知は、歴史の場に住まう特殊な事象を芸術的に理解することから始まり、歴史的な知の働きがこのような段階にあるとき、歴史学の本来の方法は「芸術」の方法、つまり「直観」である。しかし、クローチェが論ずるところでは、歴史学は、歴史の場で見分けられる特殊な事象の本性について判断を下すことへと進んでいく必要がある。そして、こうした判断は「アプリオリに総合的」なものであって、言い換えれば、カント哲学の対象認識がつねにそう説明されていたように、哲学のなかで解明される普遍概念によって個別の特殊な存在を規定することである。だから、それは自然科学の法則についての通俗的なイメージが抱く図のように、実在についての陳述を、直観によって定立された客体のあいだの相互関係を支配すると推定される一般的因果法則に結びつけるということではない。重要な点は、歴史学的な知をどう理解するのかにおいて、そこに科学的な知はまったく入り込んでこないということである。歴史の場で美的に理解《アプリヘンション》することにおいて始まる過程は、それをある種哲学的に把握《コンプリヘンション》することで終わる。

「芸術の一般概念のもとに包摂される歴史」という試論について

クローチェが考えていたことを理解するためには、一八九三年の試論を少し立ち入って考察してみるのがいいだろう。そのなかでかれは、はじめて歴史と芸術の関係についてのかれの考え方を体系的に提示しているからである。この試論は、当時とりわけドイツで、ヴィルヘルム・ヴィンデルバントに率いられた新カント派▼と、ヴィルヘルム・ディルタイに率いられた新ヘーゲル主義▼とのあいだで行われていた歴史学的知の認識論的な位置をめぐる論争のコンテクストのなかで読まれなければならない。簡単にいえば、ヴィンデルバントが一

▼**新カント派**　新カント派（Neukantianismus）のうちでも、西南ドイツ学派（バーデン学派）に属するヴィンデルバントは、学問の基礎をめぐって、自然科学の法則的説明による一般化が法則定立的認識であるのに対して、それと対をなす歴史学などの文化科学では、一回限りの歴史的・文化的事象を個性記述的認識によって把握するべきだとして大きな影響を与えた。

▼**新ヘーゲル主義**　新ヘーゲル派（Neuhegelianismus）として、ヨーロッパでは一九世紀末から二〇世紀初頭にかけての時期にヘーゲル哲学の復興の潮流が現れているが、精神科学の基礎づけの問題に取り組んできた「生の哲学」を標榜するディルタイも、ヘーゲル哲学の発展史的研究を説き、ヘーゲルの青年時代のテキストに基づく『若きヘーゲル』を著して、その流れに棹さしていた。

貫して主張していたことは、歴史学の知は科学的知識から区別されるが、それは歴史学が考察する対象が自然科学が説明する対象とは異なっているということによってではなく、知の目的または目標の差異によって生じるということである。科学的知識は「法則定立的」であるのに対して、歴史的知は「個性記述的」であった。他方で、ディルタイは、物理学や生物学のような学問は「自然科学（Naturwissenschaften）」に属しているのに対して、歴史学は「精神科学（Geisteswissenschaften）」に属していると論じた。これら二種類の学のあいだにある差異は、それらが異なった研究対象に関わっているという事実に由来している。一方は人間精神が生みだすもの（心、意志、感情）を扱い、他方は純粋に物理的－化学的過程から産みだされるものを扱っているからである。クローチェの一八九三年の試論は、まさしくこうした論争に介入することを意図していた。

コリングウッドは、一八九三年のクローチェの試論について、これは、ディルタイとヴィンデルバントとのあいだの論争をとくにディルタイが始めた線に沿って展開し、論争当事者たちがもたらしたことよりもさらに先にまで進めることができたという点でたいへん独創的であると評価している。実際のところ、クローチェの論考は本質的な性質に関わるものではなかった。明らかにそれは、歴史学の性質についての議論の基盤を、ヴィンデルバントやディルタイの場合に想定されていた科学から芸術へとずらしている。しかし、そうしながらも、クローチェの考える芸術は、ヴィンデルバントが個体的なものの学のために必要だとした「個性記述的科学」とまったく変わらないやり方で定義されている。

ヴィンデルバントのようにクローチェも、認識にはその方法に関して、普遍化的で概念的な方法と個性化的で直観的な方法との二つがあると見ている。しかし、こうした二つの認識様式を、ヴィンデルバントは異なった種類の学問であると称したのに対して、クローチェは、前者を科学、後者を芸術と呼んだ。その戦術が効果的であるのは、一見正反対の主張であるはずの生気論者と機械論者がともに共有している前提をこれが撃ち抜いているからである。生気論者も機械論者も、いかに両者のあいだに違いがあろうとも、芸術は知の形式ではなく、むしろ世界の「表出」あるいは世界に対する「反応」であり、けっして認識活動ではないと論じる点では共通していた。クローチェの理解によれば、機械論者は美的な経験を感官の「振動」と捉え、生気論者はそれを、直接的なものであれ昇華されたものであれ、ともかくも動物的衝動の表出と見ていた。前者にとって芸術は実在を記録することであり、後者にとってそれは、現実からの無意識の飛躍であった。しかし、クローチェはどちらの見方も否定した。そのかわりに、かれは芸術を一種の知として定義した。これは、世界をその個体性と具体性において認識する知であり、科学によって与えられる世界の概念的な知とは異なってはいるものの、それを補完するものであった。

　一八九三年の試論で重要なことは、そのなかで指摘されている二項対立と区別の概念である。二項対立は、意識の内部に生まれ、科学としての知と芸術としての知とのあいだの対立である。他方、区別とは、普遍としての芸術と、特殊としての歴史＝芸術とのあいだに境界線を引くことである。この二項対立も区別も、ともに実証主義に対するクローチェの異議から生じている。クローチェによれば、実証主義者たちの大きな過ちは、すべての妥当性を持った知は本質的に科学的なものであると仮定したことにある。実際のところ、人間の知恵の大部分はとうてい科学的なものなどではなく、たんに慣習的で常識的で、せいぜいのところ実用的な規則でしかない。そして、こうしたものは、人間が心身を維持するために必要な日々の務めを遂行するなかから生まれてくる、と主張した。実証主義者は、科学的な知が慣習的で常識的な知恵とは形式的一貫性という点で異なっているということを理解してはいたが、これが異なった種類の知を構成しているのだとは考えなかった。実証主義によれば、適切に理解された学とは、世界を概念的に把握する方法であり、「概念という手段を用いた普遍的な真理の探求」（Croce, La storia ridotta, 16）である。しかし、それに対して、別の世界把握の方法、つまり非概念的で、直観的で、個性化する方法は、とうてい科学ではありえない。それは芸術であり、科学において称揚されるものとは異なった真理基準や検証手続きを、科学の場合と同じように隅々まできっちりとしたものとして持っている。

　したがってクローチェの見方では、芸術と科学とは、まったく正反対とまでは言わないにしても、異なった認識様式であった。「科学を選ぶか、それとも（……）芸術を選ぶかである。もしきみが、特殊なものを普遍的なもののもとに包摂するならば、それは科学を遂行している。しかし、もし特殊なものをそのものとして表現するなら、それは芸術を遂行し

▼**コリングウッド**　ロビン・ジョージ・コリングウッド（Robin George Collingwood）一八八九－一九四三。イギリスの哲学者。ホワイトが指摘している議論は、かれの『歴史の観念』（小松茂夫他訳、紀伊國屋書店、一九七〇年）の「貨幣」の章に出てくる。

▼**生気論者と機械論者**　一般に生気論（vitalism）と機械論（mechanism）とは、前者が生命現象のなかに物理科学には還元できない特別の原理が働いているとするのに対して、後者はそうした原理を否定する点で、正反対に位置する哲学的学説として考えられている。

ている」（23-24）。二つの認識様式は、それらが世界のそれぞれの知覚にどのような形式を与えるかによって区別されている。そして、歴史学はどんなものであれ「概念を洗練することがない」のは明らかであるように見えるために、また、普遍法則を探究することも受容することもできずにただ「起こったことを語る」だけであるために、それが科学として性格づけられることはいかなる意味においてもありえない（17-19）。

クローチェは、歴史学を科学のなかに位置づけたいという欲望が二つの誤った信仰から生まれるのだと考えていた。それは、すべての知は科学的な知でなくてはならないという信仰と、芸術は認識の様式ではなく、感覚に対する刺激剤か、あるいは逆に麻酔薬にすぎないという信仰であった。これを正すためにはもっぱら次の二つのことだけが行われればよかった。つまり、第一に芸術は世界についての非概念的な知であり、世界をその特殊性と具体性において捉える知であると明示すること、また第二に歴史学のほうも世界に関する芸術と似たような種類の知であるという事実を指摘すること、そしてそのうえで第三に歴史学を芸術一般から、両者の知が表現する内容によって区別することが必要なのである。

ここまで述べてきたかぎりでは、歴史学の知の本質をめぐるクローチェの議論は、ディルタイとヴィンデルバントのなしとげたことを超えていなかった。ヴィンデルバントが歴史学に関わる学問分野を性格づける際に用いた「個性記述的科学」という用語を「芸術」という言葉に置き換えただけだ。したがって、クローチェは全般的な問題意識においてはヴィンデルバントよりもディルタイに近い、というコリングウッドの指摘は正しくない。というのも、クローチェは芸術と科学とを区別したが、それぞれの認識様式が扱う対象に関してまでは区別していなかったからである。ディルタイとは異なり、クローチェにとって両者の知の違いとは、探究の過程において知がどちらの方向を向いているのかということにしかなかった。要するに、芸術の場合には、その特殊性において世界を直観することから特殊性の集積として世界を表現することへと向かっている。それに対して、科学の場合には、その特殊性において世界を直観することから、特殊なものの普遍的概念のもとへの包摂へと向かっているという。したがって、二つの知の違いは、対象に関してはまったく存在しない。むしろクローチェの独創的な貢献は、芸術一般と歴史学という特殊な芸術とを、直観の種類が違うことをもとにして区別しようと試みたところにあった。芸術一般の場合には、可能なものの直観が問題であるのに対して、歴史学においては、現実的なものの直観が問題なのである。アリストテレスにとってそうであったようにクローチェにとっても、芸術《アート》一般と、歴史学という特殊な芸術《アート》との区別は、目的における差異にあった。芸術一般が個別的存在の総体的な可能性を直観しようと努めるのに対して、歴史学という芸術は、世界のなかに存在する特殊性として現実的に結晶化しているものが何であるのかを決定しようとする。要するに、芸術と歴史学の差異は、存在論的な区別ではなく、認識論に関わることなのである。

この議論を続けるために、クローチェは芸術と科学について以前に行っていた二分法的な発想に立ち戻っている。かれの言葉で表現するなら「科学においては内容が全体的なものである。言い換えれば、科学は実在的なもののあらゆる単独の表れを、それが場所を持つカテゴリーに還元しようと努める。科学の目的は、全体的なものを概念へと還元することである」(30)。芸術もまた認識様式のひとつであるから、全体的なものを表現しようとするが、しかし、科学とは違って全体的なものを限られた概念の組み合わせに還元しようとするのではなく、存在がとりうるあらゆる可能な形式を発見することによって、全体的なものを還元ではなくより豊かな存在にしようと試みる。科学が一般や普遍へと向かう道をたどるのに対して、芸術はリアリティの特定の領域に輪郭を与えて明確にするとともに、その特定された領域をより明瞭に表現するために、それ以外の領域についての知見は抑制する。科学はすべてを知りたがるのだ、とクローチェは言う。たしかに「現実の法則を知ることは重要である」としても、一度にすべてを知ることや、なんの区別もなくデータを集めるのは必要なことでも望ましいことでもない。芸術は経験の世界を特定してそれに輪郭を与え、世界の一定の部分に対するわたしたちの感受性を高めるが、その傍らで、それ以外の部分に対する感受性を抑制し、個別的で直接的に捉えたときにその特定された部分がどんなものからなるのかを提示するのである。

そこで次のような問題が生じる。世界のどの部分についての知を欲するべきかを、わたしたちはいったいどのようにして知るのだろうか。どのような原理に基づいて、わたしたちは世界のある領域を、その直接性や個別性において特定し、それに表現を与えるのだろうか。こうした問題に対しては、美の定義をめぐる官能主義者の答えであれ、合理主義者の答えであれ、さらにはフォルマリスト的な答えであれ、クローチェはそれらの答えのいずれも拒絶した。官能主義者が挙げる「快」も、合理主義者が挙げる「理念性」も、フォルマリストが挙げる「形式的一貫性」も、どれもみな、ある物を美的対象にすることはない。そうした考え方に代えて、クローチェは自分の立場を「具体的観念論の美学」と呼んだ。その理論はヘーゲルに由来するが、かれの見るところでは、同時代に一定の影響を持っていた神学者であり美学理論家であるカール・ケストリン▼の理論のなかにそのもっとも洗練された現代的表現が見出されるものであった。

クローチェの言葉を借りるならば、ケストリンが的確に証明したのは次の点であった。「美学の内容とは関心を惹くものである。つまり、人間としての人間の関心を惹くものとは、理論的な面からであれ、実践的な面からであれ、思想であれ、感情であれ、意志であれ、わたしたちが知っていることと知らないことのすべて、わたしたちを喜ばせることと悲しませることのすべてである。言い換えれば、人間的な利害関心のあらゆる世界を指している」(32-33)。ケストリンが証明したことで、おそらくはもっと重要な点は、関心がより普遍化すればするほど、それだけ内容の美的価値がより大きくなるということであった。そうであれば、関心の階層秩序が構築されることが可能になる。この階層秩序の頂点にあるのは、人間としての人間に関わる内容である。この下に、特殊な種、国民、あるいは宗教の成員としての人間に関わるものが来る。ついで、特殊な階級ないしは集団の成員としての人間に関係するものが来る。このような具合に階層を下がっていき、もっぱら個人であるかぎりにおいての人間に関わらざるをえないものへと降りていく。要約して言うなら、芸術の内容とは「知的関心や道徳的関心、宗教的関心、政治的関心、いわゆる美学そのものなど、さまざまな形式で関心を呼び起こすかぎりの現実全般」なのである(33)。クローチェはこう結論づける。だから芸術の内容とは、ひとを退屈させないこと、あるいは、どんな理由であれひとの「関心を惹く」ものごとのすべてである、と。

芸術の内容を「関心を惹く」ことと定義したり、哲学と科学を暗黙のうちに美学と同化させたりするという点で、クローチェの考え方にはショーペンハウアー的な傾向が認められるが、いまはそのことには立ち入るまい。ともあれここには、「真の」歴史主義とは歴史的に自覚した人文学であるという定義を打ちだした後期クローチェの試みの基礎が見られる。というのも、クローチェによる芸術の内容のこのような定義は、後になっていくぶん異なる言葉で表明されなおす、人文主義的な「人間に関することでわたしに無縁なことはなにもない」というあの宣言と同じものだからである。かれにとって芸術の内容と人間の知の内容とはつまるところ同じものであった。つまり、人間に関わることの一切である。したがって、かれが「歴史的に関心を惹きつけること」をすでに起こったこと、すなわち可能態《デュナミス》ではなく現実態《エネルゲイア》と定義していることも、驚くにはあたらない。これはその言葉づかいにおいてもまぎれもなくアリストテレス的な発想である。というのも、クローチェの見方では、歴史学は「可能態(の表現——ホワイト)と対立して、現実に生じたものの表現の側に位置している」(35)からである。

これはつまり、芸術家には、想像力に基づいて、起こったかもしれないことや起こるかもしれないことからなる世界を構想することが許されているのに対して、歴史家の仕事とは、実際に起こったことの表現に限定されているということである。芸術家もまた真理の一定の基準を尊重しなければいけないことはたしかだが、こうした基準は、想像力によって芸術家が思い描くことが可能なもののなかに見出されるべきである。それとは対照的に歴史家は、実際の出来事を表現するという試みを前提とした真理の基準によって支配されている。したがって、歴史家にとってもっとも重大な危険とは理解を誤ることではなく、想像力や根拠のない思弁、つまり過去に実際にあったことの記録に含まれている事実から飛び離れてしまうことにある。要するにそれが、ありとあらゆる歴史哲学のなかに認められる問題点であった。

　歴史家の主要な課題はあくまで現実的なものの表現であるから、史資料の吟味は、かれのもっとも重要な目的である物語をなしとげるための準備にすぎない。調査、史資料批判、史資料読解、そしてその理解——こうしたことすべてが、物語《ナラティヴ》を構築するための予備学であった。このどれもが本来の意味での歴史学ではないのは、芸術家の予備的なスケッチや下絵が本来の意味での芸術作品とは呼ばれないのと同様である。クローチェは、物語《ナラティヴ》のないところに歴史叙述はないという。つまり、歴史家たちは「説明する」ために書くのではない。かれらは「表現する」ために、つまり過去に実際になにが起こったかを述べるために書いたのだ。それはちょうど、ランケが、歴史家が行うべく努めなければならないと指定したことと同じである。

　たしかに、ほとんどの事例において、歴史家は完璧な物語《ナラティヴ》のようなものを生産することには成功していないとクローチェは認める。偉大な傑作は、絵画芸術においてそうであるように、歴史叙述においても稀有であり、そのジャンルの理想的な類型を追い求めたところでその夢はどこまでいっても最終的にかないそうもない。この点は、とくに歴史学についていえることである。というのも、歴史家が服しているのは《不完全な証拠を前にして、過去の出来事についての真理を語れ》という非常に難しい命令だからである。クローチェによれば、歴史家は非常に多くの事例において、本質的に「議論や疑念や留保によって損なわれた予備的研究や断片的説明」で満足しなくてはならないことになる。歴史家は「芸術家のように、充溢する白昼の陽光のもと」ではなく、新月の乏しい光のもとで世界を見なければならなかった(38)。したがって、歴史学においては歴史叙述の完璧なページとでも

▼**カール・ケストリン**　カール・ラインホルト・フォン・ケストリン（Karl Reinhold von Köstlin）一八一九–九四。ドイツのチュービンゲン学派に属するプロテスタントの神学者であり、同時に美学や文学史の領域において一九世紀後半に活躍した。

いうべき事例を数多く挙げることはできるかもしれないが、まるまる一冊の完璧な作品を挙げることはできない。よしんば、たった一つの完結した完璧な歴史を想像できるとしても、それはただ神によって書かれたものでしかありえないはずである。しかし、神なき時代においては、歴史家が最善を尽くして神の代役を果たさなければならない。もっとも、その場合に歴史家は「過去という書は七つの封印で塞がれている」というファウスト的自覚をもって仕事をするべきである(39)。歴史家には「ところどころで封印を破ってその書の一部を読むこと」なら許されているが、そのすべてが目の前に開示されることはけっしてないのである (ibid.)。

ところで、このようなかれの議論にはある難点が含まれている。クローチェが歴史学的感性にもたらした「革命」が、同時に退行という否定的な面も持っていたことを度外視しておくことは難しい。というのも、社会についての普遍的な学を構築しようという同時代の研究者たちの格闘があり、そのために当時、社会学という新しい学問がある積極的な役割を果たし始めていたのだが、そこに同様に歴史学も何らかの参画をするという点について、クローチェの仕事はむしろそれを阻む効果をもたらしていたからである。しかしそればかりではなく、そのことは、自分の仕事の芸術的な面についての歴史家の思考に対して、さらに有害な影響すらもたらしている。たしかに、芸術は世界に対する物理的反応や世界の直接経験にすぎないのではなく、世界を認識するひとつの方法だとする点ではクローチェは正しい。ところが、他方で、かれが芸術を実在的なものの文字通りの表現として理解したことは、結果として芸術家としての歴史家を、芸術をめぐる同時代の最先端から孤立させることになった。同時代芸術の最前線では、ヨーロッパのいたるところで、象徴主義者や印象派以後の潮流によって、意識の多様なレベルをどう表現するのかについて、目覚ましい前進があり、それが次第に支配的になっていたのに、クローチェはそれとは断絶したところで考えていたのである。

クローチェの芸術理解は、ルネッサンス的な遠近法主義に、つまり視覚的形象を優先するという前提に支配されている。かれは、想像力が世界の美的把握の源泉であり起源であるとみなしていたにもかかわらず、生気論的な非合理主義も実証主義的な抽象主義も嫌っていたために、表象を第一と考えない芸術を単純に劣悪な芸術と見たり、あるいはかれの見方では同じことになるが、「醜いもの」の表象であって、結局のところ芸術ではないものと考えたりしていた。

音楽に関しては、クローチェにはまったく理解力がなく、詩についてはつまるところ古典的な形式に好みが落ち着いていた。かれにとってロマン主義とは、どんな表れ方をしようとも結局は形式を欠くものであり、言い換えれば不完全な芸術であった。そうであるから、あらゆる種類の印象派以後の芸術、象徴主義芸術、表現主義芸術に対するかれの抵抗感も理解できる。大半の地中海地域出身の美学研究者がそうであるように、かれも、色彩よりも線を、色彩を強調した効果よりも明暗対照法《キアロスクーロ》を高く評価していた。線がないところに芸術はなかった。なぜなら、そもそもかれにとって芸術とは、感覚印象というカオスに線を引くことであり、感官に与えられた形のない現実に形式を押しつけることであり、さらに、つねに意味のないプロセスとなる恐れがある世界において、はっきりとした具体的なイメージを刻みだすことであったからだ。そうであるがゆえに、クローチェにとって芸術とは認識の様式であり、歴史学はその芸術の一形式であるとすると、歴史学的表現が「真」であるのは、もっぱらそれが現実的なものの「明確」で「正確」な表現であるかぎりにおいてということになる。つまり、歴史叙述にとって唯一容認できる認識論的な基礎は、ランケが歴史学研究の唯一容認できる原理だと説明したような種類の経験論なのであった。

たしかにクローチェは、ランケ流の経験論における前批判的な原則を、言い換えれば歴史家に素朴に経験的な認識者としての権能を与えてしまうような仮定を受け入れてはいない。また『思考としての歴史と行動としての歴史』（一九三八年）のなかでは、ランケには明晰さがなく、哲学的な自己意識を欠いていると批判していた。しかし、クローチェを苛立たせたのは、つまるところランケの仕事の基本的な前提のほうではなく、それが遂行したことであった。ランケはどっちつかずの思想家であり、特定の時代や個人や制度、過去と現在の価値を判断するに際して、定義が不十分な曖昧な概念を使っていた。しかしながら、その他面で、ランケとクローチェは歴史と芸術との関係に関しては親和性を確認することもできる。というのも、ランケはその個体性と具体性においてひたすら「起こったことを語る」という願望を持っていたし、それも実際に起こったように、自分に快い物語の形式で語るとしていたからである。そのためにかれは、歴史学を哲学や科学や宗教の形式としてではなく、芸術の特殊な一形式にするというクローチェに通じる課題を無自覚のうちに遂行していたのである。

クローチェは、晩年の仕事のなかでは歴史学の知と哲学との連関を強調しているものの、ここでわたしたちが扱っている前期作品のなかでは、歴史学とは現実的なものをその具体性や特殊性において明瞭に表現することであるという確信になおもとらわれていた。哲学は適切な歴史的判断を下すことができるための批判的概念を与えるのだから、歴史学にとってはその「方法」である、とかれが新たに主張し始めるのは、一九〇〇年代初め頃である。しかし、これらの判断は、それが歴史学的なものであるかぎりその本性において全称判断ではなく単称判断であり、歴史的過去の有限でばらばらに表された断片に限られている。どうやっても、歴史一般に関する判断として機能するまで、問題とする対象を拡大することはできない。なぜなら、歴史一般という観念は、先に指摘した「歴史哲学」そのものと同様に、クローチェが自分の哲学を回りくどい言い方をせずに一言で表現した場合には、語義矛盾ということになるからである。かれがなぜこのような見方をし、ひょっとしたら歴史の学をうまく構築することに至ったかもしれない社会学の権威と哲学の権威をどちらも切り縮めるような見方を取るようになったかの理由は、すでに一八九三年の試論を検討すれば明らかである。

一八九三年の試論だけでなく、その九年後に書かれたそれを擁護する論考においても、クローチェはなお、芸術は認識の一形式であり、歴史学は芸術という一般概念のもとに包摂することができると主張している。しかし、もしもアリストテレス的な区別に基づいて、芸術一般は可能的なものの表現であり、歴史学は現実的なものの表現であるとするなら、歴史家がそもそも可能《デュナミス》なものと現実的《エネルゲイア》なものとを区別するためには、そこに何らかの判断基準が存在しなければならないということが次第にかれには明らかになってくる。たとえば歴史家が、歴史小説を書くロマン主義的な小説家に向かってこう言ったとしよう。「あなたが中世に起こったと作品中で書いていることは、あなたの想像力が作った虚構にすぎない。あなたがわたしたちに語っていることは面白いし、ひょっとするとそんな具合に出来事が起こることもありうるかもしれない。しかし、実際には小説家であるあなたが起こったと語っているようには出来事が起こらなかったのであり、歴史家としてのわたしが叙述するように、まさしくこのように起こったのだ。これこそが中世という時代に現実に起こったことなのである」。さて、歴史家がこのように言うときがあるとして、その場合に立ち止まって考えなくてはならないのは、その歴史家はいったいどんな歴史学的基準に訴えてそうしているのだろうかという問題である。

ランケ的な歴史主義《ヒストリスムス》は、こうした基準は史資料から与えられるものだと楽天的に考えていた。しかし、そうした素朴な想定が立ちゆかないことは言うまでもない。偉大なロマン主義小説家は、歴史家と同じくらい心底から史資料を知悉していることだってありうるからである。小説家の物語には、史資料のなかでは一つになって現れるあらゆるものが、そのドラマやプロットのなかでひとつひとつ具体性を与えられて含まれているかもしれない。そして、小説家としても野放図に虚構を組み立てているのではなく、物語の途切れた部分に移行やつながりを与える場合や、読者が求める心地よい形式を全体に与える場合以外には、史資料を尊重し、やみくもに自分の想像力に訴えてはいなかったかもしれない。それだけではない。他方、歴史家自身も、移行やつながりを小説家がそうするようになんらかの想像的行為によって埋めなくてはならなかったのではないだろうか。歴史家もまた、無自覚のうちに自分の物語に、小説家によって熱望されたのと同じ全体性と内的一貫性を与えようとするのではないか。

　ロマン主義的な小説家と歴史家のあいだに生じる対立は、厳密には、想像力が年代記《クロニクル》から責任を引き継がざるをえなくなるところですでにもっとも深刻な形で生じていたのである。つまり、歴史家がプロットを備えた歴史の物語を叙述するのに際して「年代記《クロニクル》で与えられている事実はなにを意味しているのか」と問わなくてはならなくなったときに、歴史家はその問題に向き合わなくてはならないはずである。その際に、世間でよく行われているように、歴史家がロマン主義的な小説家に対して「あなたが小説のなかで起こったかもしれないと言っていることは、ひょっとしたら起こりえたかもしれないが、しかし実際には出来事はあなたが言うように起こったのではない」と専門家然として言うことが許されたとしよう。しかし、実はそうした発言が行われているときには、世界が「現実には」どのように作動しているのかに関して、あらかじめ歴史家にはなんらかの思いこみによる先行知が存在していなければならないのである。この知が暗黙のうちに想定されているために、どうみても事実の根拠に関する問題を決定する証拠が不十分である場合においてさえ、そうした歴史的事実なるものをめぐる素朴で実在論的な判断を、歴史家の側に分があるように下すことができたのである。要するに、そのような歴史学者の実在論的な判断は、どのように「実在」なるものが機能しているのかについての独断的理論や、世界についての独断的知をあらかじめ必要としている。もっと限定して言えば、歴史学者の判断が成り立つためには、人間的な諸関係からなる世界についての素朴実在論的な知をあてにすることが必要であったのだ。こうしたことがあって初めて、ランケのような歴史家は、自分に過去として見えてくる世界は、おそらくは自分にとって存在すると思われるものであって、小説家によって存在すると想像されたものではないという専門職的特権意識を、抱くことができた。

　ところで、クローチェが理解したところでは、歴史学においてリアルなものとただの想像であるものとを区別する役割を果たすことができるのは、唯物論か観念論かのどちらかであった。あるいはもっと限定して言うなら、それはマルクス主義的形態をとった唯物論か、ヘーゲル的形態をとった観念論のどちらかであった。両者はともに、実に明確な歴史哲学を提示しており、いずれも、歴史家が歴史における意味のあるデータと取るに足らないデータとを見分けたり、社会や文化のある部門における一連の歴史的な出来事に厳密な「意味」を与えたりするための法則を提供できる、と主張している。さらにどちらも、たんに何が起こったかだけを語るランケの試みを超えて、なぜそれが起こったかはもちろん、さらに人類の未来にとってそれが何を予告しているのかまで語ることのできる概念装置を提供すると主張している。

ただし、クローチェのマルクスとヘーゲルに対する関係は微妙である。まず、歴史とは実在をその個別性と具体性において直観的に理解することだというクローチェの信念を前提にして考えてみれば、なぜクローチェが、マルクスの見方もヘーゲルの見方もそのままそっくり受容することができなかったのかはおのずと明らかである。しかし、クローチェは、かれらを無視することもできなかった。かれらの歴史哲学は、ランケがしたような歴史の自律性に関する不十分な弁護と、ニーチェがしたような歴史の美学的理解に対する不十分な弁護とに代わることができる、歴史理論の重要なオルタナティヴであったからである。マルクスとヘーゲルは、歴史学を芸術の形式とは認めていなかったが、少なくとも認識的な活動とみなしてはいた。ニーチェは歴史学を芸術の形式として認めていたが、それが認識の形式でもあるとは理解していなかった。したがって、クローチェにしてみれば、歴史学的知に対してあまりに制約的な形式を与える唯物論や観念論という概念装置を批判するのは当然である。唯物論という概念装置を世界の下から上方へと転移させ、観念論という概念装置を世界の上から下方へと転移させることによって、両者を、人間の実存という中間的な圏域に、つまり物質と精神のあいだに位置づけることができるかもしれない。そこでこそ人間は活動し、歴史を作っているのである。また、両者がそれぞれに社会学的普遍化であるとともに哲学的普遍概念であることを明らかにし、歴史学的判断を与えるに際して、それぞれの正しい機能を確立することが可能になるかもしれない。クローチェはそのように考えたのだった。

歴史意識の美学

これまで見てきたように、科学や哲学や歴史に芸術を対抗させる当時流行していた美学理論に対して、クローチェは芸術を、あらゆる認識の基礎として、すなわち哲学的であれ科学的であれ歴史学的であれ、あらゆる形式における現実描写の原初的な契機として確立しようとした。しかし、かれの究極的な目標は、当時の主要な歴史理論家たちが位置づけた芸術と科学のあいだという曖昧な位置から、歴史学をもっと別のところに移すことであった。もっともかれが実際に行ったことは、歴史学を芸術と科学のあいだというある両義的な位置から動かして、芸術と哲学のあいだというもう一つの両義的な位置へと設定し直したにすぎなかったのは言うまでもない。

クローチェは『美学』のなかで、歴史学とは意識の特定の様式ではなく、芸術的意識と哲学的意識という二つの別々の様式の組み合わせであると主張した。歴史学をこのように理解する立場を擁護するために、クローチェは芸術と哲学のあいだに、ほとんど二元論的対立にも等しい厳格な区別を設けなくてはならなかった。芸術は直観に他ならない。哲学は純粋概念の学に他ならない。歴史家はかれらの直観に形式と秩序を与えるために、概念を用いる。したがって、歴史学はそれが取りうる表現様態に特有の「形式」といったものをもたない。

歴史学は形式ではなく内容である。形式としては、歴史学は直観あるいは美的事実に他ならない。歴史学は法則を求めないし概念を構成しない。歴史学は帰納も演繹も行わない。歴史学は語ることを目指すのであって、論証することを目的とはしていない。歴史学は普遍概念や抽象概念を構築するのではなく、直観を定立する。（『美学』二九頁）

こう言ったからといって、それは歴史家が概念を「用い」ないという意味ではない。かれらは直観を「定立する」ために――つまり、過去において実際に起こったことについての命題を構築するために、概念を使わなければならない。しかし、これは、歴史家が自分の捉えた真理を表現するのに言語を、それも詩的表現ではなく散文の言説を用いなくてはならないという事実がもたらした結果である。重要な点は、歴史学は法則を求めないし、概念を構成することもせず、普遍概念や抽象概念を構築することもないということである。歴史学はそのデータを性格づけ、そのストーリーを語り、そのドラマを構築するために、日常言語の概念を用いる。しかし、これらの概念は、クローチェが『美学』で明らかにしているように、日常言語において意味のある文を構築するために不可欠な文法と構文論の規則に他ならない。歴史の科学などと称されるものを構想してそれに基礎づけを与えるために、こうした日常語の文法の規則を自然法則や普遍概念や抽象概念と混同したり、もっと特殊な事例では、こうした規則を実際に書かれた物語《ナラティヴ》から抽出されると想像したりすることは、歴史学的知の本性を誤解するだけでなく、言語そのものの本性についても深刻な思い違いをすることになる。

『美学』の理論的部分のなかでも結論にあたる一章で、クローチェはこの著作の副題である「表現の学および一般言語学」という言葉を用いたことを正当化しようと試みている。しかし、たとえば歴史学的思考を行う歴史家は、副題に表示されている芸術の「表現」という観念を強調し、「言語学」という面の含意を無視してしまうために、クローチェの仕事の片方の重要性を見落としがちである。クローチェが歴史学を芸術の形式として、芸術を表現の形式として（言うまでもないが、そこでいう「表現」とは外界の刺激に対する単純な反射行動ではないのだが）理解していることを強調するのは重要であるが、その一方で、クローチェは「言語学と美学の同一性」といっているのだから、その主張に注意を払うことも等しく重要である。かれは『美学』の最終章で「言語の哲学と芸術の哲学は同一である」と述べている（一四〇頁）。これは、クローチェにとって言語学が、わたしたちが「歴史学的知」として考えているものを理解するためのモデルを提供していることを暗に示している。もしもわたしたちが芸術という言葉で意味しているもののモデルを言語学が提供し、歴史学が芸術の一形式であるなら、言語学は当然わたしたちに、歴史学的知が意味するものを包括的に理解するためのモデルを与えることになる。そうだとすれば、クローチェの言語理論がかれの歴史哲学全体の核心となるはずである。

クローチェの言語理論は、全体論的で有機体論的で、結局のところミメーシス的、つまり理想的なイデアを分有すると発想する立場のものである。かれは「表現とは分割不可能な全体である。名詞と動詞はそれ自体では存在しない。名詞や動詞は、ただ一つの言語的現実を、つまり命題をわたしたちが破壊したことによってできた抽象概念なのである」（一四四頁）と述べている。これはつまり、言語を理解するための手がかりは構文論であるということを意味する。単語、あるいはその成分である音素や形態素、あるいは文法規則は、言語を理解するための鍵を提供することはない。それができるのは、文全体かそれと等価のものである。「命題《プロポジション》」という用語で自分は「感嘆から詩まで、完全な意味を表現する有機的まとまり」を表しているとクローチェは言う（同前）。そして、さらに議論を進めて、言語は発話と同じであり、言語の形式的規則と、言説のなかで実際に使用される発話とを適切に区別することは不可能であると論じている。「言語とは、特定の時代に一定のひとびとによって実際に書かれたり発話されたりした命題、および命題の組み合わせ以上の現実をもたない」（一四五頁）。かれはここから、どんな言語にとっても妥当する規範的な文法や、あらゆる言語のための模範的言語、あるいは言語の等級表などを構成することは不可能だと結論づけている。またメタレベルの位置に立ってある言語から別の言語へ「翻訳」すること、あるいは、ある表現形式から別の表現形式へと命題を「翻訳」することも不可能であるとまで言っている。なぜなら、唯一の言語的現実とは、その言語の個々の話者によって、十全な命題を構築するという営みのなかで語られることだからである。

さらに、何らかの言葉を声に出すということそのものが、それに先立つすべての言葉の意味を遡及的に「変容」させるのだから、命題にはどれひとつとして同じものはないことになる（一四二頁）。すなわち、ニーチェが自然と歴史の両方におけるあらゆる過程を歴史学的に理解するうえでもっとも重要な様相であると主張していた意味剥奪や再解釈のプロセスのようなものによってこそ、言語は発達していくということである。

この言語理論は、クローチェの美学を理解するうえではもちろん、それにもましてかれの歴史学の理論を理解するうえでも重要な意味をもっている。というのも、この言語理論は、美学と歴史学の構文論的な次元に注意を向けているからである。この構文論的な次元とは、言語でいうなら言語システムの基本単位（語彙的および文法的単位）を、歴史学でいうなら歴史システムの基本単位（個別の人間およびかれらが集団となって作りだす制度）をまとめ上げ、それらを動態的な過程として把握させてくれるような規則である。たしかに通念としては、この手の結合規則は、場合ごとに言語学の法則とか、社会的法則といった具合に、「法則」と考えられている。しかし、クローチェは、言語の構文論を「規則に支配された」作用として外部の視点から理解できるという立場をとっていない。あらゆる言語使用は、その本性において自己言及的に「規則を変更するもの」である。クローチェは言語と発話の区別を消し去った。存在する唯一の言語は現実に話されている言語である。そして、どんな文を発話しても、その発話行為が、発話されている共同体の言語的財産の全体を変化させる。それは、ある文を発話するときに、それぞれのつながっていく言葉が、それ以前に現れるすべての単語の機能を、ピリオドや感嘆符が最後に打たれるまで、遡及的に変容させているのと同じことである。こうして作り上げられた文は、ある閉じられた意味の宇宙を構成し、まさしくその意味とは、発話のまとまった形式全体に他ならない。

同じように、芸術を直観（直覚）として考えるクローチェの理論では、直観とは同時に表現でもあり、また表現として考えたときもそれは同時に直観であるといえる。直観のないところには表現はありえず、逆もまた同じである。芸術作品の意味とは、芸術家が仕上げたときにそれが最終的にとる形式そのものである。その外側に意味はない。それは純粋表現であり、想像によって可能なものということだけを考えた直観の表現である。それはまた純粋な空想の産物であり、言い換えれば外部の現実に対して想像力による応答を届けようとする試みでもありうる。そうだとすると、芸術のオブジェについて、それが「真」か「善」か、あるいは「有用」であるかと尋ねるべきではない。ただそれが「美しい」かどうかだけを尋ねるべきである。そして、ここで典拠とされる美の基準とは、ちょうどある文が有意味かどうかを決定するために用いられる基準とまったく同一である。言い換えるなら、それは適切に直観を表現しているかどうかということだけが問題なのだ。

それぞれの芸術作品が他のあらゆる芸術作品に対してとる関係は、かつて発話されたことのある文が他のすべての文に対してもっている関係と完全に同じである。わたしたちが問い尋ねることができるのはただ、そのような文を発話することが可能なのかどうか、またもしも発話が可能ならば、その発話が、芸術的な言明のあらゆる組み合わせが表現する言語的な基本要素《プロトコル》からなる構文論上の可能性に、どのように影響を与え、どのようにそれを修正し、変更し、拡大するのかということだけである。

どんな新しい芸術作品も、それに先だつ過去のあらゆる芸術作品に再解釈の可能性をもたらし、それらを遡及的に再定義するという営みになっている。というのも、そうした作品は、もしそれが本当の意味での芸術作品であって、たんに感情を野放図に発散したものでないとするならばの話だが、わたしたちの知が広がっていくことに貢献するからである。そのとき、わたしたちは、芸術家がこの言語論的基本要素《プロトコル》によって語りうるかぎりのことをさらに知るようになる。したがって、どんな新しい作品も、人間の精神が想像できるものについてのわたしたちの知を充実させていくという役割を果たしているのであり、そのことを通じて想像力に対するわたしたちの信頼にさらにしっかりとした裏づけを与えてくれる。

同じことが、歴史学の著作についても当てはまる。歴史学の著作が新たに書き足されるたびに、「歴史学的」と呼ばれる表現形式の言語論的基本要素《プロトコル》は、その表現可能性をそれだけいっそう充実させていく。この表現形式は芸術と哲学との結合であり、それによって直観は、自然科学的な知の特徴である真理ではないが、▼蓋然的なこと、あるいは《真らしきこと《ヴェリシミリア》》というカテゴリーにおいて確証され、また同時にそう判断されてもいる。ただし、歴史学は可能的なものではなく現実に、言い換えれば実際に起こったことに関わっている。したがって、歴史学には、想像力による直観と現実的な直観とを区別するための根拠となる規則が求められる。歴史学の言明はたんに直観の表現であるだけではなく、現実にあったことの、あるいは、もっと厳密にいえば、実際に現実化したということについての直観の表現である。歴史学は実在の出来事を、つまり事実を扱うのであって、自由に想像された出来事を扱うのではない。したがって歴史学は、事実がなにを意味するかについて、その言明を作りあげるためのそれ自身の構文論を必要とする。しかもこの構文論とは、歴史家自身が属している文化や文明の、日常的で散文的な言説がもつ規則に他ならない。

あまりはっきりとは表明されていないところがあるが、クローチェにとって日常言語とは人間という種がもつ知の記憶を表しているようである。ひとが歴史的な出来事について語ることができるのは、もっぱら自分の母語における日常的で散文的な言説において言い表すことができる内容だけである。クローチェも、後の時代のウィトゲンシュタインの『論理哲学論考』の有名な言葉を思わせるかのように、語りえないことはそれが語りえないことであるかぎり沈黙しなければならないと述べている。もっともその意図においては両者の考えていることは違うようであり、クローチェは、言語によって語りえないことは、口笛で表現されたり、踊りで表現されたりというように、日常的な散文的言語の外で表現することはできないと見ていた。そのために、ともすると歴史学的説明のなかに導入されかねないどんな形態のジャーゴンや専門用語に対しても、クローチェは敵意を抱いていた。かれにとっては、歴史学的言説のなかに何らかの人工的な専門用語を導入することは、歴史学を単純に科学や哲学や宗教と混同することよりもはるかに問題の多い過誤であり、歴史叙述におけるまぎれもない不見識の証左であった。つまりその不見識とは、歴史学的言説の構文論に関する理解の欠如である。言い換えればそれは、一連の具体的な現実作用や事実問題として意識の前に現に横たわっているリアルな世界を、日常言語が適切に表現できるのだということを信じられずにいることである。

　哲学者が言語のなかで表現された思考を内省し、思考が整合的で論理的に一貫した説明と理解の体系を構築するための概念に関して、その本性がどんなものであるのかに敷衍して考える場合がある。たしかにクローチェが純粋概念の学として定義する論理学について考えてみると、哲学者は、そのような反省によって見出された概念的真理を表現するためのある方法論や構文論を持っている。それが論理学での反省の対象である理性の真理（vérité de raison）である。そして、これが歴史家が扱う事実の真理（vérité de fait）と対立する。しかしこの二つの真理のあいだの差異を度外視して、具体的事実の直観から導きだされた真理に対して、純粋概念の論理的分析から導きだされた真理を適用し、それを哲学的反省によって与えられる論理的推論のパターンのなかにむりやり押しこもうとしても、そこからは誤謬や奇想や夢物語しか生まれない。歴史学におけるあらゆる誤謬は、芸術批評における場合と同様に「概念から表現を引き出そうとしたときに」始まるとクローチェは述べている（『美学』三八頁）。個々の芸術作品の

▼蓋然的なこと、あるいは《真らしきこと》というカテゴリー　「真らしきことと蓋然性」についての思索の歴史は長い。すでにアリストテレスが『ニコマコス倫理学』の最初の部分で、数学的知が厳密な論証による真偽の明確な知であるのに対して、倫理学ないし政治学的な知はそれとは異なり、賢慮による知であって、それが妥当するのは論証知とは違って真らしきこと、または蓋然性においてであるとした。また『場所論』（トピカ）においても、真らしきことや蓋然性が数学的な真理の厳密さに比べて劣る知ではなく、むしろそれとは別の真理論を内在した知であることを明らかにしている。こうした「真らしきことと蓋然性」が固有の真理理解による認識の基準であることは、ヴィーコにおいてもまた初期の『学問方法論』や主著『新しい学』の根底を貫く問題意識となっている。

あいだに「類似」を見出すことはできるが、それらはまたもやウィトゲンシュタイン風に言えば「家族的類似性」（七五頁）なのであって、包括的な類概念に一義的に規定されたものとして、あるいはたった一つの固定的類型に適合したものとして類似しているわけではない。歴史学においては、芸術の場合と同様に、わたしたちはただ「語彙や言い回しを使用しているのであって、法則や定義を打ち立てているのではない」（四〇頁）。

　このように日常的な散文的言説を歴史的言説のパラダイムとして理解するということには、共通感覚《コモンセンス》を、歴史学的総合の「理論」ないし「方法」として擁護するという意味が含まれている。共通感覚は、あらゆる歴史的言明が採用しなくてはならない形式のモデルを与えるだけでなく、歴史過程全体がどういうものであるべきかについてのモデルも与えている。歴史の過程とは、明確な形をとる途上にある文章に等しい。言うなれば、わたしたちは宇宙的な規模における《未完の一文》の内部で生きているのである。未来においてどのような「言葉」が発話されることになるのか分からないために、その文の究極的な意味を知ることはおそらくはできない。しかし、わたしたちは、共通感覚のなかに含まれる範例や、「起こったこと」を日常的な発話行為のなかで特徴づける能力に照らしながら、その時点までに「語られて」きたことの意味を理解する能力はもっている。その能力から、わたしたちは、その《未完の一文》の秩序や調和がどういうものでありうるのかについて推論することができる。すでに語られた言葉についての反省からわたしたちが導き出せるものが、「精神」の文法であり構文論である。ここでいう「精神」とはみずから顕現するものであり、いわば人間の思考と行為を通じてそれ自体から語りだすものなのである。クローチェの見るところでは、この「精神」そのものと、人間の思考や行為におけるその現れとを区別することは間違っているという。それはまさに、芸術作品が何であるのかということと、それが何を意味するのかということとを区別しようとするときに起きる誤謬とそっくり同じである。芸術作品の存在そのものが芸術作品の意味である。

　芸術の領域で妥当することは、歴史学の領域でも同じように妥当している。人間とは、かれらが考え、感じ、行うことそのものである。この歴史こそが、人間のもつ唯一の「自然本性」だ。したがって人間の歴史が持つ唯一の意味は、次の二つのもののなかに見出されなくてはならない。一つは、人間が何を考え、感じ、行ったのかについて保持されている記憶のなかに。いま一つは、歴史家が過去の記録について思いをめぐらし、人間が何を考え、感じ、行ったのかについて共通感覚にとって受け入れ可能で、特別な専門家ではなく当たり前の教育を受けたひとびとが用いる言説によって表現可能な言葉で語りうることのなかに。歴史家が物語《ナラティヴ》を構築するときに用いることができ、またその物語を適切なものと評価するためにも依拠できるたった一つの批判的原則とは、「真らしきこと《ヴェリシミリア》と蓋然性《プロバビリティ》」の原則なのである（三一頁）。

歴史的知の本性――共通感覚が与える正当化

ところで、歴史学的分析とは、何がもっとも信頼に足る証拠であるのかを決定する試みに他ならない。しかし、クローチェは問うている。「最良の目撃者とは、もっともよく記憶し（そこからして当然にも）偽ろうとしない存在であるが、そうした目撃者が与える証拠を措くとしたら、では、次にもっとも信頼に値する証拠とは何だろうか」（『美学』三一頁以下）。かれは、この次に妥当性をもつのが、歴史学者の遂行する懐疑という事例であると認めている。それが次善のものであるのは、歴史学の確実性とは「決して科学のそれ」ではないからだ（三二頁）。歴史家の確実性は大いに考慮すべきものであるが、それを自然科学のような意味での真理として論証することはどのみち不可能だ。むしろ「歴史家の確信とは、ちょうど裁判において陪審員が心に抱くような、論証することのできない確信である。陪審員は証言を聞き、注意深く裁判に耳を傾け、あとは正しくお導きくださいと神に祈るばかりである。ときどきは歴史家も誤るには違いない。しかし、その誤りは、かれが真理を手にする機会の数と比べれば、無視してよいようなわずかな頻度である」（同前）。したがって、クローチェは次のように結論づけることができた。

　これこそが、なぜ知性偏重の姿勢ではなく、共通感覚（良識）のほうが正しいのかということの理由である。共通感覚は、歴史を信じている。歴史とはけっして「論証手続きを経て承認された物語」なのではなく、個人と人類が自分たちの過去について記憶していることなのである。（同前）

ギリシアやローマがかつて存在したかどうか、アレクサンドロスが実在したかどうか、大革命は一七八九年七月一四日のフランスで勃発したかどうかを、「逆説家の精神をもって」疑ってみることは可能だろう。しかしそのような懐疑家に向かってクローチェは、次のようなやりとりを例示することによって反論している。「ソフィストは皮肉げに《汝これらすべてにいかなる証を与えるか？》と尋ねるとしよう。すると人間は答えるのである。《わたしは記憶している》と」（同前）。

厄介なことに、こうした主張は一見すると二〇世紀の三〇年代にもてはやされた通俗本『一〇六六年、その他いろいろ』の作者が言う「たった一つの事実とは、ひとが覚えていられることだ」というスタンスと、そっくり同じとはいわないまでも、奇妙に似てきてしまう。クローチェが歴史的な知恵を共通感覚や日常的記憶と結びつけたために、どうみてもそれは、共通感覚＝常識が「本当の」実在の「本物の」直観だと信じるものだけが歴史的事実なのだということに等しくなるからである。しかし、それらの主張のあいだにある違いにこだわってみよう。たしかにクローチェは、哲学というものは、共通感覚によって歴史的現実として信頼されている現象のなかに姿を現した叡智的（noumenal）世界の知であると認めている。そのかぎりで、クローチェの発想は、通俗的な実在論者とは違って歴史的思考をすっかり共通感覚＝常識に委ねてしまうのではないし、それを哲学や科学の批判的原理に対する義務からも完全には免除しはしない。それでもやはりそれに近いところまで行っていることは認めざるをえない。重要なことは、クローチェにおいて歴史的思考は、一方では社会科学につきものの類型学的な操作からははっきりと切り離され、他方で自然科学につきものの法則論的な分析からも切り離されているという点である（『美学』三二頁以下）。社会科学と自然科学というこの二つは世の中ではもっとも確実な常識であることになっているのだが、類型学的操作にしても法則論的な分析にしてもいずれもクローチェの手によって共通感覚とは違ったものという位置に格下げされている。それどころか、クローチェの考えではこうした社会科学的、自然科学的操作は、けっして歴史的反省に入り込んできてはならない。あるいは、百歩譲って歴史学に適用されることが仮に認められたとしても、せいぜい誤謬をもたらすだけのことである。

「真の学とは哲学以外にはありえない」とクローチェは言う。自然科学は「けっして完璧な学ではない。要するにそれは、恣意的に抽象化され固定化された知識の組み合わせである」。したがって「自然科学の概念はたしかにもっとも有用なものであることは間違いないが、そこからは、もっぱら精神のみに属する体系を獲得することはできない」（三三頁）。ここからかれは「知の純粋で根本的な形式はたった二つ」しかない、すなわち「直観と概念、あるいは芸術と哲学」しかないと結論づけている（三四頁）。歴史学はこの二つの知の純粋形式のあいだに位置する。それは「一方では具体的で個別的でありつづけながらも、いわば概念と接するところに位置する直観から、言い換えるならそれ自体において哲学的な区別を受け入れている芸術から生まれたものである」。他の知の形式はどれも「不純で、実用的なことから出てきた外面的な要素が混ざりあっている」（同前）。

そして、実はクローチェは、どんな科学的一般化も擬似概念から構成されており、また同様にあらゆる社会科学的一般化は擬似的な類型化の操作から成り立っている、と主張している。現実的な世界の本性についてかれが信じていたのは、共通感覚がかれにそうすることを許したものだけだった。つまり、世界には個別の実在体だけが存在し、そうした実在体について、それが共通感覚や日常の発話が語りうる以上の特徴をもったものだと言い張ることはすべて「仮構」であると考えていた。たしかに歴史は「論証的手続きを経て承認された物語」ではないのであり、共通感覚に支えられているだけの物語にすぎないのだが、その他方で、宗教的「神話」や科学的「法則性」や社会科学的「一般化」も、その本性からすれば「寓話的」である。それらが主張できることはせいぜい、一定の実用的な課題を実行するためには便利で有用だ、ということだけである。したがって、宗教的「神話」も科学的「法則性」もその権威は限られていて、一時的でその場かぎりのものなのだが、それに対して歴史学の物語《ナラティヴ》はそうではない。偉大な芸術と同様に偉大な歴史学は（つまり、高貴な直観によって創りだされた歴史叙述は）永遠に力を持ち続ける。

ただし、偉大な歴史学が永遠に力を持ち続けるとはいっても、そこにいつのまにか不十分な点が生まれてくることは避けられない。さらにそれ以上に歴史学は決定的なあり方で制約を受けている。というのも、歴史学的知がわたしたちの過去についての理解以上の何かに重要な貢献をするということを、クローチェは否定しているからである。歴史家自身はつねに《未完の一文》にも譬えられるプロセスとしての歴史の内部に存在しているのだから、歴史学的知は「現在」について、まさに歴史学的性質をもった判断を下すことはとうてい不可能なのである。共通感覚と人類の集合的記憶に哲学的自己意識が組み合わさったときには、歴史家は過去についての自分の「直観」を、自信をもって届けることができた。しかし、その組み合わせも、歴史家自身の存在する現在という世界の本性について判断を下すためには使えないのである。というのも、歴史過程全体について先に《未完の一文》に譬えて述べたことと同様に、現在という時間性においても、歴史家が直観したり把握したりできるような完了した行為はけっして存在してはいないからである。

クローチェ自身、この制約の外へと脱出しようとはしなかった。かれ自身の歴史学的な著作はどれも、きわめて広い範囲にわたる、しかも非常に深く主題に踏み込んだ判断に満ちているが、そうした判断も、歴史家自身が生きている現在という時間性に近づいていくにつれて曖昧なものになっていく。『表現の学および一般言語学としての美学』や『歴史の

▼『一〇六六年、その他いろいろ』（1066 and All That）一九三〇年代にもてはやされた歴史に関する通俗本で、歴史とは今に生きているひとがたまたま記憶しているものだという特異な主張によって、歴史的知識を滑稽な内実として提示した。その後も、数多くの類書を生みだしている。

理論と歴史』といった理論的な著作における歴史学に関する部分もまた同様である。かれはこれらの著作のなかで、前者では美学に関する、後者では歴史学に関する思想の歴史を完璧な自信を抱きつつ描き出している。各時代がしっかりと跡づけられ、性格を与えられている。そして、ある時期から次の時期への移行がどんな性質をもった出来事であったのかが規定され、そのようにして全過程の持っている意味が提示されるのである。しかし、この二つの作品の最終章に差しかかると、きまってクローチェ自身の「精神哲学」を称揚してそれだけで終わる。自分の「精神哲学」は、生きている人間にとっての、哲学と共通感覚双方の知恵の重要な貯蔵庫だというのである。そして、この哲学が教えてくれるのは、哲学においても歴史学においても、現在時における個々の生を生きるためには《どうにかして生きていけ》という普遍的な定言命法の形をとった指針以外には、およそ何の助言も与えられないということであった。

歴史学的知の逆説的な本性

こうしたことのために、たとえばクローチェによる歴史学的思考へのもっとも重要な貢献である『歴史の理論と歴史』は、ひとつの逆説で終わることになる。この本の最終章でクローチェは、一九世紀の歴史学的思考を概観し、そこにあったさまざまな二項対立や反論や論争が、歴史を芸術や科学と関連づけたり、歴史と歴史哲学とを和解させたり、さらには観念論と実証主義とを媒介したりといった性格を帯びた格闘の数々だったことを明らかにしている。しかし、その末尾で、こうした二項対立はすべて新しい哲学のなかで乗り越えられ、この新しい哲学こそが「新しい歴史叙述」の基盤となるだろうと断言している。

ここでいう新しい哲学とは、言うまでもなくクローチェ本人の「精神哲学」に他ならない。これをかれは、一八九〇年代初め以来著書や論文のなかでずっと練り上げてきた。『歴史の理論と歴史』の最後でこの哲学は、こう特徴づけられている。それはあらゆるパラドクスを解決する世界観として提示されるものであり、それが可能になるためには、こうしたパラドクスのなかの対立しあう要素を、たった一つの「精神」から出てきたものの異なった様相や契機だと同定しさえすればいいのである。したがって、この哲学は、一見すると大団円が含まれた喜劇的な歴史理解に基盤を提供するものであるように見える。たとえばクローチェの次のような書きぶりがそれである。

わたしたちがスケッチしてきた哲学においては、現実とは精神であると確証されている。精神といっても、それはまるで幽霊のように世界を超越したり、世界のなかを彷徨したりするのではなく、世界と一つになっているものである。そして、自然は、この精神それ自体の契機として理解され、この精神自体が外化したものが自然なのだと見られてきた。したがって、この精神哲学においては（少なくとも哲学史の最初の哲学者であるタレスから、社会ダーヴィニズムを標榜する最新流行の理論家であるスペンサーにいたるまで、多年にわたる人間の思考にとりついてきた）二元論的発想はついに克服されており、それと同時にあらゆる種類の超越概念もまた、それらが唯物論から出てきたものであれ、神学から出てきたものであれ、すでに乗り越えられている。（『歴史の理論と歴史』三七五頁）

クローチェによればこのような「精神」は、物理的自然と意識との双方のあらゆる属性を備えている。それは「一にして同時に多様なものであり、永遠の解決であるとともに永遠の問題である。その自己意識とは歴史学である哲学であり、哲学である歴史学であって、それぞれは互いに同一のものなのである」。正反対のもの、あるいは互いに相容れないものと考えられている存在や概念を、このように驚くべきやり方で同一化できるのは、明らかに「意識が自己意識と同一である」こと、すなわち意識は「生と思惟のように、別々のものであると同時に一つのものである」ということから引き出されている（三七六頁）。クローチェの見方では、このような意識と精神と知とが統一的な性質をもっているという認識があれば、歴史学的意識の全体的な再生や全面的な変容が起こるという希望を抱くことができる。そうした転換の証拠を、かれは自分の周りのあらゆるもののなかに見てとることができると言うのである。それはかれ自身の著作については言うに及ばず、フリードリヒ・マイネッケのような同時代の他の思想家のなかにも認められる徴候であるとしていた。

しかし同時に「この哲学と歴史叙述は主体であって客体ではなく、だから、それについて歴史を書くこと」はできない、とクローチェは言う。というのも、それが時代《エポック》全体の様式や生の形態を構成しているからだ。この時代《エポック》あるいは時期《ペアリオッド》は完結しておらず、ただ未決定なものであるために、わたしたちは「その年代記的、地理的輪郭を描くこともできない。なぜなら、どのような時間の尺度がこの時代を充たすことになるのか（……）どのような範囲の国々に腕を延ばすものなのかについて、わたしたちは知りようがないからである」（三七七頁）。さらにかれは主張する。「これらのことを度外視して、時代の価値となりうるものを論理的に限定することもできない」。なぜなら、現在を生きる人間は、新しい哲学や新しい歴史叙述の限界を描くことはまだできないからである。その限界は、まさしく現代に生きる人間が設定した問題や課題に与えられる解決からこそ引き出されるはずである。「わたしたちはいま波の上にある。そして、新たな航海に装いを整えるべき港にはいまだ到達していない」（三七八頁）。

このようにして新しい哲学は、クローチェの時代のひとびとに、思考と文化における新しい達成の時代が来ることを期待させ、先行するどんなものよりも絶対的に優越する「新しい歴史叙述」を企てることを可能にした。しかし、それと同時に、この新しい歴史意識を、自分たち自身が生きる時代の研究に向けることは許されていなかった。歴史意識が前進するのは、新しい哲学的で理論的な基礎を与えられることによってである。ところが逆説的にも、歴史意識が前進したという証拠が見出されるのは、歴史意識がこの前進を達成する時代についてそれ自体としては何も言えない、という認識においてである。このように、クローチェの「新しい歴史叙述」を彩る口調は喜劇的だが控えめであり、その論調は楽観的だが、条件つきだ。そしてそのアイロニーはまぎれもなく存在しているが、温和なあり方においてである。

西洋の歴史意識が直面している状況がこのように理解されているということからは、クローチェが第一次大戦後のヨーロッパの文化と社会をどう性格づけるのかという内容を予想することもできる。一九三一年に公刊された『十九世紀ヨーロッパ史』の後記でクローチェは、一九世紀に存在していた暴力、サディズム、非合理主義、物質本位、自己中心主義といった力がみな、世界大戦のなかで減殺されるというよりは、むしろそこから強化されてふたたび浮かび上がってきたように見えると認めざるをえなかった。

戦前の文学のなかに聞かれた悲観主義とデカダンスの声までもが、いまふたたび聞こえている。それは西洋の没落を説いている。あるいは人類の没落をすら説いている。人類は、動物から人間へと上昇しようとしたのち（新しい哲学者や預言者たちによれば）今やふたたび野獣の生へと逆戻りしつつある。（『十九世紀ヨーロッパ史』三五五頁）

これはすべて「事実」であり、これを否定したり、あるいはその意味を一つの国、一つの社会集団、一つの知識人サークルに限定したりしても無益だとクローチェは言う。しかし、「事実」であるからこそ、このことは希望に機会を与える。事実として、この状況は「精神の発展や、社会的で人間的な進歩においてひとつの機能を果たすべきである。それは、新しい価値の直接の創造者としてではないかもしれないが、それでも少なくとも旧来の価値を強化し、深化させ、拡張するための素材や刺激としての役割は果たす」（三五五頁以下）。とはいえ、この「機能」は、未来の歴史家にしか見ることができないはずだ。未来の歴史家は「時代が終わりを迎えるときと、わたしたちが現在まきこまれている運動や、その運動の帰結を目の当たりにすることだろう」。しかし「わたしたちには、その運動のなかにあるというまさしくそのことのために、それを知ることも描写することもできない」。クローチェは言う。わたしたちは「多くのこと」を観察し理解するだろう。しかし「まだ起こっていないこと」を知覚することは決してできないし、「その結果として、その歴史について観察し理解することはできない」（三五六頁）。

こうしてわたしたちは、意識においても実践においても自分たちが新しい時代を表象しているということが分かるのであるが、それでも、わたしたちはまさしくそこに参加しているということによって、この新しい時代を構成すると思われるものについて知ることからは排除されているのである。自分自身がその行為者であり主人公であるような時代について、わたしたちはなんら責任ある判断を下すことはできない。さらに言うなら、クローチェは、わたしたちが判断を下す能力において大いに制限されているということが問題なのではないと言う。むしろ「問題」は、

ひとり形而上学的に観想することでは得られないことをなおも観想することによって現代に判断を下そうと無意味なことをするのではなく、むしろわたしたちのそれぞれに科せられ、良心が指示したり義務が命じたりする役割に応じて実際に行動することによって、（現代という わたしたち自身の時代に――ホワイト）参与するべきだということにある。（同前）

クローチェはただ、すでに「乗り越えられた」思想である行動主義《アクティヴィズム》、共産主義、超越主義、熱狂的愛国主義《ショーヴィニズム》などの一九世紀の神話をそのまま持ちだすことを禁じただけである。しかし、まだ一九二〇年代においては、かれはこうした非合理主義の形式が再生してくることを、本質的な「エネルギー」があることの証拠として、未来への意思として、したがって「自由な」新生活のための行動の機会として捉えていたのだった。そして、かれの一九世紀ヨーロッパ史は、『歴史の理論と歴史』に響いていた調子とともに閉じられる。つまり、日々の暮らしに足場を置き、さまざまな局面を実践的に処置しつつも、全体的なものについてはいかなる判断も留保せよ、という警告によって締めくくられるのであった。

駆け足で概略を述べてきたこれらのことはどれも予言ではない。というのも、予言はひたすら空虚だからという単純な理由によって、わたしたちに対しても誰に対しても禁じられているものだからである。むしろここで述べてきたことは、指導概念においても一九世紀の出来事の解釈においても、この歴史書で与えられた物語に賛同するひとびとにとっては、道徳的良心と現在の観察とが与えてくれる道標にとどまるべきものなのである。（『十

九世紀ヨーロッパ史』三六四頁。強調はホワイト）

違った理想にとらわれている別のひとびとは、状況を異なる仕方で見るだろうし、それに従って別様に行動することになる。しかし、そうしたひとびとがどんな道を選ぼうとも「かれらが純粋な精神で内なる命令に服従して行動するなら、かれらもまた正しく未来に備えるであろう」（同前）。かれらがどんな道を採ろうとも、誰も他者を咎めることはできない。なぜならば、

自由主義思想によって鼓吹された歴史学は、その実践的で道徳的な帰結においても、自分と違ったように感じたり考えたりするひとびとを絶対的に拒絶したり非難したりして終わることはありえない。この歴史学は、自分に同意するひとびとに向かってただこう言うだけだ。「ここであなたの眼前に指し示された導きに沿って、全身全霊を投じて、あなたのどんな行いに際しても、毎日、毎時間励みなさい。そして主の摂理を信じなさい。摂理は、わたしたち個々人がそうするよりも多くのことをご存じであり、わたしたちとともに、わたしたちのうちに、そしてわたしたちの上で統べたもうからである」と。わたしたちがキリスト教徒としての教育と生活のなかでよく耳にし、口にしてきたこうした言葉は、同じ起源から出てきた他の言葉と同じように「自由の宗教」に内在するのである。（同前）

クローチェの歴史観念のイデオロギー的意味

クローチェは自由主義者や急進派からも、さらには保守主義者からさえも、その時代の生活を支配する「新しい勢力」に対して、とくにファシズムに対して、道徳的立場が曖昧であると強く批判されていた。かれはある時を境に自分の事例に関しては身をもってファシズムに抵抗したのだが、その原理そのものを無条件に断罪することはできなかった。というのも、クローチェにとってそこで問題になっていたのは特有の意味での「事実《ファクト》」であったから、それが一時的になすことを「超えた」ところにおそらくは出現する、新しい生のファクターとして考察されなくてはならなかったからである。しかし、そんなクローチェに対して、かれの批判者たちは問う——《あなたの言うように、もしも同時に「哲学的」であるとともに「歴史学的」でもあるような「自己意識」が、一方では永遠であるものを、他方では過ぎ去ってしまったものを除いて、それ以外のあらゆるものごとには現在のことだからといって判断を下せないというのなら、しかもそれによってその現在時においては権力者が好きなように行動できるとい

うのなら、「自己意識」はそもそも何の役に立つというのだろうか。そのとき、その人物が、どんなことをしようとも自分が十分な「内的」信念をもって行動すれば、より自由な未来の生に究極的には貢献するはずだと信じきっている場合には、そんなファシスト的人物をどうしたら制御できるだろうか。あなたは大戦以前には新しい意識が誕生したと宣言し、それはあらゆる二元論もあらゆる超越も克服したために、一九世紀に生み出されたすべての思想に優っているとしていたはずだが、ファシズムのもとでは、そういった哲学者の道徳的自己意識や楽観主義はどうなってしまったのだろうか》。クローチェはこのように詰問されたのであった。

しかし、実際のところこのように非難するクローチェの批判者たちは、現実を知るという哲学の能力と、現実を真らしく表現するという歴史学の能力について、クローチェが設定した性格づけを適切に書きとめたり理解したりすることに失敗していたのである。たしかにクローチェは『歴史の理論と歴史』の結論部分で、人間が、自分自身の生きている時代の本性についてまちがいなく判断を下すという可能性を否定していた。また、かれが書いた『実践の哲学』のなかでは、《現在》という時間性は、精神が「善」「真」「美」という三つの契機の場合とは違った姿で現れる四つめの契機に支配されている。精神のこの四つめの契機をクローチェは「実践」の契機と名づけ、これを際立たせたことが哲学に対する自分の独創的な貢献であると主張した。人間は実際の生においては、芸術、哲学、歴史学、科学からどんな指針を得ることも望めない。人間は、自分自身の利害、必要、欲望をどう理解するのかということにあらかじめ支配されざるをえないからである。言い換えれば、人間は、ひょっとすると実行できるかもしれないと思えるような企てについて、それを「実践的」であるのか、それともそうでないのかと捉える直観によってだけ左右されている。まず、個々の「直観」というあり方で、言い換えれば《組織化され形式をもった知覚》というあり方で、人間たちにその眼前に広がる世界を与えているのは、芸術的感性である。その次に人間は、これらの直観を、実践的な課題を遂行しようとして因果関係というカテゴリーのもとにまとめるのだが、それは科学によって可能になる。さらに純粋な概念の学である哲学は、こうした直観を科学とは違った非実践的な力、つまり純粋に知的な目的のために用いることができる批判的な力を、人間に与える。そして、歴史学的な知がわたしたちに可能にしてくれるのは、人間が世界を把握して、その世界のなかで、あるいは世界に反抗して行動してきたこれまでの格闘について、静かに省察することである。つまり、歴史学的な知は、現在とは異なった時間、場所、状況における人間の思考と行動という営みを考察するための素材を提供し、意識（あるいは精神）の本性に関して概念的な（つまり哲学的な）術語において普遍的に考えることを可能にする。

ところが、その歴史学も、現在における行動についての指針までは与えることができない。なぜなら、知の形式としての歴史学は、もっぱら特殊なものについての知であって、けっして世界全体に関わることがらについての、ましてや普遍的なことがらについての知ではないからである。歴史学的説明は特殊な事実を組み合わせた全体からできているが、これについて社会学者のように抽象操作を加えたり統計的数字を集めて比較したりしようとするひとは、実際には疑似科学的な省察形式にまきこまれてしまっている。こうしたひとたちの一般化という操作が妥当であるのかどうかを評価しようとする場合は、実践上の考慮が、こうした事実の集合を他でもなくまさにこのような仕方で配列させているということを基準にするしかあるまい。そうであるから、そのような一般化が持つ権威は歴史学的なものではなく、たんに社会学的なものであるにすぎない。

さらに、ヘーゲルやオーギュスト・コントがそうしていたように、混沌とした現象形態のなかから「普遍的な」内容を引き出すというやり方で史資料に概念を与えようとするひとも、これと似たり寄ったりだ。この場合でも、実際に根拠とされている権威の種類は、歴史学的なものではないし、とくに限定していうなら、それは哲学的な権威であるからである。たとえ分析過程を編成している概念的な原理も、さしあたってその内容については歴史的事実に基づいているのだと言うことはできたとしても、またそのように苦労して生み出された普遍化に、歴史事象から取られたそうした原理の分かりやすい実例を添えられていても、クローチェによれば、実際はそうしたひとも、けっして歴史を概念化することはできていないし、歴史から普遍的なものを引き出すこともできない。歴史学的知は、過去における特殊態としての個々の出来事の知である。個々の出来事である所与のデータは、歴史家がそれを現象の集合体であると特定したときに知という位置にまで高められ、物語の要素として編成される。歴史学とは、そのようなものとして、哲学的知（概念の知）と芸術（特殊なものの直観）との組み合わせなのである。

歴史学的説明とは、物語を構成する目的でつなぎあわされた、存在に関する一連の言明であり、一連の「何かが起こった」という言表形式に他ならない。そのようなものとして、歴史学的説明とはまず第一には（起こったことの）同定であり、ついで第二に（どのようにものごとが起こったのかということの）表現である。そして最終的にはこのことは、歴史学が特殊な形式の芸術であるということを意味している。この特殊な形式の芸術が「純粋な」芸術と違うのは、歴史家の場合には、芸術家が通常用いるような「可能である‐不可能である」というカテゴリーに加えて、「実在である‐実在ではない」というカテゴリーを処理するという事実があるからである。知を分配する者としての歴史家は、これこれしかじかのことが起こったとか、あるいは起こらなかったとかと断定するかぎりにおいてしか、有意味に考えることができない。歴史家は、過去に起こったかもしれないことについては、もしもしかじかのことが起こっていなかったのならば、けっして敷衍することはできない。また、もっと重要なことだが、未来において起こるかもしれないことについても、もししかじかのことが現在起こっていないならば論を展開することはできない。歴史家はけっして現在時制や仮定法では語らず、もっぱら単純過去という時制（より厳密に言えば、ギリシア語のアオリスト▼）で、肯定か否定の直接法だけを用いるものなのである。

詩人がその直観を可能性－不可能性のカテゴリーにしたがって編成するのに対して、歴史家は自分の直観を蓋然性－非蓋然性のカテゴリーのもとに編成するのであって、そこにあるのはちょっとした違いにすぎない。何を主題とするのかという点（直観）ではどちらも同じであるし、その目的（これらの直観の表現）も類似している。というのも、かれらが用いる表現の手段（言語）は同じであり、その「方法」も同一だからである。詩が歴史と共有している方法とは、日常的発話の構文論的規則に他ならない。

歴史学の方法をこのように理解したことは、クローチェが一八九〇年代初頭から加わった歴史学をめぐる論争にとっては、実に大きな意味を含んでいた。歴史学の方法をこのように考えるかぎり、歴史学的知は、現在の状況を照らしだしたり、未来の行為に指針を与えたりすることには、けっして用いることができないことになる。クローチェによれば、ヘーゲルの場合にそうであったように歴史意識が、私的利害と公共的利害とを、伝統と現在の欲望とを、そして現行の文化的秩序における革新的要素と保守的要素とを媒介する基盤として役立つということはありえない。またその歴史意識は、マルクスの場合にそうであったようには、現在の社会的、歴史的状況の真の本質について展望を獲得し、そのような現在時のなかに出てくる変革的な行動プログラムのうちのどれがより正しい「リアリズム」であるのかを評価するための基準として用いられることもありえない。さらに歴史意識は、ニーチェの場合にそうであったようには、世界をフィクションとして構築するための基盤を与え、それによって、おのずから充溢してきて現在の支配的意識にとって代わろうとする意志の衝動を、事例に応じては建設的である場合や破壊的である場合があるにしろ、とにかく解放してやろう、と断言するこ

▼**アオリスト**　古典ギリシア語文法などにおける用語で、たんに一つの出来事として動作や現象を示す相または体を表している。

ともできないのである。

歴史はなにも「教えはしない」とクローチェは主張する。歴史理論がちゃんと教えられる唯一のことは、歴史学は過去についての情報は与えるけれども、現在の世界の真の性質についてはけっして何も語りえないということだけである。つまり、それは何らかの過去の時代に生きていたものや命脈の尽きていたものについての洞察は与えてくれるが、現在という時代において生きているものや死んでしまったものについて、なにも語ることができない。人間は、自分自身の時代における創造的なものと破壊的なものを、世界とは何であり、どうあるべきかということについての個人的先入観に基づいて、言い換えれば経済的、宗教的、哲学的、政治的、心理学的根拠に基づいて決定することはあるかもしれない。しかし、どんな行為の過程であっても、歴史学に訴えることでは、それを正当化する根拠を見出すことはできないのである。

過去についての、歴史についての人間たちの研究は、現在の関心や課題や利害のなかにその起源をもつこともありうる。実のところ、過去に対する関心とはすべて、そうした現在の利害や課題の一機能である。しかし、そのような利害や課題が、過去の知が歴史学的ナラティヴにおいてとるべき形式を押しつけてくるときは、それは誤りしか生みださないことになる。

たとえ歴史家が、現在の利害を過去の探究の出発点として捉えることがあるとしても、かれは過去の研究からはどんな一般的な結論を演繹することもできないし、過去から現在のための意味を引き出すこともできない。

というのも、歴史の知は、過去に実際に起こったことについての物語の形をとった説明であり、特殊なものについての知に他ならないから、それを研究したところで、次のような明らかにアイロニー的な帰結以外には、なんらの一般的結論も引き出すことはできないからである。

歴史は田園詩でもなければ「恐怖の悲劇」でもなく、一篇のドラマである。そこではすべての演技、すべての俳優、すべての合唱隊員が、アリストテレス的な意味での「中庸」、罪ある者であると同時に罪なき者であり、善と悪の混合体である。（『思考としての歴史と行動としての歴史』一〇二―一〇三頁）

あるいは、クローチェが『歴史の理論と歴史』のなかで述べるところでは、

歴史学は（……）善い事実と悪い事実とを、また進歩的な時代と退行的な時代とを区別することができないだけではない。そのような対立しあう二項が、精神の働きによってとって代わられなくてはならない。そうした精

神は、かつて非難された事実や時代がどんな役割を果たしていたのかを確証しようとする。そして、そのように精神にとって代わられないかぎり、歴史学は始まらない。言い換えれば、歴史の発展過程においてそれ自身から何が生じたのか、したがって歴史は何を生みだしたのかが確かめられなくてはならない。あらゆる事実や時代はそれぞれに何かを生み出しているのだから、そのどれか一つだけが歴史学の光のもとで非難されるなどということはないのであって、そのすべてが賞賛され尊ばれるべきだ。（『歴史の理論と歴史』一一九頁、強調はホワイト）

クローチェは、学究として人間が望みうる最高の道徳的自己意識のレベルにまで歴史学を高め、つまりいわば「善悪の彼岸」の位置にまで高めて、そのことによって実際に永久に脱イデオロギー化したのだと自認していたのだが、実のところかれはその歴史学を美学化することによって脱倫理化していたわけである。

これについて、クローチェのあとの時代の歴史哲学者たちは、二〇世紀を席巻した全体主義体制に対して、何らかの歴史的に正当化された非難を加えておくべきだという必要性を感じながら仕事をしていたので、クローチェが選び取ったこの姿勢を道徳的な不可知論だと、あるいはマルクス主義左派の「科学的」歴史学をはねつけるための戦略的な振る舞い方だとみなしたのは自然なことだった。わたしの視座からしても、やはりそのように見える。しかし、その時期のクローチェの目的は、イデオロギー的に右から左までのあらゆる陣営がみな歴史学に認めていた権威を、その当の歴史学から剝奪し、歴史研究を重要ではあるがつまるところ二次的な認識形式という地位に引き戻すことであったということは忘れないようにしよう。こうしたクローチェの目的は、すでに地歩を固めている社会階級や集団の利益には好都合なものであった。というのもこうした社会階級や集団にとっては、社会的、歴史的過程に関する概念的な分析は、かれらが「自然な」地位であり特権であると考えるものについて、何らかの批判的判断を下しかねないかぎりで、ひとつの脅威であったからである。その場合歴史学が、政治的論争からも、科学からも、伝統的形態での哲学からも、そして宗教からも解放され、「芸術」という聖所に戻るのであれば、当面のイデオロギー対立のなかの一ファクターにすぎないものへと飼いならされることになるだろう。

しかし、こうした馴致を有効にするには、ニーチェが芸術的感受性の核心に据えた「ディオニュソス的」衝動をそこから拭い去り、芸術それ自体を飼いならすことが不可欠だった。こうして、クローチェがしたような歴史学的思考の馴致によって、美学は擁護されるにしても、つまるところかれは、絵画であれば印象派以後の潮流が、文学であれば象徴主義運動が達成した一切合財を、そもそも芸術として認識することすらできなくなった。過去を尊重するという点では歴史学的思考はアイロニー的な態度から自由になり、したがって過去が問題になっているところでは創意的で、敬虔的と言っていいほどになりうるが、しかしそれは、歴史家に、自分自身の社会的、文化的現在におけるあらゆることに関して、もっとも極端なアイロニーを受け入れるように強いるという代価を払わせてのことなのである。クローチェが身をもって示していたのはそういうことであった。

そのためにクローチェに続く時代のひとびとのなかでは、かれの仕事は歴史学的知をめぐる純粋に相対主義的なものであると結論づけられることが多かった。なにしろ、クローチェの理論の最終的な産物は「哲学的な」性格をもっていたのだが、この知が基盤としているもともとの洞察は「芸術的な」ものだったからである。しかし、クローチェ自身が意図したのはその程度のことにとどまらない。かれが目指したのはもっと明示的であり、伝統的な歴史家の素朴な経験論や、歴史を超越した歴史哲学者の思弁に代えて、まさに相対主義を玉座に座らせるということだった。かれの主要な哲学的闘いは、美学理論の土俵で繰り広げられた。終始一貫、かれのねらいは芸術的洞察の本性を再定義し、これを、人間が実在の世界についてもつことができるあらゆる知の基盤にまで作り上げることだった。

こうした事情は、クローチェが『思考としての歴史と行動としての歴史』（一九三八年）のなかでブルクハルトに対して見せた軽蔑にも等しい敵愾心をいくぶんかは説明している。その敵意は、かれがランケに示していたものよりもはるかに大きかった。クローチェがランケを非難したのは、かれが「哲学的」理解の点で素朴だということだけであった。クローチェによれば、ブルクハルトは歴史を芸術の一形式としたという点で誤っていたのではない。かれが誤っていたのは、芸術とは何であるのかというその理解において、それを遊戯や催眠効果の一形態として見た点であった。そうなれば、ある意味ではクローチェの本来の敵とは、ニーチェやその種の哲学者たちであったことにもなる。というのも、かれらは芸術の本質を誤解し、これを空想もしくは催眠効果とみなしていたし、その結果としてかれらは、他方ではあらゆる知が「芸術的」基盤を持つという普遍的な真理を含む自分自身の洞察をみずから裏切っているからである。

いまやここで、先行するすべての歴史家や歴史哲学者に対するクローチェの批判の性格を規定することができる。かれの批判は次のような方法をとっていた。まず所与の歴史家の作品のなかに含まれる提喩的（類型的）要素、換喩的（因果論的）要素、隠喩的（「詩」的）要素をそれぞれに特定する。次にこれらの意識様式が、物語の形式と内容を陳述する際にどんな役割を果たしているかを確定する。歴史家の物語は、一方では具体的事実から、他方では固有の（クローチェ的な）哲学的原理によって導かれたコモンセンスから構成されているが、概念理解の様式こそが歴史家を、そうした物語の作者という本来的役割から逸脱させる原因であると特定される。そして最後には、歴史家や歴史哲学者の思考における「生けるもの」と「死せるもの」とを考察し、両者を区別する。認識論のレベルにおけるこのような批判的原理をもつことで、クローチェは、プロット化の誤りを指摘するだけの基準を与えられたのである。語り手は、歴史過程を、ロマンスや悲劇や風刺劇であるかのようにではなく、事情に応じて、あたかもアイロニーの色調で与えられる喜劇か、アイロニックな喜劇か、あるいは喜劇的風刺劇であるかのようにプロット化することだけが許されているにすぎない。

　歴史家が、もっとも「退嬰的な」状況においてさえも、生きて成長し、再生して前に進んでゆく契機を提示するように定められているかぎり、クローチェの場合は歴史のプロット化がどんなものであっても、それに適合する形式は喜劇であることになる。歴史家は、たとえもっとも陰鬱な状況下にあっても、そこでどうにか生きつづけようとしている契機について叙述しなくてはならない。歴史家は「生のなかに死があり、死のなかに生がある」ことを示さなければならないが、もっと言うなら「生のなかに死がある」ことよりも「死のなかに生がある」ことのほうをいっそう強調しなければならない。なぜなら「歴史」とは生に関するものであって、生のなかの一要素である死以外には、本来的に死とは関係がないからだ。アイロニー的な構成要素は「生は死である」という事実にも、そして生まれたものはすべて死ななくてはならないという事実にも由来している。しかし、だからといってそれはけっして悲劇的なあり方でそうなるのではない。というのも、死は生の「事実」であり、あらゆる事実がそうであるように、それも生そのものを維持するためのひとつの「偶然的な機会《オケイジョン》」として考えられなくてはならないからである。

　しかし、もう一度確認するが、歴史家は「生」それ自体を称揚することに熱心になりすぎてもいけないし、自分が書く歴史を、あたかも社会的対立が実際的に、しかも永続的に解決されたかのように、あるいはそれがいつの日か解決されうるかのようにプロット化するべきではない。他の同時代の歴史家たちならきまって「時代《エポック》を画する」出来事だとみなすものについて行う考察を、クローチェは自分の主要な歴史学的著作の劈頭や跋文に織り込むことを拒んでいた。時代《エポック》の語源にあたるエポケー（epokhē）というギリシア語は、厳密には「立ち止まること、静止状態、時間の停止した点」を意味していた。エポックメイキングな出来事を同時代において位置づけるということは、そこで何かある静止状態を暗黙のうちに持ち込むことになりかねない。それに対してクローチェの歴史は、ブルクハルトのそれと同じく、ひたすら移りゆくことである。それは控えめで、漸進的で、過去の事件と現在の出来事とのあいだの類推が少ない。そして、語られるべき始まりも革命もない。

たとえば『十九世紀ヨーロッパ史』は、ナポレオンの没落後の、王政復古期の単調で退屈な雰囲気に始まり、第一次大戦前の、つまりエドワード七世時代▼（一九〇一－一〇）のやはり同じように退屈な雰囲気で終わっている。クローチェが狙ったのは、ロマンスや喜劇や悲劇の物語から連想する程度のものでしかないにしろ、とにかく結末がそれにいたる出来事を最終的に正当化するような何らかの目的論的プロセスが作動しているという印象を打ち壊すことであった。その効果は、歴史の「時代精神に熱狂するひとびと」が重要であるとするあらゆることを取るに足りないと考え、逆に日常生活の退屈で世俗的な様相を真正な達成という位置に高めることである。このことは、その時代の非合理主義者が考えていたこととも知性主義者が考えていたこととも対立していた。

いわゆるイタリアの「自由主義期」（一八七一－一九一四）がもしも「散文的」であるとすれば、それはもっぱら、知識人も非合理主義者も社会主義者も、そしてデカダン主義者も、日々の仕事や義務をよく果たそうとして働いている普通のひとびとのなしとげていることを評価する能力がないからに他ならない、とクローチェは述べている。もしも「虚偽の理想」が実際的な生活のなかで優勢になってしまっているなら、このことの過半は、その時代の知識人や批評家、詩人や哲学者たちの犯している誤謬のせいであり、かれらがその時代の実際的な生活を送っているひとびとを温かく、共感的に受けとめることができなかったからである（『十九世紀ヨーロッパ史』三二五頁）。「虚偽の理想」や「非合理主義」や「精神的衰弱」や「内面的分裂」は、もしも国際的な場面での帝国主義的対立によって新しい生へと煽り立てられるというもう一つの危険に陥ることがなかったとしたら、あとは「批判と教育によって克服されることになる」か、あるいはただたんに「おのずから消耗してゆく」ことだろう（三二六頁）。

こうしてクローチェにとっては、第一次世界大戦は「画期《エポック》的な」出来事としてではなく、一方では一般的な道徳的悪寒と、他方では非合理的な力への意志の作用とが結びついた結果として出現したものであった。戦争は、興奮した同時代の愛国者たちが言うようにヨーロッパ問題における新たな始まりなどではとうていなく、それは「国民には普遍的な浄化作用を約束するものとして喧伝されてきたが、その過程においても、その結末においても、その約束はすっかり裏切られた」（三五二頁）。したがって、戦争それ自体は、それが勃発したことであれ、それがその後辿った過程であれ、けっして悲劇的なものなどではなく、感傷的であるにすぎないという。クローチェは第一次世界大戦を、一九世紀の歴史全体を眺めていたときと同様に、アイロニーという感情《パトス》でもって見ていた。もっとも、この感情は激しいものではなかったが、そうであるのは、かれの観点では第一次世界大戦は、それに先立つ時代にも似た事例があったように、人間の創造的努力にいま一つの「偶然的機会」を与える程度のものだったからである。そのようなものとしての戦争は、けっして人類史に未曾有の出来事などではなく（条件つきで）崇拝されも、同時に（条件つきで）批判されもするようなことであるし、またそうした限定的な考察に関わることだけが、歴史家や哲学者の行いうる仕事なのだという。

適用された批評の方法——アイロニーの馴致効果

共通感覚としての説明、アイロニックな喜劇の様式によるプロット化——これらはクローチェが抱いていた歴史の観念の本質を表している。かれにおいては知性偏重主義を批判し、急進主義に対抗しようとする自由主義の傾向が顕著である。このような歴史の観念がかれの思考の基底にあって、それに基づいてかれに先行する重要な歴史哲学者に対する批判が展開される。なかでもかれがもっとも重要だと考えていた哲学者は、ヘーゲルとヴィーコであった。かれらはそれぞれ「哲学的な」歴史的思考と「詩的な」歴史的思考が犯した過誤の実例を代表していた。しかし、クローチェは、ヘーゲルとヴィーコの批判に乗り出す前に、まずはマルクスと対決している。かれの頭のなかでは、マルクスは一九世紀の思想において「科学的」歴史学を構築しようとするもっとも有害な仕事を体現した存在だった。クローチェがこのマルクスを扱うやり方と、ヘーゲルやヴィーコを扱うやり方との違いに注目すると、さまざまなことが分かってくる。この違いが、クローチェの歴史に関する思考が持っている本質的に馴致的な性格を証明しているからである。以下、マルクス、ヘーゲル、ヴィーコの順に踏み込んで見ていこう。

クローチェ対マルクス

クローチェがマルクスに本格的に取り組むようになったのは、一八九五年以後のことであった。それは、かれの師であったアントニオ・ラブリオーラ▼が、かれのもともとの立場であったヘルバルト▼主義を捨て、哲学における弁証法的唯物

▼**エドワード七世**（Edward VII）一八四一－一九一〇。ビクトリア女王の長男で、六〇歳で即位し、一九〇一年から一〇年まで、約一〇年間在位したが、その治世は停滞の時代であったと理解されている。

▼**アントニオ・ラブリオーラ**（Antonio Labriola）一八四三－一九〇四。イタリアの哲学者。少壮ヘーゲル学者として出

論と政治における社会主義の支持者としてクローチェの前にふたたび登場してきた時期であった。クローチェは、自分はマルクスに対して虚心に耳を傾けたと主張しているが、一八九三年にはすでに歴史学的知が「芸術的」性格を持っているという見解にいたっていたために、マルクスの思想が積極的にクローチェを魅了する可能性は、レーニンがロシアの貴族社会を共産主義へと宗旨替えさせる可能性と同じくらいに覚束ないものであった。クローチェがマルクスを真剣に取り上げたのは、ラブリオーラがマルクスの擁護者であったから、という事情以外にはないように思われる。このことがクローチェによるマルクス主義の否定を感情的に強張ったものにした。マルクスを否定すれば、当然かつての教師であったラブリオーラを否定することにもなるからである。しかし、知的な意味では初めから黒白はついていた。歴史的発展の法則を打ち立てようというマルクスの試み全体が、現実をその個体性において探究し、歴史を物語として叙述するというクローチェの歴史理解とはそもそも相容れなかったからである。もっとも、マルクス主義との出会いにはクローチェにとって得るところもあった。というのも、そのときの議論のなかには、クローチェがその後出会うことになるあらゆる歴史哲学に対して適用される批判戦略が、すでに明確な姿で現れていたからである。それどころか、クローチェが反復強迫のようにそうした論理を繰り返し用いるという心理学的な特徴が、その時期の発言に明らかに示されている。この手の反復強迫は、古きヨーロッパを擁護する立場を採るひとびとが、急進主義者の信条と見たら決まって繰り出す攻撃の論理と似通っている。

ひととおりマルクス主義を検討した後にクローチェが最初に見せた反応は、マルクス主義を「二重の虚偽」だと呼ぶことであった。二重というのは、第一にそれが「唯物論的」であること、第二にそれが「あらかじめ定められた設計図にのっとった歴史の行程」を思い描いていることである。マルクス主義は「ヘーゲルの歴史哲学の変種」にすぎない（「イタリアにおける理論的マルクス主義はどのように生まれどのようにして死んだか」『一九世紀末イタリア版《マルクス主義の危機》論争』二一六頁）。たしかにクローチェは、同世代の学者が大衆の日常生活という現実に疎かったことを思えば、マルクスが人間的生活における経済的な力の重要性を強調したのは健全であったと認めていた。しかし、結局のところかれにとってマルクス主義は、総じて有効な歴史哲学でもなければ敬意を払うべき哲学でもなかった。それはたんに「経験から出てきた解釈規範《カノン》であり、歴史家をけしかけて、ひとびとの生活のなかの経済活動や、それが生むナイーヴで人為的な空想に（……）その関心を引き寄せた」だけであって、それ以上でも以下でもなかった（二一七頁）。

これに対して、ラブリオーラはクローチェが出した結論に異議を唱えた。かれはクローチェのことを、「生の闘争に冷淡」で「書物のなかの観念の論争」にしか関心がない「知識人」だと批判した。もっと辛辣に「厄介な退屈から逃れるためにだけ研究し執筆する勤勉な人物」だと非難した（二一四頁）。ラブリオーラはまた、クローチェがもっぱら「うわべにとらわれた予想、あるいは予断」の奴隷であるとも責めている（二一八頁）。クローチェは自分のそうした偏見を乗り越えることができず、そのせいで自分自身とマルクスとのあいだにある問題の意味を探究する価値がないと一方的に決めつけてしまうことになった、というのである。

それでもラブリオーラの批判に応えて、クローチェはマルクスの経済学的、哲学的教説の研究に立ち戻った。しかし、こうした研究からは、かれの最初のそれよりもいっそう辛辣ですらある判断が出てきただけのことだった。クローチェは、マルクスは新しい学説を発見したわけではないという。かれの著作が面白いのは、主要には、資本主義社会における労働者と資本家との関係に光を当てたからだが、それはつまり、それが歴史的情報であるから価値があるというだけである。剰余価値説については、これはあくまで「ひとつの類型として機能する完全な労働者たちの社会という抽象と、（抽象ではなく現実の――ホワイト）社会である私的資本の社会とを、細かい点を省略して比較してみた結果」にすぎない（二一九頁）。マルクスが哲学的にして同時に科学的であると自称することに関しては、かれは実のところそのどちらでもない。よしんばかれが何者かであるとしても、マルクスとは「倣岸な政治的人物か、またはひょっとすると革命的天才であり、もっぱら労働者の運動のために作られた歴史学的、経済学的教説によってその運動を武装させ、そこに勢いと堅固さを与えた」人物にすぎないと主張している（二二七頁）。そして、こう続ける。実際のところ、もしマルクスが虚偽の科学や虚偽の哲

発し、やがてヘルバルトの新カント派的倫理学の影響下でローマ大学の道徳学、教育学の教授となる。しかし、一八八九年以後、マルクス主義の研究に着手し、イタリアにおける最初のマルクス主義の独創的な思想家になった。九五年に発表した論文「共産主義者宣言を記念して」は、ジェンティーレとともにクローチェも巻き込む「マルクス主義の危機」論争の機縁となった。この論争に関連する論文は、上村忠男監修『イタリア版「マルクス主義の危機」論争』（未來社、二〇一三年）として邦訳されている。

▼**ヘルバルト**　ヨハン・フリードリヒ・ヘルバルト（Johann Friedrich Herbart）一七七六－一八四一。ドイツの哲学者・教育学者。

学という階級イデオロギーの実例を求めるならば、それを見つけるために何もデカルト、スピノザ、カント、ヘーゲルまで立ち戻る必要はない。「マルクスはただ自分自身の仕事を見ればよい」（同前）。あげくの果てにクローチェは、マルクスとは新しい宗教の創始者、プロレタリアートの使徒に他ならないのであり、その手には「人間的生のあらゆる理念性」を脅かすために、ひたすら破壊的であるだけの福音が握られている、とまで言い張っている（同前）。

　するとラブリオーラは、クローチェの批判に今一度応答し、今度は、そのなかに含まれているイデオロギー的な予断、とくにブルジョア的な予断に攻撃の矛先を向けた。ラブリオーラによれば、実際のところクローチェは、マルクスとではなく、自分自身と論争をしているのである。クローチェのたった一つの関心は、マルクス主義の使い道であって、マルクス主義とは何であるのかを明らかにすることにはなかった。もしそうでなかったならば、クローチェが「マルクスは自分のしていることを厳密かつ十全に理解していない」などと主張することの辻褄が合わないことになってしまう（二二九頁）。そだが、この時もクローチェは哲学者の書斎に逃げ込んだ。そしてこう言い放った。むしろラブリオーラこそが、社会主義という目的を実現するために、マルクス主義理論をいかに利用しようかと考えているのであり、それに引きかえ自分は、つまりクローチェは、純粋に哲学的あるいは理論的な観点から、マルクス主義理論のなかの「生きているものと死んでしまったもの」を決定せざるをえない。マルクス主義の唯一の「生きている」要素とは、人間の過去を研究するにあたって経済活動を考慮しなければならないことを歴史家に思い起こさせた点である。それとは対照的にマルクス主義のなかの「死んでしまった」要素とは、経済学においては資本制的経済活動の不正義を暴こうとした剰余価値理論であり、哲学や歴史学においては資本制社会の革命的変革に理論的根拠を与えた弁証法的唯物論の教説なのだ、という。

　クローチェは後になって、一八九〇年代後半に勃発した「マルクス主義の危機」論争が、マルクス主義の哲学的な不適切性を経験的に証明していると主張した。かれによればこの修正主義論争は、マルクスの学説を哲学的に洗練されたやり方で吟味すれば必然的に出てくるものであった。マルクス主義が独学の労働者と、かれらを熱狂的に支援する知識人によって研究されているだけであれば、その哲学的な不適切性が暴かれることはなかった。ところがソレルやベルンシュタイン、そしてクローチェ自身のような洗練された批評家がそれを精査するようになるやいなや、たちどころにマルクス主義の哲学的権威は崩壊したというのである。このようなクローチェの見方は、一九一七年のロシア革命から三八年のスターリンの大粛清までの時期に、趨勢としてあらためてマルクス主義が大きな影響力をもつようになっていても、少しも変わらなかった。かれは、この時期にマルクス主義の影響力がふたたび強くなったのはたんにボルシェヴィキのプロパガンダ活動と、ロシアで広がった低レベルの哲学文化を反映したものにすぎない、と後に書いている。

哲学的でしかも科学的な理論としてのマルクス主義の決定的な崩壊とクローチェが言うものについては、かれは部分的に自分にその功績があると主張している。かれはマルクス主義批判を書き続けたが、それはいつも同じ調子であった。事実上、かれの批判の方法は、一九世紀の反マルクス主義の批判者たちによる大雑把な批判よりもはるかに効果的な、マルクス主義の影響力を抑制する《文化的な予防接種》の一形態として機能していた。つまり、マルクス主義を全否定はせず、そこにせいぜい歴史研究に対する最小限の意義しか認めないことによって、一見マルクス主義に対して寛大な姿勢を伺わせながら、しかし同時に、マルクス主義を際立ってラディカルな世界観にする教説のほうはそこから切除することが可能だったのである。歴史を説明しようとするどんな試みにもかかわらずなにか「生きている」ものがあるということを認めつつ、他方でその試みに新しい、あるいはラディカルな運動という様相を与えるものは何であれ「死んだものだ」と指摘するのがかれの戦術であった。この戦術は、新しい歴史主義(historicism)という立場の強みであり、クローチェ自身がその歴史主義の二〇世紀における先導的理論家であった。つまるところそれは、歴史化するという操作を通じた一種の去勢処置であった。これによって、内からも外からも攻撃にさらされている階級や文化は、自分に敵対的なものすべてをあたかもすでに「死んでいる」かのように扱うことができる。「死んでいる」かのようにとは、つまり、それがあたかもすでに歴史に委ねられてしまっており、だからその位置はもう定められていて、生きた人間にとって現在の行為を決定するための信条としての力をそこから汲みだしようもないかのようだ、ということである。

クローチェ対ヘーゲル

そうやって顧みれば、クローチェがマルクス主義を拒絶したのはどのみち避けられないことであったように思われる。かれの気性、自分が属している有産階級への信頼感、そして歴史は芸術の一形式であるというその確信からして、マルクスが拒否されることは初めから予想がついていた。しかし、それに比べると、かれのヘーゲルとの出会いがどんなものであったのかを特定することは、いくらか困難を伴う。クローチェは初めからずっと一種の観念論者であり続けた。たしかに観念論といっても、「リアリスティックな」観念論者であると自認しており、感覚的知覚の世界の上位に世界を超えた本質存在の領域が存在するなどということは認めなかったにしても、やはり観念論の立場をとっていたことに変わりはない。それではかれの言うリアリスティックな観念論とはいったい何であったのか。クローチェは一九〇六年に、『ヘーゲル哲学における生きているものと死んでしまったもの（*Saggio sullo Hegel, seguito da altri scritti*）』を書くことでこの問題に答えを与えている。この著作によってかれは、先にわたしが論じたかれとかれの時代の特徴である《条件つきの拒絶》というあの思考過程を採用することによって、かれが最終的にとるいかにもクローチェらしい立場へといま一歩踏み込んだのであった。

ちょうどブルクハルトがショーペンハウアーをそう見ていたように、クローチェが判断するところでは、ヘーゲルこそが唯一の哲学者であり、またずっとそうあり続けていた。クローチェにとって、ヘーゲルとは本来的な意味での哲学的な知性そのものである。むしろ、もし難があるとすれば、実際にはヘーゲルは哲学的でありすぎたとも見ている。というのもかれは、哲学的反省の唯一の可能的対象である普遍概念を、つまりアプリオリな概念を、こともあろうに歴史を解釈するうえでの原理として扱っていたからである。ヘーゲルは、哲学が関わるのは概念か概念のあいだの形式的関係だけであると抑制的には考えていなかった。また、哲学はそれ自身の思考機関《オルガノン》を持つべきと、つまり限定された方法論として純粋な概念の学としての論理学を持つべきとも考えないし、哲学的一般化は概念に限定されるべきで、出来事にまで拡張されるのはとうてい不可能であるとも考えていなかった。ヘーゲルは、演繹によって概念の知から現実の自然的、社会的、人間的出来事へと下降してゆき、歴史的出来事に対してある範型を押しつけようと試みているが、これは経験的な意味で社会的かつ経済的な一般化の傾向を普遍概念を表したものとして扱おうとしたマルクスの試みと同じ誤謬である。マルクスが行う普遍化は、それがある歴史上の社会における実際の社会的かつ経済的な実践を対象とするかぎりでのみ有効であった。ヘーゲルが行う一般化は、精神の営為というはるかに広い領域を覆っていた。しかし、クローチェからすればそのどちらも、歴史学的な一般化を進めるための道具として用いるわけにはいかないのである。歴史学においては、その内容の一般化を行いたいという衝動が許されるのは、非常に注意深く限定された条件のもとでしかなかった。

しかし、ヘーゲルは、歴史的な意味において自己意識的であったために、つまり歴史の過程が同時に人類の自己意識の深化の過程であると考えていたために、明確に近代的な性格をもった人間的思考に道を開いたとも言える。重要なことだが、ヘーゲルは超越的なものを前提にするあらゆる思考に対しては一貫してその敵であり続けた。かれは抜きん出て存在に内在して考える哲学者であり、したがって本質的に歴史的な思想家だったのである。なによりもかれは、現象と現実とのあいだの関係という問題に対しては、一元論的な解決であろうが二元論的な解決であろうが、とにかくその問題を解決したとする既存のあらゆる主張の誤謬を見抜いていた。内在して考えるヘーゲルが洞察していたのは、第一に思惟と行為のたった一つの対象とは、たとえばマルクスの下部構造のような、世界の下位にある何らかの一元的な構造などではないということである。というのも、もしもそのような世界の下位にある一元的な構造が前提になったら、精神は付帯的な現象にすぎなくなるからである。また第二に、思惟と行為のたった一つの対象とは、何らかの世界を超越した精神のような存在であるわけでもない。その場合には、今度は物質が精神の弱々しい反映や表出にすぎないことになるからである。さらに第三に思惟と行為の対象は最終的に、たとえばデカルト主義の心身二元論のように心と物質や、精神と身体とに分かれた断裂した全体構造であるわけでもない。いずれにしてもヘーゲルにおいては、最初から哲学によって探究されていた「普遍的な」対象は、人間的経験を超越することも、その下に隠れていることも、その下位に位置づけられることもない。ヘーゲルが言う「普遍概念」とは、その具体性における世界そのものなのである。

ところが、同時にヘーゲルは、かれ以外の哲学の一元論にも二元論にも含まれている真理を、つまり部分的な真理とでもいうべき健全で限定的な判断を自分のなかに保持し続けていた。そこからすれば、一元論者によって捉えられる世界の一者性も、二元論者が想定する対立関係も、どちらも等しくそれなりに妥当性のある世界理解であった。それでも、一者性と対立関係とは、進化し発展してゆくひとつのリアリティの異なった様相である。世界は一つでありながら、同時にまた内的に差異を生みだしていくものである。世界の一者性は、それがその内部において対立を孕んでいるという事実とは矛盾しない。むしろ、世界はその内部に対立を孕んだ一体性なのである（Saggio sullo Hegel, 15）。

このように全体的なもののうちで部分が内的に差異を生みだしていくということは、世界が発展する力をもつということを説明し、世界のなかから生成を、つまり歴史を生みだすということなのである。このように、ヘーゲルの思惟においては、一者性と対立とは一つの全体的なものの二つの様相として現れ、その全体的なものは、存在、無、成という三つの契機を持っている（17）。一者性と対立、存在と無、肯定と否定といった相対立する契機が「総合」という第三項に包摂されること、すなわち生成は、ヘーゲル哲学の絶頂を示すものであると同時に逆に皮肉にも重荷でもあった。繰り返すなら、こうした捉え方は真理を含んでおり、その点にリアリティの論理としてのヘーゲル弁証法の有効性はあった。ところが同時に、ヘーゲルがこの三段階図式を自然と歴史の所与に機械的に適用してしまったことから、あの誤った総体的な体系が生みだされることになったのである。こうした体系を、クローチェやかれの世代は、もはや自分たちの思考とは和解不可能な敵と見なしていた。

クローチェによれば、ヘーゲルの解釈者たちはおしなべてかれを誤解している。かれらは、ヘーゲルが現実を悲劇的に理解していたことを見落としており、かれの楽観主義だけを視野に置いていたからである（41）。この崇高で政治を超越したヴィジョンを多くの解釈者たちはたんなる保守主義だと理解していた（44-45）。そして、実際にはヘーゲルはいまだかつてないほどの純粋な歴史主義者のひとりであったにもかかわらず、かれを一貫して歴史とは関係のない観念論者と見てきた（46-47）。ヘーゲル以前の哲学者のなかでは、ただであった（50-52）。しかし、こうした高い評価に値するとしてもヴィーコだけが、深さと広がりにおいてその洞察に迫るひとであった。ヘーゲルの体系全体の核心には、ある深刻な誤りが含まれていたことも留意しなくてはならない。その誤りとは、現実とは一つであるとともに内的に差異化されているという認識に含まれている哲学的真理を、無制約に世界のなかの実際の出来事にまで適用しようとしたことである。クローチェは言う。「ヘーゲルの体系においては、無限なものと有限なものとが一つになり、善と悪とが一つの過程を構成している。そこでは、歴史とは理念の現実であり、精神はその歴史的発展の外部には存在しない」。まさしくこのような洞察があらゆる歴史的事実を、それが「理念の事実」であるという理由によって、ヘーゲルにとっての「神聖な」事実にするのである。それによって歴史家は、あらゆる事実に同じように共感し、それを同じように真摯に研究することを強いられるのであり、またそれによってまさしく歴史主義的な方法による歴史の評価をするように促されることになる。それはちょうど、クローチェの歴史主義が求めたことに合致していた。これがヘーゲル哲学の「健全な」側面であったが、それは同時に存在する「不健全な」側面から厳密に区別されなければならない。「不健全な」側面とは、三項図式の弁証法的範型を、歴史の内実である多くの具体的な事実のあいだの関係を分析する際に適用しようとしたことである。この「不健全な」側面が、二〇世紀の初頭の時期にヨーロッパを苛んだ一群の「生の哲学」——それには「神経症的な神秘主義」や「偽善的な宗教心」から「反歴史的な野蛮」を経て「実証主義」や「新しいジャコバン主義」までが含まれる——を産みだしたという（48-54）。

したがってクローチェによれば、ヘーゲルにおける「生きているもの」を救い出すためには、従来のヘーゲル研究者がそう努めてきたように、たんに哲学者ヘーゲルを、歴史家ヘーゲルや科学者ヘーゲルから区別するだけでは十分ではない（54）。事情は逆であって、ヘーゲルの歴史家や科学者としての誤りは、その根底にある哲学的誤謬の結果であった。

だからこそこの誤謬は容赦なく明らかにされなければならない。そしてクローチェは、かれが区分の方法と呼んだ批判的方法を用いることによって、それを自分の手で明らかにすると主張した。この方法は、その後、半世紀にわたって、かれの一般哲学と歴史哲学の基盤をなす考え方だった。

　クローチェのいう「区別」の方法においては、たとえば悪に対する善、不正に対する正義のように、概念はたがいに対立することがあるが、その一方でものごとは互いにただ区別されるだけだという認識が必要である。対立と区別の違いが重要である。これは全体的なものの本質的な統一性を攻撃することではなく、ものごとについて語るときと概念について語るときでは、全体的なものを描写するのには異なったやり方が必要である、ということを示唆しているにすぎない。クローチェは次のように述べている。

> たとえば、わたしたちは精神ないしは精神的活動性一般について論じることがあるが、それとともに、あらゆる瞬間ごとに、この精神的活動性の特殊な形式についても論じている。わたしたちはそれら全部が要素となって、初めて完全な精神性を構成していると考えるので（……）一方の精神的活動性一般と他方のその活動性の形式とを混同しないように用心している。だからこそ、わたしたちは道徳的基準で芸術を判断したり、芸術的基準で道徳を判断したり、さらには有用性という基準で真理を判断したりする者を批判するのである。(56)

　全体的なものを把握しようとする過程で、ともすると「区別」の必要性を忘れてしまう傾向があるのであれば、そのことをすぐさま念頭に呼びだすためには、わたしたちは生に目をやることにたえず心がけるだけでいい。というのも、「生」こそはわたしたちに対して、活動性の領域としても、個々の人間としてもつねに現前しているからである。活動性の領域のほうは、経済的領域、科学的領域、道徳的領域、芸術的領域として、相互に外在的に区別されている。また個々の人間のほうは、詩人、労働者、政治家、哲学者などとして、たとえばその職業によって互いに区別されている。哲学でさえ、それ自体で存在するのではなく、つねに哲学の特殊なアスペクトとして、つまり美学、論理学、倫理学などとして提示されている。実のところ、哲学という全体的なものは内的に区別可能なのである。どの哲学も、他の哲学とは区別されたひとつの哲学なのである。

　そしてクローチェは、歴史過程を構成する独立した個別の定在からなる一連の全体は、通常の分類の理論によっては適切に特徴づけることのできないような「関連と律動」を構成する、と続けている。伝統的な分類体系においては、わたしたちはひとつの概念を仮定し、次いでその第一のものとは無関係な別の概念を導入する。そのあとで、二つの概念は、区分の基礎として用いられるのである。クローチェの言い方では、この第二の概念が用いられるのは、

わたしたちがケーキを（つまり、第一の概念を）非常にたくさんのピースへと切り分けるときのナイフのようなものとして、である。このケーキを切るという措置がもたらす結果が、普遍的なものの統一性の消失である。現実は多くの異質な要素に切り分けられ、そのそれぞれが、他の部分に対して無関係である。そして、哲学という一体性の思考は不可能なものにされる。(57)

現実を作りあげている個々の定在間を区別しつつ、しかも同時にそれらの定在を一体性へと統一するという正しい方法を、クローチェは「段階の分類図式」と呼び、その発見の功績をヘーゲルに帰している。この図式のなかで個々の定在は統一されるのだが、それは相互に外的に、つまり無関係なままに統一されるのではなく、低い段階がより高い段階において「包含」されることによって統一されているのである。この分類図式が、文学、法、道徳、政治、宗教などの異なった主題を関連づけるヘーゲルの力の根源であった。それは哲学的分析における堂々たる勝利であった。というのも、この図式においては、思考のもっとも重要な概念は、たがいに対立するものであるとともに、弁証法的に統一されているものだからである。

クローチェによればヘーゲルは、人間の経験の根本的な様相性は、さまざまな概念装置によって探究されなければならないということを示している。したがって、

真なるものは、それが善なるものに対して持っているのと同じ関係を、偽なるものに対して持っているのではない。美しいものもまた、それが哲学的真理に対して持っているのと同じ関係を、醜いものに対して持っているのではない。死のない生と生のない死とは、二つの対立しあう幻影であって、その幻影の真理とは生であり、つまり、生であるとともに死でもあるひとつの関連であり、言い換えれば、それ自体とその反対物（との結合——ホワイト）である。しかし、その一方で、善のない真理や真理のない善は、第三項のなかで取り消されるような二つの幻影ではない。すなわちそのような幻影は、段階の関連のなかで、真理と善が区別されるとともに同時に統一されているような関連性のなかで解消されるのである。そのようにして、思惟することなしに善を意志することが不可能であるのと同様に、真理のない善もまた不可能である。善のない真理は可能であるが、それはただ、実践的な精神よりも理論的な精神が優位すると考える哲

学的理論と一致するという意味において、つまり、芸術の自律と科学の自律の公理に一致する意味においてだけである。(63-64)

個々の定在についてのこのような理論は、クローチェの有機体的全体論を支えるものとして役立っている。そしてこの有機体的全体論もそれはそれで、かれが哲学史における全体的なもののあらゆる理論づけを、一方では拒否しつつ同時に他方では受け入れるということの根拠となっている。かれが言うところでは、「有機体とは」、

死に対する生の闘争である。しかし、有機体の四肢は、だからといって互いに争い合うのではない。手が足と、目が手とたがいに争っているわけではない。精神とはすなわち発展であり、歴史であり、したがってそこには存在と非存在とがともにある。つまり、それが生成である。しかし、哲学の主題である永遠の相の下に《スブ・スペキエ・アエテルニ》ある精神とは理念的歴史であり、永遠の、時間の外の歴史である。それは一連の誕生と死からなる永遠の形式であって、ヘーゲルが言ったように、それ自体としては生まれもしなければけっして死にもしない。(64)

そしてクローチェは、この「本質的に重要な点」を忘れることは、深刻な誤謬に陥る危険を冒すことだと警告している。しかしヘーゲルは、それを忘れてしまった。かれは《対立》と《区別》との差異を明確にしつづけることに失敗したのである。「変化の段階の関連を、かれは弁証法的対立という方法で理解した。そしてこの連結に、本来なら対立の総合に(だけ――ホワイト)適合している三段階《トリアーデ》の形式を応用した」(64)。言い換えれば、かれは哲学的概念にだけ適用することがふさわしい分析様式を、歴史にまで適用したのである。「区分の理論と対立の理論は、かれにとっては同じものになった」(ibid.)。その結果、哲学の歴史や自然の歴史、そして本来の意味での歴史の歴史と言われるものを説明するにあたって、ヘーゲルはそれらの場の複雑な所与を定立《テーゼ》－反定立《アンチテーゼ》－総合《ジンテーゼ》という三段階《トリアーデ》の図式へと還元しようとした。そしてクローチェは、いまわたしたちが検討しているヘーゲル論『ヘーゲル哲学における生きているものと死んだもの』のなかの数章(第五章から八章)で、かれが「誤謬のメタモルフォーゼ」と呼ぶものを、まずはヘーゲルの仕事のなかの哲学の領域から、芸術の領域、次に言語の領域、自然哲学、歴史の領域へと順を追って年代順に位置づけている。

　ヘーゲルの歴史哲学がどこで誤ったかということについてのクローチェの批判は、ここでのわたしの研究にとっては格別に重要である。いうまでもなくこの批判は、ヘーゲルが芸術の自律性を捉えることに失敗していたために、必然的に歴

史の自律性を理解できなかったという非難に基づいている。しかし、この批判のなかでクローチェは、歴史の概念が哲学の概念に対して持っている弁証法的な関係を強調している。かれはこう続けている。「歴史は芸術とは異なり、その基礎として哲学的思惟を前提としている」(89)。つまり歴史は、その具体性における現実である全体的なものという概念を前提としている。ところがクローチェは「芸術と同じように歴史学は、その素材を直観によって見出すのだ」と続ける (ibid.)。すなわち個々の具体的な定在を知覚することによって、歴史学の内実が与えられるのである。そしてかれはこう結論づける。これこそが、歴史が「つねに物語である」(つまりストーリーを語ることである) 理由であり、また歴史学とは「たとえその基礎を理論や体系のなかにもっているとしてもそれ自体はけっして理論でも体系でもない」ことの理由なのだ (ibid.)。だからこそ、歴史家は、一方ではある時代の記録文書を研究しつつ、その他方で同時に、その時代の実際の現実や生に関する自分たちの観念を、「とくに歴史学的に扱うのに適している生の様相」を明瞭に定式化していると言うことができる(89-90)。また、これによってクローチェは、歴史叙述は、数ある研究局面のひとつにおいては、つまり史資料を予備的に収集するということにおいては、まさに「学問的に厳密に」である以外にはありえないものの、その場合もその他の局面においては、つまり見出されたものをどう語るのかということにおいては、歴史叙述は依然として「芸術作品」である、と主張することができた。しかし、歴史の物語の内容はその形式からは区別されなければならない。クローチェは、もしも「歴史学のありとあらゆる作品がそのもっとも簡素な表現へと還元されるならば」、それらはみな「歴史学的判断」という形式で言い表すことが可能になることだろう、と注記している。「歴史学的判断」の範例は、「何かが起こった (たとえば、カエサルが暗殺された、アラリック一世▼がローマを略奪した、ダンテが『神曲』を書いたなど)」というあり方になる (90)。クローチェは、こうした言明を分析すると、そのそれぞれが「主語として機能する直観的要素と、述語として機能する論理的要素」を含んでいると主張する。「前者の主語は、たとえばカエサル、ローマ、ダンテ、『神曲』などになるだろうし、後者の述語は、《暗殺する》や《略奪する》や《芸術的創作を行う》などになるはずである」(90)。

大事なことは、もしも歴史学が歴史的現象の類型《タイプ》化や分類《クラス》を志向して理論構築される場合には、純粋に経験的な「概念の学」を、つまり社会学を生みだすことになってしまうが、そのような科学では、史資料それ自体の根底にあってそれを成り立たせているもう一つの概念の学、すなわち哲学の代用にはならない、という点である。特殊なものから、それの根底にあって当の特殊なものの考察を可能にするような「理論的要素」へと移行しようと決断すれば、歴史学的考察が哲学の問題になりうるということをクローチェは認めてもいる。しかしそれでも、普遍的なものを思考することと特殊なものを知覚することのあいだにある障壁を乗り越えることだけは不可能である。したがって哲学にたずさわるか歴史にたずさわるかは、二つに一つしかないし、「歴史哲学」とは言葉の点では矛盾している、という。そのような奇怪なものを生みだそうとする試みがもしもあったとすれば、それは、歴史家によって書かれるような種類の歴史学を否定せざるをえないが、クローチェの見たところでは、まさしくそれこそがヘーゲルの歴史哲学の帰着点だった。

ヘーゲルは事実に対して忠実であろうとしていたが、歴史を弁証法的に「理解」しようと努力すればするほど、そのことがそのつどかれの目指すところを裏切っていた。だからかれは、かれが扱うどんな国民、宗教、民族、個人に対しても、けっして全体的ではなく、それぞれの時代に制約された価値しか与えなかった。かれにとっては、それらの要素がそのつど完全なものになろうとするときには、つねに否定的な要素が積極的な要素に勝ることになる。ある段階にあるそれらの要素は不可避に止揚され（乗り越えられ、廃棄され）、このようにして最終的には失敗であったとみなされざるをえない。このことからは、「理性の狡知」というあり方で、ヘーゲルが過去についての自分の評価に挿入する神の摂理とでもいうべき目的論的な概念が必要になる。つまり、このような「理性の狡知」という考え方があって初めて、ヘーゲルは、あらゆる過誤が一種の真理であり、あらゆる悪は一種の善であり、あらゆる醜さは一種の美しさであり、その逆も同じなのだと考えることができた。かれは、あらゆる存在が仮借なく自己否定をするということと、それにもかかわらず一種の摂理のようなプロットが必要になることとのあいだのこのようなディレンマから抜け出すことができなかった。「ヘーゲルが打ち立てた原理を前にすると、事実や史資料は役に立たない」ということになれば、かれが歴史家に与えている《史資料を探究し、事実に忠実であれ》という勧告は、まさに「言葉のうえだけ」ということになった(94)。

クローチェの評価するところでは、ヘーゲルは歴史が帯びる「意味」を見出すために哲学的概念を用いようとしたが、このことを正当化するためには次から次に還元するような思考を行わざるをえなかった。つまり、精神の歴史を国家の歴史へと還元し、文明総体をある時代や地域の文明へと還元し、個々の人間を理性の道具という位置づけに還元するという思

▼**アラリック一世**（Alaricus I）三七〇－四一〇。西ゴートの王で、ビザンツ皇帝から軍司令官に任命されたが、その後西ローマ帝国領にもたびたび侵攻した。

考になっていたのである（95-97）。ヘーゲルは「現実というものは内核も外殻もあるものではなく、ただそこに投げ出されているだけであり、内面と外面とは同じものである（……）ために、事実のまとまりは一つの集塊であって、本質的な内面と非本質的な表層とに分けることはできない」ということを捉え損ねていた、というのである（98）。このように、ヘーゲルの哲学は「歴史を渇望しつつ、また歴史から滋養をもらいながら」、かれのあとにつづく歴史的思考にとっては両義的な継承遺産となったのである（ibid.）。ヘーゲルは、ああらゆる出来事が観念の具体的な顕現であると解釈することでそれを「聖なるもの」にしたために、その世代全体の優れた歴史家たちに、過去の時代や時期を共感によって再創造するように鼓吹したのに等しい。しかし、ヘーゲルは、精神が顕現したものは、抽象的な形態における精神が服していたのと同じ概念的思考、同じ論理的操作に服していると教えたことによって、その結果として「生意気で滑稽な、歴史学を見くびっている」連中を、つまり事実の権威を否定し、歴史的記録を自分たちの気に入るものにしてしまうひとびとを活気づけることにもなった。

このようにしてヘーゲルは、皮肉なことに、自分の敵であると公言していた二元論的発想から最後には逃れることができなかった。クローチェによればこの意図せざる二元論は精神と自然との二項対立にもっとも歴然と現れている。ヘーゲルの本来の純正な思惟のなかでは「精神と自然は二つの現実であり、言い換えれば一方の現実は他方の現実に先んじて存在し、一方の現実は他方の現実の基礎として働いているが、いずれにしても一方は他方から分かたれている」（131）。この二つの領域を一つにするためにヘーゲルは、第三の現実を、つまりロゴスという精神と自然の双方の根拠であり目的でもある普遍的理性を要請せざるをえなかった。もしもヘーゲルが精神と自然を分離された二つの「具体的現実」としてではなく、あくまで二種類の概念としてのみ捉えていたとしたなら、それらには定立－反定立－総合という三項《トリアーデ》の図式を適用できないことに気づいたことだろう。また、もしもそうであれば、かれは、歴史と自然のあらゆる局面のなかに読み込もうとした汎論理主義を避けることもできたはずだろう。そうした汎論理主義は、世界のどこにも「非合理的なもの」の余地を残さないものだった。

したがって、ヘーゲル主義の立場では、精神の哲学と物質の哲学との結合という問題については実は未解決のままであった。実際のところヘーゲル哲学においては「自然」という言葉は、「物理的で数学的なものによって記述された自然の全体性」という特殊な内容を与えられていた。またその他方で「精神」という言葉もヘーゲル自身の説明とは別に「あるときは心理学、あるときは法哲学、芸術哲学、宗教哲学、そして絶対精神ないしは観念の哲学」を内容として使われている。しかし、そうやって見るとロゴスという言葉は固有の内容をまったく備えていないことになる、とクローチェは批判する（132）。ロゴスとは抽象の抽象であるにすぎない。要するに抽象的に考察され、自然と精神に対して「貸し出されたとでも言うべき」理性なのである。この概念は、自然と歴史を歪曲したり制限したりし、しかもヘーゲル体系以外の他のあらゆる哲学の不適切さを批判するために用いられている。ヘーゲルはこの内実が希薄な「ロゴス」という言葉にそれでも特有の内容を与えようとして、そのために歴史学に近づいてゆき、その結果結局は歴史とロゴスを同じものとして理解することになってしまった。

　しかし、歴史はたんなるロゴスではないとクローチェは主張する。それは理性ではあるが、同時にまた非理性ないし非合理性でもある。もっと厳密にいえば歴史が作られるのは、人間的理性と人間的非理性とが互いに作用しあいながら姿を現す場面においてである。このような歴史は、さまざまな人間的行為の総和にすぎず、人間における理性と非理性との緊張を表している。これらの人間的行為は、個別的なものであるとともに独特のものであり、それらについて省察することから、一方では理性的なものについての一般理論が、他方では非理性についての一般理論が生み出されるのであって、それがそれぞれ哲学と心理学なのである。しかし、そうした哲学も心理学も、自然科学をモデルにしてつい想定してしまうような、《人間の行為の特別な性格をその行為の発生に先立って予測する人間についての一般理論》として役立つことはありえない。

　このように、つねに歴史学には、哲学や心理学や社会学によって構築された人間についての一般化された知見をひっくり返してしまう傾向がある。あるいは少なくとも、そうした一般化を繰り返し見直すように要求するのである。というのも歴史学は、一般化を目指す科学には予測できない人間における理性と非理性との不確実性に満ちた個性的な相互作用について、つねに新しい具体的で特殊なデータを開示するからである。たしかに歴史家は、特定の歴史的行為を特徴づけるために、つまり文の形で言うなら具体的な内容を持つ判断において主語を述語へと結びつけるために、哲学的、社会学的、心理学的な一般化の操作を行わなくてはならない。しかし、このようにある歴史学的判断のなかで主語を述語に結びつけることは、しばしば誤解されるのとは違って、それ自体は混沌としたなかからある一瞬に何かがパッと発見されるという直観的な、あるいは美学的な手続きである。つまり推論ではなく、発見なのである。そのような手続きによって、歴史家は、それ以前には不分明で無秩序で混沌としていた歴史的記録という領域に、明瞭さと秩序と形式とを付与するのである。たしかにたとえ歴史家の言明は芸術の場合のように可能態としての出来事にではなく、現実に生起したこと、つまり現実態としての出来事に関わっているという違いはあるとしても、しかし実際のところかれは芸術家と同じことをしているのである。その他面で歴史家は、自分自身の知覚に関する哲学的な判断も下すことによって、つねに自分の想像力を抑制しているのであり、その結果として、歴史家が関わるのにふさわしい現実的なものは、ただたんに見せかけだけのものから区別される。つまり歴史家は、史資料のなかに含まれている証拠によって自己抑制的に仕事をしているが、もしも哲学的判断による統制がないときには、その実証的証拠にとって代わるものをつい探し求めてしまうのが想像力の常なのである。

それでは、いったい何がヘーゲル思想における「生きている」ものであり、何が「死んだもの」であるのか。この問いに対するクローチェの答えは明確に存在している。そしてこれがあるために、あらかじめ想定された普遍概念や一般化の手続きに訴えることで歴史的記録を理解しようとするような試みを、かれはすべて認めないのである。一方でヘーゲル哲学における生きているものとは何か。かれによれば、維持し深める必要があるのは、《哲学的省察の対象とは全体的な現実であり具体的普遍である》というヘーゲルの基本的な洞察である。またヘーゲルにおいて守るべきものは、対立しあう二項のなかからおのずと生まれる弁証法的過程こそが哲学的省察の本来の手段であるという確信である。さらに継承するべきは、精神の多様な形式がそれぞれ自律的であるのに、同時にそれらがつながり統一態にならざるをえないと確信させてくれるような、異なった段階ごとの現実が内在的な対立運動を通じてそのつど止揚され、先にあったものを廃棄し、克服しつつ、その契機を維持して高まっていくという教説である。しかし、他方でヘーゲル哲学における死んだものは認めるわけにはいかない。あらゆる形態における汎論理主義、つまり経験的に具体的な姿を現している現実を抽象としての理性の支配規則のもとに包摂しようとする試みは一切合財斥けなければならない。それによって、歴史的現実を弁証法的に説明する試みをもすべて拒絶されるべきである。要するにヘーゲルをたたき台としてクローチェの言っていることは、哲学に対する理性の支配には賛同し、歴史学的判断のなかで概念を用いるときには理性に警官のような権威を認めながらも、歴史一般を説明するときには、理性の権威を否定せよ、という命令なのである。歴史学は、無制限の芸術的想像力からも、科学的一般化からも、哲学的概念化からも、同時に守られていなければならない。たしかに歴史学的判断は（善、悪、美、真理、有用性などといった）明確な哲学的概念を前提としており、経験的事実と概念との結合からなっている。事実は芸術的直観によって識別され、概念は哲学的省察によって構築されるのだが、しかしそれらを組み合わせることこそが特有の意味での歴史学的な活動なのである。歴史学的活動の範型とは《これはそのときその場所で起こった》という形をとる。この活動は、芸術的直観だけでも、また哲学的省察だけでも、それぞれ単独では正当化することはできないのである。

たくさんの歴史学的言明に基づいて、たとえば一定の類型の時空間では一定の類型のことがらが発生する傾向があると一般化して言うことは推論の形式としてはひょっとしたら可能であるし、そこから社会学的考察に至りつくこともありうるかもしれない。しかし、そうした一般化を法則や普遍妥当概念として扱うことは、のちになってギルバート・ライル▼が「カテゴリー錯誤▼」と呼んだものにあたる。こうしたものは、個別的な歴史学的判断からのたんなる抽象であって、あらゆる時空条件のもとでつねに実際に生起することについての普遍的言明というわけではない。したがってそのような一般化が、クローチェがなんとか歴史学に許容している唯一の可能な普遍概念である、概念についての哲学的言明にとって代わるということはありえないし、またそれが、実際に生起したことについての一連の関連性のない歴史学的判断にとって代わることもできない。つまるところ歴史学的知とは、過去の人間的行為の記録を、つまり人間がすでに行ったことを復元することにとどまるのであって、人間がいま何をしているか、人間が未来において何ができるのか、何をしなくてはならないかということまで、その手を延ばすものではないのである。

歴史学的判断とは別の種類の判断が、だからたとえば政治的判断、道徳的判断、経済的判断などといったものが、目の前の出来事の意味を説明するために用いられるということがあるかもしれない。しかし、こうした判断は、その判断が正当であるという承認を当の歴史学から得ることはまったく不可能である。こうした歴史学的なものではない判断は、人間に対して、その人間の差し迫った現在の生活を適切に組織するために下される提案であり、計画であり、企図であって、確実に保証された知ではない。このような提案、計画、企図などは、商業界や国民議会で、それ自体の意義にのっとって、また現在の問題に対するその明らかな有用性に基づいて、神

▼**ギルバート・ライル**（Gilbert Ryle）一九〇〇－七六。ヴィトゲンシュタインに影響を受けた日常言語学派の哲学者。『心の概念』のなかで、哲学における難問のひとつである心身問題とは、カテゴリー錯誤から生じた擬似問題であると批判した。

▼**カテゴリー錯誤**　あるひとつの論理的階層に属する概念を、それとは異なる論理的階層に属する概念と混同して扱うこと。動物という概念を、その下位概念であるライオン、シマウマ、アルマジロと同じ集合として扱ってしまう場合に起こる。

ではなく人間の是認を闘いとらなくてはならない。それに加えて、もし歴史学に訴えることによって正当化されると考えたりするのであれば、あるいは必要な結論としてそれらが歴史学研究から提示されることを期待したりするのであれば、それは結局のところ誤った権威を探し求めているだけのことである。そのように歴史学は、現在の行為と未来の大望の案内役という不可能な任務からは切り離されるべきものである。歴史学が教える唯一のこととは、ひとは自分自身がそうなろうと思う何ものかをつねにすでに自分のうちに持っている、ということだけである。したがって、歴史から教訓を引き出そうと試みるのは明らかに危険である。そのような危険は、クローチェが近代イタリア文化の生んだ最大の天才とみなす思想家、ジャンバッティスタ・ヴィーコが、その天分にもかかわらず歴史を誤用してしまった事例において何よりも明らかになっている。そしてそのヴィーコが何を考えていたのかということこそ、クローチェにとってももっとも困難な批評の試みとなった『ヴィーコの哲学』(一九一一年)の主題だった。

クローチェ対ヴィーコ

『美学』のなかでクローチェは、プラトンにおいては魂の卑しい部分という位置しかあてがわれていなかった詩の名誉回復を、ヴィーコこそがなしとげたと評価していた。ヴィーコが「芸術と詩学の真の本性を初めて明らかにした」と言うのである(『美学』二二三頁)。この「明らかにした」という知見は、「詩は知性の前に、ただし感覚の後にやってくる」ことを発見するという形でもたらされた(同前)。他方でプラトンは、近代においてかれの哲学に対応する位置にあるといえる「生気論者」や「非合理主義者」がそうしているのと同じように、詩と感覚とを混同していた。しかし、ヴィーコによれば、人間は観察する前に感覚している。言い換えれば、観察することは感覚によって支配されるか、あるいは感覚を機縁として引き起こされるものである。詩は知性と混同してはいけないが、かといってただちに感性と同一視してもいけない。したがってその帰結として、クローチェが『新しい学』から引いている言葉で言い表すなら「詩的警句は情念《パッション》と感動の感覚によって形成されるのであり、この点で、反省から悟性的判断によって形成される哲学的警句とは異なっている。こうして後者は普遍的なものに高まっていけばいくほど、それだけいっそう真実なものへ近づくのであり、前者は個別的なものに適合すればするほど、それだけいっそう確実なものになるのである」(『新しい学1』一四八頁、『美学』二二三頁以下)。またクローチェは、この箇所で「科学と芸術とのあいだに境界線があることははっきりしており、両者がふたたび混同されることはありえない」とまで結論づけていた(『美学』二二六頁)。

続けて、詩と歴史学との差異についてのヴィーコの理解は「少々明晰さに欠け」、つまり明確ではなく、実際のところ結局は「詩と歴史学とを一つのものにしてしまっている」と言う（二二七頁）。このように詩と歴史学とを同一のものだと考えることで、ヴィーコには、神話とはその本性においては「太古の人間の眼前に現れたままの自然発生的な真理観」として理解することが可能になり、それによって想像力をたんなる受け身の能力ではなく、意識の創造的な様態として考えるという洞察が生まれた（同前）。その点ではヴィーコの思考は明らかに大きな前進であった。ところが、そのように考えたがゆえに、同時に、真理を探求する諸段階の絶え間ないつながりとして理解された「人間の精神の理念史」を、過去のさまざまな時空間で個々の人間によって実際に生きられてきた現実の歴史と混同してしまうことにもなった。したがって、ヴィーコは、一方では芸術と詩の本性を紛れもなく独創的に、しかも正しく洞察したひとと評価され、とくに詩と言語とを一つのものとして考察すべきであると発見した人物と認められながら、そのかれもまた相変わらずあのよこしまな「歴史哲学」の餌食になってしまったと批判されざるをえないのである。マルクスが誤って自分は歴史の科学を解明したと考え、ヘーゲルも歴史の哲学を最終的に叙述したと夢想していたのとまったく同じように、ヴィーコも歴史の詩学を夢見たうえに、それを実際に見出したと考えた。そこで、ヴィーコを適切に批判するためには、かれの哲学における美的洞察そのものと、その洞察を方法論として歴史研究に応用することとを区別して考察しなくてはならない。一九一一年にヴィーコについて書いた著作『ヴィーコの哲学』のなかでクローチェが、『美学』の段階での評価を超えて企てていたことがそれであった。

クローチェは「『新しい学』の内的構造」という章題のついた『ヴィーコの哲学』第三章で、ヴィーコの最終的な解釈の決め手となる批判的原則を提示している。クローチェは、ヴィーコの哲学体系全体は、実は三種類の異なる「研究」から、つまり「哲学的、歴史学的、経験的研究」からなっており、そして「それらが一体となって、精神の哲学と歴史学（または歴史の集積）と社会の学とを内包している」という（37-38）。第一の哲学的な研究は、空想、神話、宗教、道徳的判断、権力と法、確かなものと真なるもの、情念、摂理などについての「観念」に、言い換えれば「人間の心や精神のたどる必然的な行程あるいは発展に影響を及ぼすありとあらゆる（……）規定」に関わるものである。この部分の最初の節がヴィーコの美学理論にあたるのだが、それはクローチェから見て妥当性があり、真であるという。第二の歴史学的な研究では、大洪水以後の人間の一般史に関してヴィーコが描いたスケッチが示されている。それは、さまざまな文明の起源やギリシアとローマにおける英雄時代の叙述であり、慣習や法や言語や政治制度に関する議論であり、原初の詩学、社会的な階級闘争、そしてヨーロッパ中世初期に起こったような文明の崩壊と第二の野蛮状態への回帰であった。最後に、第三の経験的研究は「国民の歴史という同形的な行程（corso）を打ち立て」ようというヴィーコの試みと関わっており、理論的生と実践的生の双方における政治的形態やその相関的変化のつながりを取り上げ、それと同様に、貴族、平民、家父長制的家族、象徴法、隠喩的言語、象形文字などに関するかれの一般的考察を含まざるをえない（38）。

ところがヴィーコは、これほどに独創的な考察を展開しながら、これら三種類の研究を混同し、いっしょくたにして報告しているために、『新しい学』のなかでそれらを提示するにあたって「カテゴリー錯誤」を犯してしまっている、というのがクローチェの議論である。『新しい学』のそうした不分明な部分は、クローチェの主張によれば、基本的な洞察の深層に原因があって起こったことではなく、むしろ副次的なところに、つまりかれの議論がそのうちにある混同を含んでいたことに起因している。すなわち、ヴィーコの用いた「観念の曖昧さ、観念間の一定の関係についての理解不足、言うなればヴィーコがかれの思想に引き入れた恣意的な要素のせいであり、もっとはっきり言えばかれが犯している明らかな過誤のせいである」（39）。要するにヴィーコは「哲学と歴史学と経験的学問のあいだの関係」を適切に理解することに失敗していたのである（40）。ともするとかれは、詩作において行われるように、あるものを端的に別のものへと「転位」させて考える傾向があった。そのために「精神の哲学」を、あるときには経験的学問として、またあるときには歴史学として扱った。また経験的学問についても、それを哲学として扱うかと思えば、別のときには歴史学として扱った。そしてかれはしばしば、ある場合には哲学的概念の普遍性を、またあるときは経験的図式論の一般性を、単純な歴史学的言明と位置づけてしまった。概念を事実と一つにしたり、その逆を行ったりすることは、詩人なら当たり前に許されることであるのだが、歴史家ヴィーコにとってはこれは非常に有害なことであった。クローチェは次のように指摘している。ヴィーコは、たとえば歴史的史資料も何も存在しないときは、もしも万一それが現実にあったとしたなら当のその資料が語ったはずのことを（詩的知恵によって）想像するのだと言いつつ、結果として普遍的な哲学的原理に依拠することが多かった。あるいは、疑わしい点はあるもののともかくも歴史上の事実に突き当たったときには、何らかの（想像された）経験的法則に訴えて、そのことを確証したり否定したりした。そして、史資料も事実であるという確証もともに手にしているときであってすら、かれは、それらのものに——本当の歴史家であればそうすべきように——それ自体の物語を語らせるということができず、むしろその代わりに、自分の目的に合うようにそれらを解釈してしまうのであり、言い換えれば、史資料や事実をかれ自身が思うままに描く社会学的一般概念に適合するようにしてしまうのである。このように、ヴィーコはどんなときでもつねに、結局は普遍的な原理に導かれて歴史を語り評価したのだった。

これに対して、歴史的記録をこのように思い通りに操作するよりは、非常に陳腐なクロニクルのほうがまだましだとクローチェは公言している。ヴィーコの著作を分かりにくい作品にしている数々の事実問題の間違いならば、クローチェはまだ許すことができた。小さなことについては不正確でも、ヴィーコはそれを包括的に見通す力をもっていたし、人間の精神が、固有の意味で人間的な世界を創出するためにどのように働いてきたのかということを理解していたから、その点では欠点は埋め合わされていたからである。しかし、クローチェは、ヴィーコにおける混乱の本当の原因については、つまり詩的なやり方で哲学を科学や歴史と同一のものにしてしまうことについては、許容できなかった。こうした「混乱の傾向（……）あるいは傾向の混乱」と言ってもいいような状態は、文化の「学」を発見したとするヴィーコの主張にとっては致命的なことであり、クローチェがその危険性を厳しく警告した恣意的な「歴史哲学」という隘路にかれが「陥った」原因であった(43)。したがってヴィーコを適切に読むためには、かれの著作のなかにある哲学的な「真正成分」を、それを隠している擬似科学や擬似歴史という不純物から注意深く製錬することが必要である。クローチェはこの製錬という課題（あるいは、実態を考えると錬金術的変成とでも言うべきだろうか）に、後続の各章でひたむきに取り組んでいる。もっとも、そこにはこのひたむきさを超える衝動が存在しており、それは、自分自身の哲学には特別な《賢者の石》があり、それによってどんな体系においても「生きているものと死んでいるもの」とを正しく決定することができる、という確信であった。そうした信念があったためにクローチェは、一八世紀に支配的であった学術的規範の光のもとでヴィーコを判断し、かれの時代的制約は許容すべきだと考えていたが、こうした歴史主義者の寛容さをヴィーコの哲学的努力にまで及ぼそうとは思わなかったのである。

『ヴィーコの哲学』の第一一章に、今述べてきたクローチェの批判的方法の申し分ない一例が——そしてその妥当性の決定的な検証例にもなるが——登場している。同章では、文明の変化についてヴィーコが与えた法則、いわゆる《歴史の循環》（ricorso）法則が検証されている。簡単に言うなら、この法則の内容は次のようなものである。キリスト教徒以外の、つまりあらゆる異教徒の民族は、その段階にふさわしい政治的、文化的制度をもった特定の社会関係の「行程《コルソ》」を経ていかなければならない。その行程《コルソ》が完遂され、しかもその時点でかれらが滅ぼされていないときには、かれらはこの行程《コルソ》を一定の有意味な変更を伴いながらも、自己意識の存在や水準の最初のものと類似した軌道のうえで初めから辿りなおすことになる。また、もしこの循環の果てに当の民族が滅亡してしまっていたならば、そのときは別の民族がそれにとって代わり、そしてかれらもまた、同じ普遍的な連続段階をたどり、同じ普遍的帰結に至る行程《コルソ》を生きていくだろう、というのである。

かれの「法則」は、ヴィーコがローマ史のなかに発見したと考えたパターンを一般化したものに他ならないとクローチェは言う。ヴィーコはこの法を、あらゆる異教の民族の社会にまで根拠なく拡大したため、よしんば規則性として意義があるとしてもローマ史の例にしか当てはまらないようなパターンのなかに、他のあらゆる事実を押しこまざるをえなかった。クローチェは、このようにローマ史を文化動態の一般理論へと「希薄化」して考えてしまうやり方のなかに、ヴィーコが経験的な法則の成り立ちを理解していない欠点が露呈しているという。本来、経験的な法則を定立する操作とは、具体的な事例を普遍化し、それによってひとまとまりをなす全実例が共有する属性の概括的な叙述を作り上げる手続きなのであって、そうやって構成された法則に対しては、実例間の差異もそこに描写されうるはずである。ところが、それとは違ってヴィーコは、ローマ史の一般的性格をそのまま拡張し、異教の民族の特性のなかに認められるローマ史と似かよったすべての点をそこに包摂して考えようと努めた。しかし、このようなヴィーコの法則が不適切であることは、ヴィーコ自身ですらその存在を認めている数多くの例外によって実証されている。言い換えれば、もしかれが自分の偏ったローマ史読解に忠実になりすぎて道に迷うようなことがなかったならば、かれの「経験的な循環の理論」は、その適用にあたって非常に多くの例外を容認するよう強いられる不格好なこともなかっただろう。ローマ史という実例が与えるパターンに他の社会をむりやり当てはめなくてはならないと考えさえしなければ、かえってヴィーコは循環理論に含まれるもっと緩やかな普遍的な真理を、さまざまな社会のいくつかの歴史に仮説として適切に適用することができたかもしれなかった。

循環理論に暗黙のうちに含まれている普遍的な真理とは、哲学的な真理であった。それはたとえば次のようなものである。

精神は、感覚から想像力や合理的普遍へ、暴力から公正さへと連続的に上昇したのちに、その進歩の段階を渡りきると、その永遠の本性にしたがって、その行程《コルソ》を辿りなおさなければならない。つまり暴力と感覚のなかにふたたび陥り、そしてそれからその上昇運動を再開して、その同じ行程《コルソ》をふたたび始めるのである。(123)

この程度の真理が特定の歴史的社会について研究するための一般的な指針として用いられるときに、それがわたしたちに気づかせてくれるのは「想像力が支配的な時代と知性が支配的な時代とはどんな関係にあるのか、また、自生的な時代と反省的な時代とはどんな関係にあるのかということであり、知性が支配的な時代は、エネルギーが増加することで想像力が支配的な時代のなかから出てくるのだが、衰退や腐朽によってまたそこにたち戻る」という緩やかな認識である。しかし、一般的な指針程度の意味で用いられるこの理論も、すべての社会で一般的に起こりうることを述べているにすぎないのであって、特定の時代や場所においてかならず起こらざるをえないことを規定しているのでもなければ、特定の傾向の結果を予言しているのでもない。クローチェが容認するような緩やかな一般化命題が可能であるとしても、それは「想像力が支配的な時代と知性が支配的な（……）時代」の関係は「多分に量的な傾向の問題にすぎないのであり、歴史理解の仮説として便宜的に構成された」概念だと述べる程度のものである(134)。それらに自然科学の場合のような法則としての力はない。このような次第で、ヴィーコは誤謬と錯覚を犯したという点においては責任がある。つまり、そうした一般化命題を当然適用できる事例の集合から、それと何らかの類似点が認められる事例のすべてにまでそのまま拡大適用しようとした点で間違っていた。また、哲学的洞察を、あらゆる時代や場所のあらゆる社会に効力をもつ歴史解釈の規範として扱おうとする思い違いもしていたという。

この場合も、ヴィーコに対するこのかれの批判に対しては、ひょっとすると二つの反論がありうるのではないか、とクローチェはそれなりに慎重に考えている。かれが言うには、一つはヴィーコが自分の法則に例外を挙げているのは自己矛盾などではなく、外的影響あるいは偶発的状況を考慮していたからではないか、という反論である。たしかに指摘されるような偶然的で外的な影響のせいで、ある民族が自分たちの固有の歴史的行程《コルソ》を中断し、他の民族がたどる行程《コルソ》と混じり合ったり、その一部になったりすることはあるかもしれない。もう一つの想定される反論は、一歩譲ってヴィーコの「法則」の真価がまさにクローチェの解釈するとおりだとしても、この法則が実際に扱っているのは精神の「行程《コルソ》」であって、社会や文化の行程《コルソ》ではないのだから、それを考えれば、そもそも経験的な反証を持ちだしたところでヴィーコの法則を否定したことにはならないのではないか、というものである。この二番目の反論については、クローチェは見当違いだと即座に退けている。かれの言葉を引くなら「そこで重要な点」は、

> （……）厳密には、この法則の経験的な面のほうであって、哲学的な面ではない。すなわち、すでに仄めかして

おいたように、ヴィーコは他の状況を考慮に入れることはできなかったし、そうすべきでもなかった、というのがこの場合わたしたちにとっての正しい応答であるように思われる。実例を挙げるなら、それはちょうど、人間の生のさまざまな段階について研究しているひとが、性的願望の曖昧な想像による最初の芽生えや、思春期の類似の現象について記述するときには、うぶな人間が経験豊かな人間に手ほどきを受ける愛の手管まで考慮に入れないのと同じことである。というのも、その研究者は、何も模倣行為の社会法則を扱おうとしているのではなく、問題になっているのは人間という生物の発育の生理学的法則だからである。（132）

　要するにヴィーコの「法則」は、「生物の発育の生理学的法則」のように、普遍的に通用するか、あるいは通用しないかという反証可能性にさらされるべきものなのである。そうだとすれば、一つでも例外があれば、それによってその法則を無効であると宣言するのに十分であることになる。

　しかし、この議論はクローチェ自身にとって、それを取り上げると奇妙な帰結を招く厄介な問題でもある。なぜなら、そこでクローチェはヴィーコの「法則」に法則であるかぎり本来要求される適切性の基準を当てはめて批判しているが、よく見るとその基準は『純粋概念の学としての論理学（*Logica come scienza del concetto puro*）』（一九〇九年）で展開されているクローチェ自身の物理的‐科学的法則理解が求めるものよりも、かれが批判して片づけたはずの実証主義者たちが掲げている平板な法則概念にずっと似通っているからである。皮肉なことに『純粋概念の学として論理学』のなかでクローチェは、その実証主義者たちが、科学における法則の機能は「補助的」なものであって「本質構成的」なものではないことを理解していないと批判していた（204）。かれによれば物理科学の法則は、さまざまな時代や場所での実用的企図から出てくる必要に応じて人間や人間集団が工夫したフィクションないし擬似概念に他ならず、そのためその妥当性は、当の企図そのものが続くあいだだけに限られているはずだ、としていた。とりわけクローチェは、自然科学がこれから起こるべきことを何らかの意味で予測する力があるということを否定している。かれによれば、自然科学の予測能力を信頼するのは、予言や占いへの素朴な願望の再来を表しているだけのことなのであり、そんなものはかなえられるはずがない。クローチェによれば、その手の信頼は、自然はその働きすべてにおいて規則的であるという根拠のない仮定のうえに成り立っているにすぎない。現実には、自然における唯一の「規則的な」現象と言えるものは、自然を理解しようと努力する精神の現象だけである（228）。いわゆる「自然法則」はつねに侵害され、反証例を生んでいる。たしかに、こうした理解からすれば、自然科学は予測可能性どころか、人文科学よりもいっそう深く（自然についての）歴史的知に依拠していることになる。少なくともそこには、そこから一般化命題を引き出すことができるような、恒常的な精神の現象が法則を構成するものとして存在しているといえる。

しかし、クローチェの先の議論を前提とする場合には、もしもこれが物理科学の法則の真の本性であるとすると、それがまた、どんな法則であれ、その社会科学の法則の本性でもなければならないことになってしまう。そして、もしもそうだとすると、あらゆる社会の進化の過程を性格づけ、それらがどの程度ローマ人のモデルから逸脱しているかを探究するためにヴィーコが循環の法則を立ててそれを用いていることに対して、クローチェは反論できないことにならないだろうか。それでもなお異論があるというのなら、クローチェが精神の産物であるとした社会と文化をあたかも物理的原因によって機械的に決定された作用であるかのように扱うあらゆる試みに対して、クローチェが過剰な敵意を抱いているということ以外に説明の理由があるだろうか。法則という観点から、精神の働きをそれらの具体的表れ方のうちに、つまりそれがとる社会的形態のうちに特徴づけようと試みているときは、たしかにヴィーコはそれらを物質や自然と同然に扱い、そうすることでそれらから精神の作りだしたものであるという別のところでは何よりも重視している規定性を剝奪しているようにも見える。少なくともクローチェはそう見ていた。繰り返すが、ヴィーコは社会と文化を、あたかもそれらを変更不可能な物質的過程の産物であるかのように扱っていると見えるところはある（そのため、結局は、自然の本当の本性をかれが誤解していることが露呈していると言われても仕方がないのかもしれない）。そしてクローチェはヴィーコに対して、いったんそのような扱いをすると選択したなら、つねに一貫し、本当にその過程を変更不可能なものとみなすように求めたのだった。「人間の生のさまざまな段階を研究する」ひとは「生物の発育の生理学的な法則」を検討することにみずからをとどめるべきであって、「模倣の社会的法則」を扱うべきではないというアナロジーにクローチェが訴えたとき、その主眼はこの点にあったのである（132）。

しかし、このアナロジーはかえってクローチェの批判のなかにあるバイアスを暴露してしまった。というのも、このアナロジーを最後まで正しくたどると、ヴィーコの事例における核心的問題は、ある過程において作用する法則と別の過程で作用する法則とを混同したことにではなく、よく似た法則に支配されながら、一方が他方を取り消したり、終了させたりする二つの体系を、一つに収斂させてしまったということにあるからである。人間の生の段階を研究している者も、ある個人が思春期に到達することなく、たとえば亡くなってしまうという事実に混乱をきたす必要はない。あるひとの思春期以前の死は「生物の発育の生理学的な法則」を反証するものではない。それが求めるのはただ、もし思春期に到達することができなかったことを説明したいのなら、わたしたちは別の法則を、それも有機体の死を説明する別の法則を持ち出して、それで正常に思春期が来るものであるという予測がなぜ生じなかったのかを説明するしかない、ということである。

文明についても同様である。わたしたちが後に続くはずだと予見する文明の「行程」を規定する場合、ある文明がそうした行程を完遂できないとしても、もしその失敗に他の法則が持ち出され、正常な期間に足らずにその文明が解体する原因が説明されるときには、その最初の規定が学として反証され無効にされるわけではない。ヴィーコが元型としたローマモデルにしたがって描かれた行程を完遂することのできなかった社会がどれほどあろうと、それはヴィーコの「法則」を無効であるとすることにはならない。「循環の法則」はおよそ「法則」などではないからだ。それはたんなる理論または解釈であって、未来を予測するという目的でもってそれを用いるには、法則が適用される限界条件を特定することが必要な程度の、緩やかな一連の規則なのである。ヴィーコが文明的発展の範型としてローマ史の事例を選んだことは、根本的にはまったく間違ってはいない。かれの知るその他のすべての文明の発展は、ユダヤ教文明とキリスト教文明を除けば、それを尺度にして評価することができた。ヴィーコの場合はその遂行が不完全だったとはいえ、これは完全に正当な社会科学的手続きである。したがってクローチェが反論したのは、ある種の社会科学的手続きに対してであったと言える。なぜなら、かれの理解によれば、それは「自由」な精神の産みだしたものを因果的に決定されたものとして扱おうとしているかのように見えていたからである。そして、そのようにかれは、ありえないほど厳格な妥当性の基準を、社会についての学を構築しようとするヴィーコの努力に適用したのだった。それは、実証主義者が物理科学に対して立てた要求を拒否する際に、かれ自身がはっきりと否定していた基準に他ならない。クローチェが「法則」という概念を用いる際のこのような一貫性のなさは、かれ自身の次のような願望でも想定しないかぎり説明がつかない。つまりクローチェは、ヴィーコ流の社会分析を遂行しようという近代の社会科学者たちの要求をつまるところどれも否定しようとしたにもかかわらず、自分自身の哲学的思考のあり方についてはヴィーコに肯定してもらいたいという願望に駆られていたのではないだろうか。

普遍的歴史、あるいは世界史の哲学を構築しようとするヴィーコの努力に対するクローチェの批判を説明するのに、もっと好適な事例を挙げることができる。この例ではまぎれもなくカテゴリーの混同が起こっていたように見える。一方で、クローチェが正しく指摘しているように、ヴィーコは循環の理論をすべての文明的発展のモデルとして用いようとした。そして他方で、ユダヤ教とキリスト教という事例を例外として扱った。ユダヤ人には特別な記憶を、キリスト教徒には蘇りの特別な能力をそれぞれに付与し、それによって世界の終わりが来る前にユダヤ人やキリスト教徒の歴史の終局が来ないようにすることによって循環の法則から除外したのである。こうした区別は根拠のないものであったから、クローチェがこれを、ヴィーコの心中に潜んでいたキリスト教徒としての判断と、かれの頭脳において勝利をおさめていた社会科学者としての判断とのあいだの抗争だと位置づけたのは、一見もっともなことに見える。そうであるとしても、大半のヴィーコ解釈が指摘しているように、こうした不整合さえ、かれの著作の社会科学的な側面において一貫して追求されていた普遍的歴史哲学を構築するという努力を打ち消すものではない。そのことは、ホメロスとダンテの類似性を引き出そうとするヴィーコの試みを論評し、そうした分類が真の歴史に必要な基礎であると認めたときに、クローチェ自身が承認していることでもある。なぜなら「類似性を捉えることなしに、どうやって差異を明らかにすることなどできるだろうか」(156)。ただし、ここでもかれは、類似性を探し求めることが自己目的となってしまったことを嘆いている。ひたすら分類し、類型を構成しようとする衝動は、ヴィーコが歴史家の課題を遂行することを、つまり「表現し物語る」という課題を果たすことを妨げた、と言うのである(257)。

マルクス、ヘーゲル、ヴィーコの思想に対するクローチェの本質的にアイロニックなスタンスは、かれらの歴史理解における生きているものと死んでいるものを自分ならば区別できると主張していることに表れているだけではない。クローチェが、ヘーゲルやマルクスらの理論の「生きている」部分を、精神の生における切り離された、孤立的とさえ言える分野に委ねているという点にも示されている。もっともクローチェはマルクスには重要な思想家という地位さえ認めていないために、その扱いはヘーゲルとヴィーコに比べて例外的である。すでに明らかにしたクローチェの評価では、マルクスはただ、人間の生における経済的なファクターを説明する意義を歴史家に気づかせたという貢献をしただけであった。それに対して、ヘーゲルには、その論理学と人間の学問の理論への貢献によって、哲学史における恒久的な地位を与えたが、それでも歴史哲学者としては本来の意味での業績を認めていない。さらにヴィーコについても、美学理論への恒久的な貢献は認めていたが、歴史学者としてにしろ、社会理論家としてにしろ、いっさい才能を認めなかった。総じてクローチェがとった姿勢は、たしかに「学」(science)という言葉には理解を示しているものの、実際には過去の思想家たちが、歴史的思考を科学(science)の地位にまで高めようとしてきたあらゆる努力を突き放して冷ややかに眺めるものであった。

同時にクローチェは、歴史学が芸術の一形式であるという考え方を擁護しながら、芸術一般に対してかれが認めていた想像力の創造活動の過程に、言い換えれば創造的な構想力に、歴史学が貢献することは禁止するという操作を行っていた。そのために、歴史叙述の詩的な真理は、共通感覚による批判や日常言語による性格づけに委ねられるのに応じて、結局は散文的なものとなった。

ブルジョア・イデオロギーとしての歴史学

クローチェは先行するあらゆる歴史哲学を、いってみればまるごと拒絶している。しかし、その他方でかれは、一般化されて表現されているとはいえ、やはり歴史的に制約のある観念論という構想に結局は依拠しつつ、それを自分自身の歴史研究の基礎としている。こうした態度をわたしは、先に《条件づけられた拒絶》の態度と呼んだ。まず、このような過去を拒絶しつつ、それに依拠するという矛盾した姿勢をかれが示す背後にはどんな事情が控えているのだろうか。またさらに重要なことだが、二〇世紀の最初の四半世紀に、リベラルで人文主義的な文化のスポークスマンとしてクローチェの権威があまねく承認を得ていたという事実は、この時期のヨーロッパ全体に蔓延していた気分、不安、願望について、わたしたちにどんなことを教えてくれるのだろうか。わたしの考えではこれらの二つの問いは同じ一つの答えに帰着する。

一九〇〇年頃から一九三〇年頃のあいだには、ヨーロッパの教養豊かな社会層のかなりの部分にとって、一方ではマルクスの末裔であると思われるものによって、他方ではニーチェの後継者と思われるものによって、社会が脅かされていると感じられていた。それでありながらこの社会は、アカデミズムの歴史学思想の主要なモデルであるランケのなかにもブルクハルトのなかにも、自分たちを鼓舞してくれるものをほとんど見出せずにいた。そのなかでクローチェは、進歩的であると同時に社会的に信頼しうるような歴史の理念という、正真正銘の代案《オルタナティヴ》を提供してくれるように見えたのである。

多くの面で、ランケが半世紀前に古典的保守主義のためにやったことを、クローチェは古典的自由主義のためにやろうとしていた。すなわち、あらゆる形態の急進主義に対して、それに対抗できる論拠を繰り広げて防護措置を講じたのであった。社会や文化は、何らかの特定の姿として具現しているその形式や内容をいつまでも維持しておくことはできず、決まって変化していかざるをえないと信じていた点で、クローチェはどこまでも自由主義者であり続けた。しかし、すべての変化は漸進的であるべきで、マルクス主義者やファシストの場合のように計画されるべきではなく、過去から受け継いだ伝統と現在の緊急性、それに未来への願望とのあいだで折り合いをつけようとする個々人の努力からおのずから生まれるものだと確信していたかぎりでは、かれは同世代の大半の迷える自由主義者たちの代弁者であった。かれが《歴史とは、人間がそれぞれの個性を発揮することのできる競技場《アリーナ》をつくりあげるという課題に永遠に取り組み続けることだ》と表現したときには、個人主義的であることを悠久の価値と考えていたブルジョアジーの子弟の不安は慰撫されたのだった。また、かれが歴史学的知とは人間の個性についての知であるという意見を表明したときには、そうした人間の個性を一方では科学の一般的真理と生半可に一つにしてしまったり、他方ではそれを未熟にも哲学の普遍的真理と同じものと考えたりする思潮に対して、防壁を提供していたのだった。

　しかし、かれはそれ以上のことをした。クローチェは、一八九〇年世代を捉えていた「世紀末」(senescens saeculum)という雰囲気がもつ力を感じ取っていた。かれの思想体系全体が、かれの同世代人が感じていた《ひとつの時代が過ぎていく》という感覚を昇華させたものであった。その過ぎ去っていく時代とは、ヨーロッパの時代であり、人文主義の時代であり、一九世紀ヨーロッパを支配する集団にかれらの明確なライフスタイルを与えた貴族主義とブルジョア的価値観との結合という時代であった。

　ヨーロッパの知識人たちは、二〇世紀に足を踏み入れたときには、どんな全体的な説明体系もその内部に傷をもっているから、所詮思想としては等価であり、絶望しているからといって楽観主義よりも大きな力を手に入れられるとはもはや考えてはいなかった。絶望と楽観主義の争いに優劣がつかないのであれば、楽観主義は絶望と同じように正当化されるし、それに絶望を抱え込むよりははるかに心の慰めになる。しかし、クローチェが楽観主義という態度を選ぶことには、さらに別の事情があった。かれは、死そのものとの実際の格闘のなかで、楽観主義を選ぶ権利を勝ち取っていたからである。かれは若い頃地震によって重傷を負い仮死状態のまま葬られかけ、まさに文字通り、墓場から引き返すために闘って生還するという勝利を得たのである。▼かれは、その闘いに打ち勝って墓地から生還したことで、表面的には死にかけているどんなもののなかにも存在する何かしら「まだ生きている」ものを過たずに見分ける目を、いまや自分が与えられたと感じていた。かれの描く歴史叙述が、希望が頓挫し大望が打ち砕かれた闘いの場において、ひたすら生の新しい可能性を探究するものになっているのは、おそらくはそのせいであろう。

▼……**勝利を得たのである**　一八八三年七月二八日、クローチェはイスキア島のカサミッチョラに休暇に出かけている際に地震に遭遇して、瓦礫の下敷きになった。かれは重傷を負い、歩行に困難をきたすまでにはなったが生還した。しかしこの地震で父母と妹を亡くした。

かれ自身の生がかれに教えたのは、時代そのものが、もし歴史として生きられたときには、それは「それ自体の神話的なディオニュソスであり、受難のキリストであり、救い主である」（『思考としての歴史と行動としての歴史』三七頁）ということだった。

クローチェが自分の入り組んだ、複雑でよく分からない私生活について公の場面で振り返ることはめったになかったが、それでも例外的に、ただ二つの心を打つイメージがよく言及されていたことに気づかされる。一つはヴェスヴィオ火山のイメージである。冬場は冠雪して静かに休眠しているヴェスヴィオ火山も、ナポリの街とその住人たちがほとんどそのための備えをしていないときに噴火するために静かに力を蓄えている。ファウスト・ニコリーニ▼の語るところでは、クローチェはこのイメージを自分自身の特性を説明するためによく用いていたという。もう一つは、平穏な修道院の柱廊のイメージであり、そこでは高い壁が公共的な世界の騒音を遮断し、噴水の水音が柔和に響き、レモンの樹の香りがあたりに満ちている。このイメージは、仕事と思索がうち続く過酷な日々に憔悴したときに、かれが引き籠もりたいと願った隠棲の地を表現している。

もちろん、この二つのイメージは相互補完的である。一方は闇、カオス、暴力の像を、他方は光、秩序、安息の像を想起させる。その二つをフロイト主義的なやり方で、男根《ファルス》と子宮として解釈したいという誘惑はこの際抑制しておこうと思う。といっても、それは何も、クローチェがあらゆる精神分析的な歴史叙述の取り組みを非難し、それを「召使いの歴史学」と呼んで、それに従事するひとびとを、真の歴史理解に必要な仕事をせずに安易な解釈を探し求める似非科学者だと嘲笑していたからではない。むしろ、精神分析的解釈を採用しないのは、クローチェ自身がそうした偏見に則ってなのか、自分の私生活についてほとんど明らかにしていないので、それだけで精神分析的解釈を説得力のあるものにするだけの詳細な証拠を十分に集めることができないからである。いずれにせよ、クローチェの魂と、それに特異な相貌を刻みこんだ地震からの生還経験というかれの人生における総体としての捩じれを見極めるのには、わざわざ私的な証拠を求めることは必要ではない。二つのイメージをかれの世界観全体に持ち込んで考えるための豊富な手がかりは、八〇冊以上におよぶクローチェの公的発言が与えてくれる。公的著作がクローチェの哲学の主要なカテゴリーを形作っているのであり、哲学が解決を与えていたはずのクローチェの内奥における心理学上の問題についても、それが何であったのかを伝えてくれているのではないか。

ヴェスヴィオ火山と修道院という二つのイメージの下には、クローチェの死と死からの生還という経験が横たわっている。そのイメージのうえに、死と生とを統一しようとするかれの哲学的試みが浮かび上がり、そこでは、哲学の永遠の問題に対する解決として、個々の生命力が、死という普遍的経験と融合したのだった。クローチェにはそのような融合を試みるだけの十分な理由があった。結局のところクローチェは、たくさんの埋葬と再生を経て生きてきた人間だったからである。第一に、クローチェは、ベネデットという、かれが生まれる前に亡くなった別の子の名前を与えられて生まれてきた。第二に、かれは、大地震の廃墟の下から実際に生還してきた人間であった。第三に、かれは青年期に鬱症状に捉われていた時期があったが、ローマの若き哲学者ラブリオーラによってそこから解放されたという体験を持っていた。最後に、ナポリの文書館という「洞窟」のような場所で囚われ人のように古文書のなかに沈潜して研究していた時期があるが、かれはそのなかから思想的格闘を経て哲学の光のなかに自分が解放されたのだという自覚を持っていた。こうしたすべてのことが十分な理由となって、やがて成熟したクローチェに『実践の哲学』（一九〇八年）のなかで次のように書かせている。「真実のところ、生の称賛に死の称賛を対抗させる必要などはない。というのも生の称賛とは、また死の称賛でもあるからである。あらゆる瞬間ごとに死んでいるのでなければ、わたしたちはどうやって生きることができただろうか」。同じ著作のなかでかれは「宇宙の進歩」とは「死に対する生の絶え間ない勝利」に他ならず、生は純粋な「活動性」であり、「活動性が受動性を凌駕して展開していくことであり（……）あらゆる新しい状況において、個々人がまったく新たに生を始めることである」と定義している。人類史の始原から人間が求め続けてきた究極の現実である「神」とは、人間の外にある力なのではなく、人間がもつこの再生力、言い換えれば「生でもあり死でもあるあの活動性」に他ならない（Croce, *Filosofia*, 252）。

人間の「ふたたび戻る」能力、人間のうちにある再生力は、クローチェの見るところでは、人間の栄光の源であるとともに、同時に人間固有の苦悩の原因でもある。ヘーゲルやマルクスやニーチェにとってそうであったのと同様に、かれにとっても、人間が生と死の循環に「閉じ込められている」こともまた人間の「特権」であり、かれの貴族主義の基礎になっていた。生を死とを同一であるとみなすこと、またその逆を考えることによって、クローチェは攻撃の矛先を生に対する敵対者に向けるとともに、死の否定者にも向けることができた。つまり、たんなる悲観主義者に対しても、逆にたんなる

▼**ファウスト・ニコリーニ**（Fausto Nicolini）一八七九–一九六五。イタリアの文芸批評家であり思想史家。クローチェに関する浩瀚な評伝 *Benedetto Croce*, Torino, UTET, 1962がある。

なる楽観主義者に対しても、どちらにも同様に批判的姿勢をとったのである。こうしてかれは『実践の哲学』に次のように帰すことになった。

このような現実の概念は、それが善と悪とのあいだに解消することのできないつながりがあるということを認識しており、それ自体として善悪を超越し、その結果、楽観主義の視角も悲観主義の視角も飛び越えている。楽観主義の視角は、生のなかに悪を見出さず、悪を幻想として、あるいはごく小さな偶発的な要素としてだけ位置づけるにすぎない。言い換えれば、（現世であれ天上であれ）悪が制圧されているような未来の生に希望を持っている。それとは逆に、悲観主義の視角は悪しか見ることがなく、世界を、内部から引き裂かれ何ものも生みだすことのないような、無限に続く永遠の苦痛の痙攣にしてしまう。(251)

生と死の逆説的な統一というこのような概念は、歴史的に考える場合の二極であるユートピア的急進主義と反動的な絶望の双方に対して、クローチェが与えた解毒剤であった。そしてこうした概念の心理学的起源は、何度も言うがかれ自身の生と死の個人的経験に根ざしている。そうした経験は、かれの知的発展において決定的な意味をもっていた。それはまた、かれをちょうど個人の過程と類推できる過程をたどっている同時代文明の申し分のない代弁者にしたのである。クローチェが擁護した文明は、一九世紀末以来くりかえし死のなかに沈んでいきながら、「つねにふたたび戻って」きていた。再生してきたのはマルクス主義的なプロレタリアートとしてでも、ニーチェ的な超人としてでもない。それは貴族主義的な観念論と中産階級的な実用主義との相も変わらぬ組み合わせとしての、自由主義的な文明としてであった。こうしたものは、クローチェの主要な抽象的、哲学的カテゴリーの社会的等価物である。言い換えれば、かれの生の原理は、貴族主義的ヒロイズムの昇華に他ならず、他方、かれの死の原理は、実生活における差し迫った事情をブルジョア的に受容することに他ならなかった。これら二つの原理の相互作用が、クローチェの文化理解を構成し、そしてこの相互作用が紡ぎ出す物語が、かれの歴史の観念であったのである。

結論

CONCLUSION

一九世紀の歴史意識がとった主要な形式がいかなるものであったのかを分析するにあたって、わたしは歴史学作品の構造に関する一般理論を出発点として考えてきた。わたしが本書で主張したことは、歴史叙述を行っている人が採用しているスタイルは、その人が歴史の場を先行的に形象化するために用いる言語論的な基本要素《プロトコル》によってすでに性格づけられているということであった。とくに、この先行形象化という作用は、歴史的記録のなかに出来事が並んでいるだけの「クロニクル」から「ストーリー」をつくり出すために必要な「説明」戦略が、この歴史の場に応用される段階よりもさらに先行している、つまりいっそう基層において起こっているということであった。このような言語論的基本要素は、詩的言説の四つの原理的な様式に視点を据えたことではっきり特定することができた。わたしは、言語が最初に用いられるレベルで先行形象化が行われる際の基礎的な類型として、隠喩、換喩、提喩、アイロニーという四つの喩法を設定したのである。そして、暗黙のうちにであれ、明示的にであれ、プロット化と形式的論証とイデオロギー的意味という知的分節化の諸段階において、しかるべき理由があってそれぞれ違った説明戦略を歴史家が導き出す思考様式を論じた。すでに序論で説明しておいたように、そのときには参照点とした先行研究があった。まず、スティーヴン・ペッパーの「世界仮説」という論理を手がかりにすることで、歴史に取り組んだ思想家たちの思考のなかに、個性記述論、機械論、有機体論、コンテクスト主義という、四つの異なった真理の理論（あるいはそれらの理論の組み合わせ）を特定することができた。また、ノースロップ・フライの創作文学論に依拠することで、四つの元型的なプロット構造を見分けることができた。このプロット構造があるために、歴史家たちは、ロマンス、悲劇、喜劇、風刺劇という一定の種類のストーリーによって組み立てた自分の物語のなかに、歴史過程をまざまざと具体的な形象として描き出すことができたのである。さらに、カール・マンハイムが作り上げたイデオロギー理論を用いることで、わたしは四つの異なったイデオロギー的意味の戦略をはっきりと識別できた。アナーキズム、急進主義、保守主義、自由主義というこの四つのイデオロギー的意味の戦略によって、歴史家は、過去に関する自分の研究が、現在の状況を理解するためにどんな意義があるのかを、読者に向かって明らかにすることができる。

考察の対象としてまず着眼したのは、人間の歴史認識における初発の場面としての歴史的出来事の場そのものである。この歴史の場を、精密な概念的整理や考察に先立って先行的に形象化して具体的に浮かび上がらせるようにするために、歴史家が用いる言語論的な基本要素が必要になる。それを与えているものこそ、何度も繰り返すことになるが、詩的喩法であった。この喩法が要請することに我知らず対応するために、歴史家は、さまざまな説明戦略のなかからある特定のものを、プロット化のレベルでも、論証のレベルでも、イデオロギー的な意味のレベルでも、一定の傾向性を示しながら選択することになる。一言でいうなら、わたしが本書で提示したことは、歴史的場を先行的に形象化するという半ば無意識的な行為と、ある作品のなかで歴史家が用いている説明戦略との間に、選択的な親和性が存在するということであった。

ついでこうした先行的な形象化の喩法論的戦略と、著作のなかで歴史家が用いるさまざまな説明様式とのあいだの相関的な関係が、わたしに、歴史家たちのスタイルをさらにどう分析していけばいいのかを教えてくれた。そして、それはわたしに、一九世紀を通してしきりに論じられていた《歴史はいかに書かれるべきか》という論点についてのさまざまな論争を、本質的に、ひとつの言説世界の内部における様式上のヴァリエーションの問題として眺めることを可能にしてくれたのである。つまり、それによって通時的に繰り広げられた一九世紀の歴史論争を、さまざまなひとびとによって多様な選択が可能になる共時的な問いの場に転じることができたのであった。わたしは、こうしたことを把握できたために、既存の議論のなかでこれまで虚偽問題を引き起こしてきた余分なカテゴリーを捨て去ることができた。そうした相関的関係に着眼したことで、歴史叙述をめぐる一九世紀当時の「諸学派」の特徴を表すとされるカテゴリー群を無自覚に振り回したりしないで、むしろそれから自由になって考えることも可能になった。それはたとえば、ロマン主義とか、観念論とか、実証主義とかといった文化運動の概念や、自由主義とか急進主義とか保守主義とかといったイデオロギー運動に縛られたカテゴリーである。これらのカテゴリーを実質的説明概念にしてしまったときには見えなかったことが、これらと距離をとることで可視的になったのだった。ある歴史家の仕事を単純に「ロマン主義的」「観念論的」「自由主義的」「保守主義的」とレッテル貼りすることは、その人の歴史表現を独特の姿で造形している思考過程の動態を明らかにするというよりは、むしろ曖昧にしてしまう。わたしの分析方法は、さまざまな探究のレベルにおいて、つまり、認識論的、美学的、倫理的、そして言語論的なレベルにおいて、ある歴史家の「自由主義」や「ロマン主義」や「観念論」と呼ぶべきものが、厳密に何をその本質としているのか、どの程度までそれが、かれの書いた作品の構造を現実的に規定しているのかということを理解させてくれた。

加えて本書が達成したこととして主張したいのは、一九世紀の歴史的意識の問題に対するわたしのアプローチがあれば、本来の歴史学と歴史哲学との区別に頓着しないですむということである。この区別は、いまでは批判に堪えられないクリシェ程度の意味しかないと思う。本来の意味での歴史学と思弁的な歴史哲学とは、ともに歴史から意味を汲み出そうと努める営みから発しており、この共通の起源を探究することで、わたしはメタヒストリーの領域に踏み込むことができたのである。もちろん、わたしは、両者の違いをとくに強調しなくてはならない文脈においても区別してはならないと言っているのではない。しかし、まずは歴史学者の歴史叙述と哲学者の思弁的歴史哲学とは、それぞれの内容において本質的な根っこのところでは機械的に区別できるものではないということを確認したかったのである。一般に実証主義的な発想のもとでは、歴史叙述における《構成する》という契機は、いわば物語の奥深くに移されて考察の視野から隠れてしまっているのに対して、《発見された》史資料という契機のほうは、歴史叙述の前景の重要な位置を占めると理解されがちである。歴史とは、実在の痕跡である史資料を発見し、それをそのまま再現することだという素朴実証主義の理解は、そうした思い込みの最たる例だろう。しかし、本書ではその手の理解とは逆に、概念的に《構成する》という契機こそが前面に引き出され、はっきりと主題化され、体系的に根拠づけを与えられている。かたや史資料という契機のほうは、主として概念的に構成されたことを図像化し具体化するために取り上げられているにすぎない。したがって、そこからわたしが導き出した結論とはこうである。つまり、あらゆる歴史哲学はそのなかに本来の歴史叙述の要素を内包しており、それはあらゆる歴史叙述がそのなかに本格的な歴史哲学の要素を内包しているのと同じことなのである。

いったんこの関係が理解され、歴史家と歴史哲学者との本質的な連続性という基層的な秩序が明確になったなら、さらに第二の秩序というべき意識によって、今度は両者を適切に区別することも可能になる。この第二の秩序という意識のもとで、歴史哲学者は歴史過程を概念的に把握しようという感覚に突き動かされて格闘する。ただし歴史哲学者は、本来の歴史家のように歴史のなかで起こっていることを理解しようとしているだけではない。かれらはそれに加えて、歴史的意味や意義を理解するための規範となる基準をも手に入れようとしている点で、より自覚的にメタヒストリー的なのである。そう考えるなら、歴史哲学は、歴史的記録についてコメンタールを書いているだけでなく、それ自体をすでに認識と呼ぶことができるような、言語とともに生じている分節化の営みについても、言い換えれば歴史の場をコード化して意味を浮かび上がらせる最初の営みについても、コメンタールを書いているようなものである。この点に関連して（ひょっとするとマルクスだけは例外かもしれないが）わたしの見るところ、傑出した一九世紀の歴史哲学はみな本質的に言語哲学者であったということも、けっして偶然ではない。また、ヘーゲルもマルクスもクローチェも、みな弁証法的な思想家であったということにはそれなりの必然性がある。というのも、わたしの理解では弁証法とは、あらゆる言説形式が持っている喩法論的な本性に対する洞察を、ぎりぎりの運動形式において表現したものに他ならないからである。弁証法的思考においては、ある世界像の分節化が、単一の言語使用形式の限界のなかに形式的に縛りつけられたりはしていないのである。この点では、自然学が一七世紀に換喩的な言語使用のみに基づくことによって、近代科学革命とともに世界を単一の形式によって理解するようになったのとは、歴史学の場合は事情が違う。

歴史家は――一七世紀の自然科学者がそうしたのとは違って――言説のある特殊な様式だけに、つまり客観的法則性という機械論的様式だけに自分を一元化することなどはできなかった。そのために、歴史研究は、ともすると科学的ではないとか、科学以前のものだと言われてしまうような特性を示している。そもそも人文諸科学一般がそうであるように、歴史学は一九世紀を通じて、また今日においてもなお、自然言語によって構成される人間らしい不確かさの世界に、またただからこそかえって創造的な能力を内蔵した不確かさの世界に根を下ろしている。その結果、歴史叙述は、同じ歴史的出来事や、同じ歴史過程の局面を解釈しながら、そこから出てくる解釈が歴史家ごとに多様に存在し、どちらも等しく正当性を備えつつ、相互には両立しないことになるという問題を抱えている。今日の研究が明らかにしていることは、問題が共有され、それがその時代局面で解決されるべき決定的な問題であると理解されている特定の言説的伝統の内部であっても、少なくとも四つの異なった解釈戦略を採用できるということであり、その四つが、日常言語の支配的な喩法によって与えられる言語論的な基本要素の類型と対応している、ということである。一九世紀によって生み出された歴史叙述の諸類型は、メタヒストリーのレベルでは、その同じ時代に生み出された歴史哲学の諸類型に対応している。

　一九世紀の優れた歴史家たちは、歴史をそれぞれ隠喩、換喩、提喩、アイロニーの様式で書いていたが、歴史哲学者たちもかれらなりにその同じ喩法に基づいて、歴史を書くということはそもそもどういうことかについて書いていたのである。歴史哲学が、歴史叙述を徹底的に科学化したり美学化したりしているかのように見えたのは、かれらが歴史的考察に対して特定の喩法論的実践の言語的基本要素を当てはめる姿勢を貫いていたからであった。ヘーゲル、マルクス、ニーチェ、そしてクローチェはみな、歴史叙述のためにか、あるいは歴史叙述について語るために、技術的な言語を創造しようと努め、そのことでそれまでの発想に従っている歴史家を困惑させるような思考を繰り広げたのであった。

　傑出した一九世紀の研究者たちは、かれらの物語構成の基礎となる認識論的、美学的な概念が明確にならないかぎりは、歴史学が厳密な科学になることもなければ、純粋な芸術になることもありえないということに気がついていた。かれらのうちの多くは、歴史学が学として通用するためには、自分たちが発見したものを人に伝えるための技術的な言語を手に入れる必要があるということが分かっていたのである。そうした専門的な用語なしでは、物理学の場合と同様に、普遍的な総合命題を提示することだってできないことだろう。しかし、ニュートンの時代以来、数学や論理学が物理学のなかで果したような仕方で、歴史家たちのもとで（あるいは、一般的に、社会科学者のもとで）単一の言語論的な基本要素が最終的に支配的な存在となって他のあり方を排除するということにはならなかった。歴史学は、言説を形式化しようとするあらゆる努力に抗うものであったから、歴史家たちは、一九世紀を通じて、日常言語の諸可能性に根ざして、自分たちの解釈戦略が多元的であることを避けがたい前提として受け入れたのである。

　わたしが挙げた四つの解釈戦略が、言語のなかに含まれる歴史的現象の表現可能性のすべてを列挙しているかどうかは分からない。しかし、わたしは、解釈戦略についてわたしが類型化を果たしたことで、一九世紀思想のさまざまな時代を通じて、またその思想の特定の時代のさまざまな公衆のもとで、歴史家と歴史哲学者がどんな威信を享受していたのかを評価することができるようになったのだと、強調しておきたい。わたしの言いたいことは、一定の歴史家とかれの潜在的な読者公衆とのつながりは、意識の前理論的な、とりわけ言語が言語として用いられるような基層的なレベルで作り上げられているということである。つまり、ある歴史家や歴史哲学者によって特定の時代や状況の公衆のなかで享受された威信は、歴史の場の先行的な形象化が遂行される、批判以前に与えられる言語論的根拠を参照系としているということである。

わたしの見るところ、どんな歴史の理論も、物語のなかに含まれている「史資料」の「説明」の適切性だけを理由にして、公衆を説得することはできない。というのも、歴史学においては（社会科学一般においてそうであるが）、「データ」となりうるのは何であるのか、また、データの「意味する」ものを「説明」できるような「理論」とは何であるのかを、あらかじめしっかりと確定するような方法は存在しないからである。むしろこの問題を解決するために必要なのは、たんなる「自然」現象と特殊な意味での「歴史」現象とのあいだの区別に関わるメタ理論である。

もちろん、歴史的データは人間によって作りだされた人工物であり、モニュメントであり、ドキュメントであるということや、歴史学的思考の課題はこうした現象の形式を分類することであって、それらが創出される背後の動機や意図を特定することでそれが歴史的時間のなかにどのように出現するのかを解釈することだ、と何度も強調してきた。しかし、極限的な事例の場合には（たとえば、戦争のような事例においては）自然現象と歴史現象とが区別しづらいだけでなく、歴史的行為者の動機となっているのは、特殊な歴史的行為者のなかにある普遍的な動物的衝動なのか、それともそうした衝動がとりうる人間に特有の形式なのかを区別すること自体が難しい。多くのひとびとは、どこまでもそうした動機や意図を探究しようと努めるかもしれない。そうした動機や意図が、人間の深層において、心理学的、生物学的、さらに究極的には生理化学的過程と一体となっているような意識の内面を覗き込むこともできるかもしれない。しかし、このことは、思想の探究が無限後退に陥る危険を冒しかねない。従来の発想にとらわれた歴史家は、歴史的行為者が意識的な意図を表明しているのを読んで、それを額面どおりに受け取ろうとするが、そうした決断は、意識的な意図を、もっと基層にある心理学的、生理的原因の結果に還元しようという唯物論的決定論者の決断や、より普遍的な「時代精神」の機能としてそれを解釈する観念論者の決断と、その正統性のおぼつかなさにおいては大同小異である。これらの決断は、歴史理論がとらざるをえない基本的な形式概念から出てきている。こうした理由から、歴史家たちは必然的に、何が「史資料」なのかという問題について意見の一致を見ることがないだけでなく、そうした史資料を「問題」として構成し、ついでそれを、「説明」のための理論と突き合わせて問題「解決」するには、どんな理論形式を採用するべきなのかということについても、意見が一致しない。

わたしは、歴史学においては、歴史の場が、喩法論的本性をもった言語行為を通じて考察の対象となるものだ、と主張した。その場合に、この構成的な行為が遂行されるときの支配的な喩法は、その場に所与の史資料として出現することを許される客体の種類を決定しているだけでなく、その客体間に想定されうる関係も決定することになる。歴史の場で生じる変化を説明できるように、それに続いて仕上げられる理論が、「何が起こったのか」を説明して信頼感を要求することができるのは、その歴史の場を知的表象の可能的対象として先行的に形象化している言語的様式と共鳴しあっているかぎりにおいてのことである。したがって、ある様式で枠づけられているどんな理論も、それとは違った先行形象化の様式に魅力を感じている公衆のもとでは、失敗を運命づけられている。マルクスのような歴史家は機械論的な説明理論を採用しているが、かれはアイロニーや提喩や隠喩の様式で歴史の場を先行的に形象化するものだということに没批判的に慣れ親しんでいる公衆のもとでは、声望を獲得することはできない。同じように、ブルクハルトのような歴史家は、アイロニーの様式で歴史の場を先行的に形象化するものだと没批判的に決めてかかっていたが、そのかれも、換喩的な様式で歴史の場を先行的に形象化するものだと思っている公衆のもとでは、信頼感を得ることはできない。言説のさまざまな様式へ自覚的な概念的批判以前に巻き込まれているということや、それらが本質的に喩法論的な戦略から成り立っているということは、わたしが一九世紀の歴史意識に取り組んだ本書の研究のなかで明確にしたような歴史についてのさまざまな解釈が、なぜ発生してきたのかを説明している。

　ところで、歴史意識の四つの基本的な形式をそれに対応する人格類型に相関させてみるという試みには、ずっと魅力を感じていたが、二つの理由でそれはしないことに決めた。第一の理由は、今日の心理学は、歴史学が一九世紀にあった概念的なアナーキーと同じような状態にあるからである。わたしが見るかぎり、現代の心理学的思考を分析すれば、おそらくは、わたしが歴史学的思考を分析して発見したのと同じ一連の解釈戦略が浮かび上がってくるのではないだろうか（複数の心理学的解釈のそれぞれが、その主題をめぐる明確な科学だと正当性を主張しあうことだろう）。心理学は、物理学の場合の特徴である知の一元的な体系化に到達することはなく、解釈を争いあう諸「学派」に分裂した状態のままにとどまるだろうから、わたしはたぶん、歴史的思考の研究で到達したような発見をそこでまた見出すだけに終わると思う。

　しかし、もっと重要な第二の理由がある。わたしは、おそらくそれぞれの仕事を支え、それに形式を与えるパーソナリティ類型を明らかにしたとしても、それでその著者の思想を理解することに何かが付け加えられるものかどうか、懐疑的だからである。マルクスの「革命的理論」の背後に「ラディカルなパーソナリティ」を発見することは、かれの書いたものがとる特殊な形式を有意味な仕方で明確にすることにはならないし、また、これらの著作が「革命的な心性をもった」ひとびとや、あるいはもっと一般的に「リベラルな心性をもった」ひとびとに対して説得力をもった理由を解明することにもならないと思う。心理学を援用しながら伝記的に思想史を読解する学問的スタイルがあるが、こうした手法については、次の難点を強調しておきたい。つまり、明らかに天才性を備えた思想家や作家をとりあげて、かれらに、神経症患者や精神病患者の治療のために考案された精神分析のような理論をそのまま当てはめることは正しくない。神経症患者とは、その定義からして、つまるところその人のパーソナリティ構造を規定するコンプレックスである強迫観念を、うまく昇華する力をもたない人である。しかし、ヘーゲルやマルクスやトクヴィルやミシュレ、さらにはニーチェのような天才の場合には、かれらの著作が示すように、昇華の能力を持っていたことは明らかではないか。そうした天才たちの伝記研究は、ある種の問題に対してなら、かれらのパーソナリティがその業績にどう関わっていたのかを説明する面があるかもしれない。しかし、そうしたことは、かれらの著作が採った特殊な形式を理解させることにはほとんど役に立たないだろうし、かれらの著作のなかにある理論と史資料との特別な関係や、こうした作品が著者の心理学的性向と違った性向をもっていたひとびとにもアピール力をもった理由について、何も教えてはくれないだろう。

したがってわたしは、史資料を説明するために用いられてきた理論的概念が展開された歴史物語の明示的なレベルと、これらの概念が批判以前に構築されている言語論的基礎として考察できる潜在的なレベルとのあいだの関係の分析にだけ、本書の課題を制限してきた。これは、わたしが、一九世紀の歴史家や歴史哲学者によって仕上げられたさまざまな解釈戦略を、価値中立的かつ形式的なやり方で特徴づけることを可能にするのには十分であった。さらに、それがあったために、一九世紀の歴史的な思想家たちが、かれらのいくつかの能力の限界のなかでも、歴史的記録のなかにある同一の「史資料」を注意深く、かつ完璧に研究していたにもかかわらず、かれら自身の時代にとって「史資料」がもった意味と意義について、なぜあのように多様な、そして見たところ相互に排他的であるような結論に至りついてしまったのかも説明できたのである。最初に歴史の場を人によって違ったあり方で構成したことによって、かれらは暗黙のうちに、その本当の「意味」をそれによって見分けるための、説明、プロット化、イデオロギー的な意味に関する異なった戦略にすでにコミットしていたのである。歴史的思考が一九世紀の最後の数十年の時期にはまり込んだ「歴史主義の危機」という袋小路は、アイロニーに規定された見方のもとではもはや適切な理論的根拠に基づいて選択を行うことができなくなったということを表していたにすぎない。

このように考えると、一九世紀の歴史的思考の歴史は、完全な循環を描いていると見ることができる。つまり、後期啓蒙のアイロニー的な歴史像に対する反逆から始まり、二〇世紀直前にはそれによく似たアイロニーに支配されたヴィジョンが優位に立つ状態へと回帰する、という循環である。ヨーロッパの歴史的思考の古典時代とでもいうべき、ヘーゲルからクローチェにいたる時代は、人間と社会と文化についての「リアリスティック」な学のための根拠として、歴史の学を構築しようとする奮闘が繰り広げられた時期を表している。この時代の精神が志向したリアリズムは、一方では、後期啓蒙的なアイロニーに内在していた懐疑主義とペシミズムから自由であるとともに、他方では初期ロマン派運動の認識論的に無責任な信念からも自由になった意識に、その基盤を持っていた。しかし、このもっとも偉大な歴史家や歴史哲学者の著作を通して、一九世紀ヨーロッパは、結局は一群の対立しあう「リアリズム」理解を生み出すことができたにすぎなかった。そのそれぞれのリアリズム概念は、しかるべき理論的概念装置を備えており、どれも少なくとも一度は真剣に受け入れられざるをえないだけの知的な厚みに支えられていた。

わたしが研究したさまざまな思想家の威信は、それを受容する公衆の側の意識様態が変化するとともに、栄枯盛衰を経験したものである。また他方で、そのつどの受容者である公衆の声は、歴史家や歴史哲学者が自分の歴史の場を先行的に形象化する局面において、言説の異なった様相を選ばせるという点において規定力を持っている。だからこそ、ミシュレの歴史概念は、ランケのもっと「学問的」で「経験的」で「リアリスティック」な概念によって論破され破棄された、などとは言うべきではない。あるいは、ランケの作品は、もっと「科学的」で「リアリスティック」なトクヴィルの概念によって克服され無効にされた、などと言うべきでもない。さらに、ランケ、ミシュレ、トクヴィルの三人が、そのあとに登場するブルクハルトの内在的な「リアリズム」理解によって論破されたと考えるべきでもないのである。理論的な確信があったからマルクスは、歴史に対するアプローチにおいて、ヘーゲルよりもいっそう「科学的である」とか、ニーチェはこれらの誰と比べても、一九世紀の精神における歴史意識の肥大化という問題に関して一番「深みがある」批判を行った、と言うこともできないのである。というのも、多くの歴史家や歴史哲学者によって共通して一九世紀に問題とされていたこととは、芸術や社会科学においてそうであったように、歴史においても、純粋に「リアリスティック」な歴史的実在の表象」はどんな形式をとるべきかという問題そのものであったからである。最終的に自信をもって、ヘーゲルの時代からクローチェの時代までの歴史理論には純粋に進化していくような過程があったとは、誰であっても判断を下せないのである。わたしが研究対象とした偉大な歴史家や歴史哲学者のひとりひとりは、歴史的物語を作り上げる才能をもっており、その著作を見事に完全な思想体系にする一貫したヴィジョンをそれぞれが、競合しつつ、しかも他のものとは両立不可能な姿で提示しているからである。

もしも特別な科学理解にだけこだわるのであれば、トクヴィルは、ミシュレやランケよりもいっそう「科学的な」歴史家だととりあえず言い張ることはできるかもしれないし、マルクスが、ヘーゲルやクローチェよりもいっそう「リアリスティック」な社会科学者だったと主張することもできるのかもしれない。しかし、そうした判断を下すためには、もっぱら歴史的根拠だけに基づいて考えるなら、歴史の「科学」に関するある特定の概念を、他の概念よりも優位におくだけの理由が存在しないという事実を無視しなくてはならないだろう。そうした、たとえばある概念を他の概念の優位におくというような判断は、トクヴィルとマルクスが歴史の場を先行的に形象化したときの言語的様相を持ち上げるものであれ、あるいは歴史過程の特殊な形象化が持っている特定のイデオロギー的な意味を讃えるものであれ、とにかく何にしても、論理的に考える前にあらかじめ自分が設定していた選好を反映しているだけのことである。人文科学において相も変わらず問題となっているのは、どの分析方法を選ぶのかを決めることだけでなく、適切な人文科学とはどんなものかについて決定することでもある。

一九世紀の歴史的感受性の展開を反省的に考察することは、そもそも歴史意識の歴史のなかで、今日の歴史叙述をその特定の段階として位置づけることを可能にしてくれる。二〇世紀のもっとも優れた歴史的内省の多くは、一九世紀の先行者のそれと同様に、歴史意識が一九世紀の最後に陥ったアイロニーの状態をなんとか克服しようと格闘してきたのであった。こうした事情は、ひょっとすると、一九六〇年代や七〇年代に思弁的な歴史哲学が一時的に人気を博したことや、アイロニーの時代に先立つ偉大な歴史理論家たち、つまり、ヘーゲル、マルクス、ニーチェの作品に対して関心が高まった理由を説明するかもしれない。アカデミズムとしての歴史学の歴史叙述は、一九世紀後半に《歴史主義の危機》を招いたようなアイロニーに規定された視座にいまも囚われ続けている。そのために、アカデミズムに充足する学者は、「近年は研究者であれ、アマチュアの歴史愛好家であれ、一般に歴史の問題がマルクスやヘーゲルのような思弁的歴史哲学の提示する大きな物語に惹きつけられており、客観的な学問としては嘆かわしいかぎりだ」と嘆息し続けている。それにもかかわらず、歴史的思考一般は、象牙の塔の嘆きをよそに、アイロニーに囚われた歴史理解の視座を打ち壊すような新しい挑戦的な「歴史学の学」という体系を創造し続けている。

このような近年の歴史的思考は、アイロニーに呪縛された視座を二つの側面から攻撃していると言える。まず、アカデミズムが学問的慎重さや経験主義を装いつつ、懐疑主義を習い性としてしまっている状況を克服しようとしている。その他面で、あらゆるイデオロギーに対して客観的で中立であるようなふりをする道徳的な不可知論が幅を利かせる事態をも、克服しようと努めている。マルロー、イェイツ、ジョイス、シュペングラー、トインビー、ウェルズ、ヤスパース、ハイデガー、サルトル、ベンヤミン、フーコー、ルカーチ、その他一群のひとびとをふくむ非常に多様な作家や研究者の仕事に見られるように、アカデミズムの学者以外のところで行われている現代の歴史的な思考は、制度としての歴史学という学問世界の専門家の歴史叙述がいつまでもアイロニーに呪縛され続けているのを尻目に、それに対する可能な対抗的試みとして、隠喩、換喩、提喩という、アイロニー以外の様式で編成された歴史の概念を提示し、そこからそれぞれの説明戦略や固有のイデオロギー的意味を展開してきているのである。これらの選択可能な歴史観のなかでどれを選ぶかが問題となるときには、あるものを他のものよりも優先して選ぶための唯一の理由は、倫理的なものであったり、審美的なものであったりはするだろう。少なくともそのことが、実証的な科学的客観性や実在との照応関係などといった、没批判的な概念によるのでないことだけは確かである。

晩年のR・G・コリングウッドの口癖は「人間がどんな歴史を書き、歴史をどう考えるのかは、つまるところそのひとがどんな人間であるのかによって決まる」ということだった。しかし、その逆も当てはまる。歴史の解釈者たちがわたしたちの考察のために提示するさまざまな世界像の前に引き据えられて、あるものを他のものに優先して選ぶだけの必然的で理論的な根拠がない場合に、わたしたちは、ある世界像を他のもののなかからより「リアリスティック」なものとして選ぶためには、倫理的根拠や美学的理由に導かれるのである。その点で、老カントの言葉は正しい。かれは、「人間とは『歴史』を気に入ったように理解することができるほど自由であり、また歴史に自分が望むとおりに関わることができるほどにも自由である」と述べたことがある。歴史のアイロニー的な考察は、歴史研究においては「リアリズム」や「客観性」だけを頼りにするしかないと言いつつ、実質的には不可知論を押しつけてくるが、わたしたちがこれを退けようとするときには、アイロニー的な視座をまず拒絶し、歴史を別の視座から、つまり反アイロニー的な視座から見ようと望まなくてはならない。

古典的時代の歴史的思考について反省をめぐらせるにあたって、価値中立的で、純粋にフォルマリズム的でありたいと表明してきた本書の末尾に来て、わたしが今述べたようなアイロニー批判の態度を推奨していることに対して、それでは歴史意識の歴史をそれ自体で特徴づけることが持つはずの本質的にアイロニー的な姿勢とは整合しない、と受け取られるかもしれない。わたしは、歴史的思考の歴史にアプローチする際に自分が選択したフォルマリズムという姿勢が、たいていの近代的な学問的歴史叙述の基盤である、ある種のアイロニックな状況を反映していることを否定するつもりはない。しかし、わたしは、このような現代の宿命とでもいうべきアイロニー的な視座を正面から自覚することが、それを超越するための根拠を与えることに通じると主張したい。もしも、アイロニーが歴史に関する選択可能なたくさんの視座のうちのひとつにすぎないということがはっきりするなら、そのそれぞれの選択しうる視座が、それ自身の十分な存在理由を、知の詩的、倫理的レベルにおいてもつのである。そして、アカデミズムの主流が推奨するようなある種のアイロニーに基づく態度だけが、歴史過程を見るためにはきまってそうならざるをえない不可避な結果であるかのような仮象は、剝ぎ取られることだろう。そうなることで、おそらく歴史家も歴史哲学者も自由になる。つまり、歴史を概念化し、その内容を理解し、その過程の物語的な解釈を描くことが、それ自身の倫理的、審美的志ともっとも合致している様式を選ぶことが可能になる。そうすることで、歴史意識がふたたび大きな詩的、学問的、哲学的プログラムと結びつく可能性が、わたしたちに開けてくるはずである。一九世紀における黄金時代の古典的実践家や理論家を鼓舞していたものも、まさにこうした瑞々しい歴史の可能性であった。

［日本語版解説］

メタヒストリーとは、いかなる問いなのか？

岩崎　稔

本書とヘイドン・ホワイトについて

本書は、Hayden White, *Metahistory: the historical imagination in nineteenth century Europe*, John Hopkins University Press 1973 の全訳である。今から四四年前に出ている作品であるが、二〇一四年には「四〇周年記念版」が、本文や註などはすべて初版と同じまま、ホワイト自身による「四〇周年記念版への序文」と、ウェズリアン大学の学長であり思想史家である（そして、かつてホワイトの学生であったことがある）マイケル・ロスによる前書きを加えて刊行されている。今回の翻訳にあたってはそれに準拠し、初版だけでなく、二つの追加された序文類も収録した。今さら言うまでもないが、『メタヒストリー』は、永く歴史学や思想史の伝説的な名著のなかで、日本語訳の出ていない大作の筆頭に数えられてきた作品である。

著者ヘイドン・ホワイト（Hayden White）は、一九二八年生まれであるから、まもなく九〇歳になる。アメリカの歴史家であるとともに、文芸理論や美学理論といった、いわば歴史学の「外部」の方法や概念をも援用しながら、歴史学的知とは何かという根本的な問題に果敢に挑んできた傑出した理論家である。一九五一年、ウェイン州立大学で歴史学を学んだ後、ミシガン大学大学院で学位を取得し、ロチェスター大学、カリフォルニア大学ロサンゼルス校、ウェズリアン大学、カリフォルニア大学サンタ・クルーズ校で教鞭を執った。スタンフォード大学ではコンサルティング・プロフェッサーも務め、現在はカリフォルニア大学サンタ・クルーズ校の名誉教授である。かれの仕事の影響は、歴史学者のみならず、人文学の多様な分野にわたっている。二〇〇九年に一度だけ、東洋大学の岡本充弘さんが組織した会議のために来日して講演したことがあり、現代の思想文化状況に対する瑞々しい批判は強い印象を残した。本書の「日本語版序文」は、その折の監訳者の依頼に応じて書いていただいたものである。

本書においては、一九世紀の歴史学と歴史哲学の事例を吟味することを通じて、歴史叙述において暗黙のうちに働いている語りの形式性が掘り下げられている。それによれば、歴史叙述とは、けっして「客観的実在」やその痕跡をさまざまな立場から記述する過程などではない。言い換えれば歴史学は、誰もがどんな場合にも不変なものとして想定できるような、何らかの所与に依拠して成り立つ知ではないのである。人間の存在様態としての歴史性とは、つねにまるごと言語によって媒介されたものであり、本書には、そうした歴史的な語りがどのような形式的特性をもって立ち現れてくるのかを、反省的に解明するための仮説的な筋道とその実践が示されている。

四つの基本形式について

解明の方法論的な手がかりの大半は、序論「歴史の詩学」のなかにまとめて提示されている。したがって、本書を通読するためには、まずはこの序論での議論とそこで与えられている概念をしっかりと押さえておかなくてはならない。

歴史学的な、あるいは歴史哲学的な、とさしあたって言うことができる言説が形をなしていく過程は、ホワイトによって仮説的に五段階に区別されている。ホワイトは、知の「磁場」と喩えられるような「歴史の場」という認識経験は、初めから一定の形式性を帯びて成立しているという。その形式性を通じて出来事をめぐる語りが次第に立ち現れてくるのである。それは、もっとも単純な段階としては、(1)「クロニクル」というあり方であるけれども、それがさらに明確に(2)「ストーリー」の水準へと展開するときに、そこに意味のつながりが加わる。「ストーリー」となるということは、たんなる「クロニクル」とは違って、「開始」と「経過」と「終局」をつなぐ関係が構築されることを意味する。それがさらに明示的に分節化していく過程は、(3)「プロット化の様式」→(4)「論証の様式」→(5)「イデオロギー的意味の様式」という水準として展開されていく。ホワイトは、この展開のそれぞれのレベルにおいて、そのつど四つの形式的な類型化を試みている。順に要約してみよう。

ホワイトは、(3)「プロット化の様式」の段階を吟味するときには、それを演劇的な類型によって理解し、ノースロップ・フライの仮説を援用して「ロマンス劇」「悲劇」「喜劇」「風刺劇」という四つの基本形式によって説明している。演劇的な形式といっても、それは、古代ギリシアの悲喜劇から近代劇までのさまざまな歴史的コンテクストでの個々の演劇作品を問題にしているのではなく、あくまで西洋詩学の伝統に基づいてそこから抽象された形式的な特性としての四つの型を指しているにすぎない。たとえば「ロマンス劇」は、夢や期待をかき立てる出来事が繰り広げられ、最後は大団円の形をとる予定調和的な形式である。それに対して「悲劇」という形式では、出来事が恐れと哀れみからなる感動的な効果を作り出しながら、最後には不吉な終局の認識に落ちていく。反対に「喜劇」は、その帰結が幸福なものとなる点で「悲劇」とは対照的である。しかし、悲劇も喜劇も、色合いは異なるとはいえ、それぞれにある種の和解の知とも言うべき帰結を含んでいる。これに対して「風刺劇」は、およそ和解の契機を含むことなどなく、その概念がサトゥーラ＝ごた混ぜというギリシア語から発していることに示されているように、「ロマンス劇」「悲劇」「喜劇」のような大きく辿られる形式をもつこともない。

続く(4)「論証の様式」の水準は、ある歴史叙述や歴史哲学がプロットを描いて語られるだけでなく、さらにそれが、なぜそうであるのかが説明される段階を指している。すべての歴史の語りはこうした効果を、明示的にしろ暗黙のうちにしろ果たしている。この水準ではホワイトは、スティーヴン・ペッパーの仕事を念頭におきながら、歴史叙述がとる論証を「個性記述論的説明」「有機体論的説明」「機械論的説明」「コンテクスト主義的説明」という、やはり四つの説明類型に整理する。「個性記述論的説明」はそれ自体が個別的なフォルムごとの語りにならざるをえない（この一つめの論証型を「個性記述論的」と訳すにあたってはいくらか迷った。原語は formist であるが、しばしば「形式的」とだけ訳されてきたためにかえって分かりにくくなっていた。また、ペッパーには「フォーミズムはしばしば実念論、またはプラトン的イデア論と呼ばれてきた」という指摘もあることから、形相性を強調して「フォーミズム的」と訳すこともあり得たが、それでは理念的な含意が強すぎる。ホワイトの定義では、この説明類型は「一定の客体が特定され、その類や種、あるいは属性や特性に即してしっかりとした規定が与えられていれば、それで説明が十分に行われたと考える」パターンであるため、個々の歴史的人格のフォルムに寄り添って行われる説明だという意味を響かせるために、あえてこの訳語で通した）。これに対して、「有機体論的説明」は、あらかじめ主体として（たとえば「国民」や「時代精神」のような）有機的全体概念を想定せずには成り立たない説明形式である。三つめの「機械論的説明」の場合は、とくに原因と結果の関係に還元する言説に典型的に見られるものであり、やはりあらかじめ想定された構造（たとえば土台と上部構造のようなそれ）に基づいた説明になる。四つめの「コンテクスト主義的説明」は、文字通り、論証がそのつどの文脈の一回性に解消されるあり方である。

さらに、そうした論証的説明を含んだ叙述は、特定の政治的な立場の選択につながっていく。これが歴史叙述や歴史哲学から導かれる政治的な態度としての(5)「イデオロギー的意味の様式」であるが、この水準では、ホワイトはカール・マンハイムの分析に依拠しながら、「アナーキズム」「保守主義」「ラディカリズム」「自由主義」という四つの基本的形式を整理している。イデオロギーといっても、ここで問われているのはイデオロギーの自己説明の型であって、特定の思想に対する反駁や支持が意図されているのではない。これらのイデオロギー類型の相互の区別は、さしあたって言葉通りのものであるからいちいちの説明は必要としないであろうが、この四つ以外の政治的イデオロギーの立場だってあるはずだ、という異論はありうるだろう。ホワイトは、たとえばマンハイムが用いていた「ファシズム」という類型を採用しない理由として、この類型を一九世紀の思想の分析をする本書に用いるのが時代錯誤であるだけでなく、そもそも「認識論的な説明責任」を備えているものだけをイデオロギーの類型として数えることにした場合、ファシズムは情動を扇動するだけのものだから、その要件を満たさないからである、としている。

四つの喩法の意味

ともあれ、この(3)から(5)までの段階を通じて歴史叙述が次第に分節化されていくにあたって、そのつどホワイトが提示する類型のアルゴリズムは決まって〝4〟である。しかし、ホワイトによれば、このような歴史に関する語りが立ち上がってくるときの各水準における四分形式を、さらに基底において導いている形式性が存在している。それがまさに、本書のもっとも枢要な概念である四つの喩法、分かりやすく言い換えてみれば、四つの詩的な着想のあり方である。本書の大半を占める歴史家と歴史哲学者の言説をめぐるホワイトの分析を理解するためには、少なくともこの「隠喩」「換喩」「提喩」「アイロニー」という四つの喩法について、その違いを会得して読み進めることが絶対に必要になる。そのため煩雑さを厭わずに、今一度ここで四つの喩法の意味を確認しておきたい。

まず、最初の喩法である「隠喩」＝メタファー（metaphor）は、もっとも基本的で初源的な喩法である。隠喩として浮かび上がる分かりやすい形象を挙げるなら、例えば「白雪姫」は、その白くて美しい肌が雪のようであるからそのように呼ばれ、「月見うどん」はどんぶりに落とした卵が満月の形を想起させるからそう呼ばれる。わたしたちはよく考えてみれば、この喩法を日常の言語活動のなかで頻繁に用いていることに気がつくはずである。たとえば、わたしたちが「意味を把握した」とか「原因を掘り下げよう」とかという決まり文句で話しているときに、分かるということを「握ってつかむ」という隠喩によって表したり、原因を探すことを、土中を「掘り下げる」身体運動の隠喩でとらえたりする。しかも、そのときにそれが隠喩的な思考であると意識されることはまずない。それでも、こうした隠喩がなかったとしたら、わたしたちの普段の表現活動はきわめて貧しいものになってしまう。このように隠喩という喩法は、わたしたちの生の基層を成している。

ついで、二つめの喩法である「換喩」＝メトニミー（metonymy）を理解する際に大切なことは、それが、部分でもって全体を表すという特性である。あるいは換喩は、ものごとの隣接性に基づいて成立する喩法であると説明されることもあるが、どちらの説明も基本的に同じことを指している。たとえば、「赤ずきんちゃん」は、いつも赤い頭巾をまとっているためにそう呼ばれているのであって、「白雪姫」の場合と違って肌が赤いわけではない。したがって、その表象が成り立つときには、まぎれもなく隠喩とは違った形象の立ち現れが起こっている。この少女がつねに身に着けている一部分（赤いフードつきのコート）をもって、彼女に関わる全体が表されている。あるいは当の少女に隣接している衣服をもって、少女そのものが名指されていると言ってもいい。ギリシア神話のなかで「三叉の戟《ほこ》」が海神ポセイドンを表しているのも、その神格がつねにそれを自分の持ち物として、自分の一部分として隣接させているからである。また、「きつねうどん」は、どんぶりのなかに狐に似たものが入っているからではなく、狐という存在の属性の一部である好物の油揚げがうどんの上にのっているからそのよう表現される。もっと生々しい例を挙げるなら、「二〇一六年のアメリカ大統領選挙の結果にクレムリンはほくそ笑んだ」という表現のなかの「クレムリン」とは、クレムリン宮殿で執務するロシアの政治権力者のことを表現しているから、これも換喩である。このように換喩も、隠喩についで、きわめて頻繁にわたしたちの言語的な営みのなかに登場する。

三つめの喩法である「提喩」＝シネクドキ（synecdoche）は、換喩についてのように部分と全体との関係を使って説明するなら、ちょうど換喩の逆になっていると考えればいい。つまり、換喩は部分でもって全体を表していたのに対して、提喩は全体でもって部分を表すのであり、またその全体とは換喩の場合のような隣接関係ではなく、含有関係である。たとえば、「永田町では相変わらず黒いものが蠢《うごめ》いていた」という表現もそれにあたる。そもそも「黒いもの」という一般的な概念が表すことのできるものには、たとえば墨汁の黒にしろ、夜の闇の黒にしろ、さまざまな個別的な存在が含まれている。ここでは、「黒いもの」という全体を表す概念で、黒いもの一般のなかの一部である「政治家の邪《よこしま》な企み」を表現している。あるいは、隠喩や換喩で使った「月見うどん」や「きつねうどん」の例に倣えば、「親子どんぶり」という表現がこの提喩にあたる。なぜなら、「親子」という抽象的な観念で表されるものはたくさんあるのだが、そうした包括的な観念を使ってここで名指されているのは鶏肉と鶏卵を使ったある個別の料理であり、その材料が親と子の関係にあると言えるからである（ちなみに、ロマーン・ヤーコブソンは、隠喩を類似関係として、換喩を隣接関係として理解し、この二分法によって提喩を換喩に含めてしまう理解を示しているが、ホワイトはそれとは違う立場を選択し、換喩と提喩をはっきりと区別している）。提喩は、とくにこの全体概念という抽象化の操作を間に挟んでいるために、隠喩や換喩に比べて相対的に洗練されたもの、媒介されたものになるという特徴がある。

さらに四つめの喩法である「アイロニー」（irony）は、ドイツ語圏では同根の言葉で「イロニー」と呼ばれてきたものであり、あることをその反対のことをもって表現する着想に他ならない。たとえば、何か不都合で芳しくないことをした人物に向かって、「おやおや、君は頭がいいねえ」と言うとき、言われた人は、この発話によって字義通り自分が褒められているのではなく、貶められていると感じ、場合によって憤慨するはずである。つねに素直に喜び、敵意をまったく理解しない天真爛漫な人であれば別だが、たいていの人はこうしたつらい文脈を理解できる。このように、ある表現によって、字義通りではなく、ちょうどその反対のことを表すことになるアイロニーは、言葉の作用としては隠喩や換喩などに比べて複雑であり、ひねくれているが、その実例はたんなる皮肉ばかりではない。アイロニーという喩法に含まれるものとして、ホワイトは、たとえば「耳をつんざくような静寂」「真昼の暗黒」といった撞着語法（oxymoron）や、「盲目の口」「黒いミルク」といった通常は接合しない二つの像が出会うことで生まれる効果の濫喩（catachresis）も含めている。提喩は、隠喩や換喩に比べて抽象観念を介しているという点でより複雑であると言ったが、アイロニーもその複雑さと屈折ぶりではそれを上回る。童心の驚きのなかにアイロニーは生まれない。それは、対立や矛盾に引き裂かれるということを知ってしまった心に初めて生まれる喩法である。

さて、このような四つの喩法が、わたしたちの生活世界においても、またその上に営まれるもっと反省的な知性の働きにおいても、ともにそれらを造形する表現形式として普遍的に存在している。こうした喩法がなくては、通常の自己表現は成立しない。しかも、これらの喩法は、当事者が、自分はそのつどその発想の形に導かれていると自覚していなくても作用している。歴史叙述や歴史哲学においても、根底では日常言語の構造と同じことが起こっており、まさにこの四つの喩法形式がそれぞれの言説に対して規定的に作用している。しかも、当の歴史家や歴史哲学者たちの言説とその喩法との関わりは、けっして任意に切り替えたり、思いつくままに選択できたりするわけではない。

歴史的な言説が立ち上がってくるときの諸段階を説明する際に、そのアルゴリズムは〝4〟であると述べた。ホワイトは、この諸段階の形式群と、これまで述べてきた喩法の四形式とが互いに対応していると見る。つまり、この四つの喩法に対して、「プロット化の形式」や「論証の形式」「イデオロギー的含意」のそれぞれの段階ごとに、四形式のどれかが相互に一種の選択的親和性をもっているというのである。その親和性の組み合わせが、本書の序論（九二頁）に提示されている図表である。これらの組み合わせが根本的に詩的喩法によって導かれているということがホワイトの議論の肯綮《こうけい》にあたる。ただし、あくまでこれは一定の親和性というかぎりでの規定関係であって、四つの喩法が自動的に特定の言説を一義的に決定しているということではない。

相対主義という非難

歴史家や歴史哲学者は、この喩法に導かれつつ、それによって自らの歴史的営みを造形する。後期啓蒙からクローチェにいたるまでの諸事例の具体的な分析のなかで、たとえばミシュレの歴史叙述と隠喩、マルクスの史的唯物論と換喩、ランケの歴史学と提喩、そしてブルクハルトの歴史叙述とアイロニーなどが、とくに特定の喩法が支配的なあり方で作用している事例として読解されている。もっとも、ホワイトがそれを、単純で一義的な決定関係としては見ていないことは、具体的な叙述の複雑さをみれば分かる。あくまで四つの喩法による水路づけの力は、仮説を立てて理解するための基本的な概念類型であるにすぎない。しばしばこの喩法の規定力が複数働いていたり、部分の叙述と全体の物語とで異なった喩法が組み合わさっていたりするのである。

それでありながら、他方でこの四つの喩法のあいだには、ある種の展開過程が暗示されているようにも見える。こうした発想は、ホワイトが強くその影響を受けているジャンバッティスタ・ヴィーコの『新しい学』のなかにその淵源があると言えるだろう。ヴィーコは、かれと同時代のデカルト的な理性主義として現れてきていた支配的な知を批判して、そこに知の増上慢を見て批判するとともに、詩的営みを基底にしたある別様の知の可能性を対置した。それが『新しい学』のいう「詩的知恵」である。その「詩的知恵」の理解においては、より古層に属し、より深い層に属している隠喩的知から、より抽象的な概念へと、時代を経て認識が洗練されていくとともに抽象度は増していく。そして、ある段階に至るとまた初源に戻ることになるのである。本書『メタヒストリー』においても、一九世紀を通じて登場してくる歴史叙述や歴史哲学が、隠喩的なものから次第に換喩的なものに、さらに提喩的なものに展開し、最終的にはある種のアイロニーに至るという道程が浮かび上がってくる。その意味では、そこには一種の展開史があると言える。もっともそれは進歩史観でも一義的な発達史でもない。ちょうどヴィーコが『新しい学』のなかで抱いた歴史的循環過程（corsi e ricorsi storici）の構想のような緩やかな反復性が暗示されているのかもしれない。というのも、一八世紀末の後期啓蒙がアイロニー的な語りを特徴としていたのに対して、それを克服するものとして一九世紀初めの時期の隠喩的な語りが前面化する過程が描かれているし、また一九世紀的知の帰結としてのアイロニー的な語りも、あらためて二〇世紀初頭において、今一度それを克服しようとする隠喩的・換喩的な語りとして、革命を待望する言説に転じるのだと敷衍できる。

　歴史認識に関してホワイトが示している論点として、もう一つ重要なことを確認しておかなくてはならない。喩法を決定的な手がかりとして歴史的・歴史学的言説のそれぞれの特性が明らかになるとしても、そうした読解や整理は、どちらがより「リアル」であるのかを決定することはない。ホワイトの読解は、ある歴史家や歴史哲学者の語りを、他のそれよりもリアルで実証的であるとは結論づけてはいない。なぜなら、喩法によってそのリアルであることの意味が異なっており、その観点からは相互に比較しがたいからである。かれは本書の序論でも、つぎのように述べている。

> 本書におけるわたしの方法は内容そのものを評価するものではなく、ひたすら形式的構造だけを吟味するフォルマリストのそれである。したがってわたしは、ある特定の歴史家の作品が、歴史過程のなかの一連の出来事や個々の部分を他の歴史家のものよりもうまく捉えているとか、より正確に捉えているとかといった主張をするつもりはさらさらない。むしろわたしは、もっぱらそうした表現に内在する構造的な構成要素を形態論的に特定することだけに注意を払うことにしよう。（本書五二頁）

　本書『メタヒストリー』を歴史学にとっての危険な兆候だとする非難は、まさにこの点をめぐって生まれた。それぞれの喩法によって導かれ、それと一定の親和性をもってそれぞれのプロットが描かれ、説明が行われ、政治的なイデオロギーが導かれるならば、その複数の叙述の候補のなかで、どちらがより実在を適切に表現し、どちらがよりリアルであるのかを言うことができなくなるではないか、というわけである。そして、ホワイトの説に従うかぎり、その帰結として、歴史を語る者は、正しく把握された実在の認識に関与できないことになってしまう、という批判であった。ここからして早々に『メタヒストリー』とは真偽決定を不可能にする典型的なポストモダンの言説であり、無責任で危険な相対主義の主張であると決めつけられた。「相対主義」は『メタヒストリー』を外在的に攻撃する場合の代表的なレッテルである。

　本書『メタヒストリー』という作品の運命を見ると、脱政治化どころか、むしろ既存の学問知をめぐる仮借ない批判者として、つねに政治的な効果を果たしてきたと言っていい。

それにもかかわらずホワイトが簡単に相対主義的であると決めつけられるのは、たいていの場合、まずはそう断罪する側に理由がある。このような非難が生まれてくるのは、そのように決めつける者が、歴史と実在との一致という頑迷な真理観に基づいて歴史学を理解しているからである。

たとえば、日本における戦後歴史学が掲げた「科学的な歴史」という主張は、ホワイトの議論とはおよそ両立不可能に見える。戦後歴史学に典型的な社会経済史は、『メタヒストリー』の議論を援用すれば、換喩的な形式性に即して立ち上がっている言説であり、「人民闘争史観」も「機械論的な説明」の一モデルである。たしかにマルクス主義の唯物史観は、他の歴史叙述が隠している支配階級の正当化のイデオロギーに対する厳しい批判者であり続けてきたし、そうした歴史学は、歴史叙述としての真理請求を行うという点において、根本のところで党派性をもっていると主張する。しかし、そこで即座に前提にされてしまうのは、多くの場合、認識と実在との一致をもって真理とする素朴な真理観である。そのように暗黙のうちにあらかじめ歴史的実在を想定している論理的な操作に対して、ホワイトは仮借ない反省的なまなざしを差し込んでいるのである。『メタヒストリー』は、そのような科学性や客観的実証性を標榜する言説そのもののなかに隠れる反省拒否の姿勢に、自覚し内省するきっかけを与えてくれる。たしかに今では、さすがに露骨に教条的な「正しい歴史観」を振りかざす議論は下火であるにしても、そうした考え方の前提となる発想は生きながらえている。今日でも、自分自身の歴史像や歴史叙述とは相容れないと考える言説を拒絶する場合に、それは「事実とは違うから」とか「実証的ではないから」という論拠が挙げられることがある。その場合に、歴史的な出来事の語りをめぐる争いのなかに、「実証的である」ことについてある頑なな尺度がアプリオリに持ち込まれているのであり、その「実証的である」とははたしてどういうことかについて、反省的に問うことは回避されている。「実証的な歴史学ではない」というそうした批判は、当の批判者には自覚されないままに、ときには特定の歴史的な言説に対する抑圧や排除として、またときには自分自身の党派的な言説への再帰的なまなざしを阻止するスクリーンとして、機能する。

厄介なことに、近年では、さらにもう一周回って事情が複雑になっているということもできる。というのも、「トランプ現象」のような臆面もない捏造や「ポスト・トゥルース」的言説が跋扈し始めたために、マスメディアにしても、まず「ファクト・チェック」を反論のスタイルとせざるをえない時代が到来しているからである。日本語圏においても、社会の表層を覆い始めているような、もっぱら自分にとって快適な歴史理解だけに耽溺したがる兆候を見ているかぎり、事情は同様である。いまや、事実とは何かを論じることが難しくなっている。そのとき、粗雑な歴史修正主義と戦い、これらに対抗しなくてはならないという切実な事情のために、ときには素朴な実証主義の主張に閉じこもることが、正しい政治的な信念の証であるかのように語られる場合すらある。たしかに、事実を蔑ろにする政治的な言説に対して、実証的な反証は間違いなく重要な行為であり、適切な選択である。しかし、実証的な証明の努力をはかることと、特定の言説の類型のなかに閉じこもり、自分が「実証的である」と考えるものだけを振りかざして歴史的な言説において働く力や形式的特性を反省しないで済ますこととは別である。歴史と記憶をめぐる論争は、そのような頑迷な砦に立てこもることによっては深められることはない。そのような主張は、歴史的な語りを、語りと実在の一致という真理観にとらわれたまま論じているにすぎない。ホワイトは、まさにその実在そのものとされるものが、言語的構築物としてどのような形式性に即して成立してくるのかを語っているのであり、歴史的真理とは、まさにその構築の場に開示されてくる効果なのである。

『メタヒストリー』とホロコースト

『メタヒストリー』を危険な相対主義だとする批判は、まずはその問いかけの意味を理解しないところから生まれた反応だと述べた。しかし、『メタヒストリー』の切り開いた問いの次元には、ただそう整理しただけでは片付かない問題も残されている。むしろ、既存の素朴な実証主義的な真理観に基づかないレベルで、つまり言語の構築性を前提にして考えたときに、歴史における倫理的で道徳的な関与はどのように選択されるべきかという問題として設定され直して出てくるからである。喩法とそれに親和的なプロット化、歴史的説明、イデオロギー的立場が構築されるとしても、そうした連関で作用している倫理や判断力が、そのつどの連関に即して再考されなくてはならない。問題はこの不確かさのなかで、いかに素朴実証主義的な前提なしに、いわば「手すりなしに」、しかも古い形而上学的な前提を持ち込むことなしに、歴史叙述における倫理の問題にコミットできるのかということである。

この点を振り返っておくためには、「ドイツ歴史家論争」の直後の時期に、ソール・フリードランダーによって組織されたカリフォルニア大学でのシンポジウムが有益である。その内容は、*Probing the Limits of Representation: Nazism and the "Final Solution"*, ed. by Saul Friedlander, Harvard University Press, 1992 として一冊にまとめられている。同書は、一九九四年に日本語の抄訳が刊行されている（サウル・フリードランダー編『アウシュヴィッツと表象の限界』上村忠男・小澤弘明・岩崎稔訳、未來社）。ホロコーストの表象可能性（あるいは不可能性）を主題としたこの会議のなかで『メタヒストリー』に向けられた問いは、もしもホロコーストの歴史学的語りが喩法ごとに導かれてさまざまに可能であり、またそのうちのどれかが他に対して優越するということが言えないとしたら、ではホロコーストをロマンス劇として、あるいは喜劇として描くという形式性が可能になってしまうではないか、という問いであった。というのも、ホロコーストは、たんなる規模の大きな虐殺事件であったのではないからである。それは「死体の生産」が自己目的となり、文明的な確信の前提そのものが崩壊するような、そもそもあらゆる既存の人間的な約束事が終焉してしまうような出来事であった。だからこそ、アドルノの言葉にあるように「ホロコースト以後、詩を書くことは野蛮だ」という決定的な転回が生じたのである。その途方もない出来事は、わたしたちの認識の可能性そのものを、そして歴史的出来事としてそれを描き出す喩法という制約すら脅かしてしまったのではないか。またこの時期に歴史修正主義として現れてきた否認言説、第三帝国の美意識を別の形で救い上げようとする審美主義的な表象の前に、『メタヒストリー』は予期せぬ役割を果たしかねないのではないか、というのである。

突きつけられた課題を、ホワイト自身もつぎのように整理している。

> 要するに、ナチズムと〈最終解決〉という出来事には、その性質からして、それらについて真実を語るのに絶対的な限界があるのだろうか。それらをフィクションの作家や詩人が利用することのできる仕方には限界があるのだろうか。それらをプロット化する仕方には決まった数の様式があるのだろうか。それともそれらのもっている特別の意味も、他の歴史的出来事の場合と同様に、無限の解釈を許容しており、究極的には決定不可能なのだろうか。（『歴史の喩法』二〇九頁）

こうした問いかけに対してホワイトが取り組んだ姿勢は、一義的な答えを与えるものではなかった。率直に言って反論としては、かならずしも成功しているようには見えず、むしろ一見すると、『メタヒストリー』での議論をいったんは後退させているようにすら見える。ホロコーストの表象不可能性は、既存の美学の概念で表現するならば、エドマンド・バーク『崇高と美の観念の起原』やカントの『判断力批判』で崇高の問題として考えられてきたことに関わっている。崇高とは、わたしたちの感性的な能力の限界に立ち現れる事態であり、まさに表象の限界の問題そのものであった。いわば『メタヒストリー』が「一九世紀における歴史的想像力」やそれの底流にあるモダニズムのありうる形式をぎりぎりのところで提示していたとすれば、ホロコーストの問題はそうした喩法の限界の向こう側に現れる問題としてとらえなくてはならない。だからこそホワイトは、たんに『メタヒストリー』で提示した概念構成を擁護するという保身的な応答ではなく、むしろ、いわばその問題系を前進させる姿勢で応じたということもできる。この論考のなかでホワイトは、シンポジウムの別の報告者であったベレル・ラングの「自動詞的記述」やデリダの「差延」の概念に即して議論を進めているが、ここではそれには立ち入らない。しかし、少なくともかれの姿勢は、つぎのように開かれたものであった。

わたしたちがホロコーストをリアリスティックに表象する努力を断念するだろうということを示唆しようとしているのではなくて、リアリスティックな表象なるものについてのわたしたちの概念には修正がほどこされてしかるべきであり、わたしたちの世紀〔二十世紀〕に特有のもので旧来の表象様式では適切に表象することができないことが明らかになった諸経験をも考慮に入れなければならないということを示唆しようとしているのである。

（同前、二三二頁）

「崇高」と呼ぶしかない姿で向こうから現れてくるものの前で、歴史家の認識が再考を強いられているという経験を、少なくともホワイト自身も共有している。その点で『メタヒストリー』は一つの固定された装置ではないし、ましてや完成された体系ではなく、途上のダイナミクスとして議論すべきではないだろうか。『メタヒストリー』は、あくまで一九世紀的な歴史学と歴史哲学を対象とした議論をしていることを忘れるべきではなく、ホロコーストは、いわばそうした前提そのものを崩壊させる出来事であって、そのかぎりでは、かれの喩法をめぐる語り方の一つの境界を示している。現在こうしたホロコースト以後の語り方をめぐるもっとも緊迫した議論を展開しているのは、ロバート・イーグルトンの『ホロコーストとポストモダン』である。イーグルトンもこの本のなかで、ホワイトが言うホロコーストの深刻さに応じた文体とは何かという問題に関わってつぎのように指摘していることは、ホワイトの視線の先にあるものを説明している。こうした文体は、「それが私たち自身をホロコースト以後の存在として表現しているからであり、過去の出来事は専門領域としての歴史学を通した理解には限定されず、ホロコーストが人々の思考にかくも深く浸透した私たちの時代の文化の地平を形成している、ということを啓示しているからである」（ロバート・イーグルトン『ホロコーストとポストモダン――歴史・文学・哲学はどう応答したか』田尻芳樹・太田晋訳、みすず書房、二四五頁）。

これらの論争での論点を洗い出して、詰めた議論をすることとは稿をあらためて行いたいが、少なくともホワイトは自身に突きつけられた問いかけに対して内在的な応答を続けている。『メタヒストリー』が行っている作業は、究極的な認識の条件をあたかも超越論的制約であるかのように提示しているのではないということは、「四〇周年版への序文」のなかで、つぎのように総括していることからも受けとることができる。

経験を通じてわたしが学んだのは、著述するプロセスというものは、少なくとも主題を選ぶ瞬間には早くも始まっているということである。疑いもなくこのプロセスは、主題を適切に研究するために必要な資料を扱い始めた時点で始まっている。歴史学の言説においては、過去の一定の部分が歴史論理的に取り扱えるよう手を加えられ、歴史論理的な取り扱いに値するトピックに見えるように仕上げられる。ついでその部分は、記号の選択と複合、形容化と主題化、刻印という一連のプロセスによって、自らの指示対象を歴史の一断片として提示する段階に進むのだ。それは、その歴史学の言説が属する文化に固有な物語類型の筋道、ないしは複数のそうした筋道に従って行われる。『メタヒストリー』は、これらのことがいかにして行われるのかについての研究だったのである。（本書三八－三九頁）

この序文では、「四〇周年版」のなかで改訂や修正がいっさい行われなかったことについてもホワイトは説明している。それは長い年月を経た今、当然、本書のなかにも特定の観念や理論についての誤解や間違いが含まれているが、それを修正して『メタヒストリー』を防衛しつづける姿勢をとることは、「法学でいえば特定の訴訟の証拠を修正することに等しい」（本書三九頁）からだという。『メタヒストリー』が引き起こした歴史叙述をめぐる論争の広がりと厚みを考えると、たしかにこれは唯一のではないにしても、一つの筋の通った選択である。まさにこの四〇年のあいだ、『メタヒストリー』がもたらした当初の衝撃は減ずることのないまま、ある人にとっては知的触発であり、またある人にとってはズンとこたえる異物感であり続けてきた。だからこそ、この翻訳が、『メタヒストリー』の及ぼす衝撃をこれまでとは異なったあり方において日本語圏で受け止める一助となれば、と期待している。

翻訳にあたって

さて、日本語訳をめぐる事情について最後に述べておこう。本書に関して、ずっと以前に、ある老舗の出版社が版権を取得して、しかるべき人に翻訳を依頼していた。それがならないまま歳月を重ね、ついにその出版社は権利を放棄せざるを得なかった。版権が手放された機会に、作品社があらためてこの企画を引き受け、わたしの手で果たさないかと提案してくださった。それが内田眞人さんであった。

内田さんがそのような提案をしてくださったのには、前史があった。一九九五年前後の時期、つまり戦後五〇年が問われていた時期に、内田さんとわたしは『メタヒストリー』が訳されないことを惜しみ、この本を同時代の歴史認識をめぐる論争状況のなかに持ち込む可能性について議論していたからであった。戦後五〇年の時期には、鵜飼哲さん、高橋哲哉さん、増田一夫さんたちが中心となって、クロード・ランズマンの『SHOAH』の上映運動が進められたことがあった。内田さんも上映運動に関わり、またこの作品の書籍版を、一九八五年のフランスでの映画公開時から一〇年かけて日本語版として出版されていた。わたし自身もそこに加わり、東京外国語大学などで上映会を組織したが、そのときの意図の一つは、国会不戦決議の惨憺たる内容に示されるような当時の日本語圏での議論のなかに、外から別の手がかりを持ち込むことで、ともすると痩せ衰えてしまう歴史と記憶をめぐる論争を、より実りのある、しかも立体的なものにしたいということであった。『SHOAH』をめぐる論争は、たしかに日本における歴史認識問題の先鋭化に一定の役割を果たした。戦後五〇年のこの時期は、戦争責任／戦後責任の討議や歴史修正主義をめぐる議論などが新たな深まりを見せていた。そして、そうした論争のなかに、もう一つの論争的な手がかりとして『メタヒストリー』を持ち込むことで、問題を深めていくことはできないだろうか。たんに過去の事実を書く実証派か、政治的な企みによってそれを修正する反動派かというレベルではないところで歴史と記憶の問題を考察するためにも、『メタヒストリー』を論争のなかにすでに達成されている水準として持ち込むことはできないだろうか。要するに内田さんにしろ、わたしにしろ、『メタヒストリー』にはたんに歴史学理論の一トピックとしてではなく、アクチュアリティのある論争の書として関心があったのだ。そうしたやりとりがあったからこそ内田さんは、版権がフリーになった時点で、ただちにこれに再度取り組もうという発案をしてくださった。

わたしは勧めに従って、東京外国語大学で教えている大学院生や、周りの若い友人たちを集めて翻訳チームをつくり、翻訳作業に取りかかった。大学院の授業では複数年にわたって実際に『メタヒストリー』を読んでいたために、かれらにはある程度の問題意識を共有してもらっていた。始めたときに、けっしてこの仕事を甘く考えていたわけではなかったが、作業は予想を超えて難渋した。わたしにとって、これまで引き受けた翻訳のなかでもっとも手のかかる仕事になった。作業としては、ひととおりそれぞれの分担者が、まず自分の担当章の最初の草稿を作った。最初の分担はつぎのようなものであった（四〇周年記念版への序文などは、あとから加えた）。

日本語版序文　岩崎　稔
（マイケル・ロスによる前書き）　橋爪大輝
四〇周年記念版への序文　橋爪大輝
一九七三年版への序文　山本裕子
序論　歴史の詩学　岩崎　稔
第Ⅰ部　受け入れられた伝統――啓蒙と歴史意識の問題
第1章　隠喩とアイロニーのはざまの歴史的想像力　吉田耕太郎
第2章　ヘーゲル　大沢俊朗
第Ⅱ部　一九世紀の歴史記述における四種類の「リアリズム」
第3章　ミシュレ　高橋明史
第4章　ランケ　福田将之
第5章　トクヴィル　トリスタン・ブルネ
第6章　ブルクハルト　山本裕子
第Ⅲ部　一九世紀後半の歴史哲学における「リアリズム」の拒否
第7章　歴史意識と歴史哲学の再生　岩崎　稔
第8章　マルクス　柏崎正憲
第9章　ニーチェ　馬場智一
第10章　クローチェ　小田原琳
結論　岩崎　稔

こうして作った最初の訳稿をもとに、あらためて岩崎が、最初から最後まですべての訳文に手を入れて一貫したものにした。若い諸君はそれぞれの分担に懸命に取り組んでくれたから、この翻訳にもしも評価すべき輝きがあるとすれば、それはかれらの才覚のゆえである。他方で、いたらざるところに気づかれるとするならば、それはもっぱら監訳者であるわたしの、角を矯めて牛を殺すような推敲の責任に違いない。論理的な一貫性を重視して全体を整え、文体と訳語の調整をはかる第二段階の作業にあまりに多くの時間がかかったことも、ひとえにわたしの菲才に起因するものであった。東京外国語大学の特任助教である柏崎正憲君は、その過程で訳者間の連絡やビブリオグラフィーの点検など、しばしば助手役（兼督促係）を務めてくれた。

『メタヒストリー』を原書で読み始めてみて、途中で挫折した方は少なからずいることと思う。本書は、かなり意味の取りにくい独自の文体を持っている。とにかく難物なのである。あれは編集の内田さんと新宿の喫茶店で待ち合わせていたときのことだった。テーブルの上に、途中の訳稿とともに『メタヒストリー』の原書が置いてあったのだが、たまたま脇を通り抜けようとする外国人と思しき人がそれに目をとめて、英語で話しかけてきた。見知らぬ男性だったが、テーブル上の原書を指して「君はこれを読んでいるのか。これはすごい本なんだ」と言う。わたしが「ええ、歴史学にとって大きな意味のある本だと思うから、いま日本語に訳しています。なかなか苦戦しているんです」と気軽に返したとたん、この人物は哄笑を爆発させるとでもいう体で「まさか、それはあり得ないよ。この本を翻訳するなんてことは無理だね。これは外国語にはできない、とてつもなく難しい本なんだから」と決めつけてきた。考えてみれば無礼な話だったが、ちょうどそこに内田さんが遅れて到着したので、そのタイミングでその人物はすっと離れていった。わたしたちの悪戦苦闘を呪うようなこのエピソードを内田さんに話して、二人で苦笑するしかなかった。

本書のドイツ語訳は、*Metahistory: Die historische Einbildungskraft im 19. Jahrhundert in Europa*, übersetzt von Peter Kohlhaas, Fischer Taschenbuch, 2008として公刊されており、翻訳にあたって参照した。しかし、このペーター・コールハースの訳は、印欧語間での翻訳であり、つまるところ代名詞などがそのまま対応しているだけで、どう解釈していいのか本当に特定しがたい箇所で参考にしようとしてもあまり助けにならなかった。もっとも厄介な部分を当たってみると、コールハースはその部分を「気前よく」省略してしまっていた。なかにはパラグラフ単位でばっさり落としている部分もあったために、結局は自分で一から考えるしかなかった。

本書には古めかしく感じる語彙も混じっているが、そこに読みにくさの主因があるのではない。むしろ、何か憑かれたようにあわただしく議論を先に進めていく論証や説明の過程に多くの飛躍が含まれていることが、まずは難解さの原因であろう。それでいながら、歴史叙述に関して考えようとする者を刺激してやまない強烈な喚起力を備えているテキストである。こういう次第であったから、翻訳にあたってわたしは明確に目的を定めた。それは、この厄介な作品をせめて日本語で通読可能な一冊にして届けよう、という目標であった。したがって、意味が取りづらいところ、原文において飛躍があると思われる箇所については、ひとつの解釈を提示した訳文を作り、通して読めるように努めた（それが達成されているかどうかはともかく、志としてはそうであった）。この決断は「誤訳」の危うさと裏腹である。そのリスクに怯みそうになる箇所でも、あえて当初の方針を押し通した。論理的に飛躍があり、言葉を補わないかぎりどうしても意味が通じないと思われるところでは、躊躇せずに原文にない言葉を補った。『メタヒストリー』が相対主義的な言説の代表格として攻撃され、読まれることのないまま片付けられてきたという事情を考慮して、こうした選択をしたのである。念頭にあったのは、哲学者・長谷川宏さんの手で同じ作品社から出ているヘーゲルの『精神現象学』の翻訳であった。ヘーゲルのイェーナ時代の難解な思索を日本語で通読できるようにされたあの業績に倣いたいと考えたのだ。長谷川訳ヘーゲルには、専門の研究者からは「こなれすぎていて厳密ではない」という批判があることは分かっているが、ヘーゲルの思考を今に生かすという目的にとって、あの訳業は実に有意義であったと思う。もちろん、このような弁明で、拙訳の欠陥を碩学に転嫁するつもりはない。ただ、わたしなりに長谷川訳『精神現象学』に励まされつつ、とにかく日本語圏における歴史認識に関するさまざまな議論の素材として、このテキストが簡単にアクセス可能になること、そして、そこからの今後の議論が発展していくことだけを期待したのだった。

この翻訳がなるにあたって、友人や東京外国語大学の多くの同僚、それに若い諸君に助けていただいた。全員のお名前を網羅できないほど、多くの方々に負っている。謝辞の筆頭には、何と言っても東京外国語大学名誉教授の上村忠男さんを挙げなくてはならない。それは、わたしが『メタヒストリー』の意義について最初に示唆を得たのは、大学院生だったころ、上村さんと重ねた討議を通じてであったからだ。爾来、この書はわたしたちのあいだでのさまざまな議論や共同作業のなかに、つねに参照項として存在していたように思う。とくにわたしが歴史と記憶の問題について考えるようになるなかで、これは重要な準拠点の一つだった。ヘイドン・ホワイトの仕事をめぐる上村さんの先駆的な思索は、本書に先立って上村さんが編んだホワイトの主要論文集『歴史の喩法』という翻訳書にも滲み出ている。加えて、ホワイトの最新作である『実用的な過去』も上村さんの監訳で公刊される運びになっていると聞く（上村忠男監訳、岩波書店、二〇一七年一〇月に刊行された）。

また、歴史学につねに方法的反省を強いる問いを投げかけている畏友、成田龍一さんにも、たえず励まされてきた。成田さんとの対話や督励がなかったとしても、やはりこの翻訳作業は完遂できなかっただろう。とくに途上で、『思想』の「ヘイドン・ホワイト的問題と歴史学」（二〇一〇年第八号）という特集号を編んでくださったことなど、つねに半ば編集者のようなセンスで仕掛けを作っては、その渦のなかで周りにいるひとびとから仕事を引き出してくださる成田さんの巧みな手法はありがたかった（おそらくその『思想』誌上で安丸良夫さんと小田中直樹さんとわたしとで行った座談会は、いまも『メタヒストリー』のもっとも手ごろな手引きの一つであり続けているのではないか）。

共訳のチームに加わってくれた諸君（かれら・彼女らの紹介は、巻末の翻訳者紹介を見ていただきたい）だけでなく、さらにそのまわりにも快く助言や支援をしてくれた若い仲間たちがいた。とくに橋本良一くん、吉田和彦くん、高橋梓さん、三浦廣貴くんたちには、さまざまな段階で訳稿を読んでもらって理解しにくい点を指摘してもらい、校正作業の補助役を務めてもらった。二〇一五年秋に思いがけず急逝した最上直紀くんもその一人であったが、わたしたちの訳文を論評してくれたときの、どこか狷介だが、つねに真剣だったかれのつぶやき声がいまも耳に残っている。また、組版と文字校正を担当してくださった旧知の航思社の大村智さんには、多大な御苦労をおかけした。ありがとうございました。

しかし、何よりもわたしたちの作業を見守り、下支えしてくださったのは作品社の内田眞人さんであった。版権が手放されたと聞いたときに、実に迅速に動いてくださったのを支えた問題意識についてはすでに書いた。その迅速さに比して、わたしの仕事がこれほど長くかかったのはなんとも言い訳のできないことであった。この一人の編集者なくしては、完結はおろか、そもそもこの企画の発案もなかった。内田さんにはどんなに感謝しても足らない。

（二〇一八年五月二五日）

第四刷への付記

幸いなことに、本書はコンスタントに刷りを重ねている。いくつもの書評にも取り上げていただいた。『図書新聞』（二〇一七年一二月一六日号）では、長谷川貴彦氏が「『メタヒストリー』以降の歴史学」という鮮やかな問題整理を行ない、現時点の知の地平は、本書を中心とするホワイトの歴史哲学の論理構成の立体的把握を可能にするだろう、と指摘してくださった（本書の付録に収録）。一般紙でも『朝日新聞』（一一月一一日朝刊）で、柄谷行人氏が「今日の状況は本書に新たな意味を見出すことを可能にする」と書かれ、また高橋順一氏は『出版ニュース』（四月中旬号）で、本書のアクチュアリティを強調している。書評紙の年末回顧や『みすず』の読書アンケートでもたびたび言及され、個人的にも積極的な対話の機会をたくさんの方からいただいた。一九七三年の原著公刊からじつに四五年もの時間を経ていることを考えれば、このような濃密な議論を再び呼び起こすことができたのはうれしい。そうなった理由の一端は、上村忠男氏が前後して『歴史の喩法』（作品社）と『実用的過去』（岩波書店）を翻訳され、本書と現在時との空隙を埋めて下さったからでもあろう。わたしたち自身も、公刊直後に東京外国語大学において「『メタヒストリー』の射程で考える歴史叙述と記憶の問題系」と題する国際シンポジウムを開催して問題提起を行ない、『週刊読書人』（一二月一日号）で、成田龍一氏・橋爪大輝氏を招いて「『メタヒストリー』が現在に問いかけるもの」という鼎談を実現した（本書の付録に収録）。こうした反響の背景には、「ポスト・トゥルースの時代」における「歴史的事実」を取り巻く闇の深さへの危惧もあるのかもしれない。歴史叙述の危機は続いているようだ。ホワイト氏は、本訳書刊行の少し前の時点から体調を崩されていたが、残念なことに年が明けた三月五日にご自宅で息を引き取られた。八九歳だった。訃報とともに、氏の仕事を回顧する言葉がさまざまなメディアに現われた。そうした文章の多くは、氏の仕事の意義とともに、教師としての影響力にも言及して、大きな知性の退場を惜しんでいる。わたし自身も『図書新聞』（三月二四日号）と『思想』（七月号）に追悼の小さな文章を載せていただいた。

Soldán, Paz and José Edmundo. "Interview with Hayden White", in *Lucero: A Journal of Iberian and Latin American Studies*, 6, 1995.

Struever, Nancy S. "Topics in History", in *History and Theory*, 19(4), 1980.

———. "Irony and experimentation in Hayden White", in *Storia della storiografia*, 24, 1993.

Stückrath, Jörn und Jürg Zbinden (Hrsg.). *Metageschichte. Hayden White und Paul Ricoeur: Dargestellte Wirklichkeit in der europäischen Kultur im Kontext von Husserl, Weber, Auerbach, Gombrich*, Baden-Baden, Nomos, 1997.

富山太佳夫「修辞学と物語論　文芸批評と歴史哲学」、『思想』682号、1981年

———「思想の言葉　言語論的展開以降」、『思想』838号、1994年

上村忠男『歴史家と母たち』未来社、1994年

———「思想の言葉　『歴史の詩学』再考」、『思想』866号、1996年

———「トロポロジーと歴史学　ホワイト＝ギンズブルグ論争を振り返る」、『思想』1036号、2010年

———「ヘイドン・ホワイトと歴史の喩法」、ホワイト『歴史の喩法』上村編訳、作品社、2017年

上村忠男、多木浩二「対談　歴史の詩学と精神分析」、『現代思想』24（12）号、1996年

Vann, Richard T. "The Reception of Hayden White", in *History and Theory*, 37(2), 1998.

Valera, Gabriella. "Le ragioni della storia. Ermeneutica, 'linguistic turn' e storiografia nella reazione italiana a Metahistory di Hayden White", in *Storia della storiografia*, 25, 1994.

Vattuone, Riccardo. "Oronta legomena. Retorica e storia nella storiografia greca del IV sec.a.C", in *Storia della storiografia*, 25, 1994.

Von der Dunk, H. W. "Narrativity and the reality of the past. Some reflections", in *Storia della storiografia*, 24, 1993.

Weber, Wolfgang. "Hayden White in Deutschland", in *Storia della storiografia*, 25, 1994.

Wagner, Irmgard. "Geschichte als Text: Zur Tropologie Hayden Whites", in Küttler, W., J. Rüsen und E. Schulin (Hrsg.), *Geschichtsdiskurs: Grundlagen und Methoden der Historiographiegeschichte*, Frankfurt am Main, Fischer-TB, 1993.

ヨネヤマ・リサ「記憶の弁証法　広島」、『思想』866号、1996年

吉田寛、篠木涼、櫻井悟史編『特別公開企画アフター・メタヒストリー　ヘイドン・ホワイト教授のポストモダニズム講義』（立命館大学生存学研究センター報告13）、生活書院、2010年

White," in *Voces y silencios en la historia. Siglos XIX y XX*, México, Fondo de Cultura Económica, 1997.
Mandelbaum, Maurice. "The Presuppositions of *Metahistory*" in *History and Theory*, 19(4), 1980.
Momigliano, Arnoldo. "The Rhetoric of History and the History of Rhetoric: On Hayden White's Tropes", in *Comparative Criticism: A Year Book*, 3, 1981.
Moses, A. Dirk. "Hayden White, Traumatic Nationalism, and the Public Role of History", in *History and Theory*, 44, 2005.
Munslow, Alun. "Hayden White and Deconstructionist History", in *Deconstructing History*, London and New York, Routledge, 1997.
Murphy, Richard J. "Metahistory and Metafiction: Historiography and the Fictive in the Work of Hayden White", in *Sources: Revue d'etudes anglophones*, 2, 1997.
成田龍一「関東大震災のメタヒストリーのために　報道・哀話・美談」、『思想』866号、1996年
Nelson, John S. "Tropal History and the Social Sciences: Reflections on Struever's Remarks", in *History and Theory*, 19(4), 1980.
野家啓一『物語の哲学』岩波書店、1996年
Noiriel, Gerard. *Sur la «crise de l'histoire»*, Paris, Belin, 1996［ジェラール・ノワリエル、小田中直樹訳『歴史学の〈危機〉』、木鐸社、1997年］
O'Brien, John E. *Critical Practice from Voltaire to Foucault, Eagleton and Beyond: Contested Perspectives*, Leiden, Brill, 2014.
岡本充弘「何が歴史について問われているのか？　脱構築のかなたにあるもの」、『東洋大学人間科学総合研究所紀要』14号、2012年
岡本充弘、鹿島徹、長谷川貴彦、渡辺賢一郎編『歴史を射つ　言語論的転回・文化史・パブリックヒストリー・ナショナルヒストリー』御茶の水書房、2015年
Ostrowski, Donald. "A Metahistorical Analysis: Hayden White and Four Narratives of 'Russian' History", in *Clio*, 19(3), 1990.
Partner, Nancy. "Hayden White (and the Content and the Form and the Everyone Else) at the AHA", in *History and Theory*, 36(4), 1997.
————. "Hayden White: The Form of the Content", in *History and Theory*, 37(2), 1998.
Paul, Herman. "Metahistorical Prefigurations: Toward a Re-Interpretation of Tropology in Hayden White", in *Journal of Interdisciplinary Studies in History and Archaeology*, 1(2), 2004.
————. "Tegen zure regen Hayden White, anti-ironisme en existentialistisch humanisme", in *Tijdschrift voor Geschiedenis*, 120, 2007.
————. *Hayden White: The Historical Imagination*, Cambridge, Polity, 2011.
Phillips, Mark. "Historiography and genre: a more modest proposal", in *Storia della storiografia*, 24, 1993.
Pisani, Daniele. "Carlo Ginzburg e Hayden White: Riflessioni su due modi di intendere la storia", in *Engramma*, 55, 2007(http://www.engramma.it/eOS2/index.php?id_articolo=2296).
Pomper, Philip. "Typologies and Cycles in Intellectual History", in *History and Theory*, 19(4), 1980
Rancière, Jacques. *Les Mots de l'histoire: Essai de poétique du savoir*, Paris, Seuil, 1992.
Ricoeur, Paul. *Temps et Récit*, Paris, Seuil, 1983［ポール・リクール、久米博訳『時間と物語』全３巻、新曜社、2004年］
————. *La Mémoire, l'histoire, l'oubli*, Paris, Seuil, 2000.
Rigney, Ann. "Mixed Metaphors and the Writing of History", in *Storia della storiografia*, 24, 1993.
Roberts, David D. "The Stakes of Misreading: Hayden White, Carlo Ginzburg and the Crocean Legacy", in *Storiografia*, 9, 2005.
Roth, Michael S. "Cultural Criticism and Political Theory: Hayden White's Rhetorics of History", in *Political Theory*, 16(4), 1988.
Roth, Paul A. "Hayden White and the Aesthetics of Historiography", in *History of the Human Sciences*, 5(1), 1992.
Schreiber, David et Marc Aymes. "Hayden White, l'ironie de la Métahistoire / En avant l'après-histoire!", in *Labyrinthe*, 33, 2009.
Skinner, Q. "Hermeneutics and the Role of History", in *New Literary History*, 8, 1977.
Söder, Hans-Peter. "The Return of Cultural History? 'Literary' Historiography from Nietzsche to Hayden White", in *History of European Ideas*, 29, 2003.

Journal of Interdisciplinary Studies in History and Archaeology, 1(2), 2004.

————. "A Weberian Medievalist: Hayden White in the 1950s", in *Rethinking History*, 12(1), 2008.

Himmelfarb, Gertrude. "Telling It As You Like It. Post-Modernist History and the Flight From Fact", in *Times Literary Supplement*, October 16, 1992.

Hughes-Warrington, Marnie. "Hayden White" in *Fifty Key Thinkers on History*, London and New York, Routledge, 2000.

Hunt, Lynn (ed.). *The New Cultural History*, Berkeley, University of California Press, 1989［リン・ハント編、筒井清忠訳『文化の新しい歴史学』岩波書店、1993年］.

Iggers, Georg G. "Zur 'linguistischen Wende' im Geschichtsdenken und in der Geschichtsschreibung", in *GG*, 21, 1995［ゲオルグ・イッガース「歴史思想・歴史叙述における言語論的転回」早島瑛訳、『思想』838号、1994年］

岩崎稔、小田中直樹、安丸良夫『思想　特集＝ヘイドン・ホワイト的問題と歴史学』1036号、2010年

Jenkins, Keith. *Re-thinking History*. London and New York, Routledge, 1991.

————. "Beyond the Old Dychotomies: Some Reflections on Hayden White", in *Teaching History*, 74, 1994.

————. *On "What is History"? From Carr and Elton to Rorty and White*, London and New York, Routledge, 1995.

————. "A Conversation with Hayden White", in *Literature and History*, 7(1), 1998.

————. "On Hayden White", in *Why History? Ethics and Postomodernity*, London and New York, Routledge, 1999.

Kansteiner, Wulf. "Hayden White's Critique of the Writing of History", in *History and Theory*, 32(3), 1993.

————. "Emplotment and Historicization: Recent German Histories about National Socialism and Modernity", in *Storia della storiografia*, 25, 1994.

Kellner, Hans. "A Bedrock of Order: Hayden White's Linguistic Humanism", in *History and Theory*, 19(4), 1980.

————. "Hayden White", in *The Johns Hopkins Guide to Literary Theory and Criticism*, edited by M. Groden and M. Krieiswirth, Baltimore, the Johns Hopkins University Press, 1994.

————. "Hayden White and the Kantian Discourse: Tropology, Narrative, and Freedom", in *The Philosophy of Discourse: The Rhetorical Turn in Twentieth-Century Thought, vol. 1*, edited by C. Sills and G. H. Jansen, Portsmouth: NH., Boynton/Cook Publishers, 1992.

————. "Twenty Years After: A Note on *Metahistories* and their Horizons", in *Storia della storiografia*, 24, 1993.

Kisantal, Tamás and Gábor Szeberényi. "On Hayden White's 'Advantages and Disadvantages' Narratological Challenges in Historiography", in *Aetas*, 1, 2001.

————. "White's Mythology. Rhetorics, Tropology, and Narrativity in Hayden White's Theory of History", in A. Bókay and E. Sándorfi (eds.), *Crossings. Decontstruction, Rhetoric and Understanding in the Recent Criticism*, Budapest, Osiris, 2003.

Konstan, David. "The Function of Narrative in Hayden White's Metahistory." in *Clio*, 11(1), 1981.

Koufou, Angelica and Margarita Miliori. "The Ironic Poetics of Late Modernity: An Interview with Hayden White", in *Historein, A Review of the Past and Other Stories*, 2, 2000.

Korhonen, Kuisma (ed.). *Tropes for the Past: Hayden White and the History/Literature Debate*, Amsterdam: New York, Rodopi, 2006.

La Capra, Dominick. *Rethinking Intellectual History: Texts, Contexts, Language*. Ithaca, Cornell University Press, 1983［ドミニク・ラカプラ『思想史再考　テクスト、コンテクスト、言語』山本和平ほか訳、平凡社、1993年］

————. *History and Criticism*, Ithaca, Cornell University Press, 1985［ラカプラ『歴史と批評』前川裕訳、平凡社、1989年］

————. *History, Politics, and the Novel*, Ithaca, Cornell University Press, 1986.

Leitch, Vincent B. *Deconstructive Criticism: An Advanced Introduction*. New York, Columbia University Press, 1983.

Leeson, David. "Cutting Through History: Hayden White, William S. Burroughs, and Surrealistic Battle Narratives", in *Left History*, 10(1), 2004.

Lepetit, Bernard. "L'historicité d'un modèle historiographique", in *Storia della storiografia*, 24, 1993.

Lüsebrink, Hans Jürgen. "Tropologie, Narrativik, Diskurssemantik: Hayden White aus literaturwissenschatlicher Sicht", in W. Kütler, J. Rüsen, E. Schulin (Hrsg.), *Geschichtsdiskurs 1*, Frankfurt am Main, 1993.

Mancera, Sonia Corcuera de. "Tiempo, historia y relato: Paul Ricoeur. La historia come expresión literaria: Hayden

Carignan, Michael I. "Fiction as History or History as Fiction? George Eliot, Hayden White, and Nineteenth-Century Historicism", in *Clio*, 29(4), 2000.

Chare, Nicholas and Dominic Williams (eds.). *Representing Auschwitz: At the Margins of Testimony*, London, Palgrave Macmillan, 2013.

Chartier, Roger. *Au bord de la falaise: L'histoire entre certitudes et inquietude*, Paris, Albin Michel, 1998.

———. "Quatre questions à Hayden White", in *Storia della storiografia*, 24, 1993.

———.「ロジェ・シャルチェに聞く　歴史学は文化と社会をどうとらえるか」福井憲彦訳、『季刊iichiko』47号、1998年

Crane, Susan. "Metahistory Received", in *Storia della storiografia*, 25, 1994.

Daddow, Oliver. "Exploding History: Hayden White on Disciplinization", in *Rethinking History*, 12(1), 2008.

Dami, Roberto. *I tropi della Storia: La narrazione nella teoria della storiografia di Hayden White*, Milano, Franco Angeli, 1994.

Day, Frank. "Haydem White", in *Twentieth-Century American Cultural Theorists*, edited by P. Hansom, Detroit, Gale Group, 2001.

Domanska, Ewa. "Hayden White: Beyond Irony", in *History and Theory*, 37(2), 1998.

———. "Hayden White", in *Postmodernism: Key Figures*, edited by H. Bertens and J. Natoli, Cambridge , Massachusetts, Blackwell, 2001

———. "The Human Face of a Scientific Mind: An interview with Hayden White", in *Storia della storiografia*, 24, 1993.

———. "A Conversation with Hayden White", in *Rethinking History*, 12(1), 2008.

Doran, Robert (ed.). *Philosophy of History after Hayden White*, London, Bloomsbury Academic, 2013.

Dosse, François. *L'Histoire en miettes: Des "Annales" à la "nouvelle histoire"*, Paris, La Découverte, 1987.

Duby, Georges. "L'art, l'écriture et l'histoire: Entretien avec Georges Duby", in *Le Débat*, 92, 1996.

Duncan, James S. "Me(trope)olis: Or Hayden White Among the Urbanists", in *Re-presenting the City: Ethnicity, Capital and Culture in the 21st-Century Metropolis*, edited by A. D. King, New York, New York University Press, 1996.

Ernst, Wolfgang. "White Mythologies? Informatik statt Geschichte(n): Die Grenzen der Metahistory" in *Storia della storiografia*, 25, 1994.

Finney, Patrick. "Hayden White, International History and Questions Too Seldom Posed", in *Rethinking History*, 12(1), 2008.

Friedländer, Saul (ed.). *Probing the Limits of Representation. Nazism and the 'Final Solution'*, London, Harvard University Press, 1992［ソール・フリードランダー編、上村忠男ほか訳『アウシュヴィッツと表象の限界』未来社、1999年］

Gearhart, Suzanne. "(Voltaire) The Question of Genre: White, Genette, and the Limits of Formalism", in *The Open Boundary of History and Fiction: A Critical Approach to the French Enlightenment*, Princeton, Princeton University Press, 1984.

Golob, Eugene O. "The Irony of Nihilism", in *History and Theory*, 19(4), 1980.

Goodman, David. "... and Then the Academics", in *Melbourne Historical Journal*, 13, 1981.

Gorman, J. L. "Reality and irony in history", in *Storia della storiografia*, 24, 1993.

Grossman, Marshall. "Hayden White and Literary Criticism: The Tropology of Discourse", in *Papers on Language and Literature*, 17(4), 1981.

Harlan, David. "The Return of the Moral Imagination", in *The Degradation of American History*, Chicago, University of Chicago Press, 1997.

———. "'The Burden of History' Forty Years Later", in F. Ankersmit, E. Domańska, H. Kellner (ed.), *Re-figuring Hayden White*, Stanford: Stanford University Press, 2009［デヴィッド・ハーラン「40年後の「歴史の重荷」」小沢弘明訳、『思想』1036号、2010年］

長谷川まゆ帆「ヘイドン・ホワイトと歴史家たち　時間の中にある歴史叙述」、『思想』1036号、2010年

ハルトゥーニアン、ハリー「時間の物語化／物語の時間化　ヘイドン・ホワイトと時空の反転」梅森直之訳、『思想』1036号、2010年

Herman, Paul. "Metahistorical Prefigurations: Toward a Re-Interpretation of Tropology in Hayden White", in

Rancière's Revisionism", in Jacque Rancière, *The Names of History: On the Poetics of Knowledge*, translated by H. Melehy, Minneapolis, the University of Minnesota Press, 1994]

――――「歴史への意志」田中裕介訳、『現代思想』26（14）号、1998年［Metahistory, 1973, ch. 9]

――――「コンテクスト主義と歴史理解」那須敬訳、「インタビュー　ヘイドン・ホワイトに聞く」岡本充弘訳、『思想』1036号、2010年［"Contextualism and Historical Understanding", in *Taiwan Journal of East Asian Studies*, 7(1), 2010, pp. 1-19; Domańska, Ewa (ed.), "Hayden White", in *Encounters: Philosophy of History After Postmodernism*, Charlottesville, University of Virginia Press, 1998]

――――「歴史的真実、違和、不信」上村忠男訳、『思想』1111号、2016年［"Historical truth, Estrangement, Disbelief" 未刊、著者より提供]

――――『歴史の喩法』上村忠男訳、作品社、2017年［"The Burden of History", "The Historical Text as Literary Artifact", "The Tropics of History: The Deep Structure of the *New Science*", in *Tropics of Discourse*, 1978; "The Value of Narrativity in the Representation of Reality", "The Politics of Historical Interpretation: Discipline and De-Sublimation" in *The Content of the Form*, 1987; "Historical Emplotment and the Problem of Truth in Historical Representation", "Auerbach's Literary History: Figural Causation and Modernist Historicism", in *Figural Realism*, 1999, Baltimore, the Johns Hopkins University Press]

――――『実用的な過去』上村忠男監訳、岩波書店、2017年［*The Practical Past*, Evanston, Northwestern University Press, 2014]

White, Hayden. "Das Problem der Erzählung in der modernen Geschichtstheorie", in Rossi, Pietro (Hrsg.), *Theorie der modernen Geschichtsschreibung*, Frankfurt/M.: Suhrkamp, 1987.

――――. *Auch Klio dichtet oder Die Fiktion des Faktischen-Studien zur Tropologie des historischen Diskurses*, übersetzt von B. Brinkmann-Siepmann und T. Siepmann, Stuttgart, Klett-Cotta, 1991.

――――. "Die Bedeutung der Form: Erzählstrukturen in der Geschichtsschreibung", in Mentzer, Alf (Hrsg.), *Die Welt der Geschichten: Kunst und Technik des Erzählend*, Frankfurt, Fischer-Taschenbuch-Verlag, 2007, SS. 246-250.

――――. "Die Zukunft der Utopie in der Geschichte und die Zukunft der Geschichte in der Utopie", in Rüsen, Jörn (Hrsg.), *Die Unruhe der Kultur: Potentiale des Utopischen*, Weilerswist, Velbrück Wissenschaft, 2004, SS. 39-56.

――――. "Historische Modellierung (emplotment) und das Problem der Wahrheit", in Kiesow, Rainer Maria und Dieter Simon (Hrsg.), *Auf der Suche nach der verlorenen Wahrheit: zum Grundlagenstreit in der Geschichtswissenschaft*, Frankfurt, Campus-Verlag, 2000, SS. 142-168.

――――. "Die Verwestlichung der Weltgeschichte" in Rüsen, Jörn (Hrsg.), *Westliches Geschichtsdenken: eine interkulturelle Debatte*, Göttingen, Vandenhoeck & Ruprecht, 1999, SS. 178-189

――――. *Metahistory: Die historische Einbildungskraft im 19. Jahrhundert in Europa*, übersetzt von P. Kohlhaas, Frankfurt am Main, S. Fischer, 1991.

――――. *Retorica e storia*, traduzione di Pasquale Vitulano, Napoli, Guida Editore, 1978 (2 vol.).

――――. *Storia e narrazione*, traduzione e cura di Daniela Carpi, Ravenna, Rongo, 1999.

――――. *Forme di storia: dalla realtà alla narrazione*, a cura di Edoardo Tortarolo, Roma, Carocci, 2006.

5 ヘイドン・ホワイト論

Aldama, Frederick. "Hayden White Talks Trash", in *Bad Subjects*, 55, 2001 (http://bad.eserver.org/issues/2001/55/white.html).

Ankersmit, F. R. "Hayden White's Appeal to the Historians", in *History and Theory*, 37(2), 1998.

朝尾直弘、網野善彦、石井進、鹿野政直、早川庄八、安丸良夫編『岩波講座日本通史　別巻 1　歴史意識の現在』岩波書店、1995年

Bahners, Patrick. "Die Ordnung der Geschichte: Über Hayden White", in *Merkur*, 1992.

――――. "«Die göttliche Komödie»: Ranke und White", in *Storia della storiografia*, 24, 1993.

Barberi, Alessandro. *Clio verwunde(r)t. Hayden White, Carlo Ginzburg und das Sprachproblem der Geschichte*, Wien, Turia + Kant, 2000.

Benigno, Francesco. "Dell'utilità e del danno di Hayden White per la storia", in *Contemporanea*, 11(3), 2008.

Barrera, Bermejo et José Carlos. "L'architecture de l'imagination" in *Storia della storiografia*, 25, 1994

Sonnino, Lee A. *A Handbook to Sixteenth Century Rhetoric*. London: Routledge & Kegan Paul, 1968.
Stern, Fritz, ed. *The Varieties of History: From Voltaire to the Present*. New York: Meridian Books, 1956.
Ullmann, Stephen. *Style in the French Novel*. Cambridge: Cambridge University Press, 1957.
Valéry, Paul. *The Outlook for Intelligence*. Translated by Dennis Folliot and Jackson Mathews and edited by Jackson Mathews. New York and Evanston: Harper Torchbooks, 1962.
Walsh, W. H. *Introduction to the Philosophy of History*. New York: Harper Torchbooks, 1958.
———. *Philosophy of History: An Introduction*. New York: Harper & Row, 1960.
Weintraub, Karl J. *Visions of Culture*. Chicago and London: University of Chicago Press, 1966.
Wellek, René. *Concepts of Criticism*. New Haven and London: Yale University Press, 1963.
White, Hayden V. "The Burden of History." *History and Theory*. 5, no. 2 (1966): 111-34. ［ヘイドン・ホワイト「歴史という重荷」、上村忠男編訳『歴史の喩法』作品社、2017年］
———. "Foucault Decoded: Notes from Underground." *History and Theory*. 12, no. 1 (1973): 23-54. ［ヘイドン・ホワイト「フーコーを読む　地下水脈からの手記」富山太佳夫訳、岩波書店『思想』1984年4月、250-77頁］

3 ヘイドン・ホワイトの著書（単著、共著、共編著）

1966. *The Emergence of Liberal Humanism: An Intellectual History of Western Europe, vol. I: From the Italian Renaissance to the French Revolution* (with Willson Coates and J. Salwin Schapiro), New York, McGraw-Hill.
1968. *The Uses of History: Essays in Intellectual and Social History* (as editor), Detroit, Wayne State University Press.
1969. *Giambattista Vico: An International Symposium* (as co-editor with Giorgio Tagliacozzo), Baltimore, Johns Hopkins University Press.
1970. *The Ordeal of Liberal Humanism: An Intellectual History of Western Europe, vol. II: Since the French Revolution* (with Willson Coates), New York, McGraw-Hill.
1973. *The Greco-Roman Tradition*, New York, Harper & Row.
1973. *Metahistory: The Historical Imagination in Nineteenth-Century Europe*, Baltimore, the Johns Hopkins University Press.
1978. *Tropics of Discourse: Essays in Cultural Criticism*, Baltimore, the Johns Hopkins University Press.
1987. *The Content of the Form: Narrative Discourse and Historical Representation*, Baltimore, the Johns Hopkins University Press.
1999. *Figural Realism: Studies in the Mimesis Effect*, Baltimore, the Johns Hopkins University Press.
2010. *The Fiction of Narrative: Essays on History, Literature, and Theory, 1957-2007*, edited by Robert Doran, Baltimore, the Johns Hopkins University Press.
2014. *The Practical Past*, Evanston, Northwestern University Press.
2014. *Metahistory* (40th Anniversary Edition), Baltimore, the Johns Hopkins University Press.

4 ヘイドン・ホワイトの著作・論文の翻訳

ヘイドン・ホワイト「ロマンスとしての歴史的リアリズム」富山太佳夫訳、『現代思想』7 (6) 号、1979年［*Metahistory*, 1973, ch. 3］
———「フーコーを読む　地下水脈からの手記」富山太佳夫訳、『思想』718号、1984年［"Foucault Decoded: Notes from Underground", in *History and Theory*, 12(1), 1973, pp. 23-54］
———「歴史における物語性の価値」、「現実の出来事の物語化」、W. J .T. ミッチェル編『物語について』海老根宏ほか訳、平凡社、1987年［"The Value of Narrativity in the Representation of Reality", "The Narrativization of Real Events", in W. J. T. Mitchell, *On Narrative*, Chicago, University of Chicago Press, 1981］
———「歴史のプロット化と真実の問題」上村忠男訳、ソール・フリードランダー編『アウシュヴィッツと表象の限界』上村忠男ほか訳、未來社、1994年［"Historical Emplotment and the Problem of Truth", S. Friedländer ed., *Probing the Limits of Representation. Nazism and the 'Final Solution'*, London, Harvard University Press, 1992］
———「歴史的知の詩学　ランシエールの修正主義」渡部ちあき訳、『思想』866号、1996年［"Foreword:

1971.

Henle, Paul, ed. *Language, Thought, and Culture*. Ann Arbor: University of Michigan Press, 1966.

Herodotus. *The Histories*. Translated by Aubrey De Sélincourt. Hammondsworth, Middlesex, and Baltimore: Penguin Books, 1959. ［ヘロドトス『歴史』上中下、松平千秋訳、岩波書店、2007年］

Iggers, Georg G. *The German Conception of History*. Middletown, Conn.: Wesleyan University Press, 1968.

Isaiah Berlin, "The Concept of Scientific History." In *Philosophical Analysis and History*. Dray ed., pp. 40-51.

Jakobson, Roman. "Linguistics and Poetics." In *Style in Language*. Edited by Thomas A. Sebeok. New York and London: Technology Press & John Wiley, 1960. ［ロマーン・ヤーコブソン「言語学と詩学」八幡屋直子訳、川本茂雄監修『一般言語学』みすず書房、1973年］

———. (with Morris Halle). "The Metaphoric and Metonymic Poles." in *Fundamentals of Language*. The Hague: Mouton, 1956.

Lacan, Jacques. "The Insistence of the Letter in the Unconscious." In *Structuralism*. Edited by Jacques Ehrmann. New York: Doubleday & Co., 1970. ［ジャック・ラカン「無意識における文字の審級、あるいはフロイト以後の理性」、『エクリ』第２分冊、佐々木孝次／三好暁光／早水洋太郎訳、弘文堂、1977年］

Laue, Theodore M. von. *Leopold Ranke: The Formative Years*. Princeton: Princeton University Press, 1950.

Leach, Edmund. *Claude Lévi-Strauss*. Revised ed., New York: Viking Press, 1970.

Lemon, Lee T., and Reiss, Marion J., eds. *Russian Formalist Criticism: Four Essays*. Lincoln: University of Nebraska Press, 1965.

Lévi-Strauss, Claude. "Overture to le Cru et le cuit." In *Structuralism*, edited by Jacques Ehrmann. New York: Dubleday & Co., 1970. ［クロード・レヴィ＝ストロース「序文」、『生のものと火を通したもの　神話論理１』早水洋太郎訳、みすず書房、2006年］

———. *The Savage Mind*. London: Weidenfeld & Nicholson, 1966. ［レヴィ＝ストロース『野生の思考』大橋保夫訳、みすず書房、1985年］

Liard, Louis. *Enseignement supérieur en France, 1789-1893*. 2 vols. Paris, 1894.

Lovejoy, Arthur O. "Herder and the Enlightenment Philosophy of History." In *Essays in the History of Ideas*. New York: G. P. Putnam's Sons, 1960. ［アーサー・O・ラヴジョイ「ヘルダーと啓蒙の歴史哲学」、『観念の歴史』鈴木信雄ほか訳、名古屋大学出版会、2003年］

Löwith, Karl. *Meaning in History: The Theological Implications of the Philosophy of History*. Chicago: University of Chicago Press, 1949. ［カール・レーヴィト『世界史と救済史　歴史哲学の神学的前提』信太正三／長井和雄／山本新訳、創文社、1964年］

Lukács, Georg. *The Historical Novel*. Translated by Hannah and Stanley Mitchell. London: Merlin Press, 1962. ［ジェルジ・ルカーチ『歴史小説論　ルカーチ著作集３』伊藤成彦訳、白水社、1986年］

Mannheim, Karl. "Conservative Thought." In *Essays in Sociology and Social Psychology*. Edited by Paul Kecskemeti, London: Routledge & Kegan Paul, 1953. ［カール・マンハイム『保守主義的思考』森博訳、筑摩書房、1997年］

———. *Ideology and Utopia: An Introduction to the Sociology of Knowledge*. Translated by Louis Wirth and Edward Shils. New York: Harcourt, Brace & Co., 1946. ［マンハイム『イデオロギーとユートピア』高橋徹／徳永恂訳、中央公論新社、2006年］

Mink, Louis O. "The Autonomy of Historical Understanding." In Dray ed., *Philosophical Analysis and History*.

———. "Philosophical Analysis and Historical Understanding." *Review of Metaphysics*. 21, no. 4 (1968): 667-98.

Momigliano, Arnaldo. "A Hundred Years after Ranke." In *Studies in Historiography*. New York: Harper Torchbooks, 1966.

Neff, Emery. *The Poetry of History: The Contribution of Literature and Literary Scholarship to the Writing of History since Voltaire*. New York: Columbia University Press, 1947.

Pepper, Stephen C. *World Hypotheses: A Study in Evidence*. Berkeley and Los Angeles: University of California Press, 1966.

Popper, Karl R. *The Poverty of Historicism*. London: Routledge & Kegan Paul, 1961. ［カール・R・ポパー『歴史主義の貧困　社会科学の方法と実践』久野収・市井三郎訳、中央公論社、1991年］

Poulet, Georges. *Studies in Human Time*. Translated by Elliot Coleman. Baltimore: The Johns Hopkins Press, 1956. ［ジョルジュ・プーレ『人間的時間の研究』井上究一郎他訳、筑摩書房、1969年］

Preminger, Alex et al. ed. *Princeton Encyclopedia of Poetry and Poetics*. Princeton: Princeton University Press, 1965.

Auerbach, Erich. *Mimesis: The Representation of Reality in Western Literature*. Translated by Willard Trask. Princeton: Princeton University Press, 1968.［エーリッヒ・アウエルバッハ『ミメーシス』上下、篠田一士／川村二郎訳、筑摩書房、1994年］

Bachelard, Gaston. *La psychanalyse du feu*. Paris: Gallimard, 1949.［ガストン・バシュラール『火の精神分析』前田耕作訳、せりか書房、1969年］

Barthes, Roland. *Michelet par lui-même*. Paris: Editions du Seuil, 1965.［ロラン・バルト『ミシュレ』藤本治訳、みすず書房、2002年］

Benveniste, Emile. *Problems of General Linguistics*. Translated by Mary Elizabeth Meek. Coral Gables, Fla.: University of Miami Press, 1971.［エミール・バンヴェニスト『一般言語学の諸問題』岸本通夫監訳、みすず書房、1983年］

Berlin, Isaiah. "The Concept of Scientific History." In *Philosophical Analysis and History*. Dray ed., pp. 40-51.

Burke, Kenneth. *A Grammar of Motives*. Berkeley and Los Angeles: University of California Press, 1969.［ケネス・バーク『動機の文法』森常治訳、晶文社、1982年］

———. *Language as Symbolic Action: Essays on Life, Literature, and Method*. Berkeley, London: University of California Press, 1966.

———. *Rhetoric of Motives*. Berkeley and Los Angeles: University of California Press, 1965.［バーク『動機の修辞学』森常治訳、晶文社、2009年］

Cassirer, Ernst. *The Philosophy of the Enlightenment*. Translated by Fritz C. A. Koelln and James C. Pettegrove. Boston: Beacon Press, 1955.［エルンスト・カッシーラー『啓蒙主義の哲学』上下、中野好之訳、筑摩書房、2003年］

Collingwood, R. G. *The Idea of History*. New York: Oxford University Press, 1956.［R・G・コリングウッド『歴史の観念』小松茂夫／三浦修訳、紀伊国屋書店、2002年］

Danto, Arthur C. *Analytical Philosophy of History*. Cambridge: Cambridge University Press, 1965.［アーサー・C・ダント『物語としての歴史　歴史の分析哲学』河本英夫訳、国文社、1989年］

Dilthey, Wilhelm. *Gesammelte Schriften*. vol. I: *Einleitung in die Geisteswissenschaften: Versuch einer Grundlegung für das Studium der Gesellschaft*. Edited by Bernard Groethuysen. Stuttgart: R. G. Teubner, 1959.［ディルタイ『精神科学序説　ディルタイ全集　第1－2巻』牧野英二編集、法政大学出版局、2003-2006年］

———. Gesammelte Schriften, vol. VII: *Der Aufbau der geschichtlichen Welt in den Geisteswissenschaften*. Edited by Bernard Groethuysen. Stuttgart: R. G. Teubner, 1958.［ディルタイ『精神科学における歴史的世界の構成』尾形良助訳、以文社、1981年］

Dray, William H., ed. *Philosophical Analysis and History*. New York: Harper & Row, 1966.

Foucault, Michel. *The Order of Things: An Archeology of the Human Sciences*. New York: Pantheon Books, 1971.［ミシェル・フーコー『言葉と物　人文科学の考古学』渡辺一民／佐々木明訳、新潮社、1974年］

Frye, Northrop. *The Anatomy of Criticism: Four Essays*. Princeton: Princeton University Press, 1957.［ノースロップ・フライ『批評の解剖』海老根宏ほか訳、法政大学出版局、1980年］

———. *Fables of Identity: Studies in Poetic Mythology*. New York: Harcourt, Brace & World, 1963.［ノースロップ・フライ『同一性の寓話　詩的神話学の研究』駒沢大学N・フライ研究会訳、法政大学出版局、1983年］

Fueter, Eduard. *Geschichte der neueren Historiographie*. Munich: Oldenbourg, 1911. French version: *Histoire de l'historiographie moderne*. Translated by Emile Jeanmaire. Paris: Alcan, 1914.

Gallie, W. B. *Philosophy and the Historical Understanding*. New York: Schocken Books, 1968.

Gombrich, E. H. *Art and Illusion: A Study in the Psychology of Pictorial Representation*. London and New York: Phaidon Books, 1960.［E・H・ゴンブリッチ『芸術と幻影　絵画的表現の心理学的研究』瀬戸慶久訳、岩崎美術社、1979年］

Gooch, G. P. *History and Historians in the Nineteenth Century*. Boston: Beacon Press, 1959.［G・P・グーチ『十九世紀の歴史と歴史家たち』上下、林健太郎／林孝子訳、筑摩書房、1971-1974年］

Gossmann, Lionel. *Medievalism and the Ideologies of the Enlightenment: The World and Work of La Curne de Sainte-Palaye*. Baltimore: The Johns Hopkins Press, 1968.

———. "Voltaire's Charles XII: History into Art." *Studies on Voltaire and the Eighteenth Century*, 25 (1963): 691-720.

Hartmann, Geoffrey. *Beyond Formalism: Literary Essays, 1958-1970*. New Haven and London: Yale University Press,

Co., 1960.［ノヴァーリス「キリスト教世界、またはヨーロッパ」、『ノヴァーリス作品集３』今泉文子訳、筑摩書房、2007年］

Ranke, Leopold von. "A Dialogue on Politics." In Theodore von Laue, *Leopold Ranke: The Formative Years*. Princeton: Princeton University Press, 1950.［レオポルト・フォン・ランケ『政治問答』相原信作訳、岩波文庫、1941年］

———. "The Great Powers." In Laue, *Ranke*.［ランケ「列強論」、『世界の名著11　ランケ』村岡哲訳、中央公論社、1974年］

———. *History of Civil Wars and Monarchy in France*. 2 vols. Translated by M. A. Garney. London, 1852.

———. *History of the Latin and Teutonic Nations, 1494-1514*. Translated by P. A. Ashworth. London, 1887.［ランケ『ローマ的・ゲルマン的諸民族史　上　ランケ選集１』山中謙二訳、千代田書房、一九四八年］

———. *History of the Ottoman and Spanish Empires*. Translated by Walter A. Kelly. London. 1843.

———. *History of the Popes, Their Church and State, and Especially of their Conflicts with Protestantism in the Sixteenth and Seventeenth Centuries*. 3 vols. Translated by E. Foster. London, 1853-56.

———. *History of Reformation in Germany*. 3 vols. Translated by S. Austin. London, 1845-47.［ランケ「宗教改革時代のドイツ史」、『世界の名著11　ランケ』渡辺茂訳、中央公論社、1974年］

———. *The Theory and Practice of History*. Edited by Georg G. Iggers and Konrad von Moltke, with new translations by Wilma A. Iggers and Konrad von Moltke. Indianapolis and New York: Bobbs-Merrill Co., 1973.

———. *Über die Epochen der neueren Geschichte: Vorträge dem Könige Maximilian II. von Bayern im Herbst 1854 zu Berchtesgaden gehalten*. Leipzig: Duncker & Humblot, 1899.［ランケ『世界史概観　近世史の諸時代』鈴木成高／相原信作訳、岩波文庫、1941年］

Schopenhauer, Arthur. *The World as Will and Idea*. In *The Philosophy of Schopenhauer*. Edited by Irwin Edman. New York: Modern Library, 1928.［ショーペンハウアー『ショーペンハウアー全集３　意志と表象としての世界・正編２』斎藤忍随他訳、白水社、1973年］

Tocqueville, Alexis de. *Democracy in America*. Translated by Henry Reeve, revised by Francis Bowen, and now further corrected and edited, with a historical essay, editorial notes, and bibliographies by Phillips Bradley, 2 vols. New York: Vintage Books, 1945.［アレクシス・ド・トクヴィル『アメリカのデモクラシー』第１巻上下・第２巻上下、松本礼二訳、岩波書店、2008年］

———. *The European Revolution and Correspondence with Gobineau*. Edited and translated by John Lukács. New York: Doubleday & Co., 1959.

———. *Memoir, Letters, and Remains of Alexis de Tocqueville*. 2 vols. London: Macmillan & Co., 1861.

———. *Œeuvres complètes*. vol. XII; *Souvenirs*. Edited by J. P. Mayer. Paris: Gallimard, 1964.［トクヴィル『フランス二月革命の日々　トクヴィル回想録』喜安朗訳、岩波書店、1988年］

———. *The Old Regime and the French Revolution*. New translation by Stuart Gilbert. New York: Doubleday & Co., 1955.［トクヴィル『旧体制と大革命』小山勉訳、筑摩書房、1998年］

Vico, Giambattista. *The New Science*. Translation of the third edition (1774) by Thomas Goddard Bergin and Max Harold Fisch. Ithaca, N.Y.: Cornell University Press, 1968.［ジャンバッティスタ・ヴィーコ『新しい学』第１－３分冊、上村忠男訳、法政大学出版局、2007-2008年］

Vico, Jean-Baptiste. *Principes de la philosophie de l'histoire*. Translated by Jules Michelet. Paris: Colin, 1963.

Voltaire. *Discours sur l'histoire de Charles XII*. Paris, 1831.［ヴォルテール『ルイ14世の世紀』第１－４分冊、丸山熊雄訳、岩波書店、1958-1983年］

———. *Dictionnaire philosophique*. In *Oeuvres complètes de Voltaire*. Vol. XVI-XIX. Paris: Hachette, 1876-1907. Online Text is available in: *Cédérom des œuvres complètes de Voltaire*. http://www.voltaire-integral.com/Html/00Table/4diction.htm［ヴォルテール『哲学事典』高橋安光訳、法政大学出版局、1988年］

———. *La philosophie de l'histoire*. Critical edition with introduction and commentary by J. H. Brumfitt. Genève: Institut et Musee Voltaire, 1963.［ヴォルテール『歴史哲学「諸国民の風俗と精神について」序論』安斎和雄訳、法政大学出版局、1989年

2　歴史学・歴史哲学・批判理論に関する本文内で言及した著作

Adams, Hazard ed. *Critical Theory since Plato*. New York: Harcourt Brace Jovanovich, 1971.

マルクス・コレクション1』／マルクス「1844年の経済学・哲学手稿」『マルクス＝エンゲルス全集40』大内兵衛／細川嘉六監訳、大月書店、1959-1991年］

———. *The Civil War in France*. In Karl Marx and Frederick Engels, *Selected Works*. New York: International Publishers, 1969.［カール・マルクス『フランスの内乱　マルクス・コレクション6』／マルクス「フランスにおける内乱」、『マルクス＝エンゲルス全集17』／フリードリヒ・エンゲルス「カール・マルクス『フランスにおける内乱』（1891年版）への序文」、『マルクス＝エンゲルス全集22』］

———. *The Class Struggles in France, 1848 to 1850*. In Karl Marx and Friedrich Engels, *Basic Writings on Politics and Philosophy*. edited by Lewis S. Feuer. Garden City, N.Y.: Doubleday & Co., 1959.［マルクス「フランスにおける階級闘争」、『マルクス＝エンゲルス全集7』］

———. *The Eighteenth Brumaire of Louis Bonaparte*. In Marx and Engels, *Selected Works*. Fragments cited in the text are from Feuer, ed., *Basic Writings*.［マルクス『ルイ・ボナパルトのブリュメール一八日　マルクス・コレクション3』／マルクス「ルイ・ボナパルトのブリュメール一八日」、『マルクス＝エンゲルス全集8』］

———. (with Friedrich Engels). *The German Ideology*. English translations cited in the text are from Bottomore ed., *Karl Marx: Selected Writings*. and Feuer, ed., *Basic Writings*.［マルクス＝エンゲルス『ドイツ・イデオロギー（抄）マルクス・コレクション2』／マルクス「ドイツ・イデオロギー」、『マルクス＝エンゲルス全集3』］

———. "Marx to F. Domela-Nieuwenhuis, 1881." In Marx and Engels, *Werke*. Vol. XXXV.［マルクス「マルクスからフェルディナンド・ドメラ・ニーウェンホイス（在ハーグ）へ（1881年）」、『マルクス＝エンゲルス全集35』］

———. Preface to *A Contribution to the Critique of Political Economy*. In Bottomore, ed., *Karl Marx: Selected Writings*.［マルクス『経済学批判』「序言」、『マルクス・コレクション3』／マルクス「経済学批判」、『マルクス＝エンゲルス全集13』］

———. "Theses on Feuerbach." English translations cited in the text are from Bottomore, ed., *Karl Marx: Selected Writings*.［マルクス「フォイエルバッハにかんするテーゼ」、『マルクス・コレクション2』／マルクス「フォイエルバッハにかんするテーゼ」、『マルクス＝エンゲルス全集3』］

———. (with Friedrich Engels). *Manifest der kommunistischen Partie*. In vol. IV of Karl Marx and Friedrich Engles, *Werke* (Institut für Marxismus-Leninismus beim ZK der SED). Berlin: Diets Verlag, 1959. English translations cited in the text are from Feuer, ed., *Basic Writings*.［マルクス＝エンゲルス『コミュニスト宣言　マルクス・コレクション2』／マルクス「共産党宣言」、『マルクス＝エンゲルス全集4』］

Michelet, Jules. *Histoire de la révolution*. Paris, 1888. English version: *History of the French Revolution*. Translated by George Cocks and edited by Gordon Wright. Chicago and London: University of Chicago Press, 1967.［ジュール・ミシュレ『フランス革命史』（抄訳）、桑原武夫／多田道太郎／樋口謹一訳、筑摩書房、2008年］

———. *Œuvres complètes*. vol. XXV: *Précis de l'histoire moderne*. Paris: Ernest Flammarion, n.d.

———. *Le peuple*. Paris: Hachette ; Paulin, 1846.［ミシュレ『民衆』大野一道訳、みすず書房、1977年］

Mill, John Stuart. "Nature." In *Essential Works of John Stuart Mill*. Edited by Max Lerner. New York: Bantam Books, 1961.

———. "Utility of Religion." In *Essential Works*.

Nietzsche, Friedrich. *The Birth of Tragedy out of the Spirit of Music*. Translated by Francis Golffing. New York: Doubleday & Co., 1956. German version: *Die Geburt der Trägodie aus dem Geist der Musik*. Stuttgart: Alfred Kröner Verlag, 1964.［フリードリヒ・ニーチェ『悲劇の誕生』秋山英夫訳、岩波書店、1966年］

———. *The Genealogy of Morals: An Attack*. Translated by Francis Golffing. New York: Doubleday & Co., 1956. German version: *Werke*. Vol. VII: *Zur Genealogie der Moral*. Leipzig: Alfred Kröner Verlag, 1910.［ニーチェ『道徳の系譜学』中山元訳、光文社、2009年］

———. *The Use and Abuse of History*. Translated by Adrian Collins. Indianapolis and New York: Library of Liberal Arts, Bobbs-Merrill Co., 1957. German version: *Vom Nutzen und Nachteil der Historie für das Leben*. Basel: Verlag Birkhäuser, n.d.［ニーチェ「生に対する歴史の利害について」、『反時代的考察　ニーチェ全集4』小倉志祥訳、理想社、1964年］

Novalis [Friedrich Philipp von Hardenberg]. "Christendom or Europe." In *Hymns to the Night and Other Selected Writings*. translated by Charles E. Passage. Indianapolis and New York: Library of Liberal Arts, Bobbs-Merrill

———. *The Philosophy of Giambattista Vico*. Translated by R. G. Collingwood. New York: Russell & Russell, 1913. Italian version: *La Filosofia di Giambattista Vico*. Bari: Laterza, 1911. ［クローチェ『ヴィーコの哲学』、上村忠男編訳、未來社、2011年］

———. *Saggio sullo Hegel, seguito da altri scritti*. 3rd ed., rev. Bari: Laterza, 1927. ［クローチェ「区別されたものの連関と対立するものの弁証法　『ヘーゲル哲学における生きているものと死んでしまったもの』第４章」、上村忠男編訳『ヘーゲル弁証法とイタリア哲学』月曜社、2012年］

———. "La Storia ridotta sotto il concetto generale dell' arte." In *Primi Saggi*. 3rd ed., rev. Bari: Laterza, 1951.

Droysen, Johann Gustav. *Grundriss der Historik*. In *Historik: Vorlesungen über Enzyklopädie und Methodologie der Geschichte*. Edited by Rudolf Hübner. Munich: R. Oldenbourg, 1958. English version: *Outline of the Principles of History*. Translated by E. Benjamin Andrews. Boston: Ginn & Co., 1893. ［ドロイゼン『史学綱要』樺俊雄訳、刀江書院、1937年］

Gibbon, Edward. *The History of the Decline and Fall of the Roman Empire*. 6 vols. London : Printed for W. Strahan and T. Cadell in the Strand, 1776-1788. ［エドワード・ギボン『ローマ帝国衰亡史』全10分冊、中野好夫／朱牟田夏雄／中野好之訳、筑摩書房、1996年］

Hegel, Georg Wilhelm Friedrich. *Grundlinien der Philosophie des Rechts*. Leiden: Adriani, 1902. ［G・W・F・ヘーゲル「法哲学要綱」、『法哲学講義』長谷川宏訳、作品社、2000年］

———. *The Phenomenology of Mind*. Translated by J. B. Baillie. 2nd ed., rev. London: George Allen & Unwin, 1961. ［ヘーゲル『精神現象学　ヘーゲル全集５』下、金子武蔵訳、岩波書店、1979年／ヘーゲル『精神現象学』下、樫山欽四郎訳、平凡社、1997年］

———. *The Philosophy of Fine Art*. Translated by F. P. B. Omaston. 4 vols. London: G. Bell & Sons, 1920. German version: *Werke*. Vols. XIII-XV: Vorlesungen über die Ästhetik. Frankfurt am Main: Suhrkamp Verlag, 1970. ［ヘーゲル『美学　第３巻　ヘーゲル全集20』下、竹内敏雄訳、岩波書店、1995年／ヘーゲル『美学講義』下、長谷川宏訳、作品社、1996年］

———. *The Philosophy of History*. Translated by J. Sibree. New York: Dover Publications, 1956. German version: *Werke*. vol. XII: *Vorlesungen über die Philosophie der Geschichte*. Frankfurt am Main: Suhrkamp Verlag, 1970. ［ヘーゲル『歴史哲学　ヘーゲル全集10』上下、武市健人訳、岩波書店、1954年／ヘーゲル『歴史哲学講義』上下、長谷川宏訳、岩波書店、1994年］

Heine, Heinrich. *Mein wertvollstes Vermächtnis: Religion, Leben, Dichtung*. Edited by Felix Stössinger. Zurich: Manesse Verlag, 1950. English translations cited in the text are from *The Poetry and Prose of Heinrich Heine*. Selected and edited by Frederick Ewen. New York: The Citadel Press, 1948. ［本書における引用は、以下の二冊に所収。ハイネ『歌の本』下、井上正蔵訳、岩波書店、1950年／ハイネ「さまざまな歴史観」髙地久隆訳、『ハイネ散文作品集５』木庭宏責任編集、松籟社、1995年］

Herder, Johann Gottfried. *Ideen zur Philosophie der Geschichte der Menschheit*. Darmstadt: Melzer, 1966. English translations cited in the text are from *Herder on Social and Political Culture*. Translated by F. Barnard. Cambridge, Cambridge University Press, 1969; *Reflections on the Philosophy of History of Mankind*. Translated by T. O. Churchill and edited by Frank E. Manuel. Chicago: University of Chicago Press, 1968. ［ヨハン・ゴットフリート・ヘルダー『人間史論』第1－4分冊、鼓常良訳、白水社、1948-1949年］

Humboldt, Wilhelm von. "Über die Aufgabe des Geschichtsschreibers." In *Gesammelte Schriften*. vol. IV, edited by Albert Leitzmann. Berlin: B. Behr's Verlag, 1905. English version: "On the Historian's Task." *History and Theory*. 6 (1967): 57-71. ［ヴィルヘルム・フォン・フンボルト「歴史家の課題について」、『世界史の考察　歴史哲学論文集』西村貞二訳、創元社、1948年］

Kant, Immanuel. *On History*. Edited with an introduction by Lewis White Beck. Indianapolis and New York: Library of Liberal Arts, Bobbs-Merrill Co., 1963. ［イマヌエル・カント「Ｊ・Ｇ・ヘルダー『人類史の哲学考』についての論評」、『カント全集14　歴史哲学論集』福田喜一郎他訳、岩波書店、2000年］

Marx, Karl. *Capital*. Translated by Eden and Cedar Paul. London: Dent & Sons, 1962. German version: *Das Kapital: Kritik der politischen Ökonomie*. Vol. XXIII of Karl Marx and Friedrich Engels, *Werke* (Institut für Marxismus-Leninismus beim ZK der SED). Berlin: Dietz Verlag, 1962. ［マルクス『資本論　第１巻　マルクス・コレクション４』今村仁司ほか訳、筑摩書房、2005-2008年／マルクス『資本論　第１巻　マルクス＝エンゲルス全集23』大内兵衛／細川嘉六監訳、大月書店、1959-1991年］ English translations of fragments cited in the text are from *Karl Marx: Selected Writings in Sociology and Social Philosophy*. Translated by T. B. Bottomore. New York: McGraw-Hill, 1956. ［マルクス『経済学・哲学草稿

参考文献一覧

1　本文内で分析された著作

Bayle, Pierre. *Dictionnaire historique et critique.* 4 vols. Amsterdam, Leyde, La Haye, Utrecht: cinquième édition, 1740. ［ピエール・ベール『歴史批評辞典　ピエール・ベール著作集３－５』野沢協他訳、法政大学出版局、1982-1987年］

Burckhardt, Jacob. *The Age of Constantine the Great.* Translated by Moses Hadas. Garden City, N.Y.: Doubleday Anchor Books, 1956. ［ヤーコプ・ブルクハルト『コンスタンティヌス大帝の時代　衰微する古典世界からキリスト教中世へ』新井靖一訳、筑摩書房、2003年］

———. *Briefe.* Edited by Max Burckhardt. Bremen: Carl Schüvenemann Verlag, 1965.

———. *Der Cicerone: Eine Anleitung zum Genuss der Kunstwerke Italiens.* Basel: Schweighauser'sche Verlagsbuchhandlung, 1855. English version: *The Cicerone: An Art Guide to Painting in Italy for the Use of Travellers and Students.* Book III. Translated by A. H. Clough. London: T. Werner Laurie, n.d. ［ブルクハルト『美のチチェローネ　イタリア美術案内』（抄訳）、高木昌史訳、青土社、2005年］

———. *The Civilization of the Renaissance in Italy.* Translated by S. G. C. Middlemore. London: Phaidon Press, 1960. ［ブルクハルト『イタリア・ルネサンスの文化』新井靖一訳、筑摩書房、2007年］

———. *Force and Freedom: An Interpretation of History.* Edited by James Hastings Nichols. New York: Meridian Books, 1955. A translation of *Weltgeschichtliche Betrachtungen.* ［ブルクハルト『世界史的考察』新井靖一訳、筑摩書房、2009年］

———. *Judgements on History and Historians.* Translated from *Historische Fragmente*, by Harry Zohn. Boston: Beacon Press, 1958.

Carlyle, Thomas. "On Biography." In *Critical and Miscellaneous Essays: Collected and Republished.* vol. III. Boston: Brown & Taggard, 1860.

———. "Boswell's *Life of Johnson.*" In *ibid.*

———. "On History." In *A Carlyle Reader: Selections from the Writings of Thomas Carlyle.* edited by G. B. Tennyson. New York: Modern Library, 1969. ［トマス・カーライル「歴史について」、『カーライル選集６　歴史の生命』宇山直亮訳、日本教文社、1962年］

Croce, Benedetto. *Aesthetic as Science of Expression and General Linguistic.* Translated by Douglas Ainslee. London: Macmillan, 1909. Italian version: *Estetica come scienza dell' espressione e linguistica generale.* Palermo: Sandron. 1902; Bari: G. Laterza, 1908. ［ベネデット・クローチェ『美学　世界大思想全集46』長谷川誠也／大槻憲二訳、ゆまに書房、1998年］

———. *Come nacque e come morì il marxismo teorico in Italia (1895-1900).* Bari: Laterza, 1938. クローチェ「イタリアにおける理論的マルクス主義はどのようにして生まれどのようにして死んだか」千野貴裕訳、上村忠男監修、イタリア思想史の会編訳『イタリア版「マルクス主義の危機」論争』未來社、2013年］

———. *Filosofia della pratica: Economia ed etica.* Bari: Laterza, 1957.

———. *History: Its Theory and Method.* Translated by Douglas Ainslee. New York: Harcourt and Brace, 1923. Italian version: *Teoria e storia della storiografia.* Bari: Laterza, 1917. ［クローチェ『歴史の理論と歴史』羽仁五郎訳、岩波書店、1952年］

———. *History as the Story of Liberty.* Translated by Sylvia Sprigge. New York: Meridian Books, 1955. Italian version: *La Storia come pensiero e come azione.* Bari: Laterza, 1954. ［クローチェ『思考としての歴史と行動としての歴史』上村忠男訳、未来社、1988年］

———. *History of Europe in the Nineteenth Century.* Translated by Henry Furst. New York: Harbinger Books, 1963. Italian version: *Storia d'Europa nel secolo decimonono.* Bari: Laterza, 1943. ［クローチェ『十九世紀ヨーロッパ史　自由の発展史』坂井直芳訳、創文社、増訂版1982年］

———. *Logica come scienza del concetto puro.* 3rd ed., rev. Bari: Laterza, 1917.

［ヤ行］

［ラ行］

［マ行］

［ナ行］

［タ行］

索　引

- 原書にない項目を追加した（著作名、訳註に登場する人名など）。
- 著作名は、雑誌を除いて、その著者名に属する小項目の最後に掲載した。
- 日本語訳のない著作は、原則として原タイトルを併記した。

［ア行］

アイスキュロス（Aeschylus　525-456BC）　215, 323, 325, 338, 415, 518
アイロニー（Irony）　101-104
　カントにおける――　128-132
　ギボンにおける――　125-128
　クローチェにおける――　581-582, 613-617
　啓蒙主義の世界観における――　116, 126-132
　コンスタンの歴史理念における――　251
　一九世紀歴史学における――　439
　トクヴィルにおける――　321, 326, 331-333, 352-357, 364-366, 376
　ニーチェにおける――　512-516, 527, 569-570, 576-577
　ブルクハルトにおける――　373-374, 401-404
　ヘーゲルにおける――　186, 192-194, 196-197, 201, 203, 577
　マルクスにおける――　463, 488-489, 499-502
　ミシュレによる――の拒否　266-267
　歴史家における――　575-576
　歴史哲学における――　576-578
　――とロマン主義　251, 376-377
　――に関するヴィーコの見解　374
　――に関するフライの見解　375-378
　――に関するヘーゲルの見解　183, 186, 193-197, 202-203, 226, 231-232, 578-579
　――に敵対するヘルダー　149
　――の定義　101-104
アウエルバッハ、エーリッヒ（Auerbach, Erich　1892-1957）
　『ミメーシス』　51, 53
アナーキズム（Anarchism）　82-87
　イデオロギー的様式としての――　82-87
　ミシュレにおける――　275
アリストファネス（Aristophanes　446-386 BC）　144-145, 186, 213, 215, 217, 518
『イタリア歴史学評論』（*Rivista storica italiana*）　238
イッガース、ゲオルク（Iggers, Georg G.　1926-）
　ランケとフンボルトに関する――の見解　299
イデオロギー（Ideology）　55-58, 80-91
　アナーキストの――　82-87
　急進主義〔ラディカリズム〕の――　82-90
　啓蒙主義の――　251-252
　トクヴィルの――　322, 324, 340-343, 349-360, 368-370
　ニーチェの――　571-572
　ヘルダーの――　159
　保守主義の――　82-90
　マルクスの――　499-500, 507-508
　マンハイムの――理論　80-91, 650-651
　リベラルの――　82-90
　――と喩法　104
　――とリアリズム　114
因果律／因果論（Causality）
　ニーチェにおける――　558
　ヘルダーにおける――　153
印象派（Impressionism）
　リアリズムとしての――　114
隠喩（Metaphor）　96
　カーライルの歴史概念における――　255-257
　ニーチェにおける――　517, 521, 524-525, 530-531, 539-540, 569-572
　マルクスにおける――　455-460, 467-469
　ミシュレにおける――　267-268, 273-274
　――の定義　96
ヴィーコ、ジャンバッティスタ（Vico, Giambattista　1668-1744）　122-123, 223
　アイロニーについて　374
　合理主義の批判者としての――　123
　ヘーゲルとの比較における――　171
　――とマルクス　444
　――とミシュレ　257-258, 272-273
　――における喩法の理論　95, 97
　――に関するクローチェの見解　634-644
　『新しい学』　148, 203, 244, 468, 599
ヴィンデルバント、ヴィルヘルム（Windelband, Wilhelm　1848-1915）　583-584, 586
ウォルシュ、ウィリアム（Walsh, William H.　1916-96）　74

ヴュー』第15号、東京外国語大学海外事情研究所、1998年)、「〈アートとしての生〉と独断論――Alexander Nehamas, The Art of Livingをめぐって」(『クァドランテ』第2号、東京外国語大学海外事情研究所、2000年) ほか。

トリスタン・ブルネ (Tristan Burnet)
白百合女子大学フランス語フランス文学科准教授。専攻：日仏現代思想・サブカルチャー論。1976年生まれ。パリ第七大学博士課程中退。主な著書に、『水曜日のアニメが待ち遠しい』(誠文堂新光社、2015年) ほか。

橋爪大輝 (はしづめ・たいき)
山梨県立大学人間福祉学部講師。専攻：哲学／倫理学。1989年生まれ。東京外国語大学外国語学部卒業、東京大学大学院人文社会系研究科博士課程修了。主な著書と論文に、『アーレントの哲学――複数的な人間的生』(みすず書房、2022年)、「複数性の哲学――アーレント哲学の体系的解釈」(博士論文〔東京大学〕2019年)、「出来事の〈意味〉とはなにか――「理解と政治」を中心にアーレント物語論を読解する」(『倫理学年報』第68集、日本倫理学会、2019年) ほか。

馬場智一 (ばば・ともかず)
東京外国語大学非常勤講師を経て、現在は長野県立大学グローバルマネジメント学部准教授。専攻：哲学・倫理学・思想史。1977年生まれ。ソルボンヌ・パリ第四大学博士課程修了。主な著書と論文に、『倫理の他者――レヴィナスにおける異教概念』(勁草書房、2012年)、「全体性の彼方へ――コーヘン、ゴルディーン、レヴィナス」(『京都ユダヤ思想研究』第6号、2016年) ほか。

福田将之 (ふくだ・まさゆき)
三鷹市立三鷹第六中学校教諭 (社会科)。専攻：日本近現代史・社会思想史。1983年生まれ。東京外国語大学大学院修士課程修了。修士論文として「三木清のマルキシズム受容とその影響関係について――京都学派における"社会思想"の形成過程」。

山本裕子 (やまもと・ひろこ)
日本獣医生命科学大学非常勤講師。専攻：歴史／文学研究。東京外国語大学大学院地域文化研究科博士後期課程単位取得退学。主な論文に「『ウルリーケ・マリア・シュトゥアルト』の二つの上演――「ドイツ赤軍派」をめぐる記憶と表象」(『DER KEIM』第33号、2010年) ほか。

吉田耕太郎 (よしだ・こうたろう)
大阪大学文学研究科准教授。専攻：ドイツ文化史、ドイツ思想史。1970年生まれ。東京外国語大学博士後期課程単位取得退学。主な論文に、「啓蒙の時代の啓蒙への問い」(共著『啓蒙の運命』名古屋大学出版会、2011年)、「教養小説の系譜」(共著『西洋の文学』大阪大学出版会、2011年) ほか。

翻訳者紹介

岩崎 稔（いわさき・みのる）
大和大学政治経済学部政治・政策学科教授。東京外国語大学名誉教授。国立大学法人東京外国語大学元理事、元副学長。専攻：哲学／政治思想。
1956年生まれ。早稲田大学大学院政治学研究科博士後期課程単位取得退学。
主な著書に、『激震　国立大学――独立行政法人化のゆくえ』（小澤弘明との共編著、未來社、1999年）、『継続する植民地主義――ジェンダー／民族／人種／階級』（中野敏男・大川正彦・李孝徳との共編著、青弓社、2005年）、『戦後思想の名著50』（成田龍一・上野千鶴子との共編著、平凡社、2006年）、『戦後日本スタディーズ（1－3巻）』（上野千鶴子・北田暁大・小森陽一・成田龍一との共編著、紀伊國屋書店、2008－09年）、『谷川雁セレクションⅠ・Ⅱ』（米谷匡史との共同編集、日本経済評論社、2009年）、『21世紀に生き抜くためのブックガイド――ネオリベラリズムとネオナショナリズムに抗して』（本橋哲也との共編著、河出書房新社、2009年）、『記憶の地層を掘る』（今井昭夫との共編著、御茶ノ水書房、2010年）、『東アジアの記憶の場』（板垣竜太・鄭智泳との共編著、河出書房新社、2011年）、『カルチュラルスタディーズで読み解くアジア』（吉見俊哉・陳光興との共編著、せりか書房、2011年）、『立ちすくむ歴史』（成田龍一・喜安朗との共著、せりか書房、2012年）ほか。

大澤俊朗（おおさわ・としろう）
Universitetet i Oslo (UiO) MSCA Post-Doctoral Fellow. 専攻：ドイツ哲学・カント倫理学。東京外国語大学大学院博士後期課程単位取得退学、マッコーリー大学（オーストラリア）博士課程修了。哲学博士。主な論文に、'General Conception of Duties towards Oneself in Baumgarten and Kant'. *Natur und Freiheit. Akten des XII. Internationalen Kant-Kongresses 2015*. Berlin: de Gruyter（2018年刊行予定）、「バウムガルテンの受容史について――美学というディシプリンをめぐる批判的考察」（『クァドランテ』第10号、東京外国語大学海外事情研究所、2008年）ほか。

小田原 琳（おだわら・りん）
東京外国語大学総合国際学研究院准教授。専攻：イタリア近現代史・ジェンダー史。1972年生まれ。東京外国語大学大学院地域文化研究科博士後期課程単位取得退学。学術博士。主な論文に、「〈境界〉を創りだす力――南イタリアから立てる近代への問い」（東京歴史科学研究会編『歴史を学ぶ人々のために――現在をどう生きるか』岩波書店、2017年）、「『平和の犯罪』としての戦時・植民地主義ジェンダー暴力」（『ジェンダー史学』第12号、2016年）ほか。翻訳書に、シルヴィア・フェデリーチ『キャリバンと魔女――資本主義に抗する女性の身体』（共訳、以文社、2017年）など。

柏崎正憲（かしわざき・まさのり）
早稲田大学人間科学部非常勤講師。専攻：政治思想史・政治社会学。1983年生まれ。東京外国語大学博士後期課程単位取得退学。主な著書や論文に、『ニコス・プーランザス 力の位相論――グローバル資本主義における国家の理論に向けて』（吉田書店、2015年）、「ジョン・ロックにおける所有とシティズンシップ――政治共同体の内なる境界について」（『政治思想研究』第17号、2017年）ほか。

高橋明史（たかはし・ひろし）
中国大連海事大学外国語学部日本語学科講師を経て、神奈川工科大学非常勤講師。専攻：哲学・思想史。1970年生まれ。東京外国語大学地域文化研究科博士後期課程単位取得退学。主な論文に、「隠喩としての神話――ハンス・ブルーメンベルクの神話論」（『地域研究ブックレ

[著者紹介]

ヘイドン・ホワイト (Hayden White)

アメリカの歴史家、批評家。現在、カリフォルニア大学サンタ・クルーズ校名誉教授。歴史叙述の物語性に光をあてた本書『メタヒストリー』(1973年)により、人文諸学の多様な領域に大きな刺激と影響を与えた。

1928年生まれ。1951年にウェイン州立大学を卒業後、1956年にミシガン大学大学院で博士号を取得。ロチェスター大学、カリフォルニア大学ロスアンジェルス校の歴史学部で教鞭を執り、1973年、同校の人文学センター長に就任。1976年、ウェズリアン大学で歴史・文学教授を務めたのち、1978年、カリフォルニア大学サンタ・クルーズ校人文科学部に新設された「意識の歴史(History of Consciousness)」コースの教授に就任。ジェイムズ・クリフォードらとともに、同コースを合衆国における代表的な革新的かつ学際的コースに育て上げた。1995年から2014年まで、スタンフォード大学で比較文学・ドイツ研究のコンサルティング・プロフェッサーを務めた。1991年、アメリカ芸術・科学アカデミーの会員に選出されている。2018年3月5日、89歳で死去した。『ニューヨーク・タイムズ』紙をはじめ、多くの追悼記事が掲載された。

著書は12冊に及ぶが、翻訳書として『歴史の喩法——ホワイト主要論文集成』(上村忠男編訳、作品社)、『実用的な過去』(上村忠男監訳、岩波書店)などがある。

METAHISTORY: The Historical Imagination in Nineteenth-Century Europe
by Hayden White

メタヒストリー

——一九世紀ヨーロッパにおける歴史的想像力

2017年10月20日 第1刷発行
2023年2月20日 第6刷発行

著者——ヘイドン・ホワイト
監訳者——岩崎 稔
訳者——大澤俊朗、小田原琳、柏崎正憲、高橋明史
トリスタン・ブルネ、橋爪大輝、馬場智一
福田将之、山本裕子、吉田耕太郎

発行者——福田隆雄
発行所——株式会社 作品社
〒102-0072 東京都千代田区飯田橋2-7-4
tel 03-3262-9753 fax 03-3262-9757
振替口座00160-3-27183
https://www.sakuhinsha.com
編集担当——内田眞人
編集協力——航思社
装丁——伊勢功治
印刷・製本——シナノ印刷（株）

ISBN978-4-86182-298-8 C0020